Birte Gräfing

Tradition Reform
Die Universität Bremen 1971-2001

Mit einem Geleitwort von
Till Schelz-Brandenburg

Donat Verlag

Bibliografische Information der Deutschen Bibliothek
Die Deutsche Bibliothek verzeichnet diese Publikation in der
Deutschen Nationalbibliografie; detaillierte bibliografische
Daten sind im Internet über http://dnb.ddb.de abrufbar.
ISBN 978-3-938275-98-6

© 2012 by Donat Verlag
Borgfelder Heerstr. 29 D-28357 Bremen
Telefon: (0421) 1733107 und 274886 Fax: (0421) 275106
E-Mail: info@donat-verlag.de
Alle Rechte vorbehalten
Lektorat: Helmut Donat, Bremen
Layout und Umschlaggestaltung: Marieke Eckert, Leipzig
Druck: Vilcolora GmbH/Spaudos Departamentas, LT-Vilnius

Inhalt

Geleitwort von Till Schelz-Brandenburg — 9

1. Einleitung — 15
    Universitäten in Deutschland — 16
    Die Universität Bremen in der westdeutschen
    Hochschullandschaft — 18

2. Vorgeschichte: Gründungsideen – Die Universitätsplanung in Bremen bis 1970 — 22
    Die Idee zur Gründung einer internationalen Universität — 22
    Wiederaufnahme der Idee einer Universität für Bremen — 37
    Das erste Semester: Die Studierenden — 46

3. Gründungsrektor von der Vring: 1972-1974 – Die ersten Jahre — 51
    Die „rote Kaderschmiede" – Politische Gruppen,
    Aktionen und Unterwanderung — 54
        Die „rote Kaderschmiede" — 54
        Studentische Gruppen und Aktionen in den 1970er Jahren — 56
        Politische Gruppen und Fraktionen der HochschullehrerInnen — 66
        Im Fadenkreuz der Schlapphüte — 71
        Berufungsverfahren – Personalplanung für
        eine neue Universität — 72
        Integration der Pädagogischen Hochschule — 86

4. Rektor Steinberg: 1974-1977 – Bremer Hochschulgesetz, Berufsverbote und Hochschulentwicklung — 91
    Berufsverbote an der Universität Bremen –
    Der „Radikalenerlass" von 1972 — 97
    Neue Bedingungen: Das Wissenschaftsressort (1975)
    und das Bremische Hochschulgesetz (1977) — 111

5. Rektor Wittkowsky: 1977-1982 – Nach der Abschaffung der Drittelparität: Von der „Kaderschmiede" zur „Reformruine" ... 125
    Die Strategie der Universität bis 1982 ... 147

6. Rektor Timm: 1983-2002 – Ausbau der Universität auf den Gebieten der Natur- und Ingenieurswissenschaften und der Weg zur anerkannten Forschungsinstitution ... 153
    Bologna – Internationale Vereinbarungen ab 1998 und die Evaluation der Lehre ... 176

7. Reform von Studium und Lehre ... 179
    Die Drittelparität und die akademische Selbstverwaltung ... 179
    Interdisziplinarität und Aufbau des Studiums in den ersten Semestern ... 188
        Naturwissenschaften ... 190
        Sozialwissenschaften ... 191
        Lehrerbildung ... 192
        Tutorien ... 198
        Das Integrierte Eingangsstudium ... 198
    Versuche zur Verbindung von theoretischer und praktischer Ausbildung ... 201
        Das Projektstudium ... 201
        Die Lehrerausbildung im Projektstudium ... 203
        Das Projekt SAIU – Ein Beispiel für das Projektstudium ... 205
        Als Beispiel für einen grundlegend reformierten Studiengang: Die einphasige Juristenausbildung – Ein Experiment ... 207
        Noten und Leistungen ... 214
    Universitäts-Neugründungen in anderen Bundesländern ... 218
        Universität Konstanz ... 219
        Universität Bochum ... 220

8. Die Universität als Teil der Stadt	222
Bauplanung – Eine neue Universität entsteht und verändert sich	222
Verflechtung Universität – Stadt	230
Die Universität und die Presse	233
Das Verhältnis Staat – Universität – Politik	238
9. Fazit	249
Anmerkungen	257
Anhang	301
Quellen- und Literaturverzeichnis	302
Abkürzungen	316
Bildnachweis	317
Autor/in	317
Personenregister	318

Blick vom Fallturm auf die Bremer Universität, Mai 1990

Geleitwort

Geschichte fange erst an, wenn der letzte Augenzeuge gestorben sei, schrieb einst Heinz Knobloch in seiner Biographie über Mathilde Jacob, der Haushälterin und Mitkämpferin Rosa Luxemburgs. Möglicherweise hat Knobloch resigniert vor den Erinnerungen der Zeitgenossen, die sich so manches Mal nicht mit den Dokumenten in Einklang bringen ließen. Was für die einen die Vertreibung aus dem Paradies, ist für die anderen das Entrinnen aus der Hölle – und entsprechend fallen nicht nur Ansichten, sondern auch die Arrangements der Fakten, ihre Auswahl und Zuordnung aus.

Um es gleich klarzustellen: Für mich bedeutete es zwar keine Vertreibung – ich verließ die Universität zunächst nach dem Examen –, aber paradiesisch war es – auch und gerade mit dem heutigen „Betrieb" verglichen –, in vielerlei Hinsicht schon. Man stelle sich nur einen Augenblick vor, die Universität Bremen würde als drittelparitätisch bestimmte Hochschule mit interdisziplinärer Lehre und Forschung ihr 40-jähriges Jubiläum feiern – ein Eldorado für das Aufspüren von Zusammenhängen.

Folglich sind die folgenden Bemerkungen höchst parteiisch, selbstverständlich einseitig, aber auch ein wenig melancholisch im Gedenken an eine von allen Seiten doch leichtfertig vertane Chance – und sollen ein wenig mithelfen, besonders das heute auch in der universitären Selbstdarstellung quasi als „Schmuddelkind-Phase" gern negierte erste Jahrzehnt der Bremer Universität wieder in Erinnerung zu bringen – getreu dem Motto eines taz-Artikels zum 20-jährigen Jubiläum: „Oh Alma, bleiche Mutter".

Knobloch folgend, wäre es für eine Geschichte der Gründungsjahrzehnte der hiesigen Uni noch entschieden zu früh. Denn die politischen Stammtische, Pensionärsclubs, Gewerkschafter-Veteranentreffs und Akademischen Zirkel der unterschiedlichsten Leidenschaften sind voller Zeitzeugen, die an den Anfängen und der Entwicklung jener Einrichtung, die einst als Inkarnation westdeutscher Hochschulreform galt, mitgewirkt haben. Birte Gräfing, mit ihrer Dissertation ausgewiesen als Historikerin der Bildungspolitik in der Bundesrepublik, übernahm dennoch diese Aufgabe. Sie setzte auf die Chance, in der Konfrontation der Erinnerungen von Beteiligten aller Ebenen und Handlungskompetenzen mit dem Quellenmaterial zu Erkenntnissen über Entwicklungen und Motive der Akteure zu gelangen, die sonst möglicherweise unentdeckt geblieben wären. Dazu bedurfte es des kühlen Blicks einer Autorin, der zwar ihr Geschichtsstudium an der Uni Bremen sowie ihr Engagement in der studentischen Selbstverwaltung ausreichende Kenntnisse der Interna verschaffte, deren Studienzeit aber erst nach der ideologischen Hitzeperiode der ersten zehn Jahre begann. In jenem Dezennium etwa unterhielt die „Frankfurter Allgemeine Zeitung" noch einen Spezialkorrespondenten für die Universität, die CDU warnte, kurzfristig außerordentlich wirkungslos, in ganzseitigen Anzeigen die

Bremer Bevölkerung vor dem „Roten Riesenkraken" – kurzum, das Bremer Modell wurde, langfristig sehr wirkungsvoll, als „Rote Kaderschmiede" gerade von jenen in Verruf gebracht, die ansonsten stets für Elitenbildung eintreten, nur dürfe die eben nicht „rot" sein.

Doch gerade das zeichnete die zentrale Botschaft und Provokation des Bremer Modells aus: Es wollte ernst machen mit der Freiheit der Wissenschaft, nämlich Lehre und Forschung orientieren an den Interessen und Bedürfnissen der großen Masse der Bevölkerung. Deshalb die sehr liberalen Regeln für den Zugang zur Universität mit besonderer Förderung der sogenannten Nicht-Abiturientenprüfung, deshalb die für die Bundesrepublik Deutschland erstmalige Einrichtung eines Lehrstuhls für die Geschichte und Theorie der Arbeiterbewegung, deshalb die Kooperation der Universität mit der Arbeiterkammer, deshalb auch die erste wissenschaftliche Kritik an der damals noch breit bejubelten Atomenergie. Es gab verschiedene Bezeichnungen für diese Grundausrichtung: „Universität im Dienste der Unterprivilegierten" (nicht die einzige semantische Grausamkeit aus den frühen 1970er Jahren), „Wissenschaft im Dienste des Volkes", „Wissenschaft im Interesse der Arbeiterklasse" etc. – gemeint war immer dasselbe: endlich die Fragen und Probleme jener aufzugreifen, denen keine Medien, keine Forschungsetats, keine Drittmittel zur Verfügung stehen.

Wenig überraschend, dass die sich dagegen richtende zunehmende Propaganda der veröffentlichten Meinung den Wunsch nach „Normalisierung" hervorrief, erst bei einer wachsenden Zahl von Bremer Politikern, dann auch innerhalb der Universität, bis das Verlangen schließlich Anfang der 1980er Jahre auch ihre Selbstdarstellung immer mehr prägte – Resultat einer eigenartigen Gegenläufigkeit in der westdeutschen Hochschullandschaft: Während so gut wie alle traditionellen Universitäten in den 1970er und 1980er Jahren unter allseitigen Reformdruck kamen, geriet die Uni Bremen unter ebenso allseitigen Druck, eine Re-Reform zu organisieren; allerdings gab es dafür eine zusätzliche strukturelle Schwierigkeit: Die „klassischen" Universitäten stützten sich bei ihren Veränderungen auf einen breiten Konsens, zum Beispiel bei der Abschaffung des Ordinarien-Prinzips zugunsten eines gemäßigten Kollegial- und Gremiensystems. Eine solche Übereinstimmung fehlte indes völlig bei der Frage, was eine moderne, zeitgemäße Universität, also die angestrebte Normalität, ausmachen solle. Um es vorweg zu nehmen: Die in Bremen modellhaft erprobten Lösungen, also etwa den Duodezfürsten Ordinarius mittels Drittelparität zum Mitarbeiter an der Veranstaltung Universität zu machen, der seine Anliegen gegenüber den Studierenden und dem sogenannten Dienstleistungsbereich zu begründen hatte, wurde von einer übergroßen Koalition aus eben jenen Ordinarien, konservativen Politikern jeder Couleur bis hinein in den Bremer Senat bekämpft und schließlich per Hochschulrahmengesetz (HRG) der sozialliberalen Koalition in Bonn abgeschafft. Die Differenzen im Bremer Senat und die Folgen des daraufhin vollzogenen Rücktritts des sozialdemokratischen Rektors Steinberg lassen sich bei Gräfing detailliert nachlesen.

Weitere Marksteine auf dem Weg zur Beerdigung der Bremer Reformansätze waren die Lehrer- und Juristenausbildung. Kein ernst zu nehmender Bildungspolitiker kam in den 1960er Jahren ohne den Hinweis auf die Antiquiertheit der Aufspaltung beider Ausbildungen in Theorie – universitäres erstes Staatsexamen – und Praxis – zweites Staatsexamen – aus. Gleichwohl gerieten die Integrations-Vorschläge der Uni Bremen sofort ins Kreuzfeuer der Kritik: Die einphasige Juristenausbildung fand nach zahlreichen Modifikationen schließlich selbst beim Bundesverwaltungsgericht keine Gnade. Soweit brachte es die einphasige Lehrerausbildung erst gar nicht. Geplant war, jedes (viersemestrige) Projekt mit dem Entwickeln von Unterrichtseinheiten – unter Mitarbeit sogenannter Praxis-Lehrer – abzuschließen, durchzuführen und auszuwerten. Als aber Studierende auf den Schulhöfen z.B. für Vietnam- oder Anti-AKW-Demonstrationen zu agitieren begannen, bekam der sozialdemokratische Bildungssenator kalte Füße, und das Experiment endete, bevor es richtig begonnen hatte. Hinzu gesellte sich hier wie in zahlreichen weiteren Fällen die permanente Drohung aus anderen Bundesländern, die Bremer Examina nicht anzuerkennen.

Kein Wunder, dass gegenüber dieser übergroßen Koalition sich in der Welt hinter dem Kuhgraben eine gewisse Selbstbezogenheit, eine Art „Raumschiff-Bewußtsein" breit machte. Dazu trug das erschreckend bescheidene Niveau der internen und externen Kritik am Bremer Modell bei, wozu ihr medialer Widerhall allerdings – fast selbstverständlich – im reziproken Verhältnis stand. Sonst hätte es die Behauptung eines Hochschullehrers für Geschichte, etwa der Hälfte aller Lehrenden in Bremen sei die Professorabilität abzusprechen, als querulatorische Äußerung kaum auf die Lokalseiten eines beliebigen General-Anzeigers geschafft. In der Uni Bremen zum Besten gegeben, gerierte sie sogleich zum Dreh- und Angelpunkt eines großen Interviews mit dem ansonsten als Enzyklopädisten nicht weiter hervorgetretenen Gelehrten im Wissenschaftsteil einer führenden konservativen Zeitung. In ein gleiches Horn tutete der damalige Chef der Bremer CDU, als er Mitte der 1970er Jahre öffentlich empfahl, die Bücher von Bremer Hochschullehrern zu verbrennen. Eine deswegen gestellte Strafanzeige des Rektors blieb aus formalen Gründen erfolglos, der Politiker, der seine Äußerungen später ausdrücklich bedauerte, gehört inzwischen der Bundesregierung an, zuständig für Kultur. Diese und andere Fälle haben, wie weiter hinten nachzulesen, nachhaltig Dispute um inhaltlich-sachliche Themen be- und verhindert.

Innerhalb der Universität trug der Druck von außen zunächst dazu bei, den sogenannten „Bremer Konsens" zu stärken, ein Prinzipienkatalog als grundsätzliches Agreement. Seine drei Hauptbestandteile waren: Orientierung von Forschung und Lehre an der Situation sozial benachteiligter Gruppen und Klassen der Gesellschaft, die uneingeschränkte Drittelparität und das interdisziplinäre Projektstudium.

Dem Bremer Dreigestirn ist natürlich der Hessesche Zauber jeden Anfangs an die Seite zu stellen. Für die Lehrenden und Studierenden, aber auch große Teile der Verwaltungskräfte – sie kamen zumeist aus streng hierarchischen Strukturen in die drittelparitätischen Gremien – waren die drei kleinen GW1-Gebäude und das NW1 nicht einfach Arbeits- und Ausbildungsstätte, sondern in hohem Maße auch Lebensmittelpunkt, begünstigt durch die sich auf freiem Feld bietende „Einsamkeit" ohne Straßenbahnanschluss. Doch auch dieses Problem ließ sich solidarisch lösen: Im Geist der Aktion Roter Punkt (kostenlose Mitfahrgelegenheiten), Ende der

1960er Jahre in Hannover kreiert als eine Aktionsform gegen Preiserhöhungen beim Nahverkehr, mutierte die Einfahrt Parkallee am „Stern" zur Umsteigehaltestelle vom öffentlichen zum privaten Nahverkehr. Für fast jeden Autofahrer, der Richtung Uni unterwegs war, wurde der Halt am Stern zur Selbstverständlichkeit.

Zwar bildeten sich rasch Widersprüche aus – vor allem über die Generallinie der revolutionären Weltbewegung insbesondere unter den Studentenorganisationen, obwohl oder gerade weil sich alle als Speerspitze der Arbeiterklasse im Dienste der jeweils proletarischen Kaderpartei verstanden. Aber das verhinderte in den ersten Jahren nicht die intensiven Debatten um die universitäre Entwicklung. Bei der drittelparitätischen Zusammensetzung aller Kommissionen, Ausschüsse etc. brauchte man keineswegs Multifunktionär zu sein, um als Mitglied mehrerer Gremien zu agieren. Und mittwochs, dem „Gremientag", wenn der komplette Lehrbetrieb ruhte, ging kaum ein Deputierter unter einer Sitzungsdauer von acht Stunden nach Hause. Auch das gehörte zum Konsens in Bremen: Redezeitbeschränkungen sind so gut wie nie beantragt und noch seltener beschlossen worden. Geschäftsordnungsdebatten, an anderen Universitäten üblich, um inhaltlichen Kontroversen das Wasser abzugraben, hat es in Bremen nicht gegeben. Ich besaß bis vor kurzem eine große Schublade voller Tonbänder, Wortprotokolle der Sitzungen der Berufungskommission 99 (Deutsche Literatur) aus den Anfangs-Jahren, leider wegen Oxydierung inzwischen unbrauchbar geworden. Das Ergebnis der mehrwöchigen Beratungen war die Einladung an drei Bewerber, die sich dann der Vollversammlung des Studienbereichs „Kommunikation und Ästhetik" stellten, zu der nicht nur so gut wie alle Studierenden erschienen, sondern auch zahlreiche Mitarbeiterinnen und Mitarbeiter, die eine geradezu klassische mehrstündige Disputation verfolgten – und sich daran beteiligten. Weit vor der Erfindung des Begriffs „Corporate Identity" waren es diese Strukturen, die solche Veranstaltungen ermöglichten und ein hoch kommunikatives Binnenklima schufen, das im Laufe der weiteren politischen Auseinandersetzungen jedoch stark gelitten und Schaden genommen hat.

Die Lust in den Gründerjahren, etwas herauszufinden, bestimmte übrigens auch die Ansprüche in den Lehrveranstaltungen. Der Grundkurs für das Projekt „Kultur der Arbeiterklasse unter den Bedingungen des Imperialismus", obligatorisch für alle Projektteilnehmer, gab vor den Semesterferien die zuvor diskutierten und festgelegten Themen heraus. Jeder Studierende trug sich für ein Thema ein, die so gebildeten Gruppen setzten sich mit ihm während der veranstaltungsfreien Zeit auseinander. Zu Semesterbeginn boten die Veranstalter einen einleitenden Überblick, gleichzeitig wurden die ausgearbeiteten Referate für die ersten Sitzungen, vervielfältigt von der Uni-Druckerei, verteilt, um sie bei den nächsten Treffen zu diskutierten, ohne Zeit mit langwierigen und langweiligen Vorlesereien zu verlieren.

Doch der anfänglich auch von den politischen Instanzen mitgetragene Konsens – Voraussetzung wie Resultat des Reformimpetus – wurde mit dem Wechsel im Wissenschaftsressort von Moritz Thape zu Horst-Werner Franke und mit der Verabschiedung des HRG vom Bremer Senat mehrheitlich und ausgerechnet in jenem Bereich aufgekündigt, der am wenigsten strittig und am meisten sozialdemokratisch gewesen war: dem der Drittelparität. Mit dem Rücktritt Steinbergs verlor die

Universität nicht nur den letzten auf ihrer Grundlage amtierenden Rektor; sein Nachfolger Alexander Wittkowsky erwies sich aus mehreren Gründen als zu schwach und hatte dem forcierten Staatsinterventionismus des „Thomas" Franke kaum mehr als nur hinhaltenden Widerstand entgegenzusetzen.

Zum einen musste es so erscheinen, als träte Wittkowsky sein Amt als Gescheiterter an: Die Aufhebung der Drittelparität trotz erheblicher Differenzen im politischen Senat übertrug ihm die Verantwortung, die Abschaffung zu exekutieren. Ihm bot sich nicht einmal die Chance, einen Scherbenhaufen zusammenzuflicken. Dabei verstand er sich selber als Hochschulreformer und gehörte als Präsident der TU Berlin mit seinem FU-Kollegen Rolf Kreibich zu jenen Manager-Präsidenten, die man in West-Berlin nach US-amerikanischem Vorbild den Rektoren klassischer Prägung vorzog – ein Experiment, das auf heftigen Widerstand gerade jener Hochschullehrer-Gruppierungen stieß, die sich nun an der Bremer Uni daran machten, die Früchte des HRG zu ernten. Der Reformer, der die Gegenreform zu organisieren hatte, musste zum tragischen Fall werden. Er selber erklärte im Gespräch mit Birte Gräfing, er habe immer noch Spielräume für eine Reformpolitik in Bremen gesehen, doch erwies er sich damit als isoliert. Die Reformgruppen lehnten ihn weitgehend ab, weil er mit seinem Amtsantritt die Abschaffung der Drittelparität sanktioniert hatte; ihre konservativen Kontrahenten, denen er ohnehin als Berliner „Technokraten-Präsident" galt, akzeptierten ihn nicht, weil er ihnen nicht rasch genug die Professoren-Dominanz auf allen Entscheidungsebenen installierte.

Die Schwäche der Uni-Leitung manifestierte und vertiefte sich durch die – in der jüngeren deutschen Universitätsgeschichte wohl singulären – disziplinar- und arbeitsrechtlichen Auseinandersetzung zwischen Rektor und Uni-Kanzler: die Stunde der Exekutive. Für den neuen und ehrgeizigen Wissenschafts-, dann auch Bildungssenator Franke war die traditionell komplizierte, ideologisch hochgradig aufgeladene Schulpolitik im Land Bremen ein steiniger Acker; um so mehr bot es sich nach dem Vorbild von Bundeskanzler Helmut Schmidt an, sich als Macher bzw. „Dompteur" der führungsschwachen Universität zu profilieren. Der Begriff „Normalisierung" avancierte zum Schlagwort – genügend amorph, um Inhalten auszuweichen, die, wie oben angedeutet, ohnehin nicht einfach zu bekommen und vermutlich vom Senator auch gar nicht erwünscht waren.

Als staatlich organisierte Intervention in Permanenz installierte man eine feingegliederte Verwaltung, die im Wissenschaftsressort die wichtigsten Referate der Uni-Verwaltung nachgestaltete. Zudem – Bremen war nun endgültig vom Geber- zum Nehmerland geworden – stand jetzt der finanzielle Vorbehalt als prohibitive Allzweck-Waffe zur Verfügung. Damit war die Geschichte der Reformuniversität Bremen erst einmal zu Ende – und die vielbemühte „List der Geschichte" hatte den Triumph ihrer schärfsten Kritiker aus der Wissenschaftsszene unversehens zu einer eklatanten Niederlage gemacht: Die angeblich von Putzfrauen und Studierenden bedrohte Wissenschaftsfreiheit war einem bis dato unerhörten und ungesehenen Staatsinterventionismus unterworfen worden. Allerdings war diese Gruppe so klein, hatte sie innerhalb der Hochschullehrerschaft der Uni selbst so wenige offene Anhänger, dass etwa die Bremer Sektion des „Bundes Freiheit der

Wissenschaft", Speerspitze der konservativ-reaktionären Kritik am Bremer Modell, in den Gründungsjahren nicht einen Professor zum Vorsitzenden bestimmte, sondern einen örtlichen Weingroßhändler.

Anders verhielt es sich mit dem Niedergang des Projektstudiums, des zweiten zentralen Identifikationsmerkmals des Bremer Modells. Seine Grundidee, nämlich Fächergrenzen – und damit Fachbeschränkungen – durch Zusammenarbeit mit anderen Disziplinen zur Erörterung komplexer Themata aufzuheben, stellte eine wichtige Grundlage des Studienbetriebs dar. So wurde in Bremen nicht isoliert Physik studiert, sondern die „Schadstoffbelastung am Arbeitsplatz und in der Industrieregion Unterweser" untersucht mit dem Ziel von „Aufbau bzw. Weiterentwicklung von Apparaturen für den Nachweis und die Kontrolle von Schadstoffen in der menschlichen Umwelt sowie ihre Anwendung auf Probleme des innerbetrieblichen Arbeitsschutzes und der Regionalentwicklung von Bremen und Umgebung". Ein anderes Beispiel: Romanistik wurde als Projekt „Aufklärung" dargeboten, wozu auch die Germanistik, Anglistik und Geschichtswissenschaft ihren Beitrag leisteten.

Die Erosion des Modells erfolgte auch aus Eigeninteresse der Lehrenden: Nicht nur die deutsche Universitätslandschaft, sondern auch die Drittmittelgeber, Stiftungen etc. waren nach dem klassischen Fächerkanon sortiert, und da tat die Konkurrenz um die knapper werdenden Mittel ein übriges. Projekt hießen dann schon Veranstaltungen, die etwa ein Mediaevist und ein Neuzeit-Historiker zusammen bestritten. Und als es auch das immer seltener gab, erfand man „Projekt-Ersatzveranstaltungen" – ganz normale Seminare im müden rhetorischen Abglanz einstigen Aufbruchs, weil sich noch das Wort „Projekt" in den Prüfungsordnungen gehalten hatte –, bis dann schließlich die credit points ihre Herrschaft antraten und seitdem selbst die Fächer-Zusammenhänge zunehmend auflösen.

Man stelle sich vor, einem Physiker, der eine neue Idee per Experiment überprüfen will, würden erst Zusagen finanzieller und personeller Art gemacht, und noch während er seine Versuchsanordnung entwickelt und aufbaut, vorgeschrieben, welche Materialien er verwenden, welche Personen er beteiligen dürfe und welche nicht, um dann, noch bevor irgend ein Ergebnis vorliegt, das Experiment für gescheitert zu erklären, weil es keine Ergebnisse zeitige – in der Wissenschaft kaum möglich, in der Wissenschaftspolitik am Bremer Modell geschehen.

Bremen, im August 2011   Till Schelz-Brandenburg

1. Einleitung

> *„Die Bremer Universität ist mit dem hohen Anspruch angetreten, eine Reformuniversität zu sein. Niemand hat erwartet, daß es dabei keine Schwierigkeiten geben würde."* [1]

Von den ersten Planungen bis zur Gründung der Universität verging etwa ein Vierteljahrhundert – unwesentlich mehr Zeit, als später benötigt wurde, um sie an das Straßenbahnnetz anzuschließen: Von der zunächst ins Auge gefassten Internationalen Universität hin zur Übernahme der Wilhelmshavener Hochschule, weiterentwickelt zur Idee einer Volluniversität mit neuen Perspektiven – Stichwort Campus-Universität –, dem Einsetzen eines ersten Gründungsgremiums durch den Senat, der Universitätsdenkschrift aus der Feder Hans-Werner Rothes bis hin zum zweiten und dritten Gründungsgremium, dem dann die Aufgabe endlich auch gelang. Zwei der Kommissionen traten zurück, nämlich der Gründungsausschuss unter dem Vorsitz von Otto Weber, Theologieprofessor aus Göttingen, 1966 von Wolfgang Bargmann, Medizinprofessor aus Kiel abgelöst, und der größte Teil des Gründungssenats mit dem Vorsitzenden Walther Killy, Professor für Germanistik an der Universität Göttingen, ohne dass viel mehr als der Ankauf eines Geländes durch die Stadt erfolgt war. Insbesondere sei hier auf das Kapitel über die Planung einer Internationalen Universität hingewiesen, das auf neuen Aktenfunden beruht und in dem daher einige Ergebnisse auch aus jüngerer Zeit zu revidieren waren.[2] Auch das Bild von der Arbeit des ersten studentischen Beauftragten für die Universität Bremen und der studentischen Mitglieder im Gründungssenat ließ sich durch neues Material ergänzen.

Die Auseinandersetzungen zwischen dem Staat und den Gründungsgremien hatten bis 1970 eine andere Qualität als die Diskussionen um die „Rote Kaderschmiede", die die Jahre nach ihrer Eröffnung bestimmten. Strittig war die Finanzierung, der Standort, die Frage der Dienstherrenfähigkeit – ein weitreichendes Zugeständnis, das für die Universität gefordert wurde und eher dem Prinzip der für sich allein stehenden als der demokratisch kontrollierten Lehranstalt folgte – und die Frage des Aufbaus der Hochschule, d.h. sollte sie um einzelne Professuren herum organisiert sein oder über paritätische Gremien verfügen? Alle diese Probleme ließen sich im Laufe der 1960er Jahre lösen, ohne dass große Widerstände auftraten oder es gar Kampagnen gegen die Universität gab. Das änderte sich mit der inhaltlichen Neuordnung von Lehre und Studium. Die Bedeutung und die Tragweite der Reform zeigten sich nun immer deutlicher; das Studium in Bremen sollte sich grundlegend von dem anderer Universitäten unterscheiden – das rief die Traditionalisten auf den Plan.

Der zweite Teil ist den Jahrzehnten unter den verschiedenen Rektoraten gewidmet. Dabei geht es auch um die Verknüpfungen zur Bildungspolitik des Bundes (Stichwort Hochschulrahmengesetz) sowie um die Probleme bei der Personalauswahl (Stichworte Berufungen und Berufsverbote). In ihren ersten zehn Jahren, als die Universität sich noch finden und auf relativ kurzfristig veränderte Rahmenbedingungen reagieren musste, verschliss sie drei Rektoren; der vierte behielt sein Amt dagegen zwei Jahrzehnte.

Im dritten Teil sind die Reformen im Einzelnen erläutert, der vierte befasst sich mit der Universität und ihrem Umfeld: Stadt, Politik und Medien.

Universitäten in Deutschland

Die deutsche Hochschullandschaft ist entgegen der weit verbreiteten Meinung stets Veränderungen politischer oder bildungsreformerischer Natur unterworfen gewesen. Die Ordinarienuniversität gibt es nicht mehr, wir kennen heute die Gruppenuniversität. Im 13. Jahrhundert war die Theologie noch die höchste aller Fakultäten; sie wurde im 17. Jahrhundert von der juristischen abgelöst, der wiederum am Ende des 18. Jahrhundert die philosophische Fakultät folgte. Heute ist von einer allgemeingültigen Hierarchisierung nicht mehr zu sprechen. *„Die Universität europäischer Tradition hat sich seit ihrem Bestehen also durchaus gewandelt. Zum einen wurde sie immer wieder den gesellschaftlichen Bedürfnissen angepaßt. Zum anderen veränderten sich ihre institutionelle Struktur, ihr Selbstverständnis und ihre Aufgabe in Abhängigkeit vom sich wandelnden Wissenschaftsbegriff und den Medien des Wissens: von der antiken Akademie des am kosmologisch Wahren und Guten orientierten Gesprächs über die mittelalterliche Universitas der heiligen Schriften im Streit der Schulen bis hin zur Buchkultur, zum Vernunftglauben der Humboldtschen Bildungsuniversität und zur heutigen informationstechnisch vernetzten Massenuniversität, in der das Wissen endgültig grundlos geworden ist. Im Seelenverwandten, im Lehrer und Gelehrten, im Gebildeten und Forscher bis hin zum Experten und Wissensmanager manifestieren sich dementsprechend historisch unterschiedliche Formen der wissenschaftlichen Bildung."*[3] Der Wandel der Universitäten ist auch im Zusammenhang mit veränderten staatlichen Rahmenbedingungen zu sehen.[4] Die Universität; im deutschen Raum in der Regel von Landesherren etabliert, erscheint damit, ungeachtet, ob man sich um kaiserliche oder päpstliche Gründungsprivilegien bemühte, als staatliche Institution. Auch kirchliche Träger riefen Hochschulen in ihrer Eigenschaft als „(weltliche) Kirchenfürsten" ins Leben, die Bindung der Hochschulen an die Landesherren zog eine Territorialisierung nach sich. *„Die mittelalterliche universitas wird in Deutschland zu einem Nebeneinander von Universitäten, die manches gemeinsam, entscheidendes aber nicht gemeinsam haben – so den Glauben und später Anforderungen der weltlichen Herrschaft, die sich so unterscheiden wie diese Herrschaften auch."*[5] Die Universitäten erfüllten bestimmte Funktionen für die Landesherren; sie dienten dem Glauben, aber auch der Sicherung der eigenen Herrschaft durch die Ausbildung von Staatsdienern, Theologen und Lehrern. Am Ende des 18. Jahrhunderts wird eine ungleiche Verteilung der deutschen Universitäten sichtbar: im Westen und Süden, wo die staatliche Zersplitterung größer war, es aber auch mehr Städte gab, finden sich deutlich mehr Hochschulen. Es lässt sich also bereits früh ein Stadt-Land-Gefälle konstatieren. In der fortschreitenden Verstaatlichung der Universitäten, die sich während der Neuzeit aus dem Herrschaftsbereich der Kirche lösten, sieht Ellwein auch eine zunehmende Partikularisierung; so sei die Ausrichtung und der Einfluss der Theologie auf andere Fakultäten abhängig vom jeweiligen Träger der Hochschule gewesen. Verloren Landesväter die Herrschaft, beispielsweise durch Eroberung oder Vererbung, verschwanden oft die Universitäten, die von ihrer Politik und Bereitschaft, die Hochschule auch finanziell zu tragen, abhängig waren.[6] Ellwein sieht ihre Bedeutung als Ausbildungsstätte von Staatsdienern eingeschränkt; so hätten angehende Juristen im 19. Jahrhundert ein eher allgemeinbildendes Studium absolviert und sich nur im letzten Teil „*der Paukerei bei einem Repetitor*"[7] unterzogen. Gemeinsam waren den deutschen Universitäten die vier Fakultäten, von denen die „*Artistenfakultät*" eher der Vorbereitung auf das spätere Studium diente. Bis ins 17. Jahrhundert blieb die Zahl der Professoren relativ klein, und der Aufbau des Studiums ergab sich „*ganz von selbst*".[8]

Um 1800 gerieten die Universitäten in eine Krise; sie mussten auf die Entstehung der modernen Wissenschaften reagieren. In diese Phase fiel die Gründung der Berliner Universität durch Wilhelm von Humboldt, die als Neubeginn der deutschen Universitäten gilt.[9] Humboldts Rolle als Modernisierer des Universitätswesens ist aber erst in der Rückschau so interpretiert worden; unter den Zeitgenossen sei sein Einfluss nicht besonders groß und als Hochschulreformer seine Bedeutung eher gering gewesen, merkt Spiewak an.[10] In der ab Mitte des 19. Jahrhunderts, der „*Blütezeit des Hochschulwesens*", zunehmenden Orientierung auf Anwendung der Wissenschaften und Berufsausbildung sieht Karpen den Ausgangspunkt der Aufteilung der Hochschulen in wissenschaftliche Universitäten einerseits und berufsbezogene Einrichtungen – etwa Technische oder Land- und Forstwirtschaftliche Hochschulen – andererseits.[11] Diese Trennung von Wissenschaft und Ausbildung wurde lange Zeit als Normalität betrachtet. Karpen verweist darauf, dass Forderungen nach einer Reform des Hochschulwesens ebenfalls schon früh zu finden sind und nennt als Beispiele die nach der Abschaffung der akademischen Gerichtsbarkeit, die Fakultätsreform und die Erneuerung der Studien- und Prüfungsordnungen, die als Folge der Revolution von 1848 aufkamen. Auch nach dem Ersten Weltkrieg seien Forderungen nach Reformen, nun im Sinne einer Bildungsreform, aufgekommen. Die starken Eingriffe in die Hochschulen während der Zeit des Nationalsozialismus sieht Karpen als Grund dafür an, dass nach 1945 der „*Wiederaufbau im Zeichen der Restauration*" erfolgte und kein Neubeginn stattfand.[12] Die Zeit von 1945 bis 1960 bezeichnet er als „Zeit der Hochschulen". Den Universitäten sei es gelungen, sich als Verfolgte des Nationalsozialismus darzustellen, während die staatlichen Verwaltungen als stark belastet und im Aufbau befindlich galten. Eine staatliche Konzeption für den Ausbau des Hochschulwesens habe es nicht gegeben. Karpen erkennt einen Zerfall der Zusammenarbeit zwischen Staat und Hochschule, zumindest bis 1957 der Wissenschaftsrat entstand.

Die Universität als singuläres Projekt zweckfreier Bildung und Forschung existierte in dieser Form zumindest seitdem nicht mehr; die Hochschulen wurden nun nach und nach in ein bundesweites Konzept eingebunden. Schon zuvor bestimmten politische Einflüsse die Entwicklung des Bildungswesens. Die Zeit zwischen 1961 und 1970 wird als Neugründungsperiode bezeichnet, auch wenn die jeweiligen Ziele sehr unterschiedlich waren.[13] Als Folge der Studentenbewegung sind Forderungen nach Demokratisierung der Hochschulen und Abschaffung der Ordinarienuniversität zu interpretieren.[14] Als Versuch, die Demokratisierung der Hochschulen zu normieren, und als Antwort der Politik auf die Hochschulkrise bezeichnet Karpen die ab Ende der 1960er Jahre einsetzende Hochschulgesetzgebung der Bundesländer, die 1968 mit der Verabschiedung der Hochschulgesetze – als Ersatz der zuvor üblichen, sich von den Hochschulen selbst gegebenen Verfassungen – von Baden-Württemberg und Berlin begann. Damit wurden Rechte der Hochschulselbstverwaltung auf den Staat übertragen.[15] Einen wichtigen Punkt markiert die Grundgesetzänderung von 1969, die den Hochschulausbau und seine Planung zu einer Gemeinschaftsaufgabe von Bund und Ländern erklärt.[16] Das Hochschulrahmengesetz, das zu einer bundesweiten Standardisierung der rechtlichen Rahmenbedingungen führte, galt seit dem 30. Januar 1976.

Der kurze Blick auf die Entwicklung des deutschen Hochschulwesens verdeutlicht, dass die Bildungsreform, der die Universität Bremen den Beinamen „Reformuniversität" verdankt, nur eine von vielen war. Jedoch ist in ihrem Gefolge die hochschulspezifische Gesetzgebung entstanden, die verbindliche Richtlinien schuf – aber auch Eingriffsmöglichkeiten des Staates festlegte. Die Autonomie der Hochschulen bestand nun nicht mehr in der umfassenden traditionellen.

Die Universität Bremen in der westdeutschen Hochschullandschaft

Die Gründung der Universität Bremen erfolgte zu einer Zeit, in der viel Bewegung in die hochschulpolitische Diskussion gekommen war und verschiedene Neuerungen auf den Weg gebracht worden waren: *„Insgesamt ist das Jahr 1970 als das dynamischste in der gesamtstaatlichen bundesrepublikanischen Bildungs- und Wissenschaftspolitik überhaupt anzusehen."*[17] Der Wissenschaftsrat veröffentlichte seine Pläne, die Bundesregierung legte einen Entwurf für ein Rahmengesetz vor, die Bundesländer verabschiedeten Hochschul- und Fachhochschulgesetze. Zur gleichen Zeit nahmen die inneruniversitären Konflikte zwischen links gerichteten Studierenden und Professoren zu und führten etwa zur Gründung des konservativen Bundes Freiheit der Wissenschaft. Die Ministerpräsidenten der Länder vereinbarten die Aufhebung der Studiengebühren; der Vorläufer des BAföG, das Ausbildungsförderungsgesetz, trat in Kraft.[18]

Die Hochschulreform, wie sie sich Anfang der 1970er Jahre in Bremen ausprägte, war in der Politik und Öffentlichkeit sehr umstritten: *„Gegen erbitterten Widerstand konservativer Kräfte und unter großen materiellen Schwierigkeiten hat die SPD Bremens die Gründung der Bremer Reformuniversität durchgesetzt. Sie ist sich dabei der Tatsache bewußt gewesen, daß angesichts der gegenwärtigen Hochschulkrise in der Bundesrepublik, in der es an praktisch bewährten Konzepten für ein der Gegenwart angemessenes Hochschulwesen mangelt, nur mutige Experimente weiterführen. Die andauernde Stagnation der Hochschulreform an den älteren Hochschulen der Bundesrepublik bestätigt die Richtigkeit der bremischen Reformpolitik."*[19]

Auch in den folgenden Jahren kam es zu Auseinandersetzungen über die Politik des Senats, aber auch die universitätsinternen Entscheidungen. Auch der Rückblick auf die Gründung und die Konsolidierung der Universität bleibt disparat: *„Es haben sich in unserer Universität, wie mir scheint, zwei Formen eingebürgert, um über die Geschichte der Universität Bremen zu sprechen. Die eine ist eine Art Pejorisierung oder Verleugnung der Gründungs- und der frühen Phase der Universität – ein pubertärer Ritus der Abschneidung und Verdrängung der eigenen Kindheit und*

Jugend. Die zweite dagegen ist eine Mythisierung der Kindheit und Jugend, der Gründungsphase der Universität; seit damals sei alles nur immer schlechter geworden. In diesen Formeln spiegeln sich natürlich die großen Geschichtsbilder wieder: Geschichte als Fortschrittsgeschichte oder aber als Abstieg aus dem Paradies."[20] Warum es zu solch unterschiedlichen Bewertungen der ersten Jahre der Universität kommen konnte und wie es um die Außen- und Innenwahrnehmung der Universität stand, thematisiert die vorliegende Arbeit. Gibt es bestimmte Zeitpunkte, an denen sich deutliche Veränderungen des Universitätsimages feststellen lassen? Wird die Vergangenheit als Reformuniversität im Hinblick auf neuere Bestrebungen wie die Teilnahme an der Exzellenzinitiative als förderlich oder hinderlich betrachtet? Welche Themen der Gründungszeit werden später wieder aufgegriffen und werden diese möglicherweise inhaltlich anders belegt?

Nach einigen Jahren ihres Bestehens wandte sich die Universität von mehreren Ideen aus der frühen Zeit ab: *„In den neugegründeten Universitäten Bremen und Oldenburg versuchten Professoren und Studenten solche Ideen [u.a. forschendes Lernen, studienbegleitende Prüfungen] in Hochschulwirklichkeit umzusetzen. Die Öffentlichkeit reagierte mit Polemik und die Bildungspolitiker mit Unverständnis, vielen Professoren-Kollegen waren die neuen Gedanken suspekt und unbequem. Beide Hochschulen gerieten unter Druck, Studium und Lehre so zu organisieren und auszurichten, wie es allgemein an deutschen Hochschulen üblich ist. Die neuen Ideen erschienen unzeitgemäß, die Weichen waren längst anders gestellt."*[21] Wie stark beeinflusste der Wunsch, sogenannten bundesweiten Standards zu genügen, die weitere Universitätsgeschichte?

„In Bremen wurde erstmals der Versuch einer grundlegenden Reform von Studium und Lehre unternommen. Kernpunkte sind dabei eine neue Personalstruktur, neue Formen der Lehre, wie integrierte Eingangsphasen, Verbindung von Forschung und Lehre in Projekten und Kleingruppenarbeit, schließlich eine Neubestimmung der Studieninhalte, die einerseits in allen Studiengängen eine vierjährige Normalstudienzeit sicherstellen, andererseits durch Verzicht auf überholte Fachanteile und durch Einbeziehung berufspraktischer und gesellschaftswissenschaftlicher Anteile in allen Studiengängen eine bessere Ausbildung der Studenten erreichen sollte. Ergänzt wurde diese innere Reform durch gesetzliche Neubestimmungen der universitären Ausbildungen mit Staatsprüfung: Das Bremer Juristenausbildungsgesetz sieht die Erprobung der einphasigen Ausbildung vor, das Bremer Lehrerausbildungsgesetz geht von einer gleichwertigen Ausbildung der Lehrer aller Schulen aus. Die Entwicklung zu diesen Zielen hin verlief nicht ohne Schwierigkeiten, Irrtümer und Rückschläge, trotzdem haben alle Beteiligten Erhebliches geleistet."[22]

Einen wichtigen, relativ neuen Aspekt der Hochschulpolitik sprach Bundeskanzler Willy Brandt im Oktober 1969 an: *„Die Bildungspolitik kann und darf nicht mehr nach Ausbildungsstufen isoliert betrachtet werden. Bildung, Ausbildung und Forschung müssen als Gesamtsystem begriffen werden, das gleichzeitig das Bürgerrecht auf Bildung sowie den Bedarf der Gesellschaft an möglichst hochqualifizierten Fachkräften und an Forschungsergebnissen berücksichtigt."*[23] Damit verband sich eine Abkehr vom traditionellen Bild der Universität. Ulrich Teichler bemerkt zu der neuen Sicht: *„In vielen industrialisierten Gesellschaften zogen in den sechziger und siebziger Jahren Fragen von Hochschulexpansion und Bildungsinvestition, Bildung und Sozialchancen, Lernen und Motivation der*

Studierenden sowie der Wandel der Beziehungen von Studium und Beruf im Zuge der Hochschulexpansion große Aufmerksamkeit auf sich. Seit den achtziger Jahren sind in vielen europäischen Ländern und seit den neunziger Jahren auch zunehmend in Deutschland dagegen Fragen der Steuerung des Hochschulsystems, des Hochschulmanagements und der Evaluation in den Vordergrund getreten."[24] Die Auffassung, dass die Hochschulen künftig auch neuer Steuerungsformen bedürfen, setzte sich erst einige Jahre später durch, nachdem man einige von ihnen in diesem Sinne auf- oder umgebaut hatte.

Der Balanceakt zwischen Hochschulautonomie und staatlicher Steuerung war auch in Bremen nicht einfach. Schon bei der Planung sorgte die Frage, ob die Universität die Dienstherrenfähigkeit erhalten sollte oder nicht, für Konflikte;[25] in der Frühphase führten staatliche Beurteilungen der Vorschlagslisten für Berufungen von Professoren zu Diskussionen über den angemessenen Umgang mit den in Gremien der Universität getroffenen Entscheidungen. Das Verhältnis zwischen Staat und Universität ist zum Zeitpunkt der Gründung als nicht eindeutig geklärt anzusehen; ebenso die Frage, was eine Universität leisten und welche Aufgaben innerhalb einer Gesellschaft sie erfüllen soll. Insofern liegen der Untersuchung folgende Leitfragen zugrunde:

– Wie gestaltete sich das Verhältnis zwischen Staat und Universität?
– Wie veränderte sich die Wahrnehmung der Universität in der Öffentlichkeit? (Von der „Roten Kaderschmiede" bis zur „Exzellenzinitiative")
– Wurden studienreformerische Ansätze wie z.B. Interdisziplinarität und Projektstudium konsequent verfolgt?
– Aus welchen Gründen kam es zum Paradigmenwechsel von der ausbildenden zur forschenden Universität und welchen Einfluss hatte das auf das Gesamtbild der Universität?
– Wann und aus welchen Gründen fand ein Wechsel in Richtung Forschung statt – weg von der Lehre unter Einbeziehung der Studierenden hin zu einer auf ökonomische Interessen abzielenden Forschung?
– Wie gestaltete sich der Schwerpunktwechsel von der Lehrerbildung und der sozialwissenschaftlichen Orientierung zur eher technisch-naturwissenschaftlich orientierten Universität?
– Gab es eine „Reform der Reform"? Was waren die Gründe, Ziele und Ergebnisse?
– Wie entwickelte sich die Universität von einer lokalen Angelegenheit hin zu einer Institution mit globaler Ausrichtung, aber auch den entsprechenden Einschränkungen im Handeln?

Heute stellt sich die Lage der Universität Bremen ganz anders dar als zur Zeit ihrer Gründung: *„Ihre primäre Aufgabe ist es, Arbeitplätze und Kaufkraft nach Bremen zu holen. Das hat bei der Gründung der Universität überhaupt keine Rolle gespielt. Jetzt ist die Akquirierung von Forschungsaufträgen, von Drittmitteln das eigentliche Bewertungskriterium von Hochschullehrern. [...] Heute bestimmt die Forschungsnachfrage, was geforscht wird, und das wird auch akzeptiert. Das ist ein ganz wesentlicher Unterschied. [...] Damals stand aus unserer Sicht die Reform der Lehre im Vordergrund. Heute spielt die Qualität der Lehre nicht die wesentli-*

Hans Koschnick (Mitte), Rolf Lindhorn (links) und Rudolf Wiethölter (rechts) bei einer Diskussion über die Bremer Universität, Anfang der 1970er Jahre

che Rolle bei der Selbstbeurteilung der Universität. [...] Eine Diskussion über die Bremer Universität und ihre Leistungen ist nie losgelöst von der Ökonomie zu führen. [...] Die Bedingungen haben sich sehr verändert."[26] Der ehemalige Bremer Bürgermeister Hans Koschnick erklärt, der wesentliche Wandel, der sich an der Universität im Laufe der Zeit vollzogen habe, bestehe darin, dass es gelungen sei, der Naturwissenschaft neue Räume zu eröffnen und den Lehrenden sowie den Lernenden verdeutlicht zu haben, dass l`art pour l`art allein nicht genüge.[27]

Im Veranstaltungs- und Personalverzeichnis für das Sommersemester 2007 heißt es unter der Überschrift „Selbstverständnis und Leitziele" (S. 8), einige Elemente des Bremer Modells der Gründungszeit hätten heute noch Geltung: Interdisziplinarität, forschendes Lernen in Projekten, Praxisorientierung und Verantwortung gegenüber der Gesellschaft; ergänzt worden seien diese Aspekte durch Internationalisierung der Forschung, Gleichberechtigung der Geschlechter und umweltgerechtes Handeln. Inwieweit diese Selbsteinschätzung der Realität entspricht, wird zu klären sein.

2. Vorgeschichte: Gründungsideen – Die Universitätsplanung in Bremen bis 1970

Die Idee zur Gründung einer internationalen Universität

> *„Der weltweite universale Geist soll an der neuen Universität seine Heimstätte haben."* [1]

Bereits kurz nach Kriegsende nahm man in Bremen Planungen zur Gründung einer Universität auf; sie sollte internationalen Charakter haben. Die Initiative, obwohl von der amerikanischen Militärregierung unterstützt, ging jedoch nicht von der Besatzungsmacht aus. Die Universitätsidee entstand auf bremischer Seite.[2] Vertreter des Senats, insbesondere der Bildungsbehörde, sowie der amerikanischen Militärregierung trafen sich zu einem regelmäßigen Austausch und diskutierten verschiedene Formen der neu aufzubauenden Universität.[3]

Unabhängig von diesen Gesprächen war es in den Jahren 1947-1949 Interessierten aufgrund der weitgehend zerstörten Universitäten und dem damit verbundenen Platzmangel möglich, sich in Bremen auf ein Studium vorzubereiten und entsprechende Hochschulkurse zu belegen. Insbesondere Finanzsenator Wilhelm Nolting-Hauff (FDP) gehörte bereits 1946 zu den entschiedenen Befürwortern einer Universitätsgründung. Er mahnte zur Eile, da in der französischen Besatzungszone schon neue Universitäten – Trier und Mainz – eröffnet würden und Bremen seiner Auffassung nach Gefahr lief, *„ins Hintertreffen [zu] geraten."*[4] Ausführlich legte Nolting-Hauff seine Haltung in einem Brief an Bürgermeister Kaisen dar: Die verloren gegangenen materiellen sollten durch geistige Werte ersetzt werden; für den Fall, dass der Handel und Hafenverkehr seine alte Bedeutung nicht wiedererlange, sei Vorsorge zu treffen; eine Universität in Bremen biete sich als Ersatz für die im Osten verloren gegangenen Hochschulen an; Bremen, künftig ein wichtiger Hafen für die Amerikaner, könne als geistiges Zentrum viele amerikanische Studenten anziehen; es brauche nur an die Tradition des Gymnasium Illustre anzuknüpfen; eine Basis für eine medizinische Fakultät sei bereits vorhanden, auch eine juristische schnell einzurichten – eine theologische könne bis auf weiteres fehlen und die philosophische und sprachwissenschaftliche ließe sich nach und nach aufbauen, so Nolting-Hauff. Von besonderem Interesse im Hinblick auf die 1971 gegründete Universität ist sein letztes Argument: *„Die Universität Bremen könnte mit einer Volkshochschule und evtl. auch mit einer Gewerkschaftsschule verbunden werden. Es könnte hier in politischer Beziehung ein Gegengewicht gegen die alten deutschen Universitäten geschaffen werden, die heute bereits vielfach wieder und offenbar nicht ganz unberechtigt als ‚Hochburgen der Reaktion' verdächtigt werden."*[5]

Nolting-Hauffs Engagement für die Gründung einer modernen Universität ist in Zusammenhang mit seiner Vergangenheit zu sehen: Ihm war während des Nationalsozialismus zunächst die Zulassung als Anwalt entzogen worden und seit Ende 1944 befand er sich als Häftling im Arbeitslager Farge.[6] Nolting-Hauff war daher an Reeducationmaßnahmen und an einer demokratisch orientierten Erziehung interessiert. Johann Diedrich Noltenius, damals Leiter des Steueramtes, unterstützte ihn dabei und ist vermutlich für die technisch-pragmatischen Vorschläge in dem erwähnten Brief verantwortlich, so beispielsweise für die Empfehlung, in Sachen der medizinischen Fakultät eng mit der Universität Göttingen zusammenzuarbeiten.[7]

In der von ihm 1946 erbetenen Expertise äußerte der Gutachter Giese mit Blick auf die medizinische Fakultät, es bestehe aufgrund der Zerstörung der Universitäten dringender Handlungsbedarf. Die räumlichen und technischen Voraussetzungen in Bremen erschienen als Grundlage ausreichend.[8] Senator Ehlers empfahl die Einrichtung einer medizinischen Akademie.[9] Der Marburger Professor der Medizin, Hans Meyer, erläuterte den Studienplatzmangel am Beispiel seiner Hochschule und befürwortete das Bremer Vorhaben ebenfalls.[10]

Pläne, eine der Universitäten aus dem Osten zu übernehmen, kamen zwar zur Sprache, wurden aber nicht weiter behandelt. Ein Bremer Bürger wies in einem Brief an Senator Paulmann das Argument der fehlenden Räume zurück und schlug eine Aufteilung der Fakultäten vor: Unterbringung der Juristen im Gerichtsgebäude, der Mediziner im Hörsaal der Klinik, Nationalökonomen im Haus Schütting und Naturwissenschaften im Museum am Bahnhof.[11]

Eine erste Untersuchung über den Finanzbedarf für eine Universität legte der spätere Finanzsenator Johann Diedrich Noltenius vor. 1946 überschlug er auf der Grundlage der Haushalte verschiedener Universitäten aus dem Jahr 1943 den Bedarf für Bremen; er ging dabei von etwa 500 Studierenden aus und kam zu dem Ergebnis, dass für die Universität jährlich 380 000 RM aufzubringen und ein Teil davon aus Studiengebühren, Unterrichtsgeldern, Einschreibegebühren und ähnlichem zu erwirtschaften sei; er rechnete mit einem seitens der Stadt zu leistenden Zuschuss von 175 500 RM.[12] Ganz anders sieht die Schätzung im ersten Entwurf eines Haushalts für die Internationale Universität aus: Den Kosten von 3 339 200 RM standen nur Einnahmen von 339 200 gegenüber, der Zuschuss bezifferte sich also auf 3 000 000 RM.[13]

Am 3. Oktober 1947 setzte der Bremer Senat eine Kommission, bestehend aus Bürgermeister Spitta und den Senatoren Paulmann und Nolting-Hauff ein, deren Aufgabe darin bestehen sollte, die Möglichkeit einer Universitätsgründung zu prüfen. *„Die Geschichte der letzten Jahrzehnte hat mit zunehmender Deutlichkeit gezeigt, daß die Völker und Staaten Teile einer größeren, den ganzen Erdball umspannenden Gemeinschaft sind. Auf politischem Gebiet ist das bisherige Ergebnis dieser Entwicklung die UNO. […] Die gleiche Erkenntnis gilt besonders für das geistige Leben."*[14] Mit anderen Worten: Die neue Universität sollte *„Träger eines geistigen Güteraustausches zwischen den Völkern"*[15] werden. Ziel war es, möglichst viele Studierende und Lehrende aus dem Ausland zu erreichen, den Schwerpunkt auf Sozialwirtschaft und Sozialpädagogik zu legen und möglichst weite Kreise der Bevölkerung in Verbindung mit der Universität zu bringen, *„auch wenn diese nicht über die üblichen Schulabschlußprüfungen verfügen"*[16] – was sich anhört, als hätte man an eine Art Nichtabiturientenstudium gedacht. Doch ist darüber in den vorliegenden Akten nichts Konkretes ausgeführt. Alle Hauptfakultäten sollten vertreten sein, und die Universität neben Lehr- auch Erziehungsaufgaben erfüllen. Die amerikanische Militärregierung unterstützte die Pläne. Die hanseatische Tradition

Bremens wurde als Argument für den Standort herangezogen. Die Universität sollte in Form einer Stiftung des öffentlichen Rechts mit den Organen Kuratorium, Vorstand und akademischem Rat gegründet werden.[17]

Die Deputation für Kunst und Wissenschaft stimmte am 6. Oktober 1948 dem Gesetzentwurf zur Vorbereitung einer Internationalen Universität zu.[18] Harold Crabill von der Education Division der amerikanischen Militärregierung vermisste in den Entwürfen zunächst eindeutige Aussagen zur Verwaltungs- und Leitungsstruktur der geplanten Einrichtung und riet auch, die Öffentlichkeit frühzeitig über das Projekt zu informieren.[19]

Am 16. Dezember 1948 nahm die Bürgerschaft das Gesetz zur Gründung einer Internationalen Universität in Bremen an.[20] Dem Vorbild amerikanischer Campus-Universitäten folgend, sollte eine Hochschule mit Instituten auf einem Gelände entstehen; Studierende und Lehrende fänden auf dem Camp Wohnraum und die zum Leben notwendige Infrastruktur vor. In einer solchen Volluniversität würde der Wissenserwerb auch über die Fachgrenzen hinaus möglich sein; neben dem Fachstudium stellte man sich ein studium generale vor, dessen Inhalt sich aus fächerübergreifenden Vorlesungen und Arbeitsgemeinschaften zusammensetzen sollte.[21] Aus dieser Kombination erhoffte man sich eine zusätzliche Persönlichkeitsbildung der Studierenden, die über die eigentliche Fachausbildung hinausginge: Nach dem Vorbild angelsächsischer Hochschulen sollte eine breitere Bildung die künftigen Studierenden in die Lage versetzen, Zusammenhänge besser zu beurteilen und negative Zukunftsentwicklungen abzuwenden. Heranwachsende aller gesellschaftlichen Klassen sollten Zugang zur Universität haben, deshalb wurde ein Stipendienmodell diskutiert.[22] Angeregt von dem Rechtsanwalt Karl Carstens erhielt die Freiheit der Wissenschaften im Gesetz zur Universitätsgründung hervorgehobene Bedeutung.[23]

Dieses Gesetz sah vor, die Finanzierung durch in- und ausländische Mittel sicherzustellen. Die Universität sollte in Form einer Stiftung Öffentlichen Rechts entstehen.[24] Die Rockefeller-Foundation signalisierte ihre Bereitschaft, das Vorhaben zu unterstützen. Inhaltlich sollte die neue Universität *„in Forschung, Lehre und Erziehung auf allen Gebieten der Wissenschaft eine Brücke zum ausländischen Geistesleben bilden"* und sich vornehmlich mit Disziplinen beschäftigen, die einen Zusammenhang mit den Beziehungen der Völker beinhalteten. Vor allem ging es darum, einen Beitrag zur Erziehung *„in einem neuen Geiste"* zu leisten und die deutschen Probleme mit *„denen der übrigen Völker"* zu verbinden.[25] Man wählte die Form der Stiftungsuniversität, um nicht ausschließlich das Land Bremen mit den Errichtungs- und Unterhaltskosten zu belasten. Daher verschob man die Gründung auch auf einen Zeitpunkt, an dem die Gebäude und entsprechende Finanzmittel zur Verfügung stehen würden. Die im Zusammenhang mit der Gründungsvorbereitung als eher gering eingestuften Kosten wurden nicht aus Haushaltsmitteln, sondern von der *„Stiftung zur Förderung der Errichtung einer Internationalen Universität in Bremen"* bestritten.[26] Dem Beirat gehörten die Senatoren Spitta, Nolting-Hauff, Harmssen und Paulmann, nach dessen Rücktritt sein Nachfolger Dehnkamp an.[27] Als Vorstand fungierte Rechtsanwalt Schütte. Zweck der Stiftung war es, die Voraussetzungen für die Universitätsgründung zu schaffen; laut Senatsbeschluss sollte das Kapital zehn Millionen Reichsmark betragen.[28] Die Stiftung finanzierte zunächst das Auslandskundliche Institut als Teil der Internationalen Universität. Hier stellte man ab 1948 Personal ein und begann, eine Bibliothek aufzubauen.

Mit der Planung beauftragte der Bremer Senat den Geographen Professor Erich Obst, nachdem sich herausgestellt hatte, dass der zuvor vorgesehene Reformpädagoge und Jenaer Professor Peter Petersen nicht tragbar war. Petersen galt bis 1933 als Demokrat, blieb aber 1933 weiter im Dienst und trat nach Kriegsende in die SED ein. Sowohl seitens der amerikanischen Militärregierung als auch der bremischen Politik reichte das als Grund aus, auf Petersen zu verzichten; er galt wegen seiner Aktivitäten im Nationalsozialismus als auch infolge seiner SED-Mitgliedschaft als politisch unzuverlässig.[29] Paulmann informierte Crabill über Petersens Veröffentlichungen: *„Herr Senator Paulmann bringt das Buch Petersens ‚Pädagogik der Gegenwart' mit, aus dem eine Stelle übersetzt und besprochen wird, die in der 1937 erschienenen zweiten Auflage so erscheint, daß Prof. Petersen hier dem Nationalsozialismus mehr Zugeständnisse gemacht hat, als tragbar ist für seine vorgesehene Stellung als leitender Professor beim Aufbau der Universität."*[30] 1947 hatte Petersen eine kurze Denkschrift zur Universitätsgründung erstellt. Tatsächlich erscheinen seine Gedankengänge und Formulierungen etwas zweifelhaft. So bedauerte er den Verlust der Universitäten von Königsberg, Posen und Breslau und erklärte, der Weg, Deutschland zu Weltgeltung bringen zu wollen, sei durch die nationalsozialistische Politik bis zum Ende gegangen worden; daher gelte es, sich beherzt für den Wiederaufbau des geistigen Lebens einzusetzen. Er riet zu einer Rückbesinnung auf das 19. Jahrhundert, da man mit jenen Mitteln bis 1933 einen weit über die Grenzen reichenden Einfluss erreicht habe, ein neuer Weg, so Petersen, sei notwendig.[31] Ihm schwebten eine sozialwissenschaftliche, eine philologisch-historische, eine mathematisch-naturwissenschaftliche, eine technische, eine wirtschaftswissenschaftliche, eine staats- und verwaltungswissenschaftliche sowie eine theologische Fakultät vor.[32] Zugleich befürwortete er die Errichtung einer gesonderten lutherisch-theologischen Fakultät auf der Basis des von ihm behaupteten internationalen Charakters der lutherischen Kirche; spezielle Besonderheiten der Lehrerausbildung, die in Bremen aufgrund des konfessionell nicht gebundenen Schulfachs Biblische Geschichte bestanden, berücksichtigte er nicht.[33] Insbesondere die Einführung einer technischen Fakultät stellte eine Neuheit dar – ein Gedanke, den er allerdings nicht weiter ausführte. Finanzsenator Nolting-Hauff schlug später vor, zunächst auf die Technische Fakultät zu verzichten, *„da gerade dadurch die beabsichtigte Gründung einen allzu kolossalen Anschein erhalten könnte"*.[34]

Petersen schlug in seiner Denkschrift den Namen *„Leibniz-Universität"*[35] vor und wünschte sich Karl Jaspers als ersten Rektor. Im Mittelpunkt standen für ihn die Probleme der Gesellschaft, der Erziehung und der Religion. Als er seine Denkschrift dem Bremer Senat vorlegte, stimmte dieser den Vorschlägen zu. Bedenken gegen Petersen äußerte offenbar zunächst das OMGUS (Office of Military Government for Germany, U.S.). Petersen verwies nach einer entsprechenden Anfrage Paulmanns auf seine Schwierigkeiten, nach 1937 zu veröffentlichen und erklärte, er habe seit 1942 dem Widerstandskreis um Adolf Reichwein angehört. Ein Brief von Crabill lässt allerdings vermuten, dass auch fachliche oder persönliche Konflikte unter den Pädagogen eine Rolle spielten.[36] Barbara Kluge gelangt in ihrer Lebensgeschichte Petersens zu dem Ergebnis, dass der Bremer Schulrat Aevermann die treibende Kraft hinter der Trennung von Petersen war; Aevermann sei mit Fritz Karsen, dem Chief of Higher Education and Teacher Training beim OMGUS, eng verbunden gewesen.[37] Karsen habe Petersens Bremer Pläne als Konkurrenz für seine eigenen Vorschläge zur Einrichtung einer Forschungshochschule in Berlin betrachtet.[38] Tatsächlich hatte Aevermann die Personalie Petersen unter anderem mit Karsen bei einem Besuch in Berlin zur Sprache gebracht,[39] und Karsen hielt nachweislich Petersen aufgrund seiner Verwicklungen in den Nationalsozialismus nicht für geeignet.[40] Kluge bewertet das später vorgebrachte Argument des Eintritts Petersens in die SED als vorgeschoben; sie führt daneben auch eine größere Anzahl von Dokumenten an, die die Vorwürfe widerlegen sollen. Es handelt sich in der Regel um Briefe von Schülern Petersens.[41] Völlig außer acht lässt Kluge jedoch das angespannte Verhältnis zwischen den USA und der Sowjetunion; die Einstellung eines SED-Mitglieds für die Gründung einer Universität in der amerikanischen Besatzungszone zu erwarten, darf schon als sehr optimistisch gelten. Petersens Werdegang nach 1933 ist zudem als Beispiel dafür anzusehen, wie man durch politische Anpassung zwischen die Stühle geraten kann. Nach 1945 vermochte Petersen zwar beruflich in der Bundesrepublik nicht mehr Fuß zu fassen, seine Pädagogik aber fand weiterhin Anhänger. Seine politische Einstellung änderte nichts an der Rezeption seines pädagogischen Werkes. Nicht nur Schulen erhielten seinen Namen, in Jena benannte man 1991 den Karl-Marx-Platz sogar in Peter-Petersen-Platz um, ungeachtet von Petersens zweifelhafter Rolle im NS-Staat.[42]

Der spätere Bundespräsident Karl Carstens, seit Mitte 1945 neben seiner Tätigkeit in einer Anwaltskanzlei als Mitarbeiter bei Bürgermeister Spitta tätig, legte verschiedene Entwürfe für ein Universitätsgesetz vor. Seine Hauptaufgabe galt dem Wiederaufbau der bremischen Justiz. Seit 1937 Mitglied in der NSDAP gehörte er von 1937 bis 1939 dem NS-Rechtswahrerbund an und fand sich im Zuge der Entnazifizierung zunächst als Mitläufer eingestuft. Aufgrund seines Einspruchs wurde er jedoch in die Gruppe der Entlasteten eingeordnet.[43] Ab 1. Mai 1945 als Anwalt tätig, erhielt er Mitte September seine Zulassung für das Amtsgericht und das Landgericht Bremen. Seinen Dienst bei Spitta trat er auf Initiative des ersten Bremer Bürgermeisters der Nachkriegszeit, Erich Vagts, an.[44] Carstens wirkte weniger inhaltlich, sondern mehr organisatorisch beim Aufbau der bremischen Justiz nach 1945 mit.[45] Daher ist zu vermuten, dass er auch wenig Einfluss auf die konkrete Gestaltung des Universitätsgesetzes nahm; einzig seine bereits erwähnte Empfehlung, die Freiheit der Wissenschaften zu betonen, ist überliefert. Allerdings äußerte Carstens seine Bereitschaft, nachdem er ab dem 1.1.1948 beim Senat nicht mehr in Diensten stand, an den Vorbereitungen zur Universitätsgründung mitzuarbeiten.[46] In der Folgezeit beschäftigte er sich mit Räumlichkeits- und Ausstattungsfragen.[47] Auch als Beauftragter Bremens beim Bund befasste er sich weiterhin mit den Universitätsplänen.[48]

Erich Obst[49], nach Petersen mit der Leitung der Vorarbeiten zur Universitätsgründung beauftragt, hob in seinem Konzept die Rolle der Universität in der Gesellschaft besonders hervor; die Lehrer- sowie die Weiterbildung von im Beruf stehenden Nichtakademikern und von Akademikern, deren Hochschulausbildung schon länger zurücklag, sollten den öffentlichen Nutzen der Universität verstärken. Eine besondere Verknüpfung von Universität und Stadt hielt er als für erstrebenswert.[50] Die wenigen Informationen, die über Obst vorliegen, sprechen jedoch dafür, dass auch Obst nicht über politische Zweifel erhaben war; offenbar befürwortete er in den 1920er Jahren eine deutsche Expansionspolitik.[51] Obst hatte 1945 bereits im Auftrag des niedersächsischen Kultusministeriums Pläne für eine Universität in

Bad Grund entworfen, die Flüchtlingen aus den Ostgebieten ein Weiterstudium ermöglichen sollte – ein Vorhaben, das allerdings nie realisiert wurde.[52]

Obsts Forderungen an den Bremer Senat, für seine weitere Tätigkeit als Leiter der Vorbereitungen besser entlohnt zu werden, geben einen interessanten Einblick in die Arbeitsbedingungen der Nachkriegszeit; so fragte er nach der Zuweisung von Benzin- und Ölscheinen – er lehrte in Hannover und musste zwischen den beiden Städten pendeln – und nach Zusatzverpflegung, da er sich „*mit den Marken allein, von meinem Haushalt losgelöst, nicht zu ernähren vermag.*" Obst erwartete auch die Einrichtung eines von ihm geleiteten Arbeitsausschusses, dem ein Geschäftsführer, ein studentischer Mitarbeiter und eine Sekretärin angehören und der u.a. Spenden einwerben, Listen für die benötigte Ausstattung erstellen, Pläne für die Institutionalisierung von Fakultäten ausarbeiten und sich mit der Raumfrage befassen sollte.[53] Obst erhielt, was er wünschte. Da er seine Tätigkeit an der TU Hannover nicht auf Dauer mit den Aufgaben in Bremen verbinden konnte, bot man ihm in Bremen eine Stelle an, entweder als Direktor des bereits im Vorfeld der Universitätsgründung ins Leben zu rufenden Auslandskundlichen Instituts oder als Leiter der Behörde für Kunst und Wissenschaft. Der Senat stimmte dem Vorhaben zu.[54] Jedoch kam die Institutsgründung oder eine andere Beschäftigung Obsts nicht in Gang,[55] obwohl der niedersächsische Kultusminister ihn bereits für das Sommersemester 1949 beurlaubt hatte.[56] Ab Mai 1949 bezahlte die Stadt Bremen Erich Obst; er erhielt 17 328,- DM jährlich.[57] Seine Mitarbeiter und er waren in zwei Räumen im Haus des Reichs untergebracht.[58]

Als wichtigster Aspekt der Universitätsgründung galt der Gedanke der Völkerverständigung; ausländische Dozenten sollten unterrichten, eine große Zahl ausländischer Studierender – gedacht war an etwa ein Drittel bis zur Hälfte der Gesamtzahl – sollte aufgenommen und ein Auslandskundliches Institut geschaffen werden. Erich Obst schreibt dazu: „*Gründliches gegenseitiges Kennenlernen bei grundsätzlicher gegenseitiger Achtung aller kulturellen, wirtschaftlichen, gesellschaftlichen und politischen Leistungen wird mannigfache Fäden von Mensch zu Mensch knüpfen, persönliche Einladungen hinüber und herüber zeitigen und insgesamt die Geisteshaltung schaffen helfen, ohne die alle Bestrebungen zu wahrhafter Völkerverständigung bloße konstruktive Versuche bleiben müssen.*"[59]

Für den kulturellen Austausch hielt man Bremen für besonders geeignet, da es als Handelsplatz schon früher in einem Austausch mit der übrigen Welt gestanden, aber auch, weil die „*hanseatische Tradition*" günstige, weltoffene Bedingungen geschaffen hatte.[60] Für das Auslandskundliche Institut waren „*etwa*" vier Fächer vorgesehen: Sprache, Geschichte, Wirtschaft und Soziologie. Überschneidungen mit den anderen Fakultäten betrachtete man als wesentliche Voraussetzung der Arbeit. Die Stellung des Institutes innerhalb der Universität sollte jener der Fakultäten entsprechen, es selbst in drei Hauptgebiete eingeteilt sein: USA, England und Osteuropa. Als künftige Erweiterungen dachte man an den Nordseeraum – insbesondere Skandinavien –, Lateinamerika und Ostasien, ebenso an eine Abteilung Auswanderungswesen.[61] Ein anderer Vorschlag legte den Schwerpunkt auf Lehrer- und Ausbildung von Dolmetschern und Auslandskaufleuten.[62] Auswanderungsfragen sah man seinerzeit als wichtig für Deutschland und Bremen an: viele Einwohner überlegten zu emigrieren. Zahlreiche Flüchtlinge kamen nach Deutschland, teils, um zu bleiben, teils, um weiterzureisen. Die Zusammensetzung der Bevölkerung wies als Kriegsfolge einen

Mangel an Männern im arbeitsfähigen Alter auf. Eine wissenschaftliche Befassung mit dem Thema Auswanderung schien daher angebracht.[63] Das Auslandskundliche Institut, 1949 ins Leben gerufen, gliederte man 1950 in den Bremer Ausschuss für Wirtschaftsforschung ein.

Bei der Diskussion um die Gestaltung der Pädagogischen Fakultät und der Lehrerbildung verfolgte die Bremer Seite zunächst die Idee, Lehrer von Volks- bzw. höheren Schulen unterschiedliche Ausbildungsgänge absolvieren zu lassen. Crabill widersprach und befürwortete eine einheitliche Lehrerausbildung sowie die Angleichung der Gehälter. Auch erklärte er, die Fakultät habe nicht nur für den bremischen Bedarf auszubilden.[64] Der Plan für die sozialpädagogische Fakultät war sehr umfassend und sollte gegliedert sein in:

– Philosophie der Erziehung,
– Psychologie,
– Schulverwaltung und Schulüberwachung,
– Geschichte der Pädagogik und vergleichende Pädagogik,
– Erziehungswissenschaftliche Forschungsarbeit,
– Erziehungswissenschaftliche Soziologie,
– Fachmethodik und allgemeine Methodik,
– Unterrichtspraxis,
– Wissenschaftliche Fächer.

Zur Schule für Social Studies sollten Verkehr, Handel, Finanzen, alle wirtschaftlichen Fragen und die gesamte Soziologie gehören.[65] Obst erklärte, zunächst seien die medizinische und sozialpädagogische Fakultät sowie das Auslandskundliche Institut aufzubauen; zur Eröffnung sollten die philosophische und die wirtschaftswissenschaftliche Fakultät folgen. Mit dem Nebeneinander von sozialpädagogischer und philosophischer Fakultät wollte man die Perspektiven der Sozialpädagogik stärken. Obst hob drei Punkte hervor, die für eine deutsche Universität neu waren und die er für notwendig hielt: die Lebens- und Arbeitsgemeinschaft von Dozenten und Studierenden auf dem Campus – angelehnt an amerikanische oder englische Colleges –, die Aufnahme ausländischer Dozenten und Studierender und die Errichtung eines Auslandskundlichen Instituts.[66] Die Gemeinschaft von Lernenden und Lehrenden sowie die Förderung des Gemeinschaftsgedankens durch Aktivitäten wie z.B. Sport betrachtete man als atmosphärisch hilfreich bei der Bildungsvermittlung.[67] Obst schwebte eine eher kleine Universität vor. Das Gemeinschaftsleben, das er für die Lehrenden und Lernenden anstrebte und das den Kern der neuen Universität bilden sollte, berge sonst die Gefahr, dass der Einzelne nicht mehr zu seinem Recht gelange. Daher dürfe es maximal 1 500 Studierende geben, von denen die Hälfte aus dem Ausland kommen solle.[68]

Man machte das Projekt in der Stadt bekannt. Im September 1949 fand eine Bürgerversammlung statt, die einer Resolution zustimmte, den Senat und die Bürgerschaft zu bitten, der im Dezember 1948 beschlossenen Gründung der Universität nun auch die Ausführung und den Aufbau folgen zu lassen. Obst informierte die Versammelten über die bislang erfolgten Vorarbeiten. Die Diskussion im Anschluss an die Referate gestaltete sich jedoch, so die „Bremer Nachrichten", eher kontrovers. Einige Gegenstimmen wiesen auf die finanzielle Notlage hin und

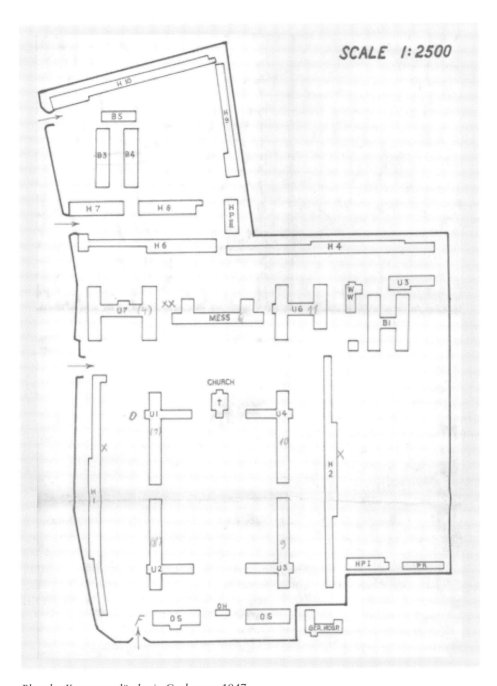

Plan des Kasernengeländes in Grohn, um 1947

wünschten, dass Bereiche wie der Schulbau, Schifffahrt und Handel Priorität erhalten sollten.[69] Der „Weser-Kurier" berichtete, etwa die Hälfte der Anwesenden habe die Pläne befürwortet.[70]

Als geeigneter Gebäudekomplex bot sich das ehemalige Kasernengelände in Bremen-Grohn an. Die Entfernung zum Stadtkern würde zwar die Notwendigkeit von Auslagerungen z.B. der geplanten akademischen Weiterbildungskurse mit sich bringen, im Allgemeinen beurteilte Obst das Gelände aber als das einzig geeignete.[71] Ein Neubau kam aufgrund des Mangels an Baustoffen nicht in Frage. Der Komplex schien auch deshalb für eine Universität in Frage zu kommen, weil in ihm auch die Unterbringung der Studierenden möglich gewesen wäre; man dachte an 4- oder 2-Bett-Zimmer in den Wohnblocks und Baracken.[72]

Doch gab es schon bald ein Problem. Zwar zeigte sich die Militärregierung bereit, das Terrain zunächst ab Mitte 1948 für fünf Jahre ohne Gegenleistung der Stadt Bremen zur Verfügung zu stellen, und Crabill, Carstens, Berger und Schwarz von der Abteilung Property Control der Militärregierung überlegten bereits, die Pädagogische Hochschule sofort nach Übergabe des Geländes dorthin zu verlegen, um durch die Nutzung Leerstand und damit Plünderungen zu vermeiden,[73] doch im Laufe des Jahres zog die Militärregierung eine Nutzung des Gebäudes für Displaced Persons, die über Bremen auswanderten, in Erwägung. Carstens entwarf eine Eingabe an den Kommandanten der Kaserne, Oberst Hill, und erläuterte die Universitätspläne.[74] Er wies auf die zentrale Bedeutung der Kaserne hin, doch die Bemühungen blieben erfolglos. Die Kaserne für Displaced Persons zu verwenden, war offenbar von der britischen Militärregierung ausgegangen. Sowohl Crabill als auch Wells, der kulturelle Berater General Clays, sowie der Direktor der Militärregierung in Bremen, Dunn, unterstützten weiterhin die Absicht, dort eine Universität anzusiedeln.[75] Doch die Entscheidung fiel schnell; ein von der US-Regierung aufgestellter Auswanderungsplan sah Transporte von monatlich etwa 20 000 Flüchtlingen über zwei Jahre vor. Die dafür erforderlichen Gebäude stünden, so Dunn, nur in Bremen-Grohn zur Verfügung. Dunn und Crabill wollten das nicht als Absage an die Universitätsgründung verstanden wissen und empfahlen, die Planung fortzusetzen.[76] Nolting-Hauff befürwortete eine baldige Eröffnung zumindest von Teilbereichen notfalls in anderen Gebäuden; er wollte die Gründung nicht mit der Währungsreform zusammenfallen lassen, weil dadurch finanzielle Schwierigkeiten zu erwarten seien.[77] Er hielt das Vorhaben aber für durchaus finanzierbar, wenn ihm nach dem Währungsschnitt Priorität im Haushalt eingeräumt würde.[78]

Also betrieb man die Planung trotz der ungeklärten Unterbringung.[79] Bürgermeister Kaisen jedoch hielt die Auswandererfrage für wichtiger als die Universitätsgründung und betonte, Hauptaufgabe Bremens sei die Wiederherstellung der Bedeutung der Stadt als Handels- und Schifffahrtszentrum.[80] Kaisen beteiligte sich nur wenig an den die Universität betreffenden Konferenzen; der zweite Bürgermeister Spitta war in dieser Sache deutlich engagierter. Der Senat stellte das Projekt gegenüber dem Auswanderungsplan zurück, man suchte jedoch nach Ausweichmöglichkeiten für die 7 000 Displaced Persons, die in Grohn untergebracht werden sollten. In Erwägung zog man das Lager Seedorf bei Zeven, das ehemalige Interniertenlager Sandbostel, die Räume des Fliegerhorstes Adelheide, das frühere Verschiffungslager der amerikanischen Truppen in Weddewarden sowie die von den britischen Truppen inzwischen fast vollständig geräumte Kaserne Delmenhorst.[81]

Carstens bemühte sich, eine Entscheidung herbeizuführen. Er führte nicht nur die Universitätspläne als Argument an, sondern erklärte auch, er halte die Versorgung einer großen Zahl von Flüchtlingen mitten in einer Großstadt für ungünstig: *„Erfahrungsgemäß flüchtet ein Teil der DP's vor der Verschiffung. Diese können sich in der Stadt verbergen und vermehren wahrscheinlich die Zahl der kriminellen Elemente. Ferner bestehen durch die enge räumliche Verbindung zwischen DP's und der Stadtbevölkerung Gefahren aller Art: Übertragung ansteckender Krankheiten auf die DP's, Schwarzhandel, evtl. auch Diebstähle und sonstige Straftaten."*[82] Die Bedenken wurden mit weitergehenden Hinweisen – Grohn sei nicht durchgehend kanalisiert, es gäbe nur wenige feste Straßen etc. – auch General Clay vorgetragen.[83] Unter zwei Bedingungen, so die Mitteilung an Crabill, gebe die Militärregierung die Kaserne in Grohn frei: Es müsse ein rechtsverbindlicher Beschluss zur Universitätsgründung vorliegen und für ein Ersatzlager gesorgt sein.[84] Ganz so einfach aber war die Sache jedoch nicht. Dunn erklärte, die Kaserne zähle als Kriegsbeute und sei in das Eigentum der Armee übergegangen, die wiederum von der Internationalen Flüchtlingsorganisation IRO, einer Unterorganisation der Vereinten Nationen, gebeten worden war, sie für Auswanderungszwecke zur Verfügung zu stellen. Darauf sei die Armee eingegangen. Die vorgeschlagenen Ersatzlager zögen also Verhandlungen mit der englischen Militärregierung nach sich.[85] Bremens Lage als Enklave erschwerte mithin die Suche nach einem Domizil für die Displaced Persons.

Im Februar 1949 kam noch einmal Bewegung in die Angelegenheit, als man die Huckelrieder Kaserne ins Gespräch brachte.[86] Carstens nahm Verbindung zu dem High Commissioner McCloy auf, um eine Lösung herbeizuführen.[87] Die Bemühungen um Ersatzgebäude wurden fortgesetzt,[88] ohne zu einem Ergebnis zu kommen. Im Oktober 1950 erhielt Carstens schließlich von James M. Read, Chief Education and Cultural Relations Division, den Bescheid, dass die Kaserne Grohn in naher Zukunft nicht zur Verfügung stünde.[89]

Die Internationale Universität war nicht unumstritten. Die Gegenargumente, vor allem von der CDU angeführt, bezogen sich auf die vermutete Auslastung der Universität und auf die Finanzierungsfrage, aber auch auf die Durchführbarkeit des Plans. So verglich der CDU-Bürgerschaftsabgeordnete Dr. Richard Ahlers die Hochschuldichte im Gebiet von Rheinland-Westfalen mit der Lage in Bremen nach Gründung einer Universität und kam zu dem Ergebnis, dass ein deutliches Überangebot entstünde. Des Weiteren bezweifelte Ahlers, dass der Bedarf an Studienplätzen, nachdem der Andrang der Kriegsgeneration erst einmal abgeebbt sei, weiterhin hoch genug bleibe, um eine Universität auszulasten.[90] Er berücksichtigte dabei allerdings nicht, dass der gesamte nordwestdeutsche Raum nur über eine sehr geringe Hochschuldichte verfügte und daher der Einzugsbereich der Bremer Universität deutlich größer ausgefallen wäre als von ihm veranschlagt. Ahlers hob weiter hervor, dass allein der Wiederaufbau des Außenhandelszentrums Bremen die Eigenstaatlichkeit der Stadt rechtfertige und daher vorrangig zu fördern sei – auch zum Nachteil der Universitätsgründung, die er, gerade auch in der geplanten Form, als sehr hohe finanzielle Belastung einschätzte.[91] Ebenso kritisierte er das Gelände in Grohn als Standort: *„Hält man sich etwa die Columbia-Universität auf Manhattan vor Augen, so handelt es sich da um ein Institut, das wohl mehr Raum einnimmt als unsere ganze Altstadt. Stellt man dem unsere kleine armselige Kasernenanlage in Grohn gegenüber, so läßt sich kaum vorstellen, wie unsere Einrichtungen hier irgendeine Werbekraft auf namhafte ausländische Lehrkräfte oder auf ausländische Studenten ausüben können, die sie doch etwa zur Hälfte belegen sollen."*[92]

Der Präsident der Hafenbauverwaltung Bremen und Berater beim Senator für Häfen, Schiffahrt und Verkehr, Arnold Agatz[93], kritisierte das Projekt ebenfalls. Er forderte, zunächst die bestehenden Hochschulen wieder aufzubauen, und ging davon aus, dass aufgrund der, wie er vermutete, sich verschlechternden wirtschaftlichen Situation künftig eher weniger Studienplätze benötigt würden. Neuen Universitäten stand auch er kritisch gegenüber: *"Wir müssen doch versuchen, aus den Erfahrungen der Vergangenheit zu lernen, und es ist allgemein bekannt, wie schwer es gewesen ist, dass neue Hochschulen und Universitäten, wie Köln, Hamburg, Danzig und Darmstadt sich haben durchsetzen können, ohne jedoch den hervorragenden Ruf alter Hochschulen und Universitäten in dem Umfang bislang zu erreichen."*[94] Senator Theil, zunächst für eine Gründung, wies darauf hin, dass man den wirtschaftlichen Aspekt des Vorhabens nicht außer Acht lassen dürfe, da in den nächsten Jahren Neubauten auf vielen Gebieten erforderlich seien.

Paulmann, Spitta und Nolting-Hauff hielten weiterhin an der Notwendigkeit der Universität fest. Nolting-Hauff vertrat die Auffassung, *"daß man sich die Gelegenheit nicht entgehen lassen solle, die Tat von großer Bedeutung auf geistigem Gebiet durchzuführen."*[95] Spitta, Paulmann, Nolting-Hauff und Carstens entschieden sich, trotz der aufgetretenen Probleme weiterzumachen, Erich Obst hinzuzuziehen und eine Geschäftsstelle einzurichten. Obst sprach sich, davon ausgehend, dass die Kaserne 1950 zur Verfügung stehen würde, dafür aus, nun endgültig die Sicherung des Vorhabens zu betreiben und die zwei Jahre zu nutzen. Es seien umfangreiche Vorarbeiten erforderlich, und er halte eine Vorbereitungszeit von eineinhalb bis zwei Jahren für unabdingbar. Als nächste Schritte empfahl Obst die Annahme eines entsprechenden Gesetzentwurfes, die Gründung der vorgesehenen Stiftung, die Wahl des Kuratoriums und die Einrichtung eines Arbeitsausschusses.[96]

Die Planungen schritten somit trotz der unklaren Finanzierung und der noch nicht gelösten Gebäudefrage voran. Am 16. Dezember 1948 nahm die Bürgerschaft den Gesetzentwurf gegen die Stimmen der CDU an, und man befasste sich bald darauf mit den Personalfragen. Zunächst erwog man, *"ostvertriebene"* Professoren zu beschäftigen und sie aus Bundes- wie aus bremischen Mitteln zu bezahlen. Dem Senat wurde jedoch mitgeteilt, dass der Bundespräsident Theodor Heuss die Neugründung von Universitäten mit dem Zweck, dort Wissenschaftler aus dem Osten zu beschäftigen, ablehne.[97] Indes setzten sich Professoren anderer Universitäten für ihre Kollegen ein, und die Hochschulkonferenz richtete eine Unterstützungskasse für stellungslose Professoren ein, die in erster Linie Wissenschaftlern aus den ehemaligen Ostgebieten zugedacht sein sollte.[98] Es liegt aber auch eine Anfrage vor an einen Professor, der bis 1933 in Jena, nach seiner Emigration in Washington tätig gewesen war und daher für ein Ordinariat *"Amerika"* geeignet erschien. Ebenso findet sich in den Akten der Lebenslauf eines 1933 über Belgien nach Frankreich und 1940 in die USA emigrierten Gelehrten.[99] Senator Paulmann erhielt zudem weitere Vorschläge.[100] Am 20. und 21. Januar 1949 befürwortete eine Tagung in Bremen, an der neunzehn Wissenschaftler und eine Wissenschaftlerin teilnahmen, die sich eine ehrenamtliche Mitarbeit am Aufbau der Universität vorstellen konnten, die Einstellung von hauptamtlichen *"Gelehrten"* bzw. Sachbearbeitern; sie sollten sich mit der Planung und dem Aufbau der einzelnen Fakultäten befassen.[101]

Vor Beginn des Wintersemesters 1949/1950 an der TU Hannover erwartete Obst eine Entscheidung des Senats über seine weitere Beschäftigung. Er forderte von den

Bremer Senatoren eine rasche Antwort. Es sei, so seine Erklärung, nur wenig politisch unbelasteter wissenschaftlicher Nachwuchs vorhanden und man müsse damit rechnen, dass die in Frage kommenden Personen bald andere Stellen antreten würden.[102]

Aus dem Protokoll der Senatssitzung vom 16. September 1949 geht hervor, dass die Mehrzahl der Bremer Senatoren von Obsts Verhalten irritiert war; mit einem Interview in der „Nordsee-Zeitung" erwecke er den Eindruck, Bremen gefährde die Einrichtung der Universität, er polemisiere damit gegen Senat und Bürgerschaft, so die Auffassung von Wilhelm Kaisen. Nolting-Hauff wandte sich gegen die Gründung eines Auslandskundlichen Instituts unabhängig von der Universität und befürchtete, so könne ein *„unfruchtbarer Professorenklub"* entstehen. Darüber hinaus zeigte er sich verwundert, dass Obst in dem strittigen Interview nicht die Gebäudefrage erwähnt habe – laut Nolting-Hauff war das der entscheidende Grund für das bisherige Scheitern der Pläne.[103] Trotzdem setzte sich Paulmann weiter für Obst ein, für den er eine befristete Stelle als Präsident für Kunst und Wissenschaft vorschlug. Um ihn zu bezahlen, sollte ein freier Direktorenposten beim Städtischen Museum gesperrt werden.[104] Als Ende September klar war, dass auch für ein Auslandskundliches Institut keine Räume zur Verfügung stehen würden, um beispielsweise Abendkurse anzubieten, trat Obst zurück und nahm seine Lehrtätigkeit in Hannover wieder auf. In Bremen verblieben die übrigen Mitglieder des Arbeitsausschusses – Schwind, Prinzhorn und von Gröning –, mit denen Obst in Kontakt bleiben wollte. Offenbar ging er davon aus, dass sich die Raumfrage doch noch lösen ließe.[105] Endgültig stellte Obst seine Arbeit mit einem Schreiben vom 17. November 1949 zum Jahresende ein; er war mit dem inzwischen erfolgten Beschluss des Senats, das Auslandskundliche Institut unabhängig von der Universitätsgründung ins Leben zu rufen, nicht einverstanden,[106] obwohl die Militärregierung die Freigabe der Kaserne für die Universität für 1950/51 in Aussicht gestellt hatte. Der Senat sah sich nicht imstande, weiteren Vorarbeiten stattzugeben, solange die Raumfrage nicht wirklich geklärt war. Das Institut sollte im Zentrum der Stadt untergebracht sein, doch hier war keine Lösung in Sicht.[107] Überlegungen, das Institut für Erdmessung in Zusammenhang mit der Universitätsgründung nach Bremen zu verlegen, verfolgte man nach kurzer Diskussion nicht weiter.[108]

Der Rücktritt von Obst im Herbst 1949 führte zu einer Stagnation. Carstens schlug vor, eine neue Persönlichkeit zu gewinnen, sollte man die Gründungsarbeiten fortsetzen wollen.[109] Paulmann, dem inzwischen Zweifel gekommen waren, räumte jedoch dem Schulneubau höhere Priorität ein. Auch sei die erwartete Hilfe aus anderen Ländern ausgeblieben.[110]

Dass es nicht zur Realisierung des Vorhabens einer Internationalen Universität kam, lag zum einen an der unlösbaren Unterbringungsfrage, nachdem die Grohner Kaserne ausfiel; ein ähnlich geeignetes Gebäude gab es nicht, und an einen Neubau war nicht zu denken. Selbst nach der Räumung des DP-Lagers stand die Kaserne in Grohn nicht zur Verfügung. Mittlerweile war der Bund als Rechtsnachfolger des Deutschen Reiches Eigentümer der ehemaligen Wehrmachtseinrichtung geworden. Ab 1956 wurde die Kaserne von der Bundeswehr genutzt.[111]

Zum anderen ließ sich die Finanzierungsfrage nicht klären, wozu auch die Folgen der Währungsreform beitrugen. Zunächst machten sich Wiederaufbauprobleme bemerkbar, darüber hinaus kam es zu einem inflationären Preisanstieg und zu hoher Arbeitslosigkeit. Die unterschiedliche Entwicklung von Löhnen und Preisen wirkte sich ebenfalls hemmend aus, ebenso wie die Krise auf dem Energiesektor. Erst ab 1952 zeichnete sich ein spürbares Wirtschaftswachstum ab.[112]

Auch nach seinem Weggang aus Bremen zeigte Crabill – wie dem Briefwechsel mit Kaisen und Berger zu entnehmen ist – weiterhin Interesse am Fortschritt der Bildungsreform. Kaisen erläuterte die Problematik in einem Brief an den inzwischen wieder in den USA lebenden Crabill: *„Die Frage der Internationalen Universität ist für uns im gegenwärtigen Augenblick nicht leicht zu lösen. Die Kasernen in Grohn sind immer noch nicht frei [...] Außerdem ist die Durchführung der bremischen Schulreform und überhaupt der Wiederaufbau des bremischen Schulwesens sehr stark an unsere knappen Mittel gebunden, so daß es wirklich schwer fallen wird, große Geldsummen für das Universitätsprojekt bereitzustellen, wenn wir auf der anderen Seite wissen, daß wir nicht genügend tun können für die Ausbildung unserer Jugend in den bremischen Schulen. [...] Sie werden aus dieser kurzen Zusammenfassung ersehen, daß ein Aufbau einer Internationalen Universität ohne eine wirksame Hilfe von Ihrer Seite unter den gegenwärtigen Umständen vollkommen unmöglich ist. Umso mehr liegt mir daran, durch Besprechungen in Amerika zu klären, wie weit wir überhaupt noch damit rechnen können, Unterstützung zu bekommen."*[113] Crabill gelang es auch, finanzielle Unterstützung in den USA für die Internationale Universität zu finden – unter anderem erklärten Zook und Rockefeller ihre Bereitschaft, das Projekt zu fördern –, zu greifbaren Ergebnissen führten seine Bemühungen allerdings nicht. Der ehemalige Bremer Bürgermeister Hans Koschnick beurteilt die Initiative folgendermaßen: *„1947/48 bestand eigentlich noch kein wirklicher Bedarf an einer Universität, aber es war ein erster Ansatz, in einem zerschlagenen Bremen so etwas aufzubauen. [...] Zwischen 1945 und 1950 entstanden viel mehr Überlegungen quer durch die Gesellschaft über Schule und Universität als später."*[114]

Nicht weiter verfolgt wurde die Idee, in Bremen eine „Ostuniversität" bzw. „Ostakademie" zu errichten, die allerdings öfter zur Sprache kam. 1949 erhielt Bürgermeister Kaisen unaufgefordert eine Denkschrift mit dem Titel „Standortermittlung für die Wiedereröffnung der ostdeutschen Hochschulen in Westdeutschland". Danach sollten die Osthochschulen im Westen *„zur Vorbereitung der Rücksiedlung [...] die geistigen Sammelpunkte der Ostflüchtlinge bilden."* Als „Wirtstadt" war Bremen für die Universität Königsberg vorgesehen, da der Autor Heinrich Dörr glaubte, in ihr *„wesensverwandte westdeutsche Wirtstämme"* entdeckt zu haben. Teil seines Plans stellte die spätere Rückführung dieser Universitäten in ihre Ursprungsstädte ebenso dar wie die Rücksiedlung der Vertriebenen. Bis dahin, so der Autor, könnten die Ostuniversitäten als *„Schrittmacher künftiger [...] Neugründungen"* dienen. Der Entwurf beschränkte sich jedoch darauf, jeder Universität und jedem der erwähnten *„Stämme"* eine neue Region als Übergang zuzuweisen.[115] Obst merkte dazu an, eigentlich sei die Übernahme ostdeutscher Universitäten und die Fortführung der Traditionen ein guter Gedanke, die *„Art und Weise jedoch, wie sich Dörr die Verwirklichung dieses Gedankens vorstellt, erweckt in mannigfaltiger Hinsicht Bedenken."*[116] Auch die Eingabe Professor Walter Hoffmanns, Vorsitzender des Notverbandes vertriebener Hochschullehrer, vom 24. Juni 1952 fand im Senat keine Zustimmung. Hoffmanns Vorschlag, in Bremen eine „Ostakademie" mit 24 Hochschullehrern und 400 wissenschaftlichen Mitarbeitern aller Disziplinen ins Leben zu rufen,[117] wurde mit dem Hin-

Willy Dehnkamp, 1963

weis auf die mangelnde Finanzkraft Bremens und fehlende Räumlichkeiten abgelehnt; man wollte auf dem Gebiet wissenschaftlicher Forschung frei werdende Gelder vorzugsweise „*zur Festigung unserer Beziehungen zu befreundeten bestehenden Universitäten verwenden*"[118] und Bremen sollte „*auf dem Gebiete wissenschaftlicher Forschung nur typisch bremische Belange fördern.*"[119]

Das Vermögen der Stiftung – vor der Währungsreform vom Senat mit 10 Millionen Reichsmark ausgestattet – ging nach langer Diskussion[120] an das 1954 aus dem Ausschuss für Wirtschaftsforschung hervorgegangene Institut für Schiffahrtsforschung.[121] Das bereits angeschaffte Inventar des Auslandskundlichen Instituts – Bücher und Büroausstattung – übernahm die Staatsbibliothek.[122] Doch gab man die Universitäts-Idee zunächst nicht komplett auf.[123] Auch das Gesetz zur Gründung einer Internationalen Universität blieb noch in Kraft. Die Aufgaben der Stiftung aber lauteten seit 1952: Bis zur Errichtung einer Universität sollte das Vermögen mit Zustimmung des Stiftungsbeirats allgemein für die Förderung wissenschaftlicher Zwecke verwendet werden können.[124]

Allerdings galt die *„Internationale Universität"* schon bald als überholt. Da die Universitätsplanung 1960 keine rein bremische Angelegenheit mehr war und man in erster Linie Niedersachsen, aber auch die anderen Länder und den Bund berücksichtigen musste, hielten es Bildungssenator Willy Dehnkamp und Finanzsenator Wilhelm Nolting-Hauff offenbar nicht mehr für angemessen, eine Universität, wie sie 1948 erdacht worden war, zu errichten. Zwar betonte Nolting-Hauff nochmals, dass er die Planungen zur Internationalen Universität richtig fand, jedoch sei die Idee von der Zeit überholt worden.[125] Außerdem spielten nun bundesweite Aspekte eine große Rolle. Um dem Mangel an Studienplätzen entgegenzuwirken, entstand in Bremen die Idee zur Gründung einer *„Volluniversität"*, die also das gesamte Fächerspektrum abdecken sollte.

Vergleicht man die alten mit den ab 1959 beginnenden neuen Überlegungen für eine Bremer Universität, lassen sich nur wenige Anknüpfungen an das erste Projekt feststellen.[126] Die Universitätsplanungen in den 1960er Jahren sind gekennzeichnet von den Empfehlungen des Wissenschaftsrates; der Völkerverständigungsgedanke ist nicht mehr enthalten. Die Entwürfe ab 1959 standen stark unter dem Einfluss des Kalten Krieges; das tertiäre Bildungssystem wurde ausgebaut, um einen – tatsächlichen oder vermuteten – Rückstand zu den Ländern des Warschauer Paktes aufzuholen. Mit den Vorarbeiten befasste sich jetzt eine größere Arbeitsgruppe; nicht mehr ein Einzelner plante, sondern ein dazu berufenes Gremium. Ein neuer Aspekt taucht mit der Studentenbewegung 1967/68 auf: Es war nun nicht mehr möglich, eine neue Universität ins Leben zu rufen, ohne auf die Reformforderungen der Studierenden, aber auch vieler Lehrender und Bildungspolitiker einzugehen.

Einige Ideen der Nachkriegszeit finden sich schließlich an der Universität doch wieder – so beispielsweise die Landeskunde als Bestandteil des Fremdsprachenstudiums, was jedoch weniger der Erinnerung an alte Pläne, sondern vielmehr der Entwicklung der Hochschuldidaktik, der Studienreform und dem Anspruch der Universität, praxisnah auszubilden, geschuldet ist. Allerdings äußerte Nolting-Hauff bereits 1946 die Erwartung, die neue Universität könne ein Gegengewicht zu den traditionellen Hochschulen darstellen, weshalb er die Verbindung beispielsweise mit einer Gewerkschaftsschule befürwortete.[127] Diese Idee des Finanzsenators ist in einer späteren Phase der Gründung, als die Reform der Lehre und des Studiums an Bedeutung gewann, wiederzufinden. In einzelnen Aspekten bezog sich der Beratungsausschuss unter dem Vorsitz von Weber und Bargmann explizit auf die Internationale Universität.[128]

Festzuhalten bleibt, dass man sich 1947/48 erstmals und ernsthaft mit dem Gedanken einer Universität für Bremen beschäftigte. Eine Gemeinsamkeit mit der schließlich 1971 gegründeten Hochschule besteht darin, dass beide Konzepte umfangreiche Reformen und Ansätze zur Überwindung reaktionärer Ideologien und Strukturen vorsahen.

Wiederaufnahme der Idee einer Universität für Bremen

Nach 1945 kam es im Rahmen der Reeducationpolitik in den westdeutschen Zonen zu Reformbemühungen im Bildungswesen, die auch die Universitäten einschließen sollten. Der spätere Verzicht auf sie *"läßt sich als Anpassung an einen ‚restaurativen Zeitgeist' deuten."*[129] Neugründungen von Volluniversitäten hat es, sieht man von der Freien Universität Berlin ab, bis in die 1960er Jahre in Westdeutschland nicht gegeben – ein Umstand, der eine Universitätsreform erschwerte, war sie doch an bestehenden Hochschulen kaum durchsetzbar.

Ein Wandel, der mit einem *„Modernisierungsschub"*[130] einherging, lässt sich ab 1960 feststellen. Im Mittelpunkt stand zunächst der bauliche und personelle Ausbau, der sich zum einen auf die Sorge zurückführen lässt, die Bundesrepublik könnte auf dem Gebiet der Wissenschaft international den Anschluss verlieren, zum anderen der sich durchsetzenden Erkenntnis verdankt, dass Bildungschancen ein Beitrag zur sozialen Gerechtigkeit seien. Man hob das Grundrecht auf Bildung – das dem Grundgesetz der Bundesrepublik Deutschland allerdings nur mittelbar zu entnehmen ist[131] – hervor, die Chancengleichheit und das Recht eines jeden Bürgers in einer Demokratie auf Teilhabe an Bildung. Humanistische, sozialpolitische und demokratisch-partizipatorische Argumente dienten zur Begründung des Ausbaus des Bildungswesens. Im Bereich des höheren Bildungswesens wurde vor allem mit der Notwendigkeit einer wissenschaftlichen Ausbildung argumentiert, die dem zunehmenden technischen Fortschritt Rechnung zu tragen habe.[132] Auch regionalpolitische Ziele spielten eine Rolle: Eine Universität führe zu einem Angebot von Arbeitsplätzen am Standort, fördere den Hochschulbesuch der Bevölkerung in der Region und sorge für öffentliche und private Investitionen; sie komme also – neben einem flächendeckenden Angebot an Studienplätzen – der Infrastruktur ihres Standortes zugute.[133]

Gleichzeitig setzte sich der Gedanke durch, dass eine Neustrukturierung des Hochschulwesens notwendig sei. Der 1957 gegründete Wissenschaftsrat und der seit 1965 wirkende Deutsche Bildungsrat sowie die Einrichtung eines Bundesministeriums für Bildung und Wissenschaft 1969 beförderten die Reformen auf dem Bildungssektor. Bildungsplanung war nun nicht mehr allein Thema der Bundesländer, sondern auch eine bundespolitische Angelegenheit. In dieser Phase stiegen auch die Ausgaben für Bildung stark an, Bildungspolitik erhielt in den öffentlichen Haushalten Priorität. Die Ergebnisse blieben allerdings mager und weit hinter den Erwartungen zurück. So war zwar der 1973 verabschiedete Bildungsgesamtplan das erste gemeinsame Bildungskonzept für die Bundesrepublik, er ließ aber viele Aspekte offen. In wichtigen Fragen wie beispielsweise der Lehrerbildung – stufenbezogen oder nicht? – ließ sich keine Übereinstimmung erzielen. Festzuhalten ist aber, dass im Bildungsbereich die bis dahin größten Investitionen zu verzeichnen sind.[134]

Die studentischen Proteste seit 1967 trugen zu weiteren Veränderungen der traditionellen Hochschulen bei. Forderungen nach mehr gesellschaftlicher Relevanz von Lehre und Forschung und der Protest gegen die „Ordinarienuniversität" lösten bildungspolitische Grundsatz-Debatten aus.[135] Auch Reformen in der Lehre wurden verlangt und mit den steigenden Studierendenzahlen die dortigen Mängel evidenter.[136]

Im Stadtstaat Bremen gab es bis zum Jahr 1971 zwar verschiedene Fachhochschulen – die Pädagogische Hochschule, die Technische Hochschule, die Hochschule für Künste, die Hochschule für Nautik und andere weiterbildende Schulen –, aber keine Universität. Eine Tradition der höheren Bildung war kaum vorhanden.[137] Damit bot sich den Bremer Gründern die Chance, eine Universität unter neuen, bildungsreformerischen Gesichtspunkten aufzubauen. Abgesehen von der Notwendigkeit der Integration der Lehrerausbildung war man – zunächst – frei in der Wahl des Standortes, der Fakultäten und der Organisationsstruktur.

Ganz war das Projekt Universitätsgründung nach seinem Scheitern im Jahre 1948 nicht begraben. Zunächst bestand die Stiftung zur Förderung der Errichtung einer Internationalen Universität in Bremen weiter, auch das ähnlich lautende Gesetz blieb in Kraft. 1958 ließ Bildungssenator Dehnkamp die Kosten für eine kleinere Universität feststellen. Als Vergleichsobjekte dienten Erlangen, Kiel und Würzburg mit weniger als 4 000 Studierenden. Unter Berücksichtigung der höheren Kosten pro Studierenden in den norddeutschen Ländern errechnete er einen erforderlichen Zuschuss von 5 Millionen DM jährlich, die Aufwendungen für die Errichtung bezifferte er mit mindestens 100 Millionen DM. Dehnkamp kam zu dem Schluss, dass im Hinblick auf die Haushaltslage das Projekt nicht weiter verfolgt werden sollte.[138] Nolting-Hauff erwiderte, er habe den Eindruck, einige Länder fingen an, mit hohen Zahlen *„gegeneinander anzuprotzen"*, und betonte, er sei der Auffassung, Bremen könne eine Universität finanziell verkraften.[139] Dehnkamps Priorität war eindeutig der immer noch nicht abgeschlossene Wiederaufbau der Schulen, für den er noch 108 Millionen DM veranschlagte.[140]

1959 lebte die Diskussion wieder auf: Die bevorstehende Verlegung der Hochschule Wilhelmshaven,[141] als deren neuer Standort auch Bremen im Gespräch war, führte zu der Überlegung, nicht nur eine weitere Hochschule nach Bremen zu holen, sondern um diese herum eine Universität zu errichten. Der Bremer Senat befasste sich eingehend mit der Frage und beauftragte den Göttinger Wissenschaftler Hans-Werner Rothe damit, ein Gutachten zu erstellen. In der 1961 erschienenen Denkschrift[142] lehnte sich Rothe stark an das amerikanische Prinzip der Campusuniversität an und entwarf das Bild einer Volluniversität. Neu daran war, dass er die Fächer Erziehungswissenschaft, Sport, Kunst und Musik im Rahmen der Lehramtsausbildung in die Planung einbezog.

Die große Mehrheit der Bremer SPD konnte sich kaum die Gründung einer Universität vorstellen. Die junge Generation in der Partei jedoch sah das Universitätsprojekt als die Chance zur Entfaltung eines neuen politischen Milieus und begriff es von Anfang an als ihre Aufgabe.[143]

Diverse Modelle der finanziellen Beteiligung des Bundes oder der anderen Länder, auch eine Kooperation mit Niedersachsen, wurden diskutiert. Die ungeklärte Finanzfrage war auch der Hauptgrund für Bürgermeister Kaisens kritische Haltung.

1961 wurde bereits das erste Gründungsgremium eingesetzt, das zunächst noch den unverbindlichen Namen Beratungsausschuss trug. Vorrangige Aufgabe des Ausschusses war es, das Profil der Universität abzustecken und ihre besonderen Aufgaben herauszuarbeiten. Hierbei konzentrierte man sich auf Gebiete, die einen Bezug zur Hanse- und Handelsstadt Bremen aufwiesen. Der Ausschuss orientierte sich an Rothes Denkschrift und ging von einer Volluniversität aus, die auch ein Klinikum einschließen sollte. Studierende waren zu diesem Zeitpunkt noch nicht an

Hans Werner Rothe

den Entscheidungsprozessen beteiligt. Es gab allerdings mit Heinz Theodor Jüchter einen Beauftragten der norddeutschen Studierendenvertretungen, der eine beratende Funktion hatte. Jüchter entwarf einen eigenen Plan, der den Schwerpunkt auf die studentischen Belange richtete: den *„Bremer Studentenhausplan",*[144] gedacht als Arbeitsunterlage für das erste Bremer Studentenseminar vom 14. bis zum 16.11.1964. Er setzte sich zugleich mit der Frage der verschiedenen Studentenorganisationen und daraus resultierender Konflikte und auch den Kontaktmöglichkeiten für unorganisierte Studierende auseinander und befürwortete eine offene Gestaltung des Campuslebens unabhängig von einzelnen Vertretungen. Er sprach sich gegen gemeinschaftliches Wohnen auf dem Campus aus und wollte den individuellen Bereich von allgemeinen studentischen Einrichtungen getrennt wissen.[145] Jüchter warnte davor, wie an den bestehenden Hochschulen geschehen, zuzulassen, dass die studentischen Organe restriktive Maßnahmen gegenüber einzelnen Studierendengruppen ergreifen könnten. Er betonte die Notwendigkeit, alle Strömungen zuzulassen.[146] Darüber hinaus befasste Jüchter sich mit der Infrastruktur der Universität und befürwortete die Einrichtung eines Restaurants, um so eine Möglichkeit zu bieten, das *„schlichtere und eintönige Mensa-Essen"* zu umgehen. Des Weiteren schlug er einen Bier- oder Jazzkeller vor, einen großen Saal für die Veranstaltungen der Studentenschaft, einen *„Bazar"* für Toilettenartikel, Schreibwaren und ähnliches – entweder als Ladenzeile oder als Selbsthilfeeinrichtung –, verschiedene Gruppenräume für die studentischen Organisationen und die Ansiedlung von Dienstleistungsbetrieben wie Friseur oder Reinigung sowie ein Clubhaus als Treffpunkt für die Professoren.[147]

Insgesamt orientierten Jüchters Vorschläge sich sehr an Fragen der Ernährung und der Unterhaltung – so jedenfalls die Kritik anderer Studentenvertreter: *„Die Kegelbahn würde ich streichen, ebenso ein gesondertes Billardzimmer. Denn dieses Billardzimmer scheint mir geeignet zu sein, die Idee des Studentenhauses der Lächerlichkeit anheimzugeben."*[148] Das Wohnen auf dem Campus fand ebenfalls keine Zustimmung. Da dazu nur ein Teil der Studierenden in der Lage sei, habe man bei der Gestaltung der Wohnheime unbedingt darauf zu achten, dass sie sich nicht zu *„Kollegienhäusern"* mit sozialem Druck entwickelten. Befürwortet wurde das *„freie Wohnheim skandinavischen Musters."*[149] Der Unterschied, den Jüchter hervorzuheben versuchte, bestand darin, dass man im ersten Fall die Studierenden als Gemeinschaft mit bestimmten Regeln ansah,[150] während beispielsweise das Wohnheim *„Tempus"* in Stockholm vom Aufbau her eher einem üblichen Wohnblock mit Gemeinschaftseinrichtungen entsprach und sowohl Einzelzimmer mit Küchenmitbenutzung als auch Appartements mit eigener Küche sowie Familienwohnungen aufwies[151] und somit individuelles Wohnen ermöglichte. Allgemein lehnten die Studenten Gemeinschaftspflege im Wohnheim und entsprechende Tutorenprogramme eher ab.[152] Ebenso sprachen sich die norddeutschen Studentenvertreter gegen Rothes Idee aus, die Universität solle zur Erziehung der Studierenden im demokratischen Sinne beitragen: *„Die Hochschule hat kein Recht auf außerwissenschaftliche Erziehung der Studenten."*[153] Auch im Vorfeld der Gründung der Ruhr-Universität Bochum äußerte sich der dortige studentische Beauftragte entsprechend: *„Der Widerstand der jüngeren Generation gegen Betreuung und künstliches Engagement ist bekannt."*[154] Der studentische Beauftragte für Bremen vertrat die Auffassung, die neue Universität habe einen Beitrag zur Studienreform zu leisten.[155] Jüchter führte aus: *„Als vor nunmehr drei Jahren* *die sog. ‚Neugründungskommission' des VDS ihre Beratungen über die studentischen Vorstellungen zur Gestalt der geplanten Neuen Universitäten aufnahm, begann sie mit einer Analyse der Abforderungen an ein zeitgemäßes Höheres Bildungswesen ohne jede Rücksicht auf vorhandene Institutionen und vorhandene Ausbildungsstufen."* Dass die daraus entstandene Denkschrift trotzdem *„entscheidende Leitbilder der deutschen Universitätstradition fast wörtlich"* wiederholte, spräche für die *„zeitlose Modernität"*[156] dieser Konzepte, so Jüchter. Erst die wenige Jahre später sich zu Wort meldende Studentenbewegung brachte eine andere Sichtweise auf das Lehren und Lernen. Jüchter setzte sich mit den neuen Anforderungen an die wissenschaftliche Ausbildung auseinander und forderte, die Studierenden zu selbstständiger Problemlösung und Forschung zu befähigen.[157]

Die Ernennung von Hans-Werner Rothe 1966 zum Kurator der Universität war ein deutlicher Schritt in Richtung Universitätsgründung, sollte aber sicherlich auch den Beratungsausschuss beruhigen, dem die inzwischen erfolgte Kritik an Rothes Konzept nicht entgangen war. Der frühere Bildungssenator Christian Paulmann hatte öffentlich die Auffassung vertreten, man solle sich nicht ausschließlich an Rothes Vorgaben orientieren.[158] Bevor der Ausschuss 1967 zurücktrat, kam es noch zu mehreren Unstimmigkeiten zwischen ihm und dem Senat, wobei es u.a. um das Universitätsklinikum ging.

Die Gründung der Universität ist durch den Rücktritt allerdings nicht gestoppt worden. Die Senatskommission für Universitätsfragen führte ihre Arbeit weiter. Der Senat entschloss sich in der Folge, die Bremer Hochschule unter der Patenschaft der Universität Göttingen ins Leben zu rufen. Ein neues Beratungsgremium unter der Führung eines Mitglieds des zurückgetretenen Ausschusses zu schaffen, für den sich Professor Andreas Predöhl stark machte, ließ man fallen, obwohl es bereits zu einer vorbereitenden Sitzung gekommen war. Der Bremer Senat entschied sich für das Patenschaftsmodell und berief einen paritätisch zusammengesetzten Gründungssenat ein. Die Professoren wurden von der Universität Göttingen, die Assistentenvertreter vom Assistentenrat und die Studenten vom Verband Deutscher Studentenschaften (VDS) benannt. Nun waren auch die Studierenden mit Stimmrecht an der Universitätsplanung beteiligt. Die Tagungen fanden öffentlich statt. Mitglieder des Gründungssenats waren nun die Professoren Walther Killy (Stellvertreter: Günther Patzig), Gerhard Joppich (Hans-Jürgen Brettschneider), Eugen Leitherer (Hans-Ulrich Harten), Claus Roxin (Horst Schüler-Springorum), die wissenschaftliche Rätin Erna Duhm (PD Jost Bernhard), der Privatdozent Wolfgang Eisenmenger (Ingeborg Nahnsen), die Assistentin Heide Gerstenberger (Gerhard Köbler), der Lektor Ehanem Georges Hana (Assistent Hans-Adolf Paul), der Akademische Rat Heinrich Richtering (Studienrat Dieter Wuttke) und die Studenten Detlev Albers, Gert Hinnerk Behlmer und Wolfgang Eßbach, den später Werner Loewe ersetzte. Zur Berücksichtigung der studentischen Mitglieder äußerte Detlev Albers rückblickend: *„Ich weiß bis heute nicht, ob Bildungssenator Thape ahnte, dass Herr Killy – seinerseits auch im Gedränge mit seinen eigenen Studenten und deren Forderungen – ihm dann für den Gründungssenat nicht nur sechs Professoren, sondern auch drei Assistenten und drei Studentenvertreter benannte."*[159]

Die Vertreter des VDS forderten 1967 in einem Gespräch mit Senator Thape und Rothe eine Beteiligung am neuen Gründungsausschuss. Sie begründeten ihr

Verlangen mit der Aufgabe des Gremiums, das ihrer Auffassung nach auch die Funktion eines Akademischen Senats, dem üblicherweise zwei Studentenvertreter angehörten, übernehmen müsse. Auch die Tatsache, dass es *„in der Vergangenheit häufig zu Schwierigkeiten zwischen dem Gründungsausschuß und unserem Vorgänger, Herrn Jüchter, gekommen sei"*, zogen die Studenten als Argument heran, da sie den Grund für die Probleme in der mangelnden Kommunikation zwischen Jüchter als beratendem Funktionsträger und den Mitgliedern des Ausschusses sahen. Eine Mitgliedschaft der Studentenvertreter sollte die Zusammenarbeit verbessern.[160] Sie trafen sich noch vor ihrer Aufnahme in den Gründungsausschuss mit Bremer Politikern und verdeutlichten ihre Haltung zu verschiedenen Themen; beispielsweise lehnten sie Wohnheime nicht grundsätzlich ab, wollten aber sichergestellt wissen, dass jedem Studierenden die Entscheidung über die Wohnform selbst überlassen bliebe, das Gemeinschaftsleben nicht gesteuert werde, sondern von den Betroffenen selbst zu entwickeln sei, und dass man die Wohnheime nicht an Fachrichtungen binde.[161] Auch die Teilhabe aller Universitätsangehörigen an den beschlussfassenden Gremien wurde von ihnen bereits 1967 u.a. gegenüber dem ehemaligen Senator Paulmann und Dr. Dieter Klink, Mitglied der SPD-Bürgerschaftsfraktion, angesprochen, die eine große Aufgeschlossenheit zeigten, was zu der Vermutung führte, die SPD-Fraktion insgesamt sei der gleichen Auffassung.[162]

Während die Studenten in den 1950er und frühen 1960er Jahren kaum politische Initiative – abgesehen vom Kampf gegen Atomwaffen – zeigten,[163] änderte sich das seit Mitte der 1960er Jahre. Der Widerstand gegen die Ordinarienherrschaft und die Notstandsgesetze gewann immer mehr Zulauf, nicht zuletzt angesichts des Verhaltens der Polizei bei Demonstrationen und insbesondere nach dem Tod von Benno Ohnesorg. Eine unmittelbare Folge der Studentenbewegung war die beginnende studentische Mitbestimmung und die langsam fortschreitende Modernisierung der Universitäten, begünstigt auch durch den Regierungswechsel in Bonn.[164] Eine Universitätsgründung ohne angemessene studentische Mitbestimmung – jedenfalls in einem SPD-regierten Bundesland – war nunmehr undenkbar geworden.[165] Unter den Studentenvertretern im Gründungssenat und in den Planungskommissionen herrschte jedoch keinesfalls Einigkeit über das Vorgehen. Schon früh kristallisierten sich Fraktionen heraus, und es kam zu Auseinandersetzungen über die Kandidaten zu den verschiedenen Ausschüssen.[166]

Rothe verlor seinen Einfluss, da Unstimmigkeiten in der Zusammenarbeit zwischen ihm und dem Gründungssenat bestanden – er hielt an seinem Konzept fest, während die anderen zahlreiche Aspekte neu diskutieren wollten. Anfang 1970 traten sämtliche habilitierten Mitglieder des Gremiums zurück. Anlass war der Plan des Vorsitzenden Killy, Hochschullehrer für die neue Universität zu berufen, welche die Arbeiten fortführen sollten. Das aber hätte den Ausschluss der Studenten von der weiteren Planung bedeutet, da die zu bestimmenden *„Eckprofessoren"* die Hauptarbeit und die Verantwortung für die einzelnen Studiengänge übernehmen würden. Das Vorgehen stand im Widerspruch zu dem *„Bremer Modell"*, das eine paritätische Arbeit zur Grundlage hatte. Auf der entsprechenden Sitzung entstand eine heftige Diskussion, in deren Verlauf die Studenten das Gremium verließen und an deren Ende Killy zurücktrat. Die Meinungsverschiedenheiten ließen sich nicht ausräumen, und zur Weiterarbeit waren nur noch die Studenten und zwei der drei Assistentenvertreter bereit. Doch schon im April 1970 nahm der Gründungssenat seine Arbeit wieder auf. Der Bremer Senat hatte Professoren gewonnen, die sich bereit zeigten, an einer paritätischen Universitätsgründung mitzuwirken – sicher ein Erfolg der Studierendenvertreter, denen es gelang, die Fraktionen der SPD, FDP und CDU von dem Bremer Modell zu überzeugen. Der zweite Gründungssenat bestand aus den Professoren Imanuel Geiss, Manfred Kahlweit, Fritz Sack, Rudolf Wiethölter, Dietrich Sinapius – ab 19. Mai 1971 ersetzt durch Walter Jens, da Sinapius als Mediziner aufgrund der zurückgestellten Planung einer medizinischen Fakultät seine Mitarbeit aufgab – und dem Rektor der Pädagogischen Hochschule Bremen, Job-Günter Klink, dem ersten Bremer Vertreter in einem Gründungsgremium für die Universität. Die Assistenten Heide Gerstenberger und Ghanem-Georges Hana blieben weiterhin im Gründungssenat; hinzu kamen der Diplomphysiker Frank Wollers sowie die Studenten Detlef Griesche, Horst Jensch und Werner Loewe. Unter dem Vorsitz von Heide Gerstenberger nahm der nunmehr zweite Gründungssenat am 13. April 1970 seine Arbeit auf.

Die nächste Hürde, die es zu nehmen galt, war der Zusammenbruch der Bremer Regierungskoalition aus SPD und FDP, der mit dem Streit um die Besetzung der Professuren und Planerstellen der Universität einherging. Die FDP behauptete, durch die von der Universität getroffene Auswahl der Bewerber seien Pluralität und die Freiheit der Wissenschaften gefährdet. Zuvor bereits war die Berufung von Geiss und Wiethölter seitens der FDP scharf kritisiert worden. Geiss geriet aufgrund seiner Arbeiten zur Juli-Krise 1914 und zur deutschen Kriegsschuld am Ersten Weltkrieg in die Kritik, Wiethölter aufgrund seiner Auffassungen zur Reform der Juristenausbildung. Auch die CDU wandte sich nun gegen das „*Bremer Modell*" und stellte auch nach der – von der FDP ebenfalls kritisierten – Berufung Thomas von der Vrings zum Gründungsrektor dessen Verfassungstreue in Frage. Der FDP gelang es, eine paritätische Besetzung der im August 1970 einberufenen Senatskommission für Universitätsfragen durchzusetzen, obwohl sie nur drei Senatoren stellte und damit im Senat deutlich in der Minderheit war. Der Senatskommission für Universitätsfragen gehörten die SPD-Senatoren Thape (Bildung) und Seifriz (Bau) sowie die FDP-Senatoren Speckmann (Finanzen) und Graf (Justiz) an.

Am 2. September 1970 verabschiedete die Bremische Bürgerschaft mit den Stimmen der Fraktionen von SPD und FDP das Universitätserrichtungsgesetz. Am 17. März 1971 beschloss die Bürgerschaft, den Senat zu bitten, sich künftig von der Universität bei Berufungen eine drei Namen enthaltende Vorschlagsliste vorlegen zu lassen. Darüber hinaus sah sich der Senat aufgefordert, vor der Berufung von Hochschullehrern grundsätzlich externe Gutachten über deren wissenschaftliche Eignung einzuholen. Hier stimmte die Fraktion der FDP mit denen der CDU und der NPD zusammen und stellte sich gegen den Koalitionspartner. Der Gründungssenat folgte dem Wunsch der Bürgerschaft und legte – soweit er die Möglichkeit dazu sah – Vorschlagslisten mit zwei bis drei Namen vor. Am 20. April 1971 entschied der Senat über die ersten Listen. Er stimmte in 33 von 45 Fällen den Erstvorschlägen zu, forderte in fünf Fällen weitere Informationen oder Gutachten an, gab in drei Fällen die Listen an die Universität zurück, akzeptierte in drei weiteren Fällen die Zweitplazierten und lehnte in sieben Fällen die an erster und einziger Stelle vorgeschlagenen Bewerber ab. Der Senat wollte das System der Vorschlagslisten auch auf die Assistenzprofessoren erweitern, was der Gründungssenat jedoch ablehnte. Die Westdeutsche Rektorenkonferenz sah in der Ablehnung von Berufungsvorschlägen durch die Landesregierung einen schwerwiegenden Eingriff in die Hochschulautonomie. Von der Vring bezeichnete das Vorgehen des Senats als nicht transparent und den Prinzipien der Universitätsgründung entgegenstehend. Darüber hinaus hielt er, wenn weitere Ablehnungen erfolgen würden, den für das Wintersemester 1971/72 vorgesehenen Studienbeginn für gefährdet. Der Gründungssenat nahm für sich in Anspruch, allein die Universität sei in der Lage, die Eignung von Bewerbern festzustellen; der Senat habe nur das Recht, die formale Richtigkeit der Entscheidungen zu prüfen, nicht jedoch, etwa nach politischen Gesichtspunkten zu entscheiden.[167]

Am 1. Juni 1971 traten die FDP-Senatoren zurück und kündigten die Regierungskoalition auf, als der Senat gegen ihre Stimmen beschloss, die Berufung des Hochschullehrers Wilfried Gottschalch nicht zurückzunehmen und auch der darauf folgenden Forderung der FDP, Senator Thape das Vertrauen zu entziehen, nicht entsprach. Die FDP, die sich bereits im Vorfeld in der Universitätsfrage der CDU weiter angenähert hatte, versprach sich offenbar von ihrem Schritt, größeren Einfluss auf die Politik des Senats zu gewinnen. Die Annahme erwies sich als „Eigentor". Nach der Bürgerschaftswahl vom 10. Oktober 1971 stellte die SPD, die 55,3 % der Stimmen erhalten und damit fast zehn Prozent zugelegt hatte, allein die Regierung. Die Unstimmigkeiten zwischen dem Politischen Senat und dem Gründungssenat waren damit jedoch nicht aus der Welt geschaffen. Vor allem die Berufungen der Hochschullehrer sorgten für Konflikte.

Festzuhalten ist, dass der Einfluss der Studierenden im Laufe der langen Gründungsphase zunahm. Es war nach 1967/68 nicht mehr möglich, eine moderne Universität zu gründen, ohne die Belange der Studenten ausreichend einzubeziehen. So rückte der zweite Gründungssenat auch von dem Plan ab, die Universität um *„Eckprofessuren"* herum aufzubauen und entschied sich für die Einstellung hauptamtlicher wissenschaftlicher Planer, die keine Professoren waren oder werden sollten. Das Schlagwort des *„Bremer Modells"* kennzeichnet die Besonderheiten der neuen Universität. In Kurzfassung gehören dazu: die paritätische Teilnahme aller Mitglieder an den die Universität betreffenden Entscheidungen, die angestrebte Beziehung zwischen Wissenschaft und Gesellschaft sowie neue Lehr- und Lernformen, insbesondere das Projektstudium.

In der Bremer Universität sollte schon vor der Aufnahme des Lehrbetriebs, also noch in der Planungsphase, verwirklicht werden, worüber es an anderen Universitäten starke Kontroversen zwischen Studierenden und Hochschullehrern gab: die Gleichberechtigung der Studenten innerhalb der akademischen Selbstverwaltung. Gleichgültig ob es um Fragen der Planung und Weiterentwicklung oder Lehre und Forschung ging, sollte auf der Basis eines demokratischen Prozesses ablaufen. Insbesondere wirkte sich dieser Anspruch auf die Planung aus: Die Bremer Universität wurde nicht von *„Eckprofessoren"*, einer staatlichen Behörde oder von einer anderen Universität, sondern von einem paritätisch besetzten Gremium, in dem Repräsentanten aller an einer Universität vorhandenen Gruppen – Professoren, wissenschaftliche Mitarbeiter, Studierende – vertreten waren, auf den Weg gebracht.[168] Man hoffte, so auch den Forderungen der Studentenbewegung gerecht zu werden und die Verwirklichung studentischer Interessen im Universitätsbetrieb zu ermöglichen. Grundsatz der Universität sollte sein, an der Entwicklung der Gesellschaft mitzuarbeiten. Es galt, die gesellschaftlichen Implikationen von Lehre und Forschung zu beachten. Darüber hinaus hielt man es für erstrebenswert, dass die an der Universität tätigen Wissenschaftler und Wissenschaftlerinnen sich der öffentlichen Diskussion und Kritik ihrer Positionen stellen sollten.[169]

Im Bereich der Lehre ist das Projektstudium hervorzuheben. Die neue Lehr- und Lernform war ursprünglich als interdisziplinäres Vorhaben mit einem Schwerpunkt auf dem *„forschenden Lernen"* gedacht. Kleingruppenarbeit bildete den Kern des Projektstudiums. Zum Erwerb des fachlichen und methodischen Wissens waren Intensivkurse und Seminare, weniger Vorlesungen vorgesehen. Die Thematik eines Projektes sollte als *„gesellschaftlich wesentliche Aufgabe begründbar sein."*[170] Des Weiteren ging es um die Herstellung von Bezügen zur beruflichen Praxis, die Berücksichtigung unterschiedlicher methodischer Ansätze und die Ermöglichung interdisziplinärer Kooperation.

Auch die veränderten Anforderungen im Rahmen der Lehrerbildung wirkten sich auf die Universitätsplanungen aus. Die Verwissenschaftlichung der Lehrerbildung lässt sich vor allem am Beispiel Bremens sehr gut nachvollziehen. Die Entwicklung vom Lehrerseminar über die Fachhochschul- zur Universitätsausbildung vollzog sich in relativ kurzer Zeit. Die Pädagogische Hochschule, 1973/74 in der Universität aufgegangen, war erst 1947 gegründet worden. Bei der weiteren Ausbildung von Lehrerinnen und Lehrern spielen die Aufwertung der Pädagogik als Wissenschaft, aber auch die Schulreform und die Schülerbewegung eine Rolle.

Es bleibt festzuhalten, dass die Gründung der Universität nicht einem festen Plan folgte, sondern in ihrem Ideengehalt gesellschafts- und bildungspolitischen Einflüssen verschiedenster Ausrichtung und Qualität unterlag. Ging man zunächst noch von einer Einrichtung im eher traditionellen Sinne aus, einer sogenannten *„Bildungsuniversität"*, gewann in der späteren Phase die Studentenbewegung mehr Einfluss. Die Universität sollte sich an der praktischen Verwertbarkeit ihrer Lehre und Forschung orientieren. Letztere galten nicht mehr als Selbstzweck oder Hauptaufgabe; vielmehr sollten sie konkrete Aufgaben in der Gesellschaft erfüllen. Das wirkte sich auch auf die Arbeitsformen aus; das *„forschende Lernen"* stand im Mittelpunkt, und auch die Organisation der Universität war darauf ausgerichtet, transparente Entscheidungen herbeizuführen. Das machte die 1971 gegründete Einrichtung zu einer Reformuniversität: berufs- und praxisbezogene Studiengänge sowie eine paritätische, kontrollierbare Entscheidungsfindung in den Gremien.[171]

Wenig feierlich wurde die Universität Bremen am 14. Oktober 1971 im Rahmen einer Arbeitssitzung des Gründungssenats, an der auch Vertreter der Landesregierung teilnahmen, eröffnet. In seiner Rede verwies Bürgermeister Hans Koschnick u.a. auf die Freiheit von Lehre und Forschung. Bildungssenator Thape erläuterte, die Universitätsreform sei kein Hoheitsakt, sondern ein andauernder Prozess. Und Gründungsrektor Thomas von der Vring wies darauf hin, dass die Bedingungen für eine Aufnahme des Lehrbetriebes noch nicht optimal seien. Die Universität, etwa zwei Jahre früher als ursprünglich vorgesehen eröffnet, befand sich sowohl baulich als auch von der Personalausstattung und Lehrplanung her noch im Stadium eines Provisoriums. So begann auch das erste Semester nicht mit klassischen Seminaren, sondern mit den *„Hochschulpolitischen Wochen"*. Das erste Semester der Universität Bremen glich einer Probephase.[172]

Das erste Semester: Die Studierenden

Die erste Stufe der Universitäts-Gründung war zum Wintersemester 1971/72 abgeschlossen. Im Rahmen eines Schnellbauprogramms des Bundes entstanden die ersten Gebäude, insgesamt fünf, davon drei für die Geisteswissenschaften. Zum ersten Semester meldeten sich 450 Studenten. 1973/74 begann die zweite Aufbaustufe. 1973 sollte die Universität 1 500 und 1974/75 2 800 Studierenden – davon 2 200 Geisteswissenschaftlern – Platz bieten.[173]

Die Zahl der Anfänger musste beschränkt werden, da erst wenige Gebäude zur Verfügung standen und in den nächsten Jahren, ohne dass bauliche Erweiterungen erfolgten, weitere Studierende einen Platz finden sollten. Das Zulassungsverfahren für Anfänger sollte nach Ansicht des Gründungssenats zunächst wie folgt aussehen: Bis zu 10% der Plätze erhalten ausländische, nach sozialen Gesichtspunkten ausgewählte Bewerber. Bis zu 40% gehen an Bewerber, für die eine Rückstellung aus sozialen Gründen eine Härte bedeuten würde. Die übrigen Studienplätze sind nach dem Zufallsprinzip zu vergeben.

Die Härtefallregelung folgte einer Punktetabelle, die u.a. den Erwerb der Hochschulreife auf dem 2. Bildungsweg, rassische, religiöse oder politische Verfolgung, Unterhaltspflichten, eine abgeschlossene Berufsausbildung, die Einkommensverhältnisse der Eltern und weiteres berücksichtigte.[174] Soziale Gesichtspunkte standen dem Zufallsprinzip gleichwertig gegenüber. Ein Numerus clausus, der sich auf die Durchschnittsnote im Abitur stützte, sollte nicht zur Anwendung kommen.

Der Senator für das Bildungswesen erhob jedoch Einspruch. Die Plätze seien zunächst denen vorzubehalten, die eine überdurchschnittliche Note in ihrer Hochschulzugangsberechtigung nachwiesen. Unter denen seien die nach sozialen Gesichtspunkten ausgewählten Bewerber zu bestimmen. Die Feststellung der übrigen 50% sollte nach dem Losverfahren erfolgen. Ein entsprechender KMK-Beschluss vom 12. März 1971 sah die Vergabe von Studienplätzen nach Eignung und Leistung vor.[175] Der Gründungssenat der Universität Bremen *„macht sich in einer ausführlichen Diskussion den Standpunkt zu eigen, daß durch verschiedene wissenschaftliche Untersuchungen inzwischen erwiesen sei, daß die Abiturszeugnisnoten kein Kriterium für den Erfolg oder Mißerfolg eines späteren Studium seien und somit auch nicht zur Grundlage der Zulassung gemacht werden können. Er betont besonders den Grundsatz der Chancengleichheit, der es erforderlich mache, spezielle soziale Kriterien in stärkerem Maße zu berücksichtigen."*[176] Trotzdem obsiegte schließlich die Rangfolge der Bewerber nach Abiturnoten. Bei 60% der Studienplätze entschied die Leistung – bei bestimmten Studienrichtungen maß man den Schulnoten ein höheres Gewicht zu –, die übrigen 40% teilte man nach dem Zeitpunkt des Erwerbs der Hochschulreife zu. Man gestand der Universität zu, vorab jeweils 10% der zur Verfügung stehenden Plätze an ausländische Bewerber und Härtefälle zu vergeben.[177] Der Abiturdurchschnitt als Auswahlkriterium war umstritten. Die Bundesassistentenkonferenz äußerte im Februar 1970 dazu, dass Schul- und Universitätsleistungen kaum in Zusammenhang zu bringen seien.[178]

Ein Kontingent der Plätze stand Studierenden der Pädagogischen Hochschule und der Bremer Fachhochschulen zur Verfügung, die sich als Nebenhörer bewarben. Eine weitere Zugangsmöglichkeit bildete das Kontaktstudium, das bremischen

Lehrern und Lehrerinnen für die Dauer eines Semesters offen stand.[179] Zugelassen waren auch Bewerber, die die Hochschulreife erst später – z.B. auf dem Zweiten Bildungsweg – erwerben wollten. Ihnen stand vorab eine Prüfung vor einem Ausschuss aus Hochschullehrern, Gymnasiallehrern und Studenten bevor. Das Interesse an diesem Weg war relativ groß. Im Jahr 1972 bewarben sich 340 Personen, von denen 201 zur Prüfung eingeladen wurden.[180] Man wollte eine Vermischung der Studierenden erreichen und ließ daher auch eine gewisse Anzahl älterer Jahrgänge zu.

Die einzige Neuerung in diesem Sinne war die Zulassung von Studierenden, die die Hochschulreife über die eingeführte Nichtabiturientenprüfung erwarben, wobei es sich als Problem erwies, dass die Universität keine Vorbereitung anbot. Gleichwohl trug die neue Zulassung erheblich dazu bei, dass die soziale Zusammensetzung der Studierenden in Bremen sich deutlich von der anderer Universitäten unterschied. Prägend für das sozialdemokratische Engagement war der Versuch, in einer Zeit, in der nur 10% der Kinder aus Unterschichtenfamilien eine Universität besuchten, den Zugang zur Hochschule für Arbeiterkinder zu erleichtern.[181] Vom Wintersemester 1952/53 bis zum Sommersemester 1976 stieg ihr Anteil an den westdeutschen wissenschaftlichen Hochschulen von 4 % pro Semester 1952 über 7 % 1967 auf 13,1 % 1976. Von Chancengleichheit kann zu diesem Zeitpunkt trotzdem noch keine Rede sein. Neben finanzieller Benachteiligung wirkten sich die weiten Wege, der Informationsmangel und die mangelnde Mobilität aus, so Mayr. Er vertrat die These, dass die soziale Distanz sich am einfachsten über die „*Beseitigung der Hochschulferne*", also über wohnortnahe Universitäten, aufheben ließe.[182]

Die Erweiterung der Zugangsmöglichkeit setzte sich schließlich seit Ende der 1980er Jahre auch bundesweit durch. Jedoch blieb der von Kritikern befürchtete Ansturm auf die Universitäten aus; etwa ein Prozent der Studienanfänger nutzte die je nach Bundesland unterschiedlichen Wege der Zulassung. Teichler stellt fest, dass die so an die Hochschule Gelangten bestimmte sozio-biographische Merkmale aufwiesen, die unter den klassischen Studierenden eher unterrepräsentiert waren, und schließt daraus, dass die Öffnung die soziale Durchlässigkeit vergrößere. Schlechtere Ergebnisse ließen sich nicht feststellen.[183]

Seitens der senatorischen Behörde kam in der Folgezeit Kritik an der Nichtabiturientenprüfung auf. Bildungssenator Thape nannte in einem Brief vom 22. August 1975 an den Rektor der Universität zwei Beispiele, von denen er Kenntnis erlangt hatte: *„Im Rahmen der Nichtabiturientenprüfung wurde ein Aufsatz über einen Ausspruch Kurt Schumachers verlangt, in dem dieser einen deklamatorischen Antibolschewismus ablehnt und eine effektvolle Sozialpolitik fordert. Der Prüfling füllt seinen Aufsatz mit Behauptungen und Parolen, wie sie von kommunistischer Seite sattsam bekannt sind, und unterläßt eine […] Analyse des Ausspruches völlig. Ein als Korreferent tätiger Hochschullehrer […] beurteilt den Aufsatz mit B-."*[184] *„Bei einer Reihe von Aufsätzen mit einer psychologischen Thematik beschränkt sich der als Referent tätige Hochschullehrer in seiner Notengebung kommentarlos auf die Stufen A und B […]. Die Korreferenten weichen bei ihren Urteilen […] um bis zu 3 Notenstufen ab."*[185] Thape kritisierte die in seinen Augen mangelnde Berücksichtigung wenigstens minimaler Bewertungskriterien und die höhere Wertschätzung von Antworten, die eine „marxistische Denkweise" widerspiegelten.[186] Rektor Steinberg widersprach; es lasse sich nicht schlussfolgern, dass die Prüfer eine solche Haltung honorierten, auch habe es zu allen Zeiten Probleme der angeführ-

Beginn des Baues der Universität Bremen, etwa 1969

ten Art bei der Abnahme von Universitätsprüfungen gegeben. Steinberg verwies in diesem Zusammenhang auf die Kontrollfunktion des Prüfungsausschusses und die Möglichkeit, Einspruch gegen Prüfungsergebnisse einzulegen.[187]

Im Sommer 1971 erschien die Broschüre „*Universität Bremen – Hinweise für Studierende*". In ihr war ausgeführt, dass das Projektstudium zu einem Strukturmerkmal der Universität gehöre: „*Ziel des Projektstudiums ist es, den Zusammenhang der Studienveranstaltungen im Hinblick auf die Bewältigung von Problemen der zukünftigen Berufspraxis herzustellen.*

Ein solches an der späteren Berufspraxis orientiertes Studium wird folgende Merkmale tragen:

- *Es kann sich nicht darauf beschränken, einen festen Kanon von Wissen zu vermitteln, sondern muß in die Lösung praktischer Probleme einführen.*
- *Es muß dazu befähigen, die gesellschaftliche Bedeutung bestimmter praktischer Probleme kritisch einschätzen zu können.*
- *Da es vornehmlich an der Lösung praktisch relevanter Probleme ausgerichtet ist, kann es nicht in enger Beschränkung auf eine wissenschaftliche Spezialdisziplin erfolgen. Es ist fächerübergreifend angelegt, sofern zur Lösung einer Problemstellung verschiedene Disziplinen und unterschiedliche wissenschaftliche Ansätze herangezogen werden.*"[188]

Zum Wintersemester 1971 richtete man folgende Studiengänge ein:
- Studium für Lehrer aller Schulstufen mit den Gegenstandsbereichen Arbeitslehre/Politik einschließlich Geschichte, Kommunikation und Ästhetik und Mathematik,

- Sozialpädagogik (Diplom),
- Mathematik (Diplom und Lehramt),
- Rechtswissenschaft, Wirtschaftswissenschaft und Sozialwissenschaft.

Als nächste Studiengänge waren insbesondere Physik, Elektrotechnik und Sport geplant. Sowohl für das Lehramt als auch für die Wirtschafts-, Rechts- und Sozialwissenschaften war eine integrierte Eingangsphase vorgesehen.[189]

Im ersten Semester wurden im Studiengang Mathematik 70, Rechtswissenschaft 32, Wirtschafts- und Sozialwissenschaft jeweils 16, Arbeitslehre/Politik 70 und Kommunikation und Ästhetik 80 Bewerber aufgenommen.[190] Die entsprechenden Zulassungszahlen für fortgeschrittene Studierende: Mathematik 30, Rechtswissenschaft 8, Wirtschaftswissenschaft und Sozialwissenschaft jeweils 4, Arbeitslehre/Politik 25, Kommunikation und Ästhetik 30 und Sozialpädagogik 35 Personen.[191] Mit 420 Studierenden sollte also die Universität Bremen ihre Arbeit beginnen.

Schon in der Anfangsphase gab es Probleme. Bereits am 3. Mai 1972 stellte der für die Integration der Pädagogischen Hochschule zuständige Ausschuss fest, dass die personelle und räumliche Ausstattung sowie fehlende inhaltliche Planung es nicht erlaubten, in den Fächern Biologie, Sport, Chemie, Kunst, Musik, Spanisch und Religion an der Universität oder an der Pädagogischen Hochschule zum Wintersemester 1972/73 und zum Sommersemester 1973 StudienanfängerInnen aufzunehmen. Die Zentrale Kommission schloss sich dieser Einschätzung an.[192]

Ein wichtiges Gesetzgebungswerk verabschiedete der Bund zeitgleich zur Eröffnung der Bremer Universität: Die Unterstützung des Studiums nach dem Bundesausbildungsförderungsgesetz, das zum 1. Oktober 1971 in Kraft trat[193] und im Unterschied zu seinem Vorgänger, dem Honnefer Modell, einen breiteren Kreis von Empfangsberechtigten ansprach und einklagbar war. Zunächst wurde die Förderung als Zuschuss gezahlt. Im Laufe der 1970er Jahre verwandelte man sie zum Teildarlehen. Der Erhalt des Geldes war unabhängig von überdurchschnittlichen Studienleistungen; allein der Nachweis genügte, dass das Ausbildungsziel als erreichbar galt. Es ist davon auszugehen, dass die Neuerung einem Personenkreis den Weg an die Universitäten öffnete, der sich sonst gegen ein Studium entschieden hätte. Beim Vorgängermodell erwies sich vieles als problematisch, wie z.B. der Zwang, Darlehen aufzunehmen, der Unterschied zwischen Anfangs- und Hauptförderung, der Wegfall der Förderung in der vorlesungsfreien Zeit, die Definition der Eignung eines Studierenden, die oft unzureichende Unterstützungsdauer und die Verzögerungen in der Anpassung der Förderungssätze, die häufig dazu führten, dass Studierende zusätzlich jobben mussten, sowie der ungeklärte Ermessensspielraum der Förderungsausschüsse.[194]

Gründungssitzung des Akademischen Senats, 1971

Gründungsrektor Thomas von der Vring

3. Gründungsrektor von der Vring: Die ersten Jahre 1972-1974

Hans Leussink, Bundesminister für Bildung und Wissenschaft, hatte in einer Rede im Herbst 1971 kurz die wesentlichen Punkte der Weiterentwicklung des Universitätswesens skizziert: Abbau des Numerus Clausus, hin zu einem Typus Gesamthochschule mit einem Höchstmaß an Durchlässigkeit und Aufbaumöglichkeiten sowie eine Reform der Studieninhalte und -formen.[1] Ein Jahr später, am 4. Oktober 1972, tagte erstmals der Akademische Senat der Universität Bremen. Die Arbeit des Gründungssenats war damit an sein Ende gelangt. Thomas von der Vring wurde Rektor. Dem ersten Akademischen Senat gehörten die Hochschullehrer Rudolf Hickel, Reinhard Hoffmann, Cornelius Noack, Ruth Salffner und Gerhard Stuby, die Studenten Eberhard Ahr, Peter Anders, Karsten Brünings, Eckhard Feige und Wolf Leschmann sowie die Dienstleister Hermann Havekost, Dieter Heilbronn, Heino Heinken, Ludwig Kohlmüller und Herbert Raakemeyer an. Drei der Dienstleister waren für die ÖTV angetreten, zwei der Hochschullehrer für die GEW; zwei Studenten gehörten dem SHB an, einer der Roten Liste/KSB und einer dem MSB Spartakus.[2]

Einer der ersten Tagesordnungspunkte befasste sich mit dem Modellversuch Gesamthochschule Bremen. Der Senator für Bildung, Wissenschaft und Kunst hatte bereits am 15. August 1972 einen Antrag an die Geschäftsstelle der Bund-Länder-Kommission für Bildungsfragen gestellt, der die Einrichtung eines Arbeitsausschusses unter der Leitung von Regierungsdirektor Dücker bei der senatorischen Behörde vorsah. Die GEW-Hochschullehrer im Konvent der Universität betrachteten Thapes Vorgehen, die Gründungskonferenz Gesamthochschule und deren Mitglieder zu übergehen, als weiteren Versuch, eine staatliche Fachaufsicht einzuführen.[3] In dem Arbeitsausschuss sollten laut Antrag des Senators zwar alle bremischen Hochschulen beteiligt sein, der Vorsitz aber bei einem Vertreter des Staates liegen.[4] Auch die Aufgaben des Arbeitsausschusses berührten, wie dem Vorschlag zu entnehmen ist, die Kompetenzen der Hochschulen – so die Planung von integrierten Studiengängen, Beratungsgesprächen und einem Mitbestimmungsmodell.[5] Zu den Aufgaben des Akademischen Senats gehörte es, sämtliche noch bestehende Kommissionen und Ausschüsse in Gremien der vorläufigen Universitätsverfassung überzuleiten. Es bestanden im Oktober 1972 noch 44 zentrale und 46 dezentrale Ausschüsse und Kommissionen; darunter beispielsweise die noch bestehende Planungs- und deren Unterkommissionen.[6]

Fachlich lag der Schwerpunkt der Universität auf der Lehrerausbildung und programmatisch auf der Lehre. Der schon damals zu beobachtenden Tendenz insbesondere der Ordinarien, aus der Lehre in die Forschung zu fliehen, sollte mit der Universität Bremen als Lehranstalt entgegengewirkt werden. Die Gründung der Bremer Universität ist als Antwort auf die „Bildungskatastrophe" zu verstehen. In einigen Fächern, den sogenannten „Bleistiftwissenschaften", war – und ist auch heute noch – die Forschung die Leistung eines Einzelnen, für die in der Regel keine besondere Ausstattung benötigt wird. Ganz anders sieht das insbesondere in den

Naturwissenschaften aus. Hier sind wissenschaftliche Mitarbeiter nötig, um Forschungen durchzuführen. Die Personalplanung sah aber solche Stellen gar nicht vor. Der Schwerpunkt „Lehrerausbildung" wurde zudem durch die bald folgende Integration der Pädagogischen Hochschule verstärkt. Die Universität begann im Wintersemester 1971/72 mit 450 Studierenden, für 1976 waren 3800 Studienplätze geplant.[7]

Am 27. Juli 1971 schloss die Universität einen Kooperationsvertrag mit der Arbeiterkammer Bremen ab. Bei dieser neuartigen Zusammenarbeit ging es darum, die Konsequenzen wissenschaftlicher Forschung für die Arbeits- und Lebensbedingungen der Menschen zu bedenken. Auch die Arbeitervertretung wollte von der Kooperation profitieren. Längst hatte die Industrie- und Verwaltungsarbeit hochqualifizierte Tätigkeiten hervorgebracht. Eine adäquate Interessenvertretung sei fortan nur noch mit Unterstützung der Wissenschaft möglich, so die Haltung der Arbeiterkammer.

Gleichzeitig strebte man danach, Anregungen aus der Praxis in die Forschung einfließen zu lassen. Besonders für die ersten Jahre der Universität Bremen war eine große Gründungseuphorie kennzeichnend. Die meisten der an der Universität Beschäftigten investierten viel Zeit in zusätzliche Aufgaben wie Gremienarbeit. Vielfach wird das motivierende Gefühl beschrieben, Neues anzufangen und mitzugestalten – eine weit verbreitete Aufbruchstimmung.[8]

In den ersten beiden Semestern war die Universität um die Sektionen Lehrerbildung, Naturwissenschaften und Sozialwissenschaften gegliedert. Die vom Akademischen Senat beschlossene Struktur sollte – bis zum Erlass einer Universitätsverfassung – vorläufig sein.[9] Darin enthalten waren die schon eingerichteten Studiengänge. Die Organisationsbereiche entsprachen so im Wesentlichen den Aufgabenkreisen der Planungskommissionen. In der Lehrerbildung versammelten sich die Studiengänge Arbeitslehre/Politik, Kommunikation/Ästhetik und Sozialpädagogik sowie das Kontaktstudium für LehrerInnen. Die Sozialwissenschaften vereinigten die Juristenausbildung, Ökonomie, Sozialwissenschaften im engeren Sinne und das Integrierte sozialwissenschaftliche Eingangsstudium (ISES). In den Naturwissenschaften gab es zunächst nur den Studiengang Mathematik.[10] Die neue Universität gliederte sich also nicht nach Fakultäten – das hatte bereits 1968 der damalige Gründungssenat unter dem Vorsitz von Professor Killy beschlossen.[11]

Zum Wintersemester 1971 bestanden folgende Studienmöglichkeiten:
- Angebote für künftige Lehrer aller Schulstufen mit den Themenbereichen Arbeitslehre/Politik einschließlich Geschichte, Kommunikation und Ästhetik und Mathematik,
- Sozialpädagogik (Diplom),
- Mathematik (Diplom und Lehramt),
- Rechtswissenschaft, Wirtschaftswissenschaft und Sozialwissenschaft.

Sowohl für das Studium zum Lehramt als auch für das der Wirtschafts-, Rechts- und Sozialwissenschaften war ein integriertes Eingangsstudium (ISES) vorgesehen.[12] Erst nach Eröffnung der Universität, nämlich im Frühjahr 1972, entschied sich der Akademische Senat für ein kombiniertes Organisationsmodell aus Studienbereichen und Fachsektionen. Es orientierte sich nicht an den traditionellen Fächern, sondern an gesellschaftlichen Problemen.

Ein Studienbereich umfasste mehrere Studiengänge, zwischen denen Verbindungen bei bestimmten wissenschaftlichen Themen oder Berufsfeldern bestanden. Studierende gehörten in der Regel nur einem Studienbereich an, Lehrende hingegen oft verschiedenen,[13] und fanden ihre eindeutige Zuordnung in den Fachsektionen. So wollte man – insbesondere im Hinblick auf die bevorstehende Integration der Pädagogischen Hochschule – die Entstehung einer Lehrerbildungsfakultät verhindern und auch die Eingriffsmöglichkeiten bzw. -notwendigkeiten seitens des politischen Senats minimieren: Wären die Projekte in den Mittelpunkt der Organisationsform gestellt worden, hätte man jedes neue Projekt behördlich genehmigen lassen müssen.[14] Ursprünglich waren fünf Studienbereiche vorgesehen, nach intensiver Diskussion einigte man sich allerdings auf vier. Den zunächst geplanten Studienbereich 4 „Soziale Dienste" mit Sportwissenschaft, Sozialpädagogik, Erziehungswissenschaftlicher Zusatzqualifikation sowie einem Teilbereich der Rechtswissenschaft verteilte man auf die anderen: 1 – Technik, Industrie und Betrieb; 2 – Technik und Lebensbedingungen; 3 – Soziale Dienste, Staat und Verwaltung sowie 5 – Kultur, Massenkommunikation und Gestaltung.[15] Ihr wichtigstes Selbstverwaltungsgremium stellte der drittelparitätisch besetzte Studienbereichsrat dar, dessen Aufgabe vor allem darin bestand, das Angebot zu planen und zu sichern.[16]

Jeder Studiengang bildete als Selbstverwaltungsgremium eine halbparitätisch von Studierenden und Hochschullehrenden besetzte Studiengangskommission.[17] Sie berieten die Studienbereichsräte, indem sie Entwürfe für Studiengänge, Studien- und Prüfungsordnungen erarbeiteten.[18] Die Studiengänge, denen man die Studierenden nach ihrer Immatrikulation zuordnete, definierten sich nach den berufsqualifizierenden Abschlüssen.

Als fachwissenschaftliche Einheiten rief man Fachsektionen ins Leben. Sie sollten die fachspezifische Organisationsgliederung übernehmen. Welcher Sektion sie zugehören wollten, entschieden die Hochschullehrer, Studenten oder Mitarbeiter selbst. 1975 existierten folgende Sektionen:

1 – Literatur und Kunst; 2 – Sprachwissenschaft; 3 – Psychologie und Sozialisation; 4 – Wirtschaftswissenschaften; 5 – Politik, Soziologie, Geschichte; 6 – Rechtswissenschaften; 7 – Mathematik; 8 – Physik; 9 – Elektrotechnik; 10 – Kunst, Musik, Spiel, Medien.[19] Im Rahmen des Ausbaus der Universität kamen weitere Sektionen hinzu.

Die Zuordnung von Teilgebieten einzelner Studiengänge zu verschiedenen Studienbereichen erwies sich schon bald als problematisch. Die Universität wuchs, man führte weitere Studiengänge ein, und auch die Studierendenzahl stieg deutlich an. Zwischen Oktober 1973 und Januar 1974 arbeitete daher eine Strukturkommission einen neuen Vorschlag aus.[20] Aus vier Studienbereichen machte man nun acht und definierte sie nicht mehr nach Problemstellungen, sondern nach den mit ihnen verbundenen Studiengängen.[21] Dem neuen Konzept zufolge gab es nun folgende Studienbereiche:

1 Arbeitslehre/Politik, Lehramt an berufsbildenden Schulen, ab 1975: Planungskommission Religionswissenschaft/-pädagogik;
2 Physik, Elektrotechnik;
3 Biologie, Chemie;
4 Mathematik, ab 1975: Planungskommission Informatik;

5   Sozialwissenschaften im engeren Sinne, Juristenausbildung, Wirtschafts-
    wissenschaften, ISES;
6   Sozialpädagogik, Diplompädagogik, Sportwissenschaften, Erziehungs-
    wissenschaftliche Zusatzqualifikation, ab Herbst 1974: Planungskommissionen
    Heilspädagogik/Behindertenpädagogik und Psychologie;
7   Kommunikation/Ästhetik, Fremdsprachen: Englisch, Französisch, Spanisch;
8   Kommunikation/Ästhetik, Deutsch, Kunst, Musik.

Die Neugliederung nach dieser Struktur erfolgte zum Wintersemester 1974/75.[22]

Von der Vring führte die Rektoratsrunden ein, in denen er sich mit Vertretern aus den verschiedenen Dezernaten über die Entwicklung der Universität abstimmte; beteiligt daran waren auch Mitarbeiter des Rektorats.[23] Bei den informellen Zusammenkünften wurden wesentliche Entscheidungen vorbereitet. Von der Vring trat zurück, als er feststellte, dass die staatliche Seite drittelparitätisch gefasste Entschlüsse häufiger hinterfragte, und es absehbar war, dass die Drittelparität nicht mehr lange Bestand haben würde, zumal die Struktur der Universität nach dem Urteil des Bundesverfassungsgerichtes vom 29. Mai 1973 als verfassungswidrig galt. Gerade die MitarbeiterInnen jedoch seien, so von der Vring, die tragende Kraft einer Universität und müssten daher an der Willensbildung mitwirken.[24] Die *„feindselige Öffentlichkeit"* habe bereits in den Anfangsjahren eine Selbstkritik in den öffentlich tagenden Gremien der Universität sehr gehemmt: *„Mit dem Außendruck ist die Innendiskussion unterdrückt worden."*[25]

Die „rote Kaderschmiede" – Politische Gruppen, Aktionen und Unterwanderung

Die „rote Kaderschmiede"

Der Wahlkampf in Bremen nach dem Bruch der Koalition im Juni 1971 führte zu einer deutlich negativen Berichterstattung auch der bremischen Presse über die Universität; bereits zuvor hatte sich die überregionale Presse häufig sehr kritisch zur geplanten Reformuniversität geäußert. Es machte sich in den Medien eine skeptische bis feindselige Stimmung breit. In der Folge musste sich Gründungsrektor von der Vring mehrmals vor Gericht mit dem „Weser-Kurier", den „Bremer Nachrichten" und der „Welt" auseinandersetzen: *„Ich habe dort meine Vorstellungen über Öffentlichkeit sehr revidiert. […] Ein wesentlicher Aspekt der ganzen Demokratisierung war Öffentlichkeit. Das baute auf einem völlig illusionären Öffentlichkeitsbegriff auf. Nie haben die Bremer Journalisten sich dafür interessiert, warum etwas entschieden wurde und wo das Problem lag, sondern es wurde beschreibend berichtet."*[26]
In der Diskussion um die Universitätsgründung standen auf der einen Seite die Bundesassistentenkonferenz, der Wissenschaftsrat, der Bundesminister für Bildung und Wissenschaft Hans Leussink und die Bundesregierung – auf der anderen Seite

konservative Kräfte um den Bund Freiheit der Wissenschaft, die ihre Privilegien verteidigen wollten.[27] Leussink stellte heraus: *„Das Schreckbeispiel von der ‚roten Kaderuniversität' Bremen, das unablässig in die Debatte geworfen wird, wird auch durch seine ständige Wiederholung nicht überzeugender. Wir unterstützen, was man in Bremen in Wahrheit will: eine Reformhochschule, in der die in den alten Universitäten angelegten Polarisierungs- und Konfliktgründe, soweit möglich, ausgeschaltet sind. Dies ist ein Modell, dem man zunächst einmal eine Chance geben sollte, anstatt es jetzt schon – ohne daß Erfahrungen vorliegen – zu verteufeln."*[28]

Der Bremer Wahlkampf versah die Universität mit einem Etikett, das über Jahrzehnte an ihr kleben blieb: *„Die rote Kaderschmiede"* – so die Bezeichnung seitens der Bremer CDU. Die CDU verlor den Wahlkampf, doch die Universität blieb aus der Sicht bürgerlich-konservativer Kreise noch lange eben die weiter zu bekämpfende *„Kaderschmiede"*. Bei jedem noch so sekundären Problem wurde grundsätzlich argumentiert und agitiert: An der Universität sollte es einen Buchladen geben. Die Bremer Buchhändler zeigten großes Interesse daran. Der Beschluss des Buchladen-Ausschusses der Universität vom 3. Februar 1972 empfahl die Buchläden Bettina Wassman und *„Das Politische Buch"*. Der sozialwissenschaftliche Schwerpunkt der beiden Läden sowie deren Möglichkeit, im Unterschied zu anderen Buchhandlungen auch *„graue"* Literatur zu beschaffen, spielten dabei eine wichtige Rolle.[29] Die Bremer CDU protestierte gegen die Kooperative: *„Nach Ansicht der CDU bietet diese in Aussicht genommene Buchhandlung nicht die Gewähr wissenschaftlicher Pluralität. Die Auswahl sei ein weiteres Zeichen für die Richtigkeit der Auffassung, daß in Bremen linke Kader ausgebildet werden sollen."*[30]

Nach einer zweiten Ausschreibung erhielt die Arbeitsgemeinschaft der Buchläden Kamloth und Sieglin mit ihrem Schwerpunkt auf naturwissenschaftlicher und juristischer Literatur ebenfalls den Zuschlag für eine Dependance an der Universität, so dass sich nun durch zwei Buchläden die Bedürfnisse der Lehrenden und Studierenden erfüllen ließen.[31] Die Fraktion der FDP in der Bürgerschaft äußerte dagegen Bedenken. Absprachen zwischen den beiden Läden seien, so die FDP, als kartellähnlich einzustufen. Auch die Abdeckung des gesamten sozialwissenschaftlichen Bereichs durch die kommunistisch orientierte Kooperative rief die FDP auf den Plan.[32] Immerhin stellte sich der Buchladen in einer Werbeanzeige wie folgt dar: *„‚Das Politische Buch' ist ein kommunistischer Buchladen. Seine Hauptaufgabe ist die Verbreitung des Marxismus-Leninismus und der Mao-Tse-tung-Ideen. Unser Laden setzt die Theorie der Arbeiterklasse gegen die der Bourgeoisie. Er stellt das Material zur Verfügung, die Kämpfe aller Teile des Volkes zu studieren, zu entwickeln und mit der Perspektive des Sozialismus zu verbinden."*[33]

Bis 1975 waren zwei Buchläden an der Universität vorhanden, die Arbeitsgemeinschaft Kamloth/Sieglin mit naturwissenschaftlichem und die Kooperative Politisches Buch/Wassmann mit sozialwissenschaftlichem Schwerpunkt. Die Buchhandlungen arbeiteten seit 1972 ohne vertragliche Grundlage, da keine Einigung über die Höhe der Miete erzielt werden konnte. Kamloth/Sieglin gab den Buchladen an der Universität zum 31.12.1975 auf, da sich keine ausreichenden Umsätze erzielen ließen. Der andere Buchladen zog zunächst in zentral gelegene Räume im GWII um. Dafür war allerdings keine staatliche Genehmigung eingeholt worden, die der Senator für Wissenschaft und Kunst aber offenbar als notwendig erachtete. Die Senatskommission für Hochschulfragen forderte die Universität auf, wieder für einen zweiten Buchladen zu sorgen – man sah die Pluralität gefährdet, wenn nur die Kooperative Bücher verkaufte.[34] Die Diskussion über die politische Ausrichtung des Buchladens offenbarte aber auch, dass die inneruniversitären Entscheidungswege relativ langwierig waren.

Studentische Gruppen und Aktionen in den 1970er Jahren

In der Folge der Studentenbewegung bildeten sich auch an der Universität Bremen diverse studentische politische Gruppierungen aus. Verschiedene Fraktionen konkurrierten um Einflussnahme und Machtausübung, sei es im AStA oder in den Gremien der Akademischen Selbstverwaltung. In den 1970er Jahren waren diese Gruppen überwiegend links orientiert; an den Universitäten tummelten sich Anhänger der DKP, Maoisten, Rätekommunisten, Trotzkisten, Jusos, Sozialisten.[35]

Die Möglichkeit, sich an bildungspolitischen Entscheidungen zu beteiligen, war relativ neu. Die seit 1969 in Bonn amtierende Koalition aus SPD und FDP mit Bundeskanzler Willy Brandt hatte in Aussicht gestellt: *„Bildung und Ausbildung, Wissenschaft und Forschung stehen an der Spitze der Reformen, die es bei uns vorzunehmen gilt. […] Die Bundesregierung wird in den Grenzen ihrer Möglichkeiten zu einem Gesamtbildungsplan beitragen. Das Ziel ist die Erziehung eines kritischen, urteilsfähigen Bürgers, der imstande ist, durch einen permanenten Lernprozeß die Bedingungen seiner sozialen Existenz zu erkennen und sich ihnen entsprechend zu verhalten. Die Schule der Nation ist die Schule. […] Für Hochschulen und staatliche Forschungseinrichtungen müssen wirksame Vorschläge für die Überwindung überalterter hierarchischer Formen vorgelegt werden. […] Der Ausbau der Hochschulen muß verstärkt vorangetrieben werden."*[36]

An allen bundesdeutschen Universitäten wurden in den 1960er Jahren Forderungen nach einer Strukturreform laut; auch die steigende Studierendenzahl machten den Ausbau der Universitäten dringend notwendig. Gruppen von Studierenden begannen, sich mit ihrer Lage an den Universitäten auseinanderzusetzen. Die Ordinarienuniversität, nach dem Ende des Zweiten Weltkriegs anstelle der Führeruniversität des Nationalsozialismus wieder eingerichtet, geriet ins Fadenkreuz der Kritik. Das Schlagwort *„Unter den Talaren – Muff von tausend Jahren"* verbreitete sich rasch. Die Macht lag beim Senat, in Verwaltungsfällen beim Kanzler oder Kurator, in Routineangelegenheiten beim Rektor, in Grundsatzfragen beim Konzil und in allen übrigen Fragen bei den Fakultäten. Der Ordinarius verfügte über eine große Entscheidungsfreiheit, die seinen Lehrstuhl – also auch seine Assistenten und untergeordneten Mitarbeiter – betraf.[37] Um so stärker forderte man die Demokratisierung und die Öffnung der Universitäten für alle Gesellschaftsschichten.[38] Der Mittelbau und die Studierenden wirkten bisher kaum an den Entscheidungen mit. Auch an der 1948 gegründeten FU Berlin, die anfangs durchaus beabsichtigte, die Studenten an der Meinungsbildung zu beteiligen, war keine Ausnahme von dieser Regel mehr zu spüren.[39] Örtliche Studentenvertretungen mit ihren Organen auf der zentralen und dezentralen Ebene – also dem Studierendenparlament, dem AStA und den Fachschaften bzw. später in Bremen den Studiengangsausschüssen – diskutierten die Notwendigkeit der Hochschulreform ebenso wie der Verband

Deutscher Studentenschaften (vds). Letzterer sprach sich bereits 1962 dafür aus, das forschende Lernen in den Mittelpunkt zu stellen.⁴⁰

In der Öffentlichkeit lösten die politischen Aktivitäten der Studierenden negative Reaktionen aus, zum Teil aus Antikommunismus, der das Denken des Kalten Krieges prägte, und dem die Axel Springer-Presse nicht nur eine Stimme verlieh, sondern ihn sogar noch anheizte.⁴¹ Craig betrachtet die Studentenbewegung, die sich schon bald politisierte und vom Ziel der Strukturreform an den Hochschulen abkehrte, auch als Ausdruck spezifisch deutscher Probleme: *„Für die Universitäten begann nun eine lange Periode, in der ‚Aktionsgruppen' und ‚Rote Zellen' [...] durch die Fakultäten zogen [und] Vorlesungen sprengten [...]. Zu keiner Zeit sprachen sie für die Mehrzahl der Studenten, die sich, wie die ‚Brotstudenten' von einst, nach Kräften bemühten, trotz der ständigen Störungen und Streiks ihr Studium so schnell wie möglich hinter sich zu bringen; aber es trifft wahrscheinlich zu, daß, geradeso wie die Korporationen der Wilhelminischen und Weimarer Zeit Studenten in den ersten Semestern eine gewisse Sicherheit boten, marxistische Studentenorganisationen diese Funktion für manche Studenten übernahmen, die an der Massenuniversität hilflos und unsicher und ohne richtige akademische Anleitung waren."*⁴²

Klant kommt unter Berufung auf eine nicht näher benannte Umfrage zu der Einschätzung, dass die relative Mehrheit, nämlich 44 % der linken Studenten, im Jahr 1968 die SPD-Hochschulorganisation SHB unterstützten, dagegen nur 10 % den SDS. Er schreibt diesen Umstand der Reformeuphorie zu Beginn der SPD-FDP-Koalition zu und stellt eine Entpolitisierung größerer Teile der Studierenden fest, die Anfang und Mitte der 1970er Jahre um sich griff. Er betrachtet den Rückzug aus der Politik einerseits als eine Folge der sozialliberalen Koalition, andererseits als eine Konsequenz, die sich aus der abzeichnenden Gewaltbereitschaft von Teilen der Studentenbewegung ergab. Erst Mitte der 1970er Jahre zeigten sich, so Klant weiter, die Studierenden wieder aktiver. Gründe waren Polizeieinsätze an Universitäten, das Hochschulrahmengesetz und die Berufsverbote. Eine Umfrage des Allensbacher Institutes an 33 Hochschulen der Bundesrepublik offenbarte im Jahr 1978 folgende politische Zuordnung der Studenten: 9 % schätzten sich selbst als weit links und 39 % als gemäßigt links ein, 36 % fühlten sich der politischen Mitte zugehörig, 13 % stuften sich als gemäßigt, 1 % als weit rechts ein.⁴³

Die fortschreitende, von Gewalttaten begleitete Radikalisierung führte, so Craig, zu einer verhärteten Haltung der Öffentlichkeit gegenüber politisch engagierten Gruppen überhaupt. Forderungen nach Gegenmaßnahmen wurden laut; schließlich führte 1972 ein Treffen des Bundeskanzlers mit den Länderinnenministern zu einer Vereinbarung, *„welche vorsah, daß Staatsbedienstete in ihrem Amt und im Privatleben die demokratische Ordnung im Geist des Grundgesetzes zu verteidigen hatten und daß in Zukunft Bewerber für den Staatsdienst, die eine verfassungsfeindliche Tätigkeit ausübten, abzuweisen und diejenigen, die verfassungsfeindliche Ziele verfolgenden Organisationen angehörten, als zweifelhafte Fälle zu betrachten waren. [...] Da die meisten Studenten, zumindest im Bereich der Geisteswissenschaften, auf Examen hinarbeiteten, die sie für den Staatsdienst qualifizieren sollten, entweder als Lehrer oder Beamte bei den Behörden, ging dieser sogenannte Radikalenerlaß sie direkt an."*⁴⁴

Bundesweit ist 1972 als das Jahr zu betrachten, in dem Reformvorhaben unter der zunehmenden Verrechtlichung und Bürokratisierung sowie der Verknappung der Finanzmittel zum Stillstand kamen.[45] Karl-Heinz Wehkamp, erster AStA-Vorsitzender an der Bremer Universität, schreibt rückblickend: *„Etwa ab 1970 wurde an den westdeutschen Hochschulen die sich in Planung bzw. im Aufbau befindende Universität Bremen zunehmend mehr beachtet und mit ‚kritischem Interesse' verfolgt."*[46] Unter den Studierenden, die sich an der neugegründeten Universität einschrieben, befand sich eine größere Zahl, die zuvor an anderen Orten ihr Studium aufgenommen hatte. Viele der Fortgeschrittenen, in Bremen als Tutoren eingestellt, brachten die Nachwirkungen der Studentenbewegung nach Bremen. Wehkamp erläutert dazu: *„Andererseits gab es unter den Studenten selbst großes Mißtrauen, denn jeder kam aus einer anderen Stadt, und unser politisches Bewußtsein war auch insofern provinziell, als man ziemlich klar sagen konnte, daß einer aus Berlin zur KPD-AO tendierte, ein Marburger zur DKP, ein Frankfurter zu den Spontis und ein Heidelberger oder Erlanger zu den MLern. Unter den Studenten war keineswegs eitel Sonnenschein. Es hatten sich hier in Bremen schnell drei Hauptlager entwickelt mit teilweise traumatischen Spannungen untereinander – die sozialdemokratischen und Juso-Gruppen, die DKP-Anhänger und [die] undogmatischen Linken."*[47]

Die ersten Wahlen an der Universität Bremen brachten eine hohe Beteiligung. Bei denen zur Zentralen Kommission und Gemeinsamen Ausschüssen vom 9.11. bis zum 11.11.1971 stellten sich das Interesse wie folgt dar:

Gruppe[48]	Wahlberechtigt	Abgestimmt	%
Hochschullehrer			
Bereich Lehrerbildung	27	21	77,7
Bereich Sozialwissenschaften	18	18	100
Bereich Naturwissenschaften	16	13	81,2
Gastprofessoren Lehrerbildung	5	2	40
Gastprofessoren Sozialwissenschaften	2	2	100
Gesamt	68	56	82,3
Studierende			
Bereich Lehrerbildung	231	97	42
Bereich Sozialwissenschaften	85	62	72,9
Bereich Naturwissenschaften	99	37	37,3
Gesamt	415	196	47,2
Dienstleistungsbereich			
Verwaltung	175	136	77,7
Bibliothek	202	167	82,6
Gesamt	373	303	81,2

Auffallend ist die hohe Beteiligung bei den Gruppen der Hochschullehrer und der Dienstleistenden. Bei den Studierenden gaben weniger als die Hälfte ihre Stimme ab. Zu berücksichtigen ist aber, dass die Wahlen nur wenige Wochen nach der Eröffnung stattfanden und die Studierenden sich im ersten Semester noch orientieren mussten. Außerdem war die Mitbestimmungsmöglichkeit in paritätisch besetzten Gremien neu – Reformen brauchen zumeist eine Anlaufzeit, um verstan-

Im Gebäude Geisteswissenschaften 2, etwa 1975

den zu werden. Allerdings ist angesichts der vergleichsweise geringen Zahl von Studierenden – entweder überwiegend Anfänger oder engagierte Tutoren – wohl auszuschließen, dass eine größere Zahl nicht über die Wahlen informiert war. Das Bild der Universität prägten jedoch vor allem die vielen Aktiven. Einiges von ihrem Engagement ist aktenkundig geworden und soll an dieser Stelle als nicht repräsentativ für die politische Auseinandersetzung aufgeführt sein.

Zündstoff bot vor allem die Frage, wer die studentischen Vertreter in die Berufungskommissionen wählen sollte. Jungsozialisten, KSB, KSO und SHB/SF plädierten u.a. für eine Urwahl.[49] Sie suchten ihr Anliegen durchzusetzen, indem sie die studentischen Vertreter in den Studienbereichsräten in dieser Angelegenheit als nicht legitimiert erklärten, die Vertreter für Berufungskommissionen zu benennen. Eine Sitzung des Studienbereichsrats II, die sich mit den Wahlen befasste, wurde von den genannten Gruppen massiv gestört. Sitzungsunterlagen und Protokolle verschwanden, es kam zu Körperverletzungen.[50] Die Mehrheit der Studierenden wollte die Urwahl: Bei dem folgenden Urnengang zum Studentenrat verlor die MSB-SHB-Koalition ihre Mehrheit und wurde von KSB/KSO abgelöst.

Die Hochschulgesetzgebung des Bundes und der Länder sowie die neuen Ordnungen für staatliche Prüfungen verstanden die politisch aktiven Studenten häufig als zu weit gehende staatliche Eingriffe in ihre Belange und als hinderlich für den Reformprozess. Anlässlich der Vorlage des Entwurfs einer Prüfungsordnung für das Lehramt an Gymnasien durch den Senator für Bildung, Wissenschaft und Kunst gab es Proteste. Der Akademische Senat kritisierte, dass die Universität nicht an der Entscheidung beteiligt worden sei, und wies auf die Notwendigkeit und das breite Interesse an einer Strukturreform der Lehrerbildung hin, die der Entwurf aber nicht ermögliche; vielmehr konserviere er die bestehende Lehrerausbildung.⁵¹ Die Studierenden reagierten mit einer Streikwoche. Bildungssenator Thape erklärte ihnen aber bei einem Besuch, die Reformvorstellungen der Universität seien nicht realisierbar.⁵²

Im Oktober 1976 wandten sich die Studenten gegen die Erhöhung der Sozialwerksgebühren. Insbesondere der KSB war aktiv; am 5. Oktober drangen Mitglieder des KSB in das Büro des Konrektors Ludwig Kohlmüller ein, und am 8. Oktober versuchte eine Gruppe, in das Rektorat zu gelangen. Ziel war es, in den Besitz der bis dahin nicht ausgegebenen Immatrikulationsunterlagen zu gelangen. Sie wurden nur gegen eine Quittung über die gezahlten Beiträge ausgehändigt. Bei der ersten Aktion fielen den Studenten einige Dokumente in die Hände. Berichten der betroffenen MitarbeiterInnen zufolge lief die Aktion

Demonstration auf dem Bremer Marktplatz gegen die Verschärfung der Studien- und Prüfungsordnungen, 14. Juni 1973

„überfallartig" ab. Dabei kam es auch zu körperlicher Gewalt.⁵³

Der Widerstand gegen die Erhöhung des Sozialwerks-Beitrags zog sich über einen längeren Zeitraum hin. 1982 boykottierten die Studenten wiederum die Zahlung der Gebühren. Sie fanden Unterstützung beim Konvent, der die Universitätsleitung aufforderte, den Protestierenden keinen Nachteil entstehen zu lassen. Immatrikulationsbescheinigungen sollten weiterhin ausgestellt, Studienleistungen weiter erbracht werden können. Der Konvent sah hier auch eine Möglichkeit für die Universität, sich von den staatlichen Sparmaßnahmen abzugrenzen und sie nicht auszuführen.⁵⁴

Das Vorgehen von MSB Spartakus, KSB und SHB stuften der Rektor und die Mehrheit der Mitglieder des Akademischen Senats und des Konvents als Belastung für die Zusammenarbeit in den universitären Gremien ein.⁵⁵ Anlass für die Erklärung war die Sprengung einer Sitzung dieser beiden Organe.⁵⁶

Größere Aktionen fanden im Vorfeld der Einführung des neuen Hochschulrahmengesetzes in Bremen statt. Die Studierenden der Universität und der Hochschulen traten – mit einer Ausnahme – in den Streik. Im Rahmen einer Demonstration und Kundgebung am 10. Dezember 1976 vor der Bremischen Bürgerschaft kam es zu Auseinandersetzungen, in deren Folge vier Studenten angeklagt wurden. Wissenschaftssenator Franke hatte den am Streik Beteiligten mit Entzug der Unterstützung nach BAföG gedroht. Daraufhin demonstrierten 700 Studierende vor der Bürgerschaft. Moritz Thape, zuständig für das Landesamt für Ausbildungsförderung, schloss sich Frankes Auffassung an. Im Verlauf der Demonstration traten fünf Vertreter des AStA in einen Sitzstreik im Foyer der Bürgerschaft; Thape wurde auf dem Marktplatz attackiert, vier Studenten festgenommen – aufgrund des Angriffs, wegen Widerstandes gegen die Festnahme und wegen Fotografierens des Polizeieinsatzes.[57]

Häufig kam es zu Resolutionsübergaben von Studierenden im Dienstgebäude des Bildungs- bzw. später des Wissenschaftssenators. Der Umgang mit protestierenden Studenten wollte gelernt sein: *„Bei Demonstrationen, die in der Zeit von 6.30 bis 17.30 Uhr stattfinden, bitte ich Sie außerdem davon abzusehen, sich am Fenster zu zeigen, da dies den Eindruck erweckt, daß die Mitarbeiter unserer Behörde mit der Erledigung ihrer Aufgaben nicht ausreichend beschäftigt seien."*[58]

Senator Franke warb um Verständnis für die Studierenden, die das Hochschulgesetz als Eingriff in die Studienreform betrachteten – auch wenn er Massendiskussionen inzwischen als „witzlos" empfand und die Nebenwirkungen der sein Haus aufsuchenden Studenten – *„Auf dem Teppich ausgedrückte Kippen, wahllos auf dem Boden hinterlassene Abfälle, beschmutzte Wände"* – nicht gerade als „gelungenes Zeichen eines Studentenprotestes" betrachtete.[59] Verschiedenste Aktionen wurden durchgeführt, um die Aufmerksamkeit der Öffentlichkeit für die Belange der Studierenden zu gewinnen; so wickelten beispielsweise Kunststudenten den Bremer Roland in ein Laken.[60]

Im Vergleich zu anderen Universitäten jedoch – das hebt auch Hans Koschnick[61] rückblickend hervor – waren die Proteste an der Universität Bremen geeignet, einen Diskussionsprozess in Gang zu bringen. Anders gestalteten sich, zumindest wenn man den Presseberichten Glauben schenkt, die Auseinandersetzungen beispielsweise an der Universität Marburg.[62]

Für den Herbst 1977 hatte der vds als Reaktion auf das Hochschulrahmengesetz bundesweit einen Streik an den Universitäten angekündigt. In Bremen bestand zu dieser Zeit bereits eine Gruppe des Rings Demokratischer Studenten (RCDS), die statt dessen dem Konvent der Universität einen Universitätstag zur Diskussion der hochschulpolitischen Situation vorschlug, um das Bild der Universität in der Öffentlichkeit nicht zu gefährden.[63] Als man allerdings den Antrag im Konvent behandeln wollte, war das Gremium nicht mehr beschlussfähig, die Sitzung wurde beendet.[64]

Den für November 1977 angekündigten 14tägigen Veranstaltungsboykott hielt der Wissenschaftssenator nicht für ein geeignetes Mittel – wertvolle Ausbildungskapazitäten würden vernichtet, unter Umständen die Studiendauer verlängert und es erschwert, überhaupt einen Studienplatz zu bekommen. Er sah die neuen Proteste vor einem anderen Hintergrund als die Studentenproteste der 1960er Jahre: Gegenwärtig hätten die Studierenden Angst, keine ihrem Abschluss angemessene Stellung zu finden, sie betrachteten die finanzielle Absicherung des Studiums durch das BAföG als unzureichend, wandten sich gegen das Hochschulrahmengesetz und gegen die befürchtete Verschlechterung des Lehrangebots durch Stellenkürzungen.[65] Allein die Hochschule für Technik nahm nicht am Streik im Herbst 1977 teil, weil die Mehrheit der dortigen Studierenden befürchtete, ihr Lernpensum nicht zu schaffen.[66] Der Bund Freiheit der Wissenschaft verurteilte den bundesweit geplanten Veranstaltungsboykott als rechtswidrig und bezifferte die Kosten auf vier bis fünf Millionen Mark – eine Summe, die angeblich der Wissenschaftssenator genannt habe.[67]

Studentenprotest vor dem Bremer Rathaus, 14. Juni 1973

Die gewählten Vertreter der Studentenschaft, der AStA der Universität Bremen und auch die Studentenausschüsse anderer Universitäten in der Bundesrepublik forderten ein allgemeinpolitisches Mandat für die verfasste Studentenschaft. Der AStA sollte sich nicht nur ausschließlich zu hochschulpolitischen Problemen äußern dürfen, sondern auch das Recht haben, zu anderen Themen Stellung zu nehmen. Der Bremer AStA solidarisierte sich z.B. mit dem der Universität Marburg, der zur Zahlung von Zwangsgeldern verurteilt worden war, weil er sich nicht nur an die Hochschulpolitik gehalten habe: *„In den 50er und Anfang der 60er Jahre, in denen die Studentenschaften Stellungnahmen zu allgemein politischen Fragen wie z.B. des Ost-West-Konfliktes, zum 17. Juni u.s.w. abgaben, die mit den herrschenden politischen Auffassungen in der BRD übereinstimmten, ist eine solche Befugnis nie bestritten worden."*[68] Ziel der Angriffe gegen die Ausübung des allgemeinpolitischen Mandats sei es, unbequeme Meinungen zu unterdrücken, so der Bremer AStA. Der Akademische Senat fasste in dieser Sache folgenden Beschluss: *„Der Akademische Senat der Universität Bremen versichert den Marburger Studenten und dem AStA seine Solidarität im Kampf für den Erhalt der verfaßten Studentenschaft mit politischem Mandat."*[69] Auch der Bremer AStA musste um das allgemeinpolitische Mandat fürchten; die Grundordnung, die die verfasste Studentenschaft sich gab, war zwar bewilligt worden, jedoch forderte der Senator die Streichung des allgemeinpolitischen und des imperativen Mandats sowie die Abschaffung der Studiengangsausschüsse und der dezentralen studentischen Vollversammlungen. An diese

Punkte war die Zuweisung der Gelder geknüpft, jedoch wurde die Mittelsperre aufgehoben. Die Universitätsleitung und die Dienstleister unterstützten den AStA, auch die Rechtsstelle beurteilte die vorgelegte Satzung als zulässig.[70]

Große Wellen schlug eine Aktion des RCDS, die linksgerichtete Studenten als Provokation auffassten. Der RCDS hatte den CDU-Generalsekretär Heiner Geißler eingeladen, am 12. Dezember 1977 zum Thema *„Fortschritt und Freiheit – Umrisse einer neuen Gesellschaftspolitik"* zu referieren.[71] Gegenmaßnahmen waren zu erwarten, da Geißler für seine provozierenden Äußerungen gegen Linke und Liberale bekannt war. Rektor Alexander Wittkowsky war skeptisch, ob die Sicherheit bei der zu erwartenden Besucherzahl – die Veranstaltung war auch im Stadtgebiet beworben worden – aufrechtzuerhalten sei.[72] Er sollte Recht behalten. Noch vor ihrem Beginn stürmten Studenten den Raum; es kam zu Prügeleien. Als Geißler eintraf, überzeugte Wittkowsky ihn, die Universität nicht zu betreten. Die Veranstaltung wurde schließlich auf dem Parkplatz durchgeführt.[73] Der Rektor äußerte sein Bedauern über die Vorfälle; die Auseinandersetzung mit dem Vertreter einer führenden Partei sei an der Universität erwünscht. Auch schließe es das Pluralismusverständnis ein, dass CDU-Politikern Redemöglichkeiten zustünden. Er kritisierte, dass der RCDS und Geißler einer Verlegung in eine Schulaula nicht zugestimmt hatten, und stellte fest, der Eindruck, es habe sich um eine Veranstaltung gehandelt, die in erster Linie Vorurteile gegen die Universität schüren sollte, sei bestätigt.[74] Gegen die Störer wurden Strafanträge gestellt.[75]

Mit dem RCDS und seiner Position innerhalb der Studentenschaft bzw. gegenüber den linksgerichteten Studierenden und Hochschullehrern beschäftigte sich die Deputation für Wissenschaft und Kunst, als ein Mitglied eine Begebenheit an der Universität zur Sprache brachte: Im Rahmen einer Lehrveranstaltung hatte ein Professor sinngemäß das Verhalten der dem RCDS angehörenden Studenten als atypisch und dazu geeignet bezeichnet, Aggressionen hervorzurufen. Eine solche Einstellung laufe darauf hinaus, diesen Studenten die Teilnahme an Lehrveranstaltungen zu erschweren.[76] Aus Angst vor Repressalien würden sich Mitglieder des RCDS nicht mehr öffentlich zu ihrer Organisation bekennen. Die Vorwürfe wurden von einem Deputationsmitglied erhoben, das gleichzeitig Doktorand an der Universität und Mitglied des RCDS war – allerdings nicht Teilnehmer der angesprochenen Lehrveranstaltung.[77] Der gescholtene Hochschullehrer und auch Rektor Steinberg wiesen die Kritik als unbegründet zurück.[78] Eine Aufklärung des Vorgangs durch die Behörde erfolgte nicht; man legte den Beteiligten ein persönliches Gespräch nahe.[79]

Der RCDS trat erstmals zu den Studentenwahlen im Wintersemester 1976/77 in Bremen an. Das Ergebnis zeigt seine zunächst geringe Bedeutung: Marxistischer Studentenbund MSB 22,28 %, Sozialistischer Hochschulbund SHB 11,25 %, Juso-Hochschulgruppe 19,31 %, Rote Liste/KSB 12,22 %, Kommunistischer Studentenverband KSV 1,89 %, Ring Christlich Demokratischer Studenten RCDS 4 %, Liste „Was lange gärt, wird..." 27,58 %. Letztere stellte sich ebenfalls zum ersten Mal der Wahl. Die Beteiligung lag bei 38,05 %, im Vorjahr waren es noch 41,4 %.[80] Im Sommer 1978 stellte sich eine erneute Wahl zum Studentenrat als notwendig heraus, da nach der Januarwahl keine mehrheitsfähige AStA-Koalition zustande gekommen war. Die Situation komplizierte sich noch, als sich auf einer nicht regulären Sitzung des Studentenrats ein AStA aus Marxistischer Gruppe, KSB, KSV und

Cafeteria im Gebäude GW2, Sommersemester 1975

Basisgruppen[81] bildete, so dass zwei Studentenausschüsse bestanden. Der alte AStA aus MSB Spartakus, SHB und Jungsozialisten blieb weiter im Amt und behauptete, es sei keine reguläre Abwahl erfolgt.[82] Bei der Neuwahl im Mai kam es zu einem Eklat und zu einer Fälschung durch Wahlhelfer. Einige von ihnen, die alle derselben Liste angehörten, hatten es 37 Studenten ermöglicht, ihre Stimme mehrfach abzugeben. Der AStA hielt es für möglich, dass die seiner Auffassung nach verantwortliche Marxistische Studentengruppe die Wahl zwar nicht fälschen, aber in ein schlechtes Licht setzen wollte.[83] Die Wahlen zum Studentenrat wurden daraufhin abgebrochen und drei Wochen später wiederholt.[84]

Zum Rückgang der Wahlbeteiligung passt eine Beobachtung, die 1978 mehrfach die Presse beschäftigte: Die Zahl der Dauerstudenten stieg an. Nun ist es zwar problematisch festzustellen, wie viele von den an einer Universität Immatrikulierten tatsächlich studieren und wie hoch der Anteil derjenigen ist, die nur wegen des Status als Student eingeschrieben sind, jedoch weisen steigende Zahlen bei gleichzeitigem Rückgang der Erstsemester darauf hin, dass manche ihr Studium praktisch bereits aufgegeben hatten oder zumindest in die Länge zogen. Der „Weser-Kurier" sprach im Sommer 1978 von etwa 10% „unechten Studenten", geschätzt auf Grundlage des Anteils der Langzeitstudierenden von etwa 20%.[85] Besonders erstaunlich stellte sich das Bild an der Freien Universität Berlin dar – fast die Hälfte der Studierenden befand sich mindestens im 11. Semester. Als Begründung führte man wirtschaftliche, ideologische und arbeitsmarkttechnische Motive an. Durch Studentenermäßigungen lasse sich Geld sparen.[86] Die Verweigerung, Teil der Leistungsgesellschaft zu werden sowie die immer schlechteren beruflichen Perspektiven, aber auch die „*Nestwärme*", die die Hochschulen unsicheren Studierenden böten, verlängerten das Studium und lief darauf hinaus, das Examen später abzulegen, so die „ZEIT".[87]

Die Schwierigkeiten vieler Studenten blieb der Öffentlichkeit zumeist verschlossen. Eine Ausnahme bildet das „Deutsche Sonntagsblatt", indem es feststellte: *„Einige rebellieren, nicht weil Universitäten Brutstätten des Terrorismus wären, sondern weil die Lage so hoffnungslos ist im Gestrüpp von Verwaltung, wissenschaftlichem Apparat und Studienordnungen. […] Entweder krümmen sie sich beizeiten, passen sich an, oder sie pfeifen auf alles – notfalls auch das Grundgesetz. Sollten deshalb weniger studieren dürfen?"*[88] Ganz anders, und auf das Schüren und Bekräftigen von Vorurteilen bedacht, stellt sich die Einschätzung der politisch aktiven linken Studierenden durch den RCDS Osnabrück dar:

„Habe nun, schwach! Politologie,
Karlchen Marx und auch Mao
Und leider auch Soziologie
Wenig studiert, mit großem Hallo.
Da steh' ich nun, ich armer Tor!
Und bin so dumm wie nie zuvor:
Habe demonstriert, Gewalt angewendet sogar,
Und laufe nun schon an die sieben Jahr
In Instituten und Hörsälen herum,
[…]
Möchte immer weiter Papiernes verteilen,
Von Demonstration zu Demonstration eilen,

*Möchte ununterbrochen Resolutionen verfassen
Und stets die bösen Imperialisten hassen."* [89]

Die Hochschullehrerin Heide Gerstenberger beobachtete im Laufe der 1980er Jahre ein sich neu ausbildendes Verhältnis der Studierenden zur Universität und spricht von dem eigentlich entscheidenden Strukturwandel seit 1945. Das Studium würde nicht mehr als eine Zeit des Ausprobierens verstanden, sondern wie ein Arbeitsverhältnis betrachtet. Die Notwendigkeit, nebenher zu jobben sowie die regulierenden Prüfungsordnungen stellten ein freies Studium ebenfalls in Frage. Auch die Erwartungshaltung der Studierenden sei nicht mehr dieselbe. Der angebotene Lernstoff stehe nun für sie im Vordergrund. Diese Veränderung des studentischen Bewusstseins habe zur Angleichung der Bremer Universität an die anderen westdeutschen Universitäten geführt.[90] Der ehemalige Student Berthold Halbmann vertritt rückblickend die Auffassung, die geringer gewordenen Mitgestaltungsmöglichkeiten haben das Interesse an studentischer Mitwirkung in den universitären Gremien stark sinken lassen.[91] Klaus Vosgerau plädiert dafür, das Bild der studentischen Generation seit den 1980er Jahren anders zu zeichnen. Mit der Gesellschaft hätten sich auch die Studierenden verändert: *„Die Landschaft der Studien- und Lebensformen hat sich ausdifferenziert, und andere Bereiche haben neben der Hochschule an Bedeutung gewonnen."* [92]

Politische Gruppen und Fraktionen der HochschullehrerInnen

Die HochschullehrerInnen der Universität Bremen bildeten Anfang der 1970er Jahre keine homogene Gruppe. Überwiegend waren sie in verschiedenen politischen Fraktionen organisiert – zu nennen wären beispielsweise die GEW, die SPD-Betriebsgruppe, SHL (Sozialistische Hochschullehrer), die nach ihrem Tagungsort – dem Hotel „Munte" – benannte „Munte-Fraktion" von linken oder in der Mitte anzusiedelnden Sozialdemokraten, Mittwochssozialisten („Misos") und andere. Es war üblich, sich einer der Gruppen anzuschließen; Karl Holl, Professor für Geschichte und aktiv in der FDP, machte die Erfahrung, dass man sich andernfalls schnell isolierte und schloss sich daher der „Munte-Fraktion" an.[93] Im Rückblick meint Wilfried Müller, Rektor seit 2002, gerade aufgrund der schwierigen Situation in den Anfangsjahren, die auch durch Angriffe von außen entstanden sei, habe man gelernt, sich immer wieder neu aufeinander zu beziehen, um Krisen zu bewältigen. Der persönliche Zusammenhalt der „Misos", denen er angehörte, sei zum Teil bis heute noch vorhanden.[94]

Hans-Josef Steinberg beschreibt die in der Anfangszeit übliche Art der hochschulpolitischen Absprachen: *„Im ‚Gau bi de Hand' trafen sich viele, die sich um die Universität in irgendeiner Weise Gedanken machten, darunter der Universitätsplaner Dieter Heilbronn, sowie Manfred Hahn und ich. Die Wirtsleute, Else und Bodo, achteten streng darauf (Gesichtskontrolle an der Tür), daß niemand, sei er vom Verfassungsschutz oder sei es ein Stasi-Spitzel, hineinkam. Im ‚Gau bi de Hand' wurde geknobelt, und es wurde Politik gemacht nach der Devise, ‚wenn Euer ultralinker Verein unseren Kandidaten nicht unterstützt, dann könnt ihr mit Eurer* *nächsten Berufung einpacken'."*[95]

Es kam in den Gremien zu einer zunehmend politischen Fraktionierung über die einzelnen Statusgruppen hinweg. In einigen Fällen mag das hinderlich für die Entwicklung der Universität gerade in den ersten Jahren gewesen sein. So bemängelten die Professorin Annelie Keil und der Mitarbeiter Dieter Mützelburg das Verhalten im Studienbereichsrat III. Im Februar 1973 standen Wahlen zu verschiedenen Gremien, unter anderem zu allen Studiengangskommissionen, an. Nach Auffassung von Keil und Mützelburg hatte die „Munte-Fraktion" ihre Kandidaten in die Kommissionen gewählt, ohne sicherzustellen, dass sie auch über ausreichend Kenntnisse verfügten, ging es doch in erster Linie darum, Planungsaufgaben wahrzunehmen.[96]

Es zeigt sich allerdings auch, dass etwa die Zusammenfassung der linken oder der Mitte angehörenden Sozialdemokraten und anderen zu einer Fraktion nicht unproblematisch war. Innerhalb der „Munte-Fraktion" bildeten sich Untergruppen, so zum Beispiel Dienstleister, die der ÖTV angehörten. Zwischen ihnen kam es verschiedentlich zu Konflikten, so etwa bei der Einigung auf einen Kandidaten für das Amt des Konrektors für die Amtszeit ab April 1976.[97] Der erste Kanzler der Universität, Hans-Heinrich Maaß-Radziwill, erklärt rückblickend, man habe sich intensiv mit den Gruppen und Strukturen befassen müssen, um „Seilschaften" herauszufinden.[98]

1978 wurden 16 Bremer HochschullehrerInnen angeklagt, weil sie die umstrittene, in Berlin veröffentlichte Dokumentation „Buback – ein Nachruf" mit herausgegeben hatten. Die Ermordung von Generalbundesanwalt Siegfried Buback 1977 durch die RAF gilt als Beginn des sogenannten „Deutschen Herbstes". Ein Göttinger Student publizierte daraufhin in einer Studentenzeitung den „Mescalero-Aufruf". Auf den Teil des Textes, in dem der Verfasser seine spontane Reaktion beschreibt, begann – nach Bekanntwerden des Textes durch eine Anzeige des Göttinger RCDS – durch Medien, Politiker und Juristen und weitere Vertreter der Konservativen eine mehr oder minder hysterisch zu nennende Verfolgung. Um des Verfassers habhaft zu werden, durchsuchte man in Göttingen den AStA sowie weitere Räume an der Universität und verschiedene Privatwohnungen – allerdings erfolglos. Gegen den Urheber leitete man Strafverfahren ein.[99] Wo auch immer der Text auftauchte, beschlagnahmten ihn die Justiz, Polizeiorgane und Hochschulleitungen. Die Herausgeber der Dokumentation kritisierten die Unterschlagung der zentralen Aussage des Textes und die Reduktion des Inhalts durch den auszugsweisen Abdruck von Passagen, die man als zynisch bezeichnete. Die Hochschullehrer forderten eine öffentliche Diskussion des gesamten Artikels und wandten sich gegen die Kriminalisierung des Autors.[100] In der Auseinandersetzung fand sich ausschließlich die vielzitierte „klammheimliche Freude" erwähnt. Das eigentliche Anliegen des Textes blieb in der Regel unerwähnt. Der auch wegen seiner wenig sensiblen Sprache umstrittene Text sollte vollständig einer größeren Öffentlichkeit bekannt gemacht werden, so das Ziel der Dokumentation durch die 48 Hochschullehrer.[101] Die Verantwortlichen wurden wegen Verunglimpfung des Staates und seiner Symbole (§ 90a StGB), Volksverhetzung (§ 130,3 StGB), Beleidigung (§ 185 StGB) und Verunglimpfung des Andenkens Verstorbener (§ 189 StGB) angeklagt. Zunächst führte die Staatsanwaltschaft Berlin das Verfahren gegen die Herausgeber. Im Januar 1978 aber gab man die Ermittlungen gegen die Bremer Beteiligten an die Staatsanwaltschaft Bremen ab.[102] Der 4. Senat des Kammergerichts West-

Berlin konstatierte, die Herausgeber seien der Verunglimpfung des Staates schuldig, u.a. wegen der Behauptung, Justiz, Polizei und Hochschulleitungen hätten die Verbreitung des „Buback-Nachrufs" und jeden Ansatz zu sozialistischer Kritik in der Bundesrepublik verfolgt – im Unterschied zu faschistischen und Rechts-Tendenzen. Ein Strafverfahren wurde eingeleitet. Zuvor lehnte eine Vorinstanz die Verfahrenseröffnung ab, da die Herausgeber sich den Inhalt des „Buback-Nachrufs" nicht zu Eigen gemacht hätten.[103] Keines der für die verschiedenen Angeklagten zuständigen Landgerichte in Berlin, Bremen, Oldenburg, Hamburg und Bielefeld *„konnte sich letztlich der Erkenntnis verweigern, daß darin nicht zu Mord und Terror, sondern im Gegenteil zu kritischem Nachdenken über den Buback-Mord aufgerufen war."*[104]

Die Fraktionierung innerhalb der Hochschullehrerschaft war – wie in den übrigen Statusgruppen auch – sehr weitgehend. Wittkowsky erläutert, in einer solchen Stärke habe er damit nicht gerechnet.[105] Maaß-Radziwill erklärt dazu, viele Konflikte hätten sich überlagert und seien in verschiedenen Gremien mehrfach behandelt worden. Das habe dazu geführt, dass die staatliche Seite deren Arbeit nicht mehr ernst nahm. Insbesondere bei den Mitarbeitertreffen der Bibliothek behandelte man vielfältige politische Themen, die Arbeitsabläufe an sich aber nicht, und so seien viele Beteiligte dem Grad der Konfliktverschärfung in den Auseinandersetzungen nicht gewachsen gewesen.[106]

In der Wochenzeitung „DIE ZEIT" erschien ein Dossier, dem als Aufhänger eine Presseerklärung des Kanzlers der Universität diente, in der er den Rücktritt des Rektors forderte. Der Artikel bezeichnet das Experiment Reformuniversität als gescheitert und zog als Beispiele die politische Ausrichtung einer großen Zahl der Hochschullehrer heran, den Standard der Forschung, der hinter dem sogenannter normaler Universitäten zurückbleibe und auch die bis dahin nicht erfolgte Anerkennung durch die Deutsche Forschungsgemeinschaft sowie der nach Informationen der „ZEIT" bei Bremer Schulleitern als schlecht geltende Kenntnisstand der Lehramtsstudierenden.[107] Als Ursache für die „Dauerkrise" macht die „ZEIT" den Rücktritt Killys von seinem Amt als Vorsitzender des Gründungsausschusses aus – er habe die Universität um einen Kern aus kompetenten Hochschullehrern aufbauen wollen.[108] *„Doch den Studenten und Assistenten im Gründungssenat lag mehr an schnellen Karrieren und leeren Prozeduren als an den Fähigkeiten ausgewiesener Professoren."*[109] Tatsächlich hatten die nicht habilitierten Mitglieder des Gründungssenats die Einrichtung sogenannter Eckprofessuren abgelehnt, weil sie befürchteten, die Besetzung der Stellen konzentriere sich in der Hand der Eckprofessuren und sei nicht mehr transparent und öffentlich.[110]

Der Autor des „ZEIT"-Artikels meinte, eine Verbindung zwischen den Bremer Verhältnissen – rätedemokratische Arbeitertradition, pietistisch-schwärmerischer Protestantismus und kraftloser Konservatismus der Kaufleute – und der Entwicklung der Universität zu erkennen. Die Ausweitung des Bildungszugangs habe zunächst nur zu einer größeren Zahl des Lehrpersonals geführt. An der Universität lehrten linksorientierte, nicht habilitierte Aufsteiger, die man woanders nicht eingestellt hätte. Die DKP habe eine erfolgreiche Personalpolitik betrieben. Weder linke noch bürgerliche Professoren seien gewillt, ihr eigenes Handeln zu überdenken. Auch seien die Stellenbeschreibungen der Professuren an anderen Universitäten eher Tätigkeitsfelder für Assistenten und das Lehrangebot eher willkürlich zusammengestellt.¹¹¹ Insgesamt stützt der Autor sich auf Aussagen von Universitätsangehörigen, Hochschullehrern und Studierenden sowie auf die Einschätzungen künftiger Arbeitgeber, insbesondere Bremer Schulleiter, und auf Aussagen Bürgermeister Koschnicks zur Universitätsgründung. Letzterer war der Universität gegenüber im Großen und Ganzen positiv eingestellt und befürwortete insbesondere die Hochschulreform. Auffallend ist, dass der Autor Koschnicks Zitate diskutiert, die negativen Äußerungen über das Reformmodell jedoch wie Fakten behandelt. Angeblich stand die negative Berichterstattung des Blattes im Zusammenhang mit den letztlich gescheiterten Ambitionen des Feuilleton-Leiters der „ZEIT", Fritz J. Raddatz, eine Professur in Bremen zu erhalten.¹¹²

In seiner Stellungnahme bedauerte Rektor Wittkowsky die Haltung des Autors und verwies auf das Bremer Hochschulgesetz, das einiges an der Universität verändert habe; Teile des Artikels bezeichnete er als geschmacklos, so vor allem die Interpretation der Selbsttötungen von zwei Professoren der Universität.¹¹³ Imanuel Geiss, einst Mitglied des Gründungssenats und nun Geschichtsprofessor in Bremen, auf den sich das Dossier wiederholt berief, beharrte darauf, dass seiner Auffassung nach die Hälfte der an der Universität beschäftigten Hochschullehrer Marxisten seien, von denen wiederum die Hälfte solide wissenschaftliche Arbeit betreiben – die übrigen 25 % jedoch seien unterqualifiziert *„und kompensieren ihren Mangel durch Ideologisierung".*¹¹⁴ Ein anderer Leser schrieb, es gäbe zwar hoch motivierte und überdurchschnittlich begabte Studierende in Bremen, jedoch müssten sie psychisch stark belastbar sein, da ihre Kommilitonen sie als Streber und unsozial abqualifizierten. Durchschnittlich und unterdurchschnittlich Begabte jedoch würden von der Möglichkeit, mit wenig Aufwand gute Zensuren zu erzielen, Gebrauch machen.¹¹⁵ Der Hochschullehrer Gerd Duwe berichtete von *„monatelangen Diffamierungs- und Verleumdungskampagnen"*. Seine Veranstaltungen seien *„über zwei Semester von großen studentischen Gruppen unterschiedlicher linker und kommunistischer Schattierungen systematisch gesprengt"* worden. Weder die Universitätsleitung noch der zuständige Senator hätten ihm sein Recht auf Ausübung der Lehrtätigkeit verschafft.¹¹⁶ Ein weiterer Hochschullehrer brachte Auseinandersetzungen, oft *„niederträchtig"* geführt, im Bereich des Studiengangs Physik zur Sprache und befürwortete das Berufsverbot für Jens Scheer, Hochschullehrer der Physik.¹¹⁷ Der Hochschullehrer Stephan Leibfried hielt die Bewertung für nicht zutreffend, da nur der sozialwissenschaftliche Bereich und die Lehrerbildung als Beispiele erörtert worden seien, man jedoch die Natur- und Ingenieurwissenschaften, die Juristenausbildung und die Volkswirtschaftslehre außer acht gelassen habe. Darüber hinaus, so Leibfried, sei zu beachten, dass die Universität Bremen unter stetigem Druck von außen stehe, auch durch den Wegfall der finanziellen Unterstützung durch andere Bundesländer, was die Entwicklung von Forschung und Lehre aber mehr behindere als *„irgendein ‚marxistisch-leninistisches Kader' es sich erträumen könnte"*.¹¹⁸ Des Weiteren meldeten sich auch Stimmen zu Wort, die sich der Universität gegenüber aufgeschlossen zeigten, jedoch relativierend: *„Aber es gibt Positives; doch das ist eingesickert, nicht geplant. Mitgebracht von vorzüglichen Fachleuten, manche von ihnen sicher aus Versehen berufen, die bereit waren, traditionsreichen Ballast abzuwerfen, aber nicht auf Lenin komm heraus mit allen Traditionen zu brechen; die ein offenes und persönliches Verhältnis zu ihren Studenten anstrebten, ohne ihnen unangenehme Wahrheiten vorzuenthalten; die* *in Bremen eine Lebensaufgabe suchten, die sie eher in einer Neugründung als in einer etablierten Universität zu finden hofften. Sie aber konnten den Charakter der Universität Bremen nicht prägen."*[119] Der Hochschullehrer Klaus Haefner schließlich bewertete die Gründung der Universität als *„dilettantisches Abenteuer"*.[120] Der Kanzler der Universität, der den Autor des „ZEIT"-Dossiers mit Informationen verorgt hatte, fühlte sich in dem Artikel falsch zitiert und wandte sich mit einem Offenen Brief an die Mitglieder der Universität. Maaß wies darin u.a. darauf hin, dass er die Tendenz des Dossiers nicht teile, da es den inzwischen erfolgten Wandel der Universität völlig übersehen habe.[121]

Die Gruppe „Demokratische Hochschule" kritisierte Anfang der 1980er Jahre die Sparmaßnahmen an der Universität, vertrat gewerkschaftliche Standpunkte und befürwortete die Orientierung der Wissenschaft an Arbeitnehmerinteressen. Die Anfang der 1980er Jahre aufkommende – oder so empfundene – Abgrenzung zwischen Geistes- und Naturwissenschaften wurde abgelehnt und ein gemeinsames Eintreten für die notwendige Ausstattung der Fachgebiete befürwortet. Ebenso verwarf man die Politik der senatorischen Behörde, was auch die Novelle des BremHG und den Hochschulgesamtplan betraf. Die Einrichtung der neuen Abschlussmöglichkeiten Diplom und Magister als Alternative zum Lehramtsstudium schätzte man als Studium für die Arbeitslosigkeit ein.[122]

Die „MiSos" bestanden aus eher forschungsorientierten sozialwissenschaftlichen HochschullehrerInnen. Daher gelang die Zusammenarbeit mit Rektor Timm, der auch die Forschung an der Universität stärken wollte, ab Mitte der 1980er Jahre gut. Es entwickelte sich ein Konsens zwischen diesen Geistes- und Sozialwissenschaftlern einerseits und Hochschullehrern aus den Naturwissenschaften andererseits. So ist zu erklären, warum die ersten sozialwissenschaftlichen Institute zum Beginn der 1980er Jahre entstanden, als die Universität sich eigentlich eher in Richtung der Naturwissenschaften entwickelte, und auch, dass der erste Sonderforschungsbereich der Universität ein sozialwissenschaftlicher war.[123]

Das politische Engagement und die Bereitschaft, in Gruppen sowohl allgemein- als auch hochschulpolitisch zu arbeiten, ist ein besonderes Kennzeichen der HochschullehrerInnen in Bremen in den 1970er Jahren – das Schlagwort vom „Bremer Konsens" steht für diese Zusammenarbeit. Der Schwerpunkt der genannten und anderer Gruppen lag keineswegs ausschließlich auf der Hochschulpolitik. Ein Beispiel für allgemeinpolitisches Engagement sind die Chile-Gruppen, die überall in der Bundesrepublik entstanden.[124] Die Grenze zwischen Hochschul- und Allgemeinpolitik war fließend: Die Solidarität der universitären Gremien mit oppositionellen iranischen Studierenden[125] an der Universität Bremen und hier insbesondere deren wirtschaftlicher Notlage berührte ebenfalls beide Bereiche. Solche Themen wurden auch an anderen Universitäten behandelt, allerdings eben meistens von Studentengruppen ohne große Unterstützung durch Lehrende oder die Verwaltung. Das führte in einigen Fällen zu dramatischen Auseinandersetzungen, wie bei den Protesten zur Erzwingung der Immatrikulation eines Iraners an der Universität Frankfurt im Jahr 1969, in deren Verlauf man unter anderem Tränengas einsetzte und ein Gebäude durch Molotowcocktails in Brand geriet.[126] In Bremen war hingegen ein breiterer Konsens entstanden, zum anderen das Diskussionsklima offener.[127]

Im Fadenkreuz der Schlapphüte

Vielfach sprechen Zeitzeugen davon, dass sowohl der Verfassungsschutz als auch das Ministerium für Staatssicherheit MitarbeiterInnen der Universität überwachten und ausspähten. Vereinzelt gibt es Hinweise darauf, dass MitarbeiterInnen der Universität einer dieser Institutionen zuarbeiteten.[128]

Ein besonderes Interesse des Verfassungsschutzes galt den Universitäten und den politischen Aktivitäten der Studierenden. Es wird von der Anwerbung von Studenten durch den Verfassungsschutz berichtet, die Kommilitonen und Lehrende ausspionieren sollten, Flugblätter und Schriften sammelten, Berichte über Lehrveranstaltungen verfassten und Notizen zu Diskussionen und Referaten anfertigten. Die Aktivitäten des Verfassungsschutzes gingen zumindest mit einer relativen Einschränkung der akademischen Freiheit einher. Studierende und Dozenten mussten annehmen, dass ihre Namen in Akten des Verfassungsschutzes auftauchten, und vor allem die Lernenden mussten befürchten, nach dem Examen nicht in den Öffentlichen Dienst eingestellt zu werden.[129]

Dem Ministerium für Staatssicherheit der DDR gelang es, zahlreiche linke Gruppen in Westdeutschland zu unterwandern. Auch Angehörige der Universität Bremen arbeiteten mit der Stasi oder anderen Institutionen der DDR zusammen. So war, folgt man Hubertus Knabes Ausführungen, der deutsche Zweig der Internationalen Vereinigung Demokratischer Juristen (IVDJ) eng mit der SED verbunden. Vorsitzender der IVDJ war der Bremer Juraprofessor und zeitweiliger Konrektor Gerhard Stuby.[130] Der Uni-Pressesprecher Wolfgang Schmitz arbeitete laut Knabe dem MfS zu.[131] Der Professor für Politische Ökonomie Ludwig Bress, der bis zum Wintersemester 1974/75 an der Universität Bremen lehrte, war laut Knabes Ergebnissen ebenfalls als inoffizieller Mitarbeiter für das MfS tätig. Bress, unter dem Decknamen „Berger"[132] tätig, habe insgesamt etwa 30 Jahre als Inoffizieller Mitarbeiter (IM) gedient. Knabe erläutert hierzu, in kaum einem anderen Bereich sei das MfS so aktiv gewesen wie an den Hochschulen, da man dort vielfältige Verbindungen zu Wirtschaft, Politik und Militär sah: *„Tatsächlich bildeten die Universitäten der Bundesrepublik ein zentrales Aktionsfeld des Staatssicherheitsdienstes."*[133]

Verfassungsschutz und Ministerium für Staatssicherheit waren an der Universität Bremen präsent – das muss nach dem heutigen Stand als gesichert gelten. Eine systematische Aufarbeitung der Aktivitäten und der Beteiligung von Mitgliedern der Universität daran wäre wünschenswert, ist aber im Rahmen dieser Arbeit nicht zu leisten.

Berufungsverfahren – Personalplanung für eine neue Universität

Der Bremer Wissenschaftssenator Horst Werner Franke äußerte im Jahr 1980: *„Die Berufung von Professoren muß von Universität und Staat gemeinsam getragen werden. Beide Seiten bringen dabei durchaus eigenständige Kriterien ein, die aber nicht in einer strikten Trennung liegen, etwa dahingehend, daß die Universität nur über die wissenschaftliche Qualifikation und der Staat nur über die allgemeine dienstrechtliche Beurteilung zu befinden hätte. Beide Seiten müssen sich in einer umfassenden Würdigung des Berufungsvorschlags treffen."*[134] Ein Eingriff des Staates in die Lehre und Forschung sei zwar aus guten Gründen nicht zulässig, aber der Staat habe dafür zu sorgen, dass an der von ihm initiierten und unterhaltenen „Alma Mater" nur Personen lehren, von denen anzunehmen sei, dass ihre Arbeit dem Auftrag der Universität entspräche. Alles andere müsse zu einer Isolierung der Universität führen. Andererseits sei eine nur durch den Staat getroffene Berufungsentscheidung in Bremen nicht zulässig.[135]

Am 2. September 1970 verabschiedete die Bremische Bürgerschaft mit den Stimmen der Fraktionen von SPD und FDP das Universitätserrichtungsgesetz. Zunächst ging man noch auf die Wünsche der FDP ein, so z.B. bei der Besetzung der Senatskommission für Universitätsfragen. Doch schon bald schoben sich die Meinungsverschiedenheiten in den Vordergrund. Dreh- und Angelpunkt des Konfliktes stellte das Berufungsverfahren dar und damit die Auswahl der künftig in Bremen lehrenden Hochschullehrer. Die Bremische Bürgerschaft beschloss am 17. März 1971, den Senat zu bitten, sich von der Universität bei Berufungen von Professoren eine Vorschlagsliste, die in der Regel drei Namen enthalten sollte, vorlegen zu lassen. Darüber hinaus sah sich der Senat aufgefordert, grundsätzlich vor der Berufung von Hochschullehrern externe neutrale Gutachten über die wissenschaftliche Eignung der Personen einzuholen. Der Beschluss der Bürgerschaft wurde mit den Stimmen der Fraktionen von FDP, CDU und NPD gefasst. Die bremische FDP-Fraktion stellte sich also gegen den Koalitionspartner SPD. Noch 1961 bestanden in der Bremischen Bürgerschaft Bedenken, dass antidemokratische Kräfte aus dem rechten politischen Lager an die Universität gelangen könnten.[136] Der Abgeordnete Robert Fischer (GDP) erklärte damals, Gesinnungsschnüffelei dürfe bei Berufungen nicht stattfinden und sprach sich dafür aus, auf die demokratische Einstellung der Bewerber zu achten. Mit seiner Äußerung löste er Proteste insbesondere bei der Fraktion der SPD aus, die Wert auf eine demokratische – das hieß im Jahr 1961 noch: nicht nationalsozialistische – Haltung der Bewerber legte.[137] Im Jahr 1971 hatten sich die Vorzeichen umgekehrt: Befürchtungen, die neue Universität könnte in das Fahrwasser linksorientierter Hochschullehrer geraten, machten die Runde.

Wissenschaftsfreiheit gilt nach Karpen für die Forschung, Lehre und das Studium.[138] Sie umfasst neben der funktionellen aber auch eine individuelle Garantie: Der Einzelne soll ohne Fremdbestimmung lehren, forschen und lernen. Darüber hinaus ist die Freiheit der Wissenschaft auch eine institutionelle Garantie für die selbstverwaltete Hochschule.[139] Gefährdet kann sie einerseits durch den Staat sein, der Forschung und Ausbildung als wirtschafts- und gesellschaftspolitisch wichtige Aspekte ansieht und daher die Möglichkeit der Mitbestimmung über Ziele und Inhalte anstreben will, andererseits auch durch die Wissenschaft selber, die Inhalte politisieren oder auch die interne Kommunikation und die Entscheidungswege in ihrem Sinne instrumentalisieren möchte.[140] Eine genaue Abgrenzung zwischen sinnvoller Wissenschaftsplanung einerseits und Anfängen einer Gefährdung der Wissenschaftsfreiheit andererseits ist auch hier schwer zu ziehen. Eine Werturteilsfreiheit nach Max Weber mag zwar erstrebenswert sein, doch ist sie nur schwer realisierbar. Ebenso stellt die enge Auslegung der Wissenschaftsfreiheit die Gründungsidee der Universität in Frage, nach der die von ihr zu erarbeitenden Ergebnisse der Gesellschaft von Nutzen sein sollen.

Der Gründungssenat erklärte dazu bereits am 21. Dezember 1970: *„Die Universität Bremen wird die gleichberechtigte Teilhabe von Lehrenden, Lernenden und Forschenden an der Freiheit der Wissenschaft gewährleisten, zugleich aber auch die Erfüllung der Pflichten gegenüber der Gesellschaft achten, die aus der Teilhabe an der Wissenschaftsfreiheit erwachsen. Beim Aufbau der Universität, insbesondere bei der Gestaltung der Lehre, wird großer Wert darauf gelegt, daß ein Auftrag der Universität als öffentlicher Organisationsform der Wissenschaft stets mitbedacht wird: an der Entwicklung der Gesellschaft zu arbeiten, d.h. an der ständigen Verbesserung der Fähigkeit der Menschen, ihr Leben, ihr gesellschaftliches Zusammenwirken und ihre Arbeit vernünftig zu gestalten. In diesem Sinne soll die Universität der Gesellschaft ebenso dienen wie andere öffentliche Einrichtungen.*

Gerade eine Universität, die ihre Aufgabe so versteht, kann und wird nicht versuchen, die Meinungsfreiheit ihrer Universitätsangehörigen einzuschränken. Das der Universität angemessene traditionelle Prinzip der Kontrolle von Erkenntnissen der Einzelnen besteht vielmehr in deren Verpflichtung, ihre Arbeitsergebnisse öffentlich darzulegen und sich der kritischen Diskussion in der Universität zu stellen. […]

Auch die Nutzung der universitären Mittel und Einrichtungen für die Forschung, ob aus Mitteln der Universität oder aus Drittmitteln finanziert, wird der Kontrolle von Kollegialorganen ohne Mehrheitsposition einer Gruppe unterliegen. Diese Kontrolle soll sicherstellen, daß die Forschungsmittel gemäß sachlichen Prioritäten verwandt werden; keine ökonomischen Abhängigkeiten von Hochschulangehörigen gegenüber Dritten entstehen können; keine Vermengung materieller Interessen der Beteiligten mit dem sachlichen Forschungsinteresse erfolgt."[141]

Weiter heißt es, der Kontrolle unterliege die Ausübung der Forschungs- und Lehrtätigkeit im Auftrag der Universität oder Dritter. Die sogenannte einsame Forschung, die Forschung im traditionellen Sinne, sei davon unberührt, sie unterliege keiner Reglementierung und sei durch Forschungsfreisemester zu fördern.[142] Nun mag das sowohl in der Öffentlichkeit als auch bei einigen Vertretern der Politik so verstanden worden sein, als ob nur bestimmte Forschungsrichtungen finanziell gefördert werden sollten; auch ist die Idee, sämtliche Mitglieder der Universität an der Kontrolle zu beteiligen, zu diesem Zeitpunkt noch neu.

Der Gründungssenat entsprach dem Wunsch des politischen Senats, Mehrfachvorschlagslisten für die Berufung von Professoren vorzulegen; der politische Senat wünschte ein solches Verfahren auch für die Besetzung von Assistenzprofessuren, da sie an der Universität Bremen eine andere Stellung als sonst üblich einnehmen[143] und nicht einem Lehrstuhlinhaber zugeordnet werden sollten. Trotzdem lehnte der Gründungssenat Mehrfachvorschläge für die Besetzung von Assistentenstellen ab:

„*Die Berufung von Assistenzprofessoren ist ihrem Wesen nach etwas anderes als die Berufung von Professoren. Während die Berufung von Professoren wohl mit dem Verbot von Hausberufungen belegt werden wird, wird die Berufung der Assistenzprofessoren in der Regel eine Hausberufung sein. Von der ganzen Kalkulation des Graduiertenförderungsprogramms her ist nicht zu erwarten, daß die Zahl der promovierten Hochschullehreraspiranten wesentlich höher sein wird als die der disponiblen Stellen für Assistenzprofessoren. Darum wäre es unsinnig, bei der Berufung von Assistenzprofessoren auf Mehrfachvorschlägen zu bestehen.*"[144] Für die ersten Berufungen von Assistenzprofessoren wurde, soweit es sich um auswärtige Bewerber handelte, das Prinzip der Mehrfachvorschläge allerdings akzeptiert.[145] Der Gründungssenat korrigierte seine Auffassung der Berufung von Assistenten aus dem eigenen Nachwuchs der Universität jedoch; man wolle den Gefahren einer unsachgemäßen Personalpolitik nicht Vorschub leisten. Der politische Senat verdeutlichte, dass er die Vorschläge auf den Listen als gleichberechtigt behandeln werde, während die Universität der Ansicht war, sie lege mit der Liste eine Reihenfolge fest.[146]

Der Gründungssenat berücksichtigte den Wunsch der Bürgerschaft, indem er beschloss, zwei bis drei Namen von Hochschullehrern in die Vorschlagslisten aufzunehmen. Am 20. April 1971 entschied der Senat über die ersten Listen; in 33 von 45 Fällen stimmte er den Vorschlägen der Universität zu. In fünf Fällen forderte der Senat Gutachten bzw. weitere Informationen an, in drei Fällen gab er die Unterlagen an die Universität zurück, und in sieben Fällen lehnte er die an erster und einziger Stelle vorgeschlagenen Hochschullehrer ab. In drei Fällen akzeptierte er die Zweitvorschläge.[147] Der Gründungssenat sah sich durch die Landesregierung im Mai 1971 veranlasst, das System der Vorschlagslisten beizubehalten und auch auf die zu besetzenden Assistenzprofessuren zu erweitern.[148]

Die Westdeutsche Rektorenkonferenz betrachtete die Ablehnung von Berufungsvorschlägen der Universität durch die Bremer Regierung als einen schwerwiegenden Eingriff in die Autonomie der Hochschule: „*Wie vermag es der Senat der Freien Hansestadt Bremen zu rechtfertigen, daß er die Berufung von Wissenschaftlern abgelehnt hat, deren wissenschaftliche Qualifikation und Verfassungstreue er selbst ausdrücklich nicht bezweifelt?*

Welche Vorkehrungen gedenkt er zu treffen, um bei Ablehnungen von Berufungen sicherzustellen, daß weder den Bewerbern noch der Universität Schaden entsteht?

Inwieweit ist die Entscheidung des Senats auch Ausdruck ihm von anderen Bundesländern aufgenötigten Verhaltens, von dem der Aufbau und die laufende Finanzierung der Universität Bremen abhängt?"[149]

Bürgermeister Hans Koschnick antwortete für den Senat am 18. Mai 1971 wie folgt: „*Der Senat der Freien Hansestadt Bremen ist bei seinen Entscheidungen von der auch Ihnen bekannten […] Erklärung vom 7. Juli 1970 davon ausgegangen, in der er sich dazu bekannt hat, daß die Bremer Universität in Forschung und Wissenschaftlicher Lehre – den Erfordernissen des Grundgesetzes entsprechend – frei sein wird und nicht, wie einige Kritiker befürchten, eine einseitige Ausrichtung erfährt. Unter Berufung auf diese Senatserklärung habe ich mich persönlich auf der Ministerpräsidentenkonferenz am 11. März 1971 bei der Beratung der Abkommenentwürfe über die Finanzierung der Universität Bremen für eine freiheitlich-demokratische Entwicklung an der Bremer Universität verbürgt und ausge-*

führt, daß, solange ich Präsident des Senats der Freien Hansestadt Bremen bin, die Pluralität wissenschaftlicher Methoden und gesellschaftspolitischer Auffassungen Bestandteil der Bremer Hochschulkonzeption bleiben wird. Ich habe ferner erklärt, daß der Senat die der Freien Hansestadt Bremen zustehende Personalhoheit über die Universität Bremen im Sinne der vorstehenden Erklärungen wahrnehmen wird. Mit dieser grundsätzlichen Stellungnahme habe ich im übrigen erreicht, daß die Ministerpräsidenten der Länder ihre Bereitschaft erklärt haben, ihren Landtagen die Finanzierungsabkommen über die Investitionskosten und über die laufenden Betriebskosten der Universität Bremen zur Ratifizierung vorzulegen. Die Ministerpräsidenten sehen meine Erklärungen als Geschäftsgrundlage der Finanzierungsabkommen an.

Wenn Bedenken gegen die Erklärung des Senats vom 7. Juli 1970 und meine Erklärung vom 11. März 1971 in den Gremien der Westdeutschen Rektorenkonferenz bestehen und wenn die Mitglieder dieser Konferenz diese Bindung für verfassungsmäßig fragwürdig oder nicht angemessen ansehen, dann hätte es wohl nahegelegen, daß die Westdeutsche Rektorenkonferenz vorher gegen diese Bindung bei den Ministerpräsidenten der Länder hätte protestieren müssen. Ich selbst stehe auch deshalb zu meiner Erklärung, weil ich weiß, daß nur durch sie die Gewährleistung der Mitfinanzierung der Bremer Universität durch die anderen Länder möglich wurde. Der Senat hat aus seiner Verantwortung gegenüber dem Parlament für eine dem freiheitlich demokratischen Rechtsstaat angemessene Personalpolitik gehandelt. Maßgebend für die vom Senat ausgesprochenen Ablehnungen ist die Ausgewogenheit der Gesamtliste der zu berufenden Hochschullehrer im Sinne des Pluralismus. Nach Auffassung des Senats kann allerdings Pluralismus an einer Reformuniversität nicht lediglich steriles Abbild gesellschaftlicher Machtverhältnisse sein, sondern muß wesentlich die Reformstrukturen der neuen deutschen Hochschulpolitik berücksichtigen. [...] Ablehnungen beinhalten[...] weder negative Feststellungen gegen einzelne Bewerber noch sind sie als Abwertung dieser Bewerber zu verstehen."[150]

Der Gründungssenat protestierte gegen die Zurückweisung von drei Bewerbern für das Fach Romanistik, da die Nichtbesetzung der Stellen den Studienbeginn zum Wintersemester 1971/72 gefährdete.[151] Ein Mitglied des Gründungssenats ließ seinem Unmut freien Lauf und und schrieb: *„Ich finde den Gedanken unerträglich, daß, ich muß da noch polemischer werden, daß alternde Volksschullehrer mit einem DDR-Komplex mit solchem Material über das Schicksal einer Universität Bremen entscheiden sollen und ich muß auch sagen, daß ich einigermaßen ratlos bin, was die weitere Berufungspolitik angeht."*[152] Gemeint war der FDP-Fraktionsvorsitzende Harry John sowie die Vermutung, dass Hinweise über die mögliche Verfassungsfeindlichkeit auf Denunziation oder Übertreibung beruhen. Gründungsrektor Thomas von der Vring erklärt rückblickend die Qualität der Verfassungsschutzberichte und die Einstufungen vom Bund Freiheit der Wissenschaft – die für die FDP eine wesentliche Quelle ihrer Meinungsbildung waren – für wenig aussagekräftig im Hinblick auf die Beurteilung eines Bewerbers.[153] Der Landesverband Bremen der Deutschen Jungdemokraten distanzierte sich denn auch vom Vorgehen der Bremer FDP: *„Die DJD wollen und können zu den fachlichen Eignungen der vorgeschlagenen Kandidaten als Hochschullehrer keine Stellung abgeben. Sie halten jedoch – und das im Gegensatz zum politischen Senat – den Gründungssenat für fachlich in der Lage, dieses zu tun. Über Alfred Lorenzer* *noch Sondergutachten anzufordern, Niels mit Ulf Kadritzke zu verwechseln und Christian Sigrist an den Diffamierungen eines Prof. Hennis zu messen, heißt seine mangelnden Kenntnisse in blamabler Form zur Schau zu stellen oder wissentlich die Arbeit der ewigen Gestrigen zu leisten."*[154]

Auch die CDU nutzte die Berufungsverfahren für den Wahlkampf. So stellte Gründungsrektor von der Vring in der 49. Sitzung des Gründungssenats am 4. und 5. Juli 1971 fest, dass Pressemeldungen und Gerüchte, die besagten, dass die Einstellung von berufenen Hochschullehrern als Beamte oder auch die mit einem Überbrückungsvertrag als Angestellte sich soweit verzögern dürften, dass die Betreffenden in wirtschaftliche Schwierigkeiten geraten könnten, wenn sie bei ihrer alten Wirkungsstätte schon gekündigt hätten, nicht stimmten und auf den Wahlkampf der CDU zurückzuführen seien. Es treffe zwar zu, dass die Verbeamtung nachhinke, aber in solchen Fällen würden Übergangsverträge geschlossen. Dass es teilweise zu administrativen Problemen bei der Ausstellung dieser Verträge gekommen sei, habe indes keine politischen Gründe. Gleichwohl verunsicherten die Meldungen einige Hochschullehrer, deren Einstellungsverfahren noch nicht abgeschlossen war, stark.[155]

Die Gründungsgremien der Universität erklärten sich nicht einverstanden mit den Ablehnungen von Berufungsvorschlägen, hinter denen sie politische Gründe vermuteten. Seitens der Universität befürchtete man – so jedenfalls die Mitteilung an den Senator –, seine Vorgehensweise hielte qualifizierte Bewerber von der Bewerbung ab. Außerdem sei nicht damit zu rechnen, dass sich Wissenschaftler weiter an der Arbeit von Berufungskommissionen beteiligten, wenn die Behörde ihre Voten in der bisherigen Art überprüfe und überginge. Die beiden Berufungskommissionen für Sozialwissenschaften beschlossen daher am 25. April 1971, ihre Arbeit vorläufig einzustellen, dasselbe tat die Planungskommission Lehrerbildung.[156]

Gründungsrektor Thomas von der Vring erläutert rückblickend, es sei allgemein an Hochschulen üblich, dass man versuche, befreundete Wissenschaftler zu berufen, dass aber Anfang der 1970er Jahre alle Universitäten neue Stellen geschaffen hatten und es daher für den wissenschaftlichen Nachwuchs relativ leicht gewesen sei, Hochschullehrer zu werden. Hinzu trat, dass die Universitäten um die Bewerber konkurrierten – mittels der Stellenausstattung. In Bremen gab es nicht die Perspektive des Ordinarius, also keine Möglichkeit, mit einer Schar von Assistenten zu arbeiten. Unter diesen Bedingungen war es nicht unbedingt attraktiv, sich in Bremen zu bewerben. Die Landesregierung, so von der Vring, hätte wohl auch über Ausstattung und Geld verhandelt, um renommierte Wissenschaftler an die Bremer Universität zu holen, doch seitens der Universität wurden solche Angebote aufgrund der anderen Personalstruktur abgelehnt. Nach Bremen kamen als deren Folge überwiegend Erstberufene; das habe, vermischt mit Berufungen, die unter „linker Solidarität" entstanden, nicht den besten Eindruck hinterlassen, so von der Vring.[157]

Koschnick verdeutlicht, dass es gewollt und aus der Sicht der Verantwortlichen notwendig war, die alten Strukturen der Ordinarienuniversität zu durchbrechen und daher in Bremen eben keine entsprechende Ausstattung für eine Professur vorzusehen. Man habe die Lehre reformieren wollen, und in dieses Konzept passe das Prinzip der Ordinarien nicht hinein. Der Schwerpunkt habe auch eher darauf gelegen, Wissenschaftler zu gewinnen, die neue Formen der Lehre durchführen wollten.[158] Die „Hannoversche Allgemeine" führte dazu in ihrem Kommentar aus: *„Die Folge* *dieses Entschlusses für künftige Berufungen – die zweite Runde der Ausschreibungen ist inzwischen abgeschlossen – wird in Universitätskreisen als ‚katastrophal' bezeichnet. Man fragt sich, welcher qualifizierte Hochschullehrer sich künftig in Bremen bewerben, sich dem hier erstmalig praktizierten Anhörungsverfahren vor aller Öffentlichkeit stellen und sich auf die Liste der Auserwählten setzen lassen wird, wenn jeder Dritte mit der Ablehnung durch den Dienstherrn der Universität, die Landesregierung, zu rechnen hat. Eine Beurteilung der wissenschaftlichen Qualifikation der Bewerber – dies versichert die Landesregierung seit Monaten – falle nicht in ihre Kompetenzen, dafür seien Gründungssenat und Gründungsrektor von der Vring zuständig. Ablehnung also aus ‚politischen Gründen'? Jeder weiß es, und keiner spricht es deutlich aus."*[159]

Ob nun tatsächlich die besonderen Umstände der Berufungsverfahren dazu führten, dass anerkannte Wissenschaftler es in signifikanter Zahl vorzogen, sich gar nicht erst in Bremen zu bewerben, lässt sich nicht feststellen. Das Zusammenspiel von relativ geringer Ausstattung der einzelnen Stellen und der Diskussionen um die Berufungen legt eine solche Vermutung allerdings nahe. Einen Fall eines bekannten Wissenschaftlers, der auf einen Ruf nach Bremen verzichtete, nennt die „Nordwest-Zeitung": *„Gerade auf [den Politologen Wolf-Dieter] Narr, der bis 1968 2. Vorsitzender der Bundesassistentenkonferenz war, habe man großen Wert gelegt, teilte die Pressestelle mit. Mit der Absage von Narr sei eingetreten, was die Universität befürchtet habe, daß nämlich wegen der andauernden Querelen nicht die Linken, sondern die liberalen Hochschullehrer resignierten."*[160]

Die Auseinandersetzungen um die Berufung eines einzelnen Hochschullehrers brachte die SPD/FDP-Koalition in eine schwere Krise. Im Mai 1971 beschloss der Senat gegen die Stimmen der FDP, Professor Wilfried Gottschalch von der Pädagogischen Hochschule Berlin zu berufen. Die FDP machte den Fortbestand der Koalition von einer Revision der Entscheidung abhängig und forderte den Rücktritt Senator Thapes und seines Senatsdirektors Kreuser, um eine Änderung in der Hochschulpolitik zu erreichen. Von der Vring erinnert sich, dass sowohl Senator Thape und Senatsdirektor Kreuser als auch Bürgermeister Koschnick im Fall der Berufung Gottschalchs sehr gut über dessen wissenschaftliche Publikationen unterrichtet gewesen seien.[161] Da weder dem Einspruch stattgegeben wurde noch die SPD Thape das Vertrauen entzog, traten am 1. Juni 1971 die drei Bremer FDP-Senatoren zurück.[162] Es stellt sich die Frage, warum die Berufung eines Einzelnen dazu führte, dass einer der Partner die seit immerhin 24 Jahren andauernde Koalition aufkündigte. Die FDP besaß trotz ihrer nur zehn Bürgerschaftsmandate die Hälfte der Sitze in der Senatskommission für Universitätsfragen und trug somit an der Universitätsplanung denselben Anteil wie die SPD. Die „Stuttgarter Nachrichten" vermuten, dass der Grund für den Koalitionsbruch profaner Natur gewesen sei. Schließlich habe die SPD weitgehende Zugeständnisse gemacht. Der Finanz- und der Hafensenator würden ohnehin zurücktreten, der Justizsenator sei aufgrund der Probleme in seinem Ressort amtsmüde, und *„der Fraktionsvorsitzende Harry John zog mit, um fünf Monate vor den Landtagswahlen seine Partei ins ‚rechte' Licht gegenüber den Sozialdemokraten zu rücken. John liebäugelt nach den 10. Oktober mit einer FDP/CDU-Koalition."*[163]

Das „Handelsblatt" äußerte dazu: *„Daß sie [die Bremer Liberalen] in der langen und an Fragwürdigkeiten nicht armen Geschichte der Universitätsgründung mehr* *an der Seite der CDU als der Sozialdemokraten zu finden waren, ist [...] nicht verwunderlich. Bemerkenswert ist lediglich, daß sie nach allem, was bis dahin bereits geschehen war, ausgerechnet die Berufung des Berliner Pädagogen Wilfried Gottschalch zum Anlaß nahmen, um aus der Koalition auszusteigen. War es wirklich nur der Tropfen, der das Faß zum Überlaufen brachte?"*[164]

Die Bremer FDP jedoch wies darauf hin, dass das Verhalten der Partei vor allem in der *„ernsten Sorge um die Freiheit in unserem Staat"*[165] begründet sei. Der Koalitionsbruch ist aber als Versuch der FDP einzustufen, nach der nächsten Wahl eine bürgerliche Koalition zu begründen. Die von Koschnick vorgeschlagene Weiterführung der SPD-FDP-Arbeit lehnte die FDP im Vorfeld der Wahl ab; damit war es mit der seit Ende des Zweiten Weltkrieges in Bremen bewährten Kooperation von Arbeiterschaft und Kaufmannschaft vorbei. Die FDP verlor bei den Bürgerschaftswahlen im Oktober 1971 drei ihrer zehn Bürgerschaftsmandate, während die SPD mit 55,33 % die absolute Mehrheit errang.[166] War die Entscheidung für Gottschalch als politisch so brisant einzustufen, dass sie das Verhalten der FDP erklärt? Er lehrte bereits seit einigen Jahren in Berlin und war dort zeitweilig Rektor der Pädagogischen Hochschule, was ebenfalls für seine wissenschaftliche Qualifikation sprach.[167] Versuche, ihn als Wissenschaftler zu diskreditieren, gerieten zu „Erbsenzählerei": In der „Frankfurter Allgemeinen Zeitung" behauptete Karlheinz Renford, Gottschalch habe in seinem Buch „Parlamentarismus und Rätedemokratie" einen nicht existierenden Satz zitiert – das Buch, auf das Gottschalch verwiesen habe, verfüge über einen geringen Umfang und die hohe Seitenzahl des Zitates gäbe es dort gar nicht. Des Weiteren habe er ein anderes Zitat aus dem Zusammenhang gerissen.[168] Im Mittelpunkt der Kontroverse stand Gottschalchs wissenschaftliche Qualifikation; seine inhaltliche Arbeit, seine Forschungsthemen blieben nahezu unerwähnt, obwohl die Vermutung nahe liegt, dass seine Thesen zur Erziehung, die auch die Rolle der Familie und der Schule in Frage stellten, durchaus kontrovers aufgefasst wurden.[169]

Bürgermeister a.D. Hans Koschnick kommentiert: *„Als wegen einer Berufung an der Universität die gut funktionierende Koalition von SPD und FDP auseinanderbrach, ging es interessanterweise nicht um die Inhalte, die gelehrt werden sollten, sondern um den Bewerber an sich – aber nicht aus einer wissenschaftlichen Sicht, sondern aus einer parteipolitischen Struktursicht."*[170] Koschnick hält es für einen Fehler, dass die Berufungsvorschläge der Universität im Bremer Senat nur unter dem Gesichtspunkt, ob der Bewerber zu linksorientiert sei, diskutiert wurden. Man hätte viel stärker darauf achten sollen, alle notwendigen Felder abzudecken.[171]

In einigen Fällen verzögerte der politische Senat die Berufung vorgeschlagener Hochschullehrer; das geht aus einer Resolution der Studiengangsplanungskommission Kommunikation und Ästhetik hervor. Für Wendula Dahle, im April als Hochschullehrerin im Bereich der Lehrerbildung berufen, lag bis November 1971 immer noch keine Ernennung durch den Senat der Freien Hansestadt Bremen vor.[172] Statt dessen hatte der Senat weitere Gutachten zur wissenschaftlichen Eignung der Bewerberin angefordert. In der „Frankfurter Rundschau" äußerte Imanuel Geiss, damals Mitglied im Gründungssenat, zu den Vorgängen: *„Weil die Bremer Universitätsgründung im politischen Kreuzfeuer stand, hatten sich die Gründungsgremien bereits innerlich darauf eingestellt, daß in begrenztem Umfang Ablehnungen kommen würden. Sie waren überrascht und erbittert über das*

Ausmaß und die unbegründete Art. […] Der Politische Senat weigerte sich jedoch, auch auf Nachfassen des Gründungssenats in einer fünfstündigen vertraulichen Sitzung, irgendwelche Anhaltspunkte für die Kriterien zu geben, nach denen den Bewerbern der geheime Prozeß gemacht worden war."[173] Auch Berufungen von politisch kaum als linksgerichtet einzustufenden, sondern den Liberalen und den Christdemokraten nahestehenden Hochschullehrern wurden schließlich von den bürgerlichen Parteien blockiert und nur mit den Stimmen der SPD verabschiedet. Die CDU führte dazu an, man werde auch keinem *„Feigenblatt"* zustimmen und sei gegen die Verschwendung von Finanzmitteln für die Universität.[174]

Ein weiterer Fall, der für Diskussionsstoff sorgte, stellte die Berufung Professor Horst Holzers dar, zum Zeitpunkt seiner Bewerbung Wissenschaftlicher Rat in München. Holzer, von der Universität Bremen für eine H4-Professur vorgeschlagen, wurde vom politischen Senat auch berufen. Die Universität verhandelte daraufhin im Auftrag des politischen Senats mit Holzer, und so kam ein Vorvertragsverhältnis zustande. Die Senatskommission für das Personalwesen führte dann das beamtenrechtliche Personenüberprüfungsverfahren durch. Es stellte sich heraus, dass Holzer Mitglied der DKP war. Der Bildungssenator stellte eine Anfrage an den bayrischen Kultusminister, der Holzer Verfassungstreue bescheinigte. Trotzdem lehnte der politische Senat die Ernennung Holzers ab und erläuterte, Mitglieder der DKP und der NPD könnten in Bremen keine Hochschulprofessoren werden.[175] Immerhin war Holzer zum Zeitpunkt seiner Berufung verbeamteter Hochschullehrer in Bayern. Eine Nichtberufung nach Bremen aufgrund seiner Mitgliedschaft in der DKP komme, so die Resolution der Hochschullehrer im Bereich Lehrerbildung, einem Berufsverbot gleich.[176]

Der Senat der Freien Hansestadt Bremen teilte dazu mit:

> *„1. Ein Bewerber, der verfassungsfeindliche Aktivitäten entwickelt, wird nicht in den öffentlichen Dienst eingestellt.*
> *2. In der Regel begründet die Mitgliedschaft eines Bewerbers in Organisationen, die nach Meinung des Senats verfassungsfeindliche Ziele haben, Zweifel darin, ob dieser Bewerber jederzeit für die freiheitlich demokratische Grundordnung eintreten wird.*
> *3. Der Senat wird allerdings in den Fällen, in denen er nur wegen dieser Zweifel eine Einstellung ablehnt, dem Bewerber die Gründe mitteilen, um ihm Gelegenheit zu geben, diese Zweifel möglicherweise zu widerlegen. Der Rechtsweg ist in jedem Falle gegeben."*[177]

Der zweite Satz wirkt problematisch. Die Meinung des Senats über bestimmte Gruppierungen, denen sich ein Bewerber angeschlossen hat, entschied demzufolge über die Ein- oder Nichteinstellung. Es gehört nicht zu den Aufgaben des Senats, Verfassungsfeindlichkeit von Organisationen festzustellen; somit stellt Punkt 2 kein überprüfbares Kriterium dar.

Gleiches widerfuhr Holzer bei seiner Bewerbung an der Universität Oldenburg. Obwohl der dortige Gründungssenat ihn an Platz eins einer Dreierliste für „Politische Soziologie" setzte, lehnte der niedersächsische Kultusminister von Oertzen seine Berufung ab. Eine Begründung für die Ablehnung gab der Minister nicht.[178]

Entscheidend für die Klärung der Frage, ob das Vorgehen des Bremer Senats juristisch zulässig war, ist die Abgrenzung der einzelnen Verfahrensschritte: Auswahlverfahren, Ruferteilung, Berufungsverhandlung und Ernennung zum Beamten. Ist aus der Ruferteilung das Recht auf die Ernennung zum Beamten abzuleiten? Welche Möglichkeiten stehen dem Senat offen, einen von der Universität als am besten qualifiziert ausgewählten Bewerber abzulehnen? Ulrich K. Preuß, Professor der Rechtswissenschaft, kommt zu dem Schluss, dass kein Anspruch der Universität auf Ernennung des ausgewählten Bewerbers bestehe, letzterer aber selber die Ernennung einklagen könne: „*Der Charakter der Berufung als Zusicherung kommt als Rechtsgrundlage für einen derartigen Anspruch nicht in Betracht. Denn sie ergeht an den Anwärter und erzeugt nur für ihn ein subjektives Recht. Die Tatsache der relativ intensiven Beteiligung der Hochschule am Berufungsverfahren bezeugt lediglich, daß sie im Auswahlverfahren rechtlich geschützte Interessen geltend machen kann, erzeugt aber darüber hinaus keine weiteren Rechte; andernfalls könnte die Hochschule dem Dienstherrn die von ihr gewünschten Beamten aufzwingen, was gerade durch die Verweigerung der Dienstherreneigenschaft verhindert werden soll und auch mit der Personalhoheit der Regierung unvereinbar wäre.*"[179]
Erinnern wir uns: Die Frage der Dienstherrenfähigkeit der Universität hatte neben anderen Aspekten zu Differenzen zwischen dem Bremer Senat und dem ersten Beratungs- bzw. Gründungsausschuss der Universität geführt, der schließlich Anfang 1967 zurücktrat.[180] Zwischen der staatlichen Seite und dem ersten und auch dem zweiten Gründungssenat wurde das Thema fortan nicht weiter diskutiert; die Personalhoheit lag beim Staat. Holzers Klage wies das Verwaltungsgericht Bremen am 16. November 1972 ab.[181] In seinem Urteil erklärte es als zulässig, dass der Staat nur solche Personen zu Beamten ernennen wolle, die die freiheitlich-demokratische Grundordnung verteidigten.[182] Das stehe nicht im Widerspruch zum Grundsatz der Freiheit von Lehre und Forschung, sondern schränke diesen ein.[183]
„*Die Kammer vermag nicht festzustellen, daß der Kläger bereit ist, jederzeit für die freiheitliche demokratische Grundordnung einzutreten. Die Kammer verkennt nicht, daß das Gesetz nicht verlangt, daß ein Beamter die Verfassungswirklichkeit oder die Politik der Bundes- oder einer Landesregierung begrüßt. Sie verkennt auch nicht, daß der Beamte und jeder Bewerber durchaus nicht für jede Bestimmung des Grundgesetzes eintreten muß. Schließlich verkennt die Kammer nicht, daß der Kläger erklärt hat, er sei mit gewissen Einschränkungen bereit, für die freiheitliche demokratische Grundordnung, wie sie das Bundesverfassungsgericht umschrieben hat, einzutreten. Diese Erklärung des Klägers steht jedoch nicht im Einklang mit der weiteren Erklärung, daß er sich zu den Zielen, wissenschaftlichen Analysen und programmatischen Erklärungen der Deutschen Kommunistischen Partei (DKP) bekenne. Denn nicht alle Ziele der DKP lassen sich mit der freiheitlichen demokratischen Grundordnung vereinbaren.*"[184] Da der Kläger auch nicht behauptet habe, dass ihm eine rechtlich bindende Zusage des allein dafür zuständigen Senats vorlag, sei die Entscheidung des Senats nicht zu beanstanden.[185]

Als Beispiel für die Arbeitsweise einer Berufungskommission sei an dieser Stelle die der Sozialwissenschaften III angeführt. Die zu besetzende Stelle eines Hochschullehrers auf Lebenszeit oder auf Zeit für das Fach Betriebswirtschaft war am 15. Juli 1971 in der „ZEIT" ausgeschrieben worden. Der Text wies auf die neue Studienstruktur mit sozialwissenschaftlichem Grundstudium und integriertem Projektstudium hin. Die Berufungskommission einigte sich laut Berufungsbericht auf folgende Auswahlkriterien:

- *„allgemeine wissenschaftliche Qualifikation (Forschungspraxis, Theorien- und Methodenbeherrschung)*
- *die Fähigkeit, die klassischen Ansätze betriebwirtschaftlicher Theorie im gesamtwirtschaftlichen Kontext kritisch darzustellen und zu vermitteln*
- *spezielle Erfahrungen innerhalb der bisherigen Tätigkeitsfelder*
- *didaktisches Engagement*
- *Kooperationsbereitschaft, insbesondere im Hinblick auf die Ansätze des Bremer Modells."*[186]

Man hielt an der bisherigen Regel fest, einen Bewerber stets einzuladen, wenn ein Kommissionsmitglied auf der Anhörung bestand. Aus 38 Kandidaten wurden schließlich acht ausgewählt und gebeten, ihre Vorstellungen über die Rolle der Betriebswirtschaftslehre im Rahmen des Bremer Modells in einem kurzen Papier darzulegen; sie erhielten zur Orientierung einige Planungspapiere und das vorgesehene Programm des integrierten sozialwissenschaftlichen Eingangsstudiums für das Wintersemester 1971/72.

Im Anschluss an die Anhörungen – jeder Bewerber wurde eine Stunde lang angehört – unterbreitete jedes Mitglied der Kommission seinen Besetzungsvorschlag. Die Kommission einigte sich nach Auszählung der Stimmen für die jeweiligen Bewerber darauf, eine Zweierliste vorzuschlagen, da sie für den dritten Platz mehrere Kandidaten als gleichwertig ansah. Der auf Platz eins Gesetzte hatte seine Arbeitsschwerpunkte in den Bereichen Marktforschung und Arbeitslehre und verfügte über praktische Berufserfahrung. Ein Kommissionsmitglied gab noch ein Minderheitenvotum zugunsten eines dritten Bewerbers ab, in welchem er auf dessen hohe fachwissenschaftliche Qualifikation hinwies.[187]

Der Gründungssenat legte die Beschreibungen für Hochschullehrer in der Regel inhaltlich fest. So hieß es zu der Stelle *„Neueste Geschichte einschließlich Geschichte der sog. Dritten Welt":*

„Der Akzent liegt auf ‚Geschichte der Dritten Welt'. An den Hochschulen der Bundesrepublik hat dieses wichtige Fach kaum eine Chance. Die Universität Bremen sollte dieser interessierten Vergesslichkeit von Anfang an begegnen. Das Fach lässt sich sinnvoll dem Planungsbereich Sozialwissenschaften zuordnen. Da es für jede Gegenwartsanalyse entschieden relevant ist und zudem weit ausgreift, muß ausgeschlossen bleiben, daß die berufenen Hochschullehrer im Planungsbereich Sozialwissenschaften mit den Schwerpunkten ‚Geschichte der Arbeiterbewegung' und ‚Geschichte der bürgerlichen Gesellschaft' die Geschichte der Dritten Welt wie ein untergeordnetes Beifach nebenher mitvertreten."[188]

Auch auf der Sondersitzung des Gründungssenats anlässlich der Eröffnung der Universität am 14. Oktober 1971 waren die Nichtberufungen ein Thema. Annelie Keil, Professorin im Bereich Lehrerbildung, sagte dazu: *„Und ich möchte als Hochschullehrerin heute angesichts dieser Eröffnung und auch in Erinnerung an unsere vielen ohnmächtigen Resolutionen doch noch einmal deutlich machen, daß die Hochschullehrer solidarisch sind mit den nicht berufenen und den nicht ernannten Kollegen, wie immer die Gründe für die Ablehnung gewesen sein mögen."*[189]

Bildungssenator Moritz Thape erwiderte: „*Warum sprechen Sie eigentlich immer über die Hochschullehrer, die abgelehnt worden sind. Das stimmt. Warum sprechen wir nicht von denen, für die ich mich ganz konsequent eingesetzt habe gegen stärksten Widerstand, und die nachher nicht gekommen sind, weil Bremen doch nicht ganz so viel bezahlt hat wie eine andere Hochschule.*"[190] Thape spielte damit auf die geringere Ausstattung der Bremer Professuren an und vertrat weiter die Auffassung, durch die Vorverlegung der Eröffnung der Universität sei ein Zeitdruck entstanden, der auch die Berufungspolitik beeinflusst habe.[191] Allerdings waren bis zum September 1971 nur acht Personen einem Ruf an die Universität Bremen nicht gefolgt, was auch auf die Wartezeit während des laufenden Verfahrens zurückgeführt werden muss, da die Bewerber sich auch anderweitig beworben hatten.[192]

Im weiteren Verlauf der Aufbauphase kam es vereinzelt vor, dass ehemalige Mitarbeiter aus dem Dienstleistungsbereich – während ihrer zurückliegenden Tätigkeit mit Planungsaufgaben betraut – sich auf Hochschullehrerstellen bewarben, was manche Universitätsangehörige mit Skepsis betrachteten, weil die vorhergehenden Planeraufgaben den Kandidaten zuviel Einfluss auf die Gestaltung der Studiengänge gegeben hätten und damit den sogenannten „Eckprofessuren" vergleichbar seien, die man aber ablehnte. Insbesondere die Studenten im Gründungssenat hatten sich gegen die Einrichtung von „Eckprofessuren" gewandt.[193] Doch schon im November 1970 beschloss der neue Gründungssenat, Bewerbungen von Planern auf Hochschullehrerstellen zuzulassen.[194] Man argumentierte, die Planerstellen seien zeitlich befristet besetzt worden, um jene „Eckprofessuren" zu vermeiden und die Arbeit der Planer kontrollieren zu können. Ihre Aufgaben endeten, wenn der entsprechende Bereich den Betrieb aufnahm. Daher, so die Auffassung des Gründungssenats, könnten einstmals beschäftigte Planer sich durchaus auf Hochschullehrerstellen bewerben.[195] Kontinuität war gewünscht, die frühe Festlegung auf eine Person in der Planungsphase allerdings nicht. Zwei Mitglieder des Gründungssenats gaben Sondervoten gegen die Platzierung ehemaliger Planer auf Berufungslisten der von ihnen geplanten Bereiche ab, die jedoch eher auf fachwissenschaftliche Aspekte zielten.[196] Eine Resolution des AStA bemängelte, dass durch die Sondervoten, die sich nach Auffassung des AStA in ihrer Intention an den politischen Senat richteten, Entscheidungen der paritätisch besetzten Kommissionen untergraben werden sollten.[197] Die studentischen Vertreter im Gemeinsamen Ausschuß Sozialwissenschaften gaben zu Protokoll:

„*Die Studenten im GAS fordern den Senat auf, die künftigen Grundlagen von Konfliktlösungen in der Universität zu klären. Sie sind nicht bereit, in der bisherigen Weise ihre Arbeit fortzusetzen, wenn der Gründungssenat nicht klarstellt, daß er nicht dulden wird, daß Minderheiten unter Missachtung der inneruniversitären Entscheidungsstrukturen an staatliche Instanzen appellieren. Ein solches Verfahren würde das Aufkommen einer wachsenden Zahl von Staatskommissaren in den Universitätsgremien hervorrufen.*" Der Erklärung schloss sich ein Hochschullehrervertreter, Hans-Josef Steinberg, an.[198] Auch die ÖTV-Betriebsgruppe kritisierte die Abgabe der Sondervoten als Missachtung der Entscheidungen in den Berufungsgremien,[199] dasselbe tat der Gemeinsame Ausschuß Lehrerbildung.[200] Der Gründungssenat diskutierte in der 61. Sitzung am 25. Juni 1972 insbesondere den Umgang mit Minderheitenvoten auch in der Zukunft, gelangte aber zu keiner Einigung.[201]

Der Senator blieb Kritiker der Berufungsvorschläge. Der Gründungssenat gab an, aufgrund der zum Teil neuen inhaltlichen Anforderungen und der formalen Qualifikationsanforderungen für einige Stellen weiterhin nur Einerlisten vorlegen zu können. Die senatorische Behörde gab die Vorschläge aber in der Regel zurück. Ebenso verhielt es sich mit Kandidaten, die nicht promoviert waren. Zumindest in einem Fall prüfte die senatorische Behörde ihre Ablehnung aufgrund fehlender Promotion nicht gründlich: Der Bewerber befand sich zum Zeitpunkt der Bewerbung im mündlichen Prüfungsverfahren zur Promotion. Gleichzeitig aber war er der einzige vorgeschlagene Kandidat. Es handelte sich jedoch um eine befristete Stelle. Für solche Fälle hatte Staatsrat Kreuser der Universität mitgeteilt, dass sich im Hinblick auf Einerlisten großzügiger verfahren ließe.[202]

Auch Berufungen von ehemaligen Planern wies der Senator in der Regel zurück – sie seien „*mit Rücksicht auf das Ansehen der Universität*"[203] nur in Ausnahmefällen zu berufen. Prompt verfasste der Personalrat der Universität einen Offenen Brief an den Bildungssenator, in dem er die Gleichbehandlung der wissenschaftlichen Planer mit anderen Bewerbern forderte.[204] Der Senator jedoch interpretierte Berufungen von Planern als Hausberufungen und erklärte, das Verfahren unterliege nicht der Mitbestimmung nach dem Personalvertretungsgesetz.[205] Auch bemängelte der Gründungssenat, dass Bewerber mit fächerübergreifenden Arbeitsgebieten häufig zurückgewiesen wurden. Im Juni und Juli 1972 beschloss der Gründungssenat Vorschläge für 40 Hochschullehrerstellen, von denen der Senator 27 zurückgab, teils mit der Bitte um Neubegründung, aber auch mit der Aufforderung, neue Vorschläge zu unterbreiten.[206] Der Gründungssenat kritisierte, die Entscheidungen der Behörde orientierten sich ausschließlich an der Papierlage, und einzelne Gutachten auswärtiger Professoren nähmen einen sehr hohen Stellenwert ein. Der Vorwurf lief darauf hinaus, hier werde die Drittelparität ausgehöhlt, denn die in so zusammengesetzten Gremien getroffenen Entscheidungen würden von der Behörde zu einem nicht unerheblichen Teil revidiert, und zwar häufig auf die Voten einzelner Hochschullehrern hin.[207]

Die Universität hielt dem Senat weiterhin vor, die Berufungsvorschläge nicht nur nach formalen, sondern auch nach fachwissenschaftlich-inhaltlichen Kriterien zu bewerten. In einer Stellungnahme der Zentralen Kommission heißt es: „*In den übrigen Fällen nimmt der Senat teils für sich in Anspruch, die wissenschaftliche Eignung der von der Universität Vorgeschlagenen selbst zu beurteilen, teils verstößt er gegen die von SPD-Bürgerschaftsfraktion und Senat getragene Reformkonzeption für die Universität. […] Die Zentrale Kommission sieht in dem Verhalten des Senators einen unzulässigen Schritt in die Richtung einer bürokratischen und politischen Fachaufsicht über die wissenschaftlichen Inhalte und Methoden von Lehre und Forschung an der Universität.*"[208] Die Uni, so die Stellungnahme weiter, müsse bei der Auswahl ihrer Bewerber nicht nur die fachwissenschaftliche Qualifikation, sondern auch die hochschuldidaktischen und hochschulreformerischen Erfahrungen und Fähigkeiten berücksichtigen.[209] „*Auch kann aus einer großen Anzahl von Bewerbungen nicht der Schluß gezogen werden, daß ein großer Teil der Bewerber die Auswahlkriterien der Universität Bremen auch erfüllt.*"[210] Die Zentrale Kommission schlug dem Senator vor, in Verhandlungen zu treten, auch, um fehlende gegenseitige Information nachzuholen.[211] Die Universität zog Erkundigungen darüber ein, wie man an anderen neugegründeten Universitäten verfahre. Werden immer, auch im Falle von Assistenzprofessuren, Mehrfachvorschläge eingereicht? Es zeigte sich, dass man das an den Universitäten Bielefeld, Konstanz und Trier-Kaiserslautern zwar versuche, es sich aber nicht immer einhalten ließ.[212]

Der AStA kritisierte zusätzlich, das Auseinanderziehen der Berufungen sei ein taktisches Manöver mit dem Ziel, die Universität auseinanderzudividieren.[213] Einzelne Entscheidungen wurden, wie die Berufungskommission IV Sozialwissenschaften feststellte, im politischen Senat mehrfach vertagt.[214] Es geschah auch, dass der Bildungssenator den Zweitplazierten einer Berufungsliste dem politischen Senat vorschlagen wollte, weil er zum einen die Rangfolge der Listen als solche nicht anerkannte,[215] zum anderen, weil der an zweiter Stelle genannte ihm besser qualifiziert schien.[216] Das Vorschlagsrecht der Universität war damit außer Kraft gesetzt. Besonders problematisch erwies sich die Praxis des Staates, Berufungsentscheidungen der Universität zu korrigieren, wenn z.B. der zweitplazierte Kandidat bereits eine andere Stelle angenommen hatte, so geschehen bei einem Verfahren der Berufungskommission Deutsch. Auch in diesem Fall wurde der Erstplazierte von der Bildungsbehörde abgelehnt – und zwar, so die Erklärung, aus Qualifikations-, nicht aus politischen Gründen. Gegen eben diesen Bewerber legten im Vorfeld auch Behörden anderer Länder Einspruch ein – er war an mehreren Universitäten vorstellig geworden und die Berufungskommissionen hatten ihn jeweils auf Platz eins gesetzt. *„Man kann sich des Eindrucks nicht erwehren, daß sich die Kultusbehörden in der Bundesrepublik Deutschland merkwürdigerweise gerade in Fragen der Sprachwissenschaft für besonders kompetent halten."*[217], schrieb ein am Verfahren beteiligter Assistenzprofessor an Senator Thape.

Wie begründete Letzterer die Ablehnung von Berufungsvorschlägen und wie verhielt er sich zu der universitären Kritik? Moritz Thape stellte zu dem Vorwurf, ehemalige Planer wären als Hochschullehrer nicht erwünscht, fest, dass es sich bei ihnen um Hausberufungen handele und der Senat solche ablehne.[218] Des weiteren erklärte der Senator, in Übereinstimmung mit dem Reformkonzept müsse die wissenschaftliche Qualifikation der Bewerber sichergestellt sein – was aber nicht bei allen Berufungsvorschlägen der Fall gewesen sei. Darüber hinaus habe sich der Eindruck aufgedrängt, dass man den Senat unter Zeitdruck setzen wolle. Die Ausschreibungen für die zu besetzenden Stellen seien im Januar und Februar 1972 erfolgt, Bewerbungen im März und April eingegangen, aber die Berufungsvorschläge der Behörde erst Ende Juli vorgelegt worden. Auch beachteten die Berufungskommissionen häufig nicht, dass man sie schon im März 1971 aufgefordert habe, Mehrfachvorschläge zu unterbreiten. *„So wurden trotz 89 Bewerbern für den Bereich Physik und 59 Bewerbern für den Bereich Physikalische Chemie jeweils nur Einer-Vorschläge eingereicht. Auch sind in anderen Fällen ohne ausreichende Begründung nicht promovierte Bewerber vorgeschlagen worden, obwohl sich promovierte Wissenschaftler beworben hatten. Weitere Vorschläge entsprechen nach Auffassung des Senators nicht den Stellenbeschreibungen."*[219]

Darüber hinaus bemängelt Senator Thape, dass man ihm zum Teil unvollständige Berufungsunterlagen einreiche und durch die daraus resultierende Notwendigkeit von Rückfragen die Bearbeitungszeit der Listen in der Behörde verlängere.[220] Auch Vorschläge, bei denen die jeweils Zweitplazierten auch auf anderen Listen erscheinen, wies die Behörde als *„Blockvorschläge"* zurück.[221]

Der Senator für das Bildungswesen hatte allerdings etwa eineinhalb Jahre zuvor anerkannt, dass die Bewerberlage für bestimmte Fachgebiete sich durchaus so gestalten könne, dass man auf nicht promovierte Bewerber zurückgreifen müsse oder sich Mehrfachvorschläge nicht einreichen ließen. Daher formulierte der Senat der Freien Hansestadt Bremen bereits am 12. Januar 1971 eine Übergangsmaßnahme, die er als Ausnahmeregelung angesehen wissen wollte. Bis zum 31. Dezember 1976 befristet, sah sie vor, dass auch – allerdings in geringem Umfang – Bewerber ohne Promotion einstellbar seien. Voraussetzung dafür war in diesem Fall ein abgeschlossenes Hochschulstudium sowie der Nachweis besonderer Qualifikation. Die Gelegenheit zur Promotion sollte während der Zeit an der Uni gegeben werden. Die Beschäftigung erfolgte als *„wissenschaftlicher Angestellter mit Lehraufgaben an der Universität"*, war auf zwei Jahre befristet, und ein Anspruch auf Übernahme als Hochschullehrer bestand nicht. In der universitären Selbstverwaltung stellte man solche Angestellte den Assistenzprofessoren gleich.[222] Die Übergangsregelung ist offenbar von den Beteiligten unterschiedlich interpretiert worden. Die Universität war, wie verschiedene Stellungnahmen zeigen, der Ansicht, für nicht promovierte Bewerber auch dann ein Vorschlagsrecht zu haben, wenn Promovierte mit dabei waren, sie aber andere Anforderungen nicht erfüllten – seien es fachlich-inhaltliche oder hochschulpolitische Ansprüche. Der Senat verstand die Übergangsregelung anders. Nicht promovierte Kandidaten sollten nur dann als Ausnahme eingestellt werden, wenn keine anderen Bewerbungen vorlagen. Daher forderte der Bildungssenator für jede Empfehlung eines nicht Promovierten eine ausführliche Begründung für die Ausnahme.[223]

Gründungsrektor von der Vring räumt ein, die erste Berufungsliste, die von der Universität an den Senat ging, habe einige Vorschläge enthalten, deren Qualifikation anzuzweifeln gewesen sei. Jedoch habe der Gründungssenat entschieden, sie nicht im Einzelnen zu überprüfen. Die Liste ging unverändert an den Senat, so dass diesem die Aufgabe der Kontrolle zufiel. Das sei jedoch in jenen Jahren in allen Bundesländern so gehandhabt worden. Bis zum sogenannten Radikalenerlass, den *„Grundsätzen zur Frage der verfassungsfeindlichen Kräfte im öffentlichen Dienst"* vom 28. Januar 1972, sei das Vorgehen der Landesregierung, ohne Begründung vorgeschlagene Bewerber abzulehnen, nicht transparent gewesen. Danach setzte eine gewisse Objektivierung ein. Als Kriterium galt nun die Verfassungstreue des Kandidaten und die Frage, ob es sich bei dem Betreffenden um einen Sympathisanten der DDR handle – das sei an der Universität Bremen aber nur für wenige zutreffend gewesen, so von der Vring.[224] Zu Auseinandersetzungen mit Berufungen kam es aber auch in den Folgejahren; die universitätsinterne Diskussion bzw. die unterschiedlichen Auffassungen der Mitglieder von Kommissionen beispielsweise zur Aufstellung von Eignungskriterien führten durchaus zu verlängerten Verfahren.[225] Der Historiker Imanuel Geiss bemängelte beispielsweise im Januar 1976 den Ausschreibungstext für die Stelle Mittelalterliche Geschichte. Durch das im Text verwandte Schlüsselwort „Theorie der Feudalgeschichte", einem Begriff des marxistischen Periodisierungsschemas, werde der Bewerberkreis zu stark eingegrenzt und auch eine politische Vorauswahl betrieben.[226]

Mit dem beginnenden Ausbau der institutionalisierten Forschung veränderten sich auch die Auswahlkriterien. Senator Franke erläuterte zu der Auswahl der Bewerber ab ca. 1975, *„daß wir, seit ich für die Berufungspolitik an dieser Universität verantwortlich bin, vor allen Dingen nicht wie am Anfang so sehr die Schwerpunkte in der Didaktik, in der Lehre, in der Reform der Ausbildung bei den Berufungen* *in den Vordergrund stellen, sondern jetzt in dieser zweiten Konsolidierungsphase [...] wir sehr strikt und sehr rigide bei den Berufungen das Forschungspotential des jeweilig zu Berufenden in den Vordergrund stellen."*[227]

Grundsätzlich ist die gemeinsame Verantwortung von Staat und Hochschule positiv zu bewerten – der Staat finanziert die Hochschule und hat in seiner Eigenschaft als oberster Dienstherr die Pflicht, eine gewisse Kontrolle auszuüben. Die Universität ist aber auch verantwortlich für die ordnungsgemäße Durchführung von Lehre und Forschung, so dass eine Besetzung von Professuren ausschließlich durch die staatliche Seite wenig sinnvoll wäre. Das Zusammenspiel von staatlicher Kontrolle und der universitären Selbstkontrolle durch die Entscheidungen in den Berufungsgremien erwies sich als zeitaufwendig. Allerdings ist fraglich, ob einem transparenten Verfahren unter Beteiligung aller Statusgruppen tatsächlich ein schnelleres, aber dafür eventuell auf Einzelentscheidungen fußendes Vorgehen vorzuziehen wäre.

Die Integration der Pädagogischen Hochschule

Die Integration der 1947 gegründeten Pädagogischen Hochschule (PH) in die Universität war schon während der langen Gründungsphase geplant. Bereits Rothe hatte daran erinnert, dass seit 1848 die Berufsverbände der Lehrer eine Universitätsausbildung forderten, was ebenso nach 1945 wieder nachdrücklich verlangt wurde. Rothe sah jedoch, wie auch der Deutsche Ausschuss für das Erziehungs- und Bildungswesen, die Einbindung der Lehrerbildung in die Philosophischen Fakultäten als kritisch an, da die Universitäten insgesamt reformbedürftig seien. Er empfahl, die PH auf dem Campus anzusiedeln, sie selbständig bestehen zu lassen, aber mit der Universität zu verbinden. Das sollte mit Hilfe von Lehraufträgen, der Immatrikulation der Lehramts- als Universitätsstudierende, einem Wahlfachstudium an der Uni, Ausbildung in musischen Fächern an den jeweiligen Universitätsinstituten und der gleichberechtigten Mitnutzung aller Universitätseinrichtungen durch die PH-Studenten geschehen.[228] Eine Pädagogische Fakultät plante Rothe nicht. Darüber bestand bereits im Bargmann-Weber-Gründungsausschuss Einigkeit.[229] Thomas von der Vring sah in der universitären Lehrerbildung einen Beitrag zur Verbesserung der Chancengleichheit im Bildungssystem und zur Schulreform.[230]

Da anfangs die Universität als Lehrerausbildungsstätte konzipiert wurde, war die Integration der Hochschule schon früh zu berücksichtigen. In jenen Kommissionen und Ausschüssen, die Berührungspunkte mit dem Lehramtsstudium aufwiesen, saßen daher auch PH-Vertreter. Nach der Arbeitsaufnahme des Akademischen Senats und des Konvents nahmen sie fortan als Mitglieder ohne Stimmrecht teil.[231] In der Zentralen Planungskommission, in den Studienbereichsräten sowie in den Kommissionen für Lehrerausbildungsstudiengänge waren ebenfalls Professoren, Assistenten und Studierende der PH vertreten.[232]

Die vollständige Integration von Anfang an war jedoch nicht möglich, da man an der Universität die Studiengänge erst nach und nach einrichtete. Im Wintersemester

(WS) 1971/72 standen noch nicht alle Studienfächer zur Verfügung, insbesondere die Fächer Biologie und Chemie gab es noch nicht. LehrerInnen wurden aber dringend gebraucht. Allerdings rechnete man damit, den Bedarf an LehrerInnen auch für diese Fächer bald decken zu können, da die Ausbildungszahlen auch überregional gestiegen seien und Biologie- und ChemielehrerInnen aus anderen Hochschulen zur Verfügung stünden.[233]

Die Integration der Hochschule erfolgte also schrittweise und sollte in spätestens sechs Semestern abgeschlossen sein. Der Ausbau der Universität und die stufenweise Erweiterung des Fächerangebots bestimmten demnach das Tempo. Die an der PH tätigen Hochschullehrer sollten, ohne Bewerbungs- und Berufungsverfahren durchlaufen zu müssen, von der Universität übernommen werden. Für die Integrationsphase waren ein wechselseitiger Austausch und die Ergänzung von Lehrveranstaltungen vorgesehen.[234]

Aus den Erfahrungen ihrer Mitarbeit ging ein Beschluss der PH hervor, der sich für eine beschleunigte Integration aussprach. Eine weitere Verzögerung betrachtete man als nachteilig:

— *„beide Hochschulen verfestigen ihre Studienformen;*
— *für Studenten bieten beide Hochschulen unterschiedliche Ausbildungsgänge an;*
— *da bis heute noch keine Rechtsverbindlichkeit für eine 8-semestrige Ausbildung besteht, sind beide Hochschulen gezwungen, unterschiedliche Abschlüsse anzubieten;*
— *die organisatorische Zweigleisigkeit der Schulpraktischen Studien führt zu höheren Belastungen der Schulen;*
— *der Integrationsproze*ß *zieht Planungs- und Selbstverwaltungskapazitäten von der PH ab und führt sie der Universität zu, ohne da*ß *die Pädagogische Hochschule diese Arbeit direkt für sich nutzen kann;*
— *die Belastung der an der Integration mitarbeitenden Mitglieder der Hochschule wird auf ein unzumutbares Maß erhöht;*
— *die Lehrkörper beider Hochschulen sind durch die unterschiedliche Hochschullehrer-Studenten-Relation unterschiedlich belastet."*[235]

Das Lehramtsstudium an der PH umfasste sechs Semester. Gründungsrektor von der Vring stellte fest, dass diese Dauer für ein wissenschaftliches Studium nicht ausreiche, während der zuständige Senator die Universität mehrfach aufgefordert hatte, ein Konzept für ein sechssemestriges Lehramtsstudium zu entwickeln.[236] Eine große Aufgabe bei der Integration der PH stellte die Vereinheitlichung des Lehramtsstudiums dar. Zu diesem Zweck wurde zusätzlich zum Integrationsausschuss PH-Universität und nach der Auflösung der Planungskommission Lehrerbildung, deren Zuständigkeit eher in der Konzeption der wissenschaftlichen Lehramtsausbildung lag, die „Arbeitsstelle für die Einheitlichkeit der Lehrerbildung in Bremen" gegründet.[237]

In seiner Sitzung am 29. Juni 1972 beschloss der Integrationsausschuss, allen Studierenden der PH, die zum selben Zeitpunkt ihr Studium aufgenommen hatten wie die ersten Studierenden der Universität, ein achtsemestriges Studium zu ermöglichen. Die Abschlussqualifikationen sollten ebenfalls die gleichen sein und auch auf die übrigen PH-Studierenden ausgedehnt werden.[238] Eine entsprechende Umfrage unter den Studierenden ergab, dass eine große Mehrheit dieses auch wünschte.[239]

Blick vom Uni-See auf die „Skyline" der Bremer Universität, 1980

Absolventen der PH konnten sich als Nebenhörer an der Universität einschreiben, was den Übergang vom Hochschul- zum Universitätsstudium vereinfachen sollte. Der Integrationsausschuss empfahl, alle Studierenden des fünften Semesters im WS 1972/73 als Nebenhörer zuzulassen. In Anbetracht des Fächerangebots der Universität empfahl der Integrationssausschuss aber auch, Studierende der PH, deren zwei Hauptfächer an der Universität noch nicht eingerichtet waren, nicht als Nebenhörer zuzulassen. Das betraf die Fächer Grundschul-, Kunst- und Musikpädagogik, Biologie, Chemie, Biblische Geschichte und Spanisch. Für die Fächer Sport, Werken, Geographie und Mathematik konnte aus Kapazitätsgründen die Zulassung verweigert werden. Studierte jemand eines der vier Fächer und ein anderes, an der Universität angebotenes Fach, ließ sich das erstgenannte Fach an der PH, das andere an der Universität weiterstudieren. Die Übergangsregelung sollte entsprechende Veranstaltungsangebote seitens der PH und Universität sichern. Jedoch waren ab dem WS 1972/73 noch mindestens sechs Semester als Nebenhörer oder Vollimmatrikulierter zu absolvieren, um das Examen an der Universität ablegen zu können.[240]

Die Übergangsregelung sah vor, die Studien- und Prüfungsordnungen für Studierende, die sich nach sechs Semestern zur Prüfung meldeten, bestehen zu lassen. Für Studiengänge, für die es an der Universität noch keine Studienordnung gab bzw. der Senat noch keine Prüfungsordnung verabschiedet hatte, blieben die Bestimmungen der PH vorerst gültig. Ab dem SS 1973 galten die Studierenden der PH als an der Universität immatrikuliert sowie die Mitarbeiter und Professoren der PH als von der Universität übernommen. Die Haushaltsmittel der PH verwaltete ab diesem Zeitpunkt die Universität.[241] Alle an der PH Tätigen – Studierende, Hochschullehrer,

Assistenten, Mitarbeiter und Lehrbeauftragte – wurden Mitglieder der Universität. Jeder konnte sein Studium unter den Bedingungen beenden, zu denen er es an der PH aufgenommen hatte.[242]

Soweit jedenfalls die Planungen seitens der Universität und der PH. Die staatliche Seite vertrat eine in Teilen abweichende Auffassung; so war Anfang 1973 noch nicht geklärt, ob das Lehramtsstudium sechs oder acht Semester dauern sollte. Es stand noch im Raum, dass der Senator eine Prüfungsordnung für ein sechssemestriges Studium erlassen würde.[243] Die PH plädierte für eine vollständige Integration im Sommersemester 1973.[244]

Es dauerte somit weniger als dreißig Jahre, dass sich die Bremer Lehrerausbildung vom Pädagogischen Seminar (1945-1947) über die PH (1947-1973) zur universitären Ausbildung weiterentwickelte. Während das Studium im Pädagogischen Seminar – vor allem bedingt durch die Notwendigkeit, auf den Lehrermangel nach dem Zweiten Weltkrieg auch infolge der Entnazifizierung eine Antwort zu finden – nur zwei Semester betrug, umfasste das Studium an der PH anfangs vier Semester, ab Anfang der 1950er Jahre sechs Semester. Mit der Verwissenschaftlichung der Lehrerbildung erhöhte sich nunmehr die Studiendauer auf acht Semester.[245]

Grundsätzlich, so Gründungsrektor von der Vring, begrüßte man seitens der Universität die Integration der PH, die auch völlig unproblematisch verlief. Nur eines habe man nicht richtig gefunden: Dass einige der Professoren der PH ihr Recht auf den Status des Ordinarius einklagten – womit beispielsweise auch die Emeritierung verbunden ist.[246] Positiv sei auf jeden Fall gewesen, dass sich durch die Integration auch der Praxisbezug der Ausbildung an der Universität verfestigen ließ – Pädagogische Hochschulen verfügten über einen weitaus stärkeren Praxisanteil als die universitäre Ausbildung zum Gymnasiallehrer.[247] Der ehemalige Rektor der Pädagogischen Hochschule und Mitglied des Gründungssenats unter dem Vorsitz von der Vrings, Job-Günter Klink, wurde allerdings zu einer „*Reibefigur*" zwischen linken Universitätsstudierenden und pragmatischer Hochschulpolitik.[248] Klink befürwortete die Einrichtung einer Pädagogischen Fakultät[249]; dass er sein Konzept nicht durchzusetzen vermochte, wertet Herbert Schwarzwälder als eine mögliche Erklärung für Klinks Suizid im Jahr 1980.[250]

Die Darstellung, die Integration der PH bedeute einen ersten Schritt in Richtung Gesamthochschule, z.B. von der Bildungsbehörde häufig vertreten[251] und auch in der Bürgerschaft zur Sprache gebracht,[252] ist nicht korrekt und widerspricht dem Konzept der Gesamthochschule. Die Studiengänge der PH wurden nach und nach aufgelöst und an ihr keine neuen Studierenden mehr immatrikuliert. Dagegen sah das Gesamthochschul-Konzept den Fortbestand der einzelnen Fachhochschulen vor mit der Neuerung, die Studiengänge durchlässig zu machen. Auch sollten die Lehramtsstudierenden nicht zwischen den verschieden langen Ausbildungsgängen wechseln können; für die Lehramtsausbildung war ein achtsemestriges Studium vorgesehen.[253]

Rektor Hans-Josef Steinberg

4. Rektor Steinberg – 1974-1977: Bremer Hochschulgesetz, Berufsverbote und Hochschulentwicklung

Nachdem im März 1974 Gründungsrektor Thomas von der Vring von seinem Amt aufgrund der absehbaren, durch das Verfassungsgerichtsurteil vom 29. Mai 1973 – es schaffte zentrale Reformelemente der Universität, vor allem die Drittelparität, ab – ausgelösten Umstrukturierung der Universität zurückgetreten war, folgte ihm der Historiker Hans-Josef Steinberg als Rektor nach. Steinberg war auf die bundesweit erste Professur für die Geschichte der Arbeiterbewegung berufen worden – ein Beispiel auch dafür, wie an der Universität Bremen versucht wurde, die Curricula zu modernisieren.

Steinbergs Amtszeit ist geprägt durch die vermehrte Anwendung des Radikalenerlasses auch in Bremen, die Ausarbeitung und Einführung des Bremischen Hochschulgesetzes und erste Schritte in Richtung einer nicht nur konzeptionellen, sondern auch formalen Steuerung der Universitätsentwicklung. Steinberg war hochschulpolitisch sehr engagiert; so hatte er von Anfang an erklärt, er wolle nur Rektor einer drittelparitätisch strukturierten Universität sein. Aber nach eigener Aussage führten noch zwei weitere Faktoren zu seiner Wahl: Er habe als ehemaliger Jungsozialist gelernt, in Gremien so lange auszuhalten, bis die Mehrheit erreicht war, und er sei in der Lage gewesen, alles nicht so furchtbar ernst zu nehmen und so bei Konflikten ausgleichend zu wirken. Diese Eigenschaft habe ihm in Anspielung auf seinen Geburtsort Köln den Namen *„Tünnes der Bourgeoisie"* eingetragen.[1] Steinberg galt als kollegialer, angenehmer und fröhlicher Mensch.[2]

Die Lage der Universität war im Jahr 1974 schlecht. Das betraf sowohl die Finanzierung und damit den weiteren Ausbau als auch ihr Ansehen in der Öffentlichkeit. Steinberg stellte bereits kurz nach Amtsantritt fest, dass die Sparmaßnahmen des Bundeslandes die weitere Ausbauarbeit an der Universität, wo insbesondere die Naturwissenschaften gestärkt werden sollten, beeinträchtigten. Man versuchte nun, Stellen aus der Zentralen Verwaltung in die Bereiche Forschung und Lehre umzuschichten. Bürgermeister Hans Koschnick kündigte in seiner Regierungserklärung vom November 1975 an, nach der Reform des Studiums nun die vorhandenen Ressourcen stärker in der Forschung einzusetzen.[3]

Ein anderer, entscheidender Bereich war die Öffentlichkeitsarbeit. Die CDU-regierten Bundesländer stellten ihre Zuschüsse ein, die Universität galt im öffentlichen Bild als „Rote Kaderschmiede". Am 15. Dezember 1975 nahm die Bremische Bürgerschaft ein Änderungsabkommen über die Finanzierung der Universität an. Betriebskosten, die die von Bremen selbst zu tragende Summe von 40 Millionen Mark jährlich überstiegen, sollten nun von folgenden Bundesländern wie folgt aufgeschlüsselt übernommen werden: Zu 10 % von Hamburg, zu 20 % von Hessen, zu 40 % von Nordrhein-Westfalen und zu 30 % von Bremen.[4] Die Zuschüsse berechnete man nach dieser Änderung nicht mehr nach den Zahlen des Vorjahres, sondern aufgrund der Veranschlagungen im Haushaltsplan.

Steinberg erläutert rückblickend die Situation: *„Bald nach meinem Antritt war mir klar: Die Uni mußte unbedingt raus aus der Öffentlichkeit. Die Uni mußte raus aus der öffentlichen Diskussion. Bis dahin hatte der Akademische Senat (AS) und bis dahin hatte auch das Rektorat sozusagen zu allem und jedem sich geäußert. Das gehörte zur Gründungsphase, daß Politik hier kommentiert und beurteilt wurde – so nach der Vorstellung vom unendlichen politischen Mandat. Das rief wieder Reaktion hervor, und das Ganze wollte ich nicht. Mein Ziel war, nach der Gründungsphase eine Phase der ersten Konsolidierung zu schaffen, vor allem die Studienreform sollte vorangetrieben werden."*[5]

Die Struktur der Universität wurde 1974 erstmals verändert, und die bisher vier Studienbereiche (SB) wandelte man in die folgenden acht um:

SB 1: Arbeitslehre/Politik, Lehramt Sekundarstufe II mit berufsfeldbezogenem Fach, Religionspädagogik
SB 2: Physik, Elektrotechnik/Kybernetik
SB 3: Biologie, Chemie
SB 4: Mathematik
SB 5: Juristenausbildung, Wirtschaftswissenschaften, Sozialwissenschaften im engeren Sinne
SB 6: Sozialpädagogik, Diplompädagogik, Sportwissenschaft, Behindertenpädagogik, Psychologie
SB 7: Kommunikation/Ästhetik (Unterrichtsfächer Englisch, Französisch, Spanisch)
SB 8: Kommunikation/Ästhetik (Unterrichtsfächer Deutsch, Kunst, Musik).[6]

Die Gliederung der Universität in Studienbereiche folgte nun zum Teil den Fächergrenzen, wenn auch zumindest in den Geistes- und Sozialwissenschaften noch die interdisziplinären Ansätze der Gründungszeit erkennbar sind. Unter den veränderten Bedingungen vor allem wegen der stark gestiegenen Studierendenzahlen erwies sich die alte Gliederung in vier Studienbereiche als nicht mehr tauglich. Auch die Einteilung der Studienbereiche nach Berufsfeldern bewährte sich nicht. Ebenso verlief die Zusammenarbeit der Fachsektionen, Studienbereiche, Studiengangskommissionen und Projektkommissionen nicht optimal, wie die Zentrale Planungskommission feststellte.[7] Die Mehrfachzuordnungen von Studierenden und Hochschullehrern sowohl zu Studienbereichen als auch zu Fachsektionen erkannte man als problematisch. Studienbereiche und ihre Räte nahmen fast nur noch administrative Aufgaben wahr, Projektkommissionen blieben häufig unbesetzt und die einzige von den Fachsektionen wahrgenommene Aufgabe stellte die Besetzung von Berufungskommissionen dar. Die Studiengangskommissionen hatten, allerdings ohne über Entscheidungskompetenzen zu verfügen, fast alle Aufgaben der anderen Gremien übernommen.[8]

Doch auch diese Gliederung währte nicht lange. In den Jahren 1975 bis 1977 reorganisierte man sowohl den zentralen als auch den dezentralen Bereich der Universität – zum einen eine Folge des Bremischen Hochschulgesetzes und des angestrebten Ausbaus der Forschung, zum anderen eine Konsequenz der Sparpolitik des Bremer Senats, die dazu zwang, die Arbeitsorganisation zu überprüfen. Die Fachsektionen existierten seit 1976 nicht mehr und waren de facto bereits bei der ersten Umstrukturierung 1974 überflüssig geworden. Das Bremer Hochschulgesetz sah die Gliederung der Universität in Fachbereiche (FB) vor;[9] und dementsprechend wandelte sich die Struktur der Universität:

FB 1: Arbeitslehre/Politik, Lehramt an berufsbildenden Schulen, Religionswissenschaft/-pädagogik
FB 2: Physik, Elektrotechnik
FB 3: Biologie, Chemie
FB 4: Mathematik, Informatik
FB 5: Sozialwissenschaften im engeren Sinne, Juristenausbildung, Wirtschaftswissenschaften, Integriertes Sozialwissenschaftliches Eingangsstudium (ISES)
FB 6: Sozialpädagogik, Diplompädagogik, Sportwissenschaft, Behindertenpädagogik, Psychologie, Weiterbildung
FB 7: Englisch, Französisch, Spanisch, Deutsch für Ausländer
FB 8: Deutsch, Kunst, Musik sowie der geplante Fachbereich 9 für Produktionstechnik.[10]

Verschiedene Unterrichtsfächer (Geschichte, Gemeinschaftskunde, Wirtschafts- und Arbeitslehre, Erdkunde, Werken und Textilarbeit) waren im Studiengang Arbeitslehre/Politik angesiedelt. Wer „Geschichtslehrer" werden wollte, studierte im Integrationsbereich des Studiengangs Arbeitslehre/Politik und wählte als Schwerpunkt Geschichte.[11]

Mit den Fachbereichen rückte die Universität von einem Beschluss des Gründungssenats ab, der die Aufteilung in Fakultäten ablehnte und so hoffte, interdisziplinäre Zusammenarbeit zu fördern.[12] Neben der Produktionstechnik wurde die Einrichtung weiterer neuer Fächer geplant, wie beispielsweise Informatik. Auch für sie nahm die Frage der gesellschaftlichen Anwendungsbereiche von Beginn an einen zentralen Platz ein.[13] Die Ergebnisse der Planungskommission stießen jedoch auf die Kritik der konservativen Hochschullehrer. Der Studiengang ziele auf eine „*nebulöse Interdisziplinarität*"[14], weder im Grund- noch im Hauptstudium sei eine grundständige Befassung mit der Fachwissenschaft vorgesehen. Zudem mache die Ausbildung mit den drei gleichwertigen Dimensionen Fachsystematik, Anwendung und Berufspraxis eine mit anderen Hochschulen vergleichbare Ausbildung unmöglich. Auch widerspreche die anwendungsbezogene Ausweisung von Schwerpunkten dem Grundprinzip der Informatik, und die fachlichen Inhalte des Hauptstudiums seien Forschungsaufgaben und daher schwer zu vermitteln. Die Studien- und Prüfungsordnung sei ideologisch ausgerichtet und der politischen Ausrichtung der Mitglieder der Planungskommission zuzuschreiben.[15]

Die zum Teil polemische Kritik wurde als Gegenentwurf zu dem Bericht der Planungskommission Informatik beim Akademischen Senat eingereicht, der sich jedoch an den Empfehlungen der Planungskommission orientierte und den Studiengang Informatik zum Wintersemester 1978/79 beschloss.[16] Das Ergebnis war absehbar, da die Planungskommission vom Akademischen Senat – wenn auch noch in personell etwas anderer Zusammensetzung – selbst eingesetzt worden war. Die in der Beschlussvorlage vorgebrachte Kritik ist durchaus zu verallgemeinern. Ähnliche Punkte ließen sich in jedem Studiengang finden, und insbesondere das Konzept der Projekte und der Interdisziplinarität hatte man schon häufiger als Hindernis bei der Vermittlung von Fachwissen angeführt. Hier zeigt sich nicht nur ein Problem, das konservative Hochschullehrer im Rahmen der Planung eines speziellen Studiengangs bewegte, sondern die Nichtakzeptanz des Reformmodells insgesamt durch diese Gruppe.

Die Finanzlage Bremens erforderte Sparmaßnahmen, die sich auch im Haushaltsplan der Universität niederschlagen. Studienbereiche, Zentralverwaltung, Bibliothek, Rechenzentrum und Arbeiterkammer beantragten für 1977 zunächst 217 Stellen, während die Verwaltung ein Mehrbedarf von weiteren 45 Hochschullehrern errechnete. Der letzen Endes vom Akademischen Konvent verabschiedete Haushalt umfasste zwar nur noch 123 Stellen, die Senatskommission für das Personalwesen gab jedoch nicht mehr als 84 Stellen für das Jahr 1977 vor. Die Gruppe „Sozialistischer Hochschullehrer" wies in diesem Zusammenhang darauf hin, dass die verringerte Stellenausstattung sich auf die Arbeitsbedingungen der Beschäftigten und die Studienbedingungen auswirken müsse und die Tendenz zu Massenveranstaltungen fördere.[17] Die ÖTV-Fraktion erklärte, man habe sich der Haushaltslage des Landes angepasst. Der Konvent aber wies darauf hin, dass sich die Studienreform und der Ausbau der Forschung so nicht voranbringen ließe.[18] Projekte fanden häufig nur noch statt, weil man Lehrbeauftragte gewinnen konnte, doch erwies sich die Genehmigung von Lehraufträgen häufig als sehr zeitaufwendig.[19]

Es bestand die Notwendigkeit, die Ausgaben für die Lehre sachgerecht einzusetzen; angesichts knapper werdender Mittel musste man sich klar werden, wie viele Lehrende man an der Universität benötigte. Im November 1975 beschloss der Akademische Senat, einen ersten Hochschulentwicklungsplan als Steuerinstrument für die weitere Planung der Universität zu erstellen. Angaben über die wissenschaftlichen Schwerpunkte, die Ausbildungsziele, Vermittlungsformen und die Zahl der Studierenden sollten erhoben werden, um so ein Bild über die benötigten Investitions- und Betriebsmittel zu gewinnen[20] unter den konkreten Bedingungen einer erheblichen Zunahme der Bewerber um einen Studienplatz, der deutlichen Überzahl der Lehramtsstudierenden und der Schwierigkeiten bei der Einschätzung des Arbeitsmarktes.[21]

Als bundesweite Neuerung regelte die Kapazitätsverordnung (KapVO) die Kapazitätsanalyse der Hochschulen und damit die Zahl der Studierenden, die jedem Studiengang zuzuweisen sind. So *„spiegelt die Kapazitätsverordnung (KapVO) die Konsequenzen des administrativen Eingriffs in die Hochschulen vermittels quantitativer Beschreibungs- und Analyseverfahren auch als theoretische Leistung wider. Organisatorische Bedingung der KapVO sind die Dezernate für Datenverarbeitung und Statistik an den Hochschulen und die ihnen entsprechende Abteilung im Wissenschaftsministerium"*[22] Zuerst erlassen wurde die KapVO am 3. Dezember 1975. Sie geht auf ein Urteil des Bundesverfassungsgerichts zurück, wonach bei der Festlegung von Zulassungszahlen die vorhandenen Kapazitäten eines Studiengangs voll ausgeschöpft sein müssen.[23] Die Berechnungen beruhen u.a. auf der bisherigen Entwicklung der Studierendenzahl eines Faches und der Ausstattung mit wissenschaftlichen und nichtwissenschaftlichen Mitarbeitern. Die Höchstzahl bestimmte der im jeweiligen Bundesland zuständige Minister bzw.

Senator, dem die Hochschulen ihre Vorschläge unterbreiteten. Zentrale Faktoren der Berechnung lassen sich jedoch nicht verhandeln; die Curricularrichtwerte – die Deputatwochenstunden eines Studierenden im Laufe seines Studiums – z.B. sind in der Verordnung festgelegt.[24] Im Bremer Senat ging man davon aus, dass die im Vorfeld diskutierte Kapazitätsverordnung stärker in die Universität eingreifen würde als das Hochschulrahmengesetz: *„Ein an sich technokratischer Organisationsvorgang kann zu Folge haben, daß zwar in die Hochschulen Studienbewerber auf jedes freie Plätzchen hineingestopft werden, die Hochschulen können aber auf diesen Zwang der KapVO nicht mehr vernünftig reagieren. [...] Mit der Kapazitätsverordnung wird nicht nur der Prozeß der Realisierung von Studienreformen verlangsamt, er droht sogar zu ersticken. [...] Im Zwange des Staatsvertrags stehend, war der Senat zur Zustimmung genötigt. Es wird ihm aber schwer werden, mit der Neufassung der Kapazitätsverordnung das Bremer Modell weiterzufahren."*[25]

Die Universität musste 900 Studierende mehr aufnehmen. Die Betreuungsrelation verschlechterte sich – in den Naturwissenschaften stieg das Verhältnis von Hochschullehrer zu Studierenden von 8:1 auf 10:1, in den Geisteswissenschaften von 1:15 auf 1:18 – gleichzeitig sollten die Lehrenden Stunden unterrichten. Bildungssenator Franke befürchtete eine weitere Verschlechterung, da die KapVO nicht den Endpunkt der Entwicklung darstelle. Allerdings hoffte man, dass sich die räumliche Situation an der Universität Bremen, die über keine Hörsäle verfügte und sich nicht bzw. noch nicht an Massenveranstaltungen orientierte, auch in den Kapazitätsberechnungen widerspiegele und sich so der Trend dahin stoppen ließe.[26] Tatsächlich war bis zur Eröffnung des Gebäudes GW 2 im Herbst 1973 der Raum S 304 im NW 1 mit einer Kapazität von ca. 70 Plätzen der mit Abstand größte der Universität. Daher mussten Vollversammlungen z.B. im Kino „Die Gondel" abgehalten werden.

Die Universität kritisierte die Passivität des Senators, der auf äußere Zwänge – den Staatsvertrag – verwies und erklärte, die KapVO böte durchaus Möglichkeiten für Ausnahmeregelungen bei anerkannten Reformstudiengängen und räumlichen, sachlichen sowie hochschulspezifischen Gegebenheiten.[27] Er habe alle Möglichkeiten bereits ausgeschöpft, andernfalls wäre eine noch ungünstigere Lage entstanden.[28]

Im Sommer 1974 musste sich der Akademische Senat mit einem Antrag zur Einrichtung einer Planungskommission Technik befassen. Der Senat der Freien Hansestadt Bremen formulierte die Vorgabe, in der nächsten Ausbaustufe der Universität – nach der Etablierung erster Studiengänge und der PH-Integration – ab 1977 weitere 1 250 Studienplätze im natur- und ingenieurswissenschaftlichen Bereich zu schaffen. Ein erstes Planungspapier aus dem Jahr 1974 bezog sich auf ein Konzept von 1969, in dem die Industrie und Hochschule für Technik empfahl, Ergänzungsstudiengänge für die Bereiche Bauwesen, Maschinenbau und Elektrotechnik aufzubauen, die es Absolventen der Technischen Hochschule ermöglichen sollten, in vier Semestern einen Abschluss als Diplom-Ingenieur zu erwerben.[29] Diese Überlegungen sind allerdings bald aufgegeben worden.

1975 gliederte Bremen den Bereich Wissenschaft aus dem Bildungsressort aus. Die Politik Frankes, fortan Senator für Wissenschaft und Kunst, legte den Schwerpunkt weg von der Lehrerbildung hin zum Ausbau der Naturwissenschaften: *„Wenn wir die Lehrerbildung in einem radikalen Umfange zurückgedrängt haben, wenn wir die Ingenieurwissenschaften an der Universität aufgebaut haben, dann ist dieses alles* *ja nicht der Wunsch gewesen, sich endlich von diesem Reformmodell zu trennen, sondern es ist die Erkenntnis gewesen, daß eine Universitätsneugründung überhaupt nur eine Zukunftschance hatte, wenn sie Korrespondenten im Universitätssystem der Bundesrepublik gefunden hätte. Die bremische Universität ist völlig allein geblieben. Sie ist am Ende tatsächlich von der wissenschaftlichen Öffentlichkeit in der Bundesrepublik weitgehend abgelehnt, negiert oder bestenfalls nur beiläufig zur Kenntnis genommen worden."*[30] Offensichtlich ging es den Verantwortlichen darum, das Außenbild der Universität zu verbessern. Absolventen sollten auf dem Arbeitsmarkt nicht chancenlos sein, die Einwerbung von Drittmitteln hing stark vom Ruf der Institution ab – die Universität stand nur wenige Jahre nach ihrer Gründung vor gravierenden Veränderungen.

Zur Bestimmung der künftigen Aufgaben bildete man Studienreformkommissionen,[31] besetzt mit von den Hochschulen und vom Senator benannten Mitgliedern aus Gewerkschaften, Fachverbänden, Berufsorganisationen und Berufsberatung. Grundsätzlich hielt man an den Reformbestrebungen fest. Die Studiengänge sollten offen für neue gesellschaftliche Entwicklungen und die Inhalte an den Interessen der Gesellschaft und der Lernenden orientiert sein, das Studium eine Einheit von Forschung, Anwendung wissenschaftlicher Erkenntnisse und direktem Praxisbezug bilden, das Studienangebot einen Projektbezug aufweisen und sich der Weiterbildung öffnen. Der neue Senator wollte die Abstimmung mit den Hochschulen verbessern. Am Ziel der Integrierten Gesamthochschule hielt man ebenfalls fest.[32]

Das Hochschulrahmengesetz und vor allem die Entwicklung der öffentlichen Haushalte stellten die Universität vor das Problem, die Organisation von Lehre und Forschung zu überprüfen. Auch die Selbstverwaltung sollte mit dem Ziel, Abläufe zu straffen, unter die Lupe genommen werden.[33] Kompetenzkonflikte und Mehrfachzuständigkeiten galten als Hauptdefizite der Struktur.[34] Man entwarf eine Gliederung der Verwaltung in vier Dezernate (Lehre und Forschung/Hochschulentwicklungsplanung, Personal/Organisation/Allgemeine Verwaltung, Haushalt/Finanzen/Betriebswirtschaft und Technischer Betrieb) sowie drei dezernatfreie Sachgebiete (Rektoratsangelegenheiten/Zentrale Organe, Justitiariat und Presse- und Informationsamt).[35] In Absprache mit dem Personalrat[36] sollten durch Umschichtung weitere Stellen in Forschung und Lehre entstehen.[37] So hoffte die Unileitung trotz der von der Bürgerschaft beschlossenen Sperre eine angemessene Personalausstattung in diesem Bereich zu erreichen.[38] Die Studienbereichsverwaltungen wurden dezentralisiert, direkt dem Rektorat untergeordnet und somit in die Lage versetzt, ihre Angelegenheiten eigenverantwortlich zu regeln.[39] Das HRG ermöglichte es, neben Hochschullehrern weiteres wissenschaftliches Personal einzuwerben, wodurch sich das *„bedeutendste allgemeine strukturelle Defizit"*[40], das Fehlen von wissenschaftlichen Mitarbeitern in der Forschung, abbauen ließ.

Wissenschaftssenator Franke beschrieb die Situation der Universität Mitte der 1970er Jahre als schwierig, sie sei zum Zankapfel zwischen Traditionalisten und Reformern geworden, wobei die Landesregierung sich dennoch immer zu einem konsequenten Reformmodell bekannt habe. Er stellte die Drittelparität in diesem Zusammenhang als wichtigsten Teil heraus, die aber nach den Regelungen des HRG keine Zukunft mehr habe. Politische Realitäten, so Franke weiter, müssten beachtet werden. Andere Regelungen des neuen Gesetzes jedoch träfen sich mit den Bremer Erfahrungen, so die Rücknahme der Streichung des Mittelbaus. Franke gab sich überzeugt, dass die Hochschulreform trotz der geänderten Rahmenbedingungen sich in Bremen weiter führen lasse; sie sei allerdings nicht allein Sache der Universität, sondern auch der anderen Hochschulen und Fachhochschulen. Zugleich plädierte der Senator für die Einführung der Integrierten Gesamthochschule und betonte, dass man die *„Position in der Spitzengruppe der deutschen Hochschulreformer bewahren"*[41] wolle. Das fiele nicht zuletzt in den Verantwortungsbereich des zuständigen Senators, weshalb es notwendig sei, *„angemessene Einwirkungsmöglichkeiten des Staates auf die Hochschulen zu sichern."*[42] Daraus resultierten entsprechende Regelungen des Bremischen Hochschulgesetzes, wonach die Hochschulen als Körperschaften öffentlichen Rechts der staatlichen Aufsicht unterlagen. Der Staat war mitverantwortlich für die Funktionsfähigkeit der Hochschulen und verfügte mit der Rechtsaufsicht über ein Instrumentarium, das ihm erlaubte, gegebenenfalls ihre Funktionsfähigkeit wiederherzustellen.[43]

Rektor Steinberg trat 1977 zurück, nachdem das HRG das Ende des Bremer Reformmodells, insbesondere der Drittelparität, markierte – eine Experimentierklausel, wie sie die Universität anstrebte, gab es nicht. Zuvor waren in seiner Amtszeit die Mitarbeiterbeteiligung und die Mitarbeiterkollegien ausgebaut worden.[44] Nun schränkte man die Mitbestimmungsmöglichkeiten insbesondere der nichtwissenschaftlichen MitarbeiterInnen stark ein. Steinberg erklärte dazu: *„Für mich war sehr enttäuschend, daß das Bundesland Bremen, wie ich meine, aus falsch verstandener Bundestreue, damals diesem Gesetz zugestimmt hat, eine Enthaltung hätte wahrscheinlich auch gereicht. […] Für mich war damit die Geschäftsgrundlage weggefallen, ich zog die Konsequenzen."*[45]

Berufsverbote an der Universität Bremen – Der „Radikalenerlass" von 1972

Der Begriff „Berufsverbot" bezeichnet im Folgenden Vorgänge und Entscheidungen, die es dem Betroffenen unmöglich machten, eine Anstellung im öffentlichen Dienst zu finden, um seinen erlernten Beruf auszuüben. Politisch motivierte Entscheidungen des Bremer Senats bei der Vergabe von Hochschullehrerstellen, die in erster Linie dem Erhalt der Pluralität an der Universität dienen sollten, stellen in diesem Sinne keine Berufsverbote dar, da man in solchen Fällen zwar andere Bewerber vorzog, es aber den Abgelehnten nicht untersagt wurde, weiter in ihrem Beruf tätig zu sein – im Unterschied zu dem jungen Lehrer, der aufgrund einer Verfassungsschutzauskunft keine Chance mehr auf eine Lehramtsstelle besaß. Die Vermutung, dass man aufgrund besserer politischer Kompatibilität einen anderen begünstigte, ist hingegen noch nicht als politisch motiviertes Berufsverbot zu bezeichnen.

Die Vorgänge, die einige Berufungsverfahren begleiteten, zeigen, dass das Bundesland Bremen befürchtete, zu viele Bewerber mit radikalen politischen Ansichten könnten in den Dienst der Universität gelangen. In den 1960er Jahren hatten sich solche Bedenken gegen politisch rechte Kräfte gerichtet; nun fürchtete man linke

Radikale.⁴⁶ Bereits 1950 fasste die Bundesregierung einen „*Beschluß über die politische Betätigung von Angehörigen des Öffentlichen Dienstes gegen die demokratische Grundordnung.*" Das als Adenauer- oder Adenauer-Heinemann-Erlass bekannte Dekret nannte verschiedene Gruppen, so zum Beispiel die KPD, die VVN, weitere linke Vereinigungen sowie drei rechte Gruppen. Die Mitgliedschaft oder sonstige Verwicklung in Aktivitäten dieser Organisationen hatten die Entlassung aus dem Öffentlichen Dienst zur Folge, und Beamte auf Lebenszeit konnten nach Dienststrafverfahren suspendiert werden. Der Beschluss galt nicht für Bewerber, er betraf nur bereits im Öffentlichen Dienst tätige Personen. Die Frage, ob es zulässig sei, Beamten, Angestellten und Arbeitern im Öffentlichen Dienst die Mitgliedschaft in einer extremistischen, aber legalen Partei zu verbieten, ist aber bereits 1950 aufgeworfen worden.⁴⁷ Das Bestreben, Personen mit extremen politischen Ansichten aus dem Öffentlichen Dienst herauszuhalten, feierte zu Beginn der 1970er Jahre „*fröhliche Urständ*". Betroffen waren in erster Linie und fast ausnahmslos Linke.

Die „*Grundsätze zur Frage der verfassungsfeindlichen Kräfte im Öffentlichen Dienst*", auch bekannt als Radikalenerlass und beschlossen von den Regierungschefs des Bundes und der Länder am 28. Januar 1972, regelten die Einstellung in den Öffentlichen Dienst neu. Im Unterschied zu dem von 1950 wurden keine Gruppierungen aufgelistet, was eine flexiblere Handhabung ermöglichte und die Bewerber vor eine besonders unsichere Situation stellte.⁴⁸

Die Bremer SPD erklärte allerdings noch 1974 in ihren „*Hochschulpolitischen Grundsätzen*", dass die Mitgliedschaft in einer nicht verbotenen politischen Partei oder Organisation einer Mitarbeit im Öffentlichen Dienst nicht entgegenstehe, sondern die staatliche Berufungspolitik nur sicherstellen müsse, dass keine wissenschaftlichen oder politischen Standpunkte zu kurz kämen.⁴⁹ Hier nimmt die Partei zwar zum einen deutlich Stellung gegen die Benachteiligung aufgrund schwer nachzuweisender Tatbestände wie der kritischen Haltung gegenüber der freiheitlich-demokratischen Grundordnung, zum anderen zeigt sie aber, dass bei Berufungen auch andere Aspekte als die fachliche Eignung zu berücksichtigen seien – wie zum Beispiel das politische Engagement. Innerhalb der SPD war die Einstellung zum „*Radikalenerlass*" durchaus uneinheitlich. Vor allem die Jusos sprachen sich für seine Aufhebung aus.⁵⁰

Der Öffentliche Dienst war und ist ein bedeutender Arbeitgeber; etwa ein Fünftel aller Beschäftigten in der alten Bundesrepublik waren dort tätig,⁵¹ und in bestimmten Berufszweigen gab es fast nur ihn als Arbeitgeber, etwa im gesamten Schul- und Hochschulbereich.⁵² Auch in der Forschung sah es insbesondere für GeisteswissenschaftlerInnen kaum anders aus.⁵³ Ein weiteres Problem stellte der Vorbereitungsdienst für angehende JuristInnen dar, ist doch das zweite Staatsexamen Voraussetzung auch für die Aufnahme von Berufen außerhalb des Öffentlichen Dienstes. Das Bundesverfassungsgericht forderte die Behörden in seinem Urteil vom 22. Mai 1975 auf, für solche Bewerber einen zusätzlichen Vorbereitungsdienst zu schaffen, der auf das Beamtenverhältnis verzichte und dennoch einen Zugang zu Berufen außerhalb des Staatsdienstes ermögliche.⁵⁴

Der Anteil der LehrerInnen an allen Berufsverbotsverfahren betrug 78,8 %, der für die an einer Hochschule Tätigen 12,1 %.⁵⁵ Am häufigsten vom Erlass betroffen waren Mitglieder der DKP mit 41,4 % der Verfahren sowie Mitglieder der sogenannten K-Gruppen – beispielsweise des Kommunistischen Bundes Westdeutschlands

(KBW) – mit 14,4 %. Während sich der Radikalenerlass auf dem Papier gegen Extremisten sowohl linker als auch rechter Couleur richtete, waren nur 0,7 % der vom Berufsverbot Betroffenen Mitglieder der NPD.[56] 4,3 % der insgesamt in der Bundesrepublik registrierten Berufsverbote wurden in Bremen ausgesprochen.[57] Ein Flugblatt, das zu einer Demonstration des AStA aufrief, schildert die Lage folgendermaßen: „*In Bremen, wie in der ganzen BRD, findet eine massive Säuberungsaktion in allen Bereichen des Öffentlichen Dienstes statt. Von 33 000 Beschäftigten in Bremen wurden 20 000 überprüft. Zahlreiche Entlassungen und Entlassungsverfahren sind durchgeführt worden. Auch hier in der Uni sind uns diese Praktiken bekannt. Aushorchungsbriefe und Dienstgespräche, in denen die politische Gesinnung ausgeforscht wird, zeigen an, daß es um das Recht auf Meinungsfreiheit und politische Betätigung schlecht steht.*"[58]

Zur Frage, warum der Radikalenerlass in erster Linie dazu diente, Linke aus dem Öffentlichen Dienst fernzuhalten, während man Rechte zumeist ungeschoren ließ, erläutert Braunthal, dass sich in den späten 1960er und frühen 1970er Jahren NPD-Mitglieder eher außerhalb staatlicher Institutionen bewarben und sich linke Universitätsabsolventen häufig für Bereiche wie Bildungswesen und Sozialarbeit interessierten. Gleichwohl habe man in einigen Bundesländern mit zweierlei Maß gemessen und rechtslastigen Personen weniger Schwierigkeiten gemacht.[59] Möglicherweise spiele auch die Verteilung rechter und linker Beamter im Öffentlichen Dienst eine Rolle. Während Linke oft im höheren oder gehobenen Dienst tätig waren, konzentrierte sich der Anteil der Rechten mehr im mittleren und unteren Bereich.[60] Es ist anzunehmen, dass man Bewerbungen für höhere Positionen genauer unter die Lupe nahm als für Stellen mit wenig Gestaltungsspielraum oder Einfluss.

In der Bremischen Bürgerschaft behandelte man die Richtlinien für die Beurteilung der Verfassungstreue recht ausführlich. Innensenator Helmut Fröhlich (SPD) betonte die Verpflichtung des Staates, Bewerbungen von Leuten, die „*unsere freiheitliche, demokratische, rechts- und sozialstaatliche Ordnung ablehnen oder bekämpfen*"[61], nicht stattzugeben. Er wandte sich aber gegen den Aufbau eines Unterdrückungsapparats. Fröhlich verdeutlichte, der Senat arbeite bereits seit dem 2. Februar 1976 nach Richtlinien, die auf der Grundlage des Beschlusses des Bundesverfassungsgerichts vom 22. Mai 1975 beruhen. Der Senat gehe dabei von der Annahme einer grundsätzlichen Verfassungstreue der Bürger aus und ordne nur im begründeten Einzelfall eine Überprüfung an und zwar nur dann, wenn es sich um eine Einstellung handle.[62] Im Großen und Ganzen entsprach die von Fröhlich dargelegte Praxis einem Antrag der FDP.[63] Mit den auch von der FDP als Oppositionspartei verabschiedeten Grundsätzen von 1976 schaffte man die Regelanfrage ab, was ebenfalls im Mittelpunkt der Änderungsvorschläge der SPD stand.[64]

Eine weitere Neuerung war die Empfehlung des Bundesverfassungsgerichts, Erkenntnisse, die Verhaltensweisen aus der Ausbildungs- und Studienzeit zutage förderten, nicht zu berücksichtigen, da sie häufig aus Emotionen in Verbindung mit engagiertem Protest hervorgingen und als Teil von Milieu- und Gruppenreaktionen wenig geeignet seien, einen Schluss auf die Persönlichkeit des Bewerbers zu ziehen; ihre Verwendung würde aber das Vertrauen in die Demokratie schwächen.[65] Hans Koschnick betonte denn auch in seiner Regierungserklärung 1975: Die freiheitlichdemokratische Grundordnung müsse geschützt werden, jedoch seien ebenso die

Freiheitsrechte des Einzelnen gegenüber dem Staat zu sichern: *„Es besteht kein Widerspruch zwischen dem Schutz der verfassungsmäßigen Ordnung und der Gewährleistung freier politischer Tätigkeit der Bürger."*[66]

Ab 1977 wandte man in Bremen[67] folgendes Verfahren an: Der Dienstherr ging von der Vermutung der Verfassungstreue des Bewerbers aus; nur wenn ihm, ohne besondere Nachforschungen angestellt zu haben, Zweifel kamen, sollte zu einer Rückfrage beim Bewerber und gegebenenfalls beim Senator für Inneres gegriffen werden. Vor der Einstellung von Richtern, Staatsanwälten, Polizei- und Strafvollzugsbediensteten und Personen mit einer besonderen Vertrauensstellung in der Verwaltung sowie bei Lehrern, Sozialpädagogen, Erziehern und Sozialarbeitern, die keinen Vorbereitungsdienst oder kein Praktikum im bremischen Öffentlichen Dienst abgeleistet hatten, sollte die Anfrage beim Senator für Inneres grundsätzlich erfolgen.[68] Für die Beurteilung der Verfassungstreue galten vor Gericht verwertbare Erkenntnisse als relevant. Tatsachen allerdings, die in die Studien- oder in eine Ausbildungszeit des öffentlichen Dienstes eines *„jungen Menschen"* fielen oder die mehr als drei Jahre zurücklagen, blieben ausgespart. Lag etwas gegen einen Bewerber vor, gab zunächst der zuständige Senator sein Votum ab. Gelangte er zu der Auffassung, die Verfassungstreue sei fraglich, kam es zu einer nichtöffentlichen Anhörung, in der der Bewerber Stellung zu den Vorwürfen beziehen konnte. Der Senator entschied persönlich und gab den Vorgang dann an den Vorsitzenden der Senatskommission für Personalwesen weiter. Wich Letzterer in seiner Einschätzung von dem Senator ab, lag die Urteilsgewalt beim Senat.[69] Bei bereits im Öffentlichen Dienst Beschäftigten leitete man, so es Verdachtsmomente gab, ein Disziplinarverfahren ein und prüfte, ob eine Kündigung zu beantragen war.[70]

Die Anhörung zu den Vorwürfen verlief laut Braunthal in der Regel folgendermaßen: *„In einer typischen Anhörung, oder ‚Unterhaltung', wie sie zeitweilig genannt wurde, bildeten hohe Beamte, vorwiegend politisch Konservative den Prüfungsausschuß. [...] Vom Bewerber wurde erwartet, daß er alle Fragen beantwortete und die von unbekannter Seite erhobenen Vorwürfe zerstreute. Eine Aussageverweigerung wurde als Eingeständnis der Schuld gewertet. Die Prüfer stellten eine Reihe von Fragen zu früheren und gegenwärtigen politischen Ansichten des Bewerbers und gingen solange von einer Schuld aus, bis er das Gegenteil beweisen konnte. Wenn ein Befragter versuchte, lange Erklärungen abzugeben, forderten die Prüfer kurze Antworten mit ja oder nein. Typische Fragen waren die zu den Ansichten des Bewerbers zu Marx, Engels und Lenin, zum Einmarsch der Warschauer-Pakt-Armeen in die Tschechoslowakei, zur Rolle der DDR als neues Gesellschaftsmodell und zu seiner Mitgliedschaft in einer Partei."*[71] Abgelehnte Bewerber konnten sich zwar an das Verwaltungsgericht wenden und die Entscheidung anfechten, jedoch standen ihre Chancen, folgt man Braunthals Untersuchung, schlecht: Die Urteile insbesondere älterer Richter zeugten von politischem Konservatismus; gerade Linke besaßen kaum eine Chance, dass ein älterer Richter das Ergebnis der Anhörung aufhob. Das habe sich erst in den 1980er Jahren mit der vermehrten Einstellung jüngerer Richter an den Verwaltungsgerichten geändert. Kritik entzündete sich auch daran, dass einige der Richter, die über den Radikalenerlass entschieden, bereits im Nationalsozialismus Funktionen ausgeübt hatten.[72]

In der Zeit zwischen dem 1. Januar 1973 und dem 30. Juni 1975 gab es in Bremen 20 100 Anfragen an das Amt für Verfassungsschutz und 421 zu prüfende

Fälle. Es kam zu 15 Ablehnungen – das entspricht 3,56 %.[73] Zum Vergleich: In Hamburg waren im selben Zeitraum 40 000 Anfragen und 103 Fälle zu verzeichnen. 29 Bewerber – 28,16 % – blieben auf der Strecke.[74] In Berlin waren es 93, im Saarland kein Einziger.[75] Die Zahlen verdeutlichen, dass man – im Vergleich zu Hamburg – in dem viel kleineren Bremen häufigere Anfragen stellte und der Verfassungsschutz vier mal so oft wie in Hamburg Erkenntnisse übermittelte, diese aber weitaus seltener ausreichten, um Bewerber abzulehnen.

Insgesamt ist festzuhalten, dass die Zahlen von Bundesland zu Bundesland stark abweichen und keine Daten über die Anzahl der Bewerbungen vorliegen, also nicht zu klären ist, ob man sich nur in Einzelfällen oder in der Regel an den Verfassungsschutz gewandt hat. Braunthal stellt fest, dass bundesweit 92 % der Abgewiesenen Linke waren – ein Drittel von ihnen hatte sich auf eine Lehrerstelle beworben, ein Fünftel strebte eine Universitätsdozentur an[76] –, und es sei davon auszugehen, dass man „nahezu alle Bewerber für den öffentlichen Dienst automatisch überprüft"[77] habe. Allerdings bringen die relativ niedrigen Zahlen der tatsächlichen Ablehnungen mehr als deutlich zum Ausdruck, dass eine Nicht-Überprüfung der Bewerber das Bestehen der Bundesrepublik wohl nicht gefährdet hätte.[78] Das Missverhältnis weist eher auf Verfolgungswahn hin als auf eine wirkliche Bedrohung. Mit allerletzter Sicherheit ist jedoch nicht feststellbar, in wie vielen Fällen es tatsächlich zu Überprüfungen gekommen ist. So weist die VVN in einer Broschüre darauf hin, dass Bewerber auf die Arbeitsaufnahme warteten, es also Verzögerungen bei der Einstellung gab, ohne dass die Betroffenen dafür eine Begründung erhielten.[79]

Der erste Fall an der Universität Bremen, in dem man einem deutschen Bürger vorwarf, sich nicht mit der freiheitlich-demokratischen Grundordnung zu identifizieren, war der bereits beschriebene des Soziologen Horst Holzer. Als dieser sich mit den Vorwürfen konfrontiert sah, stand die Einführung des Radikalenerlasses noch bevor. Der zweite Fall ist die Ablehnung des von der Universität als Planer vorgeschlagenen Meyer-Ingwersen durch den Senat. Meyer-Ingwersens DKP-Mitgliedschaft galt als auslösender und entscheidender Faktor für die Nichteinstellung.[80] Der KBW Bremen brachte 1975 folgende Fälle zur Sprache: „*Unter den Arbeitern und Angestellten, den Lehrern, Beamten und Sozialarbeitern häufen sich derzeit Disziplinierungen, Nichteinstellungen und Entlassungen.*

Der Lehrer Siegfried Faulstich: Trotz breiter Proteste und Demonstrationen von Eltern und Schülern in Vegesack – entlassen wegen Verkaufs der Kommunistischen Volkszeitung, ebenso wie die Beamtin Gerda Kiesewetter. […]

Der Hochschullehrer Jens Scheer (Atomphysiker und aktiver Gegner von Kernkraftwerken) soll entlassen werden wegen Klebens eines Mai-Plakates der Gruppe Rote Fahne (KPD).

Die Beamtin Antje Lindner soll entlassen werden, weil sie während des Metaller-Streiks 74 ein Flugblatt des KBW zur Unterstützung dieses Streiks verteilte.

Der Senat begründet diese Maßnahmen mit der Pflicht der Beamten, die freiheitlich-demokratische Grundordnung zu verteidigen und dafür jederzeit die Gewähr zu leisten. Er stützt sich dabei auf das Beamtenrecht. Diejenigen, die er entläßt, sind Kritiker der Verhältnisse und der sie gewährleistenden freiheitlich-demokratische Grundordnung."[81]

Unter dem Stichwort „Berufsverbot" ist auch der folgende Fall anzuführen: Ein Lehramtsanwärter einer Bremerhavener Schule erhielt in seiner zweiten Staatsprüfung im schriftlichen Teil ein „Ungenügend" – nachdem der Prüfungsvorsitzende verfassungsrechtliche Bedenken gegen die Inhalte der zuvor mit „sehr gut" bewerteten Hausarbeit eingelegt hatte.[82] Auch die Einstellung eines Lehrers für Englisch und Deutsch – Dieter Heilbronn, zuvor Planer an der Universität – verzögerte sich um zweieinhalb Jahre, da die Senatskommission für Personalwesen Einwände aufgrund politischer Aktivitäten des Bewerbers geltend machte und es daher zu einem Gerichtsverfahren kam, das die Behörde verlor.[83]

Rektor Steinberg trat indes für die Absolventen und Absolventinnen der Universität ein, wenn sie aufgrund ihres hochschulpolitischen Engagements in Schwierigkeit gerieten, in den Schuldienst aufgenommen zu werden. Im Januar 1976 schrieb er:

„Sehr geehrter Herr Senator Thape,
mit zunehmender Sorge beobachte ich, daß bei Gesprächen in Ihrer Behörde mit Bewerbern für das Lehramt an Gymnasien die hochschulpolitische Tätigkeit solcher Bewerber zum Gegenstand des Gesprächs gemacht wird. So habe ich z.B. erfahren, daß die Kandidatur für Gremien der Universität auf einer bestimmten studentischen Liste thematisiert worden sein soll. Ich bitte Sie, sehr geehrter Herr Senator, mit dafür Sorge zu tragen, daß das Engagement von Studenten im Rahmen der Ausübung der durch die Vorläufige Universitätsverfassung vorgesehenen studentischen Mitbestimmung nicht dadurch beeinträchtigt wird, daß es Bewerbern für das Lehramt an Gymnasien später vorgehalten wird. Sie werden verstehen, daß damit der Bereich studentische Mitbestimmung an der Universität entscheidend tangiert ist."[84]

Während Bildungssenator Moritz Thape den Radikalenerlass in weiten Teilen verwirklicht sehen wollte, war Thomas Franke der Auffassung, die Dinge im wissenschaftlichen Sektor nicht zu eng auszulegen. Der Erlass kam aber zum Tragen, wenn es um den Zugang zum Referendariat ging. Etwa ab 1983, als die Bereiche Bildung und Wissenschaft wieder ein Ressort bildeten und Franke dafür verantwortlich zeichnete, begann man damit, durch vermehrte Einstellung zuvor abgelehnter Bewerber *„Wiedergutmachung zu betreiben"*.[85]

In einigen Fällen wandte sich der Konvent der Universität an den Senat und forderte ihn auf, aus politischen Gründen erfolgte Entlassungen von Lehrern rückgängig zu machen.[86] Bei bereits im Staatsdienst tätigen LehrerInnen stellte sich der Ablauf des Verfahrens anders dar; weder war es aufgrund einer Bewerbung und einer damit einhergehenden Überprüfung beim Verfassungsschutz eingeleitet noch erfolgte eine Kontrolle aller im öffentlichen Dienst Beschäftigten. Stattdessen waren oft Denunziationen der Auslöser: Im Falle einer Lehrerin in Bremen-Nord trat die Elternschaft aufgrund des im Deutschunterricht verwendeten Materials mit Beschwerden auf den Plan.[87]

An der Universität Bremen waren drei Mitarbeiter vom Radikalenerlass betroffen: der Leiter der Lehrerbildungsstelle, Dieter Mützelburg, Professor Jens Scheer und Barbara Busch, wissenschaftliche Mitarbeiterin der Universität und damit Angestellte im öffentlichen Dienst, jedoch keine Beamtin. Sie wurde entlassen, weil man sie im Umfeld einer Kundgebung in Ost-Berlin verhaftet hatte. Sie war ihrem Arbeitsplatz an der Universität Bremen ferngeblieben; es lag eine Krankschreibung für den Zeitraum der Kundgebung vor. Soweit handelt es sich um ein normales arbeitsrechtliches Verfahren, und die Universität beantragte die Kündigung von Barbara Busch; das Fernbleiben vom Arbeitsplatz stellte dabei nur einen Punkt unter vielen dar. Verfassungsfeindliches Verhalten gehörte nicht zu den von der Universität genannten Gründen.[88] Erst im Kündigungsschreiben der Senatskommission für Personalwesen wird als Motiv eine verfassungsfeindliche Betätigung genannt.[89]

Mützelburg warf der Bildungssenator vor, er habe die Ziele des KBW unterstützt, indem er im Sommer 1975 an einem Stand in der Bremer Innenstadt u.a. die „Kommunistische Volkszeitung" verkauft habe. Damit habe er seine Pflichten nach dem Bundesangestelltentarifvertrag verletzt.[90] Der Akademische Senat gab am 29. Oktober 1975 dazu folgende Erklärung ab: *„Aus Anlass der dienstlichen Vorhaltungen gegenüber den Herren Mützelburg und Metscher sowie anderen Kollegen lehnt der Akademische Senat entschieden jede politische Überprüfung von Kollegen ab. […] Das politische Handeln von Universitätsangehörigen außerhalb der Universität kann nicht als ein Verstoß gegen die Dienstpflichten betrachtet werden, sofern nicht konkretes strafbares Tun nachgewiesen werden kann. […] Der Akademische Senat weist mit Entschiedenheit darauf hin, daß nach dem Grundgesetz politisches Wohlverhalten nicht zum Kriterium der Beschäftigung im öffentlichen Dienst gemacht werden darf. […] Der Akademische Senat fordert den Rektor auf, energisch in geeigneter Form gegenüber dem politischen Senat die Ansicht der Universität zur Geltung zu bringen, und billigt seine bisherigen Schritte."*[91]

Rektor Steinberg kritisierte seinerseits die Vorgehensweise des Senators mit den Worten: *„Es ist nicht nur befremdlich, daß Sie über vier Monate nach der von Ihnen angeführten angeblichen ‚Aktivität' Herrn Mützelburgs Ihre Anfrage für nötig hielten, sondern vor allem, daß Sie jede beliebige Denunziation für ausreichend halten, einen fähigen und engagierten Mitarbeiter der Universität, dessen Verfassungstreue für mich außer Zweifel steht, in den Geruch der Verfassungsfeindlichkeit zu bringen. Selbst wenn Herr Mützelburg Sympathien für den KBW hegen mag, so läßt dies meines Erachtens durchaus nicht den Schluß zu, daß er damit gegen die von Ihnen angeführte Pflicht eines Angestellten im öffentlichen Dienst verstößt."*[92]

Ende des Jahres 1975 forderte der Senator Rektor Steinberg auf, ein Dienstgespräch mit Mützelburg zu führen. Vertreter der Studierenden und der Hochschullehrer sprachen sich dagegen aus, während der Personalrat und Vertreter der ÖTV-Betriebsgruppe es befürworteten. Auch Steinberg vertrat die Auffassung, dass ein solches Gespräch die Entlassung Mützelburgs abwenden könne. Die Unterredung fand jedoch nicht statt, Mützelburg erschien nicht. Steinberg ersuchte den Senator, keine weiteren Schritte gegen Mützelburg zu unternehmen und stellte sich somit hinter den Leiter der Lehrerbildungsstelle.[93] Ein Antrag, der den Akademischen Senat aufforderte, die Fragen des Senators abzulehnen und Mützelburg aufzufordern, nichts mehr zur Sache zu sagen, ist im Akademischen Senat jedoch nicht behandelt worden.[94] Mützelburg nahm im weiteren Verlauf öffentlich Stellung zu seiner Situation und publizierte eine Erklärung zu den Fragen des Senators an ihn, die er sowohl in der Universität verteilte als auch in einer Broschüre des KBW drucken ließ.[95] Mit seiner Stellungnahme lieferte er dem Senator jedoch neue Argumente; so bezieht sich ein Schreiben Frankes an Mützelburg auf einen Absatz seiner Rechtfertigung, nämlich: *„Von Polizei, Verfassungsschutz, Bundeswehr wird* *dann nichts übrigbleiben, und die aufgeblähten Ämter und Bürokratien samt ihren Oberräten und Direktoren werden aufgelöst, die herrschenden bürgerlichen Politiker entmachtet und statt dessen das Volk sich seine eigenen Verwaltungsorgane aufbauen. Kurz: Die Schutzhülle des Kapitalismus, der westdeutsche Staat wird zerbrochen."*[96] Der Vorwurf des Senators lautete nun, Mützelburg sei mit der an der Universität verteilten Erklärung in seinem Dienstbereich politisch tätig geworden, und er vermisse ein Eintreten Mützelburgs für die Grundordnung der Verfassung.[97] Franke beantragte die Kündigung des Arbeitsverhältnisses, was der Personalrat aber abgelehnte.[98]

Mützelburg vertrat offenbar die Auffassung, dass zu seiner Tätigkeit als Personalrat auch die politische Stellungnahme innerhalb der Universität gehörte.[99] Rektor Steinberg stellte sich weiter vor seinen Mitarbeiter und weigerte sich, der Anweisung des Senators zu folgen und den Personalrat um Zustimmung zur Entlassung Mützelburgs zu bitten.[100] Steinberg berief sich auf das Remonstrationsrecht, das allen Beamten gestattet, sich bei Zweifeln an der Rechtmäßigkeit einer Anordnung an den nächst höheren Vorgesetzten, in diesem Falle an den Senat, zu wenden. Franke hatte mit diesem Schritt gerechnet und ging davon aus, dass der Senat die Anordnung wiederholen würde.[101] Der Akademische Senat äußerte sich dahingehend, dass man die Entlassung von Mützelburg für nicht rechtmäßig halte; Mützelburg störe den Betriebsfrieden nicht und seine Entlassung sei ein Verstoß gegen die gesetzlich garantierte Meinungsfreiheit.[102] Bürgermeister Koschnick forderte den Rektor schließlich auf, die Zustimmung des Personalrats zur Kündigung Mützelburgs einzuholen. Die GEW-Betriebsgruppe wies darauf hin, dass ihrer Auffassung nach der Politische Senat in keiner Weise auf die rechtlichen Bedenken der Universität eingegangen sei und das Remonstrationsrecht durch eine solche Behandlung Gefahr laufe, zu einem bloßen Verwaltungsakt zu verkommen.[103] Der Personalrat verweigerte seine Zustimmung zur Kündigung.

Im Vorfeld des Falles Mützelburg unterzeichneten Mitglieder der Universität, u.a. Professor Thomas Metscher, einen Offenen Brief zur Bürgerschaftswahl, der am 24. September 1975 im „Weser-Kurier" erschien und die Wahl von Gegnern der Berufsverbote empfahl. Metscher rief zugleich zu Spenden auf, woraufhin sich der Senator für Bildung, Wissenschaft und Kunst an ihn wandte. Der Offene Brief fordere die Wähler auf, jede Partei und die Kandidaten daraufhin zu prüfen, wie sie zu der Verfassung stünden; man solle nur solche Parteien und Kandidaten in die Bürgerschaft wählen, die die Verfassung und die Grundrechte verteidigen und Gegner der Berufsverbote seien.[104] Der Senator folgerte daraus, Metscher rufe hiermit zur Wahl von KPD, DKP und KBW auf, allesamt gegen die Berufsverbote eingestellt und Parteiungen, die verfassungsfeindliche Ziele verfolgten. Zugleich wies er Metscher auf die Treuepflicht als Beamter hin und kündigte ihm weitere Schritte an.[105]

Senator Thape wandte sich an Rektor Steinberg, der jedoch die kritische Haltung des Offenen Briefes im Großen und Ganzen teilte und ihm „*gern*" bestätigte „*daß auch ich der dezidierten Auffassung bin, daß in vielen Fällen rechtsstaatliche Grundsätze nicht gebührend beachtet worden sind […] Ich wäre Ihnen sehr verbunden, wenn Sie in Zukunft darauf verzichten würden, Hochschullehrer, die aus Anlaß einer Bürgerschaftswahl ihre Sorgen bezüglich der Behandlung des Problems ‚Radikale im Öffentlichen Dienst' äußern, in den Geruch der Verfassungsfeindlichkeit zu brin-*

gen."[106] Die GEW-Betriebsgruppe kritisiert ebenfalls das Handeln des Bildungssenators in beiden Fällen – Mützelburg und Metscher – und betonte, dass die von den beiden Universitätsangehörigen unterstützten Organisationen nicht verboten seien und sich somit keine Verfassungsfeindlichkeit unterstellen ließe. In der Resolution der GEW-Betriebsgruppe Universität heißt es dazu weiter: *„Welcher Willkür die Mißachtung dieser Prinzipien Raum gibt, zeigen die Maßnahmen des Bildungssenators, die deutliche Züge McCarthyistischer Gesinnungsschnüffelei tragen und zunehmend jegliche Orientierung an verfassungskonformen und rechtsstaatlichen Prinzipien vermissen lassen."*[107]

Jens Scheer, Professor der Universität Bremen und Kernphysiker, war ebenfalls vom Berufsverbot bedroht. Ein erstes Disziplinarverfahren gegen ihn war dadurch veranlasst, dass Scheer sich am 23. Oktober 1973 an der Störung einer Veranstaltung des RCDS durch Studierende beteiligt hatte.[108]

Der Senator für Bildung, Wissenschaft und Kunst leitete später in anderer Sache ein Ermittlungsverfahren gegen Scheer ein, der sich nun dem Vorwurf ausgesetzt sah, „*durch das Kleben eines Plakates in der Stadt gegen die freiheitlich-demokratische Grundordnung verstoßen und damit seine Beamtenpflichten verletzt zu haben*",[109] heißt es in der entsprechenden Resolution einer universitätsweiten Vollversammlung der Studierenden im Oktober 1975. Das Plakatkleben soll am 21. Mai 1974 in Bremen-Gröpelingen stattgefunden haben.[110] Am 30. September 1974 kündigte Bildungssenator Moritz Thape Scheer brieflich die Eröffnung eines weiteren Disziplinarverfahrens an.[111] Das aktive Eintreten für die KPD sei laut Thape mit den Beamtenpflichten nicht vereinbar.[112] Die Argumentation warf wiederum die Frage auf, warum auch im Falle des Engagements für nicht verbotene Parteien eine Entlassung drohte. Rektor Steinberg sprach sich auf einer Diskussionsveranstaltung des KSV am 21. April 1975 gegen ein Berufsverbot für Scheer aus.[113] Auch die Länge des Verfahrens hielt Steinberg für unzumutbar. Scheer hatte offenbar seit seiner Bewerbung um das Amt des Konrektors seine politischen Aktivitäten öffentlich gemacht.[114] In einer Erklärung nahmen zahlreiche Bremer Hochschullehrer Stellung gegen die Berufsverbote und unterstützen Scheer.[115]

Zudem war gegen Scheer ein Hausverbot an der Universität Bremen und eine Suspendierung, die neben der Durchführung von Lehrveranstaltungen auch die Mitarbeit in den Gremien betraf,[116] ausgesprochen worden. Er habe sich am 19. September 1975 an Krawallen in der Universität beteiligt, so der Vorwurf.[117] Eine Resolution des Studienbereichsrates 2 enthält einige Einzelheiten: *„Ein aus wenigen Bremer KSV-Mitgliedern und 40 bis 50 aus Hamburg herbeigeschafften Mitgliedern der maoistischen KPD (Regionalkomité Wasserkante) gebildetes Schlägerkommando stürmte den AStA-Versammlungsraum, in dem zu dieser Zeit gerade eine Pressekonferenz über die Lage an der Bremer Uni abgehalten wurde. Dabei wurden die 7 Teilnehmer der AStA-Pressekonferenz (3 AStA-Mitglieder, 3 Reporter, ein Dienstleister) tätlich angegriffen, niedergeschlagen, mit Stühlen, Eiern und Tomaten beworfen und der Versammlungsraum verwüstet. […] Dem Kollegen […] hatte der KSV vorher schon das Büro durchwühlt."*[118] Insgesamt allerdings ist die Resolution des Studienbereichsrates 2 in ihren weiteren Formulierungen deutlich gegen den KSV gerichtet, so dass politische Intentionen bei ihrer Abfassung im Vordergrund gestanden haben mögen. Auch ein geschmackloser SA-Vergleich fehlt nicht. Trotzdem handelt es sich bei dem Papier um eines der wenigen Aktenstücke, das einige

Details der sogenannten „*Eier-und-Tomaten-Aktion*" schildert. Auch die AStA-Zeitung erwähnt keine Einzelheiten und berichtet von etwa 40 Personen, die größtenteils nicht aus Bremen gewesen seien. Die Pressekonferenz sollte die Bremer Presse über die aktuelle Situation an der Universität informieren – soweit die seitens des AStA genannten Fakten. Ansonsten besteht der Bericht aus einer Polemik über die politische Ausrichtung der Protestierer.[119]

Die Aktion richtete sich gegen den Pressesprecher der Universität, der in einem Gerichtsverfahren gegen Scheer und zwei Studenten – Till Schelz und Eckard Behm – als Zeuge auftrat. Konkreter Anlass war ein Ortstermin des Gerichts. In Augenschein genommen werden sollte der Raum, in dem die Gründungsveranstaltung des RCDS im Jahr 1973 stattfand, welche die Beklagten störten und verhinderten – was zu dem Verfahren führte. Die Täter erwarteten den Pressesprecher bei dem Termin, trafen ihn aber erst bei der Pressekonferenz des AStA an. Zuvor war das Büro des Pressensprechers durchwühlt worden. Als Rektor Steinberg die Demonstranten im Mehrzweckhochhaus bemerkte, vermutete er zunächst, dass sie zu ihm wollten. Noch am selben Morgen ließ er Scheers Telefonanschluss in der Universität sperren, der seine Telefonnummer als die des Bremer Büros der KPD angegeben hatte.[120]

Über Scheer, einem der Teilnehmer am Lokaltermin des Gerichts und später als Mitglied der Gruppe erkannt, die das Büro des Pressesprechers durchwühlte, heißt es: *„Bei der Pressekonferenz des AStA wurde er nicht gesehen. Doch es soll Aussagen von Zeugen geben, nach denen er gestern morgen größere Mengen von Eiern eingekauft habe."*[121] Scheer selbst bestritt jede Beteiligung an dem Vorfall und lehnte es auch ab, die Verantwortung dafür zu übernehmen.[122] Rektor Steinberg beschloss, die Suspendierung Scheers bis zum Ende des laufenden Wintersemesters auszusetzen und ihm somit die Weiterführung der begonnenen Lehrveranstaltungen zu ermöglichen.[123]

Der Prozess gegen Scheer und die beiden Studenten, der den Anlass für die geschilderte Aktion gab, sorgte für Schlagzeilen. Am ersten Verhandlungstag ließ man zunächst die Zuschauerbänke räumen, schließlich die Verhandlung abbrechen.[124] Das Gericht verhängte Geldbußen und zur Bewährung ausgesetzte Freiheitsstrafen; erneut musste der Saal geräumt werden.[125] Das Berufungsverfahren bestätigte die Urteile, ist aber trotzdem bemerkenswert: Der vorsitzende Richter erklärte sich selbst aufgrund seiner CDU-Mitgliedschaft für befangen, da er sich nicht in der Lage sah, vorurteilsfrei über politisch motivierte Auseinandersetzungen zwischen den Linken und einer CDU-Organisation zu entscheiden. Das Richterkollegium sah jedoch keinen Grund, den Fall einem anderen zu übertragen. Schon der zuvor zuständige Richter war aufgrund eines Antrags der Staatsanwaltschaft abgelöst worden, weil er sich gegenüber den Schöffinnen abwertend über Scheer geäußert hatte.[126] Beide Vorgänge – das Plakatkleben in der Stadt und die Beteiligung an Auseinandersetzungen auf dem Universitätsgelände – sind allerdings auseinanderzuhalten. Der Akademische Senat widersprach zwar dem drohenden Berufsverbot, wollte aber die Beteiligung an Ausschreitungen auf dem Universitätsgelände nicht hinnehmen. Zudem unterstützte er mit seinem Beschluss vom 25. September 1975 die von Rektor Steinberg ergriffenen Maßnahmen gegen die Beteiligten der Ausschreitungen vom 19. September, insbesondere die Strafanzeigen und die Suspendierung von Scheer. Ebenso betonte der Akademische Senat aber auch, die Begründung für die Maßnahmen liege nicht in der Mitgliedschaft des Hoch-

Sitzung der Personalkommission mit Rektor Steinberg, 1975

schullehrers in der KPD/KSV; die politische Organisierung sei kein Anlass für eine politische Disziplinierung. „*Vielmehr richten sich die jetzigen Maßnahmen gegen ein in keiner Weise noch politisch zu nennendes Verhalten von Professor Scheer innerhalb der Universität, das bei jedem anderen Bediensteten auch stets in derselben Weise scharf geahndet würde: Da Professor Scheer die Handgreiflichkeiten gegen Angehörige der Universität mitbetrieben hat, ist diesem, den Dienstbetrieb der Universität und die Dienstpflichten von Professor Scheer unmittelbar betreffenden Verhalten – außerhalb irgendeiner politischen Dimension – mit ordentlichen, angemessenen, Reaktionsmöglichkeiten der Universitätsleitung zu begegnen. […] Die Solidarität der Universität mit Professor Scheer, ausgesprochen durch Konvent und Akademischen Senat, fußte auf den Prinzipien der Wissenschaftsfreiheit und der freien politischen Betätigung sowie auf der entschiedenen Ablehnung politischer Disziplinierung und gegenwärtiger Berufsverbotspraxis im öffentlichen Dienst. […] Seine Beteiligung an den Krawallen am vergangenen Freitag ist nicht nur unsolidarisch gegenüber den Kollegen des Dienstleistungsbereichs, sondern unterstützt zugleich die in solchen Krawallen latent enthaltene Aufforderung zum Hereinrufen staatlicher Aufsichtsmaßnahmen in die Universität und damit zur politischen Disziplinierung des Wissenschaftsbetriebs.*"[127]

Der KSB richtete in diesem Zusammenhang eine Anfrage an Rektor Steinberg: „*1. Ist dem Rektor bewußt, daß mit dem durch die Suspendierung von Jens Scheer beschleunigten Berufsverbot bundesweit ein Zeichen gesetzt sein wird in einer Weise, daß jetzt auch zunehmend auf Lebenszeit verbeamtete Hochschullehrer für die Säuberung aus dem öffentlichen Dienst freigegeben sind? 2. Gedenkt der Rektor auch weiterhin Menschen mit mißliebigen Auffassungen und mißliebiger Politik mit Hilfe des Beamtenrechts bzw. des besonderen Dienstrechts aus der Universität hin-*

auszusäubern?" [128] Die Formulierungen zeigen, dass der KSB die Auffassung vertrat, die disziplinarischen Maßnahmen dienten nur zur Unterstützung des Berufsverbots aus politischen Gründen. Der KSB verurteilte daher die Suspendierung Scheers. Der Vorfall, der die Suspendierung und das Hausverbot nach sich zog, stand allerdings tatsächlich in direktem Zusammenhang mit dem drohenden Berufsverbot: Der Leiter der Pressestelle der Universität sowie einige Journalisten waren beim Besuch einer Pressekonferenz des AstA's mit Eiern und Tomaten beworfen worden; Initiator der Aktion war der KSV. Anzumerken ist, dass der KSB dem KSV in der Folge selbst vorwarf, die geplante Entlassung Scheers für den eigenen Wahlkampf auszunutzen.[129]

Die an dem Projekt SAIU (Schadstoffbelastung am Arbeitsplatz und in der Region Industrieregion Unterweser) teilnehmenden Studierenden verabschiedeten eine Erklärung, in der sie sich gegen die Suspendierung Scheers aussprachen, da Scheer an der Universität Bremen die Kritik an der Nutzung der Atomenergie als wissenschaftliches Arbeitsgebiet begründet habe und die Fortführung des Projektes ohne ihn nur mit großen Einschränkungen möglich sei. Auf die Auseinandersetzungen im Vorfeld der Suspendierung geht die Erklärung nur am Rande ein: *„Trotz vorhandener teils schwerwiegender politischer Differenzen war eine fruchtbare Zusammenarbeit besonders im Rahmen des Projektthemas immer möglich und wird es auch weiterhin sein."*[130] Dagegen stellte sich die ÖTV-Betriebsgruppe auf die Seite des angegriffenen Dienstleisters und distanzierte sich von Scheer: *„Er kann daher nicht mehr mit der gewerkschaftlichen Solidarität des ÖTV-Vertrauensleutekörpers rechnen."*[131]

Das Bremer Verwaltungsgericht entschied jedoch für Scheer. Die Suspendierung und das Hausverbot wurden aufgehoben, da seine Verantwortung für das Geschehen nicht ausreichend belegt worden sei.[132] Der KSB vertrat den Standpunkt, dass Hausverbot und Suspendierung eine Disziplinierung wegen politischer Äußerungen darstellte; außerdem wehrte die Gruppe sich in diesem Zusammenhang gegen das Ordnungsrecht an der Universität.[133] Rektor Steinberg erklärte, er habe vermeiden wollen, die Polizei in die Universität zu rufen – aus diesem Grunde waren auch Angehörige des Dienstleistungsbereichs häufig als eine Art „*Ordner*" tätig – kündigte aber für den Fall, dass es zu weiteren gewalttätigen Störungen kommen sollte, an, sich doch an die Polizei zu wenden.[134] Die studentische Vollversammlung des Studiengangs Physik verabschiedete eine Resolution zur Unterstützung Scheers und wandte sich gegen die Maßnahmen, die seitens der Universitätsleitung getroffen worden waren und hob Scheers Unterstützung von Bürgerinitiativen gegen den Bau von Atomkraftwerken sowie seine Arbeit beim Nachweis von Schadstoffen am Arbeitsplatz hervor.[135]

Der Fall Scheer erregte auch überregional Aufsehen; u.a. berichtete die Zeitschrift „Nature" über die Vorgänge an der Universität Bremen und hob hervor, dass es sich bei Scheer um einen Kritiker des westdeutschen Atomenergieprogramms handele.[136] Die Studierenden, die sich an die Seite von Jens Scheer stellten, waren überzeugt, dass sämtliche Disziplinarmaßnahmen gegen Scheer ihren Grund in dessen politischer Auffassung und seinem Engagement gegen die Kernenergie hatten und die aufgeführten weiteren Gründe nur vorgeschoben seien, um Scheers wissenschaftliche und politische Arbeit – insbesondere das SAIU-Projekt –, die in engem Zusammenhang standen, zu behindern.[137] Scheer selbst vertrat die Auffassung, die beispielsweise auch von Studentenvertretern geteilt wurde, dass seine Entlassung einen Präzedenzfall darstellen könnte und Auswirkungen auf die weitere Arbeit an Hochschulen hätte.[138]

Zusammenfassend ist festzustellen, dass in zwei der drei Fälle von Berufsverboten, die an der Universität große Beachtung fanden, eine Vermischung mit einem Fehlverhalten stattfindet, das auch ohne die Heranziehung von Argumenten zur politischen Betätigung der Betroffenen zu Entlassung oder zu Disziplinarmaßnahmen hätte führen können. Jedoch wurden die Sachverhalte in der Diskussion innerhalb und außerhalb der Universität stets vermengt – es bestand auch nur ein geringer zeitlicher Abstand. Eine studentische Initiative, die sich gegen das Jens Scheer drohende Berufsverbot aussprach, schrieb, *„daß Inhalt und Bedeutung der laufenden Disziplinarverfahren unter den Universitätsangehörigen und auch in den Bürgerinitiativen gegen Atomenergieanlagen nur verschwommen bekannt ist."*[139]

Tag der Offenen Tür, Mai 1977

Dazu mag beigetragen haben, dass in der Folge mehrere Verfahren gegen Scheer aufgrund von Demonstrationen der Anti-Atomkraft-Bewegung in Brokdorf anhängig waren.[140] Dass man sowohl Scheer als auch Mützelburg letztendlich nicht entließ, ist auch darauf zurückzuführen, dass der nach den Wahlen Ende 1975 zuständige Wissenschaftssenator Franke die Anwendung des Radikalenerlasses im Wissenschaftsbereich nicht befürwortete.[141]

Die Auseinandersetzungen um den Erlass und dessen Folgen waren in Bremen nicht auf die Universität beschränkt; so waren beispielsweise im Komitee „Kein Berufsverbot für Jens Scheer" nicht ausschließlich Studierende und Lehrende der Universität aktiv, sondern auch Schüler und andere. Kundgebungen gegen die Berufsverbotspraxis fanden auch in der Bremer Innenstadt statt. Infolge einer Demonstration im Mai 1976 kam es zu einer Debatte über die Verhältnismäßigkeit des damit verbundenen Polizeieinsatzes,[142] die an die Diskussionen über das Verhalten der Polizei bei den sogenannten Straßenbahnunruhen erinnert. Obwohl das Geschehen auch Eingang in die Tagespresse fand und der NDR einen Beitrag darüber ausstrahlte,[143] war die Teilnahme der Öffentlichkeit an der Debatte jedoch nicht mit der Beteiligung neun Jahre zuvor zu vergleichen.

Am 19. Mai 1976 verabschiedete die Bundesregierung die „Grundsätze für die Prüfung der Verfassungstreue" und erklärte damit den Radikalenerlass für inhaltlich erledigt. Am 17. Januar 1979 wurde eine Neufassung der Grundsätze verabschiedet, die das Ergebnis der Arbeit einer vom Bremer Bürgermeister Hans Koschnick geleiteten Kommission waren.[144] Koschnick hatte sich als Kritiker des Erlasses gezeigt[145] und war 1978 von Willy Brandt und dem SPD-Vorstand gebeten worden, die Praxis des Dekrets zu analysieren und Vorschläge zur Veränderung zu unterbreiten. Koschnicks daraufhin entstandener Plan sah eine Liberalisierung vor. Überprüfungen sollten auf solche Bewerber beschränkt sein, die sich für verantwortungsvolle Positionen interessierten. Doch sollte nun auch das Verhalten in der Freizeit, nicht nur am Arbeitsplatz, ein Kriterium für die Loyalität des Bewerbers sein.[146]

Die Situation in Bremen entspannte sich im Laufe der Jahre: Senator Franke und Staatsrat Hoffmann verhinderten Berufsverbote im wissenschaftlichen Bereich. Seit 1977 sahen die Bremer Richtlinien vor, dass Anfragen beim Verfassungsschutz nur dann zu stellen waren, wenn es sich um Personen handelte, die eine besondere Vertrauensstellung einnehmen sollten – Staatsanwälte, Richter, Polizisten, Strafvollzugsbedienstete und ähnliche Berufe. Lehrer, Erzieher und Sozialarbeiter waren nur betroffen, wenn sie ihre Vorbereitungszeit nicht im bremischen öffentlichen Dienst abgeleistet hatten. Aktivitäten, die in die Studien- oder Ausbildungszeit fielen und länger als drei Jahre zurücklagen, wurden nicht berücksichtigt.[147] Der Bremer Rechtswissenschaftler Gerhard Stuby bemerkte dazu im Jahre 1978: *„Diese Änderungen in der Verfahrensregelung sollten nicht gering geschätzt werden. Mancher, der früher selbstverständlich unter das Extremistenfallbeil geraten ist und anderswo noch gerät – und nicht nur in CDU- oder CSU-regierten Ländern [...] – wird zumindest in den Vorbereitungsdienst gelassen werden. Aber hier wird sich dann die Frage von Neuem stellen. Wird sein im oder außerhalb des Dienstes als legales Tun zu bezeichnendes Verhalten z.B. seine Mitgliedschaft in der DKP oder in einer Organisation wie der VdJ [Verband demokratischer Juristen] wie seine Tätigkeit für diese Organisationen als Fehlverhalten eingestuft?"*[148] Koschnick äußerte in einer Stellungnahme im ÖTV-Magazin zum Kernpunkt, nämlich der Frage der Mitgliedschaft in einer nicht verbotenen Organisation, dass die bloße Mitgliedschaft als Ausschließungsgrund nicht ausreichen könne, es aber als Dienstvergehen anzusehen sei, wenn im Sinne einer Partei beispielsweise im Schulunterricht Indoktrination betrieben würde.[149] Er kritisiert auch die Unverhältnismäßigkeit mancher Berufsverbotsfälle: *„Toleranz, d.h. Respekt vor dem Andersdenkenden, sollte nach meiner Überzeugung eine Haupttugend der Demokratie sein. Sie muß auch und gerade gegenüber jungen Leuten praktiziert werden, die sich im Gebrauch demokratischer Tugenden noch einüben."*[150]

1979 änderte die Bundesregierung die Richtlinien für den Radikalenerlass. Routinemäßige Erkundigungen über einen Bewerber sollten unterbleiben und Anfragen beim Verfassungsschutz erst dann erfolgen, wenn konkrete Hinweise vorlägen. Bei der Zulassung zum Öffentlichen Dienst sei prinzipiell davon auszugehen, dass der Bewerber sich loyal zur freiheitlich-demokratischen Grundordnung verhalte. Die Zeit der Massenüberprüfungen war damit vorbei.[151]

1983 führte Bremen die Bereiche Wissenschaft und Schulen wieder unter einem Senator, Franke, zusammen. Im selben Jahr beschränkte man die Überprüfungen auf solche Bewerber, die sich für hohe oder sicherheitsrelevante Posten bewarben.[152] 1986 galt die Regel, dass eine Anfrage an den Verfassungsschutz erst erging, wenn die Behörde über die Kenntnis von Tatsachen verfügte, die zu begründeten Zweifeln an der Verfassungstreue führten, die Einstellung tatsächlich beabsichtigt und die Verfassungstreue als letzte Voraussetzung noch zu prüfen war.[153]

Es fällt auf, dass die Anlässe für Berufsverbotsverfahren an der Universität von eher geringer Bedeutung und einmalige Vorkommnisse waren, die erst im Laufe der Verfahren weitere Äußerungen der Betroffenen nach sich zogen, welche dann als Aufhänger für ein Entlassungsverfahren Verwendung fanden. Arbeitsrechtliche Problematiken, die zum Beispiel im Falle Barbara Busch bestanden und weniger anfechtbare Gründe für die angestrebte Entlassung lieferten, traten gegenüber den politischen Gründen im weiteren Verlauf der Verfahren in den Hintergrund.

Neue Bedingungen: Das Wissenschaftsressort (1975) und das Bremische Hochschulgesetz (1977)

Die Schaffung einer Wissenschaftsbehörde 1975 stellte für die Entwicklung der Universität einen entscheidenden Schritt dar. Etwa zur selben Zeit begann ihr Umbau zu einer forschenden Institution. Lag der Schwerpunkt zunächst auf der Lehrerbildung und der Lehre, stellte man nun auch wissenschaftliche Mitarbeiter allein mit Forschungsaufgaben ein. Die Trennung von der Bildungsbehörde und die Zuständigkeit eines eigenen Senators haben der Universität dazu verholfen, Anfangsprobleme zu bewältigen, wozu die enge Kooperation mit der Behörde sich als notwendig erwies.[154] Der spätere Bildungssenator Willi Lemke bezeichnete die Gründung der Wissenschaftsbehörde als logischen nächsten Schritt der Entwicklung der Universität.[155] Das neue Amt war in zwei Abteilungen und drei abteilungsfreie Referate gegliedert.

Gleichzeitig musste Bremen sich an das neue Hochschulrahmengesetz (HRG) anpassen. Dem Bund war 1969 die Kompetenz übertragen worden, Rahmenbedingungen für Hochschulen zu erlassen.[156] Noch im selben Jahr wurde das Bundesministerium für wissenschaftliche Forschung zum Bundesministerium für Bildung und Wissenschaft ausgebaut.

Das HRG sollte die Einheitlichkeit des Hochschulwesens gewährleisten, ohne den Ländern Spielraum für eigene Gestaltung zu nehmen.[157] Der damalige Bundesminister für Bildung und Wissenschaft, Hans Leussink, nannte das HRG eines der wichtigsten Vorhaben des bildungspolitischen Programms der Bundesregierung.[158] Die Ziele des HRG waren nach Leussink die Schaffung eines leistungs- und wandlungsfähigen Hochschulsystems, die Verwirklichung der Chancengleichheit durch eine differenziertes Studienstruktur, eine in sich schlüssige Bildungsplanung sowie ein demokratisches Hochschulsystem, *„in dem die Willensbildung der Hochschule von allen in ihr Tätigen getragen wird, das gleichzeitig die Freiheit von Lehre und Forschung gewährleistet."*[159]

Das traditionelle Hochschulsystem, so Leussink, sei den Anforderungen nicht gewachsen und die Bundesregierung vertrete daher der Auffassung, dass sich eine Modernisierung nur durch die Integrierte Gesamthochschule erreichen ließe.[160] Dementsprechend unterschied der Gesetzentwurf nicht mehr zwischen den unterschiedlichen Arten der Hochschulen. Statusunterschiede zwischen beispielsweise Fachhochschulen und wissenschaftlichen Hochschulen sollten so abgebaut werden.[161] Hoffacker sieht in den 1960er und 1970er Jahren eine Blütezeit der normativen Steuerung von Hochschulen, deren Auswirkungen bis heute die Hochschullandschaft bestimmen. Das HRG habe einen Regelungsumfang erreicht, der den zwischen 1968 und 1973 erlassenen Landesgesetzen weitgehend entsprach; daher seien in der Folge die Landeshochschulgesetze noch „regelungsdichter gestaltet" worden.[162]

Wie das HRG zu verwirklichen war, diskutierten nicht zuletzt die Vertreter der jeweiligen Behörden auch bundesländerübergreifend zwischen Bremen, Hamburg, Hessen, Nordrhein-Westfalen und Berlin.[163] In der Bremer SPD war die Haltung zur Universität nicht einheitlich. Während der linke Parteiflügel „seine" Uni positiv beurteilte und sich mit ihr identifizierte, gab es im gemäßigten und eher bürgerlichen Flügel der Partei einen größeren Anteil von Skeptikern mit einer gewissen Distanz zur Universität. Beide Gruppen mussten nun zu einem tragfähigen Kompromiss kommen.[164]

Das HRG sah an Stelle der bis dahin üblichen Ordinarienherrschaft eine Gruppenstruktur der akademischen Selbstverwaltung vor. Sie bestand aus den Hochschullehrern und Studierenden, den wissenschaftlichen und künstlerischen Mitarbeitern sowie den Assistenten und sonstigen Mitarbeitern. Als Grundeinheiten der Selbstverwaltung fungierten nun die Fachbereiche. Die Leitung der Hochschule übernahm ein für mindestens vier Jahre gewählter hauptamtlicher Rektor oder Präsident. Die zentralen Aufgaben übernahmen zwei Kollegialorgane: der Konvent oder auch Konzil bzw. Große Senat und der Akademische Senat. Während in der sogenannten dualen Hochschulverfassung die akademische und die Wirtschaftsverwaltung der Hochschulen in der Regel getrennt und nebeneinander existierten, schrieb das HRG eine einheitliche Verwaltung vor, bei der der Kanzler als Verwaltungschef insbesondere für den Haushalt zuständig war. Nun fielen zahlreiche Verwaltungsaufgaben den Universitäten zu, während andererseits ihre Selbstverwaltung an Bedeutung verlor. Für entscheidende Bereiche wie die Festlegung von Inhalt und Form der Studiengänge war nun die staatliche Aufsicht zuständig.[165] Den traditionell organisierten Hochschulen brachte das HRG eine Modernisierung, während neugegründete Universitäten mit hohem Reform- und Demokratisierungsanspruch sich unter verstärkter staatlicher Kontrolle wiederfanden.

Der Bremer Senat beschloss den Entwurf des Hochschulgesetzes am 20. Dezember 1976; erstmals traf man umfassende Regelungen für den gesamten Hochschulbereich im Land Bremen. Ausgehend vom ersten Entwurf des Senators für Wissenschaft und Kunst vom 30. August 1976 gab es in über 100 Punkten Änderungen, die zum Teil auf den zuvor erbetenen Stellungnahmen von Gewerkschaften, der Gründungskonferenz Gesamthochschule, den Studentenausschüssen und den Bremer Hochschulen basierten.[166] Seitens der Universität Bremen stand man dem neuen Gesetz skeptisch gegenüber. *„Das Hochschulrahmengesetz konfrontiert alle Hochschulen, die versucht haben, durch Demokratisierung und Transparenz ihrer Entscheidungsprozesse zu verbesserten Organisationsformen des Wissenschaftsprozesses und zu neuen Bestimmungen von Forschung, Lehre und Studium zu gelangen, mit einer hochschulpolitischen und hochschulrechtlichen Situation, die das Ende aller Reformversuche bedeuten kann."*[167]

Wissenschaftssenator Franke legte ein Landesgesetz vor, das versuchte, möglichst viele Aspekte der Reformuniversität zu erhalten: *„Die Freie Hansestadt Bremen hat in ihrer jungen Hochschultradition von Anfang an den Anspruch erhoben, in beson-*

derer Weise für die Hochschulreform engagiert zu sein. Das Hochschulrahmengesetz des Bundes bedeutet darum in der Tat für Bremen einen Einschnitt, weil besonders bei der Mitbestimmung die auch vom Deutschen Gewerkschaftsbund geforderte Drittelparität aufgegeben werden muß. Auch einige andere Rahmenregelungen sind aus Bremer Sicht Rückschritte, so zum Beispiel die für den Landesgesetzgeber verbindliche Einführung eines Ordnungsrechts. Umgekehrt wird die ungenügende Absicherung der verfaßten Studentenschaft im Rahmengesetz des Bundes von Bremen beklagt. […]Im Gegensatz zu anderen Ländern, in denen das Hochschulrahmengesetz zum Angriff auf Reformpositionen benutzt wird und gelegentlich die Restriktionen des Bundesgesetzes noch verschärft werden, hat Bremen das Hochschulrahmengesetz für die Hochschulreform interpretiert und ausgenutzt, um die immer noch vorhandenen Möglichkeiten zur Fortführung der Hochschulreform weiterhin in eine hochschulpolitische Vorwärtsstrategie umzusetzen."[168] So waren integrierte Studiengänge, die Anrechnung von Studienleistungen bei einem Fachwechsel, die Durchführung fachbereichs- und hochschulübergreifender – also interdisziplinärer – Forschungs- und Lehrprogramme, Förderung der Hochschuldidaktik und begleitende Studienberatung im Gesetz verankert.[169] Die Möglichkeit, auch ohne die übliche Hochschulzugangsberechtigung ein Studium aufzunehmen, blieb erhalten[170] und damit auch ein wesentlicher Punkt der Reform, nämlich die Vereinfachung des Zugangs zur Hochschulausbildung.

Senator Franke stellte 10 Thesen zur Hochschulpolitik auf:
– Die integrierte Gesamthochschule bleibt das Ziel der bremischen Hochschulpolitik.
– Nur die Qualität von Studium, Lehre und Forschung an den Bremer Hochschulen erhält die Berufschancen der Absolventen.
– Die Prüfungsreform wird abgesichert.
– Keine Regelstudienzeit ohne Studienreform.
– Die bisherige konsequente Form der Mitbestimmung ist nicht mehr erlaubt.
– Die einheitliche Personalstruktur fördert das Zusammenwachsen der Hochschulen.
– Die Autonomie der Hochschulen wird geschützt, der staatliche Einfluss auf das notwendige Maß begrenzt.
– Die verfasste Studentenschaft wird rechtlich gesichert.
– Bremen braucht kein Ordnungsrecht für die Studenten, muss es aber nach dem HRG einführen.
– Die soziale Lage der Studenten ist verbesserungswürdig.[171]

Das Bremische Hochschulgesetz (BremHG) regelte erstmals das Verhältnis zwischen Staat und Universität in verbindlicher Form; zuvor hatte es nur die Vorläufige Universitätsverfassung (VUV) und das Uni-Errichtungsgesetz gegeben. Wesentliche Regelungen der VUV waren jedoch vom Staatsgerichtshof der Freien Hansestadt Bremen mit Urteil vom 6. Juni 1977 nach einer Verfassungsklage von Mitgliedern der CDU-Bürgerschaftsfraktion für verfassungswidrig erklärt worden; es bestand also dringender Handlungsbedarf.[172]

26 Mitglieder der CDU-Fraktion der VIII. Bürgerschaft des Landes Bremen hatten Klage vor dem Staatsgerichtshof Bremen eingereicht und die Vereinbarkeit des

§ 9 Absatz 1 des Gesetzes über die Errichtung einer Universität in Bremen vom 8. September 1970, der VUV sowie des § 4 des Gesetzes über den Zusammenschluss der Pädagogischen Hochschule der Freien Hansestadt Bremen und der Universität Bremen (Integrationsgesetz) mit der Landesverfassung angezweifelt. Der Staatsgerichtshof der Freien Hansestadt Bremen erklärte die genannten Bestimmungen für unvereinbar mit der Landesverfassung.[173] Das betraf die Abgrenzung der Gruppen in den Gremien, die Zusammensetzung und das Beschlussverfahren der universitären Organe, Grundzüge und Organisation der Seminare, Institute und anderer Einrichtungen, soweit es nicht im Gesetz selbst festgelegt, sondern der Beschlussfassung des Gründungssenats überlassen geblieben war. Die VUV wurde dort für unvereinbar mit der Landesverfassung befunden, wo sie für Gremienwahlen mit Lehraufgaben betraute Angehörige der Gruppe der Hochschullehrer zuschreibt, die Hochschullehrer bei Fragen von Lehre, Forschung und Berufungen nur über ein Drittel der Stimmen in einem Entscheidungsgremium verfügen und man die nichtwissenschaftlichen Mitarbeiter undifferenziert an Entscheidungen über Berufungen und Fragen von Lehre und Forschung beteiligt. Das Integrationsgesetz sei dann unvereinbar mit der Landesverfassung, wenn man sämtliche Angehörige mit Lehraufgaben der Gruppe der Hochschullehrer zuordnet.[174] Der Staatsgerichtshof entschied also, dass bei unmittelbar die Lehre und das Studium betreffenden Fragen sowie bei denen über Berufungen die Hochschullehrer maßgebenden Einfluss haben müssen. Auch seien sie eindeutig von anderen Gruppen abzugrenzen und die nichtwissenschaftlichen Mitarbeiter bei Entscheidungen, die wissenschaftliche Themen oder Berufungen betreffen, auszuschließen.[175] Der Senator für Wissenschaft stellte fest, dass sich hieraus keine unmittelbaren Konsequenzen ergäben, und der Gerichtshof die Vorschriften keineswegs für nichtig erklärt habe. Allein der Gesetzgeber sei nun gefordert,[176] das Urteil bei der Erarbeitung des Landeshochschulgesetzes zu berücksichtigen.

Das Integrationsgesetz regelte die Übernahme der Beschäftigten der PH in § 4 (3): Die als Assistenten an die PH abgeordneten Lehrer galten als befristet bis 1977 an die Universität abgeordnet und dort Hochschullehrern gleichgestellt. In dieser Zeit sollten sie die Gelegenheit bekommen, sich zu regulären Lehrenden der Universität weiterzuqualifizieren.[177] Das war ihnen im Unterschied zu Assistenten an Universitäten zuvor nicht unbedingt möglich gewesen, da die PH erst mit dem WS 71/72 wissenschaftliche Hochschule geworden war. Diese Tatsache sowie die Leistung der Assistenten im Rahmen der Lehre an der PH stellte der CDU-Bürgerschaftsabgeordnete Bernd Neumann in einer Rede vor dem Landtag im März 1973 heraus und plädierte dafür, die Assistenten verstärkt in die Hochschullehrergruppe einzubeziehen.[178]

Das BremHG löste die VUV und das Fachhochschulgesetz ab. Bei der Erarbeitung der Vorlage strebte der Senator für Wissenschaft und Kunst danach, die Universität und die Hochschulen schon frühzeitig einzubinden, jedoch konnte für ihn allein das HRG Grundlage sein.[179] Die Drittelparität bzw. deren Abschaffung war ein umstrittener Punkt bei der Neufassung des BremHG Mitte der 1970er Jahre. Rektor Hans-Josef Steinberg befürwortete die Beibehaltung der Drittelparität. Das HRG von 1976 sah dazu vor: *„Entscheidungen, die Forschung, künstlerische Entwicklungsvorhaben und die Berufung von Professoren unmittelbar berühren, bedürfen außer der Mehrheit des Gremiums auch der Mehrheit der dem Gremium an-*

„Drittelparität statt Drittmittel" – Graffiti, vermutlich am Naturwissenschaftlichen Gebäude 2, Mai 1988

gehörenden Professoren. Kommt danach ein Beschluß auch im zweiten Abstimmungsgang nicht zustande, so genügt für eine Entscheidung die Mehrheit der dem Gremium angehörenden Professoren."[180] Das Verfassungsgerichtsurteil vom 29. Mai 1973 legte diese Regelung mit folgenden Worten nahe: „*Nach der derzeitigen Struktur sind sie [die Hochschullehrer] die Inhaber der Schlüsselfunktionen des wissenschaftlichen Lebens. Infolge ihrer regelmäßigen längeren Zugehörigkeit zur Universität werden sie zudem durch längerfristig wirkende Entscheidungen der Hochschulorgane stärker betroffen als die Gruppen der wissenschaftlichen Mitarbeiter und der Studenten. Dieser besonderen Stellung der Hochschullehrer muß der Staat Rechnung tragen."*[181]

Das BVG betrachtet die Gruppenuniversität als eine Gefahr für die Funktionsfähigkeit der Universität und für die freie wissenschaftliche Betätigung der Hochschullehrer; es schließt die Mitwirkung der sonstigen Mitarbeiter an Berufungen von vornherein aus, gesteht aber den Studierenden als direkt Betroffenen einen Anteil zu, auch wenn ihnen die Voraussetzungen fehlten, um Berufungsentscheidungen sachkundig zu beurteilen.[182] Rektor Wittkowsky erklärte dazu, die im BremHG festgelegte Drittelparität gehe weiter als das Urteil des BVG, da es mit der Einschränkung der demokratischen Organisationsform auch das Erproben von Modellen an einzelnen Hochschulen einenge. Damit seien die Hochschulen wieder auf eine innere Struktur verpflichtet, „*die mit ein wesentlicher Grund der Hochschulkrise gewesen ist.*"[183] Der Konvent der Universität stellte fest: „*Das Urteil ist das Dokument eines historisch überholten und illusionistischen Wissenschaftsverständnisses, wenn es die Mitbestimmung in großen Gruppen vereitelt, ohne deren tagtägliche Mitarbeit jede Wissenschaftsorganisation und -institution zusammenbräche.*"[184]

Es ist allerdings nicht zu übersehen, dass die senatorische Behörde sich beim Entwurf des Landesgesetzes größte Mühe gab, die Drittelparität – oder zumindest Mitspracheplichkeiten – soweit wie möglich zu erhalten. Koschnick hatte bereits in seiner Regierungserklärung von 1975 angekündigt, dass bewährte Mitbestimmungsregelungen im Rahmen der bestehenden Möglichkeiten in das neue Gesetz einfließen sollten.[185]

In einer Stellungnahme der Universität heißt es dazu: *„Die Universität nimmt zur Kenntnis, daß alle Initiativen des Landes Bremen gescheitert sind, eine Experimentierklausel zur Fortführung der gegenwärtig bestehenden Mitbestimmungsregelungen im HRG zu verankern."*[186] Die Universität forderte, dass die entsprechenden Vorschriften erst nach einer wie im HRG eingeräumten Übergangsfrist von drei Jahren in Kraft treten sollten. Die drittelparitätische Zusammensetzung der Gremien sei beizubehalten und nur die Stimmengewichtung zu verändern, wozu allerdings nur in bestimmten Fällen zu greifen sei.[187]

Der Senator für Wissenschaft und Kunst erklärte zu den Vorbereitungen für das Landesgesetz: *„Dieser Entwurf hat sich inzwischen im Vergleich mit den Hochschulgesetzentwürfen anderer Länder als die äußerste Reformposition erwiesen, die eine Landesregierung überhaupt zu beziehen entschlossen ist und die noch vom Hochschulrahmengesetz und den Grundsätzen des Bundesverfassungsgerichts abgedeckt ist."*[188] Senator Franke plädierte dafür, die Funktionsfähigkeit der Universität zu erhalten und nicht zu blockieren. Der staatlichen Seite war sicherlich auch wenig daran gelegen, ausgerechnet die Dienstleister zu entmachten, zumal sie sich im Laufe der Gründungsphase eher als das beruhigende Element in den verschiedenen Kommissionen, Ausschüssen etc. erwiesen hatten.[189]

Weil die wissenschaftlichen und künstlerischen Mitarbeiter eine eigene Einheit bildeten, waren in den universitären Gremien nun vier Statusgruppen vertreten. Da dem Akademischen Senat und dem Fachbereichsrat die Befugnisse über Fragen der Forschung, der Lehre und Berufungen zustanden, mussten die Professoren über die Stimmenmehrheit verfügen. Durch eine Verbindung von *„Kopfparität und Stimmengewichtung"*[190] – dieselbe Anzahl Personen pro Statusgruppe war jeweils im Gremium präsent, aber die Professorenstimmen zählten mehr – wollte man erreichen, dass die Professoren ihre Entscheidungen trotzdem ausführlich begründeten; zumindest die vorhergehende Argumentationsphase sollte möglichst gleichberechtigt ablaufen. Die Umstellung hätte einen längeren Zeitraum benötigt, um im Alltag anzukommen. Den Dienstleistern wäre nicht von einem Tag auf den anderen aller Einfluss verloren gegangen – jedenfalls nicht auf der informellen Ebene –, und auch über den Personalrat hätten wohl weiter Mitbestimmungsmöglichkeiten bestanden.[192] Doch war die Abschaffung der Drittelparität ein *„schwerer Schlag"*[191] für den Dienstleistungsbereich. Gremienminderheiten gab das Hochschulgesetz fortan nur ein Vetorecht mit aufschiebender Wirkung.

Die neue Regelung betraf nicht den Konvent als Grundordnungsversammlung. Hier beschloss jeweils das gesamte Gremium einschließlich der „Sonstigen Mitarbeiter", ob eine Angelegenheit die Belange von Lehre, Forschung oder Berufungen berührte, und befand damit darüber, ob die „Sonstigen Mitarbeiter" mitentscheiden konnten oder nicht.[193] Den Studierenden bot sich eine weitere Lücke, die Einflussmöglichkeiten eröffnete: die Studiengangskommissionen, von den Fachbereichen für jeden Studiengang gebildet und halbparitätisch besetzt. Die Studierenden erhielten die Hälfte der Sitze, die andere Hälfte teilten sich Professoren und wissenschaftliche bzw. künstlerische Mitarbeiter. Da die Studiengangskommissionen nur Pläne und Empfehlungen für die jeweiligen Fachbereichsräte erarbeiten sollten, war es nicht notwendig, den Professoren die Stimmenmehrheit zu geben.[194]

Die Abschaffung der Drittelparität war von der in Bremen regierenden SPD ursprünglich nicht befürwortet worden. In den hochschulpolitischen Grundsätzen der Partei von 1974 hieß es: *„An der Selbstverwaltung sind die Hochschullehrer, die Studenten sowie die übrigen Mitarbeiter gleichberechtigt zu beteiligen."*[195] Auch der damalige Bürgermeister Hans Koschnick war – und ist heute noch – ein Anhänger der Drittelparität.[196] Die „Demokratische Hochschule", eine politische Gruppierung von Hochschullehrern, stellte fest, dass das BremHG zwar wesentliche Prinzipien des Reformmodells beseitige, gleichwohl noch relativen Spielraum einräume. Man verwies darauf, dass bei einer kontroversen Entscheidung – wenn Studierende und Mitarbeiter z.B. anders abstimmten als die Hochschullehrer – letztere einem ständigen Legitimationsdruck ausgesetzt seien und sich in diesem Rahmen die Notwendigkeit der Wiedereinführung der Drittelparität immer wieder unterstreichen ließe. Ebenso sei der Einfluss des Konvents als einzigem drittelparitätischen Organ soweit als möglich genutzt worden. Hingegen gehe das im Gesetz entworfene Verhältnis zwischen Staat und Universität über das HRG hinaus.[197] Akademischer Senat und Konvent kritisierten, dass der Entwurf des Senators nicht einmal den vom HRG gegebenen Spielraum ausschöpfe und zentrale Elemente des Reformmodells abschaffe.[198]

Tatsächlich eröffnete das Hochschulgesetz dem Staat verschiedene Eingriffs- und Kontrollmöglichkeiten, die nach dem HRG nicht zwingend waren. So konnte der Senat die Universität anweisen, sich bei der *„Erledigung bestimmter Verwaltungsaufgaben in staatlichen Angelegenheiten der Verwaltungseinrichtungen der Freien Hansestadt Bremen zu bedienen."*[199] Auch gestand man dem Senator für Wissenschaft und Kunst die Kompetenz zu, Beauftragte zu bestellen, die zum Erhalt der Funktionsfähigkeit der Hochschule die Aufgaben einzelner oder mehrerer Organe der Hochschule wahrnehmen konnten. Der Senator erhielt außerdem eine über die Fachaufsicht in staatlichen Angelegenheiten hinausgehende Weisungsbefugnis *„in begründeten Ausnahmefällen".*[200]

Die Gewerkschaft ÖTV verurteilte das Hochschulrahmengesetz als reaktionär und sah zentrale Punkte der Bremer Hochschulreform gefährdet.[201] Sie empfahl, den Spielraum, den das HRG biete, so weit wie möglich auszunutzen. Die Ausgestaltung einer inneren Verfassung der Hochschulen solle diesen selbst überlassen bleiben.[202] Ähnlich äußerte sich der ebenfalls um Stellungnahme gebetene Deutsche Gewerkschaftsbund (DGB).[203] Christoph Bäuml, damals Leiter des Zentralen Technischen Bereichs, vermutete einen Zusammenhang zwischen der Abschaffung der Drittelparität und der Dezentralisierung der technischen Dienstleistungen durch die Auflösung des Zentralen Technik-Bereiches. Politisch sei ein zentraler Technischer Bereich nicht mehr haltbar gewesen, da das neue Gesetz die Hochschullehrer gestärkt habe. Deren Mehrheit befürwortete die Dezentralisierung, was nach Bäumls Einschätzung zu kostenintensiven Mehrfachanschaffungen führte. Ein zentraler Technischer Bereich wäre auch mit der heutigen Größe der Universität noch zu vereinbaren, wenn auch nicht in aller Konsequenz.[204]

Regionale und überregionale Tageszeitungen reagierten negativ. Offenbar hoffte man auf bürgerlicher Seite, die neue Gesetzgebung bringe die Bremer Uni auf den Weg zu einer klassischen Universität. Vorschriften im Bereich der Forschung, die Verwendung von Drittmitteln offen zu legen, schreckten die Industrie ab, so der „Weser-Kurier".[205] Die „Frankfurter Allgemeine Zeitung" zitierte die „Liberalen Hochschullehrer" mit den Worten, der Entwurf Senator Frankes unterlaufe die Zielsetzung des HRG.[206] Der Vorsitzende der CDU-Bürgerschaftsfraktion, Bernd Neumann, bewertete die Vorlage als völlig unbefriedigend; sie werde dem HRG nicht gerecht. Insbesondere dass man die Idee der Drittelparität durch die Einführung von zusätzlichen beratenden Mitgliedern in den Gremien zu tradieren suche, hielt Neumann für problematisch: *„Die Erfahrung zeige, daß das Mitberatungsrecht in einem Universitätsgremium oftmals bedeutender als die unmittelbare Stimmausübung sei."*[207] Der MSB Spartakus Bremen dagegen vertrat die Auffassung, man hätte gegen das HRG überzeugenden politischen Gegendruck ausüben und nicht alle Vorgaben in das BremHG übernehmen müssen – das beträfe u.a. die Regelstudienzeiten, das Ordnungsrecht, die Abschaffung der gleichberechtigten Mitbestimmung sowie die neue Personalstruktur, die eine Tendenz zur Ordinarienuniversität aufweise.[208] Insbesondere das Ordnungsrecht galt als einschneidende Veränderung. Es richte sich gegen demokratische Initiativen der materiellen, sozialen und politischen Interessenvertretung.[209] Beanstandet wurde auch die Bestimmung, dass Grundordnungen und Satzungen der Hochschulen sowie Studien- und Prüfungs-, Promotions-, Habilitations-, Immatrikulations- und Wahlordnungen, Satzungen, Regelungen über die Änderung und Aufhebung von Studiengängen sowie Ordnungen zur Drittmittelforschung der Genehmigung des Senators bedurften, der damit die Fachaufsicht über die Hochschulen erhielt.[210] Erneut offenbarte sich der Unterschied zwischen der Auffassung der regierenden Bremer SPD und den linken Gruppen an der Universität: Die Bremer SPD plädierte schon 1974 dafür, dass die gemeinsam und öffentlich erarbeiteten Ziele und Aufgaben der Hochschulen vom Staat festzulegen und zu kontrollieren seien.[211]

Eine weitere Neuerung betraf die Studiendauer: *„Die Regelstudienzeit bis zum ersten berufsqualifizierenden Abschluß soll vier Jahre nur in besonders begründeten Fällen überschreiten. In geeigneten Fachrichtungen sind Studiengänge einzurichten, die bereits innerhalb von drei Jahren zu einem ersten berufsqualifizierenden Abschluß führen. Auf die Regelstudienzeit wird eine nach Absatz 1 in den Studiengang eingeordnete berufspraktische Tätigkeit nicht angerechnet."*[212] Die in Bremen wegen der integrierten praktischen Ausbildung längeren Studienzeiten in bestimmten Fächern, z.B. Jura, waren also nicht berührt. Studierende befürchteten allerdings eine strenge Reglementierung der Lehrinhalte – nicht zuletzt durch neue Studienordnungen – und damit des Studiums insgesamt.[213] Die Regelstudienzeit stellte im übrigen ein Instrument zur Erweiterung der Kapazität einer Universität dar;[214] zugleich widersprach sie dem Ideal von der akademischen Freiheit, die den Studierenden die Verantwortung für Art und Dauer des Studiums überließ. Angesichts des Trends zu Massenuniversitäten ohne intensiven Kontakt zwischen Lehrenden und Studierenden sowie das Anwachsen der Stofffülle in vielen Fächern *„konnte solche akademische Freiheit auch in ein erhebliches Maß an Desorientierung umschlagen. Anzeichen sind hierfür überlange Studienzeiten, häufiger Studienfachwechsel und hohe Drop-out-Quoten."*[215]

Dem neuen Ordnungsrecht zufolge führten nicht nur falsche Angaben bei der Einschreibung zum Widerruf der Immatrikulation, sondern auch das Anwenden oder Androhen von oder das Auffordern zur Gewalt, um die Tätigkeit eines Hochschulorgans oder eine Veranstaltung zu behindern bzw. ein Mitglied der Hochschule von seiner Tätigkeit abzuhalten.[216] Das BremHG folgte hier den Mindestvorgaben des HRG. Der Konvent der Universität beschloss allerdings, die nach § 39 (2) vorgesehene Kommission, die bei Vorliegen der oben aufgezählten Verstöße über den Widerruf der Immatrikulation entscheiden sollte, nicht zu wählen bzw. zu institutionalisieren. Nach Auffassung der CDU-Bürgerschaftsfraktion unterlief der Konvent damit das BremHG, was Senator Franke jedoch verneinte: Das Ordnungsrecht ließe sich auch ohne die Kommission nach § 39 (2) anwenden.[217]

Im Vorfeld der Verabschiedung des HRG sprachen sich Studentenverbände, Bundesassistentenkonferenz und Gewerkschaften gegen die Einführung eines Ordnungsrechts aus und bezeichneten es u.a. als mit dem Prinzip der demokratischen Hochschule unvereinbar. Die FDP wandte sich ebenfalls dagegen, während die Hochschullehrerverbände es im Hinblick auf die Sicherung der Freiheit von Forschung und Lehre und die mangelnde Reichweite des Strafrechts befürworteten; es sollte die Funktionsfähigkeit der Hochschule gewährleistet bleiben.[218] *„Das Ordnungsrecht kann somit als staatliche Maßnahme zur Konfliktvermeidung/-minimierung an den Hochschulen eingeordnet werden, genauer: des präventiv abgesicherten Versuchs, diese schon im Ansatz abzublocken"*[219], so Reinhard Müller in seiner Schrift über die Entstehung des HRG. Müller führte aber weiter aus, dass es faktisch kaum angewandt worden sei.[220]

Die Regelstudienzeit war zunächst eine Folge des Studienplatzmangels – es ging darum, die Verweildauer an der Universität zu reglementieren, um vor allem in auf Labor- und Praktikantenplätze angewiesenen Studiengängen neuen Raum zu schaffen –, wurde aber in Zusammenhang mit dem neuen Ordnungsrecht nicht nur von Studierendengruppen als Versuch der Disziplinierung der Studierenden angesehen.[221]

Der § 16 Absatz 3 des HRG warf ein Problem auf, das die bremischen Prüfungsordnungen betraf; studienbegleitende Leistungsnachweise sollten nur zugelassen werden, wenn sie in den Anforderungen und dem Verfahren einer Prüfungsleistung gleichwertig waren. Das bremische Prüfungssystem ließ sich durch diese Regelung beenden.[222]

Die Studienreform als Ziel der bremischen Hochschulpolitik schrieb das Gesetz fest. Es sollte gewährleisten, die Studiengänge für neue gesellschaftliche Entwicklungen offen zu halten und die selbständige Arbeit der Studierenden fördern. Das Studium sollte Einblicke in die spätere Berufstätigkeit eröffnen, die Lehrformen den didaktischen und methodischen Erkenntnissen entsprechen, das Studienangebot interdisziplinär und projektbezogen ausgerichtet sein, die Gleichwertigkeit der Abschlüsse und die Möglichkeit des Hochschulwechsels und die Studienberatung als ein wichtiges Element bestehen bleiben. Auch wollte man die Studiengänge so anlegen, dass sie innerhalb der neu eingeführten Regelstudienzeit absolvierbar waren.[223] Dazu legte man eine Berichtspflicht seitens der Hochschulen an den Senator über den Stand der Studienreform fest,[224] was ebenfalls den gestiegenen Staatseinfluss auf die Universität demonstrierte.

Es kam zu Änderungen in der Personalstruktur, indem man den wissenschaftlichen Mittelbau einführte. Bereits in den 1960er Jahren waren die Vor- und Nachteile einer solchen Statusgruppe diskutiert worden. Dafür sprach der vermehrte Bedarf an Lehrenden. Ein Gegenargument war die Forderung nach der Verbindung von Forschung und Lehre, es sollte unmittelbar mit den Studierenden auch über aktuelle Forschungsergebnisse kommuniziert werden.[225] Die Ablehnung der Ordinarienstruktur bei der Gründung der Universität Bremen hatte zum Wegfall der wissenschaftlichen Mitarbeiter geführt. Der Lehrkörper bestand ausschließlich aus Hochschullehrern. Allerdings setzte sich schon nach wenigen Jahren die Erkenntnis durch, dass ein akademischer Mittelbau notwendig war, da die Hochschullehrer zuvor die Aufgaben von wissenschaftlichen Mitarbeitern zusätzlich übernehmen mussten. Wissenschaftssenator Franke nannte das die einschneidendste Selbstkorrektur des Bremer Modells.[226]

Wissenschaftlichen und künstlerischen Mitarbeitern war in befristeten Dienstverhältnissen ein angemessener Anteil der Arbeitszeit für die eigene Weiterqualifikation zu gewähren. An Lehraufgaben sollten sie nur unterstützend mitwirken, um zu verhindern, dass man einen Großteil der Lehre von den Professoren auf geringer bezahlte Mitarbeiter abwälze. Daher plante man, genaue Aufgabenfelder festzulegen. Einen Sonderfall bildete weiterhin der Hochschulassistent, zuvor Assistenzprofessor: Befristet tätig, stand auch ihm ein Teil der Arbeitszeit zur eigenen Weiterqualifikation zur Verfügung. Auch in der Lehre sollte ihm Selbständigkeit zustehen, nur bei den vorgeschriebenen wissenschaftlichen Dienstleistungen bestand eine Weisungsbindung.[227]

Einige der in Bremen beschäftigten Assistenzprofessoren erhielten reguläre Professorenstellen. Die letztendliche Entscheidung, wen man nach einem erneuten Berufungsverfahren überleitete, lag allerdings, weil die Universität alle Bewerber als förderungswürdig eingestuft hatte, bei der Behörde, die nach formalen Kriterien entschied; so verzichtete die Universität selber auf jede Einflussmöglichkeit.[228] Gab es zuvor drei Gruppen: Hochschullehrer – zu ihnen zählte man auch die Assistenzprofessoren –, Studierende und Dienstleister, so war nun der dritte Bereich unterteilt in die Gruppe der wissenschaftlichen und künstlerischen Mitarbeiter einerseits und die der im technischen Dienst und in der Verwaltung tätigen Beamten, Angestellten und Arbeiter andererseits, die im technischen Zweig, in der Verwaltung und Bibliothek oder im Betriebsdienst tätig waren.[229]

Schon bald ließ sich konstatieren, dass ein Großteil der Veranstaltungen von Lehrbeauftragten übernommen wurde. Laut BremHG sollten sie das Angebot lediglich ergänzen.[230] Im Sommer 1978 erklärte die Initiativgruppe der Lehrbeauftragten jedoch, sie deckten etwa 30% des Angebots ab. Die Lehrbeauftragten forderten bessere Bezahlung, Sachmittelausstattung, längere Vertragslaufzeiten sowie soziale Absicherung, und sie bemängelten unpünktliche Bezahlung und verzögerte Vertragsausstellungen.[231] Dabei hatte die Bremer SPD noch 1974 in ihren Hochschulpolitischen Grundsätzen erklärt: *„Der abhängige akademische Mittelbau ist abzuschaffen."*[232] Das entsprach auch der Auffassung, die der Bundesminister für Bildung und Wissenschaft 1971 vertrat: *„Die Personalstruktur ist künftig allein an den in der Hochschule auszuübenden Funktionen auszurichten. Das bedeutet vor allem: Abschaffung des sogenannten lehrenden Mittelbaus, der Professorenfunktionen ohne Professorenstatus hat, Abschaffung des persönlich abhängigen Assistenten sowie Beseitigung aller hierarchischer Über- und Unterordnungsverhältnisse, soweit sie von der Sache her nicht gerechtfertigt sind."*[233] Bei der Gründung der Universität

Bremen hieß es denn auch: „*Als Assistenzprofessor soll sich der künftige Professor in besonderem Maße die Fähigkeit als Lehrer an einer Hochschule aneignen. Professoren und Assistenzprofessoren haben die gleichen Rechte. Persönliche Abhängigkeit wird es nicht mehr geben.*"[234] Indem man nun einen wissenschaftlichen Mittelbau mit Aufgaben in Lehre und Forschung einführte, stellte man eine Hierarchie innerhalb der Gruppe der Lehrenden auch in Bremen her.

Zur verstärkten Aufsicht des zuständigen Senators über die Hochschulen hieß es im BremHG: „*In staatlichen Angelegenheiten sind die staatlichen Vorschriften anzuwenden und unterliegen die Hochschulen der Fachaufsicht des Senators für Wissenschaft und Kunst oder einer anderen zuständigen Behörde.*"[235] Staatliche Angelegenheiten im Sinne des BremHG sind beispielsweise die Bewirtschaftung der Haushaltsmittel, das Gebühren-, Kassen- und Rechnungswesen, die Verwaltung des zur Verfügung gestellten Vermögens, insbesondere der Grundstücke und Einrichtungen, Personal-, Bau- und Beschaffungsangelegenheiten sowie auch die Ermittlung der Ausbildungskapazität, die Einführung von Zulassungsbeschränkungen und die Durchführung und Abnahme von Staatsprüfungen.[236] Die Fachaufsicht des Senators berührte also sowohl Haushalts- und Verwaltungsfragen als auch direkt mit dem Studium zusammenhängende Themen. Zu den Aufgaben des neuen Hochschulbeirates, dessen Mitglieder der Senator benannte, gehörte es, die Hochschulen und Landeshochschulkonferenz zu fördern und zu beraten. Die Rektoren waren dem neuen Gremium gegenüber berichtspflichtig.[237] Die zum Teil sehr weitgehenden Regelungen des BremHG und die kurz zuvor erfolgte Institutionalisierung eines eigenen Senatsressorts für Wissenschaft führten zu einer Überbürokratisierung der Vorgänge zwischen Universität und Staat.

Das BremHG widmete sich zugleich noch einem anderen Komplex: „*Die Mitglieder der Hochschule nutzen und wahren im Bewußtsein ihrer Verantwortung vor der Gesellschaft die durch Artikel 5 Abs.3 Satz 1 des Grundgesetzes und Artikel 11 der Landesverfassung verbürgten Grundrechte der Freiheit von Wissenschaft und Kunst, Forschung, Lehre und Studium. Die Freie Hansestadt Bremen sowie die Hochschulen und deren Organe haben sicherzustellen, daß die Mitglieder diese Rechte wahrnehmen können.*"[238] Geschützt waren in diesem Sinne Fragestellungen und Methoden der Forschung, Bewertung und Verbreitung des Forschungsergebnisses, inhaltliche und methodische Gestaltung von Lehrveranstaltungen, das Recht auf wissenschaftliche und künstlerische Meinungsäußerung sowie die freie Wahl von Lehrveranstaltungen.[239]

Die Universität Bremen beschloss Richtlinien, die sowohl die Forschung Einzelner, in Gruppen und in Bereichen als auch in Schwerpunkten betrafen. Einzelne Hochschullehrer erhielten dafür Fördermittel vom jeweiligen Studienbereich und konnten, wenn die dort vorhandenen Mittel nicht ausreichten, beim Akademischen Senat Unterstützung beantragen. Forschergruppen, auf Antrag eingerichtet, erhielten, soweit nicht aus Drittmitteln finanziert, ebenfalls finanzielle Förderung. Gleiches galt für Mitarbeiter aus dem Technik-Bereich. Die genauen Bedingungen regelte wiederum der Akademische Senat. Alle Forschenden zeichneten für die sachgemäße Verwendung der Gelder verantwortlich und waren verpflichtet, Bericht zu erstatten.[240] Im Rahmen der Forschungsplanung der Universität war es dem Akademischen Senat darüber hinaus möglich, interdisziplinäre Schwerpunkte einzurichten. Doch zuvor fand eine gutachterliche Prüfung des Vorhabens statt.[241] Eine zentrale Kommission, drittelparitätisch besetzt, gab u.a. Empfehlungen für den Ausbau und die Förderung der Forschung und entwarf einen Forschungsentwicklungsplan.[242]

Die Organe der verfassten Studentenschaft – namentlich der AStA – waren nach dem neuen BremHG gehalten, sich der politischen Bildung der Studierenden zu widmen.[243] Aus dem Gesetzestext geht jedoch nicht hervor, inwieweit man ihr ein politisches Mandat zugestand.

Die Änderungen des BremHG lösten an der Universität heftige Diskussionen aus. Der Akademische Senat begrüßte zwar grundsätzlich eine zentrale Regelung des Hochschulwesens, lehnte aber den inhaltlichen Schwerpunkt des Gesetzes ab. Er forderte die gesetzliche Verankerung der verfassten Studentenschaft mit politischem Mandat, die Drittelparität, keine Aufteilung der Hochschullehrer in Professoren und Assistenten, demokratische Forschungsplanung, -lehrformen und -inhalte sowie eine Integrierte Gesamthochschule. Zugleich widersprach der Akademische Senat dem Ordnungsrecht, der Regelstudienzeit sowie der Einrichtung von Studienreformkommissionen unter Einfluss von Unternehmerverbänden.[244] Auch erwartete er, dass die Behörde die im HRG angegebene Frist von bis zu drei Jahren voll ausschöpfe. Statt allzu schnell Landesregelungen einzuführen, sollte man die bisher mit dem Bremer Modell gemachten Erfahrungen noch vertiefen.[245]

Die Diskussion im Akademischen Senat war jedoch damit noch nicht beendet: *„Der Rektor teilt dem AS mit, daß er nach dem Ausfall der Entscheidungsmöglichkeiten drittelparitätischer Gremien der Universität (sowohl AS wie Konvent) heute in der vom Senator für Wissenschaft und Kunst anberaumten Anhörung die Position der Universität so dargestellt hat, wie sie sich in dem Ergebnis der Arbeitsgruppe des AS und im Beschluß zum allgem. Teil darstellt."*

Wenig später nahm der MSB Stellung dazu und gab zu Protokoll:
„1. Die Fraktion des MSB Spartakus protestiert gegen das Verhalten des Rektors der Universität, im Namen der Universität zum Entwurf für ein Bremisches Hochschulgesetz in der Anhörung am 11.11.1976 beim Senator für Wissenschaft und Kunst Stellung genommen zu haben.
2. Wir stellen fest, daß weder der AS noch der Konvent der Universität zu einer solchen Stellungnahme der Universität Beschlüsse gefaßt haben.
3. Insbesondere ist die Behauptung, im AS habe am 10.11.1976 eine Beschlußfassung über einen ‚allgemeinen Teil' einer Stellungnahme der Universität stattgefunden, unrichtig. Die Mitglieder der AS-Fraktion des MSB Spartakus waren in der Sitzung des AS vom 10.11.1976 ununterbrochen anwesend und stellten fest, daß zu diesem Punkt kein Abstimmungsverfahren stattgefunden hat."[246]

Der KSB nahm zum geplanten BremHG schriftlich Stellung, beteiligte sich aber nicht an der Diskussion, da er das Gesetz insgesamt ablehnte und erklärte, es diene allein dazu, den Studierenden ein schnelleres Studium mit mehr Prüfungen aufzuzwingen, und eröffne ihnen keine Möglichkeiten zur Auseinandersetzung in und mit den Lehrveranstaltungen. Die Prognose lautete: *„Der Zusammenschluß der Studenten gegen die weitere materielle Verschlechterung des Studiums und die Verschärfung der Studienbedingungen wird unausweichlich bleiben. Die Reaktion fürchtet den Zusammenschluß und den Widerstand der Studenten. Sie setzt*

Graffiti mit Kritik an der SPD und dem MSB Spartakus am Aufgang zum Boulevard im Zentralbereich, Mai 1988

auf Spaltung, Notengebung, Konkurrenz und Ordnungsrecht. Das BHG ist so angelegt, daß der Angriff auf sämtliche Rechte geführt wird, die den kollektiven Zusammenschluß ermöglichen. Das politische Mandat wird eingeengt auf ‚Ziele und Aufgaben der Hochschule', gewählte Vertreter können nicht abgewählt werden und sind auch nicht weisungsgebunden. Der Haushalt des AStAs muß durch den Rektor abgesegnet werden."[247] Die Kritik richtete sich gegen die Regelstudienzeit von 8 Semestern, die zu absolvierenden 20 Semesterwochenstunden, inhaltliche Vorgaben der Prüfungsordnungen und Notengebung. Das allgemeinpolitische Mandat des AStA sollte nach Ansicht des KSB bestehen bleiben ebenso wie die Eigenverantwortlichkeit des AStA für seinen Haushalt.

Der Konvent der Universität sprach sich mehrfach gegen ein Ordnungsrechts aus und wählte auch die entsprechende Kommission nicht. Darüber hinaus war man dort mehrheitlich der Auffassung, dass man die Drittelparität erhalten müsse. Eine Gruppe von Hochschullehrern allerdings strebte eine Verfassungsbeschwerde an, um die partielle Umgehung der Abschaffung der Drittelparität – so beispielsweise durch Erhebung eines Meinungsbildes vor Abstimmungen, das Einfluss auf die folgende Abstimmung ausübte – zu verhindern und das Ordnungsrecht zu befördern.[248]

In ihrer Stellungnahme vom 29. November 1978 sah die Universität Reformprinzipien gefährdet, vor allem in Bezug auf die demokratische Organisation und die kooperative Zusammenarbeit aller Hochschulangehörigen, die Kontrolle der Organisation und der Verwendung von Mitteln für die Forschung sowie die Orientierung der Forschung an gesellschaftsrelevanten Themen und die fächerübergreifende, praxisorientierte Ausbildung der Studierenden.[249] Henning Scherf, damals Landesvorsitzender der Bremer Sozialdemokraten, betrachtet im Rückblick das BremHG und auch das HRG als Beitrag zur Konsolidierung der Universität, erklärt jedoch, 1977 habe das – insbesondere die Abschaffung der Drittelparität – das Ende der Reformen bedeutet.[250]

Das BremHG folgte den Vorgaben des HRG, in dem es darum ging, die verschiedenen Versuche der Hochschulreform zumindest in groben Zügen zu vereinheitlichen. Die einige Jahre zuvor geforderten und inzwischen zumindest teilweise verwirklichten Reformen bekamen nun eine gesetzliche Grundlage. Eine allgemeine Verständigung über die Rahmenbedingungen vereinfacht z.B. den Wechsel von einer Hochschule zur anderen, da bundesweit ähnliche Strukturen vorzufinden sind. Zugleich sind die Universitäten bei allen Abläufen an bestimmte Muster gebunden und den von einzelnen Institutionen ausgehenden Reformen Grenzen gesetzt – eine Einschränkung, die man an der Reformuniversität Bremen selbstverständlich als Eingriff in die Experimentierphase empfand. Eine angemessene Regelung mit der Option zu Modellversuchen wäre sicher hilfreicher. Grundsätzlich jedoch ist eine im Großen und Ganzen einheitliche Struktur vorzuziehen, wenn sie Wege für Modellversuche offen lässt, da eine Verantwortung gegenüber den Studierenden besteht. Eine Abschaffung des HRG, wie man sie 2008 im Bundesbildungsministerium diskutierte, könnte zwar mehr Freiheiten für die einzelnen Hochschulen mit sich bringen, aber auch erneut jene Probleme aufwerfen, die schließlich zum HRG geführt haben.[251]

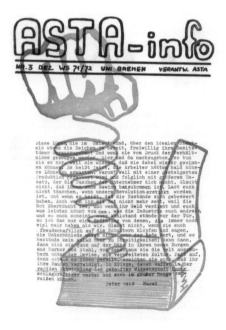

Umschlagtitel des „AStA-infos", Nr. 3, Dezember 1971, und Flugblatt zur Kundgebung und Demonstration vor dem Haus der Bürgerschaft am 1. Dezember 1971

5. Rektor Wittkowsky: 1977-1982 – Nach der Abschaffung der Drittelparität: Von der „Kaderschmiede" zur „Reformruine"

Neuer Rektor nach dem Rücktritt Steinbergs wurde Alexander Wittkowsky, gelernter Ingenieur und zuvor Präsident der Technischen Universität Berlin. Von seinem Vorgänger Steinberg auf das freiwerdende Rektoramt in Bremen aufmerksam gemacht, zeigte sich Wittkowsky an der Konzeption der Reformuniversität interessiert. Obwohl das BremHG von 1977 viele Reformelemente zurücknahm, sah er weiterhin eine Perspektive für die Unireform, als deren Vertreter er sich verstand.[1] Er bekannte sich zu der Idee, dass das an der Universität erarbeitete Wissen auch der Gesellschaft von Nutzen sein müsse: *„Die Privilegien, die die Wissenschaft heute noch hat, trotz der Auseinandersetzung um die Finanzierung, um Drittmittel usw., müssen meiner Meinung nach dazu führen, daß die Geber – ich meine jetzt nicht nur den Staat, sondern die Gesellschaft – auch ihrerseits Leistungen […] erwarten können."*[2] In diesem Sinne solle die Universität nicht nur Absolventen ausbilden und überzeugende Forschungsergebnisse vorlegen, sondern auch eine Innovationsfunktion wahrnehmen.[3] Die Gruppe Sozialistischer Hochschullehrer beteiligte sich, damit die Ablehnung des Kandidaten zum Ausdruck bringend, nicht an der Wahl zum Rektor und sagte voraus, Wittkowsky werde Nerven und Gewitztheit brauchen, um mit den Mauschelstrukturen zurechtzukommen[4] – deren tatsächliche Ausmaße ihm nicht bekannt waren, wie er später konzedieren musste.[5]

1979 warb Bremen für die Universität mit folgenden Worten: *„Beispiele für die praxisbezogene und bürgernahe Forschung und Lehre sind nicht nur die durch einen Kooperationsvertrag vereinbarte enge Zusammenarbeit zwischen der Universität und der Arbeiterkammer, sondern auch die spezielle Form der einstufigen Juristenausbildung und der Studiengang ‚Deutsch für Ausländer', in dem deutsche Lehrer speziell für den Unterricht mit Ausländerkindern vorbereitet werden. All dies sind Einmaligkeiten in der Hochschullandschaft der Bundesrepublik Deutschland."*[6] Interessant an der Aufzählung ist eher das, was – wie das Projektstudium als innovative Lehr- und Lernform sowie die integrierten Eingangsphasen und der interdisziplinäre Studienaufbau – nicht erwähnt wird. Verwunderlich ist auch, dass die Einführung neuer ingenieurswissenschaftlicher Studiengänge nicht vorkommt. Es ist aus dem Text nicht ersichtlich, wie der Senat die Universität nach außen darstellen wollte: Soll die Singularität bestimmter Elemente der Studienreform in der deutschen Hochschullandschaft hervorgehoben oder vorsichtshalber darauf verzichtet werden? Man löste das Problem dadurch, dass man zwei einzelne Studiengänge anführte, nicht aber das umfassende Vorhaben „Studienreform".

Wendelin Strubelt, ein Bewerber um das Amt des Konrektors, kam zu folgender Einschätzung: *„Die Situation der Universität Bremen ist derzeit immer noch von einem anhaltenden Außendruck bestimmt, dem sich aber im wachsenden Maße interner Dissens zugesellt. Anders als andere Neugründungen kann die Universität Bremen noch nicht davon ausgehen, daß sie in allen Bereichen in eine Phase der Konsolidierung eingetreten ist. Aber ebenfalls anders als bei anderen neuen Univer-*

Rektor Alexander Wittkowsky vor dem Mehrzweckhochhaus

sitäten wurde ihr dazu in ihrer doch relativ kurzen ‚Geschichte' auch kaum eine Chance gegeben, denn exogene Faktoren und Einflüsse ließen einen kontinuierlichen Aufbau des ‚Bremer Modells', seine Evaluation und Weiterentwicklung nicht zu, sondern führten Brüche herbei, die immer wieder Neuanfänge notwendig machten."[7] Strubelt verwies hierzu u.a. auf das BremHG, verschiedene Veröffentlichungen über die Berufschancen Bremer Absolventen und die Studienabsichten Bremer Abiturienten. Das Verhältnis der Universität zu ihrem Umfeld bezeichnete er als gestört.[8] Die Presse stand der Universität immer noch äußerst kritisch gegenüber. Die neuen Prüfungsordnungen und der Antrag auf Aufnahme in die Deutsche Forschungsgemeinschaft waren die aktuellen wissenschaftspolitischen Themen.[9] Strubelt warnte auch davor, sich auf Reformpositionen zurückzuziehen, ohne sie auf Praxistauglichkeit zu überprüfen: *„Die Universität Bremen kann und darf keine ‚linke Fluchtburg' in einer ‚feindlichen' Umwelt werden."* Die Studierenden seien von der angebotenen Ausbildung abhängig.[10] 1980 war die Universität immer noch nicht Mitglied der Deutschen Forschungsgemeinschaft. Zu einer Anfrage der CDU-Fraktion in der Bremischen Bürgerschaft erklärte der Senator für Wissenschaft und Kunst, die DFG habe nach dem ersten, bereits 1972 gestellten Antrag die Empfehlung ausgesprochen, ihn zunächst zurückstellen, da aufgrund der Aufbausituation die Forschung noch nicht den notwendigen Stand erreicht habe. Der nächste Antrag ging am 27. Juni 1978 an die DFG, die aber erneut ablehnte. Zwar seien anerkannte Forschungsergebnisse veröffentlicht worden und es arbeiteten ausgewiesene Wissenschaftler in Bremen, jedoch sei der Senat der DFG nicht überzeugt gewesen, dass die Universität bereits im Sinne der Satzung der DFG eine Einrichtung der Forschung von allgemeiner Bedeutung sei. Daraufhin habe es am 17. Juli 1980 eine gemeinsame Erklärung des Präsidenten der DFG und des Rektors der Universität zur Perspektive der Aufnahme gegeben. Die DFG sei zu der Überzeugung gelangt, dass seit 1978 in einigen Bereichen positive Ergebnisse festzustellen seien und man beobachten wolle, wie sich diese Entwicklungen nun fortsetzten. Das Verfahren habe man daher noch nicht weitergeführt, so der Senator. Andere Neugründungen seien auch noch nicht Mitglied der DFG – der Senator verwies auf Bamberg, Bayreuth, Passau, Oldenburg, Osnabrück und die Gesamthochschule Kassel.[11] Allerdings stellte die DFG bereits auf Antrag Mittel für Forschungsvorhaben zur Verfügung – der Senator sprach von jährlich etwa 3,3 Millionen DM.[12]

Bis 1978 waren die Planungen für einen neuen ingenieurwissenschaftlichen Studiengang, die Produktionstechnik, beendet.[13] Seit 1974 hatte sich eine Planungskommission mit dem Thema befasst. Und auch der Gründungssenat unter dem Vorsitz von Professor Killy war von der Einrichtung eines technischen Fachbereichs ausgegangen.[14] Weil die Technik als praxisorientiertes Fach im 19. Jahrhundert aus dem Curriculum der Universitäten ausgeschlossen blieb, kam es zur Gründung Technischer Hochschulen. *„Schon vor dem Ersten Weltkrieg hatte es nicht an Versuchen gefehlt, Universitäten und Technische Hochschulen zu vereinigen. Damals standen jedoch die deutschen Universitäten im Zenit ihres Ansehens und wehrten mit einem gewissen Hochmut Integrationsbestrebungen von Seiten der technischen Hochschulen ab."*[15] Noch 1960 stellte die Verbindung ingenieurwissenschaftlicher und klassischer Studiengänge keine Selbstverständlichkeit dar. Die Trennung von Technik und Philosophie sollte überwunden werden, um der Einseitigkeit der Ausbildung an technischen Hochschulen entgegenzuwirken und auch der Universität mit ihrem klassischen Fächerkanon neue Impulse zu geben.[16] Ein Übriges tat der sogenannte „Sputnik-Schock" und die Angst, mit den Staaten des Warschauer Paktes auf wissenschaftlichem und insbesondere technologischem Gebiet nicht Schritt halten zu können.[17] An den seit 1960 neugegründeten Universitäten plante man in der Regel auch einen technischen Bereich ein. In Bremen wurde zunächst nur die Elektrotechnik eingerichtet. Weiterhin mangelte es im nordwestdeutschen Raum an entsprechenden Ausbildungskapazitäten, und die Ansprüche an ausgebildete Ingenieure hatten sich gewandelt.[18] *„In den neuen ingenieurwissenschaftlichen Studiengängen sollte ein enger Zusammenhang zwischen Produktions-, Verfahrens- und Verarbeitungstechniken und entsprechenden Maßnahmen zur industriellen Arbeitsplatzgestaltung, der Arbeitssicherheit, der Werksmedizin, der Arbeitsbereicherung usw. realisiert werden. Die künftigen Absolventen solcher Studiengänge sollten befähigt sein, nicht nur mit dem methodischen und fachwissenschaftlichen Instrumentarium ihres Studienfaches umzugehen, sondern auch die damit verknüpften industriesoziologischen, arbeitsorganisatorischen und wirtschaftswissenschaftlichen Implikationen ihres beruflichen Tuns zu reflektieren, um für die Gesundheit der Arbeitnehmer im Sinne der Humanisierung der Arbeitswelt tätig zu werden."*[19]

Man schrieb vier Professorenstellen aus, von denen sich zunächst jedoch nur zwei besetzen ließen. Ein Bewerber lehnte ab, einem weiteren – vorgesehen für die Professur mit arbeitswissenschaftlichem Schwerpunkt – verweigerte der Senator für Wissenschaft und Kunst den Ruf,[20] die wichtige arbeitswissenschaftlich und -soziologisch orientierte Professur blieb zunächst verweist. Die Auswahl der Bewerber war so erfolgt, dass sich mit ihnen die Möglichkeit bot, die weiteren Planungen fortzuführen. Nun aber konnten die beiden bereits berufenen Hochschullehrer in einer frühen Phase deutlich mehr Einfluss nehmen – vor allem durch das Gewicht ihrer Stimmen bei späteren Berufungen – als vorgesehen war.[21] Zum Kern des neuen Studienfaches Produktionstechnik erhob man das interdisziplinäre Problemfeld „industrielle Produktion". Schwerpunkt sollten Analyse, Planung und Gestaltung von Arbeit, deren Plätze und Methoden und deren organisiertes Zusammenwirken sein. Die Bereiche Ingenieur-, Arbeits-, Betriebs- und Sozialwissenschaften sollten miteinander kooperieren und dabei die Bedürfnisse des Menschen im Mittelpunkt stehen.[22] Aus den Planungen geht deutlich hervor, dass die Idee, Forschung im Sinne der Gesellschaft und der Arbeitnehmer zu betreiben, weiterverfolgt wurde. Das deckte sich nicht nur mit der Gründungsidee, sondern auch mit den Forderungen der Gewerkschaften, die die Entwicklung von sozialverträglichen, umweltfreundlichen und ressourcenschonenden Technologien forderten und daher befürworteten, den neuen Studiengang nicht auf ein reduziertes Verständnis der Ingenieurwissenschaft zu gründen, sondern Kompetenzen für umfassendere Problemlösungen zu vermitteln.[23]

In den Jahren 1978 bis 1980 wollte man weitere Studiengänge schaffen, von denen sich einige aber – wie die Journalistik, Zahnmedizin und Medizin – nicht einrichten ließen.[24] Eine medizinische Fakultät in Bremen war schon in den ersten Planungen für die Universität vorgesehen. Rothe bezieht sie in seine Denkschrift von 1961 ein,[25] und am ersten Gründungsgremium für die Universität, dem 1961 eingesetzten Beratungsausschuss unter Vorsitz von Professor Weber, waren zwei Vertreter für die Medizinische Fakultät beteiligt.[26] Zunächst befürwortete der Gründungsausschuss den Aufbau eines vorklinischen Studiums, da im Bereich des

Medizinstudiums ein Engpass vorlag. Der Wissenschaftsrat schloss sich dieser Empfehlung an. Professor Joppich, Mitglied des ersten Gründungssenats unter dem Vorsitz von Professor Killy, gab in seinen Überlegungen zum Medizinstudium in Bremen zu bedenken, dass das Angebot nur eines Teilstudiums zu Problemen führen könnte und eine Stadtuniversität unausweichlich vor dem Zwang stünde, die Ausbildung zu vervollständigen. Da er davon ausging, dass man über die Mittel für einen baldigen Ausbau des Studiums nicht verfügte, schlug Joppich vor die Medizin insgesamt in die zweite Ausbaustufe zu verlegen und zunächst nur den Raumbedarf bereitzuhalten. Zugleich sei zu prüfen, ob sich ein Provisorium in den städtischen Krankenanstalten einrichten ließe. Die Umwandlung eines Krankenhauses in eine Universitätsklinik betrachtete Joppich als kritisch; das sei früher üblich gewesen, der Wissenschaftsrat erhebe auch keine Einwände – aber internationaler Standard sei bei Universitätskliniken nur durch fortschreitende Spezialisierung in der Forschung und Lehre zu halten. Auch habe der Unterricht in Zukunft mehr am Krankenbett und weniger im Hörsaal zu erfolgen, was sich in einem städtischen Krankenhaus aber als problematisch erweise. Joppich erwähnt die steigenden Kosten im Bereich der medizinischen Ausbildung und die finanzielle Belastung einer Universität durch eine Medizinische Fakultät. Auch das spreche gegen eine Doppelnutzung als Universitätsklinikum und kommunales Krankenhaus.[27]

Statt dessen plädiert er für ein Akademisches Krankenhaus mit 1 409 und ein Universitätsklinikum mit 775 Betten. Für den ersten Bauabschnitt der Universität war ein Klinikum nicht vorgesehen. Erst in einem späteren Stadium sollte mit dem Medizinstudium begonnen und der anfängliche Investitionsrahmen von 600 Millionen D-Mark nicht überschritten werden, so lautet eine Begründung des Senators für das Bildungswesen auf eine entsprechende Anfrage der CDU-Fraktion.[28] Der Senator für das Gesundheitswesen erläuterte, auf dem Gelände des Krankenhauses St. Jürgen-Straße böten sich Möglichkeiten für die Lehre und Forschung auf dem Gebiet der Klinischen Medizin und Biologie an. Einige Institute müsste man jedoch auf dem Universitätsgelände ansiedeln. Für das Krankenhaus ergäben sich Raumprobleme, wenn es ein Lehrkrankenhaus sein solle.[29] Bei der Medizinplanung ging man in den ersten Jahren sehr systematisch vor, holte Stellungnahmen verschiedener Institutionen und Interessenvertretungen ein und besuchte andere Kliniken. Aufgrund der hohen Kosten vertrat das Gründungssenatsmitglied Professor Sinapius die Auffassung, zuerst müsse der Senat der Freien Hansestadt Bremen entscheiden, ob und wann man eine Medizinische Fakultät errichten wolle.[30]

1977 schließlich kam der Gedanke auf, das Medizinstudium in Bremen ähnlich wie das in Bochum zu gestalten, wo man aus Kostengründen auf ein eigenes Universitätsklinikum verzichtete und die praktische Ausbildung auf sechs Krankenhäuser in der Umgebung verteilt hatte.[31] Im August 1977 lag ein Gutachten zum Aufbau einer medizinischen Forschungs- und Ausbildungsstätte an der Universität Bremen vor.[32] Sein Fazit: Aus den Prognosen über den längerfristigen Bedarf an Ärzten und der daraus resultierenden Anzahl von Studienplätzen ergebe sich keine Notwendigkeit für eine weitere Ausbildungsstätte. Auch der Wissenschaftsrat empfehle keine neuen Studiengänge auf diesem Gebiet, stehe jedoch kleineren, kostengünstigen Experimenten aufgeschlossen gegenüber.[33] Rektor Wittkowsky hielt eine Reform der Medizinerausbildung, insbesondere was den Krankheitsbegriff, die sozialen Implikationen von Krankheit und das Gesundheitssystem betraf, für wichtig. Ihm war aber klar, dass es dafür weder in der Behörde noch innerhalb der Universität Unterstützung gab, und so bevorzugte er den Ausbau der bestehenden, vor allem der gerade eingerichteten Studiengänge wie Informatik und Elektrotechnik. Rückblickend erklärt er, ein besseres Verhältnis der Universität zur Gesundheitsbehörde hätte möglicherweise zu anderen Ergebnissen geführt.[34]

Für die Zahnmedizin sah der Wissenschaftsrat im Gegensatz zur Humanmedizin uneingeschränkt Bedarf und hielt es deshalb für überlegenswert, Zahnkliniken auch an Universitäten ohne Klinikum einzurichten.[35] Eine Schätzung ging von einem Investitionsvolumen von 45 Millionen DM für Baumaßnahmen und Gerätschaften für den Studiengang Zahnmedizin aus. Bei einer Aufnahmekapazität von 90 Anfängern sei mit jährlichen Kosten von 20 000 DM pro Student zu rechnen.[36] Für einen Humanmedizinstudiengang veranschlagte man die Kosten zwischen 11 Millionen für 120 Studierende bei nur klinischer Ausbildung und 25 Millionen DM für 200 Studierende bei vollständiger Ausbildung.[37] Das Gutachten befasste sich auch mit der Einrichtung eines singulären zahnmedizinischen Studiengangs. Studienanteile aus der Medizin sollten nach diesem Konzept vom 2. bis zum 4. Semester an anderen Hochschulen erworben werden – man war sich sicher, dass die ungewöhnliche und unbequeme Lösung niemanden vom Studium in Bremen abhielte, da Plätze in der Zahnmedizin sehr begehrt seien.[38] Erneut griff man auf die Idee einer Kooperation mit der Universität Göttingen, die schon in der Planungsphase der Universität Bremen eine Rolle spielte, zurück.[39] Zusammengearbeitet wurde ohnehin schon seit längerem: An Bremer Krankenhäusern fand ein Teil der praktischen Göttinger Medizinerausbildung statt.[40]

Bis Ende der 1980er Jahre wurden weitere Kostenschätzungen vorgelegt. Die Planungen orientierten sich am Lehrprogramm der Göttinger Fakultät und am Bochumer Modell. Zudem ging man von der Annahme aus, dass die vorhandenen Ressourcen eine ausreichende Grundlage bildeten und so dazu beitrügen, die entstehenden Kosten möglichst gering zu halten.[41] Der „Weser-Kurier" berichtete 1988 von etwa 70 medizinischen Forschungsvorhaben an der Universität, allerdings sämtlich von Naturwissenschaftlern, Psychologen und Soziologen durchgeführt. Geplant sei nunmehr eine „Mini-Fakultät" für Medizin, die aufgrund der Menge der Drittmittel, die in die Medizinische Forschung flössen, notwendig sei.[42] Die Bezeichnung „Mini-Fakultät" bezieht sich auf das Vorhaben, mit Göttingen zusammen den klinischen Abschnitt des Studiums anzubieten. Eine Arbeitsgruppe der Universität sowie Vertreter des Senators für das Gesundheitswesen und der Ärzte des Krankenhauses St. Jürgen-Straße arbeiteten an der Konzeption des Studiengangs. Unstimmigkeiten bestanden in erster Linie bei den zu erwartenden Kosten. Aber auch die Frage, wie die Fakultät auszugestalten sei, bot Diskussionsstoff. Offenbar scheint die Zusammenarbeit und die Kommunikation zwischen den Gruppen nicht ohne Probleme gewesen zu sein.[43]

Vertreter des Wissenschaftsrats vertraten die Auffassung, ein solches Teilstudium sei nur als Vorstufe zu einer vollwertigen Medizinischen Fakultät mit Vorklinikum und Klinikum zu verstehen. Ein Ausbau, auch wenn er erst in zwanzig Jahren stattfinden sollte, müsse in die Planung einbezogen sein. Nur eine vollständige Fakultät sei konkurrenzfähig. Eine Sparversion habe vor dem Wissenschaftsrat keine Chancen.[44] Auch innerhalb der Universität zweifelte man schließlich an der Tragfähigkeit eines solchen Spar-Modells; zwar sei Bremen aufgrund des klinisch-praktischen Potentials für Göttingen interessant, doch müsse man sich fragen, ob tatsächlich alle als Ärzte tätigen Professoren in der Lage bzw. bereit seien, einen ausreichenden Kontakt zur Basisausbildung herzustellen – man solle sich nicht allein auf den guten Ruf der Universität Göttingen verlassen, sondern überprüfen, ob die Grundlagen für ein Ausbildungsangebot tatsächlich so vorhanden seien, wie man sie in der bis dahin erfolgten Ressourcenplanung zugrunde gelegt habe.[45] Da es an der Universität keine Mediziner gäbe, ließe das Studium sich also nur mit nebenamtlich als Hochschullehrer tätigen Chefärzten aufbauen. Göttinger Dozenten könnten nicht Mitglieder der Bremer Fakultät sein.[46] Der Senator für Finanzen erklärte schließlich, unter keinen Umständen der Einrichtung einer Medizinischen Fakultät zuzustimmen.[47] Mittlerweile war allerdings auch der Bewerberansturm auf Studienplätze in der Medizin zurückgegangen.[48]

Unterstützt wurde das Vorhaben von der Gesellschaft der Freunde der Universität, die noch 1990 versuchte, die inzwischen versandete Diskussion wieder zu beleben.[49] Der damalige Bremer Bürgermeister Klaus Wedemeier beurteilte das Projekt zwar als reizvoll, aber auch als sehr kostenträchtig. Er nahm die Kritik überregionaler Instanzen wie des Wissenschaftsrats ernst; als einen entscheidenden Faktor nannte er die bevorstehende Entscheidung des Bundesverfassungsgerichts über die Frage, ob im Länderfinanzausgleich künftig Ausgaben für den Wissenschaftsbereich stärker berücksichtigt sein sollten. Wedemeier empfahl den Ausbau der Kooperation von medizinischen Einrichtungen Bremens mit den Fachbereichen der Universität.[50] Die so in einem an ihn gerichteten Brief geäußerten Ansichten nahm Haeckel, Vertreter des Krankenhauses St. Jürgen-Straße im Arbeitskreis Medizinplanung, zum Anlass, die Planungsaktivitäten einzustellen.[51]

Mit der Gründung des Fachbereichs Gesundheitswissenschaften 1994, der die Studiengänge Psychologie, Gesundheitswissenschaft, LSIIbF Sozialwissenschaft/Sozialpädagogik, LSIIbF Alten- und Kranken-/Kinderkrankenpflege, Arbeitswissenschaft und Sozialpädagogik umfasste, war die Planung eines Fachbereichs Medizin endgültig zu den Akten gelegt worden. In dem neuen Fachbereich 11 arbeiteten viele der schon zuvor im Bereich der Gesundheitsforschung tätigen Mitglieder der Universität.[52] Der ehemalige Bremer Bürgermeister Hans Koschnick betont, dass er die Einrichtung des Faches Medizin begrüßt hätte. Grundsätzlich sei, wenn man sich mit dem Menschen beschäftige, nicht nur ein philosophischer und ein geisteswissenschaftlicher, sondern auch ein gesundheitlicher Aspekt zu beachten. Koschnick plädiert in dieser Sache für einen interdisziplinären Ansatz und bedauert rückblickend, dass dieser sich aus Gründen der Finanzierbarkeit nur in geringem Maße verwirklichen ließ.[53]

Seit Anfang der 1980er Jahre plante man, im Rahmen bereits vorhandener Studiengänge wie Soziologie, Geschichte, Politik, Berufspädagogik einen Diplom-Abschluss zu etablieren, und neue Ausbildungsmöglichkeiten wie Diplom Behindertenpädagogik und Diplom/Magister Kulturwissenschaften zu schaffen.

Der Wissenschaftsrat avisierte bereits 1978 die weitere Ausrichtung der Universität: *„In den Sprach- und Kulturwissenschaften sowie den Wirtschafts- und Gesellschaftswissenschaften sollen die Kapazitäten nicht verändert werden. Anläßlich des Besuchs der Universität Bremen hat der Ausschuß für Hochschulausbau auf den unverhältnismäßig hohen Anteil der Lehramtsstudiengänge an der Universität und* *insbesondere in den Geisteswissenschaften hingewiesen. Bei sinkender Aufnahmefähigkeit des Arbeitsmarktes für Lehrer erscheint es geboten, die Planung und Einrichtung neuer, nicht zum Lehramt führender Studiengänge zu forcieren. Ansonsten bleibt nur die Alternative, die Kapazitäten in den betroffenen geisteswissenschaftlichen Studiengängen zu reduzieren und in andere Fachbereiche umzuschichten."*[54] Hier deutet sich bereits an, was man spätestens ab 1982 an der Universität in Angriff nahm: die verstärkte Konzentration auf Natur- und Ingenieurwissenschaften.

Das Studienangebot umfasste inzwischen acht Fachbereiche (FB):
- FB 1: Arbeitslehre/Politik, Religionspädagogik/Religionswissenschaft, Lehramt Sekundarstufe II mit beruflicher Fachrichtung
- FB 2: Physik, Elektrotechnik
- FB 3: Biologie, Chemie
- FB 4: Mathematik, Informatik
- FB 5: Wirtschaftswissenschaft, Juristenausbildung, Sozialwissenschaft
- FB 6: Sport/Sensomotorik, Behindertenpädagogik, Diplompädagogik (Aufbaustudium), Sozialpädagogik, Psychologie, Weiterbildung
- FB 7: Englisch, Französisch, Spanisch, Deutsch als Fremdsprache
- FB 8: Deutsch, Kunstpädagogik, Musikpädagogik.

Die Fachbereiche bildeten nun die organisatorischen Grundeinheiten der Bremer Hochschulen. Ein FB umfasste verwandte Studien- oder Teilstudiengänge. FB-Rat und FB-Sprecher hießen die neuen Organe in der Akademischen Selbstverwaltung. Zu den Aufgaben des FB gehörte es u.a., das Lehrangebot sicherzustellen, Vorschläge für neue Studiengänge zu machen oder auch für die Aufhebung oder Änderung von Studiengängen, Studien- und Prüfungsordnungen zu entwerfen, Studienpläne zu beschließen, die zugewiesenen Mittel zu bewirtschaften, Prüfungen durchzuführen, Lehr- und Forschungsvorhaben zu koordinieren und Berufungskommissionen zu bilden.[55] Die Studiengangskommissionen, die es fortan für jeden Studiengang gab, unterstützten den FB; hier wurde das Lehrangebot des jeweiligen Studiengangs geplant sowie Entwürfe für Studien- und Prüfungsordnungen erarbeitet.[56] Beide Gremien setzten sich aus Vertretern aller Statusgruppen zusammen, jedoch konnte die Gruppe der Professoren im FB nicht überstimmt werden. Eine Professorenstimme erhielt den Faktor 2 1/3; somit stellten die dem FB angehörenden drei Professoren den anderen Mitgliedern gegenüber – ein wissenschaftlicher bzw. künstlerischer sowie zwei sonstige Mitarbeiter und drei Studierende – immer eine Mehrheit dar. Anders war es bei den Studiengangskommission: Eine Hälfte bestand aus Professoren und wissenschaftlichen Mitarbeitern, die andere Hälfte aus Studierenden.[57] Zwar arbeiteten die Studiengangskommissionen wichtige Elemente der Lehre aus – die Lehrveranstaltungsplanung, Studien- und Prüfungsordnungen –, das Beschlussrecht lag indes bei dem zuständigen Fachbereichsrat.

1980 stellte Wissenschaftssenator Horst Werner Franke zur Situation der Universität fest: *„Indem wir die Ansätze der Gründungszeit, die vielleicht zu euphorisch von einer breiten Reformunterstützung und einem schier unerschöpflichen Reformpotential an den westdeutschen Hochschulen ausgingen, aufarbeiten und aus den zum größten Teil wohl unvermeidlichen, a posteriori erklärbaren Fehlein-*

schätzungen lernen, können wir die Reform fortschreiben und Konsequenzen ziehen. Wir gewinnen eine realistische Perspektive für die Kernfrage, wie wissenschaftlicher Standard und Reformanspruch miteinander verbunden und die Bremer Ansätze unter veränderten hochschulpolitischen Rahmenbedingungen fortgesetzt werden können." [58] Franke ging davon aus, dass reformfeindliche Gruppen wie beispielsweise der Bund Freiheit der Wissenschaft, konservative Journalisten, aber auch einzelne Bremer Hochschullehrer eine Gegenreform versuchten und die Universität Bremen isolieren wollten.[59] Bundesweit wären die Reformansätze, die man in den 1960er Jahren entwickelt habe, bereits zur Gründungszeit der Universität Bremen stehen geblieben und spätestens Ende der 1970er Jahre zurückgenommen worden; allein in Bremen hätten diese Reformen noch Bestand, so Franke: *„Die Reforminsel Bremen wurde zu einem einsamen Ärgernis in der wieder konservativen Wissenschaftslandschaft der Bundesrepublik."*[60] Franke betonte, dass eine Isolierung der Bremer Universität, um die Berufschancen der AbsolventInnen nicht zu schmälern, nicht in Frage käme, man aber auch eine Rücknahme der Hochschulreform im sozialdemokratischen Bremen nicht in Betracht ziehe.[61] Franke sprach damit den problematischen Aspekt an, inwieweit die Bremer Universität in der bundesdeutschen Hochschullandschaft Anerkennung erhalte. *„Anerkennung von Prüfungen und Abschlüssen der Bremer Studenten, Anerkennung der Mitgliedschaft der Bremer Hochschullehrer in Berufsverbänden und wissenschaftlichen Vereinigungen, schließlich die Anerkennung der Forschungsleistungen der Universität Bremen im Rahmen des Aufnahmeverfahrens der Deutschen Forschungsgemeinschaft."*[62] Franke hob hervor, dass viele Annahmen sich nicht bestätigten – so hätten sich die Berufsaussichten der Bremer AbsolventInnen als gut herausgestellt.[63] Auch Rektor Wittkowsky äußert rückblickend die Auffassung, eine Isolation der Universität sei von konservativen Kräften versucht, aber Ende der 1970er Jahre nicht erreicht worden. Jedoch sei z.B. die Kommunikation mit den Gewerkschaften und die Kooperation mit den Arbeitnehmerkammern nicht zuletzt aufgrund mangelnder Unterstützung durch die Behörde nicht ausreichend gewesen.[64]

Die CDU-Fraktion richtete 1980 eine Anfrage an den Senat betreffend die Anerkennung von in Bremen erworbener Studienabschlüsse in anderen Bundesländern. In seiner Antwort führte Senatsdirektor Dücker aus, dass sich nicht pauschal sagen lasse, die Bremer Prüfungen würden außerhalb Bremens nicht gebilligt. Zwei Bundesländer hätten keine Probleme, vier weitere sich noch nicht entschieden. In Niedersachsen seien Bremer Absolventen in Einzelfällen und nur aus dem Grund abgelehnt worden, weil dort für bestimmte Fächer kein Bedarf bestehe. Der Senat, so Dücker, weise darauf hin, dass ein Unterschied bestehe zwischen der Nichtanerkennung eines Abschlusses und der Nichteinstellung von Bewerbern aufgrund bestimmter Fächerkombinationen, die nicht gefragt seien.[65] Einige Bundesländer zeigten zwar Vorbehalte gegen den in der Anfrage genannten Studiengang „Lehramt Sekundarstufe II berufliche Bildung", von allgemeiner Nichtanerkennung könne jedoch nicht die Rede sein.[66] Dücker machte geltend, dass es aufgrund des Kulturföderalismus häufiger Probleme mit schulischen oder universitären Abschlüssen und Leistungen gäbe und weiterhin geben werde, die nicht allein das Bundesland Bremen beträfen.[67] Aus einem Papier über den Planungsstand des Studiengangs Psychologie im Sommer 1980 geht allerdings hervor, dass zwei Universitäten – Hamburg und Frankfurt – sich weigerten, das Bremer Vordiplom anzuerkennen. Eine Intervention der Bildungsbehörde gegenüber dem Hessischen Kultusministerium blieb erfolglos.[68]

Wie aber die Reform konsolidieren, die Arbeit an und in der Universität verstetigen, fehlgeschlagene Reformansätze erkennen und gegebenenfalls zurücknehmen, den gesetzlichen Rahmenbedingungen entsprechen und auch das Bild der Universität in der Öffentlichkeit verbessern? Es stellt sich auch die Frage, warum das sozialdemokratisch regierte Bremen an der Hochschulreform festhielt, während im nationalen Rahmen – zumindest nach Wissenschaftssenator Frankes Auffassung – eine sozialliberale Koalition verantwortlich für eine konservative Bildungspolitik zeichnete.

1980 erarbeitete die Wissenschaftsbehörde ein 8-Punkte-Programm als Grundlage für die Neustrukturierung der Universität. Zu dieser Zeit ist sowohl das Verhältnis zwischen Universitäts- und Behördenleitung als auch die Zusammenarbeit innerhalb der Leitungsebene der Universität als problematisch einzustufen. Seit 1976 hatten sich die Gewichte verschoben: War zuvor die Universität das bestimmende Element gewesen, gewann – auch als Folge des neuen Wissenschaftsressorts – in den folgenden Jahren die staatliche Seite die Oberhand. Die Auseinandersetzungen zwischen Staat und Universität in dieser Phase erachtet der ehemalige Staatsrat Reinhard Hoffmann rückblickend als notwendig für das Einpendeln des Verhältnisses.[69]

Die Beziehung zwischen Universität und Senat wurde, so geht es aus einer Großen Anfrage der CDU-Fraktion vom 3. September 1980 hervor,[70] als gestört wahrgenommen. Die Partei wollte wissen, wie man die negativen Auswirkungen des mangelnden Vertrauensverhältnisses zwischen dem Senator für Wissenschaft und Kunst und leitenden Universitätsbeamten – gemeint ist der Kanzler – beurteile und was der Senat unternommen habe, um die gesetzlich vorgeschriebenen Aufgaben der Universität zu garantieren. Senator Franke antwortete, die durch das Hochschulgesetz verankerte und „entschiedene Wahrnehmung" durch ihn habe in den vergangenen Jahren wiederholt zu Konflikten mit den Hochschulen, insbesondere mit der Universität, geführt. Dazu gehörten Personal- und Berufungsentscheidungen, die Genehmigung von Studien- und Prüfungsordnungen und finanzielle Fragen. Eine Störung des Vertrauensverhältnisses sei ihm aber nicht bekannt. Es handele sich vielmehr um inneruniversitäre Probleme; leitende Beamte handelten nicht dem Hochschulgesetz entsprechend. Die Behörde untersuche das zurzeit. Ebenso sehe er die Wahrnehmung der Aufgaben der Universität als nicht gefährdet an.[71] Man habe verschiedene Dienstgespräche geführt, insbesondere mit dem Kanzler der Universität, der die Erklärung, sein Amt niederlegen zu wollen, zurückgezogen habe.[72]

Zum Verhältnis zwischen Rektor Wittkowsky und Kanzler Maaß erklärt der Rektor, es sei schwierig gewesen, den Kanzler dazu zu bringen, sich auf seine Schlüsselaufgabe zu konzentrieren, nämlich die Leitung und Führung der Verwaltung der Universität.[73] Der Kanzler habe in Angelegenheiten der Personalwirtschaft wenig strategisches Handeln gezeigt; im Gegensatz zu seinem Vorgänger, Hans-Josef Steinberg, der den Kanzler von allen wichtigen Angelegenheiten der Verwaltung ferngehalten habe, war Wittkowsky daran interessiert, dass Maaß seinen Dienstaufgaben nachkam.[74] Maaß beauftragte ein Anwaltsbüro mit der Wahrnehmung seiner Interessen, das in einem Schreiben an Bürgermeister Koschnick im Namen des Kanzlers feststellte, *„daß eine verantwortbare und ordnungsgemäße Leitung der Universität Bremen durch den Rektor nicht mehr sichergestellt ist"*, und den Senator für Wissenschaft und Kunst aufforderte, entsprechende Schritte einzuleiten.[75]

Maaß betonte, es handele sich nicht um eine persönliche Angelegenheit zwischen ihm und Wittkowsky, sondern es drehe sich um die Frage der „*Glaubwürdigkeit und Verantwortbarkeit der Universitätsleitung insbesondere auch gegenüber dem Dienstleistungsbereich und der Verwaltung*".[76] Maaß warf Wittkowsky vor, seine Dienstpflichten gegenüber der Universitätsverwaltung zu verletzen und die zuständigen leitenden Mitarbeiter bzw. betroffenen Mitarbeiter der Verwaltung zu übergehen, die häufig ohne Kenntnis von dienstlichen Vorgängen geblieben wären.[77]

Maaß verlangte vom Bremer Parlament eine auf drei Jahre befristete Vollmacht, um in der Lage zu sein, seiner Verantwortung für den Haushalt und den Dienstleistungsbereich nachzukommen. In einer Presseerklärung ließ er öffentlich mitteilen, er könne seinen Geschäften nur noch mit Unterstützung mehrerer Rechtsanwälte nachgehen – aus dem Amt wolle er sich aber nicht drängen lassen und verwies auf seine „*Gründungs-Mitverantwortung*".[78] Wittkowsky wiederum bezeichnete den „Bremer Nachrichten" gegenüber die Forderungen des Kanzlers als völlig abwegig. Er nehme aus dienstrechtlichen Gründen nicht zu den Einzelheiten der Amtsführung des Kanzlers Stellung, habe aber den Eindruck, Maaß wolle die rechtliche Stellung des Universitätskanzlers erweitern. Wittkowsky warf Maaß vor, an der Lösung der Probleme nicht angemessen mitzuarbeiten, sondern den Rektor anzugreifen. Eine effektive gemeinsame Arbeit sei nicht möglich.[79]

Der hochschulpolitische Sprecher der Bremer CDU, Schulte zu Berge, stützte die Kritik des Kanzlers: Die Transparenz der Entscheidungsstrukturen an der Universität sei unerträglich mangelhaft, der Bremer Senat habe die Verantwortung für leitende Mitarbeiter der Universität zu thematisieren. Wissenschaftssenator Franke erklärte, das Verlangen Maaß' – Rücktritt Wittkowskys und umfangreiche Vollmachten für sich selber – ließe jegliches Augenmaß vermissen. Die Universität solle sich auf ihre Aufgaben konzentrieren.[80]

Im Vorfeld der Auseinandersetzung fanden Planungen für die Umstrukturierung des Dienstleistungsbereichs statt, die mit umfangreichen Sparmaßnahmen verbunden waren, worauf im Laufe der Auseinandersetzung häufig verwiesen worden ist. Verschiedene Vorkommnisse sorgten für weiteren Zündstoff.[81] Eines davon war die Diskussion um das sogenannte „*Bäuml-Papier*" von 1980, in dem es sowohl um die Neuordnung des Planungsbereichs im inhaltlichen Bereich von Lehre und Forschung als auch um die Ressourcen ging.[82] Insbesondere die Nennung von Mitarbeitern, die künftig in diesem Komplex tätig sein sollten, und die Verbreitung des Papiers bis in die Behörde brachten Auseinandersetzungen mit sich. Erschwerend kam hinzu, dass der Rektor über einen informellen Beraterstab verfügte, in dem vieles geplant wurde – der Kanzler jedoch nicht zu dieser Runde gehörte, was allerdings unter Wittkowskys Vorgänger, Steinberg, genauso gewesen war. Wittkowsky erklärte denn auch, der Kanzler besitze keinen formalen Anspruch, an Besprechungen des Rektors mit den Konrektoren oder Vertretern hochschulpolitischer Gruppen teilzunehmen.[83] Die „Nordsee-Zeitung" erläuterte dazu: „*Zwischen Kanzler, Rektor und Wissenschaftssenator schwelt seit Monaten ein Konflikt, in dem sich die Betroffenen gegenseitig Pflichtverletzungen und Unfähigkeit vorwerfen. Erst kürzlich hatten ihre unterschiedlichen Meinungen über einen für die Universität zu beschaffenden Großrechner wiederum Anlaß für gegenseitige Beschuldigungen gegeben.*"[84]

Nach Informationen der „Bremer Nachrichten" verstärkten sich die Tendenzen innerhalb der Universität und der SPD, die gesamte Universitätsleitung – also nicht nur den Kanzler, sondern auch den Rektor – auszuwechseln. Man spreche schon über mögliche Nachfolger,[85] und die „Frankfurter Allgemeine Zeitung" nannte Jürgen Timm.[86] An der Universität jedoch fand der Rektor auch zahlreiche Unterstützer: Sechzig Professoren verschiedener hochschulpolitischer Gruppen, u.a. der „Reformhochschule", der „Demokratischen Hochschule" und der „Sozialistischen Hochschullehrer", forderten in einem Offenen Brief den Kanzler auf, seine Kritik innerhalb der Universität vorzutragen und sich der Diskussion zu stellen. Die Stellung des Rektors solle im Interesse der Universität gestärkt werden. Einer der Unterzeichner, der Wirtschaftswissenschaftler Rudolf Hickel, sprach sich dafür aus, dem Rektor endlich eine reelle Chance zu geben.[87] Maaß kritisierte die Haltung des Senators, der seiner Auffassung nach seine Fürsorgepflicht verletzt habe und Rufmord begehe – er kündigte eine Schadensersatzforderung in Höhe von 200 000 DM an.[88]

Rückblickend erklärt Wittkowsky, die offenkundigen Verfehlungen seitens des Kanzlers seien vom Wissenschaftssenator ignoriert worden. Erst nach dem Amtsantritt seines Nachfolgers Jürgen Timm habe man den Kanzler endlich beurlaubt.[89] Die Amtsführung des Kanzlers sei schon seit Jahren umstritten, so ein Kommentar von „Radio Bremen". Die Schwierigkeiten mit dem Rektor bestünden nicht erst seit Wittkowskys Übernahme des Rektorats; insofern sei es schon lange an der Zeit gewesen, eine Klärung herbeizuführen.[90]

Die Auseinandersetzung um Kompetenzen und Weisungsbefugnisse ging bis vor das Verwaltungsgericht Bremen – der Kanzler wollte eine einstweilige Verfügung gegen Weisungen des Rektors erwirken.[91] Im Verlauf des Konfliktes tauchten Briefe an der Universität auf, die jene des Kanzlers nachahmten.[92] Sowohl die Weisungen des Rektors, in denen er versuchte, die Arbeit des Kanzlers zu regeln und die Kompetenzen klar zu verteilen, jedoch sehr weitgehende Anweisungen gibt, als auch die darauf folgenden Diskussionen und insbesondere die anonymen Persiflagen auf die Briefe des Kanzlers offenbaren eine Diskussionskultur, in der man zu häufig auf persönlicher Ebene agierte und argumentierte und Nebensächlichkeiten plötzlich große Bedeutung erlangten. Auch zog der Kanzler weitere Universitätsangehörige in den Konflikt hinein.

Wittkowsky nahm in seine Forderungen zur Novellierung des Hochschulgesetzes, die er am 3. Dezember 1981 an den Vorsitzenden der Bürgerschaftsfraktion der SPD Wedemeier schickte, den Punkt auf, das Verhältnis Rektor-Kanzler im Gesetzestext klarzustellen; insbesondere im Falle des Weisungsrechtes sei es zu Unklarheiten gekommen.[93] Dazu erläuterte der SPD-Abgeordnete Fluß, der Kanzler habe das Recht, Kritik an der Universität zu üben, jedoch trage er auch ein großes Maß an Mitverantwortung an den Problemen, die der Rechnungshof festgestellt habe. *„Der Kanzler hat dann ein Disziplinarverfahren gegen sich beantragt. Der Senator handelt nach Beamtenrecht völlig korrekt, indem er Voruntersuchungen anstellt, die sich allerdings auf das gesamte dienstliche Verhalten des Kanzlers beziehen. Das paßte dem Universitätskanzler plötzlich nicht, und er geht mit allen mögliche Vorwürfen gegen den Senator an die Öffentlichkeit, spricht von einem Ausforschungsverfahren und fordert den Senator auf, alle Vorwürfe, die dieser gegen ihn hätte, öffentlich zu diskutieren."*[94] Fluß kritisierte das Verhalten des Kanzlers, der zu oft und manchmal in unangemessener Form an die Öffentlichkeit gegangen sei: *„Was soll man eigentlich von einem Beamten halten, der dazu noch Jurist ist, der öffentlich erklärt, er lege seine Dienstgeschäfte nieder, wolle aber sein Amt nicht abgeben?"*[95]

Der CDU-Abgeordnete Schulte hielt den Konflikt zwischen dem Rektor und Kanzler für ein strukturelles Problem der Universität. Er forderte mehr Unterstützung seitens des Senators für leitende Universitätsbeamte und sprach sich dafür aus, die Auffassung der Professoren bei der Entscheidung über universitäre Angelegenheiten deutlich zu wahren. Als ein Beispiel hob er die Situation der Staats- und Universitätsbibliothek hervor, die nun schon den dritten Leiter hatte, der, als er die Bibliothek am Tag der offenen Tür gegen den Willen des Personalrats offen hielt und später dafür von diesem angegriffen wurde, keine Unterstützung seitens der Leitung der Behörde erhalten habe.[96] Der Senator wies den Vorwurf zurück; er habe durchaus Hilfe angeboten, der Wunsch sei jedoch nie konkretisiert worden.[97] Ein grundsätzliches Problem stellte für Schulte die Selbstverwaltung dar, die zwar mitbestimme, aber die Verantwortung nicht mittrage.[98] Der FDP-Abgeordnete und Geschichtsprofessor Karl Holl äußerte sich dahingehend, dass die Diskussion um die Universität sich nicht nachteilig für die Studierenden auswirken dürfe.[99] Seine Analyse: *„Die Universität Bremen verkam zu einem weiteren Beispiel dafür, daß mehr Administration nicht größere Effizienz zur Folge haben muß, ebenso wenig wie mehr Entscheidungsgremien mehr Transparenz garantieren."*[100]

Senator Franke erklärte, es sei notwendig, neue Wege zu gehen und stellte in derselben Sitzung sein 8-Punkte-Programm vor. Es habe, so Wittkowsky, entscheidende Veränderungen eingeleitet und wichtige Reformen zurückgenommen – in dieser Hinsicht sei es gravierender gewesen als die Novelle des Hochschulgesetzes zwei Jahre später.[101] Die Universität, so der Senator, sei zu konsolidieren und der *„interne Immobilismus"*[102] zu überwinden. Als vorrangiges Problem habe man die Lehr- und Studienreform durch Prüfungs- und Studienordnungen so zu gestalten, dass sie eine überregionale Anerkennung erhielten. Des Weiteren ginge es darum,

– den Ausbau der Forschung im Rahmen der deutschen und internationalen Diskussion sowie die vermehrte Einwerbung von Drittmitteln zu forcieren,
– durch Umschichtung Ausstattungsprobleme zu lösen (Verwaltungsposten sollten zu Stellen für wissenschaftliche Mitarbeiter werden), die Dienstleistungsfunktion von Verwaltung und Bibliothek zu erhöhen und die ingenieurwissenschaftliche Komponente durch Einrichtung eines Studiengangs Produktionstechnik zu stärken.

Eine Umstrukturierung des Integrierten Sozialwissenschaftlichen Eingangsstudiums sei notwendig. Auch das Verhältnis von FB, Fachbereichsrat und Studiengangskommission gelte es zu verändern, um die Entscheidungsfähigkeit zu verbessern.[103] Der Senator forderte zudem eine schnellere Verabschiedung neuer Studien- und Prüfungsordnungen; teilweise sollten hier wieder externe Gutachter hinzugezogen werden.[104]

Franke entwickelte eine Konzeption, die über ein Jahrzehnt später tatsächlich weitgehend Realität wurde: *„Um den Dialog zwischen einzelnen Fachgebieten in Bremen und der nationalen Fachwelt zu fördern und für uns nutzbar zu machen, sollten für einzelne ausgewählte Wissenschaftsgebiete der Universität sogenannte Visiting Committees aus auswärtigen Fachvertretern gebildet werden, im Angelsächsischen schon längst üblich, die den Entwicklungsstand des jeweiligen Fachgebietes erörtern und in kollegialer Beratung mit den bremischen Fachvertretern*

Empfehlungen für die Weiterentwicklung des Wissenschaftsgebietes in Bremen erarbeiten, die an Universität und senatorische Behörde schließlich zu adressieren sind."[105] Eine deutliche Ähnlichkeit mit dem Konzept der Evaluation im Verbund Norddeutscher Universitäten, der man sich seit Mitte der 1990er Jahre widmete, ist nicht übersehbar. Kurz zusammengefasst behandelte das 8-Punkte-Programm folgende Themen:

1. Entscheidungsstrukturen und Dezentralisierung,
2. Neugestaltung der Entscheidungsebenen im FB und
3. deren Einrichtung innerhalb der Fachbereiche,
4. Umschichten der Ressourcen,
5. Fortschreiben und Überprüfen der Studien- und Prüfungsordnungen,
6. Ausbau des Mittelbaus,
7. Beratung durch Externe und
8. Öffentlichkeitsarbeit.[106]

Die CDU-Fraktion begrüßte vor allem den Plan, die Fachbereiche zu stärken; aus dem Beitrag des CDU-Abgeordneten Schulte geht auch hervor, dass der Senator offen dazu aufgefordert hatte, jeder Hochschullehrer könne sich mit Vorschlägen an ihn wenden[107] – eine klare Umgehung der durch das geltende Hochschulgesetz vorgeschriebenen akademischen Entscheidungsstrukturen.

Der Senator stellte schon bald fest, dass der Akademische Senat sein 8-Punkte-Programm *„emotional und pauschal"* ablehnte, dass aber die Hochschullehrer der Gruppe „Reformhochschule" und viele Hochschullehrer aus den Naturwissenschaften Punkte aus dem Programm aufgriffen.[108] Der Abgeordnete Willers von der Bremer Grünen Liste (BGL) sah in ihm zwar eine Chance für die „Reformruine", warnte aber auch vor der Entstehung einer Universität des Mittelmaßes und vor einer Verstärkung des staatlichen Drucks.[109]

Seitens des AStA der Universität Bremen wurde das 8-Punkte Programm scharf kritisiert; man setzte Konsolidierung mit der Abschaffung von Reformelementen und sich verschlechternden Studienbedingungen gleich. Insbesondere galt die Dezentralisierung als nicht hinnehmbar. Man befürchtete eine Entmachtung des Akademischen Senats und damit die Umgehung demokratischer Entscheidungswege.[110] Die Gruppe „Demokratische Hochschule" vertrat die Auffassung, die Situation an der Universität sei nicht optimal, das Programm Frankes würde bestenfalls einer Minderheit von Hochschullehrern Vorteile bringen.[111] Die „ZEIT" hob die regional ausgerichtete Technikerausbildung, die Dezentralisierung der Gremien sowie die Stärkung der Forschung hervor und schätzte diese Aspekte als *„nur auf den ersten Blick"* vernünftig ein. Es fehle die finanzielle Grundlage. Darüber hinaus seien die Regelungen *„oft nur von kurzfristigen Opportunitätserwägungen getragen."*[112] Während Franke die Dezentralisierung als Beitrag zur Sicherung der Hochschulautonomie anpreise, stärke sie tatsächlich seine Eingriffsmöglichkeiten, da der FB ihm alle Entscheidungen – seien es Studien- und Prüfungsordnungen oder Einstellungen von Hilfskräften – vorlegen müsste.[113]

Wittkowsky beschrieb in einem Brief an den Vorsitzenden der SPD-Bürgerschaftsfraktion Klaus Wedemeier Ende 1981 die Initiativen seitens der senatorischen Behörde wie folgt: *„Die monströse Umsteuerung der Universität durch gleichzeiti-*

ge Novellierung, Umstrukturierung der wissenschaftlichen Struktur, Zerschlagung des Dienstleistungsbereichs sowie Einsparmaßnahmen auch im Kernbereich von Lehre und Forschung stellen alles Erreichte in Frage."[114] Die Studienreform werde durch bloße Anpassung an traditionelle Standards völlig aufgegeben, urteilte Wittkowsky. Weiterhin kritisierte er, dass man einen Regionalbezug ausschließlich über die Stützung des natur- und ingenieurwissenschaftlichen Bereichs herstelle und staatliche Eingriffe in die Autonomie der Hochschule erfolgten.[115] Er forderte als eine Bedingung für sein erfolgreiches Weiterarbeiten als Rektor u.a. mehr abschließende Entscheidungskompetenz für die Universität, insbesondere in Personal- und Haushaltsangelegenheiten. In der Zuständigkeit des Senators für Wissenschaft und Kunst sowie der Senatskommission für das Personalwesen bei Einstellungen sah Wittkowsky eine doppelte Beaufsichtigung der Universität.[116] Auch sei der Universität Handlungsspielraum bei der Gliederung der Fachbereiche einzuräumen. Die Zuweisung von Studiengängen in einen Fachbereich dürfe nicht durch das Hochschulgesetz oktroyiert werden.[117]

Der Akademische Senat stimmte einer Erklärung Wittkowskys zu, in der er die staatlichen Eingriffe in die Fächerstruktur der Universität kritisierte und feststellte, die Universität sei bisher weder an der Diskussion staatlicher Planungsvorgaben noch an den Vorbereitungen zur Novellierung des Hochschulgesetzes beteiligt worden. Wittkowsky forderte einen angemessenen Abstimmungsprozess zwischen Staat und Universität.[118]

Im Dezember 1981 wurde der erste Hochschulgesamtplan vom Senat der Freien Hansestadt Bremen beschlossen.[119] Ein Ziel der Grundgesetzänderung von 1969, die dem Bund Einflussmöglichkeiten auf die Hochschulplanung eröffnete, bestand darin, Voraussetzungen für eine überregional abgestimmte Entwicklung des Hochschulsystems zu schaffen. Auf Bund-Länder-Ebene gab der Wissenschaftsrat Empfehlungen, erstellte der Planungsausschuss für den Hochschulbau Rahmenpläne, und die Bund-Länder-Kommission entwarf den Bildungsgesamtplan. Auf Länderebene, in den Universitäten sowie in den Fachbereichen befasste man sich mit Gesamt-, Entwicklungs- und Ausstattungsplänen.[120]

Die Sichtweise hatte sich verändert: Universitäten, Wissenschaftsministerien und Wissenschaftsrat vertraten nun die Auffassung, dass nicht allein die zu erwartenden Studierendenzahlen die Zukunft der Hochschulen bestimmen sollten, sondern auch *„die Anforderungen an die Hochschulen in angewandter und Grundlagenforschung, in Entwicklung und Wissenstransfer Kriterium für die Ausstattung der Hochschulen mit Personal, Finanzmitteln und Raum sein müssen."*[121] Die Schwerpunktverlagerung von der Lehre und der Lehrerausbildung zum Ausbau der Forschung und der Einrichtung neuer Studiengänge – in den Fällen Geowissenschaften und Kulturgeschichte Osteuropas mit Anbindung an ein Forschungsinstitut – ist also nicht auf bremische Besonderheiten zurückzuführen, sondern spiegelt eine bundesweite Veränderung.

Als entscheidend erwies sich der Wegfall der Mitfinanzierung der Universität durch die anderen Bundesländer im Jahr 1981. Sparmaßnahmen wurden notwendig. *„Das Land Bremen hat bis 1980 insbesondere die Universität in erheblichem Umfang mit Mitteln für die Schwerpunktsetzung in den Geisteswissenschaften und in der Lehrerbildung ausgestattet, die sich aus heutiger Sicht als Hemmschuh für eine zukunftsträchtige Entwicklung der Universität darstellt."*[122] Aus arbeitsmarktpolitischer Sicht und um die Abwanderung höher qualifizierter Arbeitskräfte bzw. von Personen zu verhindern, die eine höhere Ausbildung anstrebten, sei ein Umdenken in der Universitätsplanung notwendig gewesen: *„Bremen weist eine Qualifikationsstruktur am Arbeitsmarkt aus, die zwar stark mit Facharbeitern besetzt ist, jedoch im Vergleich mit anderen Großstadtregionen schwach mit Fachhochschul- und Universitätsabsolventen."*[123]

In der Vorlauffassung des Hochschulgesamtplans (HGP) für das Land Bremen heißt es dazu:
- *„Orientierung auf den Aufbau eines wissenschaftlichen Innovationspotentials, das unmittelbar der Region zugute kommt,*
- *Neuzuschnitt der einzelnen Teile des bremischen Hochschulbereichs (Betreffend globale Größenordnungen und interne Strukturierung),*
- *Konsolidierung der Universität und Stärkung ihrer wissenschaftlichen Leistungsfähigkeit,*
- *Weiterentwicklung der bremischen Fachhochschulen in Richtung auf Schaffung der inhaltlichen Voraussetzungen einer späteren Gesamthochschulentwicklung [...],*
- *Ausbau des Hochschulstandortes Bremerhaven,*
- *Optimierung des Ressourceneinsatzes, ausgehend von den durch die Sparmaßnahmen reduzierten Eckwerten."*[124]

Es ist auffallend, dass die genannten Ziele bereits im 8-Punkte-Programm des Senators aus dem Oktober 1980 enthalten sind, das sich damit als Vorläufer des HGP erweist. Für die Universität war geplant, die Lehrererstausbildung um 25 % von 2 380 auf 1 840 Studienplätze zu reduzieren, was dann noch einen Anteil von 27 % statt wie zuvor 35 % an der Gesamtkapazität der Universität bedeutete. Ebenso war der neue FB Produktionstechnik mit 300 Studienplätzen, die Verstärkung der Forschung und ihres Regionalbezugs sowie der Aufbau von meeresbezogenen Studien- und Forschungsmöglichkeiten vorgesehen, hier insbesondere Polarforschung und Geowissenschaften und ab 1983 die räumliche Konzentration in Bremerhaven im Forschungsverbund mit dem Alfred-Wegener-Institut und dem Institut für Meeresforschung.[125] Vor allem die Einrichtung des Studiengangs Produktionstechnik stufte die „ZEIT" als riskantes Prestigeprojekt ein; es fehle an den notwendigen finanziellen Mitteln, um zu vermeiden, *„daß die Leuchtrakete ‚Produktionstechnik' sinnlos im Bremer Nebel verpufft"*.[126]

Der Hochschulgesamtplan betonte die Orientierung der Universität an einer *„regional bezogenen und forschungsintensiven gesellschafts-, natur- und ingenieurwissenschaftlichen Lehr- und Forschungsstätte"*[127]. Allerdings war der Bezug auf regionale Gegebenheiten und meeresbezogene Institute schon zu Gründungszeiten der Universität anvisiert und bereits in der Universitätsdenkschrift Hans-Werner Rothes aus dem Jahre 1961 erwähnt worden. Ein Doktorandenstudium sollte die Forschung fördern, vorrangig in den Natur- und Ingenieurwissenschaften.[128] Der Diplomstudiengang Physik stand um das Jahr 1980 auf der Kippe; der Senator befürwortete seine Aufgabe,[129] doch dann entschied man, ihn beizubehalten. Wittkowsky bat den damaligen Präsidenten der DFG, Heinz Maier-Leibnitz, um ein Gutachten. Der Kernphysiker beurteilte den Studiengang zwar u.a. als desorganisiert, erklärte aber, die Physik sei Grundlage für die gesamte naturwissenschaftliche Ausbildung insbesondere mit den in Bremen angebotenen Schwerpunkten.[130] Insgesamt habe sich, so die Auffassung von Reinhard Hoffmann, dem damaligen Staatsrat in der Wissenschaftsbehörde, die Situation in den naturwissenschaftlichen Fächern, nicht allein in der Physik, aber als problematisch dargestellt und es vermehrt Auseinandersetzungen unter den Hochschullehrern gegeben, sodass die Anforderungen der scientific community nur bedingt erfüllt worden seien.[131]

Wittkowsky nahm zum HGP sehr kritisch Stellung; er beinhalte nicht die vom Hochschulgesetz verlangte Förderung der Hochschul- und Studienreform, schaffe de facto Studienplätze ab und wecke in der Öffentlichkeit durch kostenintensive Neuplanungen Erwartungen, ohne die damit einhergehenden Schwierigkeiten aufzuzeigen. Die Fachbereiche, die sich seit 1977 stabilisiert hätten und bis auf wenige Ausnahmen funktionsfähig seien, würden zerschlagen, und der Aufbau neuer Fachbereiche verlange der Universität Unzumutbares ab. *„Das vom Senator nunmehr zusammen mit der geplanten Novellierung des Hochschulgesetzes vorgelegte Maßnahmenpaket ist unbeschadet einiger vernünftiger Details geeignet, die Versuche, eine im Spannungsfeld von Reformansprüchen und politischen Realitäten tragfähige inneruniversitäre Konsolidierung, aber auch die Bemühungen der Universität um Entkrampfung ihres Verhältnisses zu überregionalen Wissenschafts- und Planungsorganisationen sowie jede Hoffnung auf eine mittelfristig angelegte Studienreformpolitik zunichte zu machen. Nicht zuletzt muß dieses Vorgehen des Staates zu einer Eskalation von Mißtrauen, Rivalität und Resignation in der Universität selbst führen."*[132] Er sieht das Ende der Reformuniversität gekommen: *„Das mit den geplanten Maßnahmen anzielte Zurechtstutzen der Bremer Universität – einst gegründet mit dem Auftrag und Anspruch, die traditionellen Formen und Verwertungsbedingungen wissenschaftlicher Tätigkeit modellhaft auch über Bremen hinaus zu überwinden – zu einer Regionaluniversität herkömmlichen Zuschnitts muß scheitern und zu neuen Enttäuschungen in der Öffentlichkeit führen."*[133] Mit dem Wegfall des Reformanspruches und dem weiteren Angleichen an die Mehrheit der bundesdeutschen Universitäten ging tatsächlich das Risiko einer, die Bremer Universität fortan als ein erfolgloses Projekt anzusehen. Der Ausbau der Studienangebote war noch nicht abgeschlossen, der in der überregionalen Presse verbreitete Ruf mehr als schlecht. Ohne den Versuch, Lehre, Studium und Organisation modellhaft weiter zu reformieren, bliebe kein Anreiz mehr für Lernende und Lehrende, an die Universität zu kommen – außer dem der Wohnortnähe.

Wittkowsky entwarf Leitlinien für seine Arbeit als Rektor, in denen er Ideen für die weitere Entwicklung der Universität formulierte,[134] deren bisherige Entwicklung er so charakterisierte: *„10 Jahre nach Aufnahme des Lehrbetriebes ist eine Unruhe in der Universität über ihren weiteren Weg entstanden, die die Forderung nach einem Neuansatz im Sinne durchgreifender Strukturveränderungen hat laut werden lassen. Ursachen dafür, daß jetzt – etwa drei Jahre nach dem umfassenden Neuansatz des Bremischen Hochschulgesetzes von 1977 – schon wieder ein Neuansatz gefordert wird, sind vielfältig und lassen sich, läßt man politische Zweifel, Pannen etc. außer Betracht, auf die nüchterne Feststellung reduzieren: Die Universität Bremen hat noch immer zu wenige Erwartungen, die mit ihrer Gründung verbunden waren, erfüllen, zu wenige Versprechen einlösen können."*[135] Wittkowsky vertrat die Auffassung, das Bremer Modell habe von Anfang an unter dem Druck gestanden, an traditionelle Muster angepasst zu werden.[136] Er fragte danach, ob der Widerstand der Mehrheit der deutschen Hochschullehrer gegen eine Reform der Lehre unterschätzt und dessen Ziel, die Arbeits- und Lebensbedingungen der Bevölkerung zum zentralen Forschungsinhalt zu machen, tatsächlich ausreichend vermittelt worden waren.[137]

Als einen schwachen Punkt, der sich beim Versuch der Demokratisierung der Hochschule eingeschlichen habe, nannte er die zunehmende Verbreitung „grauer" Entscheidungswege[138] – das Umgehen des Dienstweges und der Gremienbeschlüsse. Wittkowsky warnte davor, danach zu streben, aus dem Reformprojekt Universität Bremen eine, wie er es ausdrückt, „normale" Universität machen zu wollen. Dafür seien in der Planung der ersten Jahre zu viele Fakten geschaffen worden. Zugleich plädierte er dafür, ein spezifisches Bremer Profil zu erhalten.[139] Dazu zählte er den Praxisbezug und interdisziplinäre Bezüge, die gesellschaftswissenschaftliche Reflexion über die Bedeutung und Verwertung der Fachwissenschaften, das Projektstudium, die Arbeitswelt als Gegenstand der Wissenschaft sowie eine angemessene Beteiligung der Studierenden und der Dienstleistenden an den Entscheidungen.[140] Als Problem für die weitere Ausgestaltung der Universität und die erfolgreiche Entwicklung der Forschung bezeichnete Wittkowsky die angespannte Situation des Landes.[141] Er bemängelte die unklare Finanzlage der nächsten Jahre und die Tatsache, dass es von staatlicher Seite keine wenigstens mittelfristig verbindlichen Eckdaten für den Universitätshaushalt gäbe.[142]

Während Wittkowskys Amtszeit wurden erste Schritte unternommen, sich der Wirtschaft anzunähern und den Grundstein für die Kooperation mit dem Alfred-Wegener-Institut zu legen. Man führte ein Forschungsförderungssystem ein, das die Voraussetzung bot für die späteren Sonderforschungsbereiche. Darüber hinaus bemühte sich Wittkowsky um eine Professionalisierung der Verfahren in der Verwaltung[143] und beseitigte damit einen seit der Gründung der Universität bestehenden Mangel. Eine der Ursachen für die oft kritische Sicht von außen auf die Universität kann die teilweise wenig professionelle Pressearbeit gewesen sein. Ein Beispiel: Am 23. Januar 1981 erschien im „Weser-Kurier" ein Artikel, der auf einem Gespräch von Wittkowsky mit einer Reporterin basierte. Aufgrund eines Versäumnisses des Pressereferenten zitierte das Blatt jedoch Aussagen Wittkowskys, die er nicht zur Veröffentlichung freigegeben hatte; so warf er der Bremer SPD vor, vor jeder Entscheidung den DGB zu kontaktieren, der aber aufgrund der Doppelfunktion vieler seiner Mitglieder „gekauft" sei. Die Äußerung führte zu Spannungen zwischen dem Rektor und dem DGB-Kreisvorstand, der die Kooperation mit der Universität gefährdet sah, sowie den sozialdemokratischen Hochschullehrern. Wittkowsky entschuldigte sich zwar für seine Worte, doch ließ sich der Schaden nicht rückgängig machen.[144]

Die Integrierten Eingangsphasen IEL (Integrierte Eingangsphase Lehrerbildung) und ISES (Integriertes Sozialwissenschaftliches Eingangsstudium) galten immer noch verbindlich für StudienanfängerInnen in den Bereichen Lehramt bzw. Juristenausbildung, Wirtschaftswissenschaften und Sozialwissenschaft. In den naturwissenschaftlichen Studiengängen gab es ebenfalls Eingangsphasen, in denen man vor allem Probleme aus der Berufstätigkeit behandelte. Auch das Projektstudium wurde fortgesetzt.[145] Die Haushaltslage war dramatisch schwieriger geworden; die Mitfinanzierung der Universität durch die Bundesländer Hamburg, Hessen und Nordrhein-Westfalen, die 27 % der Betriebskosten[146] übernommen hatten – letzte Überreste des früheren Finanzierungskonzeptes –, wurde 1980 eingestellt. „*Nun muß das höchstverschuldete Bundesland für seine wenig geliebte Universität jährlich 100 Millionen Mark aufbringen.*"[147]

1981 studierten rund 8 000 Personen an der Bremer Universität. 58 % kamen aus dem Bundesland Bremen, 25 % aus benachbarten Gemeinden. Der Frauenanteil lag bei 42 %, der Anteil der Arbeiterkinder bei 18,5 % – der Bundesschnitt betrug 14 %. Die meisten Studienplätze boten sich in den Geisteswissenschaften (61 % oder 3 610 Plätze); es folgten „semitechnische" Fächer mit 19 %, die Naturwissenschaften mit 17 % und Ingenieurwissenschaften mit 3 %. Für das Wintersemester 1979/80 bewarben sich auf 1 495 Studienplätze 4 039 Studierwillige.[148] Von einem mangelnden Zulauf konnte also keine Rede sein; auch kam ein nicht unerheblicher Teil der Studierenden aus anderen Bundesländern nach Bremen. Zurückgegangen war – ebenfalls bundesweit – die Zahl der ausländischen Studierenden; im Jahr 1980 waren die Stipendien des Landes Bremen für Auslandsstudenten gestrichen worden. Dazu gesellte sich die schlechte Arbeitsmarktlage, die ein Zusatzeinkommen durch Nebenjobs erschwerte. Die finanzielle Situation vieler ausländischer Studierender hatte sich auch durch politische Umwälzungen im Heimatland – wie z.B. im Falle des Iran – und die ausbleibende Unterstützung verschärft. Die schwierige soziale Lage, so die Auffassung des AStA der Universität Bremen, verlängere die Studienzeit und gefährde so die Aufenthaltserlaubnis. Der AStA forderte den Bremer Senat auf, es den ausländischen Studierenden zu ermöglichen, ihr Studium zu beenden – zum Beispiel durch Erlassen aufgelaufener Mietrückstände in den Wohnheimen.[149]

Im Rahmen einer gesamtuniversitären Reorganisation des Lehr- und Forschungsbereiches in den Jahren 1980-1982 änderte sich auch die Zusammensetzung der Fachbereiche. Der HGP-Entwurf ging von 11 aus.[150] Das neue Hochschulgesetz, in Kraft getreten am 1. April 1982, schrieb 12 Fachbereiche vor:

Fachbereich	Studiengänge
1	Elektrotechnik, Physik
2	Biologie, Chemie
3	Mathematik, Informatik
4	Produktionstechnik (eröffnet zum WS 83/84)
5	Geowissenschaften (eingerichtet 1986)
6	Rechtswissenschaft einschließlich ISES
7	Wirtschaftswissenschaften
8	Soziologie, Geographie, Geschichte
9	Sozialwissenschaft, Politikwissenschaft/Gemeinschaftskunde, Psychologie, Religionskunde/-wissenschaft
10	Sprach- und Kulturwissenschaften: Englisch, Französisch, Spanisch, Deutsch, Deutsch als Fremdsprache, Kunst, Musik
11	Arbeitslehre (Technik, Textilarbeit, Hauswirtschaft), Behindertenpädagogik, Sport, Lehramt Sekundarstufe II mit beruflicher Fachrichtung
12	Weiterbildung, Sozialpädagogik, Diplompädagogik, Kernbereich Primarstufe, Erziehungs- und Gesellschaftswissenschaften (Lehrerbildung)

Der Wissenschaftssenator legte Wert darauf, die Sprach- und Kultur- sowie die erziehungswissenschaftlichen Fächer zusammenzulegen. Auffällig ist die erst Ende der 1990er Jahre wieder aufgehobene Trennung von Soziologie und Sozialwissenschaften. Seitens der Universität wurde der Plan des Senators, Sozialwissenschaft und Soziologie in zwei Studiengänge und damit auch auf zwei Fachbereiche aufzuteilen, massiv kritisiert. Die „Zeit" schrieb dazu, nicht Frankes Erklärung, es hätten sich im Laufe der Jahre zwei unterschiedliche Ausbildungsgänge entwickelt, sei der Grund dafür gewesen, sondern Meinungsverschiedenheiten innerhalb des Studiengangs: *„Nun pfeifen aber in Bremen die Spatzen von den Dächern, daß sich die empirischen Soziologen und die Gesellschaftswissenschaftler schlicht nicht riechen können. […] Anstatt diese beiden Gruppen zu zwingen, sich wenigstens soweit wie Wissenschaftler zu verhalten, daß sie des anderen Lehrmeinung zumindest tolerieren, trennt Franke sie in zwei Fachbereiche, die er je nach Belieben gut oder schlecht behandeln kann."*[151]

Die vom Studiengang Politik getrennte Arbeitslehre musste vollkommen neu aufgebaut werden,[152] was der Öffnung zu den Fachwissenschaften Rechnung trug. Die Studiengänge Geschichte, Geographie und Gemeinschaftskunde erhielten die Möglichkeit, neben Lehrern auch Diplomanden auszubilden und damit spezielle fachwissenschaftliche Schwerpunkte zu setzen.[153] Weiterhin war geplant, neben dem Studiengang Deutsch die Bereiche Allgemeine Textwissenschaft und Allgemeine Literaturtheorie zu verselbständigen.

Um schließlich dem Wahlverhalten der Studierenden entgegenzukommen, bei dem immer deutlicher angesichts der Arbeitsmarktlage der Trend von sogenannten „harten" Fächern hin zu einer mehr durch persönliche Neigung bestimmten Studienfachwahl gehe – Musik, Kunst, Sport etc. – wäre die Einrichtung eines Bereiches Kulturwissenschaften nötig.[154] Der erstgenannte sollte disziplinübergreifend weitergeführt werden, der zweite empirisch ausgerichtet sein.[155]

Nach seinem Rücktritt bewertete Wittkowsky die Neugliederung negativ. Die Studiengänge seien nicht wissenschaftssystematisch den Fachbereichen zugeordnet, sondern mit dem Ziel zusammengestellt worden, bestimmte Mehrheiten in den Gremien zu schaffen. Durch die vorgeschriebene Wahl von drei FB-Sprechern in den Akademischen Senat ließ sich erheblicher Einfluss auf die Mehrheitsverhältnisse nehmen.[156]

1982 wurde das 1977 in Kraft getretene Bremer Hochschulgesetz novelliert. Die Dezentralisierung der Entscheidungsstrukturen mit mehr Befugnissen für die FB setzte die alte Ordnung, einst eingeführt, um Personal und Mittel besser verteilen zu können, außer Kraft. Der Senator besaß nun die Möglichkeit, im Konfliktfall schneller einzugreifen. Darüber hinaus wurde der Konvent – das letzte drittelparitätisch besetzte Gremium mit 20 Professoren, 20 wissenschaftlichen, künstlerischen und sonstigen Mitarbeitern und 20 Studierenden – in seinen Kompetenzen eingeschränkt. Allerdings war der Konvent immer noch das Gremium, das der Universität ihre Grundordnung gab[157] – ihm kam zumindest formal noch eine gewisse Bedeutung zu, wenngleich Entscheidungen mit tagesaktuellem Charakter nicht in seinem Bereich lagen. Der Konvent wählte den Rektor, die Konrektoren sowie die Vertreter der einzelnen Gruppen in den Akademischen Senat und die Landeshochschulkonferenz. Er stimmte Vereinbarungen über die Bildung von Mitarbeiterkollegien und Satzungen von Gruppenkollegien zu und beschloss Satzungen über die Bildung von Kuratorien. Ebenso gehörten die Beschlussfassung über die allgemeine Geschäftsordnung sowie die Entgegennahme und Beratung des Rechenschaftsberichts des Rektors und die von hochschulpolitischen Grundsatzfragen zu seinen Aufgaben.[158]

Wichtigstes Beschlussorgan in hochschulpolitischen Fragen war der Akademische Senat; er entschied über Hochschulentwicklungs- und Ausstattungspläne, über den Vorentwurf zum Haushalt, die Mittelverteilung, Zulassungszahlen, die Einrichtung, Auflösung oder Änderung von Fachbereichen und anderen Organisationseinheiten sowie Studiengängen, über Forschungsvorhaben, Habilitations-, Promotions- und Studienordnungen, nahm Stellung zu Prüfungsordnungen und zu Berufungsvorschlägen, stimmte über Personalangelegenheiten und über Fragen der Kooperation mit anderen Hochschulen ab.[159] Dem Akademischen Senat gehörten fünf Professoren, vier wissenschaftliche bzw. künstlerische Mitarbeiter, vier sonstige Mitarbeiter, acht Studierende und die drei bereits genannten FB-Sprecher an.[160] Hier ist eine Verschiebung der Machtverhältnisse zu erkennen: Die zwölf FB-Sprecher wählen aus ihrer Mitte Vertreter für den Akademischen Senat, die der Konvent nicht bestätigen musste.

Die FB-Sprecher übten nun auch Funktionen des Rektors aus, der ihnen das Hausrecht übertragen konnte.[161] Neu eingeführt wurde ein FB-Beauftragter für die Lehre, ein vom FB-Rat gewählter Professor, der der Studiengangskommission vorsaß.[162]

Deren Zusammensetzung änderte sich ebenfalls. Nach dem BremHG von 1977 war die eine Hälfte der Sitze für Studierendenvertreter, die andere für Professoren und Mitarbeiter vorgesehen. Nun galt das Verhältnis von 6:3:4 oder 3:2:2 für Professoren, Mitarbeitern und Studierenden. Während die Studierenden nun über deutlich weniger Sitze verfügten, unterschied man erstmals auch hier zwischen Professoren und wissenschaftlichen bzw. künstlerischen Mitarbeitern. Die vormalige Halbparität des Gremiums gehörte nun der Vergangenheit an. Nach dem neuen BremHG erhielten die Kommissionen nur in geringem Maße Befugnisse wie z.B. die Verabschiedung des Lehrangebots.[163] Der FB-Beauftragte für die Lehre stellte das Bindeglied zwischen Studiengangskommission und FB dar.[164] Es wird deutlich, dass die wachsende Universität umzuorganisieren und vieles zu dezentralisieren war. Persönliche Verantwortung trat gegenüber kollektiven Entscheidungen in den Vordergrund, wie sich an der Figur des FB-Beauftragten für die Lehre und der stärkeren Rolle der FB-Sprecher ersehen lässt.

Wittkowsky und die Mehrheit der Vertreter im Akademischen Senat sahen die Autonomie der Universität in Gefahr.[165] Auch beklagte der Rektor einen Bewusstseinswandel bei Teilen der Professorenschaft: Man identifizierte sich nicht mehr mit dem Reformkonzept, sondern sei darauf bedacht, den eigenen Status und die Verfügungsgewalt über Personal und Mittel zu sichern.[166] Konrektor Jürgen Lott betrachtete es als problematisch, dass seitens der Bremer Bildungspolitik durch die SPD vermehrt Forschungsinstitute – sogenannte An-Institute – geschaffen würden, die mit Mitarbeitern der Universität, aber ohne Kontrolle durch die zuständigen Gremien Drittmittelforschung betreiben.[167] Der GEW-Landesverband Bremen bemängelte, die Gesetzesnovelle ermögliche staatliche Eingriffe. Die Hochschulausbildung in Bremen werde konventionell und die Reformuniversität mit ihren Merkmalen Projektstudium, Interdisziplinarität, Praxisbezug, gesellschaftliche Verantwortung, Prüfungsreform und einheitlicher Struktur aufgegeben.[168]

Die Hochschullehrer zeigten sich gespalten: Während die „Demokratische Hochschule" Tendenzen einer Gegenreform sah, stellte die „Reformhochschule" fest, dass die Novelle die Transparenz vergrößere. Kritiker hoben hervor, dass man im Vorfeld informelle Wege für konservative Professoren schaffe, die so unter Umgehung der Gremien in der Lage seien, sich an die Behörde zu wenden.[169] Auch der Jura-Professor Gerd Winter äußerte sich zu der Gesetzesnovelle und wandte sich gegen die Fokussierung auf leitende Positionen. Eine dezentralisierte Universität, so Winter, bekäme Koordinations-Probleme, der Akademische Senat sei nicht mehr in der Lage, eigene Entscheidungen zu treffen, die neuen FB-Leiter und Sprecher anderer Organisationseinheiten führten zu überflüssigen Hierarchien. Als problematisch stufte Winter ein, dass nicht mehr der Fachbereichs-Rat, sondern allein der FB-Sprecher über Drittmittelprojekte bestimmen konnte.[170]

Rektor Wittkowsky trat am 1. Juni 1982 zurück; damit waren alle bisherigen Rektoren der Universität Bremen vor Ablauf ihrer Amtszeit ausgeschieden. Gleichzeitig stellte auch einer der Konrektoren, der Religionswissenschaftler Jürgen Lott, sein Amt zur Verfügung. Der zweite Konrektor,[171] Jürgen Meyer, erst wenige Monate zuvor gewählt, blieb auf seinem Posten – er habe die Bedingungen gekannt, stehe aber ganz hinter dem Entschluss seiner Kollegen und wolle Widerstand gegen die Politik des Senators organisieren.[172] Als Grund für seinen Rücktritt nannte Wittkowsky die Verabschiedung der Novelle des BremHG durch die Bürgerschaft. Wesentliche Elemente der Reformuniversität habe man abgeschafft.[173] Die universitären Selbstverwaltungsgremien seien geschwächt worden. Die Novelle sollte, so gab der „Spiegel" die Worte des Senators wieder, *„der darbenden Wissenschaft auf die Sprünge helfen und der Universität insgesamt mehr Freiraum gegenüber mächtigen akademischen Gremien verschaffen."*[174] Das Wochenmagazin stellte aber auch fest, dass die Novelle zum BremHG nur der äußere Anlass für den Rücktritt Wittkowskys war: *„Tiefere Ursache ist der Dauerkonflikt zwischen universitärer Allmacht und staatlichem Zugriff, sowie, neuerdings, auch zwischen liberalen Demokraten und sozialistischen Ideologen auf dem Campus. Den einen geht es um wissenschaftliche Reputation, forschungsförderliche Atmosphäre und politische Pluralität, den anderen um das ideologische Konzept."*[175]

Wittkowsky selbst erklärte rückblickend, er habe das Konfliktpotential an der Universität unterschätzt und sei, wie übrigens seine Vorgänger auch, nicht mit der Gruppenstruktur an der Universität zurechtgekommen; auch war er nicht darauf gefasst, eine solche Polarisierung vorzufinden.[176] Sein Ziel sei es gewesen, die begonnenen Reformen fortzusetzen, soweit die veränderten Rahmenbedingungen dies zuließen. Der Wissenschaftssenator, so Wittkowsky, habe Unterstützung zugesagt, doch sei er in seinen Erwartungen getäuscht worden. Die Reaktion auf den *„Außendruck"*, gleichwertige Angebote zu schaffen, stufte er als *„Gleichartigkeitsdruck"* ein.[177] Zudem kritisierte er die von Hochschullehrern der Universität angewandte Methode, sich bei ungeliebten Entscheidungen direkt an den *„ohnehin längst an traditionellen Mustern orientierten"* Wissenschaftssenator zu wenden. Daraus ergab sich eine Entwertung der Gremienentscheidungen, die Wittkowsky nicht weiter hinnehmen wollte. Auch würde die Forschung den ursprünglichen Ansprüchen nicht mehr gerecht, wenn sie, unkontrolliert von den universitären Gremien, in Instituten *„an"* der Universität stattfände.[178] Seinem Versuch, ein Nebeneinander von Geistes- und Naturwissenschaften mit gegenseitigem Bezug zu etablieren, sei die Grundlage entzogen worden, kritische Wissenschaftsansätze gerieten immer weiter ins Hintertreffen.[179] Wittkowsky beurteilte die Hochschulgesetznovelle als Schlussstrich unter die Reform[180] und weigerte sich, „*das seinerzeit vorschnell geprägte Wort von der Reformruine Bremen*"[181] selbst zu bestätigen, indem er im Amt bleibe. Der ebenfalls zurückgetretene Konrektor Jürgen Lott führte weitere Gründe an: Beispielsweise sei die Wahl des Konrektors Meyer für konservative Vertreter der Hochschullehrer überraschend gewesen, so dass diese im Nachhinein versucht hätten, seine forschungspolitische Programmatik zu diskreditieren. Auch ließe sich die Autonomie der Universität zum Teil nur auf dem Weg über die Gerichte durchsetzen.[182] Insgesamt kritisierte Lott in seiner Erklärung die Kultur der politischen Auseinandersetzung innerhalb der Universität.[183] Rückblickend äußert Wilfried Müller Unverständnis für die seiner Auffassung nach mangelnde Unterstützung Wittkowskys seitens der Behörde. Insgesamt sei die Situation in einigen Fächern der Universität derart festgefahren gewesen, dass dort die Kollegen nicht mehr miteinander sprachen.[184]

Die Universität befand sich in einer Situation, in der man einerseits eine Konsolidierung erwartete, welche die Mehrzahl der Beteiligten anstrebte, andererseits aber das BremHG von 1977 und dessen Novelle 1982, das Acht-Punkte-Programm und der sich darauf stützende HGP innerhalb relativ kurzer Zeit eine umfassende Neuorientierung von der Universität verlangte. Erschwerend kam die Veränderung der Rahmenbedingungen durch den Wegfall der Mitfinanzierung durch andere Bundesländer hinzu.

Der Grundstein für wesentliche Veränderungen an der Universität war aber gelegt. Zum einen durch die erwähnten gesetzlichen Grundlagen und politischen Steuerungen, zum anderen aber auch durch die Einrichtung eines ersten ingenieurwissenschaftlichen Studiengangs, der Produktionstechnik, und den Beginn der Gründung von Instituten an und im Umfeld der Universität.[185] Sie waren zwar mit der Universität verbunden, aber unabhängig von deren innerer Struktur, und vereinfachten in den folgenden Jahren die Verflechtung mit der Wirtschaft, da sich Kontakte knüpfen ließen, die der Universität häufig verweigert worden waren.[186]

Die Strategie der Universität bis 1982

Der Ausbau der Studiengänge an der Universität Bremen sollte sich an der Entwicklung neuer Technologien orientieren und eine zentrale Aufgabe erfüllen, nämlich die Ausbildung hochqualifizierter Arbeitskräfte zur Verbesserung der industriellen Infrastruktur. Besondere Bedeutung kam der interdisziplinären Zusammenarbeit von Natur-, Ingenieur- und Gesellschaftswissenschaften zu. Weiterbildungsmöglichkeiten sollten die Bildungschancen in der Region erhöhen und die Trennung zwischen beruflicher und allgemeiner Bildung verringern bzw. aufheben.[187] Vor allem bei den technischen Studiengängen ist dieser Anspruch – zumindest in der Planungsphase – eingehalten worden.

In den Anfangsjahren hatte es enorme Investitionen gegeben. Nicht nur in Bremen, auch bundesweit standen dem tertiären Bildungssektor hohe Summen zur Verfügung. Außerdem sei die staatliche Seite für neue hochschulpolitische Ideen sehr aufgeschlossen gewesen, so die Einschätzung des ersten Kanzlers der Universität, Hans-Heinrich Maaß-Radziwill.[188] Das habe auch für neue Forschungsfragen gegolten; so wurde erstmals die „Geschichte der Arbeiterbewegung" mit dem durch Hans-Josef Steinberg besetzten Lehrstuhl ein *„würdiger Gegenstand wissenschaftlicher Auseinandersetzung".*[189]

Wittkowsky schrieb 1981, die Universität habe die an sie gestellten Erwartungen in den ersten zehn Jahren nicht zufriedenstellend erfüllen können, weshalb man weitere Umstrukturierungen gefordert habe.[190] Bereits sechs Jahre nach ihrer Gründung schaffte man wichtige Teile der Universitätskonzeption ab oder veränderte sie in wichtigen Bereichen. Das betraf in erster Linie die Drittelparität, aber auch die Reform der Lehre. Äußere Umstände wie das HRG spielten dabei eine Rolle, waren jedoch nicht allein ausschlaggebend. Schon vor der Eröffnung der Universität standen Ideen und Konzeptionen bereit. Nicht alle ließen sich verwirklichen, viele blieben Papier. Und wenige Jahre danach war schon Manches nicht mehr realisierbar – das allein dürfte die Entwicklung der jungen Universität gehemmt haben.

Kurze Zeit nach Verabschiedung des BremHG standen weitere tief greifende Veränderungen ins Haus. Die Universität musste reagieren, wollte sie sich als Institution konsolidieren. Doch hat man ihr in den ersten Jahren ausreichend Zeit und Ruhe gegeben, um zu sich selbst zu finden? Es ist ein Unterschied, ob man Einzelheiten, die sich als realitätsfern erweisen, verändert oder man nach einer kompletten Umstrukturierung verlangt – oder ob die gesetzliche Grundlage sich wandelt. Eine große Rolle spielte selbstverständlich die Finanzlage. Insbesondere das Ende der Mitfinanzierung der Universität durch andere Bundesländer bedeutete eine starke Einschränkung. Auch der Reformdrang in der Bildungspolitik ließ nach, konservative Positionen lebten wieder auf.[191]

Wittkowskys Nachfolger Jürgen Timm benannte in seiner Bewerbung für das Rektoramt einige Aspekte, die er als Erfolge der Universität betrachtete: Es seien wichtige Reformideen in den verschiedensten Bereichen der Ausbildung, der Organisation von Lehre und Forschung, der Personalstruktur und der Selbstverwaltung entwickelt worden. In mehreren Fällen habe man überzeugende Modelle für die Verknüpfung von Theorie und Praxis im Studium gefunden, bedeutsame Reformziele seien zumindest teilweise realisiert worden, so die wissenschaftliche Beschäftigung mit gesellschaftlich relevanten Fragen, die Öffnung der Universität für Studierende des zweiten Bildungsweges, die Serviceleistungen der Universität für die Region, die Entwicklung eines Weiterbildungsangebotes, die Kooperation mit den Gewerkschaften und die Entwicklung neuer Mitbestimmungsmodelle am Arbeitsplatz und in den Gremien. Vernachlässigt habe man allerdings die Forschungsorganisation und die entsprechende Personalstruktur, auch die Förderung der Gruppen- und Einzelforschung sei nicht ausreichend gewesen. Timm stellte aber auch fest, dass die Veränderungen in diesem Bereich bereits messbare Ergebnisse zeigten, die sich an den zunehmenden Publikationen Bremer Wissenschaftler ablesen ließe.[192] Die Universität sei jedoch in eine Krise geraten, ausgelöst durch eigene Fehler, aber auch durch die sich wandelnden Rahmenbedingungen. Als problematisch stufte Timm 1982 die finanzielle Basis der Universität und die fehlende Autonomie ein. Das Verhältnis Staat-Universität befand sich seiner Auffassung nach in einem Teufelskreis aus Forderungen und Verweigerung. Der Reformanspruch dürfe nicht aufgegeben werden, er bestimme die Studien- und Forschungsstruktur der Universität. Immer noch fehle die Anerkennung durch die noch ausstehende Aufnahme in die Deutsche Forschungsgemeinschaft. Auch die Heftigkeit der öffentlichen Auseinandersetzung und der Pressekampagnen habe der Universität geschadet, während sie sich in den ersten Jahren noch auf breite Unterstützung verlassen konnte. Die inneren Konflikte müssten überwunden und eine handlungsfähige Universitätsleitung und -verwaltung aufgebaut werden. Letztere sei vom Konflikt zwischen Rektor, Kanzler und Senator belastet gewesen.[193]

Auffallend ist, dass in der Anfangszeit gewerkschaftliche Vorstellungen zur Bildungsreform und Forschungsstruktur an der Universität Eingang fanden. Die Einflussnahme privatwirtschaftlicher Interessen auf die Forschung wurde ebenso abgelehnt wie die finanzielle Abhängigkeit der Forschenden vom Auftraggeber. Die freie Zugänglichkeit der Ergebnisse und der Grundsatz demokratischer Kontrolle bei der Forschungsplanung waren Forderungen des DGB von 1972.[194] Auch andere bildungspolitische Vorschläge der Gewerkschaften, beispielsweise das Kontaktstudium für Lehrerinnen und Lehrer, wurden in Bremen verwirklicht.[195]

Die Universität, in den ersten Jahren intensiv ausgebaut, erreichte schon bald eine Größe, in der die ursprünglich angestrebte Organisation von Lehre und Forschung – insbesondere bei der Projektplanung – nicht mehr möglich war: *„Ein relativ kleines Hochschulwesen kann sich nicht nur eine andere (einheitlichere) Organisation leisten als ein großes (das differenzierter sein muß), sondern kann sich auch inhaltlich andere Ziele setzen und andere Maßstäbe anlegen."*[196] 1971/72 fing man mit 450 Studierenden an, für 1976 plante man 3 800 Studierende aufzunehmen – und 1980 waren rund 8 000 Studierende an der Universität Bremen eingeschrieben.

Ein Zusammenhang der Trennung der Senatsressorts für Schule und für Wissenschaft mit der schwindenden Bedeutung der Lehrerbildung und dem Angebot wissenschaftlicher Studienabschlüsse neben dem Staatsexamen lässt sich nicht eindeutig nachweisen. Jedoch scheint das Argument, die Lehrerbildung sei aufgrund der schlechten Arbeitsmarktsituation zugunsten anderer Abschlüsse zurückgefahren worden, nicht besonders schlüssig angesichts der geringen Möglichkeiten, die der Arbeitsmarkt für Magisterabsolventen bereithielt. Auch die allgemein gesunkenen Chancen für Absolventen verschiedenster Fachrichtungen ist zu berücksichtigen. Der Arbeitsmarkt bot Ende der 1970er Jahre nicht ausreichend Raum für die gestiegene Zahl von Hochschulabsolventen, insbesondere die Kapazitäten des Öffentlichen Dienstes waren ausgeschöpft.[197] Zwar wurden mögliche Berufsfelder der künftigen Absolventen von Beginn an einbezogen.[198] So bestand zwar die Perspektive, die spätere berufliche Tätigkeit bei der Ausbildung zu berücksichtigen, jedoch waren die Berufsfelder vage formuliert, es handelte sich häufig um solche mit geringen Chancen auf dem Arbeitsmarkt oder um eher als fachfremd einzustufende Tätigkeiten. Theorie und Praxis miteinander in der universitären Ausbildung zu verknüpfen, stieß bei der Einführung nicht direkt berufsqualifizierender Studiengänge an Grenzen.

Ungeachtet der gesetzlichen Bestimmungen, die die Zuständigkeit der verschiedenen offiziellen Gremien regelten, ist evident, dass informelle Runden großen Einfluss hatten. Zu nennen sind an erster Stelle die Rektoratsrunden, wie sie bei Stein-

Universität Bremen aus der Sicht des Stadtteils Horn – Luftbildaufnahme, etwa 1974

berg und Wittkowsky gang und gäbe waren, aber auch die verschiedenen politischen Gruppierungen. Informelle regelmäßige Treffen bestimmen bis in die Gegenwart die Hochschulpolitik mit, wie z.B. die der Dekane.[199] Das untergrub die Transparenz der Entscheidungen, deren Träger mitunter nicht gewählte Vertreter einer Statusgruppe, sondern die durch die jeweiligen Initiatoren der Treffen bestimmten Teilnehmer waren. Die Bedeutung der universitären Selbstverwaltung schwindet, wenn solche Kreise die eigentliche Richtung der Hochschulpolitik vorgeben.

Die ersten drei Rektoren der Bremer Universität traten vor Ablauf ihrer jeweiligen Amtszeit zurück. Die Gründe ähnelten sich: Die Hochschulreform wurde durch staatliche Regelungen schrittweise eingeschränkt. Das BHG von 1977 als Folge des HRG schränkte den Spielraum der Universität ein. Experimentiermöglichkeiten, aber auch bereits eingespielte Verfahren wie die drittelparitätische Besetzung der Gremien gingen verloren. Mit der anfangs freien Planung, in Einzelaspekten von Staat und Universität ausgehandelt, war es nun vorbei. Zu berücksichtigen ist, dass sich das HRG und die entsprechenden Landesgesetze auf alle Universitäten auswirkten.

Eine interessante Mitbestimmungsvariante im Dienstleistungsbereich stellte auch nach Abschaffung der Drittelparität das Konrektoramt dar. Mit ihm bot sich die Aussicht, auf die Situation der Kollegen und Kolleginnen Einfluss zu nehmen.[200] Gemäß § 84 BremHG 1977 bewarben sich Dienstleister als Konrektor und wurden auch gewählt, wie z.B. Ludwig Kohlmüller.

Die vor allem in konservativen Kreisen verbreitete Annahme, die Universität Bremen sei isoliert in der *„scientific communitiy"* gewesen, ist als falsch zu bezeichnen.

Schon früh knüpfte man Kontakte für internationale Partnerschaften mit anderen Universitäten.[201] Es ist sicher auch nicht richtig, die Universität in den 1970er Jahren als isoliertes Experiment zu betrachten. Allerdings waren die Reformen in Bremen sehr weitgehend, die Universität blieb aber in die Hochschulentwicklung der Bundesrepublik insgesamt eingebettet.

Seit 1969 erhielten sowohl der Bund als auch die Landesregierungen mehr Einfluss auf die Hochschulplanung; ausgehend von der Grundgesetzänderung 1969 vereinheitlichte das HRG das deutsche Universitätswesen, ließ den Ländern dabei aber Spielräume zur Ausgestaltung. Die traditionelle Ordinarienuniversität wurde abgeschafft, an ihre Stelle trat die Gruppenuniversität. Sowohl die Professoren als auch die universitäre Selbstverwaltung verloren Kompetenzen, während die anderen Gruppen an den Hochschulen zunächst mehr Einfluss gewannen. Das änderte sich nach der Entscheidung des Bundesverfassungsgerichts, das den Professoren letztendlich die Verfügungsgewalt und Verantwortung in Fragen von Lehre und Forschung übertrug. Der Staat, sowohl die Bundesregierung als auch die Länderregierungen, bildeten fortan Steuerungsmechanismen aus und etablierten so eine langfristige, verbindliche Hochschulpolitik und -planung.

„Dem Mangel an überregionaler Planung auf der einen Seite entsprach in der Vergangenheit das Prinzip der Hochschulautonomie, auch wenn diese von jeher staatliche Institutionen gewesen sind. In der neuen Entwicklung in Richtung eines kooperativen Föderalismus geben die Bundesländer einige Kompetenzen ab an die höhere Ebene bundesstaatlicher Planung. Gleichzeitig verstärken die Länder ihren Zugriff auf die Hochschulen an der Basis und fordern damit eine negative Reaktion der Hochschulen heraus."[202] Die Einschätzung von Peisert und Framhein ist durchaus auf die Universität Bremen übertragbar: Das Gleichgewicht zwischen staatlichem Einfluss und Eigenverantwortung der Universität war noch nicht gefunden. Bis etwa 1976 stellte die Universität das bestimmende Element dar, danach die Wissenschaftsbehörde.[203] Den Reformideen der Gründungsphase blieb wenig Zeit, sich an der Realität abzuschleifen und zu verfestigen. Hier lässt sich eine Parallele zur Bremischen Schulreform nach 1945 ziehen: Reformen wie die sechsjährige Grundschule wurden nur wenige Jahre erprobt, teils aufgrund politischer Entscheidungen des Bremer Senats, teils auch aufgrund bundesweiter Entwicklungen.[204] Neue bildungspolitische Ideen brauchen aber mehr Zeit. Wie sollen sie sich entfalten, wie Erfahrungen gesammelt und Modifizierungen vorgenommen werden, wenn sich alles zwischen Tür und Angel abspielt und es dafür keinen Raum gibt? Staudt geht davon aus, dass der Aufbau einer Forschungs- und Ausbildungsinfrastruktur im Hochschulbereich 10 bis 15 Jahre in Anspruch nimmt[205] – der Universität Bremen stand bis zu den ersten einschneidenden Veränderungen gerade einmal die Hälfte davon zur Verfügung.

Rektor Jürgen Timm

6. Rektor Timm: 1983-2002 – Ausbau der Universität auf den Gebieten der Natur- und Ingenieurswissenschaften und der Weg zur anerkannten Forschungsinstitution

„Die Bremer Universität wirkt wie eine moderne Poliklinik zur Behandlung von Unwissenheitsleiden, die unzähligen Wegweiser und Pfeile an den Wänden und Lichthöfen steuern die Patientenmassen durch Staatsexamen und Magisterprüfungen." [1]

„Jetzt gibt's Büchertische, wo Leute ihre alten linken Bücher verkaufen. Der Marktwert ist gering" [2]

In den 1980er Jahren beruhigte sich die Situation nicht nur an der Bremer Universität. In der Bundesrepublik insgesamt trat eine Stagnation ein. Die Innovationskraft der 1960er und 1970er Jahre hatte sich verbraucht, die zum Teil heftigen Diskussionen um die Hochschulpolitik waren abgeflaut.[3] Der Wissenschaftsrat konstatierte 1982, dass es in den Jahren von 1978 bis 1981 einen Überhang an offenen Stellen für Maschinenbau- und Elektroingenieure, Informatiker, Mathematiker und Physiker gab – entgegen der in der Öffentlichkeit in den 1970er Jahren vertretenen Auffassung, dass die Hochschulen zu viele Ingenieure und Naturwissenschaftler ausbilden würden. Der nun festgestellte Ingenieurmangel und die damit besseren Berufsperspektiven für Absolventen, so der Wissenschaftsrat, wirkten sich auf die Zahl der Studienanfänger in den entsprechenden Fächern aus.[4] Auf der anderen Seite verschlechterte sich die Arbeitsmarktlage für Lehrer, Geistes- und Sozialwissenschaftler.[5]

Die Geschichte der Universität Bremen in den 1980er Jahren ist auch vor diesem Hintergrund zu betrachten: Der Ausbau der Ingenieurs- und Naturwissenschaften folgte den Anforderungen des Arbeitsmarktes ebenso wie die damit verbundene geringere Gewichtung der Geistes- und Sozialwissenschaften. Wissenschaftssenator Franke äußert dazu: *„Diese erste Universität in Nordwestdeutschland ist aus strukturpolitischen und aus Bedarfsüberlegungen in den Sechziger Jahren – auf überregionale Empfehlungen hin, an denen vor allem der Wissenschaftsrat beteiligt ist – als Ausbildungsuniversität gegründet worden. Um diese Ausbildung an der Universität Bremen hat es in den vergangenen Jahren ja vielfältige Diskussionen gegeben. Dabei ist uns manches zu Recht vorgehalten worden. Anderes, was für diese Universität gesprochen hätte, wurde zu wenig beachtet; z.B. gibt es hier einen Studiengang, in dem seit Jahren völlig unbeanstandet ganz solide Elektrotechniker ausgebildet werden. Strukturpolitische Überlegungen und die drastische Veränderung des Bedarfs an Lehrern haben uns vor einigen Jahren zu der Überzeugung gebracht, daß eine Umstrukturierung der Universität dringend notwendig ist. Seither arbeiten wir daran, die Universität Bremen von einer vorwiegend geisteswissenschaftlich orientierten Lehrerbildungsstätte zu einer naturwissenschaftlichen, ingenieurwissenschaftlichen* *und sozialwissenschaftlichen Ausbildungs- und vor allem Forschungsstätte umzugestalten. Das Volumen der Ausbildungsplätze für Lehrer wurde von über 50 % auf rund 27 % reduziert."*[6]

Anfang der 1980er Jahre erkannte man die zunehmende Perspektivlosigkeit der LehramtsabsolventInnen auf dem Arbeitsmarkt als Problem. Der politische Senat schlug weitere Abschlussmöglichkeiten in den Lehramtsfächern vor. Damit einher ging jedoch sogleich die Frage, ob die Aussichten für Diplomanden und Magister auf dem Arbeitsmarkt überhaupt besser wären. Des weiteren war klar, dass für die Einführung neuer Abschlüsse zusätzliche Stellen benötigt würden.[7] Die Beliebtheit des Lehramtsstudiums sank bis Mitte der 1980er Jahre. Im Zeitraum von 1970 bis 1974 hatten sich noch über 40 % der StudienanfängerInnen an bundesdeutschen Universitäten für ein Lehramtsstudium entschieden. Erst 1987 stieg ihre Zahl wieder an.[8] Bemerkenswert ist allerdings, dass die Fächer aus dem kultur- und sprachwissenschaftlichen Bereich davon wenig betroffen waren, während sich deutlich weniger Lehramtsstudierende für Mathematik und Naturwissenschaften interessierten.[9] Etwa im selben Zeitraum ist ein deutlicher Anstieg der StudienanfängerInnen in den Wirtschaftswissenschaften zu beobachten, während trotz der guten Arbeitsmarktsituation die Zahl der AnfängerInnen in Mathematik sowie den Naturwissenschaften leicht sank und in den Ingenieurswissenschaften nur wenig anstieg.[10]

Die negative Entwicklung des Arbeitsmarktes für Lehrer war offensichtlich wenige Jahre zuvor noch nicht absehbar. Noch 1975 wollte der Bremer Senat prüfen, ob nicht auch in Bremerhaven Lehramtsstudiengänge einzurichten seien, um die Ausbildungskapazitäten der dortigen Schulen zu nutzen.[11] Anfang der 1980er Jahre straffte Bremen die Organisation des Lehramtsstudiums. Für Routinearbeiten wurde die Organisationseinheit Lehrerbildung (OEL) gegründet, um die an der Lehramtsausbildung beteiligten Studiengänge zu entlasten.[12] Ende September 1983 waren in der Region Bremen 3 328 AbsolventInnen eines geisteswissenschaftlichen oder eines Lehramtsstudiums arbeitslos. Nur 36 davon fanden in Bremen eine Stelle. Auch AbsolventInnen natur- und ingenieurwissenschaftlicher Fächer waren betroffen: hier standen 1 906 Stellensuchenden 111 offene Stellen gegenüber. Die Universität begann, sich Gedanken über Weiterbildungsmaßnahmen für arbeitslose AkademikerInnen zu machen.[13]

Angesichts der schlechten Arbeitsmarktsituation für Akademiker überlegte man an der Universität, wie die Assistenzprofessoren, deren Verträge ausliefen und deren Status infolge des BremHG zugunsten des Wissenschaftlichen Mittelbaues aufgehoben war, weiterbeschäftigt werden könnten. Die Bewerbungslage für die Inhaber der nun auslaufenden Assistentenstellen stellte sich deutlich ungünstiger als zehn Jahre zuvor dar, da die Phase der bundesweiten Universitätsneugründungen vorbei war. Ein Vorschlag lautete, die Assistenten mit unbefristeten Verträgen im Bereich der Lehre, Forschung und der Forschungsorganisation auszustatten. Dabei ging man von 10 bis 15 % der Mittelbaustellen aus, die in solche Beschäftigungsverhältnisse umgewandelt werden sollten.[14] Der Akademische Senat beschloss daher, eine bestimmte Anzahl als unbefristet auszuweisen und beauftragte den Rektor, näheres mit dem Senator für Wissenschaft und Kunst auszuhandeln. Die Stellen sollten bevorzugt ehemalige Assistenzprofessoren und Wissenschaftliche Mitarbeiter erhalten.[15]

Als problematisch stuften viele Mitglieder der Universität auch die Situation der Lehrbeauftragten ein. Ursprünglich nur als Ergänzung der Professoren gedacht, deckten sie mittlerweile große Teile des Lehrangebots ab, so z.B. im Bereich der Sprachwissenschaften – allerdings zu wesentlich schlechteren Konditionen als bei einer Fest- oder auch befristeten Anstellung.[16] Noch heute werden Lehrbeauftragte nur für die tatsächlich gehaltenen Stunden bezahlt, nicht für die Vorbereitung der Veranstaltung oder die Beratung und Betreuung von Studierenden.[17] In der Regel stand – und steht – ihnen auch kein Arbeitsraum an der Universität zur Verfügung.

Die Bildungspolitik der Bundesrepublik veränderte sich nach dem Regierungswechsel von der sozialliberalen Koalition unter Helmut Schmidt zu der Koalition aus CDU und FDP im Jahr 1982. Die neue Ministerin für Bildung und Wissenschaft, Dorothee Wilms (CDU), forderte die Hochschulen auf der Basis von 16 Thesen zur Hochschulstruktur auf, eigene Profile zu entwickeln. Der Wettbewerb zwischen den Hochschulen um wissenschaftliche Anerkennung, Qualität in Forschung und Lehre und um Forschungsmittel sollte wieder belebt werden und die Universitäten sich auch darauf vorbereiten, in einen Wettbewerb um die Studierenden zu treten, da man von einem Rückgang der Abiturientenzahl ausgehen müsse. Voraussetzung dafür sei eine größere Selbständigkeit der Institutionen, so bei der Gestaltung der Studiengänge, der Personalpolitik und bei finanziellen Entscheidungen. Wilms regte zugleich eine Überprüfung der Hochschulfinanzierung an. Für hervorragende Leistungen sollten materielle Anreize geschaffen werden. Weiter noch als Wilms' Thesen gingen andere CDU- Politiker. Sie diskutierten die Frage der Schulzeitverkürzung und ob die Vorbereitung auf das Studium an die Universitäten verlegt werden sollte. Einer der Befürworter solcher Ideen war beispielsweise der rheinland-pfälzische Kultusminister Georg Gölter.[18]

1982 folgte der Mathematiker Jürgen Timm, seit 1971 Professor und zwischenzeitlich auch Konrektor in Bremen, dem zurückgetretenen Alexander Wittkowsky als Rektor. Erstmals verfügte der Akademische Senat bei seiner Wahl über mehr Einfluss. Bis dahin war der Rektor in geheimer Wahl vom Konvent bestimmt worden. Nun – nach der Novelle des BremHG – erstellte der Akademische Senat nach den Anhörungen der Bewerber eine Vorschlagsliste, über die dann der Konvent befand und die auch mit dem Senator für Wissenschaft abgestimmt wurde. Somit stieg der Einfluss der Statusgruppe der Professoren, da deren Stimmen im Akademischen Senat eine höhere Gewichtung erfuhren. Eine Einflussnahme des Senators gegen die Vorschläge der Universität galt als unwahrscheinlich, war aber durch das Gesetz möglich geworden.[19] Bei der Neuwahl des Rektors zeigte sich sogleich der Nutzen des Verfahrens. Vorgeschlagen waren die Professoren Jürgen Timm aus Bremen und Wilfried von Bredow aus Marburg. Bei der Wahl im Konvent erreichte Timm nicht die erforderliche Mehrheit von 31 Stimmen; er kam in beiden Wahlgängen auf 29 Stimmen, von Bredow erhielt im ersten Wahlgang zwei, im zweiten eine Stimme. Die übrigen Konventsmitglieder enthielten sich. Daraufhin entschied man sich dem Bremer Senat gegenüber für beide Bewerber. Timm erklärte, er würde einer Bestellung durch die Landesregierung zustimmen, obwohl sein Amtsantritt durch das Verfehlen der erforderlichen Mehrheit nicht erleichtert worden sei.[20] Erwartungsgemäß schlug Wissenschaftssenator Franke dem Senat Timm als den Bewerber mit den meisten Stimmen für das Rektoratsamt vor und bedauerte, dass sich für die Neuorientierung in der Hochschulpolitik keine Mehrheit finden ließ.[21] Der zeitgleich stattfindende Gebührenboykott der Studierenden wurde nebenbei durch die Wahl beendet und festgestellt, dass die Studierenden, deren Immatrikulation durch den Boykott ruhte, nicht abstimmen könnten. Daher zahlte der AStA die Gebühren für die Studierendenvertreter im Konvent.[22]

Vom Rücktritt Wittkowskys überrascht, schildert Timm die Stimmung an der Universität als insgesamt „*festgefahren*". Auch eine emotionale Aufladung der Situation habe er festgestellt, die ursächlich für die Selbsttötungen von Hochschullehrern gewesen sei. Die Universität sei Ende der 1970er und Anfang der 1980er Jahre wenig unterstützt worden. Die Gewerkschaften und die SPD standen nicht mehr hinter dem Projekt, so Timms Einschätzung. Es galt, die Grabenkämpfe zu überwinden, und er sah eine Chance, als Rektor mit einem neuen Programm einen symbolischen Neuanfang zu machen.[23]

Zudem zeigte er sich überzeugt, einen breiten Konsens zu erreichen. Zur Lage der Universität und ihrer Perspektive verdeutlichte er: „*Trotz einiger Erfolge in Teilbereichen ist die Universität Bremen durch strukturelle Defizite, durch eigene Irrtümer und Fehlentwicklungen sowie durch Veränderung der Rahmenbedingungen in eine ernste Krise geraten, die u.a. durch finanzielle Unsicherheit, Verlust der Autonomie, mangelnde Anerkennung der wissenschaftlichen Leistung, hohe Politisierung und interne Grabenkämpfe, Abschotten gegenüber der Außenwelt und weitgehende Handlungsunfähigkeit gekennzeichnet ist. Zur Überwindung dieser Krise sind vorrangig Autonomie und finanzielle Basis durch die Betonung des wissenschaftlichen Auftrages der Universität schrittweise zurückzugewinnen, konstruktive Dialoge mit dem wissenschaftlichen und gesellschaftlichen Umfeld zu führen, eine handlungsfähige Leitung und Verwaltung herzustellen, politische Kontroversen und Fraktionierungen hintanzustellen und ein Klima der Toleranz und der gegenseitigen Anerkennung von wissenschaftlichen Leistungen und Personen zu verbreiten, das solidarisches Handeln und angemessene Formen der Auseinandersetzung erleichtert, in denen auch wissenschaftlicher Standard und Reformziele neu diskutiert, definiert und realisiert werden können.*"[24]

Der Kanzler der Universität, Hans-Heinrich Maaß-Radziwill, wurde ab dem 1. März 1983 beurlaubt.[25] Er selbst hatte seine Entlassung beantragt.[26] Somit bekam die Universität erstmals einen neuen Leiter der Verwaltung. Ralf Wilken, der zweite Kanzler der Universität, war bis dahin Personalreferent der Geschäftsstelle der Deutschen Forschungsgemeinschaft in Bonn gewesen.

In den folgenden Jahren verbesserte sich die Zusammenarbeit zwischen der Wirtschaft und Universität zusehends. Bereits unter Rektor Wittkowsky war es zur Gründung von An-Instituten gekommen, intensiviert jedoch vor allem durch den Einfluss von Wirtschaftssenator Werner Lenz. Im Laufe der 1980er, vor allem aber der 1990er Jahre entstand ein Netz von eng mit der Universität verbundener Forschung, das ein hohes Volumen an Drittmitteln mit sich brachte. Das trifft nicht nur für die Natur- und Ingenieur-, sondern auch für die Sozialwissenschaften zu, hier insbesondere für die Politikwissenschaft.[27] Hinzu kamen Neuerungen wie die 1983 in Zusammenarbeit mit der Gesellschaft der Freunde der Universität eingeführte Verleihung des Bremer Studienpreises.[28]

Doch auch alte Kooperationen lebten weiter. Die Zusammenarbeit zwischen Gewerkschaften und Universität sollte sogar noch intensiviert werden, so das Ergebnis einer Tagung des Hochschulpolitischen Arbeitskreises des DGB-Landesbezirks Niedersachsen an der Universität am 18. November 1982, an der auch Timm teilnahm.²⁹ Es gelang dem neuen Rektor, in Verhandlungen mit dem Senat der Freien Hansestadt Bremen den Einstellungsstopp aufzuheben,³⁰ sodass Wissenschaftliche MitarbeiterInnen davon nun generell ausgenommen waren. Die Regelung galt vorerst für 75 % der freiwerdenden Stellen bis zum März 1984. Für Lehrbeauftragte, Tutoren und Hilfskräfte war eine generelle Freigabe erreicht worden.³¹

Der Zustrom von Studierenden führte in mehreren Studiengängen zu einem Überlastproblem, was den Akademischen Senat zu einem Beschluss veranlasste, den Zugang zur Universität frei zu halten, wenn die steigenden Studierendenzahlen bei der künftigen Finanzausstattung berücksichtigt würden. Bereits 1977 war von den Regierungschefs des Bundes und der Länder entschieden worden, den Zugang zu den Hochschulen trotz des zu erwartenden Ansturms von Erstsemestern nicht weiter zu erschweren.³²

Man sah eine Mehrbelastung der in der Lehre tätigen Mitglieder der Universität vor, um so die Studierendenzahl um 25 % gegenüber der Vorgabe im Hochschulgesamtplan zu erhöhen.³³ Der Landesverband der GEW wehrte sich gegen die Vorschläge des Wissenschaftssenators und vertrat die Auffassung, es würden weniger Studienplätze zur Verfügung gestellt als möglich wäre.³⁴ Eine bundesweite Bilanz des „Offenhaltungsbeschlusses" nach 10 Jahren zeigte, dass kaum zusätzliche Mittel an die Hochschulen geflossen waren; vielmehr wurde die Mehrbelastung in der Regel aus der Substanz bestritten, was erhebliche Folgen für die Lehre und Forschung nach sich zog.³⁵ Mangelnde Kapazitäten im Bereich der Lehre führten beispielsweise zu Massenveranstaltungen, hohe Lehranteile waren mit negativen Auswirkungen auf die Forschungsaktivitäten verbunden.

Mit der Schwerpunktsetzung auf die Ingenieurswissenschaften gingen Baumaßnahmen einher, die, für die 80er Jahre geplant, vor allem das Institutsgebäude für Fertigungs- und Verfahrenstechnik betrafen.³⁶ Für den neuen Studiengang Produktionstechnik waren insgesamt 720 Studienplätze geplant. Der Wissenschaftsrat unterstützte die Einrichtung und hielt ihn für eine sinnvolle Ergänzung des vorhandenen, überwiegend geisteswissenschaftlich ausgerichteten Fächerangebots. Allerdings wies der Wissenschaftsrat auch darauf hin, dass der Anspruch auf Interdisziplinarität nicht zu einer Gefährdung der Annerkennung von in Bremen erworbenen Ingenieursabschlüssen führen dürfe.³⁷

Das Integrierte Sozialwissenschaftliche Eingangsstudium fand noch in den Fachbereichen 6, 7 und 9 statt,³⁸ im Wintersemester 1983/84 allerdings zum letzten Mal. Die Lehrenden und auch die Studierenden waren überwiegend nicht mehr an seinem Erhalt interessiert.³⁹

Seit 1978 war kein Studiengang mehr eingerichtet worden. Nach Einschätzung von Rektor Jürgen Timm verfügte die Universität Bremen aber nicht über ein ausreichendes Angebot. Er erklärte daher den Aufbau neuer Studiengänge zu einem wesentlichen Ziel. Während seiner ersten Amtszeit wurden folgende Studienmöglichkeiten geschaffen:

Produktionstechnik,
Geowissenschaften,
Meeresbezogene Abschlüsse Physik, Chemie und Biologie,
Lehrerfort- und Weiterbildung,
Diplom Politikwissenschaften,

Diplom Behindertenpädagogik,
Berufspädagogik,
Kulturwissenschaft,
Magister Geschichte,
Magister Sprach- und Kulturwissenschaften,
Interdisziplinäres Aufbaustudium 3. Welt.

Dieses Aufbaustudium war zumindest am Anfang der Planungsphase umfassend interdisziplinär konzipiert, es wurde nicht nur um geistes- und sozialwissenschaftliche Schwerpunkte aufgebaut, es sollte auch eine Verbindung mit der natur- und ingenieurwissenschaftlichen Fächergruppe, insbesondere der Produktionstechnik und Informatik, eingehend geprüft werden.[40]

Der neue Studiengang Kulturwissenschaften war in der Planung am bereits an der Universität vorhandenen Lehrpotential orientiert. Teilwissenschaften aus den Lehrerbildungsfächern Deutsch, Französisch und Kunst bildeten den Kern des neuen Studienangebots: Allgemeine Literaturwissenschaft und Literaturtheorie, deutsche Literatur- und Kulturgeschichte, Kunstwissenschaft, Architektur und Stadtgeschichte, Kommunikationswissenschaft sowie Theater- und Spielpädagogik.[41]

Seit 1983 wurde – auch mit Hilfe von Stipendien – ein Doktorandenstudium angeboten. Überwiegend war es in den natur- und ingenieurwissenschaftlichen Fächern angesiedelt. Der geistes- und sozialwissenschaftliche Anteil am Programm umfasste anfangs 20 %.[42]

Der Informatik-Professor Klaus Haefner, der sich schon in den Vorjahren häufig öffentlich kritisch geäußert hatte,[43] stellte 1983 zehn Thesen zur Zukunft der Universität Bremen auf, die ihrem Inhalt nach aber eher eine Kritik an der Universität und der Hochschulpolitik darstellten. Zusammengefasst erklärte Haefner:

- Da Bremen das finanzschwächste Bundesland ist, sei bei abnehmenden Ressourcen und steigenden Studierendenzahlen mit zunehmenden Konflikten innerhalb der Universität zu rechnen.
- Der Schwerpunkt Lehrerbildung sei angesichts der Arbeitsmarktsituation nicht mehr relevant, doch der Ausbau zukunftsorientierter Fächer stagniere. Ein neuer Auftrag als „Regionaluniversität" sei bisher nicht formuliert.
- Die große Zahl an Studierenden führe in vielen Studiengängen zu einer Verminderung der Ausbildungsqualität; um Ressourcen optimal zu nutzen, sollte die Universität sich auf hochqualifizierte Studierende beschränken.
- Für die 1990er Jahre sei mit einem Rückgang der Studierendenzahlen zu rechnen, daher sei jetzt darüber nachzudenken, welche Aufgaben die Universität dann zu erfüllen habe. Das Konzept von Weiterbildung und Informationsvermittlung hielt Haefner nicht für sinnvoll, der Markt sei zu klein.
- Das Konsumdenken an der Universität sei zu überwinden, zumindest Teilbereiche sollten wirtschaftlich arbeiten.
- Die Studierenden sollten Leistungen erbringen und nicht verweigern; zudem seien die Studien-Standards zu erhöhen.
- Die Forschung in Bereichen mit „gesellschaftlicher Relevanz" sei aufzugeben, die so frei werdenden Mittel sollten der durch Drittmittel finanzierten Forschung zugute kommen.

Grundsteinlegung für das Gebäude der Geowissenschaften mit Rektor Jürgen Timm (2. von links) und den Senatoren Horst-Werner Franke und Bernd Meyer, 7. November 1986

- Der Dienstleistungsbereich sei zu straffen und in seiner Leistungsfähigkeit zu verbessern. Hier ging Haefner davon aus, die Mitarbeiter würden Kern- mit Gesamtarbeitszeit verwechseln und weniger als 40 Stunden in der Woche arbeiten.
- Aus Kostengründen seien die kleinen Fächer zugunsten zukunftsorientierter Bereiche aufzugeben.
- Die Universität müsse auf den technischen Fortschritt, insbesondere Informationsverarbeitungsprozesse reagieren. Dem amerikanischen Vorbild folgend sollten Studierende mit Computern und Software ausgestattet werden.[44]

Haefner resümierte: „*Es ist in den nächsten fünf Jahren völlig sinnlos, in Bremen zu versuchen, die deutsche ‚Standard-Universität' der 60er Jahre wiederzuentdecken (z.B. ‚Institute', ‚Mittelbau', ‚Forschung für alle'), da die Zeit dafür vorbei ist und insbesondere keine Mittel vorhanden sind. Die Universität muß sich vielmehr um ihre spezifische Zukunft im ärmsten Land der Bundesrepublik kümmern. Dies erfordert Weitsicht, Engagement und eine deutlich geringere Trägheit als bei der ‚kleinen Wende' der späten 70er Jahre, wo es nur aus dem Abseits zurück zu traditionellen Strukturen und Arbeitsabläufen gehen sollte.*"[45]

Deutlich wird an den Ausführungen Haefners der Konflikt bzw. Verteilungskampf zwischen Natur- und Ingenieurwissenschaften einerseits und Sozial- und Geisteswissenschaften andererseits. Wenn Haefner von Zukunftsorientierung sprach, meinte er nicht Geschichte und Germanistik, sondern vielmehr Fächer wie Informatik und Produktionstechnik. Im Gegensatz zu früheren Kritikern der Universität plädierte Haefner aber auch nicht für eine Rückkehr zu traditionellen Universitäten, sondern für einen neuen Weg. Im Akademischen Senat wurden Haefners Thesen kontrovers diskutiert. Einig war man sich allerdings darin, dass die Universität sich verändern müsse. Der Philosophie-Professor Hans-Jörg Sandkühler meinte, die Universitätsentwicklung sei langfristig zu planen und plädierte dafür, das Projektstudium beizubehalten und Bereiche wie die Friedensforschung zu verstärken.[46] Rektor Timm sprach sich für eine Reform des Angebots in Richtung eines Baukastensystems und für den Erhalt des Gesamtspektrums der Lehre aus.[47]

Der Entwicklungsplan der Universität für die Jahre 1984 bis 1987 verdeutlichte, dass im Gegensatz zur Gründungsphase nun die Forschung sowie die Natur- und Ingenieurwissenschaften im Mittelpunkt stehen sollten.[48] Der Schwerpunkt lag auf zukunftsorientierter Forschung. Dazu gehörten

- *„die Erarbeitung von ‚know-how' für Umwelttechnologien und umweltfreundliche Meeres- und Polartechnologien,*
- *die Erforschung angepaßter Technologien für die Entwicklungshilfe und für die Humanisierung von Lebens- und Berufsbedingungen,*
- *das Aufzeigen alternativer Produktion zur Rüstungsindustrie, um die Abhängigkeit von Rüstungsaufträgen zu verringern, ohne Arbeitsplätze zu gefährden sowie die Übernahme friedensorientierter Forschungsaufträge"*[49]

Aus den neuen Schwerpunkten lässt sich deutlich der Zeitgeist der frühen 1980er Jahre ablesen: Friedens- und Umweltbewegung erreichten in der Bundesrepublik ihren ersten Höhepunkt. Auch der Regionalbezug, schon bei der Gründung der Universität thematisiert, sollte weiterentwickelt werden. Im Zuge der Planung neuer Studiengänge wurde an meereskundliche Abschlüsse und maritime Geowissenschaften gedacht. Der regionale Aspekt sollte sich aber auch in der Zusammenarbeit mit Industrie, Handel, Politik und Trägern öffentlicher Dienstleistungen zeigen; ebenso war der Praxisbezug der Ausbildung aufgeführt.[50] Dem Bezug der Universität zur Region folgte auch der Akademische Senat, der eine Arbeitsstelle zur Förderung des Wissenschaftstransfers beschloss.[51] Wissenschaftssenator Franke hob die Bedeutung der Forschung für die Region mit folgenden Worten hervor: *„Einer der Gründe für die Strukturschwäche der Unterweserregion ist die Unterausstattung mit wissenschaftlich-technologischer Infrastruktur; will das Land Bremen diese Strukturschwäche überwinden, ist der Ausbau von Forschungseinrichtungen unverzichtbar, die in einen fruchtbaren Austausch mit der regionalen Industrie treten können."*[52]

Der Entwicklungsplan der Universität für die Jahre 1984-1987 sah vor, *„die Universität von einer primär geistes- und gesellschaftswissenschaftlich orientierten Lehrerbildungsstätte zu einer stärker natur- und ingenieurwissenschaftlich orientierten regionalbezogenen Forschungseinrichtung zu entwickeln."*[53] Soziale, historische, politische und ökonomische Aspekte gingen in Fragestellungen der Forschung ein, man übernahm entsprechende Aufträge aus der Region und rechnete mit einem größeren Bedarf an wissenschaftlicher Zuarbeit, da sich Bremen und sein Umland im Wandel befanden. Vormals tragende Industriezweige, vor allem die Werften, befanden sich in der Krise.[54] Die Universität strebte zugleich verschiedene Kooperationen mit Forschungsinstituten der Region an, und so wurden z.B. die Abteilungsleiter des Bremerhavener Instituts für Meeresforschung Professoren an der Universität.[55] Durch neue wissenschaftliche Einrichtungen wie dem „Zentrum Philosophische Grundlagen der Wissenschaften" wollte man weitere Voraussetzungen für den fächerübergreifenden Austausch und überregionale Zusammenarbeiten schaffen.[56]

Bei der Planung neuer Studiengänge ging es der Universität auch darum, auf den schwieriger gewordenen Arbeitsmarkt für AbsolventInnen zu reagieren.[57] Die Öffnung für Studieninteressierte ohne Hochschulzugangsberechtigung und der Ausbau der Weiterbildung, beides Felder, die seit der Gründung eine Rolle spielten, sollten weiter geführt werden.[58] Während im Bereich der Natur- und Ingenieurwissenschaften der Regionalbezug schon durch den maritimen Schwerpunkt des neuen Fachbereiches 5 und durch Kooperationen mit außeruniversitären Forschungseinrichtungen als eingelöst betrachtet wurde, war die Lage in den Geistes- und Sozialwissenschaften deutlich schlechter. Dazu heißt es: *„Zwar haben einige Studiengänge durch die Auflösung größerer, jedoch relativ inkohärenter Studienbereiche Konturen gewonnen, doch sind hier in den kommenden Jahren besondere Anstrengungen zur Konsolidierung und Herausbildung eines bremenspezifischen Profils erforderlich.*

Dies gilt in besonderem Maße für die Einführung der zweistufigen Juristenausbildung [...]; es gilt jedoch auch in den gesellschaftswissenschaftlichen Fächern der Fachbereiche 8 und 9, wo für die Absolventen besondere Arbeitsmarktprobleme bestehen, die es durch zukunftsorientierte Schwerpunktbildungen zu verringern gilt."[59]

Am 21. November 1983 kam es zu Arbeitsniederlegungen an der Universität. Mitarbeiter und Studierende, die sich daran nicht beteiligen wollten, wurden am Betreten der Räume gehindert. Studenten blockierten die zur Universität führenden Wege, was zu vereinzelten Auseinandersetzungen führte. Andere Studenten versuchten, Veranstaltungen und Forschungsarbeiten zu verhindern und durch Diskussionsrunden zu ersetzen.[60] Anlass der Aktionen war eine Bundestagsdebatte zum Thema Nachrüstung. Rektor und Personalrat hatten gemeinsam zu einer symbolischen Blockade der Universität aufgerufen. Das vom Personalrat verfasste zweite Flugblatt führte dazu, dass tatsächlich viele Dienstleister nicht zur Arbeit erschienen. Senator Franke vertrat in der Bürgerschaft die Auffassung, es sei nicht angebracht, juristische Schritte gegen den Personalrat einzuleiten. Vielmehr solle man mit ihm eine politische Diskussion führen. Franke stellte sich hinter Rektor Timm und plädierte dafür, die Angelegenheit nicht überzubewerten.[61] Der Vorgang verdeutlicht, dass Rektor Timm die Unterstützung des Senators besaß, auch wenn einzelne politische Aktionen nicht den Beifall des Dienstherrn fanden. Timm stellte jedoch klar, dass Gewaltverzicht, die Wahrung von Persönlichkeitsrechten und das Einhalten des dienstrechtlichen Handlungsrahmens Grundprinzipien für Aktionen auf dem Universitätsgelände sein müssten. Gleichzeitig erklärte er, dass er das studentische Engagement in der Sache durchaus positiv bewerte.[62]

Die Bundesregierung bzw. die zuständige Bundesministerin Wilms plante 1984/85 eine Novellierung des Hochschulrahmengesetzes. Das Bundesland Bremen reichte mehrere Änderungsanträge ein, von denen einer das Problem der Mitbestimmung behandelte. Die Regelung, wonach Gremien mit Entscheidungsbefugnissen drittelparitätisch besetzt sein sollten, aber die Gruppe der Professoren über das Instrument der Stimmengewichtung die Mehrheit erhielt, sollte demnach bestehen bleiben.[63] Nach der Novelle waren u.a. in Studiengängen mit einer Regelstudienzeit von mindestens vier Jahren Zwischenprüfungen – oder deren Ersatz durch studienbegleitende Leistungsnachweise – vorgesehen.[64] Auch die Drittmittelforschung war berücksichtigt und geregelt.[65] Festgelegt war auch, dass die Konrektoren aus dem Kreis der hauptamtlichen Professoren kommen sollten.[66] Das Bremer Hochschulgesetz sah allerdings noch 1988 vor, dass auch Akademische und Sonstige Mitarbeiter zum Konrektor gewählt werden konnten.[67] Einige Neuregelungen stärkten das Fachprinzip und hebelten damit das Gruppenprinzip als das einzige Strukturelement der Hochschulen aus.[68] Entsprechende Änderungen der Landesgesetze wurden nun notwendig, was aber nicht in allen Fällen sofort geschah. So stimmte noch 1990 der Akademische Konvent dagegen, eine Kommission nach § 39 BremHG einzusetzen, die über die Exmatrikulation von Studierenden in ordnungsrechtlichen Angelegenheiten entscheiden sollte. Mit der Begründung, es seien keine Fälle aufgetreten, die eine solche Kommission nötig mache, lehnte der Akademische Senat das Ansinnen erneut ab. Für Strafverfolgung seien im übrigen die Behörden zuständig.[69]

Vom Entwicklungsplan war nicht zuletzt die Studienstruktur der Universität betroffen. Als wesentliche Ziele galten die Verbesserung des Angebots von Basiswissen und Methodenkenntnissen in der Grundstudiumsphase, eine Straffung des Hauptstudiums durch Schwerpunktbildung und die Veränderung der Studienleistungsdokumentation. Die Leistungskontrollen sollten erhöht, außerdem mehr punktuelle Prüfungen durchgeführt werden und damit die bis dahin erfolgten studienbegleitenden Leistungsnachweise in den Hintergrund treten.[70]

Reorganisiert wurden auch die Forschungseinrichtungen. Sie sollten zu leistungsfähigen Großeinheiten zusammengeschlossen werden und Fragestellungen mit regionalem Bezug – das bedeutet nicht ausschließlich Erforschung von Gegebenheiten der Region, sondern auch die Anknüpfung an regionale Institute und Industrie – im Mittelpunkt stehen. So für die Meerestechnik/Meeresforschung/Polarforschung, Raumfahrt- und Luftfahrttechnik, Umweltforschung und Umwelttechnik, Materialforschung, Werkstoff- und Oberflächentechnik, Informationswissenschaft und Mikrotechnik, Transport- und Verfahrenstechnik sowie der Präventiv- und Sozialmedizin.[71]

Kein geisteswissenschaftliches Thema findet sich in diesem Katalog. Außerdem bezieht sich die Liste auf einige bereits vorhandene, öffentlich geförderte Forschungsinstitute wie das Alfred-Wegener-Institut für Polar- und Meeresforschung, das Bremer Institut für Präventionsforschung und Sozialmedizin, das Fraunhofer-Institut für angewandte Materialforschung, das Forschungszentrum für Oberflächentechnik und das Bremer Institut für Betriebstechnik und angewandte Arbeitswissenschaft. Nicht berücksichtigt sind andere, gleichfalls öffentlich geförderte Einrichtungen wie etwa das Institut für Seeverkehrswirtschaft und -Logistik, das Deutsche Schifffahrtsmuseum, das Zentrum für Europäische Rechtspolitik, die Forschungsstelle für unabhängige Literatur und gesellschaftliche Bewegungen Osteuropas sowie das Forschungs- und Entwicklungsinstitut Film/Fernsehen e.V.[72]

Die Konzentration auf die Naturwissenschaften empfanden viele der Lehrenden in den Geisteswissenschaften als zu weitgehend, so auch Jürgen Lott, der angesichts

Einweihung des Zentrums für Angewandte Raumfahrttechnologie (ZARM) mit Bürgermeister Klaus Wedemeier (links), Heinz Riesenhuber, Bundesminister für Forschung und Technologie, und Professor Hans Rath, Direktor des ZARM, 28. September 1990

der seit 1977 nicht besetzten Stellen im Studiengang Religionspädagogik/-wissenschaft beklagte, der Stellenstopp würde gezielt aufgehoben, wenn es um die Besetzung von Stellen im naturwissenschaftlichen Bereich gehe, während es für die Geisteswissenschaften keine Ausnahmen gäbe.[73] Die Studiengänge der Geisteswissenschaften blieben allerdings nicht völlig unbeachtet; auch hier sollte weiter reformiert werden.[74] Es erfolgte ein Ausbau auch der geistes- und sozialwissenschaftlichen Fächergruppe; zu nennen sind die Kulturwissenschaft und Philosophie[75] sowie die Institutionalisierung von Magisterstudiengängen. Die ursprüngliche Konzeption, philosophische und wissenschaftstheoretische Ansätze in verschiedenen Studiengängen zu verankern, hatte sich als nicht praxistauglich erwiesen, was 1983 zu einer ersten Planungskommission für den Studiengang Philosophie und Wissenschaftstheorie führte.

Bereits 1978 war Wendelin Strubelt von der Notwendigkeit gezielter Forschungsförderung an der Universität Bremen überzeugt: *„Zusätzlich kann durch gute Forschungsarbeiten die Universität nicht nur ihr ‚Image' verbessern, sondern auch so in ihr gesellschaftliches Umfeld wirken, wie es von ihr selbst angestrebt wird."*[76] Im Rückblick betrachtet der Historiker Karl Holl die Wende zu einer eher naturwissenschaftlich orientierten Universität als immer noch nachwirkenden Nachteil für die Geisteswissenschaften, erklärt aber auch, dass ohne eine solche Umkehr die Wahrnehmung der Universität in der Öffentlichkeit wohl kaum hätte verändert werden können.⁷⁷ Winnie Abraham meint, dass es etwa ab 1982 zu einer Entpolitisierung und einer stärkeren Konzentration auf die Wissenschaft gekommen sei. Das Verhältnis zwischen Staat und Universität habe sich entspannt. Gleichzeitig setzte das Statusdenken wieder ein, was zwar positive Effekte mit sich gebracht habe, für die Gruppe der Dienstleister zum Teil aber schmerzhaft gewesen sei: Die Verwaltung fiel in eine neue Bedeutungslosigkeit zurück. Der gemeinsame Wille von Universitätsleitung und Politik habe dafür gesorgt, die Universität näher an die Wirtschaft heranzubringen. Zur Aufbesserung des Images wurde auch die Pressearbeit gestärkt. Das schlug sich aber laut Abraham erst in den 1990er Jahren in der Berichterstattung über die Universität nieder – die bremische Presse habe sich zuvor sehr kritisch bis wissenschaftsfeindlich verhalten.⁷⁸ Die Zusammenarbeit mit anderen Institutionen verbesserte sich, so z.B. mit der bereits in den 1960er Jahren gegründeten „Gesellschaft der Freunde der Universität", die nun auf Rektor Timms Anregung hin Preise für herausragende Studienleistungen vergab.⁷⁹

Die Einschätzungen machen einen Bruch in der Universitätsentwicklung deutlich: Die Universität setzte neue Schwerpunkte. Häufig ist in diesem Zusammenhang von einer „Phase der Normalisierung" die Rede. Die Charakterisierung ist nicht zutreffend, da sie eine Art bundesweiten Standard für Universitäten impliziert sowie – durchaus nicht immer konflikt- und diskussionsfrei verlaufende – Entwicklungen und Reformen außerhalb Bremens unbeachtet lässt. Eher trifft wohl die Bezeichnung Beginn einer Konsolidierung der Universität zu, geprägt von einer lang andauernden pragmatischen Hoschulpolitik des Rektorats Timm.

Immernoch war die Universität von Sparmaßnahmen betroffen. Der Senator für Bildung, Wissenschaft und Kunst versuchte sogar, Gebühren für Staatsprüfungen einzuführen, was sich allerdings abwenden ließ.⁸⁰ Die Spar-Beschlüsse des Bremer Senats bedeuteten für die Universität den Wegfall von 75 Stellen, davon 50 bei der Staats- und Universitätsbibliothek, sowie die Kürzung des Sachmittelhaushalts um 7,9 Millionen DM, verteilt auf vier Jahre.⁸¹ Der Akademische Senat wandte sich 1984 gegen weitere Einsparungen. Die drastischen Einschnitte im Bildungsbereich, hieß es in einem Beschluss des Akademischen Senats, legten den Verdacht nahe, dass „bisherige bildungspolitische Grundsatzpositionen einer Totalrevision unterzogen wurden."⁸² Offenbar erwarte man von der Universität zugleich, bei stagnierender oder sinkender Ausstattung eine steigende Zahl von Studierenden zu betreuen. Sparmaßnahmen bei der Studienberatung und der Psychologisch-Therapeutischen Beratungsstelle sowie die Einführung von Entgelten verschärften die soziale Selektion. Auch lehnte der Akademische Senat die Schließung des Studiengangs Spanisch ab und bezeichnete sie als *„beginnende Demontage der unabdingbaren Ausbildungsbreite."*⁸³ Die Notwendigkeit der Einsparungen wurden nicht nur von der Universität, sondern auch aus Kreisen der Regierungspartei angezweifelt. Die Bremer Jungsozialisten monierten, dass hauptsächlich der Bildungs- und Sozialbereich sowie der Öffentliche Dienst und damit viele Errungenschaften sozialdemokratischer Politik betroffen seien. Des Weiteren kritisierten sie das Aus von Studiengängen und Tutorenstellen sowie die Reduzierung von Lehrerausbildungsplätzen.⁸⁴

Die Beteiligung an den Gremienwahlen der Universität ging im Laufe der 1980er Jahre drastisch zurück. Kleine Listen mit zum Teil rätselhaften bis absurden Programmen nutzten die Chance und entsandten ihre Vertreter. So reichten 1986 z.B. 10 Stimmen aus, um einen der beiden Kandidaten der Liste „Gotterkenntnis, Volkserhaltung und Staatsethik" in den Konvent zu schicken.[85] In der Folge hielt der Gewählte – er befand sich im 60. Lebensjahr – einige ausschweifende Exkurse zu Themen wie „Befassung der Völker mit dem Göttlichen" – inmitten einer Diskussion über den Rechenschaftsbericht des Rektors.[86] Andererseits war er aktiv auf den Gebieten des Strahlenschutzes und Risiken der Kernkraft, ein seit den 1970er Jahren bedeutendes Forschungsfeld der Physik in Bremen.[87]

Die Bedeutung des Konvents allerdings verringerte sich im Laufe der Jahre zusehends. Seit 1984 wählte er die Konrektoren nicht mehr auf der Basis eines Vorschlages des Akademischen Senats, sondern des Rektors.[88] Die auf das BremHG zurückführende Neuregelung wurde in der Bürgerschaft vor allem von den Vertretern der Grünen als ein unnötiger Eingriff in die Wahlen von Selbstverwaltungsorganen der Universität kritisiert.[89] Bezeichnend für die zurückgehende Bedeutung dieses Gremiums war die Art und Weise der Konrektoren-Wahl im Jahre 1986: Ein von Timm vorgeschlagener Kandidat wurde nicht gewählt. Daraufhin erklärte der Rektor, der Konvent habe durch sein Verhalten einen Ausgleich zwischen den Natur- und Ingenieurswissenschaftlichen und den Geistes- und Sozialwissenschaftlichen Bereichen behindert – der abgelehnte Bewerber stammte aus dem erstgenannten Bereich. Dem Konvent bleibe nun drei Monate Zeit, die Sache zu überdenken, andernfalls träfe der Akademische Senat die Entscheidung.[90] Die Äußerung brachte Timm scharfe Kritik seitens der in der GEW organisierten Mitglieder des Konvents ein, die sich in ihrer freien Wahl eingeschränkt fühlten, da der Rektor dem Konvent verantwortungsloses Verhalten, das zu weiteren gesetzlichen Einschränkungen der Hochschulautonomie führen müsse, vorgeworfen hätte.[91]

Doch auch im Gremium selber sank das Interesse an einer Beteiligung am universitären Entscheidungsprozess. Im Jahr 1984 z.B. stellte man erst bei einer Abstimmung fest, dass der Konvent, da weniger als die Hälfte seiner Mitglieder anwesend, nicht beschlussfähig war.[92] Keineswegs ein Ausnahmefall, weisen die Protokolle doch häufiger darauf hin, dass manche Sitzung mangels Teilnahme abgebrochen werden musste.[93] Im Jahr 1988 trat der Konventsvorstand geschlossen zurück, nachdem zweimal hintereinander keine Sitzung zustande gekommen war. Nur 14 von 60 Mitgliedern waren jeweils erschienen. Unter diesen Umständen lehnte es der Vorstand ab, seine Geschäftsaufgaben weiter wahrzunehmen. Bis zu den Neuwahlen nach Inkrafttreten des neuen BremHG existierte das einstmals bedeutende Selbstverwaltungsorgan faktisch nicht mehr.[94]

Erstmals in der Universitätsgeschichte stellte sich 1987 ein amtierender Rektor der Universität zur Wiederwahl. Im zweiten Anlauf erhielt Timm vom Konvent erneut den Auftrag, die Universität zu leiten.[95] In seiner Bewerbung verwies er auf die Krise, in der die Universität bei seiner ersten Amtsübernahme gesteckt habe, und auf seine Schritte, die Situation zu verbessern. Zugleich verdeutlichte er sein Bemühen, die Forschung in der Universität zu verstärken, und bezeichnete die Konzentration auf die Lehre und die Lehrerbildung in den ersten Jahren als Fehler. Die Universität habe durch die Forschung und die Einheit von Lehre und Forschung an Ansehen gewonnen.[96] Es sei gelungen, anerkannte Forschungsaktivitäten ins Leben zu rufen. Auch das Volumen der eingeworbenen Drittmittel stelle ein Kennzeichen für erfolgreiche Arbeit dar.[97]

Die 1986 erfolgte Aufnahme der Universität Bremen in die Deutsche Forschungsgemeinschaft bezeichnete Timm als einen längst überfälligen Akt aufgrund der erbrachten Leistungen.⁹⁸ Die lange Zeit der Nichtanerkennung der Universität als Forschungsstätte war insbesondere im Hinblick auf ihre Außenwirkung problematisch: Schnell schloss man aus vordergründigen Motiven darauf, die Qualität der Forschung liege unter dem Standard anderer Universitäten.⁹⁹ Außer Acht ließ man dabei geflissentlich die Tatsache, dass einzelne Forschungsprojekte der Universität bereits viele Jahre zuvor von der DFG gefördert worden waren.¹⁰⁰ Das Volumen der insgesamt der Universität zur Verfügung gestellten Drittmittel – z.B. vom Deutschen Akademischen Auslandsdienst, der Bundesanstalt für Arbeit, der Deutschen Gesellschaft für Friedens- und Konfliktforschung und des Bundesministeriums für Inneres – belief sich auf 7 Millionen DM. Der DFG-Anteil umfasste also fast die Hälfte der Drittmittel. Als Nichtmitglied war die Universität Bremen lediglich ohne Einfluss auf die Förderungspolitik der DFG. Darüber hinaus stellte sie nicht die einzige Neugründung dar, die noch auf Aufnahme wartete: Bamberg, Bayreuth, Passau, Osnabrück, Oldenburg und die Gesamthochschule Kassel waren 1980 ebenfalls noch nicht Mitglied der DFG.¹⁰¹

Trotz der sich abzeichnenden Konzentration der Universität auf den ingenieurs- und naturwissenschaftlichen Bereich förderte die DFG ein sozialwissenschaftliches Vorhaben: den Sonderforschungsbereich 186, „Statuspassagen und Risikolagen im Lebensverlauf". Das Begutachtungsverfahren war das erste, dem die Universität Bremen sich unterzog. Im DFG-Hauptausschuss waren die Sozialwissenschaftler in der Minderheit. Es kam aber nicht nur aus diesem Grund zu intensiven Diskussionen um die einzelnen Anträge. Die Gutachter erwiesen sich als voreingenommen gegenüber der Bremer Universität. Trotzdem gelang es, 12 der 15 Einzelprojekte durch den Ausschuss zu bekommen, da nicht über das Gesamtpaket, sondern über die Einzelprojekte abgestimmt wurde, wie es der Berichterstatter vorgeschlagen hatte. Die Bewilligung des Sonderforschungsbereichs 186 erfolgte im Sommer 1988, relativ kurz nach der Aufnahme der Universität in die DFG. Berücksichtigt man die Voreingenommenheit gegenüber der „Roten Kaderschmiede" unter den Mitgliedern der Entscheidungsgremien, die angesehenen Universitäten angehörten, ist das Ergebnis als überaus positiv zu bewerten. Schon die Aufnahme in die DFG war ein Erfolg für die Universität Bremen. Der SFB 186 hat einen weiteren großen Fortschritt für die Anerkennung der Universität Bremen als Forschungsinstitution erbracht.¹⁰²

Timm erläuterte weiter, er habe trotz der starken Kapazitätsprobleme und steigenden Studentenzahlen für eine Politik des Offenhaltens der Universität plädiert, erwähnte aber einschränkend die „*Verpflichtung, nicht irgendwelche Studienplätze (Parkstudenten, Abschöpfung von Arbeitslosen) zu unterhalten, sondern solche Fachrichtungen bevorzugt auszubauen, die tatsächlich zur Lösung der Probleme einer hoch technisierten Gesellschaft beitragen können.*"¹⁰³ Ein Paradigmenwechsel ist erkennbar: Auch den Reformern, die 15 Jahre zuvor die Studiengegebenheiten der Bremer Universität geprägt hatten, schwebten dabei die Lösung gesellschaftlicher Probleme vor. Forschungsergebnisse und Ausbildungsinhalte sollten grundsätzlich von gesellschaftlichem Nutzen sein – auf der Grundlage einer engen Zusammenarbeit von Natur- und Ingenieurwissenschaften und Geistes- und Sozialwissenschaften. Timm allerdings konzentrierte den Ausbau der Universität vor allem auf ersteren Bereich, erklärte aber auch, interdisziplinäre Ansätze verteidigt oder neu eingerichtet zu haben und benannte als Beispiele das Lehrerstudium und

Berufspraxiszentrum, die neue Studienmöglichkeit „3. Welt" und das philosophische Grundlagenstudium sowie die neuen Magisterangebote.[104]

Gerade die zusätzlichen und neuen Abschlüsse stellte die Lehrerausbildung vor ein weiteres Problem: Viele Hochschullehrer wandten sich den fachlich interessanteren Ausbildungsgängen Diplom und Magister zu.[105] Ein Problem, dessen Ursprung in der Gründungszeit zu suchen ist, trat in den frühen 1980er Jahren angesichts der steigenden Studierendenzahlen und der finanziellen Notlage deutlicher hervor: In Einzelfällen hatten Professoren bei ihrer Berufung eine Vereinbarung mit einer umfassenden Beschreibung der Stelle und der Aufgaben insbesondere in der Lehre unterzeichnet, ihren Auftrag aber nie voll erfüllt und sich auf Teilbereiche beschränkt. Als nun die Aufforderung an sie erging, mehr Veranstaltungen anzubieten, stieß Senator Franke auf Widerstand. Ein Hochschullehrer z.B., der in den Sprachwissenschaften jahrelang nichts angeboten hatte, erklärte, diesen Teilbereich könne er nun nicht mehr abdecken. Franke sah sich genötigt, eine neue Stelle zu schaffen,[106] was den CDU-Abgeordneten Klein zu der Bemerkung veranlasste: *„[Und so] möchte Sie fragen, warum haben Sie eigentlich die Ordinarienuniversität abgeschafft, wenn Sie solche feudalistischen Mißstände anschließend zulassen?"*[107]

Timm legte weiterhin dar, dass es ihm gelungen sei, die in den Vorjahren verlorene Autonomie für die Universität zurückzugewinnen – größtenteils in erfolgreichen Verhandlungen mit dem Wissenschaftssenator. Schrittweise seien Kompetenzen wie Berufungsverhandlungen, Einstellungsvorgänge von Lehrbeauftragten und Hilfskräften sowie Entscheidungen über Haushaltsmittel wieder in die Universität zurückverlagert worden. Des weiteren habe er in mehreren Personalangelegenheiten, vor seinem Amtsantritt noch von der Behörde abgelehnt, positive Entscheidungen erwirken können.[108] Timms Aussage korrespondiert mit der Einschätzung des damaligen Staatsrats Reinhard Hoffmann, die Zusammenarbeit mit Timm und die überwiegende Einigkeit in der Zielrichtung hätten Erfolge gebracht. Die vorangegangenen Auseinandersetzungen zwischen Staat und Universität seien aber notwendig gewesen, um das Verhältnis einzupendeln. Im Rektorat von Jürgen Timm sieht Hoffmann rückblickend den Beginn einer positiven Entwicklung und hebt Aspekte hervor, wie Timm sie in seinen „Bewerbungsthesen" ebenfalls aufzeigt, so beispielsweise die Gründung von An-Instituten.[109]

Timm äußerte sich auch zum Klima an der Universität: *„Wenn die Universität noch eine Chance haben sollte, dann mußte es gelingen, die erstarrten Fronten aufzubrechen und ein Klima herzustellen, das geprägt wird von gegenseitiger Toleranz und Anerkennung der Pluralität wissenschaftlicher Positionen und Schulen, Respekt vor der zugrundeliegenden politischen Überzeugung und Achtung der Person des Gegners."*[110] Er wies darauf hin, dass man, gemessen an der Situation im Jahr seines Amtsantritts, viel erreicht habe, und gab als Beispiel die Abläufe im Akademischen Senat an, wo nun diskutiert werde und Mehrheiten je nach vorgetragenen Argumenten auch einmal wechselten. Es sei gelungen, die Sparmaßnahmen zu realisieren, ohne die Lage noch mehr zu verschlimmern; auch habe der Konflikt zwischen zentraler und dezentraler Verwaltung entschärft werden können.[111] Timm sprach sich dafür aus, die Verbesserung des innerbetrieblichen Klimas dürfe nicht mit dem Verzicht auf politische Auseinandersetzungen einhergehen. Er habe versucht, einen angemessenen Rahmen für politische Diskussionen zu schaffen, indem man z.B. im Jahr 1984 ein Dies Academicus zum Thema „Frieden" veranstaltete, um mit wissenschaftlichen Methoden ein aktuelles Thema zu beleuchten.[112] Des weiteren habe er verschiedene Abläufe an der Universität durch den Erlass entsprechender Ordnungen – beispielsweise Berufungs- oder Rahmenordnung für die Magisterprüfung – erstmals auf eine verlässliche Grundlage gestellt.[113]

Auch die Konrektoren Cordes und Mahrzahn traten zur Wiederwahl an. Cordes gelang es aber erst im zweiten Anlauf, eine ausreichende Zahl von Stimmen des Konvents zu erreichen.[114] Timm war der erste Rektor, der Rechenschaftsberichte verfasste und vorlegte; ein Versäumnis der frühen Jahre, wie Wittkowsky rückblickend konstatiert.[115] Die Berichte betrachtete Timm auch als Chance für die Öffentlichkeitsdarstellung der Universität. So konnte er 1985 verkünden, dass das Volumen der Forschungsförderung inzwischen zugenommen habe.[116] Auch die Konrektoren erstatteten dem Konvent Bericht über ihre Arbeit, die Forschungsförderung und die Entwicklung in der Lehre. Laut Timm gab es aber gerade hier Probleme: *„Nach wie vor dränge eine große Zahl von Studienbewerbern in die Universität; einige Studiengänge seien bis an die Grenzen ihrer Leistungsfähigkeit in der Lehre belastet (z.B. Psychologie, Biologie, Informatik). Durch die Fortdauer des staatlichen Einstellungsstops, die Verweigerung der Schaffung zusätzlicher Stellen für die neuen Arbeitsgebiete und hohe Stelleneinsparungsquoten würden die Möglichkeiten der Universität, eigene Schwerpunkte zu setzen, auf neue gesellschaftliche Anforderungen zu reagieren und eine stetige Nachwuchsförderung zu betreiben, weiter eingeschränkt. Das Gleiche treffe auf den Sachhaushalt zu. Abgewendet werden konnte die ins Gespräch gebrachte Reduzierung bzw. Einstellung der Lehrerbildung – der geisteswissenschaftliche Bereich wurde in der Regierungserklärung des Senats zudem als ‚schützenswert' eingestuft."*[117]

Timm betonte, dass eine gleichberechtigte Entwicklung von Natur- und Ingenieurwissenschaften einerseits und Geistes- und Sozialwissenschaften andererseits politisch akzeptiert sei und daher keine Gefahr eines Abdriftens hin zu einer Technischen Universität bestehe.[118] Auch der sozialwissenschaftliche Bereich wurde ausgebaut; dazu gehörte die Gründung der Frauenforschungsstelle, die Einrichtung verschiedener neuer Studiengänge wie Kulturgeschichte Osteuropas und Kulturwissenschaften und auch das 1987/88 geschaffene Zentrum für Sozialpolitik, das Senator Franke als einen wichtigen Schritt bezeichnete, auch in den Geisteswissenschaften neue Schwerpunkte zu setzen.[119]

Eine an wirtschaftswissenschaftlichen Fakultäten in der Bundesrepublik durchgeführte Imagestudie bestätigte den schlechten Ruf, den die Ausbildung in den Wirtschaftswissenschaften an der Universität Bremen in der Öffentlichkeit hatte. Franke erklärte dazu, die Untersuchung sei nur geeignet, Vorurteile zu bestätigen und habe mit der tatsächlichen Leistung des Fachbereichs nichts zu tun. Der Studiengang sei zwar anders aufgebaut als an anderen Universitäten – in Bremen führte man betriebs- und volkswirtschaftliche Studienanteile zu dem Abschluss Diplomökonom zusammen –, sei aber von der überregionalen Studienreformkommission empfohlen worden. Die 1981/82 geänderte Ausbildungskonzeption sowie die Studien- und Prüfungsordnungen seien in einer vom Senator eingesetzten Studienreformkommission in Zusammenarbeit mit Praxisvertretern, u.a. dem Bremischen Arbeitgeberverband, und unter Berücksichtigung der von der Westdeutschen Rektoren- und der Kultusministerkonferenz vorgegebenen Rahmenbedingungen entstanden. Vier externe Gutachter bewerteten die seit 1981 gültige Prüfungsordnung positiv. Zudem hätten die Bremer Absolventen in der Regel keine Probleme, einen Arbeitsplatz zu finden.[120] Das Beispiel macht deutlich, dass in der öffentlichen Wahrnehmung die nach der Gründungsphase in Angriff genommenen Umstrukturierungen, beispielsweise der Ausbau des Wissenschaftlichen Mittelbaus, keine Rolle spielten. Das Ansehen der Universität war offenbar nicht von heute auf morgen zu verbessern.

Im Wintersemester 1988/89 bestreikten die Studierenden die Universität. Anlass waren die verschlechterten Studienbedingungen sowie der HGP. Die Studierenden forderten mehr Mitbestimmung, finanzielle Grundsicherung, Kleingruppen- und Projektstudium, eine Frauenquote sowie allgemeine Verbesserungen der Studiensituation wie den Ausbau der Bibliothek. Es kam zu Gebäudebesetzungen. Betroffen waren das NWII für vier, das GWII für sechs und das MZH für fünf Arbeitstage. Eine Vorwarnung gab es nur für das MZH, woraufhin der Rektor das Gebäude verschließen und bewachen ließ. Doch stellte er keinen Strafantrag wegen Hausfriedensbruchs. Die Staatsanwaltschaft hatte im Falle eines Hochschullehrers, der sich am Betreten eines Gebäudes gehindert sah, zwar Ermittlungen aufgenommen, lehnte es aber ab, sogleich einzuschreiten, um die Situation nicht eskalieren zu lassen. Den entstandenen Schaden, überwiegend beschädigte Türschlösser und Glasbruch, bezifferte die Bildungsbehörde auf etwa 10 000 DM.[121] Der Rektor machte einige Zugeständnisse. Streikende wurden nicht von Sanktionen bedroht und konnten Studienleistungen nachholen. Die geforderte Frauenquote fand bei Berufungen vorbehaltlich eines Rechtsgutachtens Akzeptanz, und eine paritätisch besetzte Kommission sollte für die Hochschulentwicklungsplanung eingesetzt werden.[122]

Die Bürgerschaftsfraktion der FDP erkannte die Streikgründe, nämlich die ungünstigen Studienbedingungen, zwar an, kritisierte aber die Durchführung der Proteste und fragte, warum man nicht den Dialog mit den Hochschullehrern gesucht habe, wie es in Heidelberg geschehen sei. Auch der Rektor hatte nach Ansicht des FDP-Abgeordneten Neujahr einen sehr schlechten Eindruck hinterlassen. Es sei zwar richtig gewesen, den Konflikt moderat zu lösen, jedoch bestehe der Eindruck, die Drittelparität durch die Hintertür einführen zu wollen.[123] Helga Trüpel-Rüdel, Abgeordnete der Grünen, verteidigte die Aktionen der Studierenden: Die Mitbestimmungsrechte seien immer weiter beschnitten worden, man habe „*die Restauration der Professorenherrlichkeit betrieben. […] Hochschulentwicklungsplanung fand hinter verschlossenen Türen in senatorischen Dienststellen statt. Dort wurde die neue Ausrichtung der Universität ausgemauschelt, die linke Kaderschmiede sollte endlich gesellschaftsfähig und drittmittelwürdig werden. Unter eifrigem Schulterklopfen der CDU strukturierte die SPD die Uni um. Wissenschaftstransfer, Drittmittelforschung, Ausbau von Natur- und Technikwissenschaften, Raumfahrttechnik, Produktionstechnik, damit wurde jetzt die Universität angepriesen unter dem Beifall der Handelskammer und der regionalen Industrie.*"[124] Sie sah in dem Streik eine längst überfällige Politisierung der Studierenden und forderte Senator Franke auf, Rektor Timms weitgehenden Vorschlag der Einrichtung einer viertelparitätisch und quotiert besetzten Kommission politisch anzuerkennen.[125] Die SPD-Abgeordnete Kahrs äußerte ebenfalls Verständnis für die Studenten, die vor allem materiell in einer schlechten Lage seien. Der Frust habe sich auch daran entzündet, dass es in Bremen durchaus Kleingruppen- und Projektarbeit und Drittelparität gegeben habe, viele Reformbestrebungen aber vom HRG und von konservativen Strömungen zunichte gemacht worden seien.[126] Kahrs hob auch die Rolle Rektor Timms positiv hervor, der den Dialog mit den Studierenden gesucht habe.[127]

Auch die Bremer CDU wollte die schlechten Studienbedingungen nicht leugnen, sprach sich aber entschieden gegen Besetzungen und Sachbeschädigungen aus. Der Abgeordnete Dr. Schulte meinte, es ginge bei dem Streik nur vordergründig um Studienbedingungen, tatsächlich fände ein Stellvertreterkrieg statt, bei dem die Gesamtstruktur der Universität in Frage gestellt werden würde. Er hob hervor, dass an der Universität im Moment ein rechtsfreier Raum herrsche und die Grenzen studentischen Protestes nicht definiert seien.[128] So sei die Entschließung der Sprecher der geisteswissenschaftlichen Fachbereiche, viertelparitätische Gremien einzuführen, nicht mit dem Grundgesetz vereinbar.[129] Senator Franke erklärte dazu, er würde es unterstützen, wenn der Rektor viertelparitätische Beraterorgane akzeptiere. Weiter betonte er, dass eine weitere Frage des Streiks – die öffenliche Diskussion über die Ziele der Forschung – im Prinzip bereits gelöst sei: Forschung an der Universität Bremen sei öffentlich sichtbar, private Geheimforschung für die Industrie ausgeschlossen.[130]

Die Auseinandersetzung mit extremen politischen Positionen und der damit verbundenen Kritik an der Personalauswahl der Universität fand im Jahre 1989 eine Fortsetzung. Die CDU-Bürgerschaftsfraktion warf dem Senat vor, es zugelassen zu haben, dass die wegen Beihilfe zur Herbeiführung eines extremistisch motivierten Bombenanschlags rechtskräftig verurteilte promovierte Germanistin Ingrid Strobl einen Lehrauftrag an der Universität erhielt. Strobl war als Journalistin unter anderem für die feministische Zeitschrift „Emma" tätig. Bereits im Frühjahr 1989 hatte eine Gruppe von Studentinnen einen Lehrauftrag für sie beantragt, was zunächst auf Ablehnung stieß. Inhaltlich ging es um den „Widerstand von Frauen gegen bevölkerungspolitische Maßnahmen". Bei dem Thema, so die CDU, handele es sich wohl um Anleitungen zur Abtreibung.[131] Der SPD-Abgeordnete Claus Dittbrenner machte darauf aufmerksam, dass man es nur mit einem zeitlich befristeten Lehrauftrag zu tun habe, 24 Stunden zu 1 500 DM brutto. Auch hätte der Senat die Be schlüsse der Hochschulgremien zu akzeptieren. Dittbrenner meinte, man könne von einer ausreichenden Qualifikation Strobls ausgehen und inhaltlich habe die Bürgerschaft das Lehrvorhaben nicht zu bewerten. Die Universität müsse Freiräume bieten. Zugleich wies er den Versuch zurück, die Universität in die Nähe einer Komplizenschaft mit Terroristen zu rücken.[132] Die Abgeordnete der Grünen, Helga Trüpel-Rüdel, bezog sich auf die Aussage Timms und dessen Erklärung, jemand, der auf Bewährung freigelassen sei, solle auch die Chance dazu erhalten. Trüpel-Rüdel sah sowohl Strobl als auch die Universität durch die Aussagen seitens der CDU-Fraktion diffamiert. Die Fraktion der FDP, namentlich der Abgeordnete Neujahr, hob ebenfalls die Freiheit der Universität und die Möglichkeit der Resozialisierung hervor, stellte aber die Frage, ob die Vergabe des Lehrauftrages zu diesem Zeitpunkt – der Frauen-AStA hatte kurz zuvor die Streichung des § 219a, Unterstützung einer terroristischen Vereinigung, gefordert – und dazu noch an Strobl besonders glücklich gewesen sei und schlug vor, die Vergabekriterien für Lehraufträge zu überdenken.[133] Henning Scherf (SPD), Senator für Bildung, Wissenschaft und Kunst, erklärte dazu, die Universität sei inzwischen gefestigt genug, um die inhaltliche Auseinandersetzung mit einer schwierigen Lehrbeauftragten zu führen.[134]

Tag der Offenen Tür – Eingangsbereich in der Universitätsbibliothek, 28. Juni 1991

Friedo Berninghausen stellte im Namen der Gesellschaft der Freunde der Universität Bremen e.V. klar, dass hier *„aus einer Mücke ein Elefant gemacht worden ist"*. Die Entscheidung des Fachbereichs, den befristeten Lehrauftrag zu erteilen, sei zu respektieren. Die Gründe, die den Rektor bewogen hatten, ihn im Vorjahr zu verhindern, seien inzwischen weggefallen: die damals noch nicht verbüßte Strafe und die Unterstützung einer terroristischen Vereinigung. Berninghausen weiter: *„Nirgendwo in Deutschland ist es üblich, Handlungen und Äußerungen einzelner Personen oder Gruppen innerhalb einer Universität dieser Universität als Ganzes anzulasten"*[135] – ein Phänomen, mit dem es die Universität Bremen aber häufig zu tun hatte.

Bereits 1983 hatte sich Senatsdirektor Hoffmann trotz der allgegenwärtigen finanziellen Probleme deutlich für eine Frauenforschungsstelle an der Universität ausgesprochen.[136] Ab 1983 wurde die Einrichtung geplant und über die Ausstattung entschieden.[137] Zu Beginn der 1990er Jahre gewann die Frage der Gleichberechtigung von Frauen bei der Vergabe von Stellen und Ämtern weiteres Gewicht. 1991 forderten mehrere Mitglieder des Akademischen Konvents, eine der Konrektorpositionen an eine Frau zu vergeben. Rektor Timm erklärte, man wolle für die Nachfolge von Mahrzahn eine Frau finden.[138] Der Konvent bemühte sich um Quotierung seines Vorstandes und wählte Anfang der 1990er Jahre mehrfach hintereinander eine Studentin, Martina Neueroth, zur Vorsitzenden.

Weiterhin blieben die universitären Gremien am tagespolitischen Geschehen in der Welt interessiert und zeigten sich engagiert; zu nennen ist hier der Golfkrieg im Winter 1990/91. Der Konvent verfasste eine Erklärung zur Lage in Nahost, in der es u.a. heißt: *„Wir müssen auch feststellen, daß in der Vergangenheit und Gegenwart* *bundesdeutsche Firmen durch Rüstungsexporte diesen Konflikt verschärft haben und auch der Wohlstand eines Teils der arbeitenden Bevölkerung nicht unerheblich darauf basiert. [...] Der Konvent bekräftigt die Bereitschaft der Universität Bremen, mit ihren Mitteln an der Lösung dieser Fragen mitzuwirken. Er bekräftigt die Beschlüsse des Akademischen Senats, an der Universität Bremen dürfe keine Rüstungsforschung betrieben werden. Er bekräftigt die Beschlüsse der Universität, sich auf dem Gebiet der Konflikt-, Friedens- und Konversionsforschung verstärkt zu engagieren."*[139] Der Konvent appellierte auch an die Landesregierung, darauf einzuwirken, dass keine Rüstungsgüter über bremische Häfen verschifft werden, und den Anteil der Rüstungsproduktion an der bremischen Wirtschaft zu vermindern.[140] Hier zeigt sich die Bereitschaft, die Konsequenzen universitärer Forschung zu berücksichtigen, so wie es schon in den 1970er Jahren an der Universität gefordert und getan worden war. Die Einschränkung der Forschung ist bei bestimmten Themenbereichen mit politischer Verantwortung gekoppelt, in der der Konvent die Universität sieht. Auch zum Kurdenkonflikt verfasste der Konvent eine allerdings nicht in dem Maße fundierte Stellungnahme. Motivation war die Solidarität mit kurdischen Mitgliedern der Universität.[141] Rektor Timm, von vielen Seiten als eher unpolitischer Rektor eingeschätzt, stimmte den Erklärungen des Konvents nicht nur zu, sondern argumentierte auch in den Sitzungen für die Resolutionen.[142]

Nach Timm habe die als Lehrerausbildungsstätte geplante Universität in den 1980er Jahren einen Wandel in der Schwerpunktsetzung vollzogen; nur noch ca. 14 % der Studierenden würden Lehramtsstudiengänge wählen, 65 % dagegen Diplomstudiengänge. Noch seien 63 % der Professoren im geistes- und sozialwissenschaftlichen Bereich tätig, die technisch-naturwissenschaftlichen Fächer befänden sich aber im Ausbau. 70 % der Sachmittel würden 1988 in den natur- und ingenieurwissenschaftlichen Bereich fließen, dort arbeiteten auch 65 % der wissenschaftlichen Mitarbeiter. Ebenso seien die Bauinvestitionen der vergangenen Jahre ausschließlich in diesem Bereich erfolgt. Die Forschungsaufgabe würde nun *„forciert wahrgenommen"*, das Drittmittelvolumen sei innerhalb von fünf Jahren von 6 auf ca. 30 Millionen DM gestiegen. *„Die Geistes- und Sozialwissenschaften sollen bei dieser Entwicklung jedoch kein Mauerblümchen bleiben"*, so Timm. Ein gleichberechtigter Dialog zwischen Geistes- und Naturwissenschaften sei möglich und auch nötig, um Akzeptanzfragen technischer Entwicklungen oder die Probleme in der Balance zwischen technischer Innovation, Wirtschaftlichkeit, Ökologie und Arbeitsmarkt einerseits und sozialer Komponente andererseits zu lösen.[143]

Wie komplex die Einbindung der Universität im Spannungsfeld zwischen Wirtschaftsunternehmen, Politik und den ursprünglichen Reformgedanken war, zeigt sich an einem Beispiel aus dem Fachbereich Produktionstechnik, das auch die gesamte Universität betraf. Die Verleihung der Ehrendoktorwürde an Werner Niefer, 1989-1993 Vorstandsvorsitzender der Daimler-Benz-AG, war die erste, die der FB 4 Produktionstechnik vergab. Ursprünglich hatte man vor, den Planungschef der Bremer Dependance von Daimler-Benz, Dietrich Zeyfang,[144] aufgrund der guten Zusammenarbeit zwischen Universität und Unternehmen beim Aufbau des Faches Produktionstechnik zu würdigen; darauf zumindest einigte sich der Fachbereich im Herbst 1986. Zeyfang hielt Rücksprache mit der Stuttgarter Firmenzentrale, ob er die Ehrendoktorwürde annehmen könne. Dort fasste man den Beschluss, dass sie an Werner Niefer gehen solle. Der FB-Sprecher Hans-Josef Rath und der Bremer

Bürgermeister Klaus Wedemeier befürworteten die Idee und stellten sie am 16. Dezember 1987 dem FB 4 vor.

Bedenken äußerten zunächst die Angehörigen des Mittelbaus und der Studierenden.[145] Wittkowsky, zu dieser Zeit Vertreter der Professoren im FB 4, schloss sich nach näherer Prüfung des Vorschlags der Kritik an, nachdem er zuvor die Auffassung geäußert hatte, ein Mensch, der sich vom Facharbeiter zum Vorstandsvorsitzenden hochgearbeitet habe, passe als Ehrendoktor zur Universität Bremen, deren Ziel es ja u.a. sei, die Hochschulzugangsmöglichkeiten zu erweitern. Nach eingehender Prüfung stellte er jedoch fest, dass Niefer als Vorstandsvorsitzender von Daimler-Benz für Rüstungsaufträge und Exporte von nur scheinbar zivilen Fahrzeugen verantwortlich gezeichnet habe.[146] Auch von Seiten der Studierenden wurde Niefer als Person beurteilt, die einen wesentlichen Beitrag zum Umbau Daimler-Benz' vom Automobil- zum Rüstungskonzern geleistet hatte. Wittkowsky äußerte seine Bedenken auch dem Rektor gegenüber. Die Verleihung der Ehrendoktorwürde sollte jedoch nicht aufgeschoben werden. Wittkowsky wurde zu einem Gespräch mit dem Wissenschaftssenator geladen. Er entschied sich schließlich dazu, der Abstimmung fernzubleiben und sich vertreten zu lassen.[147] So konnte der Antrag den Fachbereichs-Rat passieren.

Im nächsten Entscheidungsgremium, dem Akademischen Senat, kam es ebenfalls zu einer Debatte. Die GEW-Fraktion betonte, dass das Verfahren im Fachbereichs-Rat 4 zweifelhaft gewesen sei; so sei in einer nichtöffentlichen Sitzung ein Meinungsbild erstellt worden, das gezeigt habe, dass die erforderliche Dreiviertelmehrheit nicht erreichbar sein würde. Diejenigen Mitglieder des Fachbereichsrats, die ihre Zustimmung verweigerten, seien zu persönlichen Gesprächen entweder mit dem Senator und dem Bürgermeister oder dem Rektor gebeten worden. Als wesentliches Druckmittel habe das Argument herhalten müssen, dass die Ablehnung der Ehrendoktorwürde für Niefer Tausende Arbeitsplätze in Bremen gefährden würde. *„Unerträglich ist an diesem Verfahren die Einschaltung der politischen Seite zur Herstellung einer inneruniversitären Mehrheit"*,[148] so die GEW-Vertreter. In der folgenden Sitzung des Akademischen Senats machte Rektor Timm auf Verfahrensfehler durch das Fehlverhalten von Mitgliedern des FB 4 und die Einwirkung der Landesregierung auf einzelne Professoren aufmerksam, was der Autonomie der Universität Schaden zugefügt habe.[149] Wittkowsky erläuterte seine Ablehnung und erklärte, der Wissenschaftssenator habe ihn von seiner Haltung abbringen wollen, indem er erklärte, der Vorsitzende der IG Metall, Franz Steinkühler, sei mit der Würdigung Niefers einverstanden. Wittkowsky ergänzte, er wisse inzwischen, dass dieses nicht stimme.[150] Der Akademische Senat fasste einen Beschluss, in dem er die FB aufforderte, Kooperationen mit Daimler-Benz offenzulegen, das Verfahren, den Verlust an universitärer Autonomie sowie das Verhalten des Rektors kritisierte, das nicht zur Stärkung der Sicherung der demokratischen Rechte beigetragen habe.[151] Zwei Mitglieder des Akademischen Senats, Friedhelm Arning und Sabine Klein-Schonnefeld, traten nach der Sitzung zurück, da sie nicht hinnehmen wollten, dass man demokratische Verfahrensregeln außer Kraft setze, Druck auf Wissenschaftler ausübte und sich die Landesregierung einschaltete. Auch der Akademische Senat habe sich instrumentalisieren lassen.[152]

Die Ehrendoktorwürde wurde Niefer nicht an der Universität, sondern – laut Wittkowsky aufgrund von Bedenken, dass die Studierenden protestieren könnten¹⁵³ – im Rathaus verliehen. Rektor Timm hielt die Laudatio, in der er die persönliche Eignung Niefers als Empfänger der Würdigung nicht in Frage stellte. In der Auseinandersetzung sei es um etwas anderes gegangen: *„Um die Bedeutung von Daimler Benz für Bremen wurde da gestritten, um Rüstung und Südafrika."* Weiter führte Timm aus, die neue Schwerpunktsetzung der Universität sei strittig: *„Studentische Gremienvertreter und die Mitarbeiter einer gewerkschaftlichen Liste formieren im AS eine Fundamentalopposition, der diese Entwicklung höchst suspekt ist."* Timm warf den Kritikern vor, ihre Standpunkte nicht an Fakten, sondern symbolischen Akten festzumachen. Zugleich hielt er ihnen vor, die Ehrendoktorwürde im Bereich der Produktionstechnik als Angriffspunkt zu nutzen, obwohl ihnen eigentlich die verstärkte finanzielle Förderung des produktionstechnischen Bereichs ein Dorn im Auge sei. Auch auf die Beziehung zwischen Staat und Universität ging Timm kurz ein: Eine befriedigende Synthese zwischen der alten Ordinarienuniversität und den starken Staatseingriffen in den 1970er Jahren sei mit dem HRG noch nicht gefunden. Er beklagte, dass der Senator sich in den Diskussionsprozess um die Verleihung eingemischt und ein Gespräch mit Wittkowsky geführt habe. Auch die im Vorfeld seitens des Fachbereichs erfolgte Abstimmung des Vorhabens mit Daimler Benz hielt Timm für unpassend. Wissenschaft, Wirtschaft und Politik in Bremen sollten ihre Aufgaben und Interessen selbstbewusst wahrnehmen.¹⁵⁴

Am 26. März 1991 stellte die GEW-Fraktion der Akademischen MitarbeiterInnen im Akademischen Senat den Antrag zu überprüfen, ob Niefer die Ehrendoktorwürde wieder aberkannt werden könne. Mit Niefer habe man jemanden geehrt, der maßgeblich am Ausbau der Daimler-Benz-AG zum Rüstungsunternehmen beteiligt gewesen sei. Zum anderen habe nicht eine persönliche Ehrung im Mittelpunkt gestanden, sondern ein Konzern. Niefer sei der Universität von Daimler-Benz als zu Ehrender oktroyiert worden und die politische Ebene habe massiv in das Entscheidungsverfahren eingegriffen. Auch im Zusammenhang mit dem oben zitierten Konventsbeschluss zur Lage in Nahost wertete man die Ehrendoktorwürde Niefers als falsches Signal. Hinweise gab es auch auf verschiedene, nicht weiter erläuterte Ermittlungsverfahren, die darauf hinausliefen, Zweifel an Niefers persönlicher Eignung nahezulegen.¹⁵⁵

Auch die Juso-Hochschulgruppe zeigte sich überzeugt, dass der Ehrendoktor für Niefer dem Ruf der Universität geschadet habe und der Verantwortung der Universität für den Frieden entgegenstehe.¹⁵⁶ Der entsprechende Tagesordnungspunkt im Akademischen Senat wurde aber abgesetzt, woraufhin ein Studentenvertreter eine persönliche Erklärung zu Protokoll gab, in der er einigen Professoren vorwarf, sie hätten ihr politisches Gewissen verloren und würden sich nur noch ständischen Interessen widmen.¹⁵⁷

Niefer blieb Ehrendoktor. Das Verfahren offenbart vielschichtige Konflikte, die sich um Hochschulautonomie und demokratische Entscheidungsfindung ranken, um gefühlte oder tatsächliche Abhängigkeit von Wirtschaftsunternehmen sowie das immer noch nicht ausgewogene Verhältnis zwischen Staat und Universität, aber auch das zumindest bei einigen der Gremienmitglieder zunehmende Desinteresse an politischen Fragen. Offen bleibt, warum ein Verfahren, das die überwiegende Mehrheit der damit befassten Gremienmitglieder als unangemessen einstufte, dennoch weitergeführt und zur Abstimmung gebracht wurde. Die Angst vor politischen und wirtschaftlichen Konsequenzen lief der Autonomie der Universität den Rang ab. Ob die Befürchtungen berechtigt waren, dürfte zumindest fraglich sein.

Verleihung der ersten Universitätsmedaille mit den Professoren (v.l.n.r) Heinrich Villinger, Dietrich Maronde, Jürgen Timm und Gerold Wefer, 12. Juli 2000

Nach Ablauf seiner zweiten Amtszeit entschied Jürgen Timm sich, erneut als Rektor zu kandidieren. Er bilanzierte: Es sei gelungen, innere Grabenkämpfe zu überwinden und einen neuen Grundkonsens an der Universität herzustellen. Auch sei Autonomie zurückgewonnen worden. Im Bereich der Forschung hob er die Aufnahme in die Deutsche Forschungsgemeinschaft und die Steigerung des Drittmittelvolumens hervor. Weiterhin, so Timm, sei ein breites Lehrangebot mit neuen Studiengängen entwickelt und Streichungspläne, die die Geisteswissenschaften und die Physik betrafen, abgewendet worden. Kürzungen und Streichungen konnten abgewehrt, die Aufstockung des Haushalts und die Finanzierung neuer Bauten sowie Neuberufungen erreicht werden. Mittlerweile bestünden vielfältige Kooperationen zu außeruniversitären Forschungseinrichtungen, und der Ausbau des Wissenschaftstransfers und des Technologieparks habe zu neuen Arbeitsplätzen in der Region geführt.[158] Als Ziele für seine dritte Amtszeit nannte er die *„Neuformulierung eines Reformansatzes in der Lehre unter Berücksichtigung der heutigen Ausgangsbedingungen"*[159], die Lösung von Ausstattungsproblemen auf der Basis neuer Verteilungskriterien, die Fortschreibung des Hochschulgesamtplans, die Verbesserung der Kommunikation und der Lebens- und Arbeitsbedingungen, die Verwirklichung der Gleichberechtigung und *„ein neues Verständnis von Zugang und Verlassen der Universität sowie den Aspekt der Interdisziplinarität".*[160] Weiter nahm Timm in seiner Erklärung Bezug auf den Gründungsauftrag der Universität und erklärte, er habe vor, die Prinzipien der Praxisnähe, der Interdisziplinarität und der gesellschaftlichen und ökologischen Verantwortung zu realisieren. Der Konvent wählte Timm auf der folgenden Sitzung am 29. Januar 1992 erneut zum Rektor.[161]

Die Universität vollzog Anfang der 1980er Jahre eine entscheidende Veränderung. Rektor Timm stand für eine pragmatische Politik und die Überwindung politischer Grabenkämpfe. Jedoch zeigen die Ergebnisse der ersten beiden Wahlen, dass er keine rückhaltlose Unterstützung in der Hochschule fand. Es gelang ihm allerdings, der Universität zu einem verbesserten Außenbild zu verhelfen, auch wenn die Früchte der Öffentlichkeitsarbeit erst zeitverzögert reiften. Im selben Zeitraum entwickelt sich die Universität zur Massenuniversität. Die Atmosphäre und auch die Ansprüche an Lehre und Studium der ersten Jahre gingen in überfüllten Vorlesungssälen verloren.

Bologna – Internationale Vereinbarungen ab 1998 und die Evalution der Lehre

1999 hatten die europäischen Bildungsminister in Bologna Entscheidungen getroffen, die das gesamte Universitätssystem grundlegend verändern sollten. Ausgangspunkt war das Bestreben, eine Vergleichbarkeit der europäischen Universitäten herzustellen durch die Schaffung international anerkannter, gleichwertiger Studienabschlüsse, aber auch die gegenseitige Anerkennung von Studienleistungen zu ermöglichen, was den Studierenden einen Universitätswechsel erleichtern sollte. Vertreter aus 29 europäischen Staaten kamen in Bologna zusammen, der ältesten Universitätsstadt in Europa. Vorausgegangen war eine Zusammenkunft der französischen, britischen, italienischen und deutschen Minister in Paris 1998, aus der die Sorbonne-Erklärung hervorging. Es folgten Konferenzen in Prag, Berlin und Bergen. In Bologna beschloss man, vergleichbare akademische Abschlüsse, ein Leistungspunkt- und ein zweistufiges Studiensystem sowie Vereinbarungen zur Qualitätssicherung einzuführen.[162]

Die Konsequenz waren die Abschlüsse Bachelor und Master sowie eine Modularisierung des Studiums. Die Novelle des HRG 1998 ermöglichte die Neuerungen bundesweit. Die Internationalisierung und Effektivierung des Studiums wurden eher als Organisationsprobleme verstanden[163] und weniger anhand der Studieninhalte thematisiert. Teichler stellt fest, dass sich die Idee der gestuften Abschlüsse bei den hochschulpolitischen Entscheidungsträgern in Deutschland überraschend schnell durchsetzte – überraschend deshalb, weil die Konzeption Ähnlichkeiten zum stark kritisierten Gesamthochschulmodell aufweise, die Unterschiede zwischen den beiden Varianten Fachhochschule und Universität verringere, Kurzstudiengänge an Universitäten verankere und höhere berufliche Ausbildungsgänge zu Bachelor-Studiengängen aufwerten könne.[164] Somit bringe das neue System deutliche Eingriffe in das traditionelle Ausbildungsgefüge mit sich.

Man realisierte die Modularisierung der Studiengänge, ohne dass dabei ein Modul immer das selbe beschrieb. Ein Modul konnte eine einzelne Lehrveranstaltung oder ein Veranstaltungsverbund sein. Hier gibt es Unterschiede von Universität zu Universität, sogar bei verschiedenen Studiengängen innerhalb einer Universität. Drei Vorstellungen prägten die Modularisierung: die Module gelten als Teilsysteme eines

Studienplans, einzelne Module sollen durch andere ersetzbar sein und eine Vielzahl von Kombinationen dazu beitragen, das Studium flexibel zu gestalten.[165] Kokemohr kritisiert die Modularisierung, da sie sich als reine Organisationsaufgabe erweise: *„Im Gegensatz zu diesen formalen Bestimmungen ist in den mir bekannten Beispielen allerdings nicht zu erkennen, was über konventionelle Seminare hinausweise. […] Man darf deshalb annehmen, daß Interdisziplinarität und all die schönen […] Qualitäten des modularisierten Studiums für Modulbefürworter vor allem als zeitliche Koordination von Lehrveranstaltungen gedacht werden. Wie dagegen die Verschiedenheit der Fachkulturen und theoretischen Paradigma, die Interdisziplinarität erst zum spannenden Thema machen, von der Modularisierung profitieren soll, wird nicht gesagt."*[166] Als wesentliches Problem bezeichnet Kokemohr auch die eng mit der Modulalisierung verbundene Top-down-Bewegung. Der Arbeitsmarkt definiere die erwünschten Qualifikationen und damit das Ausbildungsprofil, die Bildungspolitik gieße das in Rahmenrichtlinien und die zuständigen Entscheidungsträger an den Universitäten bringen das in eine entsprechende Studienform oder -reform.[167]

Willi Lemke, seit 1999 Senator für Bildung und Wissenschaft in Bremen, war der Auffassung, dass die Vorteile des neuen Systems die Nachteile bei Weitem überwiegen würden. Das in Bologna anvisierte Ziel der vereinheitlichten Abschlüsse begrüßte er im Hinblick auf die Globalisierung. Dazu gehöre es aber auch, den Betroffenen ein optimales Studienumfeld zur Verfügung zu stellen, um einen zügigen und guten Abschluss zu ermöglichen. Die Erfolge, so Lemke, sprächen klar für die Neuerung – ein effektives Studium sei nun möglich, und auch die Abschlussquoten ließen sich verbessern. Nicht zuletzt unter finanziellen Gesichtspunkten seien diese Aspekte zu begrüßen, und zwar sowohl, was die Kosten für die Gesellschaft als auch die Ausgaben des Einzelnen für das Studium betreffe. Die Nachteile, wie z.B. die Verschulung, sollten dafür in Kauf genommen werden.[168]

In der Universität war die Begeisterung für die neuen Abschlüsse zunächst eher gering.[169] Auch bundesweit kamen zur neuen Studienreform wenige Anregungen aus dem Kreis der Professoren. Als Träger der Reform trat in erster Linie die Politik auf, vereinzelt die Leitungen von Hochschulen, aber auch der Wissenschaftsrat.[170] Die Ursachen für den Widerstand gegen die Bologna-Beschlüsse sieht der ehemalige Generalsekretär des Wissenschaftsrats, Wedig von Heyden vor allem in dem immer noch verbreiteten Universitätsideal des 19. Jahrhunderts. Die Universitäten legten nach von Heydens Auffassung zu viel Wert auf die Forschung und benachteiligten die berufspraktische Ausbildung der Studierenden.[171] Ähnlich argumentierte Hildegard Hamm-Brücher, die die Bachelor-Master-Reform als eine Variante der Gesamthochschule betrachtete: Bereits nach einen „Grundstudium" sollte in den Beruf gewechselt werden können.[172] Einzelne Fächer, deren Vertreter sich lange gegen die Reformen ausgesprochen hatten, öffneten sich den neuen Abschlussarten erst spät. Insbesondere gilt das für die Juristen, die mit der Einführung des Bachelor- und Masterstudiums anerkennen mussten, dass es juristische Berufsbilder jenseits von Rechtsanwalt, Staatsanwalt und Richter geben kann.[173]

Ein weiteres Konstrukt der Bologna-Reform bildete die Juniorprofessur. Nachwuchswissenschaftler sollten als Inhaber einer solchen Stelle unabhängig von einem Professor als Vorgesetztem oder Projektleiter lehren und forschen können. Die neue Form der Weiterqualifikation sollte den traditionellen Weg ablösen, den Betroffenen gesicherte Berufsaussichten eröffnen und die wissenschaftliche Laufbahn planbarer machen. Im Anschluss an die auf sechs Jahre befristete Stelle sollte der Wissenschaftler in der Regel fortan als Professor tätig sein, eine Perspektive, der bisher nur wenige deutsche Universitäten, darunter Bremen, entsprachen. Die Juniorprofessur machte nur dort einen Sinn, wo die gesamte Universität in das Projekt einbezogen und sie zur Regel gemacht wurde. Bundesweit betrachtet, entwickelte sie sich für viele zur beruflichen Sackgasse. Nicht habilitiert, haben ehemalige Juniorprofessoren nicht das Recht zur selbständigen Lehre.[174] Die Universität Bremen und einige andere Hochschulen haben das Konzept konsequent vorfolgt, doch stellt sich zurzeit die Frage, ob das ausreichend ist, um die Juniorprofessur bundesweit auf Dauer zu etablieren.

1978 belegte die Universität Bremen in einem Universitätsranking den letzten Platz. Es beruhte auf einer von dem Kieler Professor Reinhart Schmidt herausgegebenen Studie, die sich der Beziehung zwischen dem Studienort und den Berufschancen der Absolventen widmete. Vertreter der Wirtschaft waren aufgefordert darzulegen, von welchen Universitäten sie bevorzugt Studienabgänger einstellen würden. Auf dem ersten Platz landete die TH Aachen, gefolgt von weiteren Technischen Hochschulen. Die Universitäten auf den aussichtsreichsten Plätzen waren München und Köln, die Gesamthochschulen lagen weit hinten. Auf den letzten Plätzen versammelten sich die sogenannten „roten" Universitäten wie Konstanz, Gießen, Marburg, FU Berlin und als Schlusslicht Bremen. Die Studie offenbart ein Problem der Hochschulrankings: die Datengrundlage. Zum Zeitpunkt der Befragung hatten erst 63 Studierende der Universität Bremen ihr Studium abgeschlossen,[175] so dass die meisten Wirtschaftsvertreter kaum über Erfahrungen mit den Absolventen der in den ersten Jahren ohnehin eher auf die Lehramtsausbildung ausgerichteten Universität verfügten, und die abgegebenen Urteile nur Vorurteile sein konnten.

Bereits zu Beginn der 1990er Jahre organisierte die Universität Bremen eine erste Erhebung zur Lehr- und Lernsituation.[176] Neben der Sammlung statistischen Materials führte der Rektor eine Anhörung sämtlicher Studiengänge durch, die ihrerseits zum Teil Befragungen zu den Lehrveranstaltungen oder zur Studiensituation anstellten. Darüber hinaus initiierte die Universität eine auf mehrere Jahre angelegte Untersuchung der Studiensituation, in deren Rahmen man jeweils im Wintersemester alle Dritt-, Fünft-, Siebt- und Neuntsemester befragte. Die Ergebnisse ermöglichten einen Einblick in die spezifischen Probleme der Studienanfangsphase, beim Übergang vom Grund- zum Hauptstudium und in der Abschlussphase. In mehrmals überarbeiteter Form ist die Umfrage regelmäßig bis zum Jahr 2001 fortgeschrieben und dann eingestellt worden. 1994 wurde der Verbund Norddeutscher Universitäten gegründet, dem die Universitäten Hamburg, Kiel, Oldenburg, Rostock, Greifswald und Bremen angehörten und in dem man sogenannte Peer Reviews durchführte. Mit ihnen versuchte die Universität, Mängel in der Studiensituation aufzudecken und zu beheben.

7. Reform von Studium und Lehre

Schon im Konzept von Rothe gab es Reformansätze für Studium und Lehre. Im weiteren Verlauf der Planungen gewann diese Reform immer mehr Gewicht. Das sogenannte „Bremer Modell" entstand, das den demokratischen Aufbau der Hochschule sowie die Planung neuer Studiengänge und Lehrformen beinhaltete. Es handelt sich bei der Mehrzahl der Reformen nicht um Bremer Besonderheiten, sondern um den – oft erstmals – unternommenen Versuch, Ideen zu verwirklichen, die aus der bundesweiten hochschulpolitischen Diskussion hervorgegangen waren. Gleichwohl verbanden sich damit einige spezifisch bremische Neuerungen. Ein Beispiel ist die Ausbildung zum Religionslehrer, die sich am Artikel 32 Absatz 11 der Bremischen Landesverfassung von 1947 orientierte, demzufolge in Bremen ein nicht konfessionsgebundener Unterricht in „Biblischer Geschichte" stattzufinden hat. Darüber hinaus nahm Bremen oft eine Vorreiterrolle ein – so bei der Besetzung der ersten Professur für die Geschichte der Arbeiterbewegung. Auch führte es die Reformen konsequenter durch als anderenorts. Das gilt vor allem für die durch besondere Experimentierfreude gekennzeichneten ersten Jahre.

Die Drittelparität und die akademische Selbstverwaltung

Ein herausragendes Merkmal des Bremer Reformmodells war ohne Zweifel die auf allen Ebenen der akademischen Selbstverwaltung eingeführte Drittelparität. Jeder Beteiligte an der Veranstaltung Universität sollte die Möglichkeit konkreter Einflussnahme haben.

„Ein zentraler Widerspruch jeder Universitätsorganisation ist der zwischen Forschung und Lehre einerseits und Administration andererseits. Es ist zwar durchaus möglich, das Verhältnis beider zu einander besser zu regeln als in der traditionellen Universität. […] Primär stehen sich dabei als unvereinbar das tendenziell egalitäre Kooperationsprinzip der Wissenschaft und das hierarchisch-bürokratische Prinzip der Verwaltung gegenüber. Zwar wäre auch einer leistungsfähigen Verwaltung das egalitäre Kooperationsprinzip weit angemessener als das hierarchische, das nicht den Erfordernissen der Verwaltung, sondern den Erfordernissen der Herrschaft, der Verfügung weniger über viele, entsprungen ist. Dennoch kann die Universität auch bei Verwaltungsautonomie dem bürokratischen Charakter ihrer Administration nur entgegenwirken. Denn er vermittelt sich nicht nur aus veränderbarem Verwaltungs- und Beamtenrecht, sondern mehr noch aus der Rollenerwartung, die auf traditionellen Wegen ausgebildete Verwaltungsbeamte in die Universität hineintragen."[1] So sah Thomas von der Vring in seiner Bewerbung für das Amt des Gründungsrektors das Verhältnis zwischen Wissenschaft und Administration. Als Lösung schlug er vor, bestimmte Ausgangsbedingungen sicherzustellen, wozu er folgende Punkte zählte:

- *"Inkorporation aller Bereiche der Universitätsverwaltung in die Universität;*
- *personelle Hoheit der Universität auch bezüglich ihrer Verwaltung;*
- *Recht der Universität, eigene Organisationsprinzipien der Verwaltung zu entwickeln;*
- *Abbau der Distanz zwischen Wissenschaft und Verwaltung;*
- *Keine strikte Trennung von Gründungssenat und Verwaltung."* [2]

Bereits hier deutet sich an, was in der Folgezeit für Diskussionsstoff sorgte: die Beteiligung der Verwaltung und des Dienstleistungsbereichs an der universitären Selbstverwaltung. Die Mitwirkung des Dienstleistungspersonals ist das herausragende Merkmal der Drittelparität an der Universität Bremen. Auch die Studierenden erhielten gleichberechtigte Mitbestimmungsmöglichkeiten. Die dritte Gruppe, die der Hochschullehrer, bestand aus Lebenszeit-Professoren und befristet beschäftigten Assistenzprofessoren. Diese Form der Selbstverwaltung bezeichnet man als Gruppenuniversität – im Unterschied zu der seit dem 19. Jahrhundert üblichen Ordinarienuniversität.

Grundeinheit der Selbstverwaltung einer Ordinarienstruktur ist der Lehrstuhl mit dem zugeordneten Institut oder Seminar. Dessen Inhaber, auch Ordinarius genannt, entschied allein über Fragen von Forschung und Lehre, das Personal sowie über den Haushalt.

Die Versammlungen der Ordinarien heißen Fakultäten; sie sind für über den Bereich des Lehrstuhls hinausgehende Fragen der Forschung und der Lehre zuständig und üben das Promotions- und Habilitationsrecht aus. Die Fakultäten haben das Vorschlagsrecht für Berufungen. In der Regel gibt an einer traditionellen Universität theologische, philosophische, juristische, medizinische, naturwissenschaftliche und wirtschaftswissenschaftliche Fakultäten. Aus den jährlich wechselnden Repräsentanten der Fakultäten setzt sich der Senat zusammen; der Rektor wird zumeist für eine einjährige Amtszeit aus den Ordinarien der verschiedenen Fakultäten gewählt. Er steht der Universität als *primus inter pares* vor. Unabhängig von der jeweiligen akademischen Selbstverwaltung ordnet das Kultus- oder Wissenschaftsministerium einen Beamten ab, der für die allgemeine Wirtschaftsverwaltung der Universität zuständig ist. Die übrigen Mitglieder der Universität – Dozenten, Studierende, Assistenten, anderes wissenschaftliches und nichtwissenschaftliches Personal – haben keinen Anteil an den Entscheidungsprozessen.[3]

Mit dem Ausbau der Hochschulen und ihrer Entwicklung zu Massenuniversitäten und Großbetrieben für Forschung und Lehre stellte sich das System der Ordinarienuniversität als ineffizient heraus. Hinzu kamen die Studentenproteste, welche oftmals mit chaotischen Zuständen an den Universitäten einhergingen – oder diese aufzeigten. Die universitäre Selbstverwaltung wurde daher zum zentralen Thema der Neuordnung sowohl seitens der Hochschulen selbst als auch des Staates und der verschiedenen Verbände und Parteien. Erste Reformüberlegungen orientierten sich am angelsächsischen Muster. Anhand der Fachbereichstruktur wollte man die Universität wieder in überschaubare Einheiten gliedern, die zentrale Verwaltung sollte gestärkt und die Universitätsleitung durch eine längere Amtszeit des Rektors bzw. Präsidenten gefestigt werden. Es ging zudem darum, die Universität durch die Beteiligung aller Gruppen an den Entscheidungsprozessen zu demokratisieren. Dabei fiel das Augenmerk nicht nur auf den Wissenschaftlichen Mittelbau und die

Studierenden, sondern auch auf den nichtwissenschaftlichen Bereich. Die Frage der Drittel- oder Viertelparität stellte fortan ein „konfliktreiches hochschulpolitisches Thema" dar.[4]

Der Verband Deutscher Studentenschaften (vds) plädierte bereits 1962 für die Berücksichtigung von Vertretern aller Gruppen an der Gründung von neuen Universitäten. Bei Ausgrenzen einer Gruppe, so der vds, bestehe das Risiko der Einseitigkeit. Ausdrücklich ist die Beteiligung nicht nur von Studenten und Assistenten, sondern auch von Verwaltungspersonal erwähnt.[5] Der vds äußert sich auch in seiner Schrift „6 Punkte für ein demokratisches Hochschulgesetz", erschienen 1972, als die Debatte um das Hochschulrahmengesetz auf dem Höhepunkt war, zur Drittelparität: *„Soll die Hochschule ihren Beitrag zur Demokratisierung und zum gesellschaftlichen Fortschritt leisten, muß sie nach demokratischen Prinzipien aufgebaut sein. In ihrem Kampf für eine umfassende wissenschaftliche Ausbildung, die ihnen eine längerfristige Perspektive eröffnet, haben die Studenten erfahren, daß ohne gleichberechtigte Mitbestimmung ihre berechtigten Interessen mit Füßen getreten werden. Daher fordert der vds: Gleichberechtigte Mitbestimmung für die Studenten, gleichberechtigte Mitbestimmung auch für die nichtwissenschaftlichen Mitarbeiter."*[6] Ähnlich argumentiert der Sozialistische Deutsche Studentenbund (SDS) in seiner Denkschrift aus dem Jahr 1965: *„Eine wirkliche Demokratisierung der inneren Struktur der Hochschule wird durch eine symbolische ‚Mitverantwortung' der Nichtordinarien und Studentenvertreter für die Beschlüsse der Ordinarien nicht erreicht. Aus der Analyse der Arbeitsverhältnisse und der Betriebsstruktur ergibt sich vielmehr, daß auch in der Hochschule die Verfügungsgewalt über die Arbeitsmittel und die Entscheidung über die Bedingungen und Ziele der Arbeit die eigentlich entscheidenden Fragen sind."*[7]

An der Universität Bremen hat man also seit der Gründungsphase studentische Forderungen verwirklicht, die aber, wie oben ersichtlich, nicht allein die Interessen der Studierenden berührten, sondern auch die der Universitätsmitarbeiter. Kritiker der Demokratisierung sahen die Freiheit von Lehre und Forschung durch Mehrheitsbeschlüsse universitärer Gremien gefährdet. Die Freiheit der Studierenden sei die des Lernens, des gedanklichen Umgangs mit dem angebotenen Stoff. Das Amt des Hochschullehrers dagegen umfasse eine spezifische Verantwortung. Studierende seien daher nicht diskriminiert gegenüber den Lehrenden, sondern ihre Freiheit bestünde in der vom Lehramt. Die Wissenschaft erhalte ihre Legitimation aus sich selbst heraus und empfange sie nicht aus demokratischen Mehrheitsentscheidungen. Ebenso betonte man die Autonomie der Persönlichkeit im Bereich des wissenschaftlichen Forschens und Lehrens.[8]

Den paritätisch besetzten Gremien der Universität oblag auch die Aufgabe, die Nutzung der universitären Mittel und Einrichtungen für die Forschung – ob durch die Universität selbst oder durch Drittmittel finanziert – zu überwachen. *„Diese Kontrolle sollte sicherstellen, daß*

a) die Forschungsmittel gemäß sachlichen Prioritäten verwendet werden,
b) keine ökonomischen Abhängigkeiten von Hochschulangehörigen gegenüber Dritten entstehen können,
c) keine Vermengung materieller Interessen der Beteiligten mit dem sachlichen Forschungsinteresse erfolgt."[9]

Bereits in der Frühphase waren auch Studierende an allen Entscheidungen beteiligt, z.B. an der Bauplanung und Organisation von Studium und Lehre sowie den daraus folgenden Personalentscheidungen.[10] Niedersächsische Hochschullehrer reichten aufgrund des niedersächsischen Gesamthochschulgesetzes von 1972 Verfassungsbeschwerde ein. Sie sahen ihre Mitbestimmungsmöglichkeiten unzulässig eingeschränkt. Das Urteil des Bundesverfassungsgerichts (BVG) vom 29. Mai 1973 wirkte sich auch auf die Bremer Regelung aus, stellten die Richter doch in ihren Leitsätzen fest, dass die Gruppe der Hochschullehrer maßgebenden Einfluss bei unmittelbar die Lehre betreffenden Entscheidungen und bei Berufungen haben muss und eine „undifferenzierte" Beteiligung der Gruppe der nichtwissenschaftlichen Bediensteten bei Fragen von Lehre und Forschung auszuschließen ist.[11] Das beschnitt den bis dahin bestehenden Einfluss der nichtwissenschaftlichen Mitarbeiter deutlich, betraf aber auch die Studierenden, da sowohl bei Berufungen als auch bei Fragen von Lehre und Forschung nunmehr die Gruppe der Hochschullehrer letztlich die Entscheidungen traf.

Doch schon in der Zeit vor dem BVG-Urteil sah Gründungsrektor von der Vring die Möglichkeit der Studierenden, wirklichen Einfluss auszuüben, als sehr gering an: *„Die Drittelparität hat erzwungen, daß die Hochschullehrer in einen Begründungszwang kamen. [...] Da muß ich sagen, die Vorstellung, daß Studenten eine entscheidende Position bei der Kontrolle von Forschung und Lehre einnehmen, ist illusorisch, solange die Studenten von den Professoren abhängig sind."*[12] Es ergäbe sich zwangsläufig ein Arrangement, wenn ein Student in einem Gremium neben einem Hochschullehrer sitze, mit dem er während seiner Ausbildung häufig Kontakt habe. Das sei in Bremen oft politisch verhüllt gewesen – man gehörte eben denselben oder ähnlichen politischen Gruppen an. *„Man wird, wenn man die Beschlüsse der Gremien beobachtet, nicht feststellen, daß ein besonderes kritisches Engagement der Studentenvertreter in den Gremien die Qualität der Lehre betroffen hat. Und dafür war das eigentlich gedacht – daß die Studenten sich beschweren, wenn die Qualität der Lehre nicht ihren Erwartungen entspricht."*[13] Viele Kontrollaufgaben seien daher der Gruppe der Dienstleister zugefallen, die häufig aus dem Kreis der MitarbeiterInnen der Universitätsbibliothek stammten und sich in der Regel umfassend informierten. Es sei jedoch wichtig, auch die wissenschaftlichen MitarbeiterInnen in den Fachbereichen an den Entscheidungen zu beteiligen, da sie eine tragende Säule darstellten. Dafür dürften sie nicht nur befristet für den Zeitraum der Promotion eingestellt werden. Auch Hans-Josef Steinberg schätzte ihre Rolle als ausgleichenden Faktor in der Hochschulpolitik.[14]

Martin Bennhold, Planer für das Fach Jura, schlug vor, den Dienstleistungssektor nicht in einen wissenschaftlichen und einen nichtwissenschaftlichen Bereich zu spalten. *„Drei Fragen stehen vornehmlich zur Diskussion:*

I. Soll die Verwaltung als einheitlicher politischer Körper mitwirken oder soll bei der Verteilung von Mitwirkungsrechten unterschieden werden zwischen wissenschaftlichen Verwaltungspersonal und nichtwissenschaftlichen Verwaltungspersonal?
II. Wer soll bei der Entsendung von Verwaltungsvertretern in Gremien dezentraler Einheiten aktives und wer soll passives Wahlrecht besitzen?
III. Mit welchem Gewicht soll die Verwaltung beteiligt werden?"[15]

Die Vollversammlung (VV) der Verwaltungsangehörigen sollte ihre Vertreter in jedes Gremium senden und jeder wählbar sein. Der Gemeinsame Ausschuss Sozialwissenschaften beschloss am 8. Februar 1972 einstimmig, den Dienstleistungsbereich drittelparitätisch an Berufungskommissionen im Bereich Lehrerbildung und Sozialwissenschaften mit Stimmrecht zu beteiligen, allerdings sollten die Mitarbeiter nicht von einer zentralen VV, sondern von dezentralen Mitarbeiterkollegien bestimmt werden.[16] Der Dienstleistungsbereich selber sprach sich auf einer Vollversammlung am 28. Januar 1972 mit Blick auf die künftigen Berufungsverfahren für ein Stimmverhältnis von 3:3:3 (Hochschullehrer, Studenten, Dienstleister) aus. Die Wahl der Vertreter sollte in einer VV erfolgen.[17] Die Zentrale Kommission schloss sich den Ergebnissen der Mitarbeiter-VV an.[18] Dasselbe tat der Gründungssenat.[19] Kritik an der Teilhabe des nichtwissenschaftlichen Personals an Berufungsverfahren ist häufig geäußert und vom VDS wie folgt zusammengefasst worden: *„Die verlogenen Begründungen, mit denen starke Kräfte innerhalb und außerhalb der Hochschule immer noch den Studenten, Assistenten und nichtwissenschaftlichen Mitarbeitern die Mitbestimmung verweigern wollen, entlarven ihre Urheber: Mal ist die Rede von der Putzfrau, die die Forschungsprioritäten auf Jahrzehnte festlegt, gegen den geballten Sachverstand der Professoren, mal von den Studenten, die aus der Uni eine rote Kaderschmiede machen wollen."*[20] Insbesondere die Geschichte von der Putzfrau, deren Stimme bei der Berufung eines Professors den Ausschlag gibt, wird noch heute gern als Argument gegen die Drittelparität ins Feld geführt – im Zeitalter der Auslagerung von Dienstleistungen an kostengünstige Fremdfirmen dürfte dieses Argument nun aber endgültig an Gewicht verloren haben.

Nach Inkrafttreten der Vorläufigen Universitätsverfassung am 20. Juni 1972 teilte der Senator für Bildung, Wissenschaft und Kunst dem Gründungsrektor mit, dass die Universität nach Ablauf eines Jahres einen Erfahrungsbericht über die Drittelparität und die innere Struktur von Forschung und Lehre vorlegen solle, um so Perspektiven für die endgültige Gesetzgebung zu erhalten.[21] Unumstritten war die Drittelparität selbst zu diesem frühen Zeitpunkt nicht. So schlug die Behörde vor, dass die Mehrheit der Professoren in einem Gremium nicht überstimmbar sein sollte.[22] Allerdings befürworteten sowohl Studierende als auch Lehrende die Drittelparität.[23] Zudem fällt auf, dass die Behörde und der Bremer Senat durchaus nicht alle Gruppen der Universität – entgegen ihrer Erwartung – gleich behandelten. So fand im Rathaus ein Empfang ausschließlich für Hochschullehrer statt, um über die Probleme der Universität miteinander zu reden.[24] 1972 schrieb die Vorläufige Universitätsverfassung die uneingeschränkte Drittelparität ohne Sonderregelungen fest.

Die Erfahrungen mit der Drittelparität werden rückblickend von damals beteiligten Mitarbeitern des Dienstleistungsbereichs in der Regel positiv eingeschätzt.[25] Auch der spätere Senator für Bildung und Wissenschaft und damalige Planer für den Studiengang Sport, Willi Lemke, blickt auf ähnliche Erfahrungen mit der Drittelparität zurück.[26] Die ÖTV-Betriebsgruppe stellte 1975 fest, dass durch die Mitarbeit der Dienstleister deren Sachkenntnis besser zum Tragen gekommen sei und sich im Bereich der innenuniversitären Verwaltung eine Kontrollfunktion ausüben ließ, die durchaus zur Einsparung von Finanzmitteln geführt habe, zudem hätten die Entscheidungsvorgänge an Transparenz gewonnen[27] Auch die Vertreter der sozialliberalen Hochschullehrer äußern sich zustimmend zur Drittelparität, die es ermöglicht habe, sowohl in der Forschung als auch in der Lehre angemessen zu planen sowie das Gesprächsklima zwischen den Statusgruppen deutlich zu verbessern.[28] So engagierten sich Vertreter der sozialliberalen Fraktion für den Fortbestand der Drittelparität, auch wenn sie die Politisierung der Hochschule als eine Folge der Drittelparität ablehnten: *„Es ist klar, daß der Sozialliberalen Fraktion vorgeworfen wird, daß sie insgeheim den Rückmarsch in Richtung Ordinarienuniversität antreten will. […] Diesen Vorwurf kann man nur entkräften, wenn man sich aktiv für die demokratisch organisierte Hochschule einsetzt. Da es unsicher ist, ob für Bremen eine Experimentierklausel erreicht werden kann, muß man überlegen, wie das Urteil des Bundesverfassungsgerichts zur Paritätenfrage politisch unterlaufen werden kann. Man kann ausnutzen, daß nur in ganz seltenen Fällen streng nach Statusgruppen abgestimmt wird. Entscheidend ist meist die Zugehörigkeit zu einer Fraktion […]"*[29] Die Abstimmung weniger nach Statusgruppen als vielmehr nach – häufig informeller – Zugehörigkeit zu politischen Fraktionen bestätigen auch eine Reihe von Zeitzeugen.[30]

Eine Dokumentation zur Drittelparität der Juso-Hochschulgruppe Bremen, Fachgruppe Jura, weist jedoch darauf hin: *„Teilweise unverständliches Abstimmungsverhalten – auch von ÖTV-Dienstleistern – z.B. in Berufungsfragen trug ein übriges dazu bei, die fortschrittlichen Kerne der Drittelparität – das Bündnis der fortschrittlichen Kräfte in allen Statusgruppen, direkte gewerkschaftliche Beteiligung, Brechung der Professorenherrschaft – als nicht mehr so wesentlich erscheinen zu lassen."*[31] Die Studierenden verbanden offenbar andere Hoffnungen mit der Drittelparität als die Beschäftigten der Universität. Sie kritisierten das Abstimmungsverhalten nach Fraktionen und empfanden die Unterteilung nach Statusgruppen deutlich anders, verbrachten sie doch in der Regel nur wenige Jahre an der Universität und verfügten daher über weniger Erfahrungen in der Gremienarbeit.

Der langjährige Kanzler der Universität, H.-H. Maaß-Radziwill, erläutert rückblickend, die Drittelparität sei im Dienstleistungsbereich auch mit negativen Auswirkungen verbunden gewesen. Zwar hätten sich deren Angehörige in Diskussionen über Fachfragen in der Regel zurückgehalten – die bereits erwähnte „Putzfrauargumentation" trifft also nicht zu. Allerdings seien einige von ihnen, insbesondere direkte Untergebene von Professoren, in Konflikte geraten, da ihre Vorgesetzten Druck auf ihr Abstimmungsverhalten ausübten. Maaß-Radziwill hält die Drittelparität für eine ungünstige Einrichtung in Bezug auf die Verhältnisse in der dienstlichen Hierarchie. Jedoch auch er erklärte, die Gründungsphase wäre ohne das stabilisierende Element der länger im Berufsleben stehenden Dienstleister – im Gegensatz zu den Studierenden und den oftmals noch jungen Hochschullehrern – chaotischer verlaufen. Die Drittelparität habe nicht zuletzt die Kommunikation gefördert und sei ein produktiver Faktor in der Gründungsphase gewesen, auch in Bezug auf die Studierenden, von denen man mit den meisten *„vorzüglich arbeiten konnte"*.[32]

Der Akademische Senat bewertete die Drittelparität in einem engen Zusammenhang mit dem nach Gruppen getrennten System der personalisierten Verhältniswahl, dem Vetorecht, dass jede der drei Gruppen besaß, sowie dem – abgesehen von Sitzungen, die sachbedingt vertraulich waren – uneingeschränkten Teilnahme- und Rederecht für die Universitätsmitglieder. In seinem Erfahrungsbericht von 1973 führte er aus, dass alle Angehörigen der Universität die Drittelparität unterstützten.

Es sei ein wichtiger Grundsatz der Vorläufigen Universitätsverfassung, dass alle Statusgruppen angemessen in den Gremien vertreten seien. Frontstellungen zwischen ihnen hätten sich nicht entwickelt, jedoch sei es zu einer Fraktionierung mit relativ stabilen gruppenübergreifenden Koalitionen gekommen. Aus der Drittelparität ergebe sich eine hohe demokratische Legitimation der Beschlüsse. In den Gremien herrsche eine sachliche Atmosphäre vor.[33] Durch die Mitbestimmung der Studierenden hätten deren Interessen und Standpunkte Beachtung gefunden. Von ihnen seien insbesondere bei der Studiengangsplanung wesentliche Impulse für neue didaktische Konzepte ausgegangen. Voraussetzung dafür bilde allerdings ihre Organisation innerhalb der Verfassten Studentenschaft und in hochschulpolitischen Gruppen. Die Dienstleister hätten sich zwar anfangs in spezifischen akademischen Angelegenheiten, die sich aus dem Informationsvorsprung der Hochschullehrer ergaben, schwer getan, dies habe sie aber motiviert, sich weiterzubilden. Das habe sich auf den Arbeitsbereich ausgewirkt, auch sei ihr Interesse an den Belangen der Universität sehr hoch. Bestimmte Gremienentscheidungen – wie z.B. Haushaltsangelegenheiten – fielen durch die Beteiligung der Dienstleister qualifizierter aus, da ihre Sachkenntnis in diesen Bereichen größer sei als die der Hochschullehrer. Insgesamt, so schließt der Bericht des Akademischen Senats, habe sich die Drittelparität bewährt.[34]

Nach der Verabschiedung des Bremer Hochschulgesetzes (BremHG) bestand der Akademische Senat zwar weiterhin aus jeweils fünf Vertretern der Professoren, Studenten und Dienstleister, jedoch verfügten die Vertreter der Professoren zusammen über eine Stimme mehr als die Vertreter der anderen Gruppen zusammen: *„Das Gewicht der Stimme eines jeden Professors ist mit dem Faktor 2 $^{1}/_{5}$ zu bemessen."*[35]

Das neue Hochschulrahmengesetz räumte mit den bis dahin gut funktionierenden Strukturen auf. Bis zu diesem Zeitpunkt fand man in Bremen eine Organisation vor, die durchaus zu vergleichen war mit der anderer Neugründungen – die ersten Jahre waren geprägt von großem Engagement und vielfältigen Versuchen, Probleme zu lösen, was im Großen und Ganzen gut gelang. Danach trat eine Phase der Bürokratisierung ein, die aber nicht allein auf das HRG zurückzuführen ist, sondern, so von der Vring, auch als eine Folge des nachlassenden Gründungsengagements anzusehen sei. Der Bruch in der Gesetzgebung durch das Karlsruher Urteil habe allerdings eine Selbstregulierung durch Diskussionen gar nicht mehr möglich gemacht, da die Ordinarienuniversität restauriert worden sei.[36] Zudem habe das BVG-Urteil viel mit sozialen Vorurteilen und der Verteidigung von professoralen Privilegien zu tun, die aber im Mittelpunkt der Kritik am bestehenden Universitätssystem standen.[37]

Der damalige Bürgermeister Bremens, Hans Koschnick, stets ein Anhänger der Drittelparität, sagt: *„Ich glaube, in der Kombination der Forschenden und Lehrenden und der sich auf den Abschluss Vorbereitenden ist die angemessene Vertretung der Wissenschaft heute möglich. Wir hatten später die Diskussion, ob Studenten Professoren bewerten dürfen usw. Eine vernünftig ausgebaute Drittelparität hätte hier die Schärfe nehmen können."*[38] Koschnick teilte damals und teilt auch heute nicht die Auffassung der Konservativen, artikuliert in erster Linie durch den Bund Freiheit der Wissenschaften, dass Verwaltungsangestellte und sonstiges Personal der Universität nicht mitentscheiden sollten. In den Zeiten der größten Unruhen zwischen den Gruppen der Universität seien die Vertreter der Arbeitnehmerseite in der Universität stets das beruhigende Element gewesen.[39]

Zu diesem Punkt erläutert Claus Dittbrenner, in den Anfangsjahren freigestellter Personalrat an der Universität, dass es, als die bürgerliche Presse die Universität scharf kritisierte, verschiedene Aktionen seitens des Dienstleistungsbereichs mit dem Ziel gab, solchen Kampagnen nicht noch mehr Material zu liefern. Einige Studentengruppen versuchten, Lehrveranstaltungen konservativer Hochschullehrer zu verhindern, indem sie den Zugang blockierten oder die Veranstaltungen störten. Mitarbeiter des Dienstleistungssektors – häufig Haushandwerker und Mitarbeiter des Betriebshofs – schützten die Veranstaltungen, um es auch diesen Professoren zu ermöglichen, ihre Seminare durchzuführen und damit die Freiheit der Lehre an der Universität zu erhalten.[40] Das stieß allerdings nicht überall auf Zustimmung. Als der Kanzler der Universität, Maaß, gegenüber dem „Weser-Kurier" berichtete, dass zu kritischen Veranstaltungen Freiwillige der Dienstleister abgestellt würden, deren Anwesenheit der Beruhigung dienen sollte und die angehalten seien, Gewalt nur zur Abwehr von Angriffen anzuwenden, wandten sich einige Mitarbeiter der Universität an Rektor Steinberg und verlangten Auskunft darüber, was in diesem Zusammenhang „kritische Veranstaltungen" seien und wie sich der Einsatz der Saalschützer unter dienstrechtlichen Gesichtspunkte darstelle.[41]

Grundsätzlich ist anzumerken, dass die große Mehrheit der Mitarbeiter ihren Arbeitsplatz an der Universität bewusst gewählt hatte. Sie standen hinter dem Reformmodell und waren in verschiedenen Gremien aktiv.[42] Viele Hochschullehrer, die von außerhalb nach Bremen gekommen waren, mussten sich erst an die vielfältigen Mitentscheidungsmöglichkeiten der Mitarbeiter und an die hierarchiefreien Strukturen gewöhnen. Zwar traten dabei vereinzelt Konflikte auf, sie spitzten sich aber erst zu, als die Drittelparität abgeschafft war und die Dienstleister trotzdem versuchten, ihre Freiheiten und Einflussmöglichkeiten weiter zu nutzen.[43] Themen, die von ihnen vertreten wurden, waren die klassischen Bereiche der Entlohnung, Arbeitszeitregelung, Aufstiegs- und Weiterbildungsmöglichkeiten.[44]

Die Mitgestaltung des Arbeitsplatzes war eine weitere vorrangige Forderung des Dienstleistungspersonals. Es sollten Mitarbeiterkollegien für die einzelnen Arbeitsbereiche gebildet und die Abläufe so organisiert werden, dass es ihnen möglich war, regelmäßig zu tagen.[45] Es gelang ihnen, die ursprüngliche Bau-Planung – sämtliche Büros sollten in einem Großraumbüro untergebracht sein – zu verhindern. Großraumarbeitsplätze gab es schließlich nur in der Universitätsbibliothek und in der Arbeitslehre/Politik auf der ersten Ebene des Gebäudes GW2.[46] Senator Franke erklärte 1976, das Konzept der Großräume aufzugeben und entsprechende Umbaumaßnahmen einzuleiten.[47]

Der Dienstleistungssektor war z.T. anders organisiert als sonst an Universitäten üblich; Schreibarbeiten eines Hochschullehrers wurden nicht von „seiner" persönlichen Sekretärin, sondern von einem Schreibpool erledigt. So kamen Fragen auf, die sonst wohl nicht gestellt worden wären. Der Personalrat stellte z.B. fest, dass Sekretärinnen häufig zu privaten Schreibarbeiten sowie für drittmittelfinanzierte Projekte herangezogen würden und regte an, das Honorar dafür nicht allein dem dafür wissenschaftlich Verantwortlichem zuzugestehen. Des Weiteren sollte der Akademische Senat regeln, wie mit privaten Schreibarbeiten umzugehen sei.[48] Einzelne Professoren zahlten für solche Leistungen ein Extra-Honorar.[49]

Ende der 1970er und Anfang der 1980er Jahre beschäftigte den Personalrat besonders die Einführung von Computern bzw. „Schreibautomaten". Die Schreibkräfte befürchteten eine Entwertung ihres Arbeitsplatzes und gesundheitliche Risiken. Nachdem man in den Fachbereichen Mathematik/Informatik und Wirtschaftswissenschaften 1983 für sechs Monate ein Textverarbeitungssystem getestet hatte, sicherte die Universität den Schreibkräften zu, dass sie vielschichtigere Aufgaben und eine entsprechend bessere Entlohnung erhielten. Der Personalrat betrachtete die „Schreibautomaten" immer noch als inakzeptabel; trotzdem beschloss der AS 1984 ein Beschaffungsprogramm für Arbeitsplatzrechner, das aus Bundesmitteln finanziert wurde.[50]

Ein Kritikpunkt an der universitären Selbstverwaltung war, dass sich Entscheidungen verzögerten, weil sie eine Vielzahl von Gremien passieren mussten – ein häufig auch in der Debatte um die Drittelparität vorgebrachtes Argument. Bereits 1976 setzte Rektor Steinberg eine Arbeitsgruppe ein, die sich mit der Reform der Gremienstruktur befassen sollte. Als problematisch erwiesen sich ihre Unüberschaubarkeit, die schwache Legitimation vor allem der Beratungsgremien, das Übergehen von Gremien bei Entscheidungsprozessen, die Einrichtung spezieller Kommissionen für Einzelfragen, der hohe Zeitaufwand, die Schwerfälligkeit des Entscheidungssystems, die oft zu Vertagungen führende Arbeitsüberlastung sowie die „*Befassung von Gremien mit zu vielen Gegenständen geringer Relevanz.*"[51] Zur Unübersichtlichkeit heißt es z.B.: „*In der vorfindlichen Gremienstruktur kann die Notwendigkeit des Nebeneinanders eines Studienbereichsrates Mathematik, einer Studiengangskommission Mathematik und eines Fachsektionsrates Mathematik nur schwer erklärt werden.*"[52]

Als Grund für die Unüberschaubarkeit machte man die unterschiedliche rechtliche Herkunft der Gremien aus, die sich zum kleineren Teil aus den unmittelbaren Vorschriften des Staates, zum größeren aus der Vorläufigen Universitätsverfassung ableiteten. Letztere schrieb durch Positivregelungen die Einrichtung von 63 Gremien vor.[53] Einzelne Fächer, im Laufe der Zeit neu entstanden, fanden keine Entsprechung mehr in den Fachsektionen,[54] was zu weiteren Orientierungsschwierigkeiten führte. Die Aufgabenbeschreibungen für Gremien – soweit überhaupt vorhanden – waren unterschiedlich deutlich gefasst, so dass es oft keine klaren Zuständigkeitsbereiche gab.[55] Eine Befassung von mehreren Gremien mit ein und demselben Antrag war nicht ausgeschlossen, was die Wahrnehmung demokratischer Kontrolle nicht immer gewährleistete.[56] Als Beispiel seien die Anträge auf Kostenübernahme für Dienstreisen genannt, die mal an andere Gremien verwiesen, mal zurückgestellt, mal bewilligt wurden, wobei die Grundlage der Entscheidungen nicht ohne weiteres nachvollziehbar war.[57] Ungenaue oder gar fehlende Aufgabenbeschreibungen und Zuständigkeiten störten oder verzögerten manche Abläufe im Selbstverwaltungssystem, sodass im Unklaren blieb, ob vor der Entscheidung eines Gremiums noch ein weiteres angehört werden musste.

Ebenso kam es zu Situationen, in denen ein einzelner Vorgang in verschiedene Aspekte gespalten wurde, über die man in verschiedenen Gremien verhandelte, da ihre Kompetenzen sich jeweils nur auf Teile der zu treffenden Entscheidung erstreckten.[58] In der Praxis führte die Möglichkeit des Aufsplittens dazu, dass manche Gremien gar nicht mehr einbezogen wurden oder man für komplexere Beratungsgegenstände weitere Spezialgremien ins Leben rief.[59]

Eine Vereinfachung der Selbstverwaltungsebene schien ebenso angebracht wie klare Arbeitsrichtlinien.[60] Die Arbeitsgruppe empfahl dann auch, die Zahl der

Gremien zu halbieren.⁶¹ Allerdings richteten sich die Vorschläge nicht gegen die Drittelparität, sondern gegen die ineffektiven Abläufe innerhalb der Selbstverwaltung.

Ein weiteres Problem war die teilweise sehr geringe Bereitschaft zur Mitarbeit. Im Unterschied zum Lehrdeputat sei der Umfang einer angemessenen Beteiligung an der Selbstverwaltung für Hochschullehrer nicht umrissen worden, was sich ungünstig auswirke.⁶² Die Motivation, sich in Gremien zu engagieren, nahm seit dem Ende der 1980er Jahre spürbar ab. Etwa im selben Zeitraum sank auch die Zahl der an der Universität bestehenden politischen Gruppierungen deutlich. Die auf der Gremienarbeit beruhende Selbstorganisation geriet immer mehr ins Hintertreffen und wurde, bereits ausgedünnt durch die Abschaffung der Drittelparität, immer häufiger belächelt oder als Hemmnis verstanden. Um so mehr stellt sich aber die Frage, ob es vertretbar war, dass *„eine nicht unbeträchtliche Anzahl von hochdotiert Beschäftigten tatsächlich alles zur Kenntnis nehmen, bereden und beschließen muss, was am Fachbereich ansteht."*⁶³

Andererseits ist es schwer, Themen aus der Gremienzuständigkeit auszuklammern. Auch Bau- und Raumpläne betreffen unmittelbar die Bedingungen von Studium, Lehre und Forschung. Manchmal dürfte sogar erst in der ausführlichen Diskussion festgestellt worden sein, wie weitreichend eine Entscheidung tatsächlich ist. Das Institut der deutschen Wirtschaft bemängelte in seinen Berichten zur Bildungspolitik von 1979/80 vor allem den Zeitaufwand, der bei der Mitarbeit in den universitären Gremien anfalle, sowie die Fraktionierung innerhalb der Gruppen, die die ursprünglich erwünschte Politisierung der Hochschule habe ausarten lassen.⁶⁴

Auch in der Gegenwart wird wieder über Vor- und Nachteile der Drittelparität diskutiert. Die Balance zwischen persönlicher Verantwortung der Entscheidungsträger und der Beteiligung aller an der Universität vertretenen Gruppen wird noch gesucht. Ein Zuviel an Gremien bewirke, dass niemand sich verantwortlich fühle und die Entscheidungswege lang seien, während andererseits ein starkes Präsidium die Mitbestimmung verhindere, so kurzgefasst die gängigen Auffassungen. Entsprechende Modelle werden zur Zeit erprobt. Herausragendes Beispiel ist die seit Beginn des Jahres 2008 praktizierte Form an der Universität Frankfurt am Main, die als Stiftungsuniversität ein hohes Maß an Autonomie erhielt und in der viele Entscheidungen vom Akademischen Senat getroffen werden. Andere Hochschulen wie beispielsweise die TU München verfolgen mit einem starken Präsidium bzw. Rektorat ein gegenteiliges Konzept.⁶⁵

Interdisziplinarität und Aufbau des Studiums in den ersten Semestern

Kern der Studienreform bildete das Studium in Projekten. Es war ursprünglich als interdisziplinäres Vorhaben mit einem Schwerpunkt auf dem „forschenden Lernen" konzipiert, das sich in Kleingruppenarbeit vollziehen sollte. Zum Erwerb des fachlichen und methodischen Wissens gab es innerhalb eines Projekts Intensivkurse,

Seminare, Vorlesungen und andere Lernangebote. Sein Thema sollte gesellschaftliche Relevanz und einen Bezug zur Berufspraxis haben.[66] Das Prinzip, mit dem Projektstudium bereits im Grundstudium zu beginnen, wurde auch kritisiert: Den Studierenden fehle das nötige Basiswissen, ebenso lasse sich der Anspruch, Projekte interdisziplinär zu gestalten, nicht ohne Schwierigkeiten einhalten, da es bei einigen Themen an Experten in den Nachbardisziplinen fehlte.[67]

Planungskommissionen (PK) für drei übergeordnete Bereiche übernahmen in der Anfangsphase die Aufgabe, Modelle für das Studium der Fächergruppen zu entwickeln. Für Einzelfächer bildete man in der jeweiligen PK Untereinheiten. Es gab die PK Naturwissenschaften (PKN), die PK Sozialwissenschaften (PKS) und die PK Lehrerbildung (PKL). Während man die Planungskommissionen im Februar 1972 auflöste, führten die Unterkommissionen für noch in der Planung befindliche Studiengänge ihre Arbeit als Kollegien des Gründungssenats fort. Zugleich richtete man für ihre ehemaligen Zuständigkeitsgebiete bei der Zentralen Kommission Gemeinsame Ausschüsse ein.[68] Sie waren die Initiativ- und Beschlussorgane der Organisationsbereiche, und zu ihren Aufgaben gehörte es insbesondere, die für das Studium und die Lehre benötigten Mittel anzufordern und zu verteilen. Die Zentrale Kommission hingegen koordinierte die Arbeit der Gemeinsamen Ausschüsse und der Planungskommissionen für die einzelnen Studiengänge.

Die Universität Bremen gliederte sich in ihrer Anfangszeit in Studienbereiche. Vom Akademischen Senat eingerichtet,[69] waren einem Studienbereich mehrere Studiengänge – die Fächer traditioneller Universitäten – zugeordnet. Zugleich konnte sich ein Studiengang mit mehreren Studienbereichen verbinden. Die Studiengänge dienten der wissenschaftlichen Vorbereitung auf die Berufstätigkeit und sollten so angelegt sein, dass es den Lernenden ohne zu große Arbeitsbelastung möglich war, an wissenschaftlichen Vorhaben auch anderer Studiengänge teilzunehmen.[70] Im Jahre 1972 gab es folgende Studienbereiche:

- Technik, Industrie und Betrieb,
- Technik und Lebensbedingungen,
- Staat und Verwaltung,
- Soziale Dienste und Erziehung,
- Kultur, Massenkommunikation und Gestaltung.[71]

Die Studienbereiche sollten auch eine Trennung von Natur- und Geisteswissenschaften verhindern.[72] Nicht nur die äußere Zuordnung, auch die inhaltliche Ausrichtung der Studiengänge entsprachen nicht dem traditionellen Bild. Die PK der jeweiligen Studiengänge entwarfen in der Regel ein reformiertes Modell, was, um nur ein Beispiel zu nennen, in Bremen zu der ersten Professur für die Geschichte der Arbeiterbewegung führte.

Naturwissenschaften

Die PK Naturwissenschaften empfahl dem Gründungssenat die Einrichtung der Unterkommission Informatik/Informationswissenschaften und begründete ihren Vorschlag folgendermaßen:

„Die Informationswissenschaften stellen ein wichtiges Feld interdisziplinärer Zusammenarbeit zwischen sozialwissenschaftlichen und technischen Disziplinen dar und sind von hoher Bedeutung in gesellschaftlichen Bereichen wie Verwaltung, Produktion und Schule. Derzeit werden die Informationswissenschaften in diesem umfassenden Rahmen weitgehend wahrgenommen von außeruniversitären Institutionen wie Wissenschaftszentrum Berlin und der Industrie im EDV-Sektor. An den Hochschulen werden Informatik/Informationswissenschaften hauptsächlich betrieben als Informatik (Geräte, Programmsprachen, Programmierung) und als Hinwendung einzelner Disziplinen zur Anwendung der elektronischen Datenverarbeitung. Bremen bietet gute Voraussetzungen für Informatik/Informationswissenschaften im weiteren, interdisziplinären Rahmen."[73]

Die Unterkommission Mathematik der PKN befürwortete zwar das interdisziplinär angelegte Projektstudium, erklärte aber auch, dies müsse für die Mathematik im einzelnen noch geklärt werden. Man sah vielfältige Probleme, deren Ursprung man auf die bisherige Form des Mathematikstudiums zurückführte, und erachtete es daher für sinnvoll, ein Konzept zu entwickeln, das weder auf eine *„verbilligte Mathematikausbildung, noch eine Berufsorientierung, die so eng gefaßt ist, daß sie sich auf eine Neubestimmung der Lehrinhalte im Rahmen der augenblicklichen Erfordernisse von Industrie und Schullehrplänen"*[74] reduziert werden dürfe. Man gliederte das Studium in eine Orientierungsphase – in ihr ging es darum, wie sich mit Mathematik praktische Probleme lösen ließen –, eine Systematisierungsphase – sie sollte die erlernten mathematischen Methoden mit den Erfahrungen aus der „Orientierung" verknüpfen – und abschließend eine Spezialisierungsphase, in der man die Ausbildung im Hinblick auf den angestrebten Beruf zu erweitern und zu vertiefen gedachte.[75] Eine Zusammenarbeit in interdisziplinären Projekten sei sowohl mit den Natur- als auch mit den Sozialwissenschaften möglich. Die Rolle der Mathematik dürfe dabei keineswegs die einer Hilfswissenschaft sein, deren Methoden unreflektiert zu übernehmen wären. Des Weiteren hielt man es für erstrebenswert, das bisherige Nebenfach-Studium der Diplommathematiker in einen sinnvollen Zusammenhang mit dem Hauptfach zu setzen.[76]

Das Konzept stieß auf Kritik. Gleich zwei Mathematiker zogen daher in Erwägung, ihren Ruf nach Bremen abzulehnen. Einer vertrat die Auffassung, die Mathematik werde an der Universität Bremen zur Hilfswissenschaft der Sozial- und der Naturwissenschaften degradiert. Auch von dem verwendeten weiten Forschungsbegriff – in Bezug auf die Mathematik: das Aufdecken von Zusammenhängen – zeigte sich der Bewerber irritiert.[77]

Der Gründungsrektor legte dar, welchen Stellenwert die Planungskommissionen hätten und welcher Spielraum den Hochschullehrern bei der inhaltlichen Ausgestaltung der Projekte bliebe: *„Es steht fest, daß es sich hier um <u>nicht-verbindliche Vorschläge</u> handelt, die den neuen Hochschullehrern die Arbeit erleichtern sollen. Es steht ferner fest, daß weder die beratenden Planungskommissionen noch der Gründungssenat dem einzelnen Hochschullehrer <u>inhaltliche Vorschriften</u> bezüglich* *seiner Lehrtätigkeit machen werden. Dafür verbürge ich mich. Die Universität Bremen hat die Prinzipien der Freiheit von Forschung und Lehre bislang beachtet und wird sie auch in Zukunft beachten und verteidigen – nach <u>allen</u> Seiten."*[78] Auch die bereits nach Bremen berufenen Lehrenden des Faches Mathematik nahmen deutlich Stellung: *„Die Befürchtungen, in Bremen solle ‚sozialistische Mathematik' getrieben werden, scheinen uns absurd. Die Verwendung solcher inhaltsleeren Begriffe, die geeignet sind, Ressentiments zu verstärken, in der öffentlichen Diskussion halten wir für eine Diffamierung der Universität Bremen."*[79]

Der Bremer Senat fürchtete dennoch um die Pluralität an der Universität, wie ein Brief Hans Koschnicks offenbart: *„Der Senat der Freien Hansestadt Bremen stellt jedoch schon jetzt fest, daß, sollten die erhobenen Vorwürfe im ganzen oder in wesentlichen Teilen zutreffend sein, er von vornherein erklärt, daß er nicht gewillt ist, eine nach Inhalt und Methode einseitige Lehrerausbildung zu akzeptieren."*[80] Jedoch betonte Koschnick auch, den Verlauf der Diskussion an der Universität abwarten zu wollen.[81] Die PK Naturwissenschaften selbst äußerte: *„Nach dem Selbstverständnis von PKN und UKM [Unterkommission Mathematik] konnte es bis zum gegenwärtigen Zeitpunkt (d.h. bis zum Eintreffen der berufenen Hochschullehrer) nicht Aufgabe der Kommissionen sein, das Lehrangebot für die ersten Semester inhaltlich festzulegen. Dieses kann nur unter Mitarbeit aller Hochschullehrer erfolgen. Dementsprechend haben PKN und UKM – was die Vorbereitung von Lehrveranstaltungen für die kommenden Semester betrifft – sich darauf beschränkt, eine modellhafte Konzeption zu erarbeiten."*[82] Einer der Professoren, dessen Bedenken gegen die Bremer Planungspraxis die öffentliche Diskussion ausgelöst hatte, bedauerte in einem abschließenden Brief an den Gründungsrektor das Aufsehen, das durch die Ablehnung seines Rufes ausgelöst worden sei. Er habe lediglich seine Bedenken darlegen wollen und seine Äußerungen nicht als Vorwürfe, Forderungen oder Behauptungen verstanden.[83]

Am 4. Juli 1971 stellte der Gründungssenat in einem Beschluss fest: Das Bremer Modell bedinge, dass die Lehrangebote der Hochschullehrer aufeinander abgestimmt sein müssen. Was geplant und angeboten würde, läge im Aufgabenbereich der Lehrenden. Weder der Gründungssenat noch andere universitäre Gremien hätten dazu Vorschriften zu machen. Die Planer würden lediglich Vorschläge erarbeiten, die von allen Beteiligten noch zu diskutieren seien. Es werde von jedem Lehrenden erwartet, dass er sich der fächerübergreifenden Diskussion und Zusammenarbeit stelle.[84]

Sozialwissenschaften

Studenten der Ökonomie, Sozialwissenschaften und Jurisprudenz absolvierten zunächst ein „Integriertes Sozialwissenschaftliches Eingangsstudium" (ISES). Es griff die Gemeinsamkeiten juristischer und sozialwissenschaftlicher Praxis auf, sollte für die Problemorientierung der sozialwissenschaftlichen Studiengänge eine Grundlage schaffen und zugleich der Überprüfung der Studienwahl dienen.[85] An die hochschulpolitischen Wochen, mit denen vom 19.10. bis zum 29.10.1971 der Lehrbetrieb an der Universität Bremen begann, schlossen sich die Veranstaltungen „Sozialwissenschaftliche Berufsfelder", „Struktur der bürgerlichen Gesellschaft" und

Chile-Wandbild am Gebäude GW 2, Oktober 1984

„Arbeitskampf in der Bundesrepublik" an. Sie wurden, so sah es die PK Sozialwissenschaften vor, kooperativ von den Hochschullehrern getragen. Für die Studierenden war der Besuch verpflichtend. Die Veranstaltungen sollten sowohl im Plenum als auch in Kleingruppenarbeit stattfinden. An ihrer weiteren Planung waren auch die Studierenden beteiligt.[86]

Einen Sonderfall innerhalb der Sozialwissenschaften bildete die Juristenausbildung, die man umfassend reformieren wollte. An die Stelle der bis dahin durchgeführten Trennung der Ausbildung in Theorie, dem Studium, und der Praxis, dem juristischen Vorbereitungsdienst, sollte die einstufige Juristenausbildung treten. Die Änderung des Deutschen Richtergesetzes ließ in der am 24. Juni 1971 vom Bundestag beschlossenen Fassung eine solche Erprobung zu.[87]

Lehrerbildung

Auch die Ausbildung von Lehrern sollte reformiert werden. Der Lehrer sollte nicht in erster Linie Fachwissenschaftler sein. Die Wissenschaftlichkeit seiner Tätigkeit offenbare sich vielmehr darin, dem Kenntnis- und Reflexionsstand der Schüler entsprechend den Unterricht in einer Weise zu gestalten, dass sie in die Lage versetzt werden, den eigenen Lernprozess selbständig weiterzuentwickeln.[88] Einen wesentlichen Teil der Reform machte der Praxisbezug aus. Christa Händle unterscheidet drei Dimensionen der Qualifikation: den kritisch-orientierenden, den technisch-instrumentellen und den pragmatischen. *„Die Verbindung dieser Qualifikationen legt* *den Lehrer nicht als bloßen Unterrichtspraktiker, auch nicht als wissenschaftlichen Experten fest, sondern intendiert auch kritische Aufklärung über Bildungsziel, das Bildungssystem und Bildungsreformen."*[89] Dafür lagen in Bremen günstige Voraussetzungen vor. Der Praxisbezug ließ sich im Rahmen einer Neugründung eher sichern und in einem Stadtstaat die Verbindung zu allen Schulen leichter herstellen.[90] Allerdings handelte es sich um ein neues Konzept, das die Verantwortlichen vor die Herausforderung stellte, zwei Institutionen unter einen Hut zu bringen, die bis dahin jede für sich tätig gewesen waren: den Staat bei der Verantwortung für die Schulen und die Universität beim Festlegen der Studieninhalte. Zuständig war das Landesamt für Schulpraxis und Lehrerprüfungen, an das sowohl die Universität als auch die staatliche Seite Vertreter entsandten.[91]

Ein viersemestriges Eingangsstudium war vorgesehen, um Fachdidaktik und -wissenschaft, Erziehungs- und Sozialwissenschaft sowie praktische Erfahrungen in der Planung, An- und Auswertung einer Unterrichtseinheit miteinander zu verbinden.[92]

Die Lehrerausbildung unterlag im 20. Jahrhundert größeren Veränderungen; je nach Bundesland prägten sich unterschiedliche Modelle aus.[93] In Bremen erfolgte die Ausbildung der Volksschullehrer seit 1947 an der Pädagogischen Hochschule (PH). Entscheidend für eine Neuorientierung im Grund- und Hauptschullehrerbereich war neben der Abschaffung der vertikal gegliederten Lehrerbildung der Wandel in den Erziehungswissenschaften. Während in den PHs der Schwerpunkt auf der Didaktik und der Vermittlung von Fertigkeiten lag, traten nun erziehungs- und fachwissenschaftliche Aspekte in den Vordergrund, und die Didaktik spielte keine übergeordnete Rolle mehr.[94]

Die Reform der Lehrerausbildung stellte keinesfalls eine nur in Bremen verfolgte Idee dar. Die Bundesassistentenkonferenz (BAK) sprach sich 1970 gegen eine weitere Differenzierung der Lehrerstudiengänge nach Schularten und für ein gleich langes wissenschaftliches Studium aller Lehrer aus. Nach Ansicht der BAK sollte jeder Lernende nur ein Fach belegen, dazu allerdings gleichberechtigt Anteile in Wissenschaftsdidaktik und Erziehungswissenschaften studieren sowie Praktika absolvieren.[95] Dieser Sichtweise schlossen sich der Gemeinsame Ausschuss Lehrerbildung und die Zentrale Kommission der Universität Bremen an.[96] In einem Diskussionspapier führten sie dazu aus:

„2.1 Die Ausbildung der Lehrer aller Arten ist wissenschaftlich, gleichrangig und einheitlich organisiert.
2.2 Innerhalb dieser Einheit gibt es Differenzierungen nach der Altersstufe der Schüler als Adressaten (fließendes ‚Stufenlehrer'-Konzept), nach dem Gegenstandsbereich und evtl. nach zusätzlich zu erwerbenden Spezialqualifikationen im Anschluß an die Erstausbildung.
2.3 Das Studium des Lehrers umfasst etwa gleichgewichtig <u>3 Komponenten:</u>
  – das Studium eines Gegenstandsbereichs (mit Abschlussqualifikation in 2 Fächern, tendenziell in einem Fach = Gegenstandsbereich und der dazugehörigen Fachdidaktik(en)),
  – die Erziehungs- und Gesellschaftswissenschaften,
  – Praxis mit vielfältigen Funktionen und Formen (von Erkundungen über Hospitationen, zunehmend selbständige Unterrichtstätigkeit bis hin zu einer wissenschaftlichen Berufspraxis ‚auf Probe')."[97]

Das Konzept ging von einer Studiendauer von elf Semestern aus, die sich wie folgt zusammensetzte: der Orientierung im ersten Semester, dem fachwissenschaftlich-fachdidaktischen Grundlagenprojekt vom zweiten bis vierten Semester und dem zweiten Projekt im fünften und sechsten Semester, der curricularen Forschungs- und Entwicklungsphase im siebten und achten Semester, die „Klinische Phase" – bestehend aus eigenverantwortlicher Unterrichtspraxis und begleitenden Veranstaltungen z.B. zum Beamtenrecht – im neunten und zehnten Semester und dem Abschlussteil im elften Semester.[98] Im Unterschied zum heutigen Modell der Referendarzeit sollten die Studenten in der „Klinischen Phase" zwar als LehrerInnen der Aufsicht des Staates unterliegen, doch sollte die Universität als Ausbildungsinstitution weiter verantwortlich für die Studenten bis zu deren Abschluss sein.[99] Allerdings weisen die Autoren des Diskussionspapiers auf diverse beamtenrechtliche Probleme bei der Realisierung des Vorhabens hin,[100] empfehlen aber, die Einphasigkeit zumindest als Modellversuch zu erproben.[101]

Die einphasige Ausbildung bedeutete nicht die Aufgabe des Vorbereitungsdienstes – das war aus beamtenrechtlicher Sicht nicht möglich –, sondern dessen Integration in die Universitätsausbildung.[102] Im späteren Berufsleben würden, so die PK Lehrerbildung, die Absolventen Unterrichtsprozesse planen, realisieren und auswerten. Der Unterricht fände aber nie losgelöst von der Gesellschaft statt, so dass sowohl das Curriculum als auch die Organisation des Bildungssystems von den Rahmenbedingungen – z.B. ungleiche Bildungschancen – abhängig seien bzw. von ihnen beeinflusst würden.[103] Daher sollten nicht nur Fachwissen und Didaktik mit einem Einblick in die Berufspraxis verknüpft, sondern das Unterrichten selber analysiert werden.

Das Studium an der Universität Bremen sollte mit einem Orientierungsprojekt beginnen, das die Arbeitsvorhaben „Die Entstehung der Bremer Reformuniversität", „Bildungsreform in der BRD" und „Das Problem des Erziehungsziels in der Erziehungswissenschaft" sowie den gesellschaftswissenschaftlichen Grundkurs „Aufgaben der Erziehung in der BRD" beinhaltete.[104] Schon die Titel der Veranstaltungen zeigen auf, dass in erster Linie die mit dem Thema Erziehung verbundenen Aufgaben und Ziele im Mittelpunkt standen. Fachliche Gesichtspunkte blieben vorerst unberücksichtigt. Erst für das zweite und dritte Semester war ein fachwissenschaftliches und didaktisches Grundlagenprojekt, im vierten Semester dann ein Unterrichtsprojekt mit schulpraktischem Anteil vorgesehen.[105]

Die Pläne sorgten für Diskussionsstoff. So erklärte der ehemalige Rektor der Pädagogischen Hochschule, zugleich Mitglied des Gründungssenats, Job-Günter Klink, die Pluralität der wissenschaftlichen Ansätze sei nicht gewährleistet, wenn dieses Konzept allgemein für die Lehrerausbildung in Bremen Geltung erlange.[106] Es dürfe *„an der Bremer Reformuniversität nicht unter anderen Vorzeichen erneut praktiziert werden, was mit Recht und Verbitterung an der alten Universität kritisiert werde."*[107] Die für das Lehrerbildungskonzept Verantwortlichen widersprachen Klinks Auffassung: *„So löblich für einen Wissenschaftspolitiker die Sorge um freie Diskussion an der Universität ist, so wenig reicht das Prinzip der Meinungsfreiheit aus, eine Universität zu gründen. Vordringlich geht es nämlich in der Wissenschaft nicht darum, eine Vielzahl von Meinungen zu produzieren, sondern die richtigen von den falschen zu sondern oder traditioneller gesprochen: die Wahrheit herauszufinden."*[108] Die Eingangsphase gehe von der Idee aus, dass die Studierenden in den ersten vier Semestern die Fähigkeit erwerben sollten, wissenschaftliche Meinungen, die für die spätere Berufstätigkeit relevant seien, auf ihren Wahrheitsgehalt zu überprüfen.[109] Den Beruf des Lehrers definierte man folgendermaßen: *„Seine Aufgabe besteht darin, die gesellschaftlichen Anforderungen an Wissen und Fähigkeiten zur praktischen Bewältigung der objektiven Realität in Erkenntnisschritte für den Schüler zu zerlegen."*[110]

Die PK Lehrerbildung entwickelte ein Modell, demzufolge in den ersten vier Studiensemestern zwei Projekte parallel angeboten werden sollten: ein eher sozial- sowie ein fachwissenschaftlich orientiertes. Ersteres sollte der Auseinandersetzung mit dem angestrebten Lehrerberuf und der Überprüfung der Berufswahl dienen, das zweite richtete sich an Studierende, die sich für das Studium eines bestimmten Faches, aber noch nicht für oder gegen den Lehrerberuf entschieden hatten.[111]

Das Gesetz über die Ausbildung für Lehrämter an öffentlichen Schulen im Lande Bremen (Bremisches Lehrerausbildungsgesetz)[112] sah ein Grund- sowie ein Erweitertes Lehramt vor. Die beiden Varianten unterschieden sich in der Mindestdauer des Studiums und in der Wahl der Studiengänge.[113] Der Gesetzentwurf gliederte die Ausbildung in Studium und Vorbereitungsdienst, die aber eng aufeinander bezogen sein sollten.[114] Das Studium für das Grundlehramt war auf sechs, das für ein Erweitertes Lehramt auf acht Semester angelegt. Es bestand die Möglichkeit, stufenbezogene Schwerpunkte zu wählen.[115] Der Vorbereitungsdienst mit eigenverantwortlichem Unterricht sollte am noch einzurichtenden Wissenschaftlichen Institut für Schulpraxis (WIS) stattfinden,[116] die Universität demnach nur für das Studium, also für die Ausbildungsphase mit dem Abschluss des Ersten Staatsexamens zuständig sein. Die zweite Phase und damit die Vorbereitung auf das Zweite Staatsexamen lagen beim Staat. Beide Abschlüsse sollten vor dem Landesamt für Lehramtsprüfungen, das der Aufsicht des Senators unterstand, erfolgen,[117] also keine universitären Prüfungen sein.

Der Lehrer für ein einziges Schulfach war im Gesetzentwurf nicht vorgesehen. Für das Lehramt mit dem Schwerpunkt Primarstufe sollten Erziehungswissenschaften (EW), ein Lernbereich der Primarstufe – ersatzweise eine sonderpädagogische Fachrichtung – sowie ein Unterrichtsfach im gleichen Verhältnis studiert werden, für den Schwerpunkt Sekundarstufe I EW und zwei Schulfächer im Verhältnis 1:1:1 und für das Lehramt der Sekundarstufe II EW und ein Unterrichtsfach oder eine berufliche Fachrichtung im Verhältnis 1:2.[118] Das Studium mit dem Ziel des Erweiterten Lehramts sollte ein zweites Unterrichtsfach oder eine zusätzliche sonderpädagogische Fachrichtung umfassen, die sich aber durch das Studium einer vom Senator anerkannten pädagogischen Spezialqualifikation ersetzen ließ.[119] Ein wissenschaftliches Studium von acht Semestern Dauer war also nur für jene vorgesehen, die sich für zwei Unterrichtsfächer oder zusätzliche Qualifikationen entschieden. Der Gesetzentwurf widersprach also wesentlichen Intentionen der Universität.[120]

Der Organisationsbereich Lehrerbildung brachte denn auch gegen Teile des Entwurfs vor, dass eine Hierarchisierung der Lernenden und späteren LehrerInnen zu vermeiden sei.[121] Der Gründungssenat erklärte, er gehe davon aus, dass die Ausbildung aller Lehramtsstudierenden in Bremen *„prinzipiell gleichrangig, gleich lang, einheitlich und wissenschaftlich ist."*[122] Die Studiendauer sollte etwa 5 ½ Jahre betragen, aber den integrierten Vorbereitungsdienst von 18 Monaten einschließen.[123] Folglich wandte der Gründungssenat sich gegen ein Studium von nur sechs Semestern.[124]

Ein Sonderfall stellte die Ausbildung für Lehrer im Fach „Biblische Geschichte" dar. Gemäß Abs. 3 Satz 1 des Artikels 7 GG ist der Religionsunterricht „*in den öffentlichen Schulen mit Ausnahme der bekenntnisfreien Schulen ordentliches Lehrfach.*" Eine Ausnahme davon bildete die sogenannte „Bremer Klausel" im Artikel 141 GG, die besagt, dass diese Bestimmung nicht gelte, wenn in einem Land am 1. Januar 1949 eine andere landesrechtliche Regelung bestanden habe. Die Bremische Landesverfassung von 1947 sah die Erteilung des bekenntnismäßig nicht gebundenen Faches „Biblische Geschichte" vor und folgte damit der seit 1916 gängigen Bezeichnung in den Bremer Lehrplänen.[125] Der Arbeitsausschuss „Biblische Geschichte" der Universität Bremen befasste sich daher mit der Frage, wie mit der universitären Lehrerausbildung für dieses Fach zu verfahren sei. Ein Gespräch zwischen einem Vertreter des Arbeitsausschusses und dem zuständigen Referenten beim Senator für das Bildungswesen ergab, dass die in Bremen im Fach „Biblische Geschichte" ausgebildeten LehrerInnen dafür qualifiziert sein müssten, in anderen Bundesländern religionsnahe Fächer wie Philosophie und Ethik zu unterrichten. Das treffe aber in der Regel nur für die Sekundarstufe II zu, da in der Sekundarstufe I rein kirchlich bestimmte Lehrinhalte und -bücher üblich seien. Daher sollte das Fach „Biblische Geschichte" in den Ausbildungsbereich der Sekundarstufe II integriert werden.[126] Zwar arbeitete die PK Religionswissenschaft/Religionspädagogik eine Studienordnung, Prüfungsvoraussetzungen und -anforderungen aus, das Genehmigungsverfahren beim Senator für Bildung, Wissenschaft und Kunst ließ aber auf sich warten. Die PK forderte die Einrichtung bis zum Wintersemester 1976/77 und verwies auf den Mangel an Religionslehrern.[127] Religionspädagogik und -wissenschaft seien Bedarfsfächer; auch galt die Religionspädagogik als wichtiger Bestandteil der Grundschullehrerausbildung.[128] Als relevante Studieninhalte sind genannt: Religionspädagogik in Theorie und Praxis, Geschichte der Religionen, Bibelwissenschaften, Theorie der Religionen, Religionssoziologie und Sozialethik.

Die genannten Themen beschränkten sich keinesfalls auf die christliche Religion. Der Islam und das Judentum spielten ebenso eine Rolle wie die kritische Behandlung von Phänomenen wie die Missionierung.[129] Im Bereich Sozialethik, so die Planung, sollte es um Themen wie Gehorsamsproblematik, soziale Verhaltensweisen, Sexualverhalten, Solidarität, aber auch um Geburtenregelung und Kriegsdienst gehen.[130]

Die senatorische Behörde äußerte im Hinblick auf die anzuerkennenden Abschlüsse durch andere Bundesländer Bedenken. Aufgrund der besonderen Regelung durch Artikel 32 der Bremischen Landesverfassung und Artikel 141 des Grundgesetzes sei eine Zustimmung vermutlich nur über Verhandlungen mit den Kultusministerien der Länder zu erreichen, die aber Rücksprache mit den Kirchen halten müssten.[131] Doch bestanden seitens der Bildungsbehörde auch inhaltliche Vorbehalte: Die Planung beziehe sich weniger auf den Artikel 32 der Landesverfassung, sondern vielmehr auf aktuelle Auffassungen der Religionspädagogik. Positiv interessiere offenbar der revolutionär-sozialreformerische Gehalt der Religionen, negativ die Verflechtung mit Herrschaft und Kolonisation.[132] Die Bibelwissenschaften spielten die kleinste Rolle unter den genannten Themen, was zu einem Widerspruch zu der Bedeutung stehe, welche die Landesverfassung der Bibel zuweise. Sie bezeichne die

Bibel als Grundlage des Unterrichts. Ebenso bemängelte die Behörde die kritisch-analytische Darstellung der Themen.[133]

Das Genehmigungsverfahren zog sich offenbar in die Länge. Von Seiten der Universität heißt es, dass über ein Jahr lang weder der Antrag auf Einrichtung des Studienganges genehmigt noch die Zurückstellung oder Ablehnung begründet worden sei.[134] Zum Wintersemester 1977/78 waren die nötigen Voraussetzungen geschaffen, um den Studiengang Religionspädagogik zu eröffnen. Die vom Senator bereits seit längerem erlassene Prüfungsordnung lag ebenso vor wie eine Studienordnung. Es ging noch um die Besetzung einer H3/H4- und einer H2-Stelle. Die Bremische Evangelische Kirche (BEK) hatte Beobachter in die PK entsandt und keine Einwände erhoben. Die Katholische Kirche allerdings verweigerte sich Gesprächsangeboten und gab ein negatives Votum ab.[135]

Am 18. Juli 1977 beschloss der Senat den Aufbau des Studiengangs, verband aber Auflagen damit. Die Bewerber sollten vor Abschluss des Verfahrens mitgeteilt bekommen, dass eine Beschäftigungsgarantie seitens des Landes Bremen nicht bestehe, und wie sich Einstellungschancen in anderen Ländern darstellten. Der Studiengang müsse Elemente enthalten, die sicherstellen, dass Bewerber auch außerhalb Bremens als Lehrer tätig werden könnten. Mit den Hochschullehrern des Fachs sei ihr prinzipieller Einsatz in anderen Studiengängen zu vereinbaren, da es sich zunächst um eine Erprobungszeit handele.[136]

Die Deputation für Bildung setzte am 11. Dezember 1972, eine Sachverständigenkommission ein, die über die verschiedenen, von der Bildungsbehörde, der Universität und der PH vorgelegten Entwürfe zum Lehrerbildungsgesetz Bericht erstatten sollte. Vor dem Hintergrund der bundesweiten Diskussion zur Lehrerbildung sowie finanzieller, inhaltlicher und rechtlicher Aspekte wollte man ein Konzept für die einphasige Lehrerbildung entwickeln.[137]

Im Verlauf des ersten Jahrzehnts der Bremer Lehrerausbildung war die Nachfrage nach Studienplätzen sehr hoch. Einen Grund dafür sieht Dieter Mützelburg von der Organisationseinheit Lehrerbildung in der Einzigartigkeit des bremischen Studienaufbaus, nämlich der einheitlich acht Semester dauernden Stufenlehrerausbildung. Als ein wichtiges Reformelement galt auch die pädagogische Erfahrung, die während des Studiums die integrierte Unterrichtspraxis bot. Dadurch seien die Bremer Lehramtsabsolventen gegenüber denen anderer Universitäten im Vorteil, urteilt Mützelburg.[138] Eine Schwäche des Bremer Systems bestehe zum einen darin, dass für Gesamtschulen ausgebildet würde, der Unterricht jedoch häufig im herkömmlichen gegliederten System stattfinden müsse. Zum anderen expandierten die wissenschaftlichen Disziplinen stark, so dass die Ausbildung, wenn man die Studienzeit nicht verlängern wolle, hinter dem Stand der Wissenschaft zurückbliebe. Im übrigen hätten die Alltags-Probleme von Schülerinnen, Schülern und Lehrpersonal wenig mit den Darstellungen an der Universität zu tun.[139]

Tutorien

Akademische und fortgeschrittene studentische Tutoren nahmen eine zentrale Funktion beim Aufbau der Lehre wahr. Tutorien wurden ergänzend zu einer Lehrveranstaltung angeboten oder ersetzten sie und waren Teil hochschuldidaktischer Experimente. Das Tutorium sollte die Lehrveranstaltung oder das Projekt kontinuierlich begleiten, offene Fragen klären, aber auch Gelegenheit zur Kritik und zur Entwicklung von Vorschlägen geben. Ein Tutorium konnte auch als Parallelveranstaltung zu einem vergleichbaren Thema angeboten werden. Des Weiteren ging es darum, nicht abgedeckte Aspekte im Tutorium zu behandeln. Es gehörte zu einem wichtigen Bestandteil des hochschuldidaktischen Experimentierfeldes. Kleingruppenarbeit, interdisziplinäre Kooperation, Praktika, Feldforschungen sollten die Innovationsversuche der Lehre unterstützen. Eine Hauptfunktion der Tutoren stellte die Vermittlung zwischen dem Lehrprogramm und den Interessen der Studierenden dar.[140] Aufgrund des Hochschullehrermangels in der Gründungsphase führten Tutoren aber auch reguläre Lehrveranstaltungen durch.

Auswahlkriterien für die Tutoren waren Erfahrungen in der Hochschulreform – z.B. in studentischen Arbeitsgruppen –, fachliche Qualifikationen im Bereich der geplanten Lehrveranstaltungen, Bereitschaft und Fähigkeit, in praxisbezogenen Arbeitsvorhaben mitzuarbeiten, der Wille zur Kooperation sowie zur Auseinandersetzung mit anderen Disziplinen.[141] Ein Tutorenprogramm, wie man es in Bremen verwirklichte, hatte es zuvor im deutschen Hochschulwesen nicht gegeben.[142]

Das Integrierte Eingangsstudium

Sowohl für Studenten des Lehramts als auch der Sozialwissenschaften war im ersten Semester ein Integriertes Eingangsstudium (IES) mit gemeinsamen zentralen Fragestellungen vorgesehen.[143] Jedoch schon im Laufe des Winters 1972/73, als gerade der zweite Bremer Jahrgang mit der Eingangsphase begann, zeigten sich erste Mängel. Insbesondere die Lehrerbildung war davon betroffen. Die Gründe dafür lagen für Scholz und Drechsel in der Komplexität dieses Bereichs. Kommunikationsschwierigkeiten und die mangelnde Bereitschaft zur Auseinandersetzung führten zum Rückzug in Einzelveranstaltungen.[144] Organisationsdefizite, späte Einstellung von Tutoren, die deshalb nicht an der Planung beteiligt werden konnten, wenig Erfahrung der Teilnehmenden mit integrativen Lehr- und Lernformen, fehlende Koordination und die Einstellungspraxis des Bremer Senats wurden als Schwierigkeiten des geplanten Studienmodells ausgemacht.[145] Man befürchtete, die Eingangsphase, möglicherweise immer von den selben Lehrenden organisiert, entwickelte sich zu einem erziehungswissenschaftlichem Vorstudium, an welches sich dann das Fachstudium anschlösse. Eine solche Trennung von Erziehungs- und Fachwissenschaft galt aber als nicht gewünscht.[146]

Das erste IES, durchgeführt im Wintersemester 1971/72, war gekennzeichnet durch die Eröffnung der Universität und die hochschulpolitischen Auseinandersetzungen im Vorfeld: *„Die Vorbereitungen hörten sich an wie eine Bilanz des Universitätsplanungsprozesses: Was heißt ‚Reformuniversität' und was bedeutet die*

*Hochschulreform?"*¹⁴⁷ Eine der Veranstaltungen hieß beispielsweise „*Die Bremer Universität zwischen ‚technokratischer' Hochschulreform und Studentenbewegung.*"¹⁴⁸ Es zeigte sich, dass man dem ursprünglichen Konzept schon in den ersten Jahren nicht gerecht wurde; es gab administrative und technische Probleme bei der Kooperation und Koordination, die Realisierung des Praxisbezugs fand nicht ausreichend statt und eine Trennung zwischen Fach- und Erziehungswissenschaft sowie Kontroversen zwischen Vertretern der beiden Bereiche machten sich bemerkbar.¹⁴⁹

Als problematisch erwies sich, dass – so das Urteil der Studierenden – die Hochschullehrer häufig nicht in der Lage waren, interdisziplinär zu arbeiten. Aus diesem Grunde stellten die Studierenden fehlende Bezüge von Einzelvorhaben zum Gesamtprojekt fest.¹⁵⁰ Wesentliche Ziele der IEL – die Vermeidung fachwissenschaftlicher Spezialisierung zugunsten der Interdisziplinarität, die Berücksichtigung des gesellschaftlichen Kontextes sowie die Verbindung mit Fragen der Berufspraxis – wurden, so die Auffassung von Wiltrud Drechsel und Petra Milhoffer, verfehlt.¹⁵¹ Als Ursachen galten u.a. die nur geringe Beteiligung vieler Hochschullehrer an der Planungsphase und die verspätete Bekanntmachung der Inhalte sowie die insbesondere im Wintersemester 1973/74 nur eingeschränkten Möglichkeiten der Berufsfelderkundungen.¹⁵² Als weitere Probleme führte man die Überforderung der StudienanfängerInnen durch zu anspruchsvolle Konzeptionen der Erziehungswissenschaften und das Auseinanderdriften von Planung und Durchführung der IEL an. Auch, so Ungerer, hätten viele Hochschullehrer das Konzept der IEL nicht wirklich unterstützt.¹⁵³

Berücksichtigt man die Einschätzung der Zentralen Lehrerbildungskommission, es sei zu Fluchtbewegungen der Hochschullehrer aus der Lehrerbildung – also aus den Erziehungs- und Gesellschaftswissenschaften – gekommen,¹⁵⁴ so ist festzuhalten, dass die ursprüngliche Konzeption des Lehramtsstudiums bereits vier Jahre nach dem Beginn des universitären Betriebes von Teilen der Hochschullehrerschaft nicht mehr getragen und mitgeplant wurde und dass viele Hochschullehrer versuchten, sich in die Fachwissenschaften zurückzuziehen. Möglicherweise lehnten die Hochschullehrer die aufwändige Planung ab und zogen es vor, ohne Absprachen ihre Veranstaltungen anzubieten. Der Akademische Senat forderte am 26. November 1975 aufgrund der vorliegenden Mängel in der IEL, die, so W. Drechsel, eher auf organisatorisch-inhaltliche als auf quantitative Gründe zurückzuführen seien,¹⁵⁵ die Zentrale Lehrerbildungskommission auf, bis Mitte Dezember ein Notprogramm vorzulegen, das die weitere Durchführung der IEL im laufenden Semester sicherstellen sollte.¹⁵⁶

Im Januar 1976 beschloss der Akademische Senat eine Umstrukturierung der IEL. Auf der Studienbereichsebene sollten Teams für je 36 Studienplätze gebildet und für die Planung und Realisierung der IEL zuständig sein. Sie bestanden aus je einem Hochschullehrer für Erziehungs- und Geisteswissenschaften, einem für Fachdidaktik bzw. -wissenschaft, einem Praxislehrer und zwei bis drei Tutoren.¹⁵⁷ In einem Rahmencurriculum waren Themen zu erörtern, die dann von den Teams zu erarbeiten seien. Ein Erstsemester-Plenum, das auch Raum für Informationen über Hochschulpolitik geben sollte, und eine Studienberatung zu Beginn des ersten Semesters sowie – durchgängig – in den Kernveranstaltungen rundeten das Konzept ab.¹⁵⁸

Jubiläumsfeier zum 20jährigen Bestehen der Universität Bremen im Schütting mit (v.l.n.r.) Henning Scherf, Erika Riemer-Noltenius, den Professoren Theodor Berchem, Jürgen Timm, Bengt Beutler, unbekannt, Hans-Uwe Erichsen sowie Dieter H. Berghöfer und Professor Eberhard Lämmert, Oktober 1991

Festakt „20 Jahre Bremer Universität" in der Oberen Rathaushalle – Senator Horst-Werner Franke im Gespräch mit Annelie Keil, links neben ihm Senator a.D. Rolf Speckmann, 14. Oktober 1991

Versuche zur Verbindung von theoretischer und praktischer Ausbildung

Die Gründer der Universität Bremen strebten eine umfassende Reform der Lehr- und Lernformen an. Kritik fand insbesondere der bis dahin fehlende Praxisbezug der Universitätsausbildung. Die Anforderungen an bestimmte Berufe hatten sich im Laufe der Zeit erheblich verändert und führten zu einer ausführlichen Diskussion darüber, was gelehrt und wie es gelernt werden sollte. In Bremen wurde die Neuorientierung allgemein vor allem in der Form des Projektstudiums sowie konkret in der Juristenausbildung realisiert.

Das Projektstudium

„Die Studiengänge an der Bremer Universität sind so anzulegen, daß dem einzelnen Studierenden die Wahlfreiheit im Hinblick auf den Ausbildungsort erhalten bleibt. Diese zu gewährleistende Chancengleichheit erfordert, daß sich die Bremer Universität organisch in das bestehende Universitätsgefüge eingliedert. […] Das ‚Projektstudium' ist eine Ausbildungsmöglichkeit an der Bremer Universität. Als grundlegendes Strukturmerkmal ist es abzulehnen, solange kein wissenschaftlicher Nachweis über seine angebliche Überlegenheit gegenüber den bisherigen Ausbildungsformen erbracht ist."[159] So die Position der Jungen Union in einer Wahlkampfbroschüre des Jahres 1971. In ihr ist zugleich zusammengefasst, was Kritikern des Projektstudiums missfiel. Sie befürchteten, ein Wechsel der Universität sei nicht möglich, da man andernorts nicht in Projekten arbeite und somit die Gefahr bestünde, dass Studierende aus Bremen kein ausreichendes Fachwissen für ein Weiterstudium an einer anderen Universität mitbrächten. Die neue Lehr- und Lernform als Strukturmerkmal der Universität stieß daher ebenfalls auf Widerspruch: *„Neuerdings taucht bei den Kritikern das bisher in der Öffentlichkeit kaum diskutierte Projektstudium als Kontrapunkt gegen die Universität auf. Dieses berufsbezogene Studium, das in Bremen erstmals praktiziert werden soll, geriet ins Kreuzfeuer, weil es nach Meinung der CDU, die sich auf angesehene Professoren beruft, abseits der reinen Wissenschaftslehre steht und die Bremer Universität unter das deutsche Hochschulniveau drücken werde."*[160]

An der Bremer Universität legte man insbesondere in den Anfangsjahren großen Wert auf die Lehre und die Entwicklung neuer Lehrformen. Die Verbesserung der Lehre war auch bundesweit ein Thema, doch war es eher an den neugegründeten Universitäten möglich, neue Formen einzuführen. Insbesondere das Projektstudium erforderte eine andere Struktur. Es war stark von der Initiative der Hochschullehrer und der Studierenden abhängig, erforderte ein Nachdenken über die Bewertungskriterien – wie sollte man z.B. eine kooperative Leistung bewerten? – und einen neuen Umgang mit der Frage der Anrechenbarkeit von gemeinsam durchgeführten Veranstaltungen auf das Lehrdeputat des einzelnen Dozenten. Das Projektstudium als Regelfall vermochte sich nur an der Universität Bremen durchzusetzen.[161]

Das Studium in Projekten war außerhalb des Gründungssenats nicht unumstritten. Vor allem in der Presse kam es zum Teil zu scharfen Angriffen. Als Beispiel sei die „Frankfurter Allgemeine Zeitung" zitiert: *„Projektstudium, dieses linke Zauberwort, besagt, daß das Studium der verschiedenen Fächer in einer Weise neugeordnet werden soll, daß jeweils anhand konkreter Projekte unter Berücksichtigung der beruflichen Praxis und der gesellschaftlichen Relevanz die Wissenschaften eingeübt werden sollen. Für die ‚reine' Wissenschaft ist dabei dann kein Raum mehr."*[162] Einige Hochschullehrer, die sich an der Universität Bremen beworben hatten, beanstandeten eine mangelnde Freiheit der Lehrenden bei der Auswahl ihres Lehrangebots. Die Gründe dafür entdeckte man im Projektstudium. Erforderliche Absprachen mit anderen Lehrenden betrachtete man ebenfalls als Einschränkung. Der Gründungssenat äußerte sich zu der aufkommenden Kritik folgendermaßen: *„Das Bremer Modell der Studienreform bedingt, daß die Lehrangebote der Hochschullehrer nicht zufällig und beliebig sind. Vielmehr sollen sie gemäß ausgewiesenen Lernzielen und Lehrmethoden planvoll aufeinander abgestimmt sein."*[163] Zur Struktur des Projektstudiums hieß es erläuternd: *„Für jedes Projekt muß in gemeinsamer Planungsdiskussion erörtert werden, welche Lern- und Forschungsziele in ihm gelten, welche wissenschaftlichen Methoden (empirisch, hermeneutisch usw.), welche wie differenzierten methodischen Instrumente (teilnehmende Beobachtung in Gruppen, projektive Tests usw.), welche systematischen Zusammenhänge (Lerntheorien, Theorien gesellschaftlicher Entwicklung usw.) und welche Einsichten und Verhaltensqualifikationen einerseits als Eingangsvoraussetzung erwartet und andererseits erarbeitet werden sollen. Das Verhältnis von allgemeinen Aufgaben, denen sich einzelne Gruppen der Projektteilnehmer arbeitsteilig widmen, muß je nach geplanten Lern- und Forschungszielen bestimmt werden. [...] Das Einzelprojekt kann seinen Anspruch, das Studium am exemplarischen Problem zu organisieren, nur dann einlösen, wenn es seinerseits in einem geplanten Strukturrahmen, in einem Studiengang als Abfolge mehrerer Projekte sinnvoll eingeordnet ist. [...] Das Projektstudium ist ein Studienmerkmal der Universität Bremen. Nicht alle Studien- und Forschungsaufgaben können in Projekten abgedeckt werden. Es ist für einzelne Studiengänge zu prüfen, inwieweit neben Projekten andere, der Systematik des Faches entsprechende Arbeitsformen notwendig sind."*[164]

Den an der Planung Beteiligten war klar, welch hohes Niveau von Kooperation das Gelingen einer solchen Studienform erfordere, so dass sich einzelne Hochschullehrer in ihrer Lehrfreiheit eingeschränkt sehen könnten. Das gesamte Studium sollte neu aufgebaut und abgestimmt werden – eine ungewohnte Aufgabe für künftige Bremer Professoren, die im traditionellen Universitätssystem groß geworden waren. Die vom Gründungsenat angestrebte Studienreform tritt am deutlichsten bei der Planung des Projektstudiums hervor, welches die gesamte Hochschulausbildung umzukrempeln versuchte.

Am Beispiel eines im ersten Studienführer[165] der Universität Bremen angekündigten Projekt lässt sich die Zielsetzung profund verdeutlichen. Unter der Veranstaltungskennziffer 29 ist der Entwurf des Projektes *„Aufklärung"* skizziert. Es ist für Anglisten, Romanisten und Germanisten angekündigt. Die „Aufklärung" habe sich bis heute nicht überlebt. Es solle untersucht werden, wie die Gesellschaft der Gegenwart zu in der Epoche der Aufklärung entwickelten Prinzipien stehe. Der historische Teil des Projektes ist in die drei Bereiche *„Allgemeine historische Grund-*

legung", *„Theoretischer Teil"* und *„Literarischer Teil"* gegliedert. Darauf aufbauend, geht es um die allgemeine Theorie der Aufklärung. Es schließen sich ihre Rezeption durch die bürgerliche Literatur- und Geistesgeschichte an sowie Themen wie Kritische Theorie und Aufklärung, Marxismus und Aufklärung, Massenkommunikation und Aufklärung, Psychoanalyse und Aufklärung. Ebenso ist ein pädagogisch-praktischer Teil vorgesehen, in dem man die Arbeitsergebnisse in kleinen Unterrichtseinheiten an Schulen zu erproben gedenkt. Zur Vorbereitung des Projektes wird ein Erkundungsvorhaben – d.h. Unterrichtsbesuche in Schulen mit theoretischer Aufarbeitung –, eine Einführung in die Literaturwissenschaft sowie ein Lektürekurs angeboten.[166]

Der erste Studienführer stellt die Projekte noch nicht ausformuliert vor, sondern gibt nur die übergreifende Struktur und Fragestellung vor, da bei der konkreten Gestaltung die Studierenden mitwirken sollten. Doch zeigt die Skizze die kennzeichnenden Aspekte des Projektstudiums schon auf: Interdisziplinarität – Literatur, Geschichte, Romanistik und Politik sind in allen Teilen des Projektes behandelt und vertreten –, Praxisorientierung durch die Unterrichtseinheiten, Reflexion des Gelernten während der Auswertung der Unterrichtseinheiten sowie begleitende bzw. vorbereitende Kurse. Die gesellschaftliche Relevanz des Themas ist ebenfalls schon in der Ankündigung erläutert.

Die Lehrerausbildung im Projektstudium

Die Planung der Lehrerbildung an der Universität Bremen ist geprägt von der noch nicht abgeschlossenen Schulreform und der damit zusammenhängenden Veränderung des Berufsbildes.[167] Die entsprechende Planungskommission befasste sich mit einer allgemeinen Konzeption sowie speziell mit der philologischen Lehrerbildung und dem Sportstudium. 1970 stand bereits fest, dass sich die Ausbildung der künftigen Lehrer und Lehrerinnen nicht an der Trennung zwischen Hauptschullehrern und Studienräten orientieren, sondern der Konzeption die integrierte Gesamtschule zugrunde gelegt werden sollte.[168] Darin eingeschlossen waren die Vorschulerziehung sowie die berufsbezogene Ausbildung und Aufgaben des Sonderschulbereiches. Der Praxisanteil der Lehrerbildung an der Universität Bremen war 1970, ein Jahr, bevor die ersten ihr Studium in Bremen aufnehmen sollten, noch nicht abschließend geklärt. Eine enge Verbindung des Vorbereitungsdienstes – der zweiten Phase der Lehrerausbildung – mit dem Studium war angestrebt, die Form aber noch unklar.

Die Tätigkeit jeden Lehrers sah man aufgrund ihrer gesellschaftlichen Bedeutung als gleichrangig an, unabhängig vom Schultyp, in dem der Unterricht stattfand. Im Hinblick auf die wachsende Bedeutung des Bildungswesens und die Entwicklung der Pädagogik zur Erziehungswissenschaft strebte man eine wissenschaftliche Ausbildung an. Die PK Lehrerbildung definierte den Beruf des Lehrers folgendermaßen: *„Der Lehrer ist nicht in erster Linie Fachwissenschaftler. Sein Anspruch, Wissenschaftler zu sein, kann sich nicht auf die Beherrschung einer Spezialdisziplin beziehen. Die Wissenschaftlichkeit der Lehrertätigkeit erweist sich in der Fähigkeit des Lehrers, der Struktur des Gegenstandes und dem Stand der Kenntnisse und Fähigkeiten der Lernenden entsprechend den Unterricht so zu gestalten, daß die*

Lernenden ihren eigenen Lernprozeß zunehmend selbständig weiterentwickeln können."[169] Die erziehungswissenschaftlichen Anteile galten daher auch als wesentlicher Baustein des Studiums, der etwa 50% der Studiendauer umfassen sollte. Auch unter diesem Aspekt ist der Vorschlag zu begreifen, den einzelnen Lehrer nur noch für einen Gegenstandsbereich auszubilden, der aber nicht notwendig identisch mit einem der bisherigen Schul- bzw. Studienfächer sei. Insgesamt sollte das Studium aus Erziehungs- und Sozialwissenschaften, Fachdidaktik, Praxisanteil und dem eigentlichen Fachstudium zusammengesetzt sein.[170]

Studienschwerpunkte waren im Sommer 1971 *„Kommunikation und Ästhetik"*, *„Naturwissenschaft und Technik"*, *„Mathematik"*, *„Politische Bildung und allgemeine Berufsbildung (Arbeitslehre)"* und *„Sport"*. Nebenfachkombinationen seien möglich.[171] Ebenso dachte man über eine altersgruppenspezifische und wenigstens zum Teil schulstufenübergreifende Qualifikation nach. Fünf Varianten nach Altersstufen kamen in Frage: die des *„Elementarlehrers"* für die vier- bis zehnjährigen Schüler, des *„Primarlehrers"* für die sieben- bis dreizehnjährigen, des Lehrers mit dem Schwerpunkt Sekundarstufe 1 unter Berücksichtigung der Sekundarstufe 2 für die zwölf- bis achtzehnjährigen, des Lehrers für die Sekundarstufe 2 unter Berücksichtigung der Sekundarstufe 1 für die Altersgruppe der vierzehn- bis achtzehnjährigen sowie die des Lehrers für die Erwachsenenbildung.[172]

Gemäß den Vorstellungen der PK zerfiel das Studium in drei Teile. Am Anfang stand die Orientierungsphase mit einer Analyse der Lehrerberufes und des Erziehungswesens. Es schloss sich die fachwissenschaftliche und -didaktische Phase mit den Themen Vermittlungsprobleme, Wissenschaftstheorie und -politik. Die sozialwissenschaftliche Abschlussphase gegen Ende des Studiums diente dazu, die fach-, gesellschafts- und erziehungswissenschaftlichen Anteile des Studiums in einen Zusammenhang zu setzen.[173] Man ging von einem achtsemestrigen Studium aus, auf das zunächst ein Referendariat von neun Monaten Dauer und sodann die Einstellung auf Probe folgen sollten.

Den Zusammenhang zwischen Schulreform und Reform der Lehrerausbildung stellte Gründungsrektor von der Vring folgendermaßen dar: *„Wer unpolitische Lehrerausbildung haben will, wer Professoren haben will, die die Zusammenhänge zwischen der gesellschaftlichen Wirklichkeit und ihrem Fachgebiet nicht sehen, der wird Lehrer bekommen, die durch unkritische Pädagogik die gegenwärtige Ungerechtigkeit im Bildungsbereich nicht bekämpfen, sondern festigen."*[174] Das Projektstudium mit seinem Schwerpunkt auf dem „forschenden Lernen" sollte auch hier zur Verbindung von Theorie und Praxis beitragen. In seiner Ansprache zur Eröffnung der Universität sagte der Gründungsrektor über die Ziele des Projektstudiums zusammenfassend: *„Projektstudium bezeichnet die Programmierung eines Teils der Lehre dergestalt, daß sich Zusammenhang und Abfolge der Arbeit mehrerer Arbeitsgruppen als schrittweise, arbeitsteilige, fächerübergreifende Lösung eines praktischen Problems darstellen."*[175]

Im Studienführer für das Sommersemester 1973 ist das Lehramtsstudium im Bereich Arbeitslehre/Politik wie folgt erläutert: Im ersten Semester besuchten alle Studierenden die Eingangsphase Lehrerbildung. Im zweiten bis vierten Semester stand das erste Projekt im Mittelpunkt, das danach mit einer etwa vier Wochen dauernden Unterrichtseinheit verbunden war. Nach dem vierten oder fünften Semester war ein betriebliches Praktikum verpflichtend, das sich aber durch eine mindestens ein Jahr andauernde Tätigkeit im erlernten Beruf oder als un- bzw. angelernter Arbeiter ersetzen ließ. An das Praktikum schlossen sich Auswertungsveranstaltungen an. Vom fünften bis siebten Semester fanden ein zweites Projekt und fachspezifisches Vorhaben statt, die im achten Semester in die Auswertung der zweiten Unterrichtseinheit und eine weitere fachliche Vertiefung mündeten. Die Studierenden sollten sich darüber hinaus mit den sich aus der Unterrichtseinheit ergebenden schulpraktischen und didaktischen Problemen befassen. Im neunten Semester bereite man die Prüfung vor.

Weiterhin bestanden Pläne zu einer einphasigen Lehrerausbildung, weshalb im Studienführer angemerkt war, dass die geschilderten Abläufe für die Zeit nach dem fünften Semester nur gelten sollten, wenn es bei der zweiphasigen Ausbildung mit Referendariatszeit bliebe.[176] Der Praxisanteil des Studiums umfasste also zwei längere Phasen in der Schule, die an der Universität vorbereitet und ausgewertet wurden. Das Betriebspraktikum stand in engem Zusammenhang mit den Inhalten des Studienbereichs Arbeitslehre/Politik. Es sollte sich vor allem auf ein Projekt aus dem Bereich Lohnarbeit beziehen[177] und ein Kennenlernen jener Praxis ermöglichen, die den fachlichen Inhalten entsprach oder nahe lag. Theorie und Praxis sollten auch in der Lehrerausbildung durch Projektstudium und Unterrichtseinheiten verbunden sein. Die Einphasigkeit ließ sich entgegen den Absichten der Universität schließlich nicht verwirklichen.

Das Projekt SAIU – Ein Beispiel für das Projektstudium

Im Sommersemester 1972 begann ein Projekt im Fach Physik, das über mehrere Jahre Bestand hatte und als Beispiel für erfolgreiche interdisziplinäre Arbeit herangezogen werden kann. Ab dem Wintersemester 1972/73 trug das Projekt den Namen „Schadstoffbelastung und -nachweis am Arbeitsplatz und in der Region Unterweser" (SAIU); beteiligt waren unter anderem die Physik-Hochschullehrer Ingrid Schmitz-Feuerhake, Jens Scheer und Jörn Bleck. Ein Projektziel war der Aufbau und die Weiterentwicklung sowie die Anwendung von Apparaturen für den Nachweis von Schadstoffen in der Umwelt, ihre Anwendung im Bereich des Arbeitsschutzes und bei der Regionalentwicklung. Ein zweites Projektziel war die Erarbeitung von Gutachten zu diesen Problemen.[178] Darüber hinaus sollten an der öffentlichen Diskussion über dieses Thema teilgenommen und Unterrichtseinheiten erarbeitet werden.[179] Das Projekt SAIU sollte Beiträge sowohl für die Diplom- als auch für die Lehramtsausbildung liefern, und zwar in den Fächern Physik, Chemie und Biologie. Des Weiteren sollten Beiträge für die Sozialwissenschaften, Medizin, Stadt- und Regionalplanung, Ökonomie, Mathematik, Biomedizinische Technik, Umwelttechnologie und Elektrotechnik aus diesem Projekt entstehen. Politisch-ökonomische Ursachen der Umweltschädigung sollten ebenfalls in den einzelnen Arbeitsvorhaben behandelt werden.[180] Der Schwerpunkt lag auf der Problematik von Kernkraftwerken und der Auswirkung von Radioaktivität.[181]

Die Veröffentlichung der Forschungsergebnisse – ein Jahr zuvor hatte man 1 000 Vorabdrucke an „Fachleute, Bürgerinitiativen und andere Interessierte versandt mit der Bitte um Kritik und Anregungen" – in der Broschüre *„Zum richtigen Verständnis* *der Kernenergie – 66 Fragen, 66 Antworten, 66 Erwiderungen"*[182] durch Projektmitarbeiter führte zu Diskussionen nicht nur an der Universität, sondern auch in der Bremischen Bürgerschaft. Vertreter aller Parteien äußerten die Ansicht, in dieser Broschüre – eine Antwort auf eine Veröffentlichung der Atomindustrie mit dem Titel „*66 Fragen, 66 Antworten*" – würden extreme politische Auffassungen verbreitet.[183] In der Bremischen Bürgerschaft äußerte der Senator für Bildung, Wissenschaft und Kunst, Thape, zur Großen Anfrage der CDU-Fraktion zu dieser Broschüre: „*[Der Senat] ist vielmehr der Meinung, daß hier eine von einer Gruppe an der Universität erstellte Arbeit, deren Autoren die grundgesetzlich garantierte Freiheit der Forschung und Lehre beanspruchen, dazu benutzt wird, um eine extreme politische Auffassung zu vertreten."*[184] CDU wie der Bremer Senat bezogen sich dabei auf das „Nachwort". Dort wird im Anschluss an die Zusammenfassung der Forschungsergebnisse „Unser Fazit" formuliert: „*Die Zweifel, daß der Staat den Appellen von Bürgergruppen oder von einzelnen Wissenschaftler folgend der fortschreitenden Industrialisierung und Umweltzerstörung Einhalt gebieten wird, erscheinen berechtigt. Hingegen ist sicher, daß ein Staat nur solange so verfahren kann, wie seine Bevölkerung es duldet. Daher ist Resignation nicht angebracht.*

Es ist sinnvoll,
  – *die kritischen Standpunkte zur Kernenergieverwertung zu erarbeiten,*
  – *den grundsätzlichen Charakter der Kernenergiekontroverse zu klären,*
  – *öffentliche Aufklärung über die Gefährdung durch Kernenergie zu betreiben,*
  – *an Auseinandersetzungen um Einzelprobleme aktiv teilzunehmen.*

Denn durch wirkliches Handeln entstehen die Erfahrungen und Einsichten, die zu einem umfassenden politischen Vorgehen führen können."[185]

In der überregionalen Presse wurden die Veröffentlichung und die daraus entstehende Diskussion als Beleg dafür gewertet, dass die Universität Bremen „*den Ruf einer sozialistischen Kaderschmiede"*[186] bekräftige. An der Universität selbst war die Broschüre in die Diskussion geraten, weil sie ohne Rücksprache mit dem Rektorat in einem der maoistischen KPD nahestehenden Verlag veröffentlicht worden war.[187] Ursprünglich war seitens der Universitätsleitung vorgesehen gewesen, diese Arbeit in die Schriftenreihe der Universität aufzunehmen und in einem renommierten Verlag zu veröffentlichen; das Ergebnis der bis dahin zwei Jahre währenden Projektarbeit sei dem Anspruch der Universität auf gesellschaftsrelevante wissenschaftliche Arbeit weitestgehend gerecht geworden, so die Einschätzung der Universitätsleitung.[188] Im Vorwort der ursprünglich zwölfköpfigen Autorengruppe heißt es dazu: „*Die Autorengruppe hat lange darüber beraten, in welchem Verlag dieses Buch erscheinen soll. Zur Wahl standen schließlich zwei Verlage:*

  – *ein kleiner, in den meisten Buchläden nicht geführter Verlag, der das Buch im Mai 1975 zum Ladenpreis von etwas unter 6,- DM herausbringen wollte;*
  – *und ein großer Verlag mit weiter Verbreitung, der das Buch im August für etwas unter DM 11,- herausbringen wollte.*

Die Entscheidung zugunsten des ersten Verlags fiel in der Autorengruppe mit der knappsten möglichen Mehrheit."

Abschließend wird mitgeteilt, dass ein nicht namentlich erwähnter Mitautor aus Protest gegen diese Entscheidung nicht als Mitarbeiter genannt werden wollte.[189]

Die Projektarbeit lief in den folgenden Jahren trotz der Kritik weiter; der Schwerpunkt lag unter anderem auf der Erforschung der Auswirkungen geringer Strahlungsdosen wie auch der sogenannten natürlichen Strahlung auf den Menschen. Mitarbeiter des Projektes untersuchten einen Unfall mit Todesopfern im Atomkraftwerk Gundremmingen in Bayern; ihre Untersuchungsergebnisse wurden in der Bremer Universitäts-Zeitung veröffentlicht und als „Ausweis für das Projektstudium" bezeichnet.[190] Eine Fachtagung mit internationalen Gästen fand am 13. Juni 1977 statt; Rektor Wittkowsky würdigte diese Tagung als Beleg dafür, dass die Universität Bremen sich von der Neugründung zu einer Forschungseinrichtung entwickelt habe.[191]

Im Projekt SAIU gelang es, alle Merkmale des Projektstudiums zusammenzubringen. Man orientierte sich bei den wissenschaftlichen Fragen an aktuellen gesellschaftlichen Problemen, die fachliche Arbeit wurde mit dem öffentlichen Interesse an den Ergebnissen verbunden und bisher erarbeitete Kenntnisse und Techniken wurden weiterentwickelt.[192] Darüber hinaus ist es beispielhaft dafür, wie Forschungsergebnisse beurteilt wurden, wenn sie aus der „Kaderschmiede" stammten: Der Inhalt wurde weniger ausführlich diskutiert als die – vermutete oder zutreffende – politische Ausrichtung der Forschenden.

Als Beispiel für einen grundlegend reformierten Studiengang: Die einphasige Juristenausbildung – Ein Experiment

„Juristenausbildung ist bis in die Gegenwart hinein eine Geschichte der Reformbemühungen. Daß Struktur und Inhalte der Ausbildung immer wieder Gegenstände der Diskussion sind, hat seinen Grund vor allem darin, daß die Ausbildung von Juristen – anders etwa als die Ausbildung von Naturwissenschaftlern und Technikern – sehr stark von sich ständig wandelnden gesellschaftlichen Faktoren beeinflußt wird."[193]

Die traditionelle Juristenausbildung war sowohl inhaltlich als auch in ihrer Form in die Kritik geraten: *„1. Sie orientiert sich an einer gesellschaftlichen und politischen Rolle des Juristen, deren Grundlagen im demokratischen Rechtsstaat fragwürdig geworden sind. 2. Sie hält immer noch an der dogmatischen Normenexegese als einziger Form der Rechtswissenschaft als Wissenschaft fest. 3. Sie ist ineffektiv, da sie weder ein didaktisches Konzept besitzt, die Fülle der Informationen zu vermitteln, noch in Lösungstechniken einzuüben, die den Aufgaben adäquat sind, mit denen sich heute ein Jurist konfrontiert sieht."*[194]

Einen Ansatzpunkt für die Reform bildete ein Spezifikum des Prüfungswesens: das universitätsexterne Repetitorium. Dass die Ausbildung der Studierenden nicht ausschließlich in der Hand der Universitäten lag, wurde kritisiert – auch seitens des Wissenschaftsrates. *„Der Sache nach handelt es sich darum, daß für dieses Studium zwei konkurrierende Lehr-/Lernsysteme bestehen: Universitätsstudium und Vorbereitungsdienst einerseits, private Lerninstitute andererseits."*[195]

Bereits in der Gründungsphase der Universität dachte man an eine grundlegende Reform. Die Ausbildung sollte einstufig erfolgen, worüber auch an anderen Universitäten diskutiert wurde, um so die Trennung zum sich anschließenden Referendariat aufzuheben. Die Änderung des Deutschen Richtergesetzes vom 10. September 1971 enthielt eine Experimentierklausel, die es den Bundesländern erlaubte, Studium und praktische Ausbildung zusammenzufassen. Zudem ließ der Gesetzgeber den Bundesländern bei der inhaltlichen Ausgestaltung große Freiheiten. Die Gleichwertigkeit der erworbenen Abschlüsse war formal sichergestellt u.a. durch eine festgeschriebene Mindestdauer der einphasigen Studiengänge.[196] Ein von der Bürgerschafts-Deputation für Justiz und Gefängniswesen gebildeter Unterausschuss, der aus zwei Vertretern der SPD und je einem Vertreter von FDP und CDU bestand, setzte am 25. Februar 1971 eine beratende Sachverständigenkommission aus Vertretern der Praxis und der Universität ein, die erste Modelle für eine einstufige Juristenausbildung entwarf.[197]

Am 3. Juli 1973 wurde die Einphasigkeit in Bremen durch das Juristenausbildungsgesetz (BremJAG) eingeführt.[198] Sie war Teil des Bremer Modells und sollte folgende Ziele erreichen:

- die Ausbildung in einer einstufigen Form,
- die Integration von Rechts- und Sozialwissenschaften,
- die Verwissenschaftlichung der Ausbildung durch Schwerpunktbildung,
- die Entwicklung und Integration von neuen didaktischen Formen wie Kleingruppenarbeit und Projektstudium,
- die Reform des Prüfungswesens durch ausbildungsbegleitende Leistungsnachweise.[199]

Die Integration der Sozialwissenschaften sollte der Berufspraxis von JuristInnen Rechnung tragen, die nicht nur als Anwälte oder Richter, sondern auch in der Rechtsberatung oder der Verwaltung tätig sein konnten.[200]

Bereits für das Wintersemester 1971/72 erfolgte die Ankündigung des Studienganges Rechtswissenschaft. Der Bremer Senat wies jedoch Gründungsrektor Thomas von der Vring darauf hin, dass der geplanten Einstufigkeit bislang die gesetzliche Grundlage fehle, noch kein Ausbildungsplan vorliege und es nicht feststehe, ob ein Integriertes Eingangsstudium dazugehöre. Eine entsprechende Mitteilung ließ der Senat allen Studienbewerbern zukommen. Man stehe gerade auf dem Gebiet der Juristenausbildung Neuerungen aufgeschlossen gegenüber, lege aber besonderen Wert auf sorgfältige Planung.[201] Mit der Benachrichtigung der Bewerber zeigte sich der Senat in der Folgezeit nicht zufrieden. Von der Vring erklärte dazu, den Studierenden sei zum Beginn des Wintersemesters 1971/72 der Stand der Studienplanung und der Gesetzgebung schriftlich und mündlich erläutert worden. Darüber hinaus habe eine Umfrage gezeigt, dass die Betroffenen sich im Klaren darüber waren, sich nicht in einem klassischen Jurastudium eingeschrieben zu haben.[202]

Die vom Gründungssenat verabschiedeten Thesen enthielten einen Satz, der für Diskussionen sorgte: *„Juristenausbildung heute hat sich vielmehr zu orientieren an den Tätigkeitsfeldern wissenschaftlich Qualifizierter in den Berufsbereichen Verwaltung, Justiz und rechtliche Beratung. Sie hat dabei die Instrumentalisierung von Recht und Juristen im Dienst der herrschenden Interessen bewusst zu machen und zu ihrer Überwindung beizutragen."*[203] Eine solche Aufgabenstellung erschien den Kritikern der Universität für den Studiengang einer öffentlichen Institution unangemessen, insbesondere für einen juristischen Ausbildungsgang.

Senator Wolfgang Kahrs ließ eine aus Vertretern der Behörde und der Universität zusammengesetzte Sachverständigenkommission (ohne Staatsanwälte und Richter) einen Gesetzentwurf erarbeiten, der sowohl von der FDP und CDU als auch den Berufsverbänden der Juristen angegriffen wurde, ebenso vom Vorstand der Hanseatischen Rechtsanwältekammer, der Standesorganisation der Bremer Juristen. Man war davon überzeugt, der Entwurf sei verfassungswidrig und zeuge von einer Fehleinschätzung der juristischen Berufe. Insbesondere richtete sich die Kritik gegen die organisatorische Einbindung des Ausbildungs- und Prüfungsamtes. Dem Senator für Rechtspflege und Strafvollzug oblag die Rechtsaufsicht über das Amt, das aus dem Ausbildungs- sowie ständigem Prüfungsausschuss, dem Amtsleiter und der Einigungsstelle bestand. In den Ausschüssen sowie in der Einigungsstelle besaßen die Vertreter der Universität – Hochschullehrer und Studierende – die Zweidrittelmehrheit gegenüber den Praktikern.[204] Diese Verlagerung staatlicher Aufgaben an die Universität stieß denn auch auf ihre Ablehnung.

Darüber hinaus sah die Rechtsanwaltskammer in dem Entwurf eine Ideologisierung der Ausbildung, und sie bemängelte das Fehlen des Schwerpunktes „Zivilrecht". Abschließend wies sie darauf hin, dass kein Anwalt verpflichtet sei, an der Ausbildung von Rechtspraktikanten mitzuwirken. Für den Fall, dass sich die verfassungsrechtlichen Bedenken nicht ausräumen ließen, wolle man den Kollegen empfehlen, sich nicht an der Ausbildung zu beteiligen.[205]

Der Verband bremischer Richter und Staatsanwälte kritisierte, der Entwurf lege sich nicht auf die Ausbildungsinhalte fest, damit sei keine Vergleichbarkeit des Abschlusses gegeben. Die Zeit für Straf- und Zivilrecht sei zu kurz und, so auch hier der Vorwurf, ein Schwerpunkt in Zivilrecht fehle. Des weiteren vermisste man die parlamentarische Kontrolle des Ausbildungs- und Prüfungsamtes.[206] Abschließend konstatierte der Verband: *„Die einphasige Juristenausbildung ist ein vom Bundesgesetzgeber befristetes Experiment. Das setzt ihr auch inhaltliche Grenzen. Denn es handelt sich um Experimente mit Menschen und mit dem Recht."*[207]

Ein Gutachten unterstützte aber den Entwurf des Bremer Senats. Der Staatsrechtler und Rektor der Universität Mainz, Peter Schneider, stellte fest, weder das Ministerialsystem noch die Universität dürften den gesamten Aufgabenkreis der Ausbildung allein abdecken. Eine Aufteilung in exekutive und wissenschaftliche Aufgaben sei angebracht und im Juristenausbildungsgesetz auch vorgenommen. Der Einfluss des Senators sei von den Erfordernissen der Wissenschaftsfreiheit begrenzt. Im übrigen habe man das Ausbildungs- und Prüfungsamt in das Ministerialsystem integriert, und somit bestehe kein Verstoß gegen die Landesverfassung. Vielmehr ginge es darum, das Nebeneinander von staatlicher Prüfung und universitärer Ausbildung zu überwinden.[208] Die Bedenken von FDP und CDU waren mit dem Gutachten nicht ausgeräumt. Beide Parteien kündigten an, sich an den Staatsgerichtshof zu wenden.[209] Die regionale wie überregionale Presse griff die „bürgerlich-konservative" Kritik auf,[210] die sie in erster Linie an der fehlenden parlamentarischen Kontrolle der Ausbildung festmachte.

Als der Senator für Rechtspflege und Strafvollzug Anfang Juni 1973 der Bürgerschaft den Entwurf des Bremischen Juristenausbildungsgesetzes vorlegte, hatten die Studienanfänger in Bremen bereits einige Semester gesicherte Ausbildungsbedingungen studiert.[211] Die Bürgerschaftsfraktionen der SPD, CDU und FDP befürworteten eine Reform der Juristenausbildung grundsätzlich. Doch machte sich die Kritik erneut an der Planung fest. So erklärte der Abgeordnete Graf (FDP), der Entwurf vom 22. Mai 1973 sei in zwei Punkten verfassungsrechtlich bedenklich. Zum einen verzichte die Bürgerschaft darauf, die Inhalte der Ausbildung und der Prüfung zu bestimmen und übertrage diese Aufgabe statt dessen einem Gremium, das dem Parlament nicht verantwortlich und auch nicht von der Exekutive beeinflussbar sei. In Anbetracht der Bedeutung juristischer Berufe für den Staat hielt Graf das für unangemessen. Die Verantwortung der Regierung für die Juristenausbildung gehe ganz an die Universität über; der Staat habe keine Möglichkeit mehr, an der Ausgestaltung der Einphasigkeit teilzuhaben. Auch im Sinne der Vergleichbarkeit mit der traditionellen Juristenausbildung lehnte Graf den Verzicht auf staatliche Kontrolle ab und forderte im Namen seiner Fraktion einen breiten Konsens für die einstufige Ausbildung.[212]

Der CDU-Abgeordnete Fischer erklärte, seine Fraktion teile die Kritik von Graf. Die großzügige Auslegung der Autonomie der Universität durch sie selbst könne missbräuchlich verwendet werden.[213] Zudem hielt er es für unverzichtbar, dass die Juristenausbildung von Seiten des Staates zu planen sei, weshalb die CDU den Staatsgerichtshof eingeschaltet habe. Der CDU-Abgeordnete Cassens bekräftigte in der selben Debatte, seine Partei sei davon überzeugt, dass das Studium der Juristen zu lang und zu praxisfern sei, die Studierenden würden zur Passivität verurteilt, der Repetitor sei unausweichlich und alles zu stark auf den „Justizjuristen" ausgerichtet. Auch stehe der Studiengang abseits von den sozialwissenschaftlichen und technischen Entwicklungen.[214]

Der SPD-Abgeordnete Horst-Werner Franke warf seinen Vorrednern vor, die Universität pauschal zu verurteilen und nannte die Reform entschlossen und realitätsbezogen. Sie sei das Ergebnis intensiver Arbeit von Kommission, Deputation und Verwaltung.[215] Er kritisierte die traditionelle Ausbildung, vor allem das „*Unwesen privater Repetitorien*", das aufgrund der damit einhergehenden finanziellen Belastung dem Grundsatz der Chancengleichheit nicht entspreche.[216] Franke wies darauf hin, dass der Senat eindeutig die Rechtsaufsicht über den Studiengang besäße,[217] und betonte, der Gesetzentwurf müsse flexibel sein.[218] Man befinde sich in einer Experimentierphase, die den Auftrag des Bundesgesetzgebers erfülle und bei der es um das Sammeln von Erfahrungen gehe.

Das Jurastudium begann mit der Integrierten Sozialwissenschaftlichen Eingangsphase (ISES), die die Studiengänge Jura, Ökonomie und Sozialwissenschaften gemeinsam durchführten. Daran schloss sich die erste Phase des Hauptstudiums an, die durch einen starken Praxisbezug gekennzeichnet war. Bereits nach dem vierten Semester ergänzte man die universitären Veranstaltungen durch Praxisanteile bei der Staatsanwaltschaft und Strafjustiz. Nach dem sechsten Semester erfolgten Beschäftigungen bei Zivil- und Arbeitsgerichten, bei Rechtsanwälten und in der Verwaltung. In diese Phase fiel das Hauptpraktikum von 15 Monaten Dauer. Daran schloss sich das in drei Schwerpunktbereiche gegliederte Hauptstudium: Arbeit/Wirtschaft, Verwaltung, Sozialisation/Kriminalität/Resozialisation an. Ein weiteres Praktikum, das sechs Monate umfasste, war vorgesehen. Der überwiegende Teil des Studiums erfolgte in Projekten.[219] Insgesamt dauerte es sechs Jahre, davon entfielen ein Jahr auf das ISES, drei auf die erste und zwei Jahre auf die zweite Phase des Hauptstudiums.[220] Mitte der 1970er Jahre gestaltete man den Studiengang Jura noch einmal um. Er war damit der erste Studiengang, der im Rahmen eines Modellversuches abgeschichtete Prüfungen durch studienbegleitende Leistungsnachweise ermöglichte.[221]

Das am 1. Juli 1976 in Kraft getretene Gesetz zur Änderung des Bremischen Juristenausbildungsgesetzes bestimmte, dass auch im ISES sechs Punkte aus den ausbildungsbegleitenden Leistungsnachweisen zu erwerben waren.[222] Die „Punkte" beschreiben keine Note, sondern eine zu erbringende Leistung, die man entweder mit „bestanden" oder „nicht bestanden" bewertete.[223] Statt einer Abschlussnote erhielten die AbsolventInnen eine qualitative Beurteilung in einem Zeugnisheft.[224] Während die Veranstaltungen im ISES im Wintersemester 1973/74 sich mit der Berufspraxis von Sozialwissenschaftlern und der „Struktur der bürgerlichen Gesellschaft" beschäftigten, befassten sich die Jurastudenten im Hauptstudium I mit Themen wie „Politisches Herrschaftssystem – Staats- und Verfassungsrecht in der Entwicklung des bürgerlichen Staates und der Staatsfunktionen" oder „Zirkulationssphäre – Funktionswandel des bürgerlichen Rechts im Bereich des Warenverkehrs und der Finanzierung", darüber hinaus bereitete man das Strafrechtspraktikum in einer universitären Veranstaltung gemeinsam mit Praktikern vor. Im Wahlpflichtbereich bot man weitere, in der Mehrzahl interdisziplinäre Veranstaltungen an, so etwa „Betriebsstruktur und betriebliche Interessenvertretung".[225]

Im Hauptstudium II war als maßgebende Arbeitsform das forschende Lernen vorgesehen. Es sollte projektorientiert stattfinden und mit exemplarischen Problemfeldern der Schwerpunktbereiche einhergehen. In Frage kamen Komplexe wie Arbeit/Wirtschaft, Staat/Verwaltung und Sozialisation, Kriminalität und Resozialisation.[226]

Das System der Leistungskontrollen stellte größere Anforderungen an die Prüfer als herkömmliche Prüfungsformen und war mit einem höheren Zeitaufwand verbunden. Die Veranstalter mussten ihre Themen so vorbereiten, dass es jedem Teilnehmer möglich war, Leistungsnachweise zu erbringen. Die Vorschläge sollten spätestens zum Beginn des Semesters vorliegen und konnten von den Studenten ergänzt werden. Wenn Einzelne oder Gruppen ein Thema gewählt hatten, stimmten sie sich mit dem Lehrenden über die Details sowie über die damit zu erreichenden Punkte ab.[227] Formen der Leistungsnachweise waren Rezensionen, Analysen von Gerichtsentscheidungen, Entwürfe von rechtlichen Regelungen[228] und in geringerem Umfang Protokolle.[229] Da es möglich war, die abgeschichteten Prüfungen mehrfach zu wiederholen, mit ihnen also kein sofortiger Ausleseeffekt einherging, wurde häufig kritisiert, sogenannte „ungeeignete Studierende" erreichten auf diesem Weg einen Abschluss. Befürworter setzten dem entgegen, dass eher indirekt „ausgesiebt" würde, das Ergebnis aber langfristig von einer ähnlichen Größenordnung sein werde. Gravierende Nachteile des traditionellen Systems ließen sich jedoch vermeiden,[230] da nun ein Zusammenhang zwischen universitären Veranstaltungen und Prüfungen bestehe.

Eine Untersuchung im Jahre 1981 sollte Klarheit darüber schaffen, ob Studierenden von anderen Universitäten in erster Linie aufgrund der Studienreform nach Bremen wechselten oder weil sie hofften, hier leichter einen Abschluss zu erlangen. Die Ergebnisse der Umfrage unter 64 Studienortwechslern legten nahe, dass keineswegs nur jene nach Bremen kamen, die fachliche Probleme hatten – im Gegenteil scheinen eher der Reformstudiengang als solcher, die Verbindung von Theorie und Praxis, die Integration der Sozialwissenschaften und die Kleingruppenarbeit, aber auch regionale und familiäre Gründe eine Rolle gespielt zu haben.[231] *„Blickt man heute auf diese erste Phase der Bremer Juristenausbildung zurück, so sieht man deutlich ihre Verortung in den Tendenzen der Zeit. In seinen inhaltlichen Ansprüchen stand das Bremer Modell mit seiner Forderung nach einer sozialstaatlichen Transformation von Recht und Rechtswissenschaft, Juristenpraxis und Juristenausbildung im Kontext der Forschungen, Planungen und Projekte der Jahre nach 1968, die die Materialisierung des Rechts und ihre Folgeprobleme bearbeiten. Mit diesen Problemen neigte es zu einer Unterschätzung der gesellschaftlichen Komplexität und zu einer Überschätzung der Möglichkeiten kurzfristiger politischer Reformen."*[232]

Das ISES war umstritten. Eine Erhebung unter den Teilnehmern ergab, dass die Studierenden zumeist nicht die Struktur sowie die sozialwissenschaftliche und berufspraktische Ausrichtung des ISES in Frage stellten, sondern sich lediglich an Details, wie z.B. den organisatorischen Rahmenbedingungen rieben. Auch die Weitläufigkeit des Stoffangebotes fand Kritik, was viele auf die sozialwissenschaftliche Orientierung des ISES zurückführten.[233] 1979 bestand das ISES für angehende JuristInnen aus den beiden Kursen „Berufspraxis von Sozialwissenschaftlern" und „Struktur der bürgerlichen Gesellschaft". Die 1980 veröffentlichte Befragung von Studierenden zu ihren Erfahrungen mit dem ISES und dem Übergang zur ersten Phase des Hauptstudiums zeigte, dass die überwiegende Mehrheit die Vermittlung sozialwissenschaftlicher und historischer Grundkenntnisse im ISES als gelungen einstufe. Zwar empfanden über die Hälfte der Befragten den Wechsel als zu abrupt, jedoch traten nur bei Wenigen tatsächlich Probleme auf.[234]

Die Lernenden bemängelten bereits im Dezember 1975, dass die Bedingungen sich in der einstufigen Juristenausbildung ständig verschlechtert hätten. Sie weisen auf Mängel in der Bibliotheksausstattung hin, beklagten sich über steigenden Leistungsdruck und forderten zu den bis dahin vorhandenen 24 Hochschullehrerstellen 18 zusätzliche anstatt der geplanten sechs und befürchteten: *„Im Wintersemester 1977/78 ist mit einer weiteren Verschärfung dieser Situation zu rechnen, da die Studentenzahl im Studiengang Juristenausbildung um weitere ca. 90 Komillitonen [sic] steigen wird und wir noch keine vollen Examensjahrgänge zu verzeichnen haben."*[235]

Folgt man der Auswertung einiger Materialien zur Evaluation der bremischen Juristenausbildung, so trifft man auf die These, dass es mit ihr gelungen sei, mehr Personen aus bildungsfernen Schichten für ein Studium zu interessieren. Im Vergleich zu Universitäten mit zweistufigem Modell lasse sich ein höherer Anteil von Studierenden mit abgeschlossener Lehre, Meisterprüfung oder einer Fachschule feststellen; auch seien Väter mit nichtakademischen Berufen stärker vertreten.[236] Als wichtige Gründe für die Entscheidung zur einstufigen Ausbildung galt, dass es weniger Massenveranstaltungen gäbe und das Verhältnis von Theorie und Praxis stärker ausgeprägt sei.[237]

Die ersten Bremer Absolventen fanden zumeist innerhalb von fünf Monaten eine Anstellung; dabei verteilten sie sich über das gesamte Spektrum des juristischen Berufsfeldes. Ein vergleichsweise hoher Anteil fand in der Hansestadt eine Beschäftigung. Bei dem zweiten Absolventenjahrgang war ein leichter Trend vermehrter Tätigkeit außerhalb Bremens zu erkennen.[238]

Der Staatsgerichtshof entschied am 23. September 1974 über die einstufige Ausbildung und wies die Vorwürfe der Kläger weitgehend zurück, machte jedoch einige

Abstriche am Reformkonzept. Betroffen waren das Ausbildungs- und Prüfungsamt sowie die Lehrinhalte bzw. Prüfungsvoraussetzungen. Die Juristenausbildung dürfe nicht der staatlichen Verantwortung entzogen sein, und die Studierenden müssten dem Gesetz entnehmen können, welche Voraussetzungen sie zu erfüllen hätten. Entsprechend war das Juristenausbildungsgesetz zu novellieren: Das Ausbildungs- und Prüfungsamt wurde „*als zum Geschäftsbereich des Senators für Rechtspflege und Strafvollzug gehörig dessen Rechts- und Fachaufsicht unterstellt. Die bislang nur generalklauselartige Lernzielbestimmung des § 11 BremJAG a.F. wurde in fachlicher Hinsicht um Pflichtfächerkataloge für die drei großen Rechtsgebiete ergänzt.*"[239] Damit übertrug der Gerichtshof dem Staat wieder wesentliche Einflussmöglichkeiten. Die Zielsetzung des Entwurfs, die Juristenausbildung zu verwissenschaftlichen, ließ sich im bisherigen Umfang nicht weiter verfolgen. Senator Kahrs sah die Reformbestrebungen im Großen und Ganzen bestätigt, während Vertreter der CDU das BremJAG als gescheitert betrachteten.[240] Das Ausbildungs- und Prüfungsamt kam in seinem Bericht über die Einstufigkeit zu dem Schluss, das Urteil habe die Gesamtheit der Juristenausbildung nicht betroffen und sah den Reformgedanken auch nicht durch die nachfolgenden Gesetzesänderungen gefährdet.

Im Jahre 1976 verlängerte man die Praktika im Strafrecht sowie im Zivil- und Arbeitsrecht, strukturierte die Eingangsphase der Begleitkurse neu und veränderte einige Prüfungsvorschriften. Zugleich erhielt die Landesregierung den Auftrag, durch Rechtsverordnung Vorschriften über Verfahren der Abschlussprüfung zu erlassen.[241] 1982 schränkte man den Schwerpunktwechsel ein, und 1984 verlängerte man das Hauptstudium I, womit man einer langen Diskussion über dessen zeitliche Enge Rechnung trug.[242] Das Normenkontrollverfahren, von der CDU-Bundesfraktion beim Bundesverfassungsgericht angestrengt, wurde 1983 eingestellt, aber „*der Vorwurf der Verfassungswidrigkeit hing [...] jahrelang wie ein Damoklesschwert über dem Bremer Reformversuch.*"[243]

Der Regierungswechsel zur CDU-FDP-Koalition in Bonn besiegelte das Ende der einphasigen Juristenausbildung. Das Dritte Gesetz zur Änderung des Deutschen Richtergesetzes schaffte am 25. September 1984 die Experimentierklausel ab. Vorausgegangen war ein Treffen von Bundesjustizminister Engelhard mit den Justizministern der CDU/CSU und FDP-regierten Länder auf Einladung des bayrischen Staatsministers Lang im August 1983. Man beschloss, die Juristenausbildung wieder zu vereinheitlichen und suchte nach einer kostengünstigen und schnellen Lösung. Die Planung erfolgte zum Teil auf der Basis eines von den Präsidenten der Prüfungsämter und des Fakultätentages erarbeiteten Katalogs der Pflicht- und Wahlfächer; eine stärkere Verzahnung von Theorie und der Praxis auf dem Hintergrund der Erfahrungen mit der Einphasigkeit sollte angestrebt werden. So kam es zur sogenannten reformierten klassischen Juristenausbildung.[244]

Am 24. September 1985 trat das Bremer Gesetz über die erste juristische Staatsprüfung und den Vorbereitungsdienst (JAPG) in Kraft,[245] womit die Hansestadt sich den bundesrechtlichen Vorgaben anpasste. Vom Wintersemester 1985/86 an begann die Zweistufigkeit.[246] 1992 sollte schließlich der letzte Jahrgang der einphasigen Ausbildung sein Examen ablegen.[247] Die Umstellung bedeutete für die Universität Bremen einen Bruch. Fortan ließen sich Reformziele nur noch in einem sehr engen gesetzlichen Rahmen ansteuern[248] – soweit es überhaupt möglich war. Henning Scherf bezeichnet im Rückblick das Ende der einstufigen Juristenausbildung als eine große Niederlage.²⁴⁹ Das Studium veränderte sich stark: Das ISES fand nicht mehr statt, und in den Schwerpunktbereichen gelang es nicht einmal mehr, Elemente des Projektstudiums beizubehalten. Die nun vorgeschriebenen dreimonatigen praktischen Studienzeiten waren nicht mehr von universitären Veranstaltungen begleitet, Leistungen wurden wieder benotet, eine umfangreiche Stofffülle war zu bearbeiten.²⁵⁰

Innerhalb von wenigen Jahren entwickelte sich die Jurisprudenz zum Massenfach an der Universität Bremen. Studierten im Wintersemester 1985/86 noch 118 angehende Juristen, so waren es im Wintersemester 1991/92 bereits 1 256.²⁵¹ Der Anstieg ist zum einen auf den weiteren Ausbau der Universität und die allgemein zunehmenden Studentenzahlen zurückzuführen, doch es ist durchaus möglich, dass die Angleichung an die Gegebenheiten in den anderen Bundesländern eine nicht zu unterschätzende Rolle spielte.

Noten und Leistungen

Bereits bei der Diskussion über die Zulassungsvoraussetzungen stellte sich die Frage nach der Aussagekraft von Noten. Der „Entwurf einer Ordnung der ersten Prüfung für das Lehramt im Lande Bremen" vom 28. September 1972 sah keine Zensur im Abschlusszeugnis vor. Das Ergebnis wurde zusammengefasst in die Urteile „bestanden" oder „nicht bestanden"; und das Zertifikat erhielt den Vermerk, dass eine Benotung nicht erfolge.²⁵² Die Begründung lautete: *„Maßstäbe für die Beurteilung der in der Prüfung abzurufenden Fähigkeiten setzen voraus, daß sie analytisch zu zerlegen und die Einzelleistungen quantifizierbar wären. Eine Quantifizierung ist aber auch nicht annähernd möglich, die Bewertung derartiger Leistungen ist ausschließlich der Autorität – oder negativ ausgedrückt: der Willkür – des Prüfers überlassen. Das herkömmliche Notensystem führt schon seiner Anlage nach zu ungültigen Messergebnissen. Es täuscht eine Objektivierungs- und Differenzierungsfähigkeit vor, die in Wahrheit gar nicht vorhanden ist. In die Einzelnoten für die Fächer gehen dabei sehr unterschiedliche Leistungen ein (Wissen – Reden – Problemlösen – Fertigkeiten usw.), die eigentlich gesondert bewertet werden müssten. Die allgemein übliche Durchschnittsnote ist – jenseits der Frage intersubjektiv einheitlicher Beurteilungskriterien – auch aus messtechnischen Gründen nicht unproblematisch."*²⁵³

An der Universität Bremen stellte sich jedoch schon nach wenigen Jahren heraus, dass ein unbenotetes Abschlusszeugnis bei der Arbeitsplatzsuche ein Hemmnis bedeutete. Reinhard Hoffmann erinnert daran, dass Absolventen häufig eine nachträgliche Benotung ihres Abschlusses erbaten, um auf dem Arbeitsmarkt bessere Chancen zu haben.²⁵⁴ Der Kommunistische Studentenbund Bremen (KSB) befürwortete die Vergabe der Einheitsnote „2" für alle während des Studiums zu erbringenden Leistungen: *„Die Einheitsnote 2 konnte schon in vielen LVs durchgesetzt werden. Darauf gestützt beschloß die Lehrerstudenten-VV jetzt, daß in den LVs gemeinsam Kriterien (Referate, Literaturberichte o.ä.) für die Vergabe der Leistungsnachweise festgelegt werden. Die Kriterien sollen so bemessen sein, daß jeder Student bei durchschnittlichem Arbeitsaufwand die für die Note ‚gut' benötigte Leistung er-*

bringen kann. Außer der Note ‚gut' soll keine Note für einen Schein gegeben werden."[255] Auch der Boykott der neu in die Prüfungsvoraussetzungen aufgenommenen Klausuren wurde vom KSB maßgeblich unterstützt.[256]

Einer an der Universität Bremen entstandenen Examensarbeit, die sich mit der Problematik der Leistungsbewertung und der Praxis der Einheitsnotenvergabe befasst, ist zu entnehmen: „Auf Vollversammlungen gab es Beschlüsse hierzu, in verschiedenen Lehrveranstaltungen konnte sie dort, wo die Studenten den Hochschullehrern geschlossen entgegentraten, durchgesetzt werden. Viele Hochschullehrer unterstützten diesen Kampf, denn sie waren zum Teil selbst in der Studentenbewegung der 60er Jahre als Studenten oder Assistenten gegen das Notensystem aktiv aufgetreten. Direkt offen für die ‚Einheitsnote 2' traten aber nur wenige von ihnen auf. Dabei spielten taktische Erwägungen gegenüber dem Prüfungsamt eine Rolle. Einige Hochschullehrer vergaben diese Note auf die jeweils vorgelegte erbrachte Leistung, ohne besondere Anforderungen, andere wollten eine ‚Zwei' nur vergeben, wenn bestimmte vorher festgelegte Kriterien erfüllt wurden, nach dem Motto ‚Jeder kann bei mir ein Gut bekommen, wenn die erbrachte Leistung wirklich gut ist'. Sie wollten den Studenten dabei auch gerne helfen, die Arbeit so oft nachzubessern, bis diese Leistung erreicht ist, damit das Prüfungsamt die vergebenen Noten jederzeit nachprüfen kann. Wurden allerseits gute Noten vergeben, so standen viele andere Hochschullehrer, die eigentlich für differenzierte Benotung sind, dem auch bald nicht mehr nach: um ‚ihren' Studenten keine schlechteren Chancen zu geben, verteilten sie ebenfalls ‚Zweien'."[257]

Grundsätzlich, so die Autoren, war man sich in vielen Lehrveranstaltungen einig darüber, keine differenzierten Noten zu vergeben, um den Konkurrenzdruck unter den Studierenden abzubauen. Druck von außen – Presse, Politik und vor allem die Einstellungspolitik der CDU-regierten Bundesländer – führte schließlich dazu, dass angesichts der sich auch für Akademiker verschlechternden Lage auf dem Arbeitsmarkt die AbsolventInnen selbst feststellen mussten, dass sie bei Bewerbungen mit AbsolventInnen anderer Universitäten konkurrierten, die nicht die Einheitsnote 2, sondern bessere Abschlüsse vorwiesen.[258] Die Autoren der Examensarbeit verdeutlichen, dass je nachdem, um welche Prüfungen es ging, sich die Bereitschaft der Hochschullehrer zur Vergabe der Einheitsnote änderte; bei mündlichen Abschlussprüfungen wurde häufiger differenziert benotet als bei prüfungsabschichtenden Leistungen wie beispielsweise Referaten.[259]

Das BremHG 1977 schrieb die studienbegleitenden Kontrollen fest. Sie dienten der Überprüfung des Lernerfolgs während des Studiums, in der Regel im Zusammenhang mit der Teilnahme an Lehrveranstaltungen. Studienbegleitende Leistungskontrollen flossen in die Endnote ein und dienten dazu, die Prüfungen zu entzerren. Die Abschlussprüfung sollte also in abgeschichteter Form in Teilen schon während des Studiums absolviert werden.[260] Bereits im Rahmen eines Modellversuchs im Studiengang Jura hatte man das Verfahren getestet.[261] Ziel war es, dass der Studierende sich nicht mehr isoliert und punktuell Kenntnisse für eine bestimmte Prüfung aneignete, sondern die im Studium erworbenen Fertigkeiten festhielt und dokumentierte.[262]

Dem Modellversuch ging es auch um Erkenntnisse darüber, inwieweit die sogenannte extrinsische Motivation – das Lernen allein aus dem Zweck, eine Prüfung bestehen zu müssen – sich abbauen ließ zugunsten eines Interesses am Lernfortschritt und Erkenntnis.²⁶³ Auch glaubte man, dass man die Fertigkeit, Probleme zu lösen, deutlich stärken könnte. Darüber hinaus bestehe durch abgestufte Prüfungen die Möglichkeit der frühzeitigen Rückmeldung über den Studienerfolg.²⁶⁴ Verschiedene Formen der Prüfungen sollten der Vielfalt von Praxisanforderungen und Lernsituationen Rechnung tragen.²⁶⁵ Das Gewicht der Leistungsnachweise im Vergleich mit der mündlichen Prüfung wurde von der Organisationseinheit Lehrerbildung als zu gering bewertet; man plädierte für einen stärkeren Einfluss auf die Endnote, da es sich um verschiedene Leistungen in unterschiedlichen Formen handele, die mehr Aufschluss über den Studienerfolg gäben als eine mündliche Abschlussprüfung.²⁶⁶

Im Zeitraum zwischen Oktober 1976 und November 1978 sammelte man Erfahrungen mit den studienbegleitenden Leistungsnachweisen – in Form von Referaten bzw. schriftlichen Beiträgen zur Lehrveranstaltung – und wertete sie aus.²⁶⁷ Es gelang überwiegend, die Nachweise in die entsprechenden Lehrveranstaltungen zu integrieren; am höchsten war die Quote im Studiengang Wirtschaftswissenschaft, am geringsten in Physik. Doch selbst hier wurden 47 % der Leistungsnachweise in einzelnen Kursen erbracht und 85 % in Projekten.²⁶⁸ Die Leistungen dienten also nicht allein der Prüfung, sondern trugen auch zu den Veranstaltungen bei. Die Themen wurden nicht ausschließlich vom Hochschullehrer vorgegeben, sondern in den Projektveranstaltungen zu 30 % von den Studenten bestimmt.

Die Leistungsbewertung, so der Abschlussbericht der Universität über die ersten Erfahrungen mit den studienbegleitenden Leistungsnachweisen, sei durch frühe und intensive Beratung gekennzeichnet.²⁶⁹ Das Zertifikat sei häufiger individuell als in Gruppen erworben worden. Ebenso sei die zeitliche Belastung gestiegen. Die Wahl des Themas orientiere sich an der Prüfungsordnung und weniger an der persönlichen Neigung – so die als negativ eingestuften Faktoren.²⁷⁰ Die Nachweise sollten die Machtausübung in den akademischen Abschlussprüfungen einschränken, erfüllten aber auch eine pädagogische Funktion und Orientierungshilfe: die rechtzeitige Rückmeldung des Lernerfolgs.

Darüber hinaus erwartete man eine positive Wirkung auf die Gestaltung der Lern- und Lehrsituation. Man hoffte, zu demokratischen Prüfungen zu gelangen. Deshalb strebte man die Integration der Prüfung in die Lehr- und Lernsituation an.²⁷¹ Der „*Herrschaftscharakter*" von Prüfungen sollte einem nachvollziehbaren System weichen, in dem die Sachkompetenz des Prüfers und nicht seine „*relative Machtposition*" über das Ergebnis entschied. Insgesamt zog man eine positive Bilanz und schätzte die Realisierung als überwiegend gelungen ein.²⁷² Rückblickend erläutert der Student Berthold Halbmann, seit 1984 an der Universität Bremen, die in Bremen übliche Form des Leistungsnachweises durch einen mündlichen Vortrag und eine darauf basierende schriftliche Hausarbeit habe eine sehr intensive Vertiefung des jeweiligen Themas ermöglicht; die Eigenverantwortlichkeit sei gestärkt worden.²⁷³

In Einzelfällen bestand innerhalb der Studiengänge Uneinigkeit darüber, wie die Prüfungsordnung zu handhaben sei. Im Physik-Bereich führte eine Diskussion in der Studiengangskommission dazu, dass mehrere bei der Abstimmung unterlegene Hochschullehrer drohten, die Arbeit in der Lehre niederzulegen. Sie begründeten ihren Schritt mit dem Argument, dass sich eine berufsqualifizierende Ausbildung der Studierenden nicht gewährleisten lasse, da die Anforderungen der Diplomprüfungsordnung nicht erfüllt würden. Die Stundenzahl, so die Hochschullehrer weiter, sei mit den für Bremen vorgesehenen 16 Semesterwochenstunden zu gering und erfordere zu viel selbstorganisiertes Lernen. An anderen Universitäten seien 22 Stunden üblich.[274]

Ein Kompromissvorschlag, 16 Stunden als verbindlich zu erklären und weitere 8 fakultativ anzubieten, fand keine Zustimmung. Studienanfänger würden ohnehin dazu neigen, solchen Empfehlungen zu folgen. Sowohl die Studentenvertreter als auch die protestierenden Hochschullehrer – von den Studenten als „Neue Ordinarien-Fraktion" bezeichnet – waren sich also, wenn auch aus unterschiedlichen Gründen, in der Ablehnung des Vorschlages einig.[275] Die Hochschullehrer nahmen dienstrechtliche Maßnahmen in Kauf, drohten erneut einen Lehrboykott an und versuchten so, den Beschluss eines Universitätsgremiums rückgängig zu machen. Das Bei-

Wahlurne zur Studierendenratswahl im GW 2, 4. Dezember 1990

spiel gibt einen Eindruck davon, wie umkämpft die Studienreform in Bremen war und wie wenig kompromissbereit die Kontrahenten sein konnten. Es offenbart aber auch einen häufig vorgebrachten Kritikpunkt am Konzept der Reformuniversität: den Verweis auf die angeblich oder tatsächlich nicht bestehende Vergleichbarkeit der Ausbildung an der Universität Bremen mit der anderer Universitäten. Ähnlich stellte sich die Lage auch im Studiengang Kommunikation/Ästhetik dar.[276]

Einige Medien, so das „Managermagazin", zeichneten das Bild einer unzureichenden Ausbildung in Bremen und dadurch verminderten Chancen der Absolventen auf dem Arbeitsmarkt – eine Einschätzung, die auf einer Studie des Kieler Professors Reinhart Schmidt aus dem Jahr 1978 fußte.[277] Schlechtere Bedingungen aber allein auf den Studienort zurückzuführen, dürfte – auch wenn man Vorbehalte künftiger Arbeitgeber gegenüber der Reformuniversität in Betracht zieht – zu kurz gegriffen sein. Der Arbeitsmarkt für Akademiker gestaltete sich Ende der 1970er Jahre ohnehin eng. Bestimmte Berufsgruppen – Lehrer, Juristen mit schlechten Examensergebnissen, Wirtschaftswissenschaftler und Spezialisten wie Stadt- und Regionalplaner – waren kaum gefragt; ein Drittel der Universitätsabsolventen des Jahres 1976 blieben zunächst ohne Stelle.[278]

Anfang der 1980er Jahre entwarf man eine einheitliche Grundstruktur für die Anforderungen in den einzelnen Studiengängen. In dem Entwurf definierte man die Inhalte der Studien- und Prüfungsordnungen, legte die Regelstudienzeit auf 8-9 Semester fest – Ausnahmen waren nur in begründeten Fällen möglich –, gliederte das Diplomstudium in Grund- und Hauptstudium und schlug Regelungen zum Aufbau des Studiums vor.[279] Inhaltlich bewegte sich der Entwurf zwischen den Rahmenprüfungsordnungen und den fachspezifischen Anhängen zu ihnen. Somit stellte er einen weiteren Bürokratisierungsschritt dar, wenngleich er inhaltlich eher der Vereinheitlichung diente.

Universitäts-Neugründungen in anderen Bundesländern

Die ersten Universitätsgründungen nach dem Zweiten Weltkrieg in Deutschland verfolgten noch grundsätzlich andere Ziele, als dies später der Fall war. Die Universität des Saarlandes in Saarbrücken und Homburg entstand unter französischer Besatzung und sollte durch Bilingualität zur deutsch-französischen Verständigung beitragen. Die Freie Universität Berlin ging auf die Initiative von Studenten zurück, die sich nicht im sowjetischen Sektor ansiedeln wollten.[280] Die in Bremen geplante, aber nicht ins Leben gerufene Internationale Universität sollte ebenfalls der Völkerverständigung dienen.[281] Anders verhielt es sich bei den späteren Neugründungen: *„Die seit Anfang der 60er Jahre in der Bundesrepublik errichteten 32 neuen Hochschulen haben in verschiedener Hinsicht zur Differenzierung des Hochschulsystems beigetragen,"* heißt es in einer am 11. Oktober 1983 vorgestellten Studie von Bundesbildungsministerin Dorothee Wilms.[282] Allerdings müsse man auch davon ausgehen, dass eine neue Universität nicht *„vom Tag ihrer Öffnung an sofort akzeptiert"*[283] werde. Ihr Ziel bestehe darin, bestehende Universitäten zu entlasten, Reformideen zu entwickeln und zu erproben sowie bisher nicht mit Hochschulen versehene Regionen einzubeziehen.[284]

Insbesondere die letztgenannten beiden Punkte treffen für Bremen zu. Das zunächst eingeschränkte Fächerangebot führte jedoch dazu, dass ein Teil der Studienanfänger aus Bremen und der Region trotzdem andere Universitäten besuchte. Bereits 1978 aber verfügten fast alle Neugründungen über ein festes Einzugsgebiet in ihrer jeweiligen Region. Das gilt auch für die Universität Bremen.[285] Die große Mehrheit der Studierenden machte ihre Wahl nicht von ihrem Typus abhängig. Wo es aber eine Präferenz gab, fiel sie deutlich zugunsten der alten Hochschulen aus. Sofern die Anfänger sich überhaupt Gedanken über die Qualität des Fachstudiums machten, schnitten dabei die alten Universitäten besser ab.[286] Das spricht dafür, dass die Neugründungen sich im Großen und Ganzen vergleichbaren Anfangsschwierigkeiten gegenüber sahen.

Universität Konstanz

Die Universität Konstanz ist eine konservative Neugründung aus dem Jahr 1966 und der Legende nach aus einer Sektlaune entstanden.[287] In ihrer ersten Phase begann man, wie auch zunächst in Bremen,[288] zu planen, ohne dabei an eine Studienreform zu denken. Man diskutierte die Fächerpalette, wozu u.a. eine „Mediterranistik" gehörte. Doch kristallisierte sich im Verlauf der Debatte ein Reformanspruch im Bereich der Lehre heraus. Mit der Konzeption „Übergreifendes Forschen und Lernen" strebte man eine neue Qualität an.

Die Gründungsschrift kündigte eine umfassende Universitätsreform an und orientierte sich an den Überlieferungen des Berliner Modells von 1810.[289] Mit Blick auf die Humboldtsche Universitätskonzeption und die äußeren Bedingungen, die eine Volluniversität nicht zuließen, entschied man sich, eine umfassende Philosophische Fakultät unter Einschluss der Natur- und Sozialwissenschaften aufzubauen und folgte damit einer Empfehlung des Wissenschaftsrates.[290] Wie in Bremen versuchte man, einen Verbund verwandter Fächer zu konstruieren, um auf dieser Basis interdisziplinär zu arbeiten. Davon versprach man sich eine positive Wirkung nicht nur auf die Forschung, sondern auch auf die Lehre. Kein Wunder also, dass in der Geschichte der Universität Konstanz das Schlagwort vom „Forschenden Lernen" auftauchte.[291]

Eine Ähnlichkeit in den Grundsätzen der Universitätsorganisation ist also nicht von der Hand zu weisen, wenn man in Konstanz auch einiges anders begründete. Man verstand sich als Elite-Universität, die nur eine geringere Zahl von Studenten aufnehmen wollte. Das neue pädagogische Konzept forderte zu einem Wandel in den Beziehungen der Statusgruppen heraus, indem man die Studenten beteiligte und die hierarchische Struktur des Lehrkörpers verflachte. Das alte Leitungsprinzip wurde ebenfalls nicht übernommen, man entschied sich für einen Rektor mit weitreichender Entscheidungsbefugnis.[292] Die Universität baute man um erste Ordinarien herum auf,[293] was man in Bremen abgelehnt und zum Rücktritt Killys geführt hatte. Doch auch in Konstanz kam es trotz einer vergleichsweise milden Reform zu Protesten konservativer Professoren, die sich vor allem gegen die Besetzung des Großen Senats wandten, weil nun nicht mehr gewährleistet war, dass die Entscheidungsgewalt bei den Ordinarien blieb. Eine Drittelparität gab es zwar nicht, jedoch konnte keine Gruppe dominieren, und für eine Zweidrittelmehrheit war die Kooperation von mehr als zwei Gruppen erforderlich. Auch mit der Landesregierung gab es Konflikte. Als sie einen nicht mit der Universität abgesprochenen Grundordnungsentwurf vorlegte, der eine Angleichung an das Landeshochschulgesetz bedeutete, traten Rektor und Prorektor zurück. Sie sahen die Selbstbestimmung der Universität gefährdet. Weitere Verhandlungen brachten kein Ergebnis: Keiner der Universitätsprofessoren wollte unter den Bedingungen des staatlichen Entwurfs das Amt des Rektors übernehmen, woraufhin das Ministerium einen Staatskommissar einsetzte. Erst 1973, elf Monate später, wählte die Universität einen Rektor.[294]

Es zeigt sich also, dass es selbst bei einer konservativen Neugründung zu Schwierigkeiten kam und sich auch in diesem Falle Hochschullehrer gegen den Verlust ihrer Privilegien wandten. So gestaltete sich in Baden-Württemberg das Verhältnis von Staat und Universität ebenfalls widersprüchlich, obwohl das Bundesland nicht seine erste Universität gründete. Trotzdem galt Konstanz als Modell-Hochschule, sogar als „Klein-Harvard" – bis sich Ende der 1970er Jahre ein deutlicher Rückgang der Studentenzahlen bemerkbar machte und sich herausstellte, dass die Universität gemieden wurde und durch zunehmenden Hochschulwechsel weitere Studierende verlor. Die Ausstattung der Universität insbesondere in den Humanwissenschaften galt als unzureichend. Hinzu kamen interne Streitigkeiten. So war es einem Ordinarius gelungen, vor Gericht sämtliche Reformelemente aus der ersten von der Universität erarbeiteten Grundordnung zu entfernen, weshalb sich die Fachbereiche weigerten, mit dem Studiengang dieses Professors zusammen gelegt zu werden. In den ersten zwölf Jahren waren außerdem zahlreiche Planstellen gestrichen und der erste Studiengang bereits wieder geschlossen worden. Auch die Tatsache, dass man in Konstanz den Schwerpunkt der Planung auf die Forschung und weniger auf die Lehre legte, trug nicht dazu bei, die Anziehungskraft auf Studierende zu steigern.[295] Die Attraktivität von Konstanz schränkten zudem noch andere Faktoren ein. Viele empfanden die Stadt auf der kulturellen Ebene als provinziell. Es gab nur geringe Kontakte zur Bevölkerung, und die Möglichkeiten für einen Berufsstart oder Nebenjob wurden als schlecht eingestuft.[296] Insgesamt stellte man fest, dass eine Neugründung erstens Zeit braucht, um sich bei den Anfängern durchzusetzen, und dass die Attraktivität sinkt, wenn nur ein eingeschränktes Studienangebot vorhanden ist.[297]

Universität Bochum

Seit 1961 geplant, öffnete die Ruhr-Universität Bochum im Jahre 1965 ihre Pforten. Wie in Bremen schloss man damit eine geographische Lücke in der bundesdeutschen Hochschullandschaft. Die Ruhr-Universität gilt heute als eine der fortschrittlichen Gründungen, jedoch war in der Denkschrift des Gründungssenats von 1962 noch nicht die Rede von einer Beteiligung der Studierenden an Entscheidungen der Selbstverwaltungsorgane. Ihnen war lediglich das Recht zugestanden, in ähnlicher Form wie an den bereits bestehenden Universitäten bei der Erörterung ihrer Angelegenheiten und Anträge gehört zu werden.[298] Wie in der Bremer Universitätsdenkschrift empfahl man das campusnahe Wohnen[299] und richtete zunächst die sich leichter und schneller aufzubauenden geisteswissenschaftlichen Studiengänge ein.[300] Für Angelegenheiten der Verwaltung sollte der Senat einen Ausschuss wählen, dem der Rektor vorstand. Der Kanzler nahm an allen Senatssitzungen teil, jedoch ohne Stimmrecht. Die Verwaltung der Institute sollte zur Entlastung des Lehrkörpers beim jeweiligen Dekan angesiedelt sein und in den Händen eines höheren Beamten liegen: *„Selbstverständlich hat die Verwaltung der Institute sich nach den Interessen und Vorstellungen der Lehrstuhlinhaber auszurichten."*[301] Eine programmatische oder hochschulpolitische Richtung beinhaltet die Denkschrift nicht, vielmehr widmete sie sich organisatorischen Fragen.

In den Planungen ging man von Beginn an von einer Kapazität von mindestens 10 000 Studierenden aus. Ziel war es, in erster Linie bestehende Landesuniversitäten zu entlasten. Allerdings wollte man die Gelegenheit der Neugründung nutzen, um den Diskussionen um die innere Reform der Universitäten Rechnung zu tragen: *„Man geht wohl nicht fehl, wenn man die Konzeption der Universität Bochum* *als ‚gemäßigt reformfreudig' bezeichnet, eine Charakteristik, die mehr oder weniger für alle zur Zeit betriebenen Neugründungen zutreffen dürfte. Das liegt nicht nur an dem Fehlen einer allseits akzeptierten grundlegenden Reformidee, sondern auch daran, daß die Neugründungen nicht isoliert von der vorhandenen Universitätsstruktur geplant werden können.*"[302]

Unübersehbar ist, welchen Unterschied die Ereignisse zwischen der Gründung der Universität Bochum im Jahre 1965 und der Bremer Universität 1971 ausmachen: Die Studentenbewegung, aber auch der Wechsel in der Bundesregierung und damit die Hinwendung zu einer sozialdemokratisch orientierten Bildungspolitik des Bundes. Auch in Nordrhein-Westfalen gab es bis 1966 eine CDU-FDP-Regierung, dann wurde Heinz Kühn mit einer SPD-FDP-Koalition Ministerpräsident.

Auf die Studentenbewegung reagierte man in Bochum mit der „Biedenkopf-Verfassung" von 1969, die erstmals ein viertelparitätisch zusammengesetztes Universitätsparlament installierte und die Mitspracherechte der Studierenden und MitarbeiterInnen erheblich ausweitete.[303]

Über die prinzipiellen Aufgaben der Universität hat man in Bochum bereits zur Gründungszeit diskutiert. Der vermehrte Bedarf an akademisch ausgebildeten Fachkräften führe zu einer steigenden Zahl von Studenten, die sich nicht in erster Linie für die Forschung, sondern für die Ausbildung interessierten. Das erfordere ein Umdenken im Bereich der Lehre. Die Trennung von Forschung und Lehre sei nicht mehr zu ignorieren, Übergänge von jungen Wissenschaftlern z.B. zu industriellen Laboren seien zu akzeptieren. Die Vermittlung von Vorgängen und Entwicklungen der Forschungsarbeit reiche als Lehre nicht mehr aus.[304] Man ging, um einer modernen Ausbildung gerecht zu werden, von einem vermehrten Personalbedarf aus. Wenke setzte sich nicht zuletzt mit der Rolle eines neu zu schaffenden akademischen Mittelbaues auseinander, der zwischen Assistenten und Professoren angesiedelt sein sollte, und fragte: Gefährdet die Einführung nicht den Kontakt zwischen Professoren und Studierenden und damit die Einheit von Lehre und Forschung?[305]

Einige Gründungsideen der Universität Bremen sind also auch andernorts diskutiert worden. Des weiteren war die Verbindung zwischen Universität und Staat und die Rechtsform der Universität auch in Nordrhein-Westfalen strittig: *„Alle, die beim Aufbau einer neuen Universität als Berater oder als dort ernannte Professoren mitwirken, müssen einen realistischen Blick für das haben, was im öffentlichen Interesse liegt, das zu vertreten der Staat das Recht und auch die Pflicht hat. Wem der Frontenkampf zwischen Staat und Hochschule traditionelle Gewohnheit oder ein Gemütsbedürfnis ist, […] der sollte sich ehrlicherweise bei Neugründungen nicht praktisch engagieren."*[306]

Offenbar kam es trotz sehr unterschiedlicher Reformen mit teilweise entgegengesetzten Zielrichtungen zu ähnlichen Akzeptanzproblemen. Die Hochschulreform an sich ist vor allem Gegenstand konservativer Kritik gewesen – erklärbar möglicherweise durch den Zusammenhang zwischen Studentenbewegung und Reformbestrebungen auf dem Hochschulsektor. Anlaufschwierigkeiten neuer Hochschulmodelle gab es, wie das Beispiel Konstanz zeigt, auch in Bundesländern, deren Regierungen durchaus Erfahrung auf dem hochschulpolitischen Sektor vorzuweisen hatten. Bochum hingegen verdeutlicht, welche bildungspolitischen Diskussionen und Ideen schon vor der Studentenbewegung aktuell waren und welche man realisieren wollte.

8. Die Universität als Teil der Stadt

Bauplanung – Eine Universität entsteht und verändert sich

In der Geschichte der Universitätsbauplanung wechselten die Verantwortlichen häufig – das schlug sich im Ergebnis nieder. Zunächst orientierte man sich am Campus und der Vorstellung von einer Universität als wachsendem Organismus, der nicht nur ein Ort der Lehre und Forschung, sondern auch Lebensmittelpunkt der an ihr Lernenden und Lehrenden sein sollte. Später stand die praktische Anbindung an die Stadt im Mittelpunkt der Planungen. Inzwischen ist die Universität als Standortfaktor von Technologie-Unternehmen und der Wirtschaft entdeckt worden.[1]

Die ersten Gebäude auf dem Campus wurden im Süden des Geländes errichtet: Schnellbauten, die helfen sollten, rasch Studienplätze zu schaffen. Der erste Komplex für die Geisteswissenschaften (GW 1) war im März 1971 bezugsfertig, der zweite, ein Gebäude für die Naturwissenschaften (NW 1), im Dezember 1971. Es folgten die Universitätsbibliothek und Mensa, der Boulevard und das Universitätshaus, die Versorgungseinrichtungen sowie je ein weiteres Gebäude für Geistes- und Naturwissenschaften. Die Bauvorhaben der Anfangsstufe sahen dazu Wohnbebauung in unmittelbarer Nähe der Universitätsgebäude vor.[2] Geplant waren darüber hinaus eine Ladenzeile und Sportanlagen sowie eine Straßenbahnverbindung zum Universitätsgelände.[3]

Gründungsrektor Thomas von der Vring rekapituliert die Entwicklung des Baukonzepts für die Universität: *„Das Beispiel der amerikanischen Universitäten spielte in einer gewissen Weise, die gar nicht richtig sichtbar geworden ist, eine Rolle in der Diskussion über das Baukonzept. Campus-Universität: Das hieß ja eigentlich ursprünglich, daß die Studenten und die Professoren beieinander wohnen. Da hat nie jemand gefragt, was das kostet, wenn man denen die Wohnung stellt und die Hochschullehrer verpflichtet, da zu wohnen, wie man das eigentlich umsetzen will. Die Ideen einer Campus-Universität sind dann von den Göttingern, auch von den Soziologen, die dort Einfluß nahmen, auf die Seite gelegt worden zugunsten der Vorstellung, daß eine Universität mit der Stadt verflochten sein sollte. In so einer Stadt wie Göttingen kann man das auch erleben, wie das dann tatsächlich ist. Und dieses war wiederum nicht in Einklang zu bringen mit der Beschaffung des Baulandes. Und dann hatten wir eine Campus-Universität, die keine sein sollte; die Studenten und Hochschullehrer fuhren nachmittags nach Hause in die Stadt."*[4] Von der Vring wollte für eine Mischung aus Wohnen, Lehren und Lernen sowie Gewerbe, das sich nicht störend auf den Universitätsbetrieb auswirken sollte, sorgen. Allerdings wurde ihm davon abgeraten, Wohnraum auf dem Gelände einzurichten, da die Wohnungen nach und nach von den Professoren gekauft würden. Daher ließ von der Vring diesen Gedanken fallen. Auch der heutige Technologiepark zeige, dass wenig Austausch zwischen der Universität und ihrer unmittelbaren Umgebung statt-

Gebäude Geisteswissenschaften I, 1975

finde: der größte Teil der dort ansässigen Unternehmen habe keinerlei Kontakt zur Universität.⁵

Inwieweit schlugen sich neue Ideen über das Lehren, Lernen und Forschen in der Planung der Universitätsgebäude nieder? Im Gebäude GW 2 richtete man einen Großraum ein, indem sich sowohl die Arbeitsplätze von Professoren und Dienstleistern als auch Seminarräume für den Bereich Arbeitslehre/Politik befanden. Dazu verfügte er aber über eine besonders eingerichtete Ruhezone: *„Der Akademische Senat fordert die Abteilung 4 auf, dafür Sorge zu tragen, dass die ursprünglich im Gebäude GW 2 vorhandene Ruhezone durch Aufstellen der Kissen wiederhergestellt wird."*⁶ Die Abteilung 4 erläuterte dazu: *„Die seinerzeit in der Ruhezone GW2 aufgestellten Ruhekissen wurden nach und nach wieder entfernt, da sie stark beschädigt und verschmutzt waren. Beim großen runden Kissen wurde, trotz mehrfacher Reparatur nach mutwilligen Beschädigungen, der Bezug zerrissen und einzelne Füllelemente derart beschädigt, daß deren Füllung (Schaumstoffstückchen) in großer Zahl im Raum herumgestreut wurden. Von den kleinen Einzelkissen wurden ebenfalls die Bezüge eingerissen und in solchem Maß beschmutzt (offensichtlich u.a. durch Flüssigkeiten), daß deren weitere Verwendung schon allein aus hygienischen Gründen nicht zumutbar ist. Eine Verwendung der Ruhekissen in der vorgesehenen Art ist nur nach vorhergehender Reparatur und Reinigung möglich. Die hierdurch anfallenden Kosten – nach einer etwa zweijährigen Benutzungszeit – scheinen nutzlos zu entstehen, da nach den bisherigen Erfahrungen die Kissen überwiegend artfremd verwendet werden und sie hierdurch in kurzer Zeit unbrauchbar sind."*⁷

Der Großraum sollte zu einem hierarchiefreien Arbeitsklima beitragen. Dienstleister standen in unmittelbarem Kontakt zu den Wissenschaftlern, was ihnen, so Winnie Abraham, die Chance eröffnen sollte, als gleichwerige Mitarbeiter anerkannt zu werden.[8] In der Realität kam es zu einem Übermaß an Störungen.[9] Das Konzept bewährte sich nicht. Auch erwies es sich als problematisch, dass Telefone und Arbeitsmaterialien frei zugänglich waren.[10] Einige Hochschullehrer des Studienbereichs 1 legten Atteste vor und erklärten, gesundheitliche Gründe hinderten sie, im Großraum zu arbeiten,[11] wo der Arbeitslehre/Politik 54 Plätze für Mitarbeiter zur Verfügung standen, die aber nur etwa 15 von ihnen nutzten. Doch selbst von diesen wollte der größte Teil lieber in Einzel- oder Doppelbüros untergebracht sein, was sich aber nicht sogleich realisieren ließ.

Auch Seminare verlegte man zunehmend aus dem Großraum in andere Bereiche, weil es nicht möglich war, sie dort ungestört von Arbeitsgeräuschen, Unterhaltungen etc. abzuhalten. Aufgrund des unhaltbaren Zustandes trennte man Teile des Großraums ab und baute sie um.[12] Kritikpunkte waren ebenso die klimatischen und arbeitstechnischen Bedingungen, d.h. die unzureichende Belüftung – die permanent defekte Klimaanlage sorgte für dauernden Luftzug und damit für signifikant häufigere Krankmeldungen – und die unübersichtliche Einteilung. Arbeitszonen würden nicht respektiert, eine wie auch immer abgeschirmte Beratung sei unmöglich, überall höre man Stimmen aus den Veranstaltungen, Mobiliar und Bücher blieben nicht am Platz. Damit sei, so die mehr oder minder unkritische Erklärung, ein entscheidendes Stück der ursprünglichen Konzeption weggebrochen.[13] Erst nach einigen Jahren wurde das Großraum-Projekt auf Initiative des Personalrats[14] zugunsten von Seminar- und Arbeitsräumen aufgegeben. Außer Frust, unsinnig ideologisch-verbrämten Auseinandersetzungen und überflüssigen Kosten hat es zu Nichts geführt.

Wie ideologisch bestimmt manche Entscheidungen waren, zeigte auch die Raumaufteilung in den ersten Gebäuden: Um die Form der Kleingruppenarbeit alternativlos zu lassen, verzichtete man darauf, auch nur einen großen Hörsaal zu schaffen. So mussten die Uniangehörigen in den ersten Jahren ihre Vollversammlungen, die ja auch konstitutiv für das Bremer Modell waren, in Kino- oder Konzertsälen in der Stadt abhalten.

Die Bauplanung der Universität unterlag im Laufe der Zeit verschiedenen Einflüssen. Als erstes ist Rothes Vorstellung von einer Campus-Universität nach amerikanischem Vorbild zu nennen, die *„zugleich den städtebaulichen Neuanfang der Reformuniversität"*[15] versprach. Doch schon der Ideenwettbewerb von 1967 wandte sich vom Konzept des abgeschotteten Campus ab, aber auch von einer Integration in die Stadt. Da man von einer Massenuniversität ausging, kam es allen Teilnehmern auf die Optimierung in technischer und betrieblicher Hinsicht sowie auf die Erweiterbarkeit der Bebauung an.[16]

Als der Gründungssenat unter Walther Killy das „Bremer Modell" entwickelte, kam die Frage nach der Verflechtung mit der Stadt und angrenzenden Stadtteilen – insbesondere mit der geplanten „Hollerstadt" – erneut auf. Wäre die „Hollerstadt" – inzwischen steht das Gelände unter Naturschutz – entstanden, hätte sich die Universität nicht mehr am Rande, sondern in einer Zwischenlage befunden.[17]

Die beiden ersten Gebäude GW1 und NW1 wurden aus dem Hochschulbauförderprogramm des Bundes finanziert. Die Lehrerausbildung sollte möglichst schnell auf eine bessere Kapazitätsgrundlage gestellt werden. Im Rahmen der zweiten Bau-

Baustelle Zentralbereich, 1975

stufe errichtete man das Gebäude Geisteswissenschaften II (GW2), das zum Beginn des Wintersemesters 1973/74 zur Verfügung stand. Bei allen weiteren Gebäuden kam es in diesem Zeitraum zu Verzögerungen. Weil zunächst in der 4. Ebene Brandschäden zu beheben waren, nahm die Uni-Bibliothek erst am 1. Oktober 1974, sechs Monate später als gedacht, ihre Arbeit auf. Der Zentralbereich mit Mensa, Studentenhaus und Kindertagesstätte war am 1. April 1975 fertig – die Mensa stand damit erst ein Jahr später als geplant zur Verfügung –, der Betriebshof am 1. September 1974.[18] Die Verschleppungen gingen nicht auf die Universität zurück, sondern lagen im Verantwortungsbereich des Senators für das Bauwesen.[19] Ende 1974 nahm man das GW2, das Mehrzweckhochhaus (MZH), das NW1 und zum Teil das NW2 in Gebrauch, was einer weiteren Fläche von 30 621 m² für Studium, Lehre und Forschung und damit 5 826 Studienplätzen entsprach.[20] Der Einzugstermin für das Mehrzweckhochhaus war allerdings noch offen; das Universitätsbauamt rechnete aufgrund von *„bautechnischen Korrekturmaßnahmen"* mit einer Verschiebung von mehreren Wochen. Auch das NW2 ließ sich nicht termingerecht beziehen. Zusätzliche Sicherheitsmaßnahmen waren erforderlich, sodass man die oberen Ebenen erst zwei Monate später eingerichtet hatte.[21]

Ein weiterer Ideenwettbewerb fand zur Frage der Autobahnanbindung, des Straßenbahnnetzes und der Bebauung in Richtung Horn-Lehe statt. Der Akademische Senat wünschte mindestens zwei Haltestellen des Öffentlichen Personennahverkehrs, um lange Wege zu vermeiden.

Ab 1978 sah sich die Universität plötzlich vor größere Probleme gestellt. Zum einen stieg die Studentenzahl weiter an, ohne dass dafür weiterer Platz geschaffen worden war, zum anderen kam es zu einem Engpass bei den unterzubringenden wissenschaftlichen Mitarbeitern, die man aufgrund der verstärkten Forschungsförderung vermehrt einstellte. Auch für Labore fehlten Räume. In der ersten Amtszeit von Rektor Timm entstanden wieder neue Bauwerke, die Psychologie erhielt 855 m², die Biologie 870 m² und der Zentralbereich 1 200 m²; 1987 wurde ein Gebäude mit 2 700 m² für Geowissenschaften, Meeres- und Polarforschung errichtet. Weitere Aus- und Umbaumaßnahmen befanden sich in Planung.[22] Der Autobahnanschluss war im September 1978 fertig.[23]

Ende der 1970er Jahre zeigte sich, dass die Universität nicht über ausreichend Wohnheimplätze verfügte. Ebenso trugen sowohl die soziale Lage der Studenten als auch die relativ hohen Preise für Privatwohnungen dazu bei, dass man weitere Wohnheime plante. In Städten mit neuen Universitäten gab es die Tradition der „Studentenbude", dem privat vermieteten Zimmer, nicht, was die Auswahl zusätzlich einschränkte.[24]

Ende der 1980er Jahre begann man, den Technologiepark in unmittelbarer Nachbarschaft der Universität zu planen. Damit kamen erstmals nichtuniversitäre Nutzer in ihre räumliche Nähe.[25] Die stärkere Konzentration der Universität auf die Naturwissenschaften ging mit einem entsprechenden Ausbau einher. In den 1980er Jahren entstand das erste Gebäude mit Hörsälen. Rektor Timm stellte fest, dass sie für große Lehrveranstaltungen notwendig seien, auch wenn sich dadurch Planungsbrüche ergäben.[26] Große Hörsäle widersprachen der ursprünglichen didaktischen Konzeption der Universität, möglichst in Kleingruppen zu arbeiten, was sich aber aufgrund der steigenden Studentenzahlen und der veränderten Prüfungsanforderungen nicht mehr durchhalten ließ.

1998 fuhr die Straßenbahn endlich bis zur Universität, was ihre Anbindung an das Netz des Öffentlichen Personennahverkehrs entscheidend verbesserte – 27 Jahre nach ihrer Gründung. Zuvor war sie nur über einige Buslinien zu erreichen gewesen. Um die langen Fahrten abzukürzen, bürgerte es sich unter den Studierenden ein, von der Haltestelle *„Am Stern"* aus zur Universität zu trampen. Mit der neuen Haltestelle der Straßenbahn im Uni-Zentralbereich ging zugleich dessen Neugestaltung einher. Der Boulevard erhielt ein Glasdach, und über den Treppenaufgängen errichtete man eine Halle, die nun auch Raum für eine kleine Ladenpassage bot.[27] Das äußere Erscheinungsbild der Universität veränderte sich auch durch den Bau einer neuen Mensa, nachdem die erste einem Brand zum Opfer gefallen war und man die Studierenden vorübergehend in einem Zelt verpflegt hatte.

Bis heute bestimmen Elemente der Reform das Aussehen der Universität Bremen. Der Baustil der älteren Gebäude ist zeittypisch, wenn auch mittlerweile an vielen Stellen durch Glasfassaden verdeckt. Die Vielzahl an Veranstaltungsräumen, eher für kleinere Seminare gedacht, prägt das Bild der heutigen Universität ebenfalls, auch wenn mittlerweile einige Hörsäle hinzugekommen sind.[28] Im Laufe der Jahre stellte es sich heraus, dass die ersten erbauten Gebäude, insbesondere das GW2, stark mit Formaldehyd und Asbest belastet waren. Sanierungsmaßnahmen fanden seit den 1990er Jahren regelmäßig statt. Das Ergebnis der mittlerweile über vierzig Jahre andauernden Bauplanung hat Robert Lemmen treffend als *„heterogen und lückenhaft, mit Stärken und Schwächen."*[29] beschrieben.

Schienenverlegung der Straßenbahn im Zentralbereich der Universität, 1998

Studentischer Tramper am Bremer „Stern", 1970er Jahre

Feuerwehr beim Löschen des Mensa-Brandes, 17. Juni 1997

Blick in die ausgebrannte Mensa, 17. Juni 1997

Die neue Mensa, Oktober 1999

Verflechtung Universität – Stadt

Bereits in der Gründungsphase wurde großer Wert darauf gelegt, die Universität an die Stadt anzubinden. Das galt nicht nur in verkehrstechnischer Hinsicht. Sie sollte, so ein herausragender Punkt der Reformdiskussion, keine weltferne Forschung betreiben, sondern für die Gesellschaft verwertbare Ergebnisse hervorbringen. Ein „Elfenbeinturm" kam dafür nicht in Frage. Wie aber sollten universitäre Einrichtungen sich der Bevölkerung öffnen? Wie ein direkter Kontakt der Bremer zu der neuen wissenschaftlichen Einrichtung entstehen?

Hans-Werner Rothe hoffte auf eine „ständig wirkende Spannung" zwischen Stille und Weltoffenheit. Obwohl die Universität von der Stadt und ihrer Betriebsamkeit abgeschieden sein sollte, war sie ohne Verbindung zum städtischen Leben nicht vorstellbar. Als Insel der Lehrenden und Lernenden[30] sollte sie nicht vordergründig das Funktionieren eines Massenbetriebs sicherstellen, sondern vor allem neue Wege der Universitätsgestaltung gehen. Der städtebauliche Neuanfang orientierte sich stark an amerikanischen Vorbildern, wie sie z.B. im Raum der Neuenglandstaaten zu finden sind.[31] Rothes Konzept eines in sich geschlossenen Campus fand allerdings schon im ersten Gründungssenat unter Walther Killy nicht mehr ungeteilte Zustimmung; ein *„akademisches Ghetto"* betrachtete man nicht mehr als sinnvoll.

Die Studierenden befürworteten ebenfalls eine sinnvolle Verknüpfung von Stadt und Campus. Zu beachten sei dabei die Lage der Universität in einem Naherholungsgebiet. Die Stadtplanung sollte die bereits bestehenden Gartenlokale berücksichtigen und die Eröffnung neuer Lokale nicht behindern. Die Studierenden forderten bereits 1965, dass die Veranstaltungen in den Räumen der Universität auch der gesamten Stadtbevölkerung zugänglich sein und die *„geselligen und gastronomischen Einrichtungen der Universität"* ebenfalls der Bevölkerung offen stehen sollten. Insbesondere der Kontakt zu den benachbarten Stadtteilen sei zu fördern.[32]

Ein Gutachten des Soziologischen Forschungsinstituts Göttingen, zur Universitätsgründung vom Senator für das Bildungswesen in Auftrag gegeben, relativierte die bisher streng voneinander getrennten Konzepte des individuellen und kollektiven studentischen Wohnens. Die Verflechtung der Universität mit der Stadt verlange, differenzierte Offerten und Möglichkeiten zwischen der Universität und einem urbanen Wohngebiet zu schaffen, wobei man seinerzeit auf die in Planung befindliche „Hollerstadt" verwies.[33] Doch nicht nur unter dem Teilaspekt „Wohnen" spielte der Verknüpfungsgedanke eine Rolle. Thematisiert wurden daneben die Punkte Gesamtbildung (Fachschulen, Kindergärten und ähnliche Stätten in Universitätsnähe), Produktion (z.B. Anbindung von Forschung an Universitätsinstitute, Deckung bestimmter Bedürfnisse der Universität durch nahe gelegene Betriebe wie z.B. der EDV-Branche), Versorgung (Geschäfte in Universitätsnähe), Kommunikation (Erholung und Freizeit für alle an der Universität Tätigen) sowie das allerdings nicht realisierte Klinikum.[34] Das Bestreben, alle Stätten des Universitätsgeländes möglichst auf kurzen Fußwegen zu erreichen, sollte bei dem Ausbau des Campus und der Ansiedlung oben genannter Einrichtungen keine Priorität erhalten.[35]

Der Modellversuch *„Verflechtung zwischen Universität und Stadt durch Hochschulsport"*[36], vom 1. Januar 1972 bis zum 30. September 1976 vom Bundesministerium für Bildung und Wissenschaft und der Freien Hansestadt Bremen gefördert, beabsichtigte nicht nur die Öffnung der universitären Sportstätten für Vereine, sondern war dem gemeinsamen Sporttreiben von Universitätsangehörigen und Externen gewidmet.[37] Hochschulsport sollte kein Betriebssport sein,[38] aber auch nicht, wie es an deutschen Universitäten bis in die 1960er Jahre hinein üblich war, Wettkampf- bzw. Spitzensport.[39] Als Folge der Studentenbewegung versuchte man die Gliederung nach Statusgruppen im Hochschulsport aufzulösen und strebte ein Angebot für alle Bevölkerungskreise an.[40] Vorurteile zwischen Universitätsangehörigen und der übrigen Bevölkerung sollten abgebaut werden: *„[Es] ergibt sich […] in vielen Universitätsstädten, daß weite Teile der Bevölkerung mit den Universitätsangehörigen nur oberflächliche Kontakte haben und man eigentlich herzlich wenig übereinander weiß. Daraus entwickelt sich dann allmählich eine immer mehr zunehmende Trennung zwischen den betreffenden Gruppen."*[41] Solche Trennung sah man als problematisch an, da die Studierenden kaum etwas über die Probleme der übrigen Bevölkerung wüssten, im Berufsleben jedoch mit ihnen konfrontiert würden. Auch die Randlage der Universität beurteilte man als schwierig, da sie die Trennung noch verstärke.[42]

Ende der 1970er Jahre verstand sich der Hochschulsport zumeist als *„demokratisch organisierter, betriebsnaher Breitensport".*[43] Frühzeitig schuf man an der Universität eine Stelle für einen Wissenschaftlichen Mitarbeiter, dessen Aufgabe es war, den Sport, der bereits im Wintersemester 1971/72 stattfand und den eine Planungskommission mitbetreute, zu organisieren und auszuwerten.[44] Ab November 1971 stand ein Hochschullehrer zur Verfügung, im Oktober waren fünf Lehrkräfte – größtenteils Sportlehrer, die nebenberuflich an der Universität tätig wurden – eingestellt worden. Eigene Sportstätten an der Universität gab es allerdings erst seit Beginn des Wintersemesters 1972/73.[45] Die vorgezogene Eröffnung der Universität war der Grund dafür, dass zunächst kein umfassendes Konzept für den Hochschulsport entwickelt worden war, noch Sportstätten fehlten und man auch nur klassische Sportarten – Basketball, Fitness, Fußball, Schwimmen, Volleyball, Kinderturnen sowie ein Skikurs – anbot.[46]

Unterschieden wurde in den ersten Jahren zwischen *„Jedermannkursen"*, an denen man ohne besondere Voraussetzungen teilnehmen konnte, Spielkursen mit einem Schwerpunkt in zwei Ballsportarten sowie Spezialkursen, die darauf abzielten, eine Ballsportart so zu betreiben, dass sich daraus Freundschaftsspiele mit anderen Teams ergaben. Darüber hinaus bot man Sonderkurse wie z.B. Schach an.[47] Die wissenschaftliche Begleitung sollte Probleme aufzeigen und Vorschläge zu deren Lösung entwickeln. Der Hochschulsport galt als Praxisfeld für Forschung und Lehre, und die Ergebnisse wollte man auch anderen Trägern des Erwachsenensports nutzbar machen.[48]

Die Organisation und inhaltliche Konzeption übernahm der Ausschuss für Hochschulsport, der direkt dem Akademischen Senat unterstand. Im Jahre 1980 trat der paritätisch besetzte Ausschuss – jeweils drei Hochschullehrer, Studierenden, Dienstleister und ein Vertreter der Kursleiter – aber aufgrund der ungenügenden Bedingungen geschlossen zurück. Dass man Teilnehmergebühren erhob, die Mittel einfror und das Personal reduzierte, betrachtete man als Aushöhlung des Verflechtungskonzeptes. Zwar hatte die Universität nach Ablauf des Modellversuchs 1976 beschlossen, zwei Stellen für hauptamtliche Sportlehrer zu schaffen. Der Akademische Senat aber bewilligte 1980 nicht einmal das Geld für einen Lehrer. Nach dem

Rücktritt des Ausschusses traten die Kursleiter in den Streik. Schließlich machte der Akademische Senat Zugeständnisse, und ein neuer Ausschuss konstituierte sich.[49] Heute ist der Verein für Hochschulsport und die Hochschulsportkommission für die Organisation zuständig.

Einig war man sich darin, dass jeder Interessierte teilhaben konnte. Weder sollten eine besondere Sportausrüstung noch Vorkenntnisse erforderlich sein. Nicht um Wettkampf ging es, sondern um Ausgleich, Geselligkeit und möglichst viele Kontakte zwischen Universitätsangehörigen und Externen.[50] Gleichwohl wollte man Informationen und Fertigkeiten vermitteln und so die Teilnehmer zu regelmäßiger sportlicher Betätigung motivieren.[51] In den ersten Jahren gelang es, mit Kursen ohne besondere Vorbedingungen Personen anzusprechen, die längere Zeit keinen Sport getrieben hatten.[52]

Die Erfahrungen aus den ersten beiden Semestern zeigten, dass die Verflechtung, so wie sie gedacht war, noch nicht funktionierte. Lediglich beim Kinderturnen, Schwimmen und Skikurs machten auch Menschen mit, die weder an der Universität noch an den Fachhochschulen tätig waren. Doch hatten die Eltern der Kinder, die am Sport teilnahmen, zumeist einen akademischen Hintergrund. Der verhältnismäßig größte Anteil von Teilmnehmern aus der Stadt ohne direkten Bezug zur Universität oder anderen Hochschulen fand sich im Skikurs. Was jedoch in allen Kursen gelang, war die Vermischung der Statusgruppen.[53]

In den folgenden Semestern stiegen die TeilnehmerInnenzahlen. Mit der neuen Universitätssporthalle stand seit 1972 mehr Platz zur Verfügung, und es ließen sich weitere Externe via Werbung ansprechen.[54] Der Hochschulsport galt im Jargon der Gründerzeit als Möglichkeit, *„gesellschaftliches Bewußtsein zu fördern und zu entwickeln. Indem etwa der Nicht-Universitätsangehörige erfährt, was ein Student, Hochschullehrer oder Dienstleister in der Universität tut, wie die Arbeitsprozesse dort ablaufen, welche Funktion sie besitzen usw., dürften sich alle vermittelten und verarbeiteten Informationen bei entsprechendem Umfang allmählich zu einem Gesamtbild zusammensetzen, nämlich welche Funktion die Universität bzw. die Wissenschaft für die übrige Gesellschaft eigentlich hat bzw. haben kann."*[55] Abgesehen davon, dass sich mit dem Sport nur ein kleiner Teil der Bevölkerung erreichen ließ, dürften die TeilnehmerInnen schon von sich aus der Universität offen gegenübergestanden haben. Mit einem Sportangebot allein lässt sich nicht in Kontakt mit allen Schichten der Bevölkerung treten. Allenfalls stellte es einen ersten Schritt auf dem Weg dar, aus dem „akademischen Ghetto" herauszukommen.

Die Annäherung des Universitäts- an das Stadtleben erwies sich als eher langfristiger Prozess. Noch 1991 bemerkte Rudolf Winkler, damals 1. AStA-Vorsitzender: *„Bremen hat eine Universität – aber ist deshalb noch keine Universitätsstadt. Die Universität ist kein organischer Bestandteil der Stadt, das mag zum Großteil an der ausgegliederten Lage der Universität liegen, liegt aber auch daran, daß es nur einen geringen Identifikationsgrad der Bremer/-innen mit ihrer Universität gibt. Und hier liegt m.E. eine weitere Chance. Es gibt noch Defizite im Bereich des kulturellen und politisch-relevanten Angebots außerhalb des normalen Studienbetriebs. Das Angebot könnte reichen von Kunstausstellungen, regelmäßig stattfindenden Musikveranstaltungen, über regelmäßige Kinoabende bis hin zu Gastvorträgen und Podiumsveranstaltungen mit international interessanten Gästen. Kurz, die Universität sollte mehr sein als nur eine Forschungsanstalt."*[56]

Unter Rektor Hans-Josef Steinberg veranstaltete die Universität am 31. Mai und 1. Juni 1975 erstmals einen Tag der offenen Tür, der ein überwältigender Erfolg wurde. Anlässlich der Eröffnung des Sportbereichs fand am 8. Juli 1978 ein „Tag des Sports" statt, der neben einem Rahmenprogramm auch die Möglichkeit bot, die Angebote kennen zu lernen.[57]

Das Problem der Integration bestand auch in anderen Städten, die nach 1945 eine Universität gegründet hatten; hier war die Universität nicht mit der Stadt gemeinsam gewachsen, sondern oft in einer Randlage errichtet worden. Häufig griff man auf den Sport oder „Tage der offenen Tür" zurück.[58] Jedoch gab es selbst in alten Universitätsstädten oft nur wenig Kontakt zwischen Bevölkerung und Studenten. Eine Untersuchung aus dem Jahr 1968 ergab, dass die Studenten in Göttingen überwiegend mit ihren Kommilitonen oder Akademikern verkehrten.[59] Das Problem der Distanz zwischen einer nichtakademischen Stadtbevölkerung und Angehörigen der Universität betrifft also keineswegs nur die Neugründungen.

Die Universität und die Medien

Während die lokalen Medien bis etwa 1970/71 die Universitätsgründung – unabhängig davon, welches Gremium gerade über welche Form der neuen Universität diskutierte – durchweg positiv bewertete und die verschiedenen partei- und hochschulpolitischen Standpunkte wiedergab, kam es danach zu einem Kurswechsel. Überregional war die Universitätskonzeption schon früher kritisiert worden.[60] Schon die Drittelparität des Gründungssenats unter dem Vorsitz von Walther Killy fand keine ungeteilte Zustimmung.[61]

Gründungsrektor von der Vring wies auf die besondere Problematik von Öffentlichkeit und Veröffentlichungen etwa über die Sitzungen des Gründungssenats im Planungsprozess der Universität hin: *„Der Erkenntnisprozeß und der Arbeitsprozeß der Universität hier beruht nicht auf […] formellen Beschlüssen. Er beruht darauf – und das ist das Verfahren von Wissenschaft – daß in arbeitsteiliger Weise und in Kommunikation die Organisation des Studiums nach und nach erarbeitet wird. In diesem langen Prozeß gibt es Diskussionspapiere, werden Planer aufgefordert, ein Papier auszuarbeiten, werden sie aufgefordert, Material zusammenzustellen, werden Zwischenbilanzen gezogen und wird weiter diskutiert. […] Abschließende, für immer geltende Beschlüsse wird es auf dieser Ebene in Bremen überhaupt nicht geben, in keiner Universität kann es das geben.*

Wenn also in diesem Zusammenhang Protokolle von irgendjemandem gegriffen werden und Sätze ausgeflickt werden, ohne daß man weiß, in welchen Zusammenhang es gestanden hat, wo dann die Beteiligten gar nicht mal herkommen und fragen, was bedeutet das, was meint ihr damit, das ist einfach eine Unmöglichkeit und hat mit Öffentlichkeit nichts mehr zu tun. Ich habe schon mehrfach auf den denunziatorischen Charakter bestimmter Außenbeobachtungen hingewiesen, wenn eben nur mit dem Ohr des Spitzels gehört wird und nicht versucht wird, zu verstehen und nicht versucht wird, zu diskutieren und prinzipiell sogar die Diskussion verweigert wird."[62]

Blick vom Fallturm auf die Universität Bremen, Mai 1990

In den Worten von der Vrings spiegeln sich die Erfahrungen wider, die er sowohl im Umgang mit der Presse als auch mit Kollegen aus dem Wissenschaftsbereich gesammelt hatte. Andererseits ist es nachvollziehbar, dass die Bremer Öffentlichkeit nach der Lektüre verschiedenster Berichte über den Stand der Universitätsgründung genaue Informationen darüber verlangte, wie und was man an ihr auszubilden gedachte. Doch lässt sich diese Verunsicherung in erster Linie als eine Folge der immer negativer werdenden Presseberichte beschreiben. Nur selten kam es vor, dass eine Zeitung verschiedene Meinungen zur Universität veröffentlichte. Für das Jahr 1970 trifft das auf die „Bremer Nachrichten" zu. Der für hochschul- und bildungspolitische Fragen zuständige Redakteur Grötzebach berichtete zwar kritisch-distanziert, aber mit positiver Grundtendenz, während der damalige stellvertretende Chefredakteur Engelmann deutlich konservativ und häufig unsachlich kommentierte.[63] *„Die Definitionshoheit über das öffentliche Bild der im Entstehen begriffenen Universität lag jedoch"*, so Heide Gerstenberger, *„ganz eindeutig bei jenen Presseorganen, die den Markt der Meinungen dominierten. Sie wiesen der Bremer Gründung eine bestimmte Position und Rolle in der Inszenierung der Debatte über die Hochschulreform zu."*[64]

Eine Begebenheit wirft ein besonderes Licht auf das Bild, das in Bremen von der Universität existierte: Eine Buchhandlung weigerte sich, Bücher an Personen zu verkaufen, die Anstecknadeln als Kommunisten erkennbar machten. Der Konvent der Universität reagierte auf einen Antrag des AStA und teilte in einem Beschluss vom 17. Dezember 1975 mit, er erwarte von der Buchhandlung eine Erklärung. Gleichzeitig forderte er die Bibliothekskommission auf, der Buchhandlung keine Aufträge zu erteilen.[65]

Die negative Presseberichterstattung setzte sich fort. Insbesondere der Journalist Wolfgang Heyen schrieb für die „Frankfurter Allgemeine Zeitung" Artikel mit eindeutiger Tendenz. Er ließ vorwiegend Kritiker aus den eigenen Reihen der Universität zu Wort kommen, wie Kanzler Maaß, der seine Niederlegung der Amtsgeschäfte als Fanal eines Neuanfang darstellte. Der Historiker I. Geiss, ebenfalls oft Kronzeuge des Blattes, bezeichnete 25 % seiner Hochschullehrerkollegen als unterqualifiziert.[66]

„Bremens Universität: Einzug der Professoren" – Karikatur von H.E. Köhler in der „Frankfurter Allgemeine", 22. Juli 1970

Seit seiner Gründung 1970 bekämpfte der „Bund Freiheit der Wissenschaft" die Universität und veröffentlichte z.B. in seinen „Hochschulpolitischen Informationen" Argumente gegen die Studienreform, darunter auch Berichte von Hochschullehrern aus Bremen. So verlangte der Bremer Physikprofessor Wolfgang Dreybrodt eine Auswertung der Erfolge und Misserfolge des von ihm so bezeichneten „Experiments" Universität Bremen und warf den Verantwortlichen vor, sich der Kritik zu entziehen. Dreybrodt erklärte die „*Oberaufsicht eines nach wie vor politisierten Akademischen Senats*"[67] als lähmend für neue Entwicklungen. Er nahm die Wissensvermittlung in Bremen aufs Korn und betrachtete sie als unterbewertet. Darüber hinaus wandte er sich gegen das abgeschichtete Prüfungssystem und plädierte für klassische Formen anstelle der studienbegleitenden Leistungsnachweise.[68] Auch ließe die Verantwortung des Einzelnen zu wünschen übrig. Professoren hätten zu geringe Entscheidungsbefugnisse. Studentenstreiks würden regelmäßig von einer Minderheit durchgesetzt. Statt der Drittelparität seien bei einer gleichen Anzahl von Gremienmitgliedern die Stimmen der Professoren höher zu gewichten. Alles andere verweise auf ein fehlendes Bewusstsein für Rechtsstaatlichkeit.[69] Zudem müsste die Diplom-Prüfungsordnung den Rahmenbestimmungen der Kultusministerkonferenz angepasst, die Fachbereiche gestärkt und die „*Schaffung von Rechtssicherheit*" angestrebt werden.[70]

In der selben Ausgabe der „Hochschulpolitischen Informationen" uteilte der bayerische Staatsminister für Unterricht und Kultus, Hans Maier über das Bremer Modell: „*Die Ausbildung entspricht in den meisten Fächern nicht dem Niveau, das im Berufsleben erwartet wird. Prüfungen, als Herrschaftsinstrument denunziert, sind weitgehend zur Farce geworden.*"[71] Ganz unverblümt fordert an gleicher Stelle der Bremer Hochschullehrer Klaus Haefner die Entlassung des Rektors, Kanzlers und des Leiters des Dezernats 1 (Zentrale Angelegenheiten von Lehre und Forschung/Hochschulentwicklungsplanung) sowie die Vergabe von Stellen nur noch an außerhalb von Bremen promovierte Wissenschaftler, um „*Bremer Inzucht zu vermeiden*".[72]

Dass Gegner der Universität nicht selten schlecht über den aktuellen Stand informiert waren, geht aus einem Artikel des Juristen Hartmut Schiedermair von der Universität Saarbrücken, zugleich Präsident des Hochschulverbandes, hervor, der seine Argumentation darauf aufbaut, als gäbe es in Bremen 1980 noch die Drittelparität.[73] Angst vor Veränderungen oder Stimmungsmache schlechthin ist dem Beitrag des ehemals am Hamburgischen Weltwirtschafts-Archiv tätigen Professors Heinz-Dietrich Ortlieb zu entnehmen: *„So wurden von den Gewerkschaften bildungspolitischer Einfluß gesucht und Kooperationsabkommen nicht zuletzt mit solchen Hochschulen wie Bremen getroffen, denen es nicht um die Verständlichmachung, sondern um die Zerstörung unserer Gesellschaft und ihrer Ordnung geht."*[74]

Weitere Beispiele ließen sich anführen, doch macht schon die kleine Auswahl ersichtlich, welches Klima in der Öffentlichkeit herrschte: Diffuse Befürchtungen von kommunistischer Unterwanderung gingen mit Fehlinformationen Hand in Hand. Und man fragt sich: Wie war es einem Hochschullehrer möglich, öffentlich für die Entlassung seines Dienstvorgesetzten einzutreten, ohne dass der Senator für Wissenschaft und Kunst sich schützend vor den amtierenden Rektor stellte – zog doch ansonsten politisches Engagement von Professoren große Aufmerksamkeit auf sich? Immerhin vergingen noch eineinhalb Jahre, bis auch Außenstehende wussten, dass der Senator „seinen" Rektor nicht mehr unterstützte.[75] Vor diesem Hintergrund erklärt sich Haefners Attacke, die zugleich noch auf einen anderen Umstand hinweist. Hochschullehrer, die den Reformideen ablehnend gegenüberstanden und sie bekämpften, versuchten, die öffentliche Meinung für ihre Zwecke zu nutzen und trugen innueruniversitäre Konflikte nach außen. Es entstand eine völlig neue Situation: Kamen in den ersten Jahren die Angriffe ausschließlich von außen, meldeten sich nun auch Mitglieder der Universität auf Seiten ihrer Gegner zu Wort.

Weite Kreise zog, wenn man Presseberichten Glauben schenkt, die Affäre um die Anschaffung eines Großrechners für die Universität. Zunächst sollte es ein Rechner der US-amerikanischen Firma Bourroughs sein, dann aber erhielt die Firma Siemens den Auftrag. Die „Kreiszeitung" Diepholz-Verden befürchtete diplomatische Verwicklungen, da der Chef der Firma Bourroughs Finanzminister in der Regierung Carter gewesen sei.[76] In den Artikeln und Kommentaren wird das Bild einer Universität gezeichnet, deren Verantwortlichen jedweder Blick für wirtschaftliche Zusammenhänge und politische Konsequenzen fehle. Zu irgendwelchen Verwicklungen ist es jedoch nicht gekommen.

Die Bremer CDU kritisierte in den 1970er Jahren die politischen Aktivitäten an der Universität und forderte stets, der Wissenschaft mehr Raum zu geben. Der hochschulpolitische Sprecher der CDU, Schulte, bemerkte dazu im Juni 1976, es habe verschiedentlich Kontakte von Personalleitern aus bremischen Unternehmen zu Studierenden und Hochschullehrern des Studiengangs Wirtschaftswissenschaften gegeben. Die Besucher hätten zwar die Ansätze der Studienreform gelobt, aber auch festgestellt, dass sowohl die Hochschullehrer als auch die Studenten kaum etwas über wirtschaftliche Strukturen wüssten. Aufgefallen seien vielmehr ideologisch bedingte Vorurteile.

Die Kritik der Bremer CDU an der Universität hielt über einen längeren Zeitraum an. Als der Akademische Senat beschloss, am 10. Juni 1982 einen vorlesungsfreien Tag einzurichten, um allen Studenten die Möglichkeit zur Teilnahme an einer internationalen Friedensdemonstration zu geben, richtete die CDU-Fraktion in der Bremischen Bürgerschaft eine Anfrage an den Senat. Man sah die Freiheit von Lehre und Forschung durch die *„Einstellung des Vorlesungsbetriebs"* gefährdet[77] und wollte erfahren, ob der Akademische Senat damit nicht ein allgemeinpolitisches Mandat ausübe. Bürgermeister Koschnick antwortete, der Akademische Senat habe sich nicht inhaltlich geäußert und somit keine allgemeinpolitische Auffassung vertreten. Außerdem betreffe die Gefahr kriegerischer Auseinandersetzungen auch die Hochschulen als Teil der Gesellschaft.[78]

Nach seinem Amtsantritt verstärkte Rektor Timm die Pressearbeit. Doch es dauerte mehrere Jahre, bis die Berichterstattung über die Universität positiver wurde.[79] Zunächst distanzierte sich Timm ausdrücklich von zuvor gern verwendeten Begriffen wie „Gegenuniversität".[80] Die Universität sollte nach außen ein einheitliches Bild vermitteln. Um nicht erneut Situationen wie die Ende der 1970er Jahre heraufzubeschwören, brachte Timm folgende Anweisung in Umlauf:

„Sehr geehrte Damen und Herren,
mehrere Vorkommnisse in der letzten Vergangenheit veranlassen mich, darauf hinzuweisen, dass Auskünfte und sonstige Stellungnahmen gegenüber Presse, Fernsehen und Rundfunk, die Angelegenheiten der Universität unmittelbar oder mittelbar betreffen, nur vom Rektor oder dem Leiter der Pressestelle der Universität gegeben werden dürfen. Andere Personen sind nur mit der im Einzelfall vorher erteilten Zustimmung durch den Leiter der Pressestelle oder mich befugt, entsprechende Erklärungen abzugeben.

Im Interesse einer möglichst geschlossenen und aufgabenorientierten Darstellung der Universität in allen Bereichen der Öffentlichkeit muß ich Sie eindringlich bitten, diesen Hinweis zu beachten."[81] Auf manche wirkte Timms Direktive wie ein „Maulkorberlass", auf den dann auch polemisch reagiert wurde: *„Ihre Dienstanweisung erstreckt sich bedauerlicherweise explizit nur auf Presse, Fernsehen und Rundfunk. Dies greift – es tut uns leid, dieses feststellen zu müssen – kurzsichtig zu kurz. Was ist mit Verbänden, politischen Parteien und Gewerkschaften? Im Grunde muß es wohl um jede größere Ansammlung gehen, wo einfach von unkontrollierten Multiplikationseffekten auszugehen ist. Im Vertrauen gesagt – Sie glauben gar nicht, was man bisweilen auf ‚harmlosen' Parties über unsere Universität von Universitätsmitgliedern hört, wenn weder Sie selbst noch der Leiter der Pressestelle anwesend sind! Und zwar gerade bezüglich jener Thematiken, die die Universität mittelbar betreffen! Als wenn wir gar nichts Positives aufzuweisen hätten!"*[82]

Während sich in Bremen der Ruf der Universität rasch verbesserte, so Henning Scherf, hätten sich in der übrigen Presse noch Urteile aus den 1970er Jahren gehalten.[83] Auch Wilfried Müller vertritt diese Auffassung. Das Bild der Universität in den Medien habe sich sehr langsam gewandelt. In den 1980er Jahren sei noch gar keine Veränderung zu bemerken gewesen und erst ab Ende der 1980er Jahre ein Wandel eingetreten, zunächst in der regionalen Presse, später auch überregional. Auch das Urteil der scientific community habe sich im Lauf der Zeit verbessert – ebenso das Auftreten der Hochschullehrer, von denen einige dazu tendiert hätten, sich auf Tagungen oder Konferenzen negativ über die Universität zu verbreiten, offenbar in dem Bestreben, die Diskrepanz zwischen dem schlechtem Ruf der Universität und ihrer eigenen Leistung zu betonen. Ab der Jahrtausendwende habe sich ein neues Bild herausgebildet, wozu insbesondere das DFG-Forschungszentrum „Ozeanränder", die Excellenzinitiative und der Erfolg im Wettbewerb des Stifterverbandes „Stadt der Wissenschaften" beigetragen hätten.[84] In der Anfangsphase sorgten die umfangreichen Reformen für Bedenken und Widerstände – das Projektstudium, die Drittelparität, aber auch die neuen Inhalte der Studiengänge. Als aber im größerem Rahmen eine zunächst in der scientific community beachtete Forschung betrieben und das auch in der Öffentlichkeit bekannt wurde, änderte sich das Image der Universität.

Das Verhältnis Staat – Universität – Politik

Artikel 34 der Verfassung der Freien Hansestadt Bremen von 1947 legt fest, dass Hochschulen in der Regel staatlich sind und in Gemeinschaft mit anderen Ländern oder als Zweig einer Hochschule eines anderen Landes unterhalten werden können. Artikel 5, Absatz 3 des Grundgesetzes der Bundesrepublik Deutschland lautet: *„Kunst und Wissenschaft, Forschung und Lehre sind frei. Die Freiheit der Lehre entbindet nicht von der Treue zur Verfassung."* Die Hochschulen verblieben in der Kulturautonomie der Länder.[85] Erst das Hochschulrahmengesetz von 1976 schaffte bundeseinheitliche Regelungen. Die Zusammenarbeit zwischen Bund und Ländern wurde erstmals mit der Gründung des Wissenschaftsrates 1957 institutionalisiert.

Aufgabe des Staates ist es seither, im Hochschulbereich die Interessen der Allgemeinheit zu verfolgen.[86] Als Mittel dafür stehen dem Staat in der Regel die Hochschulaufsicht und -gesetzgebung sowie die Etathoheit zur Verfügung. Doch ist das Hochschulwesen nicht in allen Bereichen Sache des Staates. Allerdings bedeutet Planung mehr als Verwaltung, hat sie doch das gesamte System der Hochschule zum Gegenstand. Eine Abgrenzung der Kompetenzen von staatlicher Seite einerseits und universitärer Selbstverwaltung andererseits ist erforderlich. In der Regel liegen Aspekte wie Finanzen, Personal und Wirtschaft zunächst beim Staat, die Universität wirkt jedoch an der Planung mit. Lehre und Forschung betreffende Angelegenheiten sind zunächst bei der Hochschule angesiedelt, der Staat übt aber die Rechtsaufsicht aus. Beim Erlass von Studien-, Prüfungsordnungen und Grundordnungen, der Regelung des Hochschulzugangs und bei Berufungen kooperieren Staat und Hochschule, doch besteht auch hier eine staatliche Aufsicht.[87] Zu berücksichtigen ist, dass Fragen von Lehre und Forschung Interessen der Allgemeinheit berühren und somit ein Mitspracherecht des Staates existiert.[88] Eine Grenzziehung ist schwierig. Es gilt, die Wissenschaftsfreiheit zu wahren wie der Tatsache Rechnung zu tragen, dass die Mitglieder einer Hochschule in der Regel eher als die Vertreter des Staates qualifiziert sind, über solche Fragen zu entscheiden. Auf der anderen Seite ist das von den Behörden vertretene Gemeinwesen auf die an der Universität ausgebildeten Absolventen angewiesen und daran interessiert, dass das Studium den Erwerb von gesellschaftlich notwendigen Qualifikationen sicherstellt.

Auch die bildungspolitischen Entschließungen der SPD entsprachen im Großen und Ganzen der hier skizzierten Abgrenzung: *„Das Verhältnis zwischen Staat und Hochschule ist weder auf der Grundlage eines weitreichenden staatlichen Dirigismus noch auf der Basis eines unreflektierten und unbestimmten Autonomieanspruchs der Universität zu gestalten."*[89] Aufgabe der Gesetzgebung sei es, die Hochschulen in die Lage zu versetzen, ihren Auftrag zu erfüllen und dabei die Freiheit von Lehre und Forschung in vollem Umfang wahrzunehmen. Andererseits müsse die Exekutive

Henning Scherf im Gespräch mit Studenten anlässlich eines landesweiten Aktionstages für bessere Ausbildung mit Demonstration vor der Bürgerschaft, 14. Dezember 1989

dafür sorgen, dass die Hochschulen den Ansprüchen einer demokratischen Gesellschaft genügen. Daher gehe es nicht nur darum, den Rahmen der Hochschulen abzustecken, sondern sich weitere Einwirkungsmöglichkeiten offen zu halten wie z.B. in den Bereichen Haushalt, Bildung von Schwerpunkten in der Forschung und Lehre, bei der Genehmigung von Satzungen und Prüfungsordnungen und der Besetzung von Professorenstellen. Bei Konflikten stehe dem Staat die letzte Entscheidungsgewalt zu. Ebenso sei er gehalten, aktiv zu werden, wenn die Organe der Universität ihren Aufgaben nicht nachkämen.[90]

In Bremen gestaltete sich das Verhältnis von Staat und Universität wechselhaft. Zu den Anfangsjahren erläutert Hans Koschnick: „*Die frühe Gründung – früh für unsere Verhältnisse, nicht für die deutsche Universitätslandschaft – war begleitet von der Suche nach neuen Wegen für wissenschaftliche Arbeit, in Lehre und Forschung – wobei Lehre wohl das Wesentliche am Anfang war. Seit der Zeit von Rektor Timm und Senator Franke wurde an der Veränderung der Zielsetzung gearbeitet, das Prinzip der Forschung nahm einen sehr viel größeren Raum ein und das Ansehen der Universität wurde dadurch qualifiziert verbessert. Das ist kein Abwerten dessen, was damals gemeinsam vorgesehen wurde, denn wir wollten ja damals ganz bewußt die Bremer Universität zwar nicht als Gegenuniversität [...] verstanden wissen, aber wir wollten etwas Neues wagen.*"[91] Daher habe man sich schließlich mit dem zweiten Gründungssenat auf die jungen Assistenten gestützt, die künftig die Lehre und Forschung der Universität tragen sollten.[92]

Die mit der Universität verbundenen Reformideen bzw. die politischen Überzeugungen der Lernenden wie Lehrenden beschäftigten die Bremische Bürgerschaft ebenso häufig wie die Öffentlichkeit. Einige Beispiele mögen es veranschaulichen:

Die Bremer CDU ließ politische Flugschriften an der Uni sammeln, um von Universitätsmitgliedern geplante verfassungsfeindliche Aktionen zu belegen. Der Fraktionsvorsitzende Bernd Neumann übersandte ein Konvolut solcher Schriften, die sich mit der Anti-AKW-Bewegung und den Demonstrationen in Brokdorf sowie mit dem Berufsverbot gegen Jens Scheer befassten, an Bürgermeister Koschnick.[93] Koschnick allerdings stellte nach Durchsicht des Materials fest, dass sich daraus keineswegs auf verfassungsfeindliche Aktivitäten von Universitätsangehörigen schließen ließe. Es würden einige Hochschullehrer im Zusammenhang mit der Kritik an Atomkraftwerken zitiert – das beweise aber keine verfassungsfeindlichen Aktivitäten. Es handele sich bei dem Material um Flugblätter kommunistischer Gruppen, so dass daraus nur auf diese Gruppen, nicht aber auf die Universität geschlossen werden könne. Koschnick warnte vor Verallgemeinerungen und wies bezüglich des Jens Scheer betreffenden Materials darauf hin, dass ein Disziplinarverfahren eingeleitet sei und die ihn betreffenden Erkenntnisse nichts Neues enthielten. Koschnick lehnte die Pauschalverurteilungen unmissverständlich ab.[94]

Noch vor der Aufnahme des Lehrbetriebs äußerte sich die Bremer CDU sehr kritisch zur Universität. In einem Interview mit den „Bremer Nachrichten" erklärte der Fraktionsvorsitzende Sieling in der Ausgabe vom 10. April 1971, was er von den Planungen hielt:

„BN [Bremer Nachrichten]: Hat die CDU die Schuld daran, daß man sich außerhalb Bremens so allerhand Schreckliches über die Bremer Universität erzählt?

Sieling: Nein. Die CDU hat ja keine Greuelmärchen über die Universität verbreitet.

BN: Genau das wird Ihnen aber vorgeworfen.

Sieling: Das haben wir aber nicht getan, sondern wir haben die Tatsachen so dargestellt, wie sie sind."

Im Gesprächsverlauf musste Sieling einräumen, von den anderen Bundesländern gefordert zu haben, unter bestimmten Bedingungen ihre Finanzierung für die Uni einzustellen, z.B. wenn der Pluralismus in Lehre und Forschung nicht mehr gegeben sei.

„Sieling: Wir sind für Pluralität. Und das bedeutet, daß sowohl die einen extremen Vertreter als auch die anderen extremen Vertreter in Bremen ein Arbeitsfeld haben sollten. Die Pluralität darf sich jedoch nicht beziehen auf die verschiedenen Richtungen innerhalb des Marxismus. Wenn hier aber einige den revolutionären Weg gehen wollen, dann sollen sie doch. Die Studenten werden ihnen nicht folgen. Da haben wir keine Angst."[95]

Der CDU-nahe „Weser-Report" schrieb am 28. April 1971: *„Wer die Wirtschafts- und Gesellschaftsordnung der Bundesrepublik Deutschland erhalten will, muß von der Vring bekämpfen, jenen Sozialisten, der dem Kapitalismus vorwirft, das Konkurrenzprinzip zu festigen und zu verteidigen."*[96]

Die Bremer FDP hingegen versuchte, sich im Wahlkampf als Retterin der klassischen Universität zu profilieren und fand ebenfalls ein bundesweites Echo. In der „Kölnischen Rundschau" hieß es zum Beispiel: *„Ein Jungsozialist wurde zum Rektor berufen, Planer wurden bestallt, denen enge Beziehungen zu den Roten Zellen in Berlin nachgesagt werden. Es scheint, daß Bremens Politiker alles daran setzen wollen, ihre Alma Mater ins Gespräch zu bringen, noch ehe der erste Student immatrikuliert ist. Gleichwohl erscheint der plötzliche Widerstand der Liberalen gegen den roten Gottschalch nicht ganz glaubwürdig. Die FDP hat bislang bei den Berufungsverhandlungen mit Erfolg manches in ihrem Sinne reparieren können,*

„Marx und Moritz-Universität" – Symbolische Grundsteinlegung im Blockland,
11. November 1968

und wo sie sich nicht durchzusetzen vermochte, schickte sie sich in das Schicksal, das dann und wann jedem Juniorpartner in einer Regierung beschieden ist. Auch im Fall Gottschalch hatte sie sich zunächst beschieden. Sie stellte die Kabinettsfrage erst zu einem Zeitpunkt, als die SPD kaum noch zurückstecken konnte."⁹⁷

Auch das „Darmstädter Tagblatt" nahm zu dem Profilierungsversuch der Bremer FDP vor der Bürgerschaftswahl Stellung und kommentierte nicht ohne Häme: „*Letzter Stein des Anstoßes zu dieser Entwicklung wäre so die Hochschulpolitik des recht unglücklich agierenden Kultussenators Moritz Thape, an dessen ‚Ma(r)x-und-Moritz-Universität' sich bundesweit die Gemüter erhitzen. Dem in Flügelkämpfen verstrickten und durch ununterbrochene Machtausübung angekränkelten Establishment der Weser-SPD wäre jedenfalls zu wünschen, daß es in der Opposition zu sich finden und sich dort regenerieren könnte. Vielleicht wäre dann auch Zeit, den Bremer Schlüssel zu putzen, jenen ‚Schlüssel zur Welt', der mittlerweile zum Museumsgut zu werden droht, weil er hauptsächlich als repräsentatives Ansichtsstück unter Glas gehalten wird.*"⁹⁸

1971 kam es zu einer schweren Krise der Bremer SPD-FDF-Regierungskoalition, die schließlich an einer Berufungsentscheidung scheiterte. Als sich der Senat gegen die Stimmen der FDP-Senatoren für Wilfried Gottschalch aussprach, machte die FDP den Fortbestand der Koalition von der Revision des Beschlusses abhängig und forderte den Rücktritt von Bildungssenator Thape. Als die SPD darauf nicht einging, traten die drei FDP-Senatoren am 1. Juni 1971 zurück.⁹⁹ Die „Welt" merkte zum Scheitern der Bremer Regierungskoalition an: „*Am Bremer Skandal zeigt sich, welche Brisanz eine politisch fixierte Universität zu entwickeln vermag. Die Zauberlehrlinge, einmal gerufen und nicht mehr gebannt, könnten zufrieden sein. Die wenigen Abstriche, die der politisch verantwortliche Dienstherr an den Berufungslisten machte und jetzt – ohne die widerwillige, aber dennoch liberale FDP – wohl nicht mehr machen wird, ändern kaum etwas an der Verengung der wissenschaftlichen Methodenvielfalt und der Prädominanz einer einzigen gesellschaftspolitischen Auffassung, die für diese Universität kennzeichnend sein dürften. Gesellschaftskritik kann kein Auftrag für eine Universität, sondern nur ein Ergebnis wissenschaftlicher Erkenntnis sein. Nicht die Universität hat Leistungsnormen und Leistungsinhalte zu bestimmen, sondern sie hat, mit Steuergeldern finanziert, zum Nutzen der Gesellschaft, die Leistungen zu erbringen, die Staat und Gesellschaft von ihr erwarten."* [100]

Der Autor brachte die Kritik auf den Punkt, um den sich eigentlich alles drehte: Welche Aufgabe sollte eine Universität habe? Mitnichten ging es den Gründern in Bremen darum, an der Gesellschaft vorbei zu forschen oder zu lehren. Vielmehr sollten gesellschaftliche Anliegen und Probleme wissenschaftlich bearbeitet und – auf der Grundlage der Freiheit von Forschung und Lehre – zu ihrer Lösung beigetragen werden. Der Autor des Artikels forderte das genaue Gegenteil: die staatliche Kontrolle von Lehrinhalten. Während die einen neue Wege gehen und sich in den Dienst von mehr Humanität, Demokratie und sozialer Gerechtigkeit stellen wollten, trachteten die anderen danach, alles so weit wie möglich beim Alten zu lassen. Damit figuriert der Text beispielhaft für zahlreiche Angriffe auf die Universität und für die weitgehenden Forderungen der bürgerlich-konservativen Presse und Politik, von gesellschaftsverändernden Experimenten, Modellen und Praktiken abzulassen und mit ihnen aufzuräumen.

Die Universität befand sich ebenso im Fadenkreuz der Kritik des „Bundes Freiheit der Wissenschaft". Aus der „Notgemeinschaft für eine freie Universität" in Berlin hervorgegangen, wandte er sich vehement gegen die Universitätsreform, vor allem gegen ihre politisch links orientierten Protagonisten. Etwa zeitgleich mit der Gründung des Bundes begann jener Propagandafeldzug, den Thomas von der Vring als *„publizistischen Hexensabbat"*[101] bezeichnete und der sich aus einer Vielzahl von Presseartikeln zusammensetzte, die sich gegen die Gründung der Bremer Universität wandten. Der Begriff der „Kaderhochschule" tauchte auch im Titel einer Sendung des Zweiten Deutschen Fernsehens auf, an der neben von der Vring unter anderem zwei spätere Unterzeichner des Gründungsaufrufes des „Bundes Freiheit der Wissenschaft" – Wilhelm Hennis und Erwin K. Scheuch – teilnahmen, die die Möglichkeit, ein Studium bzw. eine Universität im Dienst der Gesellschaft aufzubauen, grundsätzlich und mit den Worten *„Gibt es also ein sozialistisches Atom?"* attackierten und in Zweifel zogen, dass sich an einer solchen Universität überhaupt wissenschaftlich arbeiten ließe.[102]

Ein besonders eindringliches Beispiel für die Folgen der politisch aufgeladenen Situation an der Universität in den 1970er Jahren hat Johannes Beermann[103] beschrieben:

Wer sich vor 30 Jahren, im Sommer 1979, in der Universitätsbibliothek auf die Suche nach dem Titel mit der Signatur „a pol 085 2 bp 908" machte und am gekennzeichneten Standort nachguckte, fand dort statt eines Buches lediglich einen Platzhalter, auf dem folgende Auskunft zu lesen war: „Ausleihbares Exemplar be-

schlagnahmt. Vitrinen-Exemplar beim Kanzler unter Verschluß. 3. Ex.: Beim Fachreferenten für Politik erfragen." Was verbarg sich hinter diesem seltsamen Hinweis auf eine polizeiliche Beschlagnahmung – die bundesweit erste in einer wissenschaftlichen Bibliothek seit 1945?

Die Signatur „a pol 085 bp 908" kennzeichnet das Freihandexemplar des Buches „Rote Armee Fraktion. Texte", einen 1977 erschienenen Sammelband mit Bekennerschreiben der RAF, programmatischen Grundsatzerklärungen und Briefwechseln zwischen Angehörigen der „Ersten Generation". Unmittelbar vor Erscheinen des Buches hatte die „Zweite Generation" der RAF mit der „Offensive 77" begonnen, einer Kampagne zur Befreiung inhaftierter RAF-Angehöriger, die im April 1977 mit der Ermordung des Generalbundesanwalts Siegfried Buback begann und in die Ereignisse des später so bezeichneten „Deutschen Herbstes" – Flugzeugentführung der „Landshut", Ermordung des Arbeitgeberpräsidenten Hanns Martin Schleyer und Tod der RAF-Gefangenen in Stuttgart-Stammheim – mündete. Die Anschlagserie und die Reaktion des Staates dominierten schnell die gesellschaftliche Atmosphäre in der BRD. Angst vor weiteren Aktionen der „anarchistischen Terroristen" herrschte ebenso wie die Panik vor einem „Polizeistaat". Rasterfahndung, Straßensperren, Personenkontrollen und schwer bewaffnete Polizisten gehörten bald zum Alltagsleben.

Die „Texte der RAF" wurden unter Eindruck dieser Ereignisse im Februar 1978 durch die Bundesanwaltschaft verboten, wenn möglich beschlagnahmt und gegen die Herausgeber ein Verfahren angestrengt. Im Oktober 1978 tauchten erstmals Ausgaben dieser Schrift auf einem Büchertisch an der Universität Bremen auf und wurden dort umgehend von der Polizei sichergestellt. Zur gleichen Zeit erwarb der Fachreferent für Politik der Universitätsbibliothek im Rahmen seiner Aufgabenstellung – der „Berichterstattung über Vorgänge des Zeitgeschehens oder der Geschichte" zu dienen – in Frankfurt zwei Exemplare der „Texte der RAF", ein Exemplar für den Ausleihbestand der UB und das zweite als Archivstück. Drei Monate später, am 30. Januar 1979, wurde bei ihm ein junger Benutzer – ein „Bürschchen" von „höchstens 18 Jahre[n]" – vorstellig, der angab, er habe das Freihandexemplar eine Woche zuvor entliehen und zum 13. Kommissariat (Politische Polizei) in Bremen gebracht, wo es unter Hinweis auf den Einziehungsbescheid der Bundesanwaltschaft beschlagnahmt worden sei. „Er tue nur seine Pflicht als Staatsbürger. Deshalb habe er das Buch ausgeliehen, es gelesen und es danach als seine Pflicht angesehen, zu verhindern, daß es allgemein zugänglich bleibe." Der Benutzer, der sich als leitendes Mitglied der Jungen Union Bremen ausgab, erklärte zudem gegenüber dem Fachreferenten für Politik, er sei auch für die Beschlagnahme der anderen zwei Exemplare im Oktober des Vorjahres verantwortlich gewesen, da „das Buch eindeutig gewaltverherrlichend sei und von den Lesern als Aufforderung zur Gewaltanwendung aufgefasst werden könne."

Der Vorfall löste sofort heftige, sowohl außer- als auch inneruniversitäre Reaktionen aus. Die Direktion der Universitätsbibliothek richtete sich umgehend an den Kanzler und betonte, dass sie „eine wissenschaftliche Einrichtung ist, die wertungsfrei und ohne jede Zensurfunktion die Mittel zur wissenschaftlichen Auseinandersetzung zu stellen hat". Die Beschlagnahmung der „Texte der RAF" verletze die durch das Grundgesetz garantierte Informationsfreiheit als Vorraussetzung für Forschung und Lehre. Eine Kontrolle, ob die Nutzer die Bestände der UB tatsächlich für wissenschaftliche Zwecke gebrauchen, dürfe es nicht geben, „[d]er Preis, mit dem dieser Missbrauch ausgeschaltet werden kann, ist so fundamental (nämlich die prinzipielle Aufgabe der Freiheit der Forschung), daß die Unverhältnismäßigkeit inzwischen Allgemeingut der bibliothekarisch Verantwortlichen geworden ist." Man beabsichtige „einen Bestand ohne jede Form von Zensur, Selbstzensur, Zensur-Surrogaten ö.ä. aufbauen zu lassen." Die Mitarbeiterkollegien der UB unterstützten die Position der Direktion einstimmig und forderten von der Bibliotheksleitung, auf der Rückgabe des Buches zu bestehen und ähnliche Bücher auch in Zukunft anzuschaffen und zu fördern. Der Fachreferent für Politik verglich die Situation sogar in einer ersten Mitteilung an die Benutzer der Universitätsbibliothek am 2. Februar – für die er später vom Kanzler gerügt wurde – mit der während des Nationalsozialismus. Er stellte der Aussage des Benutzers, der die „Texte der RAF" bei der Polizei abgegeben hatte, er habe nur seine Pflicht als Staatsbürger getan, das Zitat des fiktiven Juristen und Massenmörders Erik Dorf aus der populären, eine Woche zuvor angelaufenen Fernsehserie „Holocaust – Die Geschichte der Familie Weiss" gegenüber, der seine Verbrechen mit der Aussage entschuldigte: „Ich tue nur meine Pflicht als Deutscher."

Auch unter den Studierenden fand die Beschlagnahmung Beachtung: z.B. verteilte der Kommunistische Bund – Hochschulgruppe am 08. Februar in der Mensa ein Flugblatt unter der Überschrift „Vorsicht: Denunziant?". Steckbriefartig wurde dort der volle Name und die Adresse des Entleihers genannt, sowie ein Foto abgedruckt, dass ihn zusammen mit dem Bremer CDU-Spitzenkandidaten Bernd Neumann zeigte, der 1977 in der aufgeheizten Stimmung des „Deutschen Herbstes" über ein Gedicht von Erich Fried gesagt hatte, er würde so etwas lieber gleich verbrannt sehen. Im unteren Teil des Flugblattes war mit großen Lettern zu lesen, „DAS GRÖSSTE SCHWEIN IM GANZEN LAND – IST UND BLEIBT DER DENUNZIANT".

Am 9. Februar meldete sich die Universitätsleitung zu Wort und verurteilte die Beschlagnahmung streng. „Die Universität kann und wird die Beschlagnahme der Dokumentation [...] nicht hinnehmen", so der Rektor und weiter: „Maßnahmen der geschilderten Art stellen nach meiner Auffassung einen Eingriff in die Aufgaben wissenschaftlicher Bibliotheken und Hochschulen dar." Inzwischen hatte das Polizeiamt die UB aufgefordert auch das Archivexemplar der „Texte der RAF" an die Sicherheitsbehörden abzuliefern, doch konnte diese zweite Beschlagnahmung abgewendet werden, indem der Kanzler das Sicherungsexemplar in Verwahrung nahm. Daraufhin bemühte sich der Leiter der Universitätsbibliothek ein erneutes, drittes Sicherungsexemplar der Schrift zu erwerben, was ihm auch gelang. Diese dritte Ausgabe der „Texte der RAF" wurde aber sofort im Schreibtisch des Fachreferenten für Politik verwahrt und gelangte vorerst nicht in den Ausleihverkehr. Gegen diese Praxis erhob der Senator für Wissenschaft und Kunst Einspruch. Er hatte bereits eine Woche zuvor gemahnt, dass ein erneuter Kauf des Buches auf jeden Fall zu unterbleiben hätte. Es entspann sich in der Folge ein Konflikt zwischen Senator und Universitätsleitung bzw. Direktion der UB, der noch bis nach der Rückgabe des beschlagnahmten Exemplars der „Texte der RAF" andauerte. Der Senator für Wissenschaft und Kunst pochte darauf, dass das Buch nur Personen zugänglich gemacht werden dürfe, die ein berechtigtes wissenschaftliches Interesse nachweisen konnten. Universitätsleitung und Bibliotheksdirektion wiesen hingegen eine solche

„*im Bibliothekswesen bislang unübliche und schärfstens abgelehnte [...] Vorstellung*" entschieden zurück und verurteilten den „*im bundesrepublikanischen Nachkriegsdeutschland [...] beispiellose[n] Eingriff in die Beschaffungspolitik einer UB*".

Am 28. Februar befasste sich auch der Akademische Senat mit dem Vorfall. Ebenso wie der Rektor protestierte er gegen die Beschlagnahmung und sprach zudem seine Bedenken darüber aus, dass die Beschlagnahmung „*ein Zeichen eines äußerst bedenklichen politischen Klimas der Einschränkung der Informations- und Meinungsbildungsfreiheit [sei], weil diese Maßnahme offenbar gezielt gegen die Universität durch einen Schülerverband veranlasst worden ist, der der CDU nahe steht.*" Hier offenbarte sich abermals der noch immer schwelende Konflikt zwischen CDU und „Roter Kaderschmiede" aus den Gründungstagen der Universität. Der Akademische Senat fasste in derselben Sitzung den Beschluss, den Vorgang zu dokumentieren und zu publizieren, „*um auf dieser Grundlage eine öffentliche Diskussion des Themas ,Informationsfreiheit von Bibliotheken' zu provozieren.*" Zwar wurde deshalb im Folgenden eine bibliotheksinterne Arbeitsgruppe zusammengestellt und eine Dokumentation ausgearbeitet, doch deren Veröffentlichung unterblieb, da der Rektor sie verhinderte.

Gleichzeitig wurde der Bibliotheksleitung bekannt, dass die Polizei eine Liste mit weiteren Titeln aus dem Bestand der UB zusammengestellt hatte, die ebenfalls beschlagnahmt werden sollten. Eine solche Massenbeschlagnahmung konnte aber bis nach der rechtlichen Klärung über die Sicherstellung der „Texte der RAF" hinausgezögert werden. Um diese herbeizuführen, stellte der Rektor am 27. März einen Antrag auf Freigabe des beschlagnahmten Buches bei der Bundesanwaltschaft beim Bundesgerichtshof. Die Bearbeitung des Antrages zog sich bis Juni 1979, bis das zuständige Gericht, das Oberlandesgericht Stuttgart, endlich feststellte: „*Das im Eigentum der Universität Bremen stehende Exemplar des Druckwerks „texte: der RAF" [...] wird der Universität Bremen zurückgegeben. [...] Die Universität Bremen hat dargetan, daß sie dieses Buch [...] zu wissenschaftlichen Zwecken erworben und in ihre Bibliothek aufgenommen hat, und daß sie es im Rahmen der Aufgabenstellung der Bibliothek nach Maßgabe der Benützungsordnungen und der Ausleihbestimmungen einem überschaubaren Personenkreis für begrenzte Zeit zur Verfügung stellt.*" Die Universität erfuhr erst einen Monat später von diesem Urteil und es dauerte noch einmal bis September 1979 bis das sichergestellte Buch der Bibliothek zurückgegeben wurde. Damit standen die „Texte der RAF" sieben Monate nach ihrer Beschlagnahmung wieder auf ihrem Platz im Regal in der UB. Sie sind heute nach wie vor unter der Signatur „a pol 085 2 bp 908" ausleihbar. Im Einband eingeklebt findet sich der Freigabebeschluss des Oberlandesgerichtes Stuttgart.

Der Versuch, ein Buch aus einer wissenschaftlichen Bibliothek zu entfernen, offenbart aber auch, wie sehr die Freiheit der Wissenschaft und Forschung unter Umständen gefährdet ist. Es ist fraglich, ob an einer anderen, nicht als „rote Kaderschmiede" verschrieenen Universität ein solches Vorgehen überhaupt in Betracht gezogen worden wäre.

Die Bremer SPD vertrat 1974 in ihren „Hochschulpolitischen Grundsätzen" die Auffassung, dass die Auseinandersetzung über die Ziele und Aufgaben der Universität öffentlich und unter besonderer Beteiligung der Hochschule stattzufinden habe, es aber in den Bereich des Staates falle, sie zu bestimmen, zu verwirklichen und zu kontrollieren.[104] Der dem Studium geltende Passus von der „*Vermittlung der kritischen Qualifikation eines dem gesellschaftlichen Fortschritt verpflichteten Demokraten*"[105] zeigt eine deutliche Nähe zu den Ideen auf, die der Gründungssenat und seine Gremien formulierten. Allerdings ist den „Hochschulpolitischen Grundsätzen" anzumerken, dass es in den drei Jahren seit Eröffnung der Universität bereits erhebliche Konflikte zwischen ihr und der Regierungspartei gab – u.a. bei den Berufungsverhandlungen: „*Die Ausbildung beruflich untauglicher, nur zum Protest fähiger Gesellschaftskritiker, stabilisiert die bestehenden Verhältnisse, liefert konservativer Propaganda die erwünschten Buhmänner und schmälert die Möglichkeit des Volkes, seine Lebensverhältnisse zu verbessern.*"[106]

Das sozialdemokratische Engagement für die Reformuniversität hatte das wichtige Ziel, Kindern aus Arbeiterfamilien den Zugang zur Hochschulausbildung zu erleichtern. Bei der ersten Auswahl legte die Universität denn auch soziale Kriterien zugrunde, um eine Mischung der Studierenden zu erreichen. Das Angebot fand ein gutes Echo, die soziale Zusammensetzung der Studierenden unterschied sich in den ersten Bremer Jahren deutlich von der anderer Universitäten. Von der Vring ist rückblickend der Auffassung, eine Vorbereitung auf das Studium für AnfängerInnen, deren Schulabschluss länger zurück lag, wäre ebenfalls sinnvoll gewesen.[107]

Als Horst-Werner Franke, bis dahin Sprecher der Deputation für Bildung und scharfer Kritiker des Bildungssenators Moritz Thape, 1975 das neu geschaffene Hochschulressort übernahm, begann im Verhältnis von staatlicher Seite und Universität eine neue Phase. Franke, in der Gründungsphase ein Fürsprecher des Bremer Modells, sah sich mit veränderten bundesweiten Rahmenbedingungen konfrontiert. Nun überwog, so Wittkowsky, die Befürchtung, „*das Reformvorhaben könne an der Nichtanerkennung seiner Grundsätze und an seiner praktischen Ausgestaltung in der übrigen Bundesrepublik scheitern. Insbesondere erschien der Versuch, eine Art von linkem Pluralismus des Lehrkörpers zu ermöglichen, aufgrund von Gruppenkämpfen in der Universität, aber auch einer ausufernden Kritik an der angeblichen ,roten Kaderschmiede' revisionsbedürftig zu sein. Als Mittel der hochschulpolitischen Umsteuerung wurden unter anderem ein rigides Aufsichtssystem bis hinein in die einzelnen Studiengänge, […] und ein erheblicher Ausbau der Behörde gewählt.*"[108] Wilfried Müller sieht gerade die Umbruchszeit von Rektor Wittkowsky zu Timm als fremdgesteuert an, was vor allem für die Trennung der Studiengänge Soziologie und Sozialwissenschaften gelte. Die Eingriffe der Behörde und die Versuche einiger Kollegen, mit ihrer Hilfe Entscheidungen durchzusetzen sowie die Zusammenarbeit zwischen Behörde und ÖTV habe er selbst damals als ärgerlich empfunden. Heute allerdings müsse man wohl anerkennen, dass eine Neuorientierung und Weiterentwicklung der Universität vermutlich nur auf diesem Wege möglich gewesen sei.[109]

Die Beziehungen zwischen Staat und Universität wandelten sich nach der Übernahme des Rektorats durch Jürgen Timm. Ihm gelang es, die Autonomie zurückzugewinnen und die verschiedenen Fraktionen in den Universitätsgremien zu Kompromissen zu bewegen.[110] Die schon unter Steinberg begonnene Kooperation zwischen der Wissenschaftsbehörde und der Universität gestaltete sich nach dem Amtsantritt Timms enger; Ziele wurden gemeinsam erarbeitet und entwickelt.[111] Mit Werner Lenz war 1983 zudem erstmals ein Senator für das Wirtschaftsressort verantwortlich, der der Universität Interesse entgegen brachte. Zuvor gab es auf beiden

Seiten Vorbehalte. Mit der Gründung der ersten An-Institute kam es zu vereinfachten und unverkrampften Kontakten. Zuvor hatte die Wirtschaft einer Zusammenarbeit ablehnend gegenüber gestanden und die Universität nicht als ökonomischen Faktor wahrgenommen. Vor allem Daimler-Benz sprach sich für den Wandel aus und erklärte, in Bremen wie an anderen Standorten auch mit der Universität zusammenarbeiten zu wollen. Dies galt in erster Linie für den Studiengang Produktionstechnik, in dem man alsbald auch die erste Stiftungsprofessur für Umwelttechnik einrichtete.[112] Universität und Behörden waren sich inzwischen einig, die Hochschule zu einer Institution weiterzuentwickeln, die sich innerhalb des wissenschaftlichen Referenzsystems würde sehen lassen und behaupten könne. Dazu gehörte insbesondere der Ausbau der Forschung.[113]

Henning Scherf, 1990-1995 Senator für Bildung und Wissenschaft, hielt es für sinnvoll, dass der Staat zwar die Budgetaufsicht ausüben, sich aber aus den internen Angelegenheiten der Universität heraushalten solle. Scherf unterstützte viele ihrer Initiativen, so vor allem die Förderung der Geowissenschaften, griff jedoch nur in geringem Umfang ein. Die geklärte Arbeitsteilung habe sich positiv ausgewirkt und Rektor Timm dafür gesorgt, dass die weit reichenden Sanierungsambitionen der Behörde aufgegeben wurden. Der Staat sollte nur noch den äußeren Rahmen sichern.[114]

Willi Lemke, 1999-2007 Senator für Bildung und Wissenschaft, verfolgte eine *„Politik der langen Leine"*[115] und ließ der Universität verhältnismäßig viele Freiheiten. Auch er hing der Überzeugung an, der Staat solle sich zurückhalten und sich nur punktuell zu Wort melden, so etwa bei Regelungen in Studiengängen, deren Absolventenquote zu gering war; es habe sich aber immer ein gemeinsamer Weg mit der Universitätsleitung finden lassen.[116]

Etwa zu dem Zeitpunkt, als die Universität weniger negative Schlagzeilen in der regionalen und überregionalen Presse machte und sich die Aufregung um die Reformen gelegt hatte, verbesserte sich offenbar auch das Verhältnis zu den staatlichen Einrichtungen. Verschiedene Gründe dürften dafür verantwortlich gewesen sein: Bremen befand sich nicht mehr in der Situation, die Experimente an der neugegründeten Universität verteidigen zu müssen. Ihre Richtung ging in die der übrigen bundesdeutschen Hochschulen, und die zum Teil aufsehenerregenden Neuerungen wie die Drittelparität waren bereits Geschichte. Als der Fächerkanon annähernd vollständig war, gingen auch die häufigen Diskussionen um Berufungen und Studienfachplanungen zurück – es gab weniger Reibungen und Konflikte. Ende der 1990er Jahre stellte man fest, dass das Niveau von Studium und Lehre etwa dem anderer evaluierter Universitäten entsprach. Mit anderen Worten: Je weniger die Universität in einem düsteren Licht erschien, desto mehr Freiraum gewährte ihr der politische Senat in den 1980er und 1990er Jahren.

Der Fallturm des ZARM – Luftbildaufnahme des Studio B, 7. August 2010

9. Fazit

Verschiedene Einflüsse führten zur Gründung der Universität Bremen: das Interesse mehrerer Bremer Politiker und Persönlichkeiten des öffentlichen Lebens, die steigende Studentenzahl in der Bundesrepublik und neue Aufgabenstellung der Universitäten, das Vorhaben, das „Bildungsvakuum" im Nordwesten zu füllen, der „Sputnik-Schock", die Abkehr vom reinen Kulturföderalismus und die Folgen der Studentenbewegung.

Der Standort Bremen war einige Jahre nach dem Scheitern der Pläne für eine Internationale Universität vom Wissenschaftsrat ins Gespräch gebracht worden; man befürwortete die Neugründung einer Universität im Nordwesten der Bundesrepublik.[1]

Bereits zu Beginn der Planungen stand fest: Die Universität würde nicht die bislang in Deutschland übliche Form haben. Allen Beteiligten war bewusst, dass aufgrund des steigenden Bedarfs an akademischen Fachkräften eine neue Form der Ausbildungsstruktur gefunden werden müsse.

Die Antworten einiger Zeitzeugen geben Aufschluss über das Motiv, Bremen als Arbeits- oder Studienort zu wählen. Nicht immer war die Tatsache, dass es sich um eine Reformuniversität handelte, ausschlaggebend. Auch Gründe wie Wohnortnähe etc. spielten eine Rolle. Zu unterscheiden ist dabei nicht zuletzt zwischen den Studenten, Tutoren, Lehrenden und Dienstleistern.

Thomas von der Vring wurde von den Studierenden aus dem Gründungssenat angesprochen und gebeten, Gründungsrektor zu werden. Bei seiner Kandidatur machte er deutlich, dass es darum gehe, die Universität als solche zu verändern. Karl Holl kam als Professor der Geschichte an die Universität Bremen. Er war bereits zuvor in der Lehrerausbildung tätig gewesen und befürwortete sowohl ein *studium generale* als auch eine Loslösung von der damals noch verbreiteten konfessionellen Lehrerbildung. Der Schwerpunkt der Universität Bremen in den ersten Jahren gerade auf diesem Gebiet entsprach seinen beruflichen Interessen; außerdem war er als Vertreter des linken Flügels der FDP in der Bildungspolitik aktiv.[2] Ihm wie auch von der Vring ging es um eine Hochschul- und Bildungsreform – unabhängig davon, dass ihren Ideen dazu verschiedene politische Orientierungen zugrunde lagen.

Der spätere Senator für Bildung und Wissenschaft, Willi Lemke, kam 1971 als Wissenschaftlicher Mitarbeiter für die Planungskommission Sport. Er spricht rückblickend von einem Pioniergefühl und einer lockeren, aber intensive Phase, in der Zeit keine Rolle spielte und oft bis spät in die Nacht gearbeitet wurde. Die Mehrheit der Planer und Mitarbeiter war von der Studentenbewegung beeinflusst und voller Reformdrang, was sich auch atmosphärisch in der Gründungsphase niederschlug.[3] 1976 zog es den heutigen Rektor Wilfried Müller nach Bremen. Die Universität sei für ihn – u.a. wegen des Projektstudiums – das interessanteste hochschulpolitische Experiment gewesen.[4] Berthold Halbmann wechselte als Student 1984 von Tübingen nach Bremen. Sein Motiv war die Konzeption der Lehrerausbildung und ebenfalls das Projektstudium.[5]

Obwohl es sich um die Einschätzungen Einzelner handelt, ist eine Tendenz ablesbar: Die Befragten bescheinigen der Universität eine Attraktivität wegen der dort durchgeführten Reformen. Sie heben zudem die Arbeitsatmosphäre hervor, die sich grundsätzlich von der anderer Hochschulen unterschieden habe. Die Mitwirkung an einem Reformprojekt bot allen Mitgliedern der Universität eine gemeinsame Grundlage und führte – solange man es noch mit einer überschaubaren Größenordnung zu tun hatte – offenbar zu einem Gemeinschaftsgefühl, das als typisch für die Bremer Hochschule galt. Alle Befragten betrachten die Hochschulreform auch im Rückblick als notwendig, beurteilen ihre Umsetzung jedoch sehr unterschiedlich. Auch die politischen Auseinandersetzungen sind einigen als fruchtbare, anderen als furchtbare Diskussionen in Erinnerung geblieben. Bestimmte Ereignisse jedoch sind von allen als Einschnitt oder Wendepunkt erfahren worden, so vor allem das Hochschulrahmengesetz und seine Auswirkungen oder auch die Aufnahme der Universität in die Deutsche Forschungsgemeinschaft.

Für die Gesellschaft, besonders ihre Weiterentwicklung verwertbare Forschungsergebnisse zu erbringen und die Studenten nicht nur zu bilden, sondern auch praxisorientiert auf ihre Berufe vorzubereiten, war das Credo des Bremer Modells. Daher stand das „forschende Lernen" im Mittelpunkt. Die Studenten sollten Wissen nicht nur aufnehmen, sondern selbst in der Forschung Erfahrungen sammeln. Die Konzentration auf geistes- und sozialwissenschaftliche Fächer und vor allem auf die Lehrerbildung, charakteristisch für die ersten Jahre der Universität, ist aufs engste mit der Schüler- und Studentenbewegung sowie den Bildungsreformbestrebungen verknüpft. Die seit etwa 1982 einsetzende Schwerpunktverlagerung ist einerseits auf die Empfehlungen des Wissenschaftsrates zurückzuführen, den Bedingungen des Arbeitsmarktes stärker Rechnung zu tragen[6] – Ingenieursmangel und Lehrerarbeitslosigkeit –, andererseits erhoffte man sich von einer stärkeren naturwissenschaftlichen Orientierung und Forschung eine bessere Außenwirkung. Auch die mit dem Regierungswechsel in Bonn einhergehenden neuen Zielsetzungen in der Bildungs- und Wissenschaftspolitik der Bundesregierung hatten darauf Einfluss.

Kennzeichnend für die Anfangsjahre war ein Studium, das sich an gesellschaftlichen Problemen orientierte. Das galt auch für die Lehre und Forschung. Die Kooperation mit den Gewerkschaften und mit der Angestellten- und Arbeiterkammer brachte einen Praxis- und Realitätsbezug in die universitäre Forschung ein. Dieses Vorgehen beruhte auf dem Gedanken, dass die Universität als eine von Staat und Gesellschaft finanzierte Institution die vorrangige Aufgabe habe, Forschungsergebnisse vorzulegen und Menschen auszubilden, die dem Gemeinwohl zugute kommen bzw. von ihm gebraucht werden. Etwa ab Ende der 1970er Jahre drängte sich eine andere Auffassung von Nützlichkeit in den Vordergrund. Es wurden in der Forschung vermehrt Schwerpunkte gesetzt, die auf eine (privat-)wirtschaftliche Verwertung der Ergebnisse zielten.

Bereits für die frühen Jahre kann keine Rede davon sein, dass man das Studium und die Forschung als Selbstzweck betrieb. Gerade die sogenannte individuelle Forschung wurde mit kritischen Augen betrachtet.[7] Als bestimmende Neuerung ist die Verteilung der Kompetenzen auf – anfangs drittelparitätisch besetzte – Gremien anzusehen. Diskussionen und Abstimmungen fanden, wie auch im Gründungsprozess der Universität, öffentlich statt. Damit war eine weitgehende Kontrolle und Nachvollziehbarkeit gegeben. Mit dem Ausbau der Universität wurden jedoch wieder Positionen geschaffen, die Einzelne in die Lage versetzte, Entscheidungen zu treffen und zu verantworten.

Eine Besonderheit der Bremer Universität war – zumindest in den Anfangsjahren – die Transparenz: Man wusste fast immer, wer und aus welchen Gründen für Entscheidungen verantwortlich war. Selbst wenn es in studentischen Vollversammlungen und Sitzungen des Akademischen Senats hoch her ging, ist der zivile Umgang an der Bremer Universität wohl doch ausgeprägter gewesen als an anderen Hochschulen, wo die Entscheidungsprozesse häufig im Dunkeln lagen und die Betroffenen den Machtstrukturen weitgehend hilflos gegenüber standen. Auch im Vorfeld war es ungleich leichter, an Informationen zu gelangen, was zumindest die Möglichkeit eröffnete, Einspruch zu erheben und auf Entscheidungen Einfluss zu nehmen. Man redete in der Regel einfach mehr miteinander als anderenorts. Mag sein, dass die „Bremer Mentalität" sich entgegen den äußeren Erscheinungsformen mehr im universitären Alltag niedergeschlagen hat, als es gemeinhin wahrgenommen worden ist. Bremen als Stadtstaat und kleinstes Bundesland verfügt über ein Machtgefüge, das viel leichter und eher durchschaubar ist als in Flächenstaaten. Alles befindet sich an einem Ort, man kennt sich, begegnet den Senatoren auf der Straße, und es ist üblich, miteinander zu reden. Vor diesem Hintergrund ist es einigermaßen schwer, in die Anonymität „abzutauchen", man ist „gezwungen", sich zu erklären.

Mit der Modernisierungswelle, die die Universitäten seit Ende der 1990er Jahre erfasst hat, wurden die Reformideen aus den 1960er oder 1970er Jahren weggespült. Aktuell geht es um Wettbewerbsfähigkeit und Wirtschaftlichkeit; lange Studiendauer und -abbruch sowie um die möglichst effektive Einwerbung zusätzlicher Mittel. Statt nach den Gründen für ein nicht erfolgreich beendetes Studium zu fragen, formt man die Universität zu einem Dienstleistungsbetrieb um. Gebühren und neu strukturierte – verkürzte – Studiengänge sollen die Bilanz, den „Output", verbessern.

Auffallend ist des weiteren, dass der klassische Typus des Forschers sich weder mit der alten noch mit der neuen Struktur der Hochschulen vereinbaren lässt.[8] Gerinnt die Universität zu einem „Unternehmen", müssten nicht zuletzt die Abläufe transparent sein. Vor allem die sogenannte einsame Forschung ist dies aber nicht und kann es nicht sein. Ebenso lässt sich beobachten, dass die Lehre von den Reformen nicht profitiert, und man befürchtet, die Betreuung der Studierenden würde sich aufgrund der zu knappen Gelder noch weiter verschlechtern.[9] *„Zudem gibt es weder für Professoren noch für Hochschulen große Anreize, die Lehre zu verbessern: Geld und Prestige bringen vor allem Erfolge in der Forschung. Die neuen Lecturer sind umstritten; Universitäten fürchten, hier könne ein neues akademisches Proletariat entstehen."*[10] Demnach ist von einer stärkeren Konzentration der Universitäten auf die Forschung auszugehen, die sich wieder als antithetisch zur Lehre versteht. Hoffacker fasst die Probleme der heutigen Universitätsreformen denn auch wie folgt zusammen: *„Ein wesentliches Dilemma besteht gegenwärtig darin, dass die organisierte Professorenschaft Reformforderungen mit der ungeklärten Sinnfrage konterkariert und die Reformkonzepte der Kultusbürokratien sowie der Akteure im (professionalisierten) Reformberatungsgeschäft von ökonomischen Kalkülen und einer Mischung von autokratischen und chaotischen Organisationskonzepten dominiert werden"*[11] – eine Einschätzung, die sich durchaus auf die ersten Jahrzehnte des Bestehens der Bremer Universität beziehen lässt.

Die Universitätsgeschichte ist von Schlagworten begleitet, die mal mehr, mal weniger präsent sind. Dazu gehört vor allem das Etikett von der „roten Kaderschmiede", aber auch das Bild von der Bremer Universität „Göttingen". Die Söhne und später auch die Töchter der Bremer Bürger studierten traditionsgemäß in Göttingen, weshalb man oft auf die Stadt verwies, wenn man sagen wollte, dass Bremen keine eigene Universität brauche. Unter der Patenschaft der Universität Göttingen veranstaltete man in den 1920er Jahren in der Hansestadt Universitätstage. Göttinger Medizinstudenten wurden an Bremer Krankenhäusern ausgebildet, und der Gründungssenat unter dem Vorsitz von Walther Killy bestand bis auf die Vertreter der Studenten aus Mitgliedern der Göttinger Universität.[12] Erst vor wenigen Jahren erneut ein Verweis auf den „Mythos": In der Diskussion über die Fortsetzung der umstrittenen Tierversuche schlug Wissenschaftssenatorin Renate Jürgens-Pieper Professor Andreas Kreiter vor, er könne doch umziehen und seine Arbeit an der Universität Göttingen fortsetzen.[13] Eine Untersuchung der Universität Göttingen zeigt überdies, dass im Wintersemester 1960/61 der Anteil der an ihr immatrikulierten Bremer gemessen an der Gesamtzahl der aus Bremen stammenden Studierenden unter 20 % lag.[14] Nicht einmal jeder fünfte Bremer, der sich für eine akademische Ausbildung entschied, ging also dort hin. Die Rede davon, Bremen verfüge bereits über eine Universität, nämlich in Göttingen, hält der Wirklichkeit ebenso wenig stand wie das Schlagwort von der „roten Kaderschmiede". Gleichwohl ist davon auszugehen, dass es der Universität noch weitere Jahrzehnte anhaften wird.

Für Henning Scherf, der u.a. Bildungssenator und Bremer Bürgermeister war, ist die Geschichte der Universität eine Erfolgsstory. Anfangs in eine Außenseiterrolle gedrängt, habe sie sich zu einem geachteten Mitglied der scientific community entwickelt. Das sei auch durch die Gründung von Einrichtungen wie dem Alfred-Wegener-Institut für Polarforschung und die damit zusammenhängenden Berufungen von in der Fachwelt angesehenen Professoren befördert worden. Bremen sei auch ein gutes Beispiel dafür, wie man aus der Aufbruchsstimmung der Studentenbewegung Kraft für Reformprozesse schöpfen könne, so man die Aufbegehrenden nicht in die Irre laufen lasse. Traditionelle Universitäten hätten es nicht geschafft, mit den Ideen der Studentenbewegung positiv umzugehen. Es habe sich gezeigt, dass es auf der Basis eines kritischen Zugangs zu den Wissenschaften trotzdem möglich sei, den Betroffenen Perspektiven zu eröffnen.

Die weniger studentenbewegten Naturwissenschaftler hätten neben Rektor Timm eine zentrale Rolle bei der Umgestaltung Anfang der 1980er Jahre gespielt. Scherf meint, der Universität sei es gelungen, sich in den Stadtstaat zu integrieren, und sie habe auch die Stadt und die politische Kultur in Bremen verändert, so wie er und andere Sozialdemokraten seiner Generation es sich erhofft hätten. Immer noch seien Reformelemente virulent wie z.B. der nach wie vor als wichtig erachtete Theorie-Praxis-Bezug. Interfakultatives Arbeiten sei üblich und die Integration von Ausländern ebenso wie die Internationalisierung – dank produktiver Universitätspartnerschaften – gelungen.[15]

Müller weicht von Scherfs Einschätzung in einigen Punkten ab. Im Vergleich zu den Anfangsjahren habe sich die Universität fundamental verändert, einiges sei jedoch noch vorhanden: die Kooperation über die Fachgrenzen hinaus sowie die Orientierung an wissenschaftlichen Fragestellungen mit gesellschaftlichem Bezug. Das seien gegenwärtig Themen wie Klimawandel, Sozialpolitik und Internationale

Beziehungen. Die radikale politische Perspektive gebe es jedoch nicht mehr. Geblieben seien des weiteren die flache Hierarchie und der informelle Umgang. Die Zusammenarbeit mit den Gewerkschaften und der Arbeiterbewegung existiere nicht mehr und sei den neuen Beziehungen zu Unternehmen und Managern gewichen. Auch habe sich die Einschätzung durch die Öffentlichkeit und „*relevante Szenen*" gewandelt. Während die Universität es kaum noch schaffe, die Gewerkschaften und die SPD-Basis anzusprechen, habe sich inzwischen gezeigt, dass es einfacher sei, die Parteispitzen, das Bildungsbürgertum und die Manager zu erreichen.[16]

Führt man sich die Grundzüge der universitären Entwicklung in den ersten vierzig Jahren vor Augen, fällt eine starke Zeitgeist-Orientierung auf. In der Gründungsphase stand man noch ganz unter dem Eindruck der Studentenbewegung. Im Verlauf der 1970er Jahre trat der Arbeiter in den Mittelpunkt. In den 1980er Jahren war es die Umwelt- und Friedensbewegung.[17] Später kam die Frage der Gleichberechtigung der Geschlechter hinzu. Um die Jahrtausendwende folgt man mit den Themen Internationalisierung, Evaluation und Modularisierung einem allgemeinen Trend im tertiären Bildungssektor. Zu Beginn des zweiten Jahrtausends strebte Bremen nach Auszeichnungen; das Stichwort lautete Exzellenz-Initiative. Ein weiterer Wandel wird erkennbar: Waren es zuvor politische Themen, die die Einstellung der Universität bestimmten, ist es in neuerer Zeit – etwa ab Ende der 1990er Jahre – der Wettbewerb.

Der Blick auf die Geschichte offenbart, dass vieles, was zunächst als Bremer Spezialität erscheint, bei genauerem Hinsehen in ähnlicher, manchmal abgeschwächter Form auch an anderen Universitäten praktiziert wurde oder zumindest das Ergebnis eines bundesweiten Diskurses über Reformen war.

Die Lehrerbildung spielte eine wichtige Rolle in den Plänen zur Universitätsgründung. Sowohl der Lehrermangel als auch die Anerkennung, dass der Lehrerberuf einer akademischen Ausbildung bedarf, und die Aufwertung der Pädagogik zur Wissenschaft führten zur einer Verlagerung der Lehrerbildung von den Pädagogischen Hochschulen in die Universitäten. Damit aber wurde die Universität von einem Ort der Forschung und der Ausbildung von Forschern zunehmend zu einem der beruflichen Qualifizierung. Doch nicht nur die Lehrerausbildung, sondern auch verstärkt die auf dem natur- und ingenieurwissenschaftlichen Sektor war gefragt. Der Arbeitsmarkt forderte immer mehr gut ausgebildete Spezialisten. Die damit einhergehenden Aufgabenfelder trugen dazu bei, dass man verstärkt Wert auf die Lehre legte. In Bremen hat man sich diesem Anspruch konsequent gestellt und die Lehre zur tragenden Säule gemacht. Dadurch unterschied man sich von anderen Universitäten. Neue Unterrichtsformen erhielten einen hohen Stellenwert, die Lehre war der herausragende Schwerpunkt der Hochschullehrertätigkeit, der Forschung maß man in den Aufbaujahren geringere Bedeutung zu. Das förderte den ohnehin guten Kontakt zwischen Hochschullehrern und Studierenden noch mehr, als es an traditionellen Universitäten üblich war[18], und trug zu zu einer anderen Lern- und Lehratmosphäre bei.

Das HRG von 1975 schränkte die Reformen in Bremen ein, während es bundesweit eher zu einer Modernisierung der Universitätsstrukturen führte. Die traditionellen Universitäten wurden den Neugründungen angepasst, die Ordinarien verloren an Einfluss, die staatlichen Institutionen gewannen Einflussmöglichkeiten hinzu. Den Hintergrund dafür bildeten die steigenden Studentenzahlen und die veränderten Aufgaben der Hochschulen. Vor allem waren dort Mittel einzusetzen, wo es der Ausbau von Studiengängen aufgrund der Arbeitsmarktnachfrage erforderte.

Betrachtet man die bildungspolitische Entwicklung in der Bundesrepublik und in Bremen, so ist bemerkenswert, dass man den jeweiligen Konzepten nur wenig Zeit gab, sich einzurichten und zu entfalten. Das HRG und das BremHG von 1977 schafften die gerade eingeführte Drittelparität wieder ab – möglicherweise wäre eine Experimentierklausel die bessere Lösung gewesen. Ähnliche Verwirrung entstand im Bereich der Praxisorientierung und dem anfangs bedeutenden Projektstudium. Zunächst als Kernpunkt des Studiums gedacht, gerieten beide Elemente in die Kritik.

Das Projektstudium wurde seit den 1980er Jahren Stück für Stück abgeschafft. Als externe Gutachter in den 1990er Jahren die Universität im Evaluationsverfahren des Verbundes Norddeutscher Universitäten besuchten und es mehrfach als positiv bewerteten, fand Projektarbeit kaum noch statt.

Auffallend ist, dass die Bremer Universität im Laufe der Jahre immer größeren Einflüssen von außen unterworfen war, obwohl man bei ihrer Gründung als Einzugsgebiet lediglich an den nordwestdeutschen Raum – wenn nicht sogar nur an die Hansestadt – gedacht hatte. Zunächst standen Aspekte wie Hochschulausbildung in der Region, der regionale Bezug zumindest einiger Fächer und das Experimentieren mit neuen Lehr- und Lernformen ohne allzu große Bezugnahme auf die übrige Bildungslandschaft im Vordergrund. Nach wenigen Jahren bzw. dem Inkrafttreten des HRG war es damit vorbei. Mit dem Bologna-Abkommen ist diese Entwicklung zu einem vorläufigen Abschluss gelangt.

Anders als 1971 ließe sich heute eine Studienreform, die von einer Planungskommission einer einzelnen Universität, also einer kleinen Einheit ausgeht, nicht mehr in Angriff nehmen oder realisieren. Die Gegebenheiten nicht nur in der Bundesrepublik, sondern auch auf dem europäischen Bildungssektor wären unbedingt zu berücksichtigen. Wirklich Neues zu entwickeln, dürfte auf dieser Grundlage kaum möglich sein. Auf der anderen Seite könnte es den Studierenden – und unter Umständen auch den Lehrenden – nach den in Bologna getroffenen Entscheidungen leichter fallen, an eine andere Hochschule zu wechseln. Die Universitäten sind vergleichbarer geworden, und der Einzelne kann besser abschätzen, worauf er sich bei seiner Ortswahl einstellen muss. Allerdings entfällt damit gleichzeitig ein Teil der Erfahrung, der früher mit Auslandsaufenthalten verbunden gewesen ist: das Einlassen auf ein zunächst fremdes Bildungssystem.

Nochmals: Die Universität Bremen war kein singuläres Projekt, sondern ihre Gründung auch eine Folge von bundesweiten bildungspolitischen Debatten und Beschlüssen. Dass sie sich dann stets an Reformideen orientierte, ist auf die Bildungspolitik des Bremer Senats, aber auch auf die konsequente Haltung der Gründungsgremien zurückzuführen. Darüber hinaus war es von Vorteil, dass es sich um eine Neugründung handelte und nicht erst alte Strukturen überwunden werden mussten. Keineswegs handelte es sich aber beim Projektstudium oder bei der Drittelparität um im stillen Kämmerlein ersonnene Besonderheiten, sondern um die folgerichtige Fortführung bundesweit geführter Diskussionen. Die Verwirklichung solcher Ideen war allerdings nur auf der Basis spezifisch Bremer Strukturen möglich. In dem kleinen, überschaubaren Stadtstaat, der noch über keine Universität verfügte, gelang es den Gründungsgremien und der zuständigen Behörde relativ zügig, sich auf kurzem Wege zu verständigen. Da es auch keine Präzedenzfälle gab, war schwer zu prognostizieren, wie sich die Beziehung zwischen Staat und Universität gestalten würde.

Es setzte sich die Auffassung durch, die Wissenschaft habe Aufgaben sowohl in der Gesellschaft als auch für die Gesellschaft zu erfüllen. Die neue Einflussnahme des Staates stand jedoch nicht nur mit den aufzuwendenden Kosten für leistungsfähige Hochschulen in Zusammenhang, sondern auch mit der Vereinheitlichung und Modernisierung des Hochschulwesens überhaupt.

Das Mitspracherecht und die Fachaufsicht des Staates sind eigentlich der Preis für eine von direkter Einflussnahme von Wirtschaft und Verbänden freien Universität. Die Geschichte der Bremer Universität hält manche Überraschungen bereit. So kam es z.B. zu Vorfällen bzw. Verhaltensweisen, die an anderen Universitäten in dieser Form nicht möglich gewesen wären. Auch das war eine „Spielart" des „Bremer Konsens'": Übermäßig starke Eingriffe des Staates oder die Illoyalität von Mitarbeitern mit Beamtenstatus wurden nicht als grundsätzliche Probleme angesehen. Das gilt z.B. für das Vorgehen des politischen Senats bei den ersten Berufungsverfahren, das sogar den Protest der Westdeutschen Rektorenkonferenz hervorrief, die die Autonomie der Hochschule durch die staatlichen Eingriffe gefährdet sah.[19] Auch die Art und Weise, in der sich Hochschullehrer über ihre Arbeitsstätte mokierten, offenbart ein bedenkliches Selbstverständnis einzelner Universitätsmitarbeiter: In Leserbriefen wurde sich darüber beklagt, dass die Qualität an der Bremer Universität reiner Zufall und auf Fachleute zurückzuführen sei, die man, so ein Leserbriefschreiber in der „Zeit", sicher aus Versehen berufen habe.[20]

Dem traditionellen Verständnis entsprach die Bremer Universität jedenfalls nicht; die Folge waren Steuerungsversuche, die zu Lasten der Autonomie gingen und die man mit dem Argument begründete, es sei darauf zu achten, dass eine staatlich finanzierte Hochschule ihre gesellschaftliche Aufgabe erfülle. Ein wirksames Kontrollinstrument für die Aktivitäten beider Seiten wurde aber nicht gefunden, wie die Konflikte insbesondere der ersten Jahre zeigen.

Zu beobachten ist zur Zeit wieder ein Trend zu mehr Eigenständigkeit und Experimenten. Allerdings nimmt dabei die materielle Lage eine bestimmende Rolle ein. Aktuelle Reformen dienen oft der Erschließung neuer Finanzierungs- oder Einsparmöglichkeiten, so z.B. bei der Umwandlung der Johann-Wolfgang-Goethe-Universität in Frankfurt am Main in eine Stiftung, was der Universität dazu verhelfen sollte, Budgetentscheidungen weitgehend selbst zu treffen.[21] Das Thema Studiengebühren ist noch nicht abschließend diskutiert; von Bundesland zu Bundesland bestehen unterschiedliche Regelungen.

Auch wenn es einen engen Zusammenhang zwischen der Studentenbewegung und der Entstehung der Universität Bremen gibt, sind deshalb längst nicht alle Ideen bzw. nur die Forderungen der politisch aktiven Studenten verwirklicht worden. Staatliche Interessen spielten ebenfalls eine große Rolle: *„‚Effizienz' [ist] als Zielperspektive für Hochschulen nicht ein selbstverständliches Kriterium. Erst in dem Moment, in dem die Ausbildung an den Hochschulen zu einem gesellschaftlichen Problem wird, die Forderung nach mehr und höher qualifizierter Arbeitskraft die Öffnung der Hochschulen notwendig macht, sieht sich die Universität als Ausbildungssystem, nicht nur durch die Notwendigkeit, immer mehr Studenten auszubilden, mit den Anforderungen eines Staates konfrontiert, der nicht zuletzt die Aktionen kritischer Stu-*

denten dazu benutzt, die nach 1945 gerade mühsam restaurierte Universität den zeitgemäßen Bedürfnissen anzupassen." [22]

Schließlich setzte sich eine bestimmte hochschulpolitische Richtung, nämlich die sozialdemokratische, aufgrund der Gegebenheiten im Bund und in Bremen weitgehend durch. Schon nach etwa zehn Jahren zeigte sich, dass der Versuch, in Bremen vermehrt Menschen aus sogenannten bildungsfernen Schichten zum Studium zu motivieren, im Großen und Ganzen gelungen war. Eine Studie über die Bremer Juristenausbildung verdeutlicht, dass der Anteil der Jura-Absolventen mit Vätern ohne Berufsausbildung oder mit abgeschlossener Lehre oder gleichwertigem Abschluss im Vergleich zu anderen Universitäten höher war. Auch studierten in Bremen häufiger Personen, die vor dem Jura-Studium bereits eine Lehre, eine Meisterprüfung oder eine Fachschule absolviert hatten.[23] Der Anteil derjenigen Jura-Studierenden in Bremen, die über eine abgeschlossene nichtakademische Berufsausbildung verfügten, lag, so die Untersuchung, bei 22,9 %.[24] Folgt man den Angaben der Bremer Hochschulstatistik, so trifft es auch für die Universität insgesamt zu, dass die Eltern der Mehrheit der AbsolventInnen über eine nichtakademische Berufsausbildung verfügten.[25]

Bis in die 1990er Jahre galt: Kinder aus *„Elternhäusern, in denen ein hohes kulturelles, soziales und ökonomisches Potential gebündelt ist"* [26], fiel es leichter, eine höhere Ausbildung zu erlangen. Soziale Herkunftsunterschiede existierten auch zwischen Universitäten und Fachhochschulen sowie bei der Wahl der Fachrichtung. Kinder aus Arbeiterfamilien – wobei noch zwischen Facharbeitern und Ungelernten zu unterscheiden wäre – blieben auch in den 1990er Jahren an Universitäten unterrepräsentiert. Überproportional häufig nahmen Kinder aus Beamtenfamilien, Angestelltenfamilien, von Selbständigen und Freiberuflern ein Studium auf. Auch zwischen alten und neuen Bundesländern unterschied sich das soziale Herkunftsprofil noch zehn Jahre nach der Wiedervereinigung. Bis dahin wurde immerhin dreißig Jahre lang versucht, der sozialen Ungleichheit Herr zu werden. Zwar ist ein deutlicher Anstieg des Anteils der Arbeiterkinder unter den Studierenden festzustellen, der sicherlich mit den Versuchen, die Nachteile zu verringern – z. B. BAföG, Zulassung von Nichtabiturienten, – zusammenhängt, doch wirkt sich die soziale Herkunft weiterhin auf die Wahl der Ausbildung aus, wie aktuelle Studien zeigen.[27] Auch die Universität Bremen hat die Auswirkungen der sozialen Unterschiede auf den beruflichen Werdegang nicht völlig beseitigen können. Beispielsweise kommt die besondere Begabtenförderung eher Kindern aus Familien mit höherem sozialem und beruflichem Status zugute, und weniger als 10 % der Stipendiaten stammen aus sozial schwachen Familien.[28]

Die Geschichte der Bremer Universität ist eines nicht: Eine Geschichte der Stagnation. Kurz nach dem Ende des Zweiten Weltkrieges vermochte sich die Idee einer Universitätsgründung nicht durchzusetzen. Als es 1970 endlich so weit war, ging man bewusst neue Wege, die nicht jedem recht waren. Die Euphorie war zunächst groß, viele Experimente der bundesdeutschen Hochschulreform sind in Bremen bereitwillig und mit großem Elan in Angriff genommen worden. Die Tradition der Bremer Universität heißt: Reform. Ob und wie weit das auch für die Zukunft gilt, wird sich erst noch herausstellen müssen.

Anmerkungen

1. Einleitung

1 BUA 1/GS – Nr. 971, Mitteilungen der Pressestelle des Senats der Freien Hansestadt Bremen, 13.10.1971, 2. Ausgabe: Erklärung des Präsidenten des Senats, Bürgermeister Hans Koschnick, anlässlich der Eröffnung der Bremer Universität am Donnerstag, 14.10., im Bremer Rathaus.
2 Vgl. Birte Gräfing, Bildungspolitik in Bremen von 1945 bis zur Gründung der Universität 1971, Hamburg 2006, S. 173-178
3 Michael Wimmer: „Die überlebte Universität". In: Andrea Liesner/Olaf Sanders (Hg.): Bildung der Universität. Beiträge zum Reformdiskurs, Bielefeld 2005, S. 27
4 Ulrich Karpen: Hochschulplanung und Grundgesetz. Paderborn. Bd. 1, München/Wien/Zürich 1987, S. 339
5 Thomas Ellwein: Die deutsche Universität. Vom Mittelalter bis zur Gegenwart, Königstein/Ts. 1985, S. 43
6 Ebd., S. 45 ff.
7 Ebd., S. 51
8 Ebd., S. 53
9 Ebd., S. 111 f.
10 Die Zeit, Nr. 26, 18.6.2009, Martin Spiewak: „Falsches Vorbild"; vgl. auch Mitchell G. Ash (Hg.): Mythos Humboldt, Köln/Weimar/Wien 1999
11 Karpen. Bd. 1, 1987, S. 119
12 Ebd., S .118-123
13 Ebd., S. 124-127
14 Ebd., S. 129, vgl. auch Gräfing, 2006, S. 243 f.
15 Ebd., S. 130-134
16 Ebd., S.181; siehe auch Artikel 91a und 91b GG
17 Olaf Bartz: Wissenschaftsrat und Hochschulplanung. Leitbildwandel und Planungsprozesse in der Bundesrepublik Deutschland zwischen 1957 und 1975, Köln 2006, S. 185 (Online-Veröffentlichung)
18 Ebd.
19 Landesvorstand der Bremer SPD (Hg.): Hochschulpolitische Grundsätze der Sozialdemokratischen Partei Bremens, 1974, S.10
20 Christian Marzahn zur Entwicklung der Universität Bremen. In: 1971-1991. 20 Jahre Universität Bremen. Zwischenbilanz: Rückblick und Perspektiven, zusammengestellt von Christian Marzahn, Bremen 1992, S. 137
21 Carl-Hellmut Wagemann: Humboldt oder Leussink. Das Ingenieurstudium: Paradigma der Studienreform, Alsbach/Bergstraße 1987, S. 11
22 Horst-Werner Franke, Senator für Wissenschaft und Kunst: „Hochschulen im Umbruch". In: Der Senat der Freien Hansestadt Bremen (Hg.): Jahrbuch 1976, S. 134
23 Regierungserklärung von Bundeskanzler Brandt, 28.10.1969. In: Rainer A. Müller, Deutsche Geschichte in Quellen und Darstellung. Bd. 11: Bundesrepublik und DDR 1969-1990, Stuttgart 1996, S. 43 f.
24 Ulrich Teichler, Hochschulstrukturen im Umbruch. Eine Bilanz der Reformdynamik seit vier Jahrzehnten, Frankfurt am Main 2005, S. 29
25 Siehe dazu: Gräfing, 2006, S. 207 ff.
26 Interview Thomas von der Vring, 6.6.2007
27 Interview Hans Koschnick, 8.6.2007

2. Vorgeschichte: Gründungsideen – Die Planung bis 1970

1. BUA, Bestand Abgabe Loewe, Ausschnitt aus der Mitteilung des Senats vom 15.11.1948
2. Ebd., Paulmann an Crabill, 17.6.1948
3. Ebd., Konferenz am 16.12.1947, Fr.-Mißler-Str. 10 (Wohnung von Crabill): Wells, McKibben, Crabill & Frau, Kaisen, Paulmann, Böttcher, Carstens, Aevermann, Berger
4. Ebd., Brief Nolting-Hauff an Paulmann, 7.11.1946
5. Ebd., Der Senator für Finanzen an den Präsidenten des Senats, 24.9.1946
6. Hans Wrobel, „Neuaufbau im Justizwesen unter Senator Spitta". In: Karl Marten Barfuß/Hartmut Müller/Daniel Tilgner (Hg.): Geschichte der Freien Hansestadt Bremen von 1945 bis 2005. Bd. 1: 1945-1969, Bremen 2008, S. 76. Anders als bei Wrobel angegeben, blieb Nolting-Hauff bis 1962 Senator für Finanzen.
7. BUA, Bestand Abgabe Loewe, Der Senator für Finanzen an den Präsidenten des Senats, 24.9.1946
8. Ebd., Dr. med. Giese an Paulmann, betr. Untersuchung über die technischen Voraussetzungen zur Gründung einer medizinischen Fakultät, 1.11.1946
9. Ebd., Brief Ehlers an Paulmann, 6.6.1947
10. Ebd., Brief Meyer an Kaisen, 26.6.1947
11. Ebd., Brief Heinz David jr. an Senator Paulmann, 19.7.1947
12. Ebd., Nolting-Hauff an Paulmann: Abschrift: Noltenius: Die finanzielle Lage einer Universität Bremen, September 1946
13. Ebd., 1. Entwurf: Internationale Universität Bremen. Ordentlicher Haushalt
14. BUA, Bestand Abgabe Loewe, Mitteilung des Senats vom 15.11.1948
15. Ebd., S. 2
16. Ebd., S. 3
17. Ebd., S. 3-7
18. Niederschrift der Sitzung der Deputation für Kunst und Wissenschaft, 6.10.1948
19. BUA, Bestand Abgabe Loewe, Brief Crabill an Meineke, 8.11.1948
20. Bürgerschaftsdrucksache Nr. 24, 16.12.1948, S. 474
21. Erich Obst, „Die Internationale Universität Bremen." Referat, gehalten in Bremen am 11.Dezember 1948 anlässlich der Gründung der Gesellschaft der Freunde der Internationalen Universität Bremen. Heft 1 der Schriftenreihe der Freunde der Internationalen Universität Bremen, Bremen 1949, S. 5
22. Ebd., S. 6
23. BUA, Bestand Abgabe Loewe, Brief des RA Karl Carstens an Bürgermeister Spitta, 27.1.1948
24. Gesetz über die Errichtung einer Internationalen Universität in Bremen, 20.12.1948, Artikel 1, 4 und 5
25. BUA, Bestand Abgabe Loewe, Ausschnitt aus der Mitteilung des Senats vom 15.11.1948, S. 199
26. Ebd., S. 200
27. Ebd., Gutachten über die Frage: Ist die Stiftung zur Förderung der Errichtung einer Internationalen Universität Eigentümerin der Bibliothek des ehemaligen Auslandskundlichen Instituts? Grote, 20.4.1953
28. BUA, Bestand Abgabe Loewe, Auszug aus der Niederschrift über die Senatssitzung vom 8.6.1948
29. StAB 710-57, Protokoll der Konferenz vom 29.12.1947 (Crabill, Paulmann, Berger)
30. BUA, Bestand Abgabe Loewe, Auszugsweise Abschrift aus dem Protokoll der Konferenz zwischen Crabill, Paulmann und Berger, 26.1.1948
31. BUA, Bestand Abgabe Loewe, Peter Petersen: Grundgedanken zur Errichtung einer Internationalen Universität in Bremen, 1947, S. 1-3
32. Ebd., S. 11
33. BUA, Bestand Abgabe Loewe, Peter Petersen, Anregung zur Errichtung einer Lutherischen Theologischen Fakultät im Rahmen einer deutschen „internationalen Universität" in Bremen, 1947
34. BUA, Bestand Abgabe Loewe, Der Senator für Finanzen an Senator Paulmann: Betr.: Universität. Eingabe an den Kommandanten der Kaserne Grohn und Begründung zu dem Entwurf des Universitätsgesetzes, 5.2.1948, S. 2

35 Peter Petersen: Eigenständige (Autonome) Erziehungswissenschaft und Jena-Plan, München 1951, S. 5
36 Barbara Kluge: Peter Petersen. Lebenslauf und Lebensgeschichte. Auf dem Weg zu einer Biographie, Heinsberg 1992, S. 317-328
37 Ebd., S. 329
38 Ebd., S. 321
39 BUA, Bestand Abgabe Loewe, Auszugsweise Abschrift aus dem Protokoll der Konferenz zwischen Crabill, Paulmann und Berger, 26.1.1948
40 Ebd., Besprechung betr. Internationale Universität in Bremen am 31.10.1947, S. 4
41 Kluge, 1992, S. 329-336
42 taz, 5.10.2009: „Der bessere Nazi"
43 Tim Szatkowski: Karl Carstens. Eine politische Biographie. Köln/Weimar/Wien 2007, S. 40
44 Vagts wurde von den Amerikanern als Bürgermeister eingesetzt, doch, nachdem bekannt geworden war, dass er während des Nationalsozialismus höhere Ämter bekleidet hatte, wieder abgesetzt. Vgl. Gräfing, 2006, S. 35
45 Szatkowski, 2007, S. 42 f.
46 BUA, Bestand Abgabe Loewe, Abschrift: Konferenz am 14.1.1948, Crabill, Carstens, Berger, Schwarz (Property Control)
47 Ebd., Abschrift: Konferenz am 20.1.1948; Hill, Howell, Crabill, Baber, Schwarz, Mursell, Snyder, Paulmann, Carstens, Berger
48 Ebd., Carstens an den Präsidenten des Senats, 20.9.1950
49 Über Erich Obst ist wenig bekannt. Er studierte in Jena und Breslau, arbeitete seit 1908 am Kolonialinstitut in Hamburg, im Ersten Weltkrieg in Konstantinopel und 1918 an der Universität Breslau. 1921 berief man ihn zum Professor für Verkehrs- und Wirtschaftsgeographie in Hannover, ab 1938 wirkte er wieder in Breslau, wo die ersten Bände eines Kolonialhandbuches entstanden – ein Projekt, das nach dem Zweiten Weltkrieg eingestellt wurde; Obst erhielt einen Lehrstuhl an der TU Hannover. Er war Mitherausgeber der „Zeitschrift für Geopolitik", die eine expansive Außenpolitik forderte. Aus: http://www.hist.uni-hannover.de/projekte/kolonialismus_in_hannover/personen_obst.html, Stand: 10.6.2009
50 Obst, 1949, S. 7
51 Vgl. Anmerkung 23
52 BUA, Bestand Abgabe Loewe, Auszugsweise Abschrift aus dem Protokoll der Zusammenkunft bei Crabill mit Senator Paulmann und Berger am 12.1.1948
53 BUA, Bestand Abgabe Loewe, Forderungen von Erich Obst, 22.6.1948
54 Ebd., Auszug aus der Niederschrift über die Senatssitzung vom 21.2.1949
55 Ebd., Brief Obst an Paulmann, 11.4.1949
56 Ebd., Kurzbrief des niedersächsischen Kultusministers an den Senator für Schulen und Erziehung, 5.5.1949
57 Ebd., Schreiben des Personalamts an die Gehaltsstelle, 1.6.1949
58 Ebd., Schreiben Karl Carstens an Paulmann, 26.8.1948
59 Obst, 1949, S. 8
60 Ebd., S. 9
61 BUA, Bestand Abgabe Loewe: E. Schütte, „Vorschlag zur Errichtung eines Instituts für Auslandskunde im Rahmen der Internationalen Universität Bremen", Referat, gehalten vor dem Senatsausschuss und dem Kuratorium der Hochschulkurse, 15.12.1947
62 Ebd., L. Köwing, Referat: „Vorschlag zur Errichtung eines Auslandskundlichen Instituts im Rahmen der Internationalen Universität Bremen", gehalten vor dem Senatsausschuss und dem Kuratorium der Hochschulkurse, 15.12.1947
63 BUA, Bestand Abgabe Loewe, Brief Oberregierungsrat Maas an Senator Paulmann: Errichtung eines Instituts für Auswanderungsforschung in Verbindung mit der geplanten Bremer Universität, 15.10.1947
64 BUA, Bestand Abgabe Loewe, Abschrift: Konferenz am 1.11.1947, Haus des Reichs: Karsen, Pender, Crabill, Paulmann, Aevermann, Kircher, Berger

65 Ebd., S. 2
66 Ebd., Obst an Carstens, 15.2.1948, Anlage: Gutachterliche Äußerung: Gedanken über die Bremer Besprechung
67 Ebd., Ludwig Köwing: „Gedanken über eine Heimuniversität in Bremen in Anlehnung an das englische College-System"
68 Bremer Nachrichten, 24.9.1949: „Bremen – Universitätsstadt?"
69 Bremer Nachrichten, 26.9.1949: „Bremen soll entscheiden". Über die Teilnehmerzahl der Bürgerversammlung gibt der Artikel leider keinen Aufschluss.
70 Weser-Kurier, 26.9.1949: „Bürgerversammlung für ‚Universität'"
71 Obst, 1949, S. 9
72 BUA, Bestand Abgabe Loewe: Karl Carstens: „Begründung zum Gesetz über die Gründung einer internationalen Universität in Bremen", 3.2.1948, S. 2
73 Ebd., Abschrift: Konferenz am 14.1.1948, Crabill, Carstens, Berger, Schwarz (Property Control)
74 Ebd., Carstens an Spitta, Paulmann, Nolting-Hauff, Berger, nachr. Crabill, 2.2.1948, Anlage: Eingabe an den Kommandanten der Kaserne Grohn, Oberst Hill
75 Ebd., Auszugsweise Abschrift aus dem Protokoll der Konferenz der Schulräte am 3.2.1948 bei der Militärregierung
76 Ebd., Auszug aus einer Besprechung mit der Militärregierung am 7.2.1948
77 Ebd., Nolting-Hauff an Spitta, 14.2.1948
78 Ebd., Kurzbrief Carstens an Paulmann, 17.2.1948, Anlage: Niederschrift über die Besprechung am 13.2.1948, Paulmann, Nolting-Hauff, Harmssen, Meineke, Aevermann, Obst, Böttcher, Giese, Carstens, Crabill, Berger
79 Ebd., Obst an Carstens, 15.2.1948, Anlage: Gutachterliche Äußerung: Gedanken über die Bremer Besprechung
80 Ebd., Auszug aus dem Protokoll über die Besprechung des Senatspräsidenten mit dem Direktor der Militärregierung vom 21.11.1948
81 Ebd., Auszugsweise Abschrift aus dem Protokoll der Konferenz am 26.2.1948; Crabill, Paulmann, Berger
82 Ebd., Carstens an Spitta, Paulmann, Nolting-Hauff, 4.3.1948
83 Ebd., Der Präsident des Senats an General Lucius D. Clay, 7.4.1948
84 Ebd., Carstens an Paulmann, Spitta, Nolting-Hauff, 3.5.1948
85 Ebd., Auszug aus einer Besprechung mit der Militärregierung am 5.5.1948
86 Ebd., Auszug aus dem Protokoll über die Besprechung mit der Militärregierung am 25.2.1949
87 Ebd., Auszug aus dem Senatsprotokoll vom 9.12.1949
88 Vgl. ebd., Aktenvermerk von Gröning, 30.7.1949: Gespräche mit dem Oberkreisdirektor des Landkreises Osterholz
89 Ebd., Read an Carstens, 26.10.1950
90 Bürgerschaftsdrucksache, Nr. 24, 16.12.1948, S. 475
91 Ebd.
92 Ebd., S. 476
93 Zu Agatz siehe: Herbert Schwarzwälder, Das große Bremen-Lexikon, Bremen 2002, S. 12 f.
94 BUA, Bestand Abgabe Loewe, Brief Agatz an Spitta, 27.9.1947, S. 2
95 Ebd., Auszug aus der Niederschrift über die Senatssitzung am 7.5.1948, S. 3
96 Ebd., hier: „Die Internationale Universität Bremen nach dem einstweiligen Scheitern des Grohner Planes"
97 BUA, Bestand Abgabe Loewe, Auszug aus dem Senatsprotokoll vom 21.4.1949, S. 496 ff.
98 Rainer Nicolaysen: „Die Frage der Rückkehr. Zur Remigration Hamburger Hochschullehrer nach 1945". In: Zeitschrift des Vereins für Hamburgische Geschichte 94, 2008, S. 125
99 BUA, Bestand Abgabe Loewe, Brief Heinz Meyer (Wirtschaftsrat) an Senator Paulmann, 22. Juni 1949, Brief Senator Paulmann an Professor Paul Hermberg, 9. Juli 1949, Lebenslauf Arcadius Rudolph Lang Gurland. Die beiden Wissenschaftler kehrten in den 1950er Jahren nach Deutschland zurück und nahmen zunächst Lehrtätigkeiten an der FU Berlin auf. Zur Rückkehr von emigrierten Wissenschaftlern vgl. auch Rainer Nicolaysen, 2008, S.123-128, sowie

ders., „Frei soll die Lehre sein und frei das Lernen". Zur Geschichte der Universität Hamburg, Hamburg 2008, S. 38

100 Ebd., Brief Hermann Tardel an Paulmann, 5.10.1947
101 Ebd., Tagungsbericht Konferenz 20./21.1.1949, S. 2
102 Ebd., Brief Obst an Paulmann, 29.7.1949, Anlage: Brief Obst an den Senator für innere Verwaltung, Wohlfahrt und Flüchtlingswesen, Adolf Ehlers, 26.7.1949
103 BUA, Bestand Abgabe Loewe, Auszug aus der Niederschrift über die Senatssitzung vom 16.9.1949
104 Ebd., Aktennotiz Paulmann, 22.9.1949
105 Ebd., Brief Obst an Paulmann, 28.9.1949
106 Ebd., Brief des Präsidenten des Senats an Obst, 8.12.1949, sowie Obst an Paulmann, 18.11.1949, Anlage: Obst an Meineke, 16.11.1949
107 Ebd., Auszug aus der Niederschrift über die Senatssitzung vom 30.9.1949
108 Vgl. ebd., Kataster- und Vermessungsamt Bremen an Paulmann, 12.10.1949, Obst an Paulmann, 14.10.1949
109 Ebd., Carstens an Paulmann, 5.10.1949
110 Ebd., Paulmann an Carstens, 12.10.1949
111 Karl-Ludwig Sommer: Wilhelm Kaisen. Eine politische Biographie, Bonn 2000, S. 447
112 Christoph Kleßmann: Die doppelte Staatsgründung: Deutsche Geschichte 1945-1955, Bonn ⁴1986, S. 223-226
113 StAB 7, 110-59, Brief Kaisen an Crabill, 8.3.1950
114 Interview Hans Koschnick, 24.4.2003
115 BUA, Bestand Abgabe Loewe, Brief Heinrich Dörr an den Regierenden Bürgermeister der Stadt Bremen, 15.8.1949, Anlage: Denkschrift „Standortermittlung für die Wiedereröffnung der ostdeutschen Hochschulen in Westdeutschland"
116 Ebd., Brief Obst an Paulmann, 15.9.1949
117 StAB, S.4.a. Nr. 1473, Senats-Registratur: Eingabe Professor Dr. Walter Hoffmann, 24.6.1952; vgl. auch BUA, Bestand Abgabe Loewe: Schwind (ehem. Arbeitsausschuss) an Paulmann, 19.4.1950, Anlagen: Vermerk über eine Besprechung vom 24.2.1950, Bericht vom 19.4.1950
118 StAB, S.4.a. Nr. 1473, Brief Ahrendt (Präsidialkanzlei) an Senator Dehnkamp, 28.6.1952
119 Ebd., Auszug aus dem Senatsprotokoll vom 8.7.1952, S. 971
120 BUA, Bestand Abgabe Loewe, siehe beispielsweise: Bericht über den Verbleib des Sachvermögens der Stiftung, 15.12.1954
121 StAB, 4,111/7-741, Auszug aus dem Senatsprotokoll vom 2.8.1960, S. 3 des Auszugs
122 BUA, Bestand Abgabe Loewe, Kurzbrief: Bremer Ausschuss für Wirtschaftsforschung an den Senator für Schulen und Erziehung, 11.9.1950
123 Mitteilung des Senats an die Bürgerschaft (Landtag), 13.6.1961
124 BUA, Bestand Abgabe Loewe, Auszug aus dem Senatsprotokoll vom 18.1.1952
125 StAB 4,111/7-741, Auszug aus dem Senatsprotokoll vom 2.8.1960, S. 4 f.
126 Vgl. Gräfing, 2006, S. 178 ff.
127 BUA, Bestand Abgabe Loewe, Der Senator für Finanzen an den Präsidenten des Senats, 24.9.1946
128 BUA 7/N, Loew – Nr. 32, Auszug aus: „Empfehlungen des Beratungsausschusses für die Gründung einer Universität zu Bremen", September 1963
129 Oskar Anweiler/Hans-Jürgen Fuchs/Martina Dorner/Eberhard Petermann (Hg.): Bildungspolitik in Deutschland 1945-1990. Ein historisch-vergleichender Quellenband, Opladen 1992, S. 17
130 Ebd., S. 20
131 Ulrich Karpen, Hochschulplanung und Grundgesetz. Bd. 2, Paderborn/München/Wien/Zürich 1987, S. 587, GG Art. 2 und 12
132 Karpen, Bd. 2, 1987, S. 568
133 Hans-Jürgen Block: „Planung von Ausbau und Regionalisierung der Hochschulen in der Bundesrepublik Deutschland". In: Akademie für Raumforschung und Landesplanung (Hg.): Regionale Hochschulplanung unter veränderten Verhältnissen, Hannover 1984, S. 15
134 Ebd., S. 23
135 Teichler, 2005, S. 31

136 Hans Jürgen Apel, Die Vorlesung. Einführung in eine akademische Lehrform, Köln/Weimar/Wien 1999, S. 28 f.
137 Gräfing, 2006, S. 155
138 BUA, Bestand Abgabe Loewe, Brief Dehnkamp an Nolting-Hauff: Betriebskostenübersicht, 16.12.1958
139 Ebd., Brief Nolting-Hauff an Dehnkamp, 17.12.1958
140 Ebd., Vorlage für die Senatssitzung am 1.6.1959
141 Siehe dazu Gräfing, 2006, S. 184-193
142 Hans Werner Rothe, Bremer Universitätsdenkschrift über die Gründung einer Universität zu Bremen, Bremen 1961
143 Interview Henning Scherf, 18.3.2009
144 BUA 7/N, Loew – Nr. 32: Bremer Studentenhausplan
145 Ebd., S. 6 ff.
146 Ebd., S. 8 f.
147 Ebd., S. 10-14
148 Ebd., Albrecht Killinger, 1. Vorsitzender des AStA der Universität Hamburg, an Jüchter, 7.12.1964
149 Ebd., Albrecht Killinger an Jüchter, 20.12.1964; zum studentischen Wohnen in den 1960er Jahren vgl. auch Phyllis Allan/William Mullins: Ein Platz für Studenten. Wohnheime in Ausbildungszentren. Architektonische und soziale Gesichtspunkte. Aus dem Englischen von Klaus Lange, Wiesbaden/Berlin 1975, S. 17 ff. Zum studentischen Wohnen in Deutschland in den 1960er Jahren vgl. Klaus Weber: Wunsch und Wirklichkeit des studentischen Wohnens in Göttingen, Hannover 1968
150 Allan/Mullins, 1975, S. 17
151 Ebd., S. 157
152 Weber, 1968, S. 77 f.; vgl. auch Gerhard Kath, Das soziale Bild der Studenten in der Bundesrepublik Deutschland. Ergebnisse der 7. Sozialerhebung des Deutschen Studentenwerks im Sommersemester 1973, Frankfurt am Main 1974, S. 63-71
153 BUA 7/N, Loew – Nr. 32, Protokoll: Norddeutsches Treffen der AStA-Vorsitzenden, 6.4.1964
154 BUA 7/N, Loew – Nr. 31, Der Beauftragte für die Studentenschaft an der Ruhr-Universität: Empfehlungen zur Einrichtung und Ordnung einer Studentenschaft an der Ruhr-Universität Bochum, 1964, S. 21
155 Ebd., Aktenvermerk Jüchter, 28.6.1964
156 BUA 7/N, Loew – Nr. 31, „Studieren im 20. Jahrhundert." Referat auf dem Europäischen Studienseminar in Konstanz, 8.4.1964, gehalten von Heinz Theodor Jüchter
157 Ebd., S. 3; vgl. auch Gräfing, 2006, S. 180 f.
158 Bremer Nachrichten, 15.12.1965
159 Interview Detlev Albers, 14.1.2003
160 BUA 7/N, Loew – Nr. 30, Aktenvermerk: Gespräch am 12.5.1967
161 Ebd., Aktenvermerk: Gespräch am 30.5.1967
162 Ebd., S. 3
163 Konrad H. Jarausch, Deutsche Studenten 1800-1970, Frankfurt am Main 1984, S. 222 f.
164 Ebd., S. 228 f.
165 Zur Entwicklung der Studentenbewegung und zur Herausbildung einer akademischen Linken vgl. Ulrich Mayer, Zwischen Anpassung und Alternativkultur oder das politische Bewußtsein und Handeln der Studenten, Bonn 1981, S. 24 ff.
166 BUA 7/N, Loew – Nr. 30, Brief Münstermann und Erd an von Mutius und Loewe, ohne Datum; Brief Otto an Loewe, 16.8.1970
167 Vgl. Gräfing, 2006, S. 233-237
168 Thomas von der Vring, Bericht über den Aufbau der Universität Bremen, Dezember 1970, 1.1/S. 6 f.
169 Ebd., S. 9 f.
170 Ebd., 3.2.2/S. 4
171 Zur Planung der Universität bis 1971: Gräfing, 2006
172 Ebd., S. 256 ff.

173 Ebd., S. 3
174 BUA 1/GS – Nr. 629, Entwurf einer Satzung über Zulassungsbeschränkungen an der Universität Bremen im Wintersemester 1971/72, 9.6.1971
175 Ebd., Neufassung der Tischvorlage, 10.6.1971
176 Ebd., Protokoll der 48. Sitzung des Gründungssenats vom 13./14.6.1971
177 Amtsblatt der Freien Hansestadt Bremen, 28.7.1971, Nr. 43, Satzung über Zulassungsbeschränkungen an der Universität Bremen im Wintersemester 1971/72
178 BUA, 1/GS – Nr. 1490, Presseinformation der Bundesassistentenkonferenz, 6.2.1970, S. 2
179 BUA, 1/GS – Nr. 635, Vorlage zur 52. Sitzung des Gründungssenats am 4./5. Oktober 1971
180 BUA, 1/AS – Nr. 245, Bericht über die diesjährige Durchführung der Prüfung nach der „Ordnung der Prüfung für die Zulassung zum Hochschulstudium ohne Reifezeugnis" vom 28.3.1972, Dezember 1972
181 Interview Thomas von der Vring, 6.6.2007
182 Alois Mayr: Universität und Stadt. Ein stadt-, wirtschafts- und soziogeographischer Vergleich alter und neuer Hochschulstandorte in der Bundesrepublik Deutschland, Paderborn 1979, S. 57
183 Teichler, 2005, S. 155 f.
184 BUA 1/AS – Nr. 393, Brief M. Thapes an die Universität Bremen, 22.8.1975, S. 3
185 Ebd.
186 Ebd., S.4
187 BUA 1/AS – Nr. 393, Brief Steinbergs an Thape, 23.9.1975
188 Ebd., Broschüre: „Hinweise für Studenten", Universität Bremen, 2. Auflage, S. 2
189 Ebd., S. 4-7
190 Amtsblatt der Freien Hansestadt Bremen, 28.7.1971, Nr. 43, Satzung über Zulassungsbeschränkungen an der Universität Bremen im Wintersemester 1971/72
191 Ebd.
192 BUA 1/GS – Nr. 650, Beschluss der Zentralen Kommission, 8. Sitzung, 10.5.1972, Anlage 8/1
193 BUA 1/AS – Nr. 242, Vorlage zur 4. Sitzung des Akademischen Senats am 8.11.1972, betr.: Heranziehung des Sozialwerks zur Durchführung der vom Amt für Ausbildungsförderung wahrzunehmenden Aufgaben
194 Westdeutsche Rektorenkonferenz: Die Studentenförderung nach dem Honnefer Modell. V. Hochschulkonferenz am 21.-23. Oktober 1965 in Berlin, S. 5 ff.; vgl. dazu auch Kath, 1974, S. 97 ff.

3. Gründungsrektor von der Vring: Die ersten Jahre 1972-1974

1 Hans Leussink, „Bildungspolitik zwischen Planung und Verwirklichung". Rede des Bundesministers für Bildung und Wissenschaft vor der Fördergesellschaft für staatspolitische Bildung in Paderborn, 26.10.1971. In: Willy Brandt, Zum sozialen Rechtsstaat. Reden und Dokumente. Herausgegeben von Arnold Harttung, Berlin 1983, S. 240
2 BUA 1/AS – Nr. 240, Vorlage zu TOP 1, 1. Sitzung des Akademischen Senats, 4.10.1972
3 BUA 1/AS – Nr. 240, Vorlage zu TOP 2, 1. Sitzung des Akademischen Senats, 4.10.1972, Resolutionsantrag der Konvent-Mitglieder der GEW-Liste der Hochschullehrer
4 Ebd., Anlage 2, Antrag des Senators an die Geschäftsstelle der Bund-Länder-Kommission für Bildungsplanung, 15.8.1972, S. 3
5 BUA 1/AS – Nr. 240, Vorlage Nr. 15 zur 2. Sitzung des Akademischen Senats am 11.10.1972
6 BUA 1/AS – Nr. 240, Übersicht über die derzeit noch bestehenden Gremien, Vorlage zur 2. Sitzung des Akademischen Senats, 11.10.1972
7 Wissenschaftsrat: Empfehlungen zum zweiten Rahmenplan nach dem Hochschulbauförderungsgesetz, Anlage 4: Ausbau der Hochschulen in Bremen bis 1976

8   Vgl. Interviews Thomas von der Vring, 6.6.2007, Claus Dittbrenner, 27.6.2007, Peter Garrelmann, 18.7.2007, und Rolf Prigge, 6.8.2007
9   BUA 1/GS – Nr. 608, Beschluss des Gründungssenats zur Struktur der Universität vom 14.10.1971
10 Universität Bremen: Studienführer 1972, S. 85-114
11 BUA 1/GS – Nr. 603, Protokoll der Sitzung des Gründungssenats vom 19.-23.9.1968
12 BUA 1/GS – Nr. 629, Broschüre: „Hinweise für Studenten", Universität Bremen, 2. Auflage, S. 2-7
13 BUA 1/GS – Nr. 649, Wortprotokoll der 59. Sitzung des Gründungssenats am 15. und 16.4.1972
14 Ebd.
15 BUA 1/GS – Nr. 610, Protokoll der Sitzung des Gründungssenats vom 27.5.1972. Der Studienbereich 3 hieß allerdings zunächst nur Staat und Verwaltung, die Ergänzung um Soziale Dienste erfolgte einige Monate später. Vgl. Thomas von der Vring: Hochschulreform in Bremen. Bericht des Rektors über Gründung und Aufbau der Universität Bremen während seiner Amtszeit von 1970 bis 1974, Frankfurt am Main/Köln 1975, S. 69
16 Siehe Vorläufige Universitätsverfassung (VUV), § 32
17 VUV, § 41
18 Vgl. Dauks, 2008, S. 12
19 Ebd., S. 68
20 Ebd., S. 69
21 Ebd., S. 72
22 Dauks, 2008, S. 17 f.
23 Interview Peter Garrelmann, 18.7.2007
24 Interview Thomas von der Vring, 6.6.2007
25 Ebd.
26 Ebd.
27 Ebd.
28 Hans Leussink, Zur Einbringung des Hochschulrahmengesetzes in den Bundestag am 10.3.1971, unkorrigiertes Manuskript, Bonn 1971, S. 25
29 BUA 1/GS – Nr. 639, Bericht des Buchladen-Auswahl-Ausschusses, 3.2.1972
30 Bremer Nachrichten, 14.2.1972
31 BUA 1/GS – Nr. 644a, Bericht des Ausschusses für die Auswahl von zwei Buch- und Zeitschriftenständen, 10.7.1972
32 Weser-Kurier, 15.7.1972, Bremer Nachrichten, 15.7.1972
33 Anzeige in: Universität Bremen: Studienführer, Personalverzeichnis, Veranstaltungsverzeichnis. Sommersemester 1973, S. 81
34 BUA 1/AS – Nr. 408, Senator für Wissenschaft und Kunst: Vorlage Nr. 1 für die Senatskommission für Hochschulfragen, 15.3.1976
35 Vgl. auch Hans Manfred Bock: Geschichte des ‚linken Radikalismus' in Deutschland. Ein Versuch, Frankfurt am Main 1976, S. 264 ff.
36 Auszug aus der Regierungserklärung Willy Brandts. In: Müller, 1996, S. 43
37 Hans-Werner Prahl/Ingrid Schmidt-Harzbach: Die Universität. Eine Kultur- und Sozialgeschichte, München/Luzern 1981, S. 160-161
38 Ebd., S. 163
39 Hans Bohrmann: Strukturwandel der deutschen Studentenpresse. Studentenpolitik und Studentenzeitschriften 1848-1974, München 1975, S. 164
40 Ebd., S. 165
41 Gordon A. Craig: Über die Deutschen, München 1985, S. 211
42 Ebd., S. 213
43 Michael Klant: Universität in der Karikatur. Böse Bilder aus der kuriosen Geschichte der Hochschulen, Hannover 1984, S. 200-203
44 Craig, 1985, S. 213 f.
45 Prahl/Schmidt-Harzbach, 1981, S. 166
46 Karl-Heinz Wehkamp über die Anfänge der Universität Bremen. In: 1971-1991. 20 Jahre Universität Bremen, 1992, S. 108

47 Ebd.
48 Zahlen nach: BUA, 2/RS-Nr. 4817, Wahlbeteiligung 9.-11.11.1971
49 BUA 1/AS – Nr. 246, Beschluss der Bezirkskonferenz der Jungsozialisten im Bezirk Nordniedersachsen am 27./28.1.1973
50 BUA 1/AS – Nr. 246, Brief des Vorsitzenden des Studienbereichsrats II, Horst Diehl, an den Rektor der Universität, 30.1.1973. Diehl sendet eine Zusammenfassung der Sitzung aus seiner Sicht.
51 Bremer Universitäts-Zeitung, Nr. 0, 4.6.1973, S. 1: „Widerstand gegen Lehrerprüfungsordnung"
52 Ebd., S. 5, „Streikwoche"
53 BUA 1/AS – Nr. 413, Information der angegriffenen Mitarbeiter über die KSB-Aktion am 5. Oktober 1976; Tischvorlage der Dienstleister-Gruppe für die V/7. Sitzung des Akademischen Senats am 13.10.1976; KSB-Resolution, V/7. Sitzung des Akademischen Senats, 13.10.1976
54 BUA 1/Konv – Nr. 17, Protokoll der VIII/6. Sitzung des Akademischen Konvents, 14.4.1982, S. 7 f.
55 BUA 1/AS – Nr. 414, Die Universitätsleitung informiert: „Universität ohne vollständige Stellungnahme zum Hochschulgesetz-Entwurf", 11.11.1976
56 Ebd., Offener Brief des AStA, 11.11.1976
57 BUA 1/Konv – Nr. 14, Antrag des AStA an den Akademischen Konvent: Einstellung der Strafverfahren gegen 4 Studenten, 19.4.1978
58 StAB 4,111/7 – 760, Rundbrief an die Mitarbeiterinnen und Mitarbeiter, 31.10.1974
59 Ebd., Hausmitteilung des Senators für Wissenschaft und Kunst, 15.12.1976
60 Bremer Morgenpost, 30.11.1976: „Plötzlich war der Bremer Roland weg"
61 Interview Hans Koschnick, 9.6.2007
62 Vgl. z.B. Die Welt, 28.11.1975, „Als den Studenten die Konten gesperrt wurden, flogen Hörsaaltüren in die Lahn"
63 1/Konv – Nr. 13, Antrag der RCDS-Fraktion zur ordentlichen Sitzung des Konvents der Universität Bremen am 19.10.1977
64 Ebd., Protokoll der Sitzung des Konvents am 19.10.1977, S. 13
65 StAB 4, 111/7 – 762, Senator für Wissenschaft und Kunst: Tischvorlage für die Sitzung des Senats am 31.10.1977, S. 2 f.
66 Weser-Kurier, 25.11.1977, „HfT-Studenten wollen keinen Streik", sowie 29.11.1977: „‚Blauer Montag' hatte keine Chance."
67 StAB 4, 111/7 – 762, Telefax Pressestelle des Senats sowie Bremer Nachrichten, 24.12.1977, Leserbrief des Vorsitzenden der Sektion Bremen des Bundes Freiheit der Wissenschaft, Friedrich Menke: „Boykott ist rechtswidrig."
68 BUA 1/AS – Nr. 395a, AStA der Universität Bremen: Tischvorlage für den Akademischen Senat, 29.10.1975
69 BUA 1/AS – Nr. 395b, Protokoll der IV/7. Sitzung des AS, 29.10.1975, S. 19
70 asta-info, WS 1975/76, Nr. 2, S. 13 f.
71 StAB 4,111/7 – 763, Offener Brief der Basisgruppen, des KSB und anderer an Rektor Wittkowsky
72 StAB 4,111/7 – 763, Brief Rektor Wittkowsky an den Vorsitzenden des RCDS Bremen, Dietmar Hofmeier, 10.12.1977
73 Ebd., Dokumentation des RCDS. Zur juristischen Sicht der Blockade oder Störung von Veranstaltungen vgl. Krüger, Jochen: Vorlesungsstörungen, Hausfriedensbruch und Wahrnehmung berechtigter Interessen – zur strafrechtlichen Problematik eines Universitätskonflikts. Diss., Saarbrücken 1978
74 Ebd., Erklärung des Rektors zur Veranstaltung des RCDS mit dem CDU-Generalsekretär Geißler, 13.12.1977, S. 1 f.
75 Ebd., Brief von Wissenschaftssenator Franke an CDU-Generalsekretär Geißler, 13.12.1977
76 Ebd., vgl. auch Brief des Senators an Rektor Steinberg vom 21.2.1977
77 Ebd., Brief des betroffenen Hochschullehrers an den Senator für Wissenschaft und Kunst, 4.5.1977
78 Ebd., Brief Rektor Steinbergs an den betroffenen Hochschullehrer, 22.3.1977
79 Ebd., Brief des Senators an den betroffenen Hochschullehrer, 28.7.1978
80 Bremer Universitäts-Zeitung, 3.2.1977
81 Bremer Nachrichten, 10.5.1978: „Studentenratswahlen an Uni werden wiederholt"

82	Weser-Kurier, 9.5.1978: „Studentenrat wird wieder neu gewählt"
83	Weser-Kurier, 13.5.1978: „Machten sich Wahlhelfer der Fälschung schuldig?"
84	Bremer Nachrichten, 12.5.1978: „Wahlschwindel an der Uni"
85	Weser-Kurier, 10./11.6.1978: „Lieber Dauerstudenten als arbeitslose Akademiker?"
86	Ebd.
87	Die Zeit, 16.6.1978: „Studenten, die nicht studieren"
88	Deutsches Allgemeines Sonntagsblatt, 4.6.1978: „Burschenherrlichkeit"
89	BUA 2/Press – Nr. 49, Ausschnitt aus Der Report, 1.6.1978: „,Faust' für Chaoten"
90	Heide Gerstenberger zur Entwicklung der Universität Bremen. In: 1971-1991. 20 Jahre Universität Bremen, 1992, S. 125
91	Interview Berthold Halbmann, 26.2.2009
92	Klaus Vosgerau: Studentische Sozialisation in Hochschule und Stadt. Theorie und Wandel des Feldes. Frankfurt am Main 2005, S. 83
93	Interview Karl Holl, 19.11.2007
94	Interview Wilfried Müller, 2.4.2009
95	Hans-Josef Steinberg: „Über Manfred Hahn und die Geschichte der bürgerlichen Gesellschaft an der Universität Bremen". In: Eva Schöck-Quinteros/Hans Kloft/Franklin Kopitzsch/Hans-Josef Steinberg (Hg.): Bürgerliche Gesellschaft – Idee und Wirklichkeit. Festschrift für Manfred Hahn, Berlin 2004, S. 498
96	BUA 1/AS – Nr.247b, Erklärung zur Niederlegung der Mandate im STB III, Annelie Keil und Dieter Mützelburg, Februar 1973
97	BUA 1/AS – Nr. 399, Protokoll der IV/12. Sitzung des Akademischen Senats am 21.1.1976, S. 6, persönliche Erklärung von Konrektor Stuby
98	Interview H.-H. Maaß-Radziwill, 10.12.2008
99	Heinrich Hannover: Die Republik vor Gericht 1975-1995. Erinnerungen eines unbequemen Rechtsanwalts. Berlin 1999, S. 88
100	Broschürensammlung Nachlass Steinberg, Bibliothek der Stiftung für Sozialgeschichte Bremen: „Buback – ein Nachruf". Eine Dokumentation. Herausgegeben von J. Agnoli und 48 weiteren Personen, Berlin o.J., S. 2
101	Hannover, 1999, S. 89
102	Weser-Kurier, 19.5.1978: „Anklage gegen 16 Hochschullehrer"; Bremer Nachrichten, 22.5.1978: „Hochschullehrer angeklagt"
103	Frankfurter Rundschau, 19.5.1978: „Nun wegen ,Erklärung' zum Buback-,Nachruf' vor Gericht"
104	Hannover, 1999, S. 96 f.
105	Interview A. Wittkowsky, 21.5.2008
106	Interview H.-H. Maaß-Radziwill, 10.12.2008
107	Manfred Weber: „Reformruine Bremen". In: DIE ZEIT, Nr. 36, 29.8.1980
108	Vgl. dazu Gräfing, 2006, S. 220 ff.
109	Manfred Weber: „Reformruine Bremen". In: DIE ZEIT, Nr. 36, 29.8.1980
110	Vgl. Gräfing, 2006, S. 220 ff.
111	Manfred Weber: „Reformruine Bremen". In: DIE ZEIT, Nr. 36, 29.8.1980
112	Darstellung Hans-Josef Steinbergs, von Till Schelz-Brandenburg.
113	Alexander Wittkowsky: Leserbrief. In: DIE ZEIT, 18.9.1980
114	Ebd., Leserbrief von Imanuel Geiss
115	Ebd., Leserbrief Gerhard Becker
116	Ebd., Leserbrief Gerd Duwe
117	Ebd., Leserbrief Dieter von Ehrenstein
118	Ebd., Leserbrief Stephan Leibfried
119	Ebd., Leserbrief Wolf Siegert
120	Ebd., Leserbrief Klaus Haefner
121	BUA 2/AkAn – Nr.3273, Offener Brief an die Mitglieder der Universität Bremen
122	Nachlass Hans-Josef Steinberg, Bibliothek für Human- und Sozialgeschichte an der Universität Bremen: Demokratische Hochschule, Information Heft 15, 1982, S. 5-9

123	Interview Wilfried Müller, 2.4.2009; Sonderforschungsbereich 186: „Statuspassagen und Risikolagen im Lebensverlauf. Institutionelle Steuerung und individuelle Handlungsstrategien"
124	Ziel der Chile-Gruppen war, die mangelnde staatliche Unterstützung für die nach dem 11.9.1973 ins Exil gegangenen Chilenen zu kompensieren. Vgl. Georg Ismar, „‚Chile ist weit und nah': Erfahrungen chilenischer Exilanten im deutschsprachigen Raum und die Frage der Rückkehr". In: Marco Hüls (Hg.), Chile. Ein anderer elfter September, Berlin 2006, S. 114, sowie Niels Seibert: Vergessene Proteste. Internationalismus und Antirassismus 1964-1983. Münster 2008, S. 165 ff.
125	Vgl. zum Thema Iran: Seibert, 2008, S. 141 ff. sowie BUA 1/AS – Nr. 207
126	Ebd., S. 149
127	Interview Hans Koschnick, 8.6.2007
128	Die Regelungen des Bremischen Verfassungsschutzgesetzes schließen die Übermittlung von personenbezogenen Informationen für Forschungszwecke aus, daher liegen zu diesem Thema für diese Arbeit leider keine gesicherten Informationen vor; siehe Brief des Senators für Inneres und Sport an die Verfasserin, 14.1.2008
129	Ebd., S. 58
130	Hubertus Knabe: Die unterwanderte Republik: Stasi im Westen, Berlin 1999, S. 485
131	Vgl. Weser-Kurier, 25.5.2009, „‚Märtyrertod im neuen Licht'" – Interview mit Hubertus Knabe
132	Knabe, 1999, S. 267
133	Ebd., S. 341
134	Horst Werner Franke: Bremer Modell: Wissenschaftlicher Standard und Reform. Die Universitätspolitik des Senators für Wissenschaft und Kunst, Bremen 1980, S. 24
135	Ebd., S. 24 f.
136	Protokoll der 20. Sitzung der Bremischen Bürgerschaft, 28.6.1961, S. 522, Zwischenruf Richard Bohljahn (SPD)
137	Ebd., S. 521 f.; Fischer gehörte zunächst der DP, vom 16.5.61 bis zum 10.5.62 der GDP und später der CDU an.
138	Karpen, 1987, Bd.1, S. 428
139	Ebd., S. 429 f.
140	Ebd., S. 433
141	BUA 1/GS – Nr. 647, Erklärung des Gründungssenats zur Freiheit von Forschung und Lehre an der Universität Bremen, 21.12.1970, S. 1 f.
142	Ebd., S. 2
143	BUA 1/GS – Nr. 635, Brief des Präsidenten des Senats an Gründungsrektor von der Vring, 27.5.1971
144	BUA 1/GS – Nr. 635, Brief des Gründungsrektors an den Präsidenten des Senats der Freien Hansestadt Bremen, 21.6.1971
145	Ebd.
146	Ebd., Brief des Gründungsrektors an den Präsidenten des Senats der Freien Hansestadt Bremen, 26.7.1971
147	Mitteilungen der Pressestelle des Senats der Freien Hansestadt Bremen, 2. Ausgabe, 8.10.1971
148	Dokumentation des Senats der Freien Hansestadt Bremen über die Universität Bremen, Anlagen 25 und 26, Bremen 1972
149	StAB 4, 111/7-735, Abschrift eines Fernschreibens der Westdeutschen Rektorenkonferenz an die Senatskanzlei Bremen, 28.4.1971
150	BUA 7/ZA-Nr. 30, Mitteilungen des Senats der Freien Hansestadt Bremen, 18.5.1971
151	Vgl. Weser-Kurier, 20.5.1971
152	BUA 1/GS – Nr. 648, Wortprotokoll der 46. Sitzung des Gründungssenats am 26.4.1971, S. 6, zitiert wird Manfred Kahlweit
153	Interview Thomas von der Vring, 6.6.2007
154	BUA, Zeitungssammlung: Presseerklärung der Deutschen Jungdemokraten, Landesverband Bremen, 4.5.1971
155	BUA 1/GS – Nr. 649, Wortprotokoll der 49. Sitzung des Gründungssenats am 4./5.7.1971, S. 4-12
156	BUA 1/GS – Nr. 646b, Stellungnahme des Gründungssenats an die Adresse des Senats der Freien Hansestadt Bremen, 26.4.1971

157 Interview Thomas von der Vring, 6.6.2007
158 Interview Hans Koschnick, 8.6.2007
159 Hannoversche Allgemeine, 20.4.1971
160 Nordwest-Zeitung, 5.5.1971: „Politologe Dr. Wolf-Dieter Narr verzichtet auf Ruf an die Bremer Uni"
161 Interview Thomas von der Vring, 6.6.2007
162 Freie Demokratische Partei, Landesverband Bremen: Universität auf Abwegen – Argumente der Bremer FDP, Bremen 1971, S. 10
163 Stuttgarter Nachrichten, 26.5.1971
164 BUA 7/ZA – Nr. 31, Handelsblatt, 2.6.1971
165 BUA 7/ZA – Nr. 31, Anzeige der FDP in Weser-Kurier und Bremer Nachrichten, 2.6.1971
166 Karla Müller-Tupath: Hans Koschnick. Trennendes überwinden. Biografie, Berlin 2009, S. 78 f.
167 Vgl. Süddeutsche Zeitung, 21.5.1971
168 Frankfurter Allgemeine Zeitung, 26.5.1971
169 Vgl. etwa Wilfried Gottschalch: Soziales Lernen und politische Bildung, Frankfurt am Main 1969
170 Interview Hans Koschnick, 8.6.2007
171 Ebd.
172 BUA 1/GS – Nr. 635, Resolution der Studiengangsplanungskommission K/Ä, auf der Sitzung vom 3.11.1971 einstimmig angenommen
173 Frankfurter Rundschau, 6.5.1971
174 Bremer Nachrichten, 27.5.1971
175 BUA 1/GS – Nr. 630, Protokoll der 51. Sitzung des Gründungssenats am 13./14.9.1971, S. 8-14
176 BUA 1/GS – Nr. 632, Resolution der Versammlung der Hochschullehrer im Bereich Lehrerbildung am 11./12. September 1971, S. 1
177 BUA 1/GS – Nr. 638, Mitteilungen der Pressestelle des Senats der Freien Hansestadt Bremen, 1.2.1972, S. 215
178 Frankfurter Allgemeine Zeitung: „Universitätsgründer befehden Oertzen", 12.9.1972
179 BUA 1/AS – Nr. 246, Auszüge aus einem Rechtsgutachten von Ulrich K. Preuß vom 23.9.1971, S.19; zu den Ansprüchen des Berufenen siehe ebd., S. 16
180 Gräfing, 2006, S. 207
181 BUA 1/AS – Nr. 247a, Urteil des Verwaltungsgerichts Bremen vom 16.11.1972, AZ II A 233/1971
182 Ebd., S. 26 f.
183 Ebd., S. 30
184 Ebd., S. 32
185 Ebd., S. 48
186 BUA 1/GS – Nr. 635, Berufungsbericht und Berufungsvorschlag der Berufungskommission Sozialwissenschaften III
187 Ebd.
188 BUA 1/GS – Nr. 634, Anlage 1, Punkt 7
189 BUA 1/GS – Nr. 633a, Wortprotokoll des Diskussionsteils der Eröffnungssitzung am 14.10.1971, S. 7
190 Ebd., S. 9
191 Ebd., S. 18
192 BUA 1/GS – Nr. 630, 51. Sitzung des Gründungssenats am 13./14.9.1971, Vorlage zu TOP 4: Berufungs- und Personalangelegenheiten, Erklärung des Gründungsrektors
193 Vgl. Gräfing, 2006, S. 222 ff.
194 BUA 1/GS – Nr. 643a, Beschluss Nr. 122 des Gründungssenats vom 11./12.11.1970
195 BUA 1/GS – Nr. 646a, Stellungnahme zur Berufungssituation an der Universität Bremen, S. 5
196 BUA 1/GS – Nr. 642, Sondervoten Professor Wiethölter, 29.5.1972, und Professor Sack, 4.6.1972
197 BUA 1/GS – Nr. 643a, Resolution des AStA der Universität Bremen, 23.6.1972
198 BUA 1/GS – Nr. 643a, Auszug aus dem Protokoll der 15. Sitzung des Gemeinsamen Ausschusses Sozialwissenschaften, 14.6.1972

199	BUA 1/GS – Nr. 643a, Auszug aus dem Protokoll der ÖTV-Betriebsgruppensitzung am 14.6.1972
200	BUA 1/GS – Nr. 643a, Auszug aus dem Protokoll der Sitzung 13/1972 des Gemeinsamen Ausschusses Lehrerbildung, 14.6.1972
201	BUA 1/GS – Nr. 644a, Protokoll der 61. Sitzung des Gründungssenats am 25.6.1972, S. 8-15
202	BUA 1/AS – Nr. 244, Stellungnahme der Berufungskommission Biologie/Chemie an die Adresse des Senators für Bildung, Wissenschaft und Kunst, 18.12.1972
203	BUA 1/GS – Nr. 646a, Brief Senator Thape an den Gründungsrektor, 25.7.1972
204	BUA 1/GS – Nr. 646a, Offener Brief des Personalrats der Universität an den Bildungssenator, 4.9.1972
205	BUA 1/GS – Nr. 646a, Brief Bildungssenator an den Personalrat der Universität, 7.9.1972
206	BUA 1/GS – Nr. 646a, Stellungnahme zur Berufungssituation an der Universität Bremen, S. 1 f.
207	Ebd., S. 9
208	BUA 1/GS – Nr. 646a, Erklärung der Zentralen Kommission der Universität Bremen, 6.9.1972, S. 1 f.
209	Ebd., S. 2
210	Ebd.
211	Ebd., S. 4
212	BUA 1/GS – Nr. 646a, Vermerk: Mehrfachvorschläge an Gründungsuniversitäten, 7.9.1972
213	BUA 1/GS – Nr. 646a, AStA der Universität Bremen: Gegen die Berufungspolitik des Senats geschlossen vorgehen!, 21.9.1972
214	BUA 1/GS – Nr. 646a, Berufungskommission IV Sozialwissenschaften, Protokoll der Sitzung vom 26.9.1972, S. 2
215	BUA 1/GS – Nr. 646a, vgl. Brief Senator Thape an den Gründungsrektor, 23.8.1972
216	BUA 1/GS – Nr. 646a, Brief Senator Thape an den Gründungsrektor, 21.8.1972
217	BUA 1/AS – Nr. 243, Brief Prof. Emmerich an den Senator für Bildung, Wissenschaft und Kunst, 1.12.1972
218	BUA 1/GS – Nr. 646a, Brief Thape an den Personalrat der Universität, 7.9.1972
219	BUA 1/GS – Nr. 646a, Mitteilungen der Pressestelle des Senats der Freien Hansestadt Bremen, 2. Ausgabe, 8.9.1972
220	BUA 1/GS – Nr. 646a, Brief Senator Thape an den Gründungsrektor, 14.8.1972
221	BUA 1/GS – Nr. 646a, Brief Senator Thape an die Universität, 17.8.1972
222	BUA 1/GS – Nr. 646a, Brief des Senators an die Universität, 13.1.1971
223	BUA 1/GS – Nr. 646a, Brief des Senators an die Universität, 14.9.1971
224	Interview Thomas von der Vring, 6.6.2007
225	Vgl. z.B. BUA 7/D – Nr. 611, Dokumentation zum Streit um die Besetzung von 8 Hochschullehrer-Stellen im Studiengang Mathematik der Universität Bremen, 5.2.1975
226	BUA 4/FB11 – Nr. 5110, Persönliche Erklärung Imanuel Geiss, 15.1.1976
227	Bremische Bürgerschaft/Landtag, 10. Wahlperiode, 19. Sitzung am 9.7.1980, S.1288
228	Rothe, 1961, S. 159-166
229	BUA, 1/GS – Nr. 7304, Protokoll der 20. Sitzung des Gründungsausschusses am 15./16.7.1966, S. 14
230	Thomas von der Vring: „Die Lernbarrieren der Arbeiterkinder müssen endlich beseitigt werden". Sonderdruck, Bremer Bürger-Zeitung, 2.4.1971
231	BUA 1/AS – Nr. 240, Verfahrens- und Beschlussprotokoll der 2. Sitzung des Akademischen Senats, 11.10.1972, S. 12
232	BUA 1/AS – Nr. 242, Vorlage des Integrationsausschusses zur 4. Sitzung des Akademischen Senats, 8.11.1972
233	BUA 1/GS – Nr. 641, Protokoll zu einem Gespräch beim Senator für Bildung, Wissenschaft und Kunst am 10.4.1972, Vertreter der Behörde, der Universität und der Pädagogischen Hochschule, S. 2 f.
234	BUA 1/GS – Nr. 647, Vorlage der Planungskommission Lehrerbildung für den Gründungssenat: Integration der Pädagogischen Hochschule, 21.12.1970
235	BUA 1/AS – Nr. 245, Pädagogische Hochschule Bremen, Beschluss der Hochschulkonferenz vom 8.1.1973 mit Bezug auf die Hochschulkonferenz am 15.11.1971

236 BUA 1/GS – Nr. 641, Protokoll zu einem Gespräch beim Senator für Bildung, Wissenschaft und Kunst am 10.4.1972, Vertreter der Behörde, der Universität und der Pädagogischen Hochschule, S. 4
237 BUA 1/GS – Nr. 641, Vorlage zur 59. Sitzung des Gründungssenats am 15./16./17.4.1972
238 BUA 1/GS – Nr. 646b, Integrationsstelle: Übergang von fortgeschrittenen PH-Studenten auf die Universität, 19.7.1972
239 Ebd.
240 BUA 1/AS – Nr. 240, Vorlage der Integrationsstelle zur 2. Sitzung des Akademischen Senats, 11.10.1972
241 BUA 1/AS – Nr. 244, Rektor der Pädagogischen Hochschule: Entwurf: Übergangsregelung für die Integration, Stand 5.12.1972
242 BUA 1/AS – Nr. 244, Pressemitteilung des Akademischen Senats der Universität Bremen, 28.11.1972
243 BUA 1/AS – Nr. 245, Antwort des Rektors der Universität auf einen Offenen Brief des AStAs der Pädagogischen Hochschule, 8.1.1973, S. 3 f.
244 BUA 1/AS – Nr. 245, Hochschule Bremen, Beschluss der Hochschulkonferenz vom 8.1.1973
245 Vgl. Gräfing, 2006, S. 158 ff.
246 Interview Thomas von der Vring, 6.6.2007
247 Ebd.
248 Ebd., Klink beging 1980 Selbstmord.
249 Vgl. dazu BUA 7/N, Loew – Nr. 30, Aktenvermerk über ein Gespräch mit dem Leiter der Pädagogischen Hochschule Bremen am 12.5.1967
250 Schwarzwälder, 2003, S. 394
251 Vgl. Bremische Bürgerschaft, Drucksache 8/448, 13.3.1973, S. 4 (Integrationsgesetz, Begründung); auch: Bremer Nachrichten, 20.3.1973: „Schritt zur Gesamthochschule"
252 Bremische Bürgerschaft (Landtag), 8. Wahlperiode, 27. Sitzung am 28.3.1973, S. 1464, FDP-Abgeordneter Lahmann
253 StAB 4,63/1 – 31-94/3-0/10, Vermerk 19.2.1973, Bildungsbehörde

4. Rektor Steinberg – 1974-1977

1 Hans-Josef Steinberg zur Entwicklung der Universität Bremen. In: 1971-1991. 20 Jahre Universität Bremen, 1992, S. 114. Der Ausspruch stammt von Till Schelz-Brandenburg.
2 Interview Peter Garrelmann, 18.7.2007
3 Regierungserklärung des Senats der Freien Hansestadt Bremen, abgegeben vom Präsidenten des Senats, Bürgermeister Hans Koschnick, vor der Bremischen Bürgerschaft am 26.11.1975, S.31, herausgegeben von der Pressestelle des Senats der Freien Hansestadt Bremen
4 Bremer Nachrichten, 16.12.1975
5 Hans-Josef Steinberg. In: 1971-1991. 20 Jahre Universität Bremen, 1992, S. 115
6 BUA 7/D – Nr. 241, Universität Bremen, Hinweise für Studenten, Ausgabe Januar 1975
7 BUA 4/FB 11 – Nr. 5075a, Vorlage für die ZPK Nr. 56 betreffend Strukturfragen der Universität, Bericht der Strukturkommission der ZPK vom 22.5.1973, S. 3
8 Dauks, 2008, S. 14 f.
9 BremHG vom 14.11. 1977, § 86
10 Universität Bremen, Studienführer 1978, S. 39-44
11 Universität Bremen, Studienführer 1977/78, S. 116
12 BUA 1/GS – Nr. 603, Protokoll der Sitzung des Gründungssenats vom 19. bis 23.9.1968
13 BUA 1/AS – Nr. 411, Vorlage Nr. V/55, Beschlussvorlage der Planungskommission Informatik (PKI) zur Einrichtung des Studiengangs Informatik (Diplom) an der Universität Bremen, 4.8.1976, S. 4

14 BUA 1/AS – Nr. 411, K. Haefner: Alternative Beschlussvorlage zu V/55, S. 1
15 Ebd., S. 2 f.
16 Ebd., Protokoll der V/5. Sitzung des Akademischen Senats, 15.9.1976, S. 12
17 BUA 1/Konv – Nr. 10, Stellungnahme der Gruppe „Sozialistischer Hochschullehrer" zur Verabschiedung des Haushalts 1977 im Konvent der Universität am 17.12.1975
18 BUA 1/Konv – Nr. 10, ÖTV – Fraktion, Erklärung des Konvents der Universität Bremen zum Entwurf des Haushalts 1977, Dezember 1975
19 BUA 1/AS – Nr. 402a, Entschließungsantrag des Studienbereichs 5 an den Akademischen Senat, 24.3.1976
20 BUA 1/AS – Nr. 397, Vorlage für den AS Nr. IV/179: Einleitung des Verfahrens für die Aufstellung des 1. Hochschulentwicklungsplans, S. 4
21 Ebd., S. 5
22 Bernhard Hülsmann: „Hochschule und Wissenschaft zwischen Effektivierung und Formierung. Der Zugriff des Staates auf die Inhalte". In: Ulla Bracht/Bernhard Hülsmann/Dieter Keiner (Hg.): Hochschulrahmengesetz, Hochschulpolitik und Klassenauseinandersetzungen in der BRD, Köln 1983, S. 160
23 Bundesverfassungsgericht, Entscheidung vom 18.7.1972
24 Hülsmann, in: Bracht/Hülsmann/Keiner (Hg.): 1983, S. 162
25 BUA 1/AS – Nr. 402a, Mitteilungen der Pressestelle des Senats der Freien Hansestadt Bremen, 5. Ausgabe, 1.3.1976
26 Weser-Kurier: „An Uni muß man zusammenrücken", 2.3.1976
27 BUA 1/AS – Nr. 402a, Uni-Press, 10.3.1976
28 BUA 1/AS – Nr. 402a, Mitteilungen der Pressestelle des Senats der Freien Hansestadt Bremen, 11.3.1976
29 BUA 1/AS – Nr. 284, Vorlage für den Akademischen Senat Nr. II/367: Kanzow/Heitmann/Feldmann: Zu den Bedingungen des weiteren Ausbaus der ingenieurwissenschaftlichen Studiengänge an der Universität Bremen, November 1973, S. 1
30 Horst-Werner Franke zur Entwicklung der Universität Bremen. In: 1971-1991. 20 Jahre Universität Bremen, 1992, S. 121
31 Hochschulrahmengesetz vom 26.1.1976, § 9
32 Horst-Werner Franke, Senator für Wissenschaft und Kunst: „Hochschulen im Umbruch". In: Der Senat der Freien Hansestadt Bremen (Hg.): Jahrbuch 1976, S. 137 ff.
33 BUA 1/AS – Nr. 408, „Die Universitätsleitung informiert": Überprüfung der Organisation des Dienstleistungsbereiches an der Universität, 10.2.1976, S. 1
34 Ebd., S. 3
35 Ebd., S. 6-9
36 BUA 1/AS – Nr. 410, Protokoll der V/4. Sitzung des Akademischen Senats, 9.9.1976, S. 3
37 BUA 1/AS – Nr. 408, „Die Universitätsleitung informiert": Überprüfung der Organisation des Dienstleistungsbereiches an der Universität, 10.2.1976, S. 15
38 Ebd., Brief Maaß an den Senator für Finanzen, 25.2.1976
39 Ebd., Reorganisation der Universität Bremen, 7.4.1976, S.11
40 BUA 1/AS – Nr. 409b, Brief Rektor Steinbergs an den Senator für Wissenschaft und Kunst, 28.6.1976
41 BUA 1/AS – Nr. 410, Der Senator für Wissenschaft und Kunst, 30.8.1976, S. 4
42 Ebd., S. 5
43 BUA 1/AS – Nr. 410, Der Senator für Wissenschaft und Kunst: Entwurf eines bremischen Hochschulgesetzes, 1976, S. 18
44 Interview Peter Garrelmann, 18.7.2007
45 Hans-Josef Steinberg, in: 1971-1991. 20 Jahre Universität Bremen, 1992, S. 116
46 Braunthal, 1992, S. 55
47 Braunthal, 1992, S. 32 f.
48 Ebd., S. 47
49 Landesvorstand der Bremer SPD (Hg.): Hochschulpolitische Grundsätze der Sozialdemokratischen Partei Bremens, 1974, S. 5

50 Peter Arend, Die innerparteiliche Entwicklung der SPD 1966-1975, Bonn 1975, S. 150 ff.
51 Manfred Histor: Willy Brandts vergessene Opfer. Geschichte und Statistik der politisch motivierten Berufsverbote in Westdeutschland 1971-1988, Freiburg i.Br. 1989, S. 63
52 Braunthal sieht in dem Ausweichen auf Privatschulen keine Alternative – vgl. hierzu Braunthal, 1992, S. 172
53 Histor, 1989, S. 78
54 Entscheidungen des Bundesverfassungsgerichts. 39. Band, Tübingen 1975, Entscheidung vom 22.5.1975, S. 374
55 Histor, 1989, S. 79
56 Ebd., 1989, S. 80
57 Ebd., 1989, S. 97
58 BUA, Flugblatt: Aktionseinheit gegen politische Disziplinierungen und Berufsverbote. An alle Dienstleister und Hochschullehrer: Aufruf zur AStA-Demonstration am 4.12.1975
59 Braunthal, 1992, S. 38
60 Ebd., S. 40 f.
61 Bremische Bürgerschaft (Landtag), 9. Wahlperiode, 35. Sitzung am 17.3.1977, S. 2294
62 Ebd., S. 2295
63 Ebd., S. 2291
64 Hans Koschnick, „Warum Praxis und Folgen des Extremistenbeschlusses seine Abschaffung nötig machen". In: Hans Koschnick (Hg.): Der Abschied vom Extremistenbeschluß, Bonn 1979, S. 18
65 Entscheidungen des Bundesverfassungsgerichts. 39. Band, Tübingen 1975, Entscheidung vom 22.5.1975, S. 356
66 Regierungserklärung des Senats der Freien Hansestadt Bremen, abgegeben vom Präsidenten des Senats, Bürgermeister Hans Koschnick, vor der Bremischen Bürgerschaft am 26.11.1975, S.6
67 Verfahrensregelung des Landes Bremen, Verfahren bei der Feststellung des Erfordernisses der Verfassungstreue von Bewerbern für den öffentlichen Dienst vom 14. März 1977 (Amtsblatt der Freien Hansestadt Bremen vom 31.3.1977, S. 87), vgl auch Peter Frisch, Extremistenbeschluß. Zur Frage der Beschäftigung von Extremisten im öffentlichen Dienst mit grundsätzlichen Erläuterungen, Argumentationskatalog, Darstellung extremistischer Gruppen und einer Sammlung einschlägiger Vorschriften, Urteile und Stellungnahmen, Leverkusen ^{4}1977, S. 169. Als Beispiel für die Praxis des Berufsverbots in der Bundesrepublik vergleiche auch: Nachlass Steinberg, Bibliothek für Human- und Sozialgeschichte der Universität Bremen: Gewerkschaft Erziehung und Wissenschaft (Hg.): Dokumente + Materialien zum Berufsverbot, Bochum o.J.
68 Ebd., S. 169, Punkt 2: Feststellung
69 Ebd., S. 170 ff.
70 Ebd., S. 172
71 Braunthal, 1992, S. 59
72 Ebd., S. 62 f.
73 Frisch, 1977, S. 213 f.: Auszug aus dem vom Bundesminister des Inneren herausgegebenen Informationsdienst „Innere Sicherheit" vom 13.4.1976, Nr. 33, S. 5
74 Ebd.
75 Ebd.
76 Braunthal, 1992, S. 65
77 Ebd., S. 117
78 Vgl. auch Braunthal, S. 118
79 Stein/Düx, 1974, S. 4
80 Nachlass Steinberg, Bibliothek für Human- und Sozialgeschichte der Universität Bremen: Jungsozialisten in der SPD/die JS-Unterbezirksvorstände Bremen Ost und West (Hg.): Juso-Argumente: Berufsverbote, Verfahrensregelung, Verfassungsschutzg[esetz] in Bremen, Bremen 1976, S. 5
81 BUA, Flugblatt: Gegen KPD-Verbot und Berufsbeamtentum, KBW Ortsgruppe Bremen, [1975]
82 Vgl. dazu Nachlass Steinberg, Bibliothek für Human- und Sozialgeschichte der Universität Bremen: Dokumentation des Landesverbandes Bremen der GEW in Zusammenarbeit mit

dem AStA der Universität Bremen: Verfassungswidrige Inhalte oder Behördenwillkür? Die 2. Lehrerprüfung des Kollegen Frank Behrens, [Bremen 1974]
83 Weser-Kurier, 6.7.1978: „Heilbronn wird zum 1. August eingestellt."
84 BUA 1/AS – Nr. 399, Brief Steinberg an Thape, 19.1.1976
85 Interview Reinhard Hoffmann, 19.7.2007
86 Vgl. beispielsweise BUA 1/Konv – Nr. 14, Protokoll der VII/4. Sitzung des Konvents vom 14.6.1978, TOP 6a, S. 5
87 Jan-Henrik Friedrichs: „Herrschaft als soziale Praxis zwischen ‚Radikalenerlaß' und ‚Deutschem Herbst'. Der Skandal um die Behandlung eines Fried-Gedichts im Bremer Schulunterricht 1977". In: Arbeiterbewegung und Sozialgeschichte, Zeitschrift für die Regionalgeschichte Bremens im 19. und 20. Jahrhundert, Nr. 18, Dezember 2006, S. 64
88 Bremer Bürger-Zeitung, 28.8.1975
89 BUA 1/AS – Nr.393, Universität Bremen: Uni-Info Nr. 4/1975
90 BUA 1/AS – Nr. 395a, G. Stuby: Resolutionsentwurf für den Akademischen Senat, 29.10.1975
91 BUA 1/AS – Nr.395b, Protokoll der IV/7. Sitzung des AS, 29.10.1975, S. 15 f. Die Auslassungen betreffen die Abstimmungsergebnisse, keine Beschlussinhalte.
92 BUA 1/AS – Nr. 396, Brief Rektor Steinberg an Bildungssenator Thape, 29.10.1975
93 BUA: Bremer Universitäts-Zeitung, 3. Jg, Nr. 24, 16.12.1975, S. 1
94 BUA 1/AS – Nr. 399, Protokoll der 11. Sitzung des Akademischen Senats IV, 14.1.1976, S. 41, sowie Anlage IV/11/3
95 Nachlass Steinberg, Bibliothek für Human- und Sozialgeschichte der Universität Bremen: Kommunistischer Bund Westdeutschlands (KBW)(Hg.): Keine Entlassung von Dieter Mützelburg! Gegen Berufsbeamtentum und Entrechtung im öffentlichen Dienst! Weg mit dem KPD Verbot!, Bremen 1976, S. 22 ff.
96 Ebd., S. 23 (Erklärung Mützelburg) und S. 27 (Zitat im am selben Ort abgedruckten Schreiben des Senators)
97 Ebd., S. 28, Schreiben des Senators Franke an den Personalrat der Universität Bremen, 10.3.1976
98 Ebd., S. 26
99 Ebd., S. 25, Schreiben Mützelburgs an den Senator für Wissenschaft und Kunst, 19.1.1976
100 BUA 1/AS – Nr. 402a, Schreiben Rektor Steinbergs an den Senator für Wissenschaft und Kunst, 24.3.1976
101 Weser-Kurier, „Uni-Rektor wehrt sich gegen Anordnung Senator Frankes", 25.3.1976
102 BUA 1/AS – Nr. 402a, Beschluss des Akademischen Senats vom 24.3.1976
103 BUA 1/AS – Nr. 403, Gewerkschaft Erziehung und Wissenschaft, Betriebsgruppe Universität, 6.4.1976
104 Weser-Kurier, Offener Brief zur Bürgerschaftswahl, 24.9.1975
105 BUA, Uni-Info Nr. 5, 1975: Nachdruck: Brief des Senators für Bildung, Wissenschaft und Kunst an den Hochschullehrer Thomas Metscher, 21.10.1975
106 BUA 1/AS – Nr. 396, Brief Rektor Steinberg an Senator Thape, 29.10.1975
107 BUA 1/AS – Nr. 396, Resolution der GEW-Betriebsgruppe Universität, 5.11.1975, S. 2
108 BUA 7/D – Nr. 272, Komitee „Kein Berufsverbot gegen Jens Scheer", S. 1
109 BUA: Bremer Universitäts-Zeitung, 3. Jg., Nr. 21, 4.11.1975, S. 1, sowie BUA 7/D – Nr.274, Dokumentation des KSB: Kein Berufsverbot für Jens Scheer, S. 1 (Das Plakatkleben soll am 21.5.1974 stattgefunden haben.)
110 Ebd.
111 BUA 7/D – Nr. 273, Komitee „Kein Berufsverbot gegen Jens Scheer!", Dokumentation Nr. 3, ohne Datum
112 Ebd., S. 1
113 Ebd., S. 3, sowie Weser-Kurier, 30.4.1975: „Wissenschaftler droht Entlassung"
114 Hamburger Morgenpost, Ausgabe Bremen, 29.4.1975: „Berühmtem Physiker droht der Rausschmiß"
115 Bremer Universitäts-Zeitung, Nr. 11, 18.6.1975, S. 3: Bremer Hochschullehrer gegen Berufsverbote

116 BUA 1/AS – Nr. 399, Brief des Studienbereichs 8 an den Rektor, 14.1.1976
117 BUA 1/AS – Nr. 393, Tischvorlage für den Akademischen Senat, 25.9.1975
118 BUA 1/AS – Nr. 394, Resolution des Studienbereichs 2, Beschluss Nr. 611, 24.9.1975
119 BUA, Dokumentation zu den Provokationen des KSV an der Uni Bremen, Asta-Uni, Oktober 1975, S. 8
120 Bremer Nachrichten: „Die KPD kam mit faulen Tomaten", 20.9.1975
121 BUA 7/D – Nr. 274, Dokumentation des KSB: Berufsverbot für Jens Scheer, S. 8: Artikel aus dem Weser-Kurier vom 20.9.1975: „In der Uni flogen Eier und Tomaten"
122 Ebd., Persönliche Erklärung von Jens Scheer, undatiert
123 BUA 1/AS – Nr. 399, Resolutionsvorlage des KSB gegen die Suspendierung von Jens Scheer, 14.1.1976
124 Weser-Kurier: „Die Angeklagten verließen den Saal", 9.3.1975
125 Weser-Kurier: „Professor Scheer erhielt Bewährung", 1.11.1975
126 Weser-Kurier: „Jens Scheer erneut verurteilt", 2.11.1977
127 BUA 1/AS – Nr. 393, Protokoll der IV/5. Sitzung des Akademischen Senats, TOP 2a, S. 10 f.
128 BUA 1/AS – Nr. 393, Vorlage des KSB, 25.9.1975
129 BUA 1/AS – Nr. 393, Beschlussantrag des KSB – Rote Liste zur Suspendierung von Jens Scheer, 25.9.1975
130 BUA 1/AS – Nr. 397, Projekt SAIU an der Universität Bremen, 16.12.1975
131 BUA 7/D – Nr. 274, Dokumentation des KSB: Berufsverbot für Jens Scheer, S. 13, Auszug aus dem Protokoll vom 23.9.1975 der ÖTV-Betriebsgruppe Universität Bremen/Vertrauensleutekörper
132 BUA 7/D – Nr. 274, Dokumentation des KSB: Berufsverbot für Jens Scheer, S. 14: Weser-Kurier, 3.10.1975: „Prof. Scheer wieder im Dienst"
133 Ebd., S. 15: KSB-Flugblatt: Die letzte Runde ging an Scheer
134 BUA 7/D – Nr. 274, Dokumentation des KSB: Berufsverbot für Jens Scheer, S. 8: Artikel aus dem Weser-Kurier vom 20.9.1975: „In der Uni flogen Eier und Tomaten"
135 BUA 1/AS – Nr. 405, Resolution der studentischen Vollversammlung des Studiengangs Physik zum Fall Jens Scheer, 29.4.1976
136 Nature, Nr. 257, 23.10.1975. In: BUA 1/AS – Nr. 398
137 Vgl. z.B. BUA 7/D – Nr. 272, Komitee „Kein Berufsverbot gegen Jens Scheer"
138 BUA 7/D – Nr. 272, Komitee „Kein Berufsverbot gegen Jens Scheer!", Dokumentation, 1975, S. 35: Erklärung von Jens Scheer
139 BUA 7/D – Nr. 275, Ergebnisprotokoll der 2. Aktionsberatung gegen das drohende Berufsverbot gegen Jens Scheer, Vertreter der Basisgruppe Elektrotechnik/Kybernetik, Vertreter des KSV, Jens Scheer u.a., 10.3.1977, S. 1
140 Ebd., S. 3
141 Interview Reinhard Hoffmann, 19.7.2007
142 Nachlass Steinberg, Bibliothek für Human- und Sozialgeschichte der Universität Bremen: Kommunistischer Bund Westdeutschland (KBW) (Hg.): Bremer Polizei: „zurückhaltend" und „behutsam"? Zügellose Unterdrückung. Eine Antwort an Krawinkel, Diekmann und Koschnick, Bremen [1976], S. 2
143 Ebd., S. 2 f.
144 Histor, 1989, S. 130
145 Friedrichs, in: Arbeiterbewegung und Sozialgeschichte, Nr. 18, Dezember 2006, S. 59
146 Braunthal, 1992, S. 135
147 Nachlass Steinberg, Bibliothek für Human- und Sozialgeschichte der Universität Bremen: Gerhard Stuby: Sind die Berufsverbote vom Tisch? In: Bremer Komitee gegen Berufsverbote: Weg mit den Berufsverboten! Mit Einschätzungen und Dokumenten zur Aktuellen Diskussion!, Bremen 1978, S. 24
148 Ebd., S. 24 f.
149 „Spielraum enger, als es manche sehen wollen" – Hans Koschnick zur Einstellungspraxis im öffentlichen Dienst, ÖTV-Magazin 8/1978; vgl. auch Hans Koschnick: „Grundsätze zur Feststellung der Verfassungstreue im Öffentlichen Dienst." In: Koschnick, 1979, Anhang 9, S. 148

150	Hans Koschnick: „Warum Praxis und Folgen des Extremistenbeschlusses seine Abschaffung nötig machen". In: Koschnick, 1979, S. 21
151	Braunthal, 1992, S. 139 f.
152	Bremische Bürgerschaft, Landtag, Drucksache 10/1021, 7.2.1983, vgl. auch Braunthal, 1992, S. 151
153	Klaus Dammann/Erwin Siemantel (Hg.): Berufsverbote und Menschenrechte in der Bundesrepublik, Köln 1987, S. 161
154	Interview Rainer Köttgen, 4.9.2007
155	Interview Willi Lemke, 16.2.2009
156	Der Bundesminister für Bildung und Wissenschaft: Hochschulrahmengesetz, Januar 1976, S. 3, sowie Artikel 75, Nr. 1a GG
157	Hansgert Peisert/Gerhild Framhein: Das Hochschulsystem in der Bundesrepublik Deutschland. Hg. vom Bundesminister für Bildung und Wissenschaft, Bad Honnef 1990, S. 8
158	Hans Leussink, Zur Einbringung des Hochschulrahmengesetzes in den Bundestag am 10.3.1971, S.1
159	Ebd., S. 4
160	Ebd., S. 4 f.
161	Ebd., S. 7
162	Werner Hoffacker, Die Universität des 21. Jahrhunderts. Dienstleistungsunternehmen oder öffentliche Einrichtung? Neuwied 2000, S. 35
163	Vgl. StAB 4,111/7 – 439
164	Interview Willi Lemke, 16.2.2009
165	Hansgert Peisert/Gerhild Framhein: Das Hochschulsystem in der Bundesrepublik Deutschland. Funktionsweise und Leistungsfähigkeit, Stuttgart ²1980, S. 28 f.
166	StAB 4,111/7 – 439, Mitteilungen der Pressestelle des Senats der Freien Hansestadt Bremen, 2. Ausgabe, 20.12.1976
167	StAB 4,111/7 – 441, Stellungnahme der Universität Bremen zu einem Bremischen Hochschulgesetz unter den Voraussetzungen des Hochschulrahmengesetzes, Mai 1976, S. 1
168	Der Senator für Wissenschaft und Kunst: Bremisches Hochschulgesetz vom 14.11.1977, Bremen 1977, hier: Vorwort des Senators für Wissenschaft und Kunst, Franke
169	BremHG § 11 (3)
170	BremHG §33 (1) Satz 3 und 4
171	StAB 4,111/7 – 444, Brief des Wissenschaftssenators Franke an die Mitglieder der bremischen Hochschulen, 23.11.1976
172	Der Senator für Wissenschaft und Kunst: Einführung in das Bremische Hochschulgesetz, BremHG, 14.11.1977, S. VI
173	StAB 4,111/7 – 445, Staatsgerichtshof der Freien Hansestadt Bremen, Urteil vom 6.6.1977, Aktenzeichen St 1/75, S. 2 ff.
174	StAB 4,111/7 – 445, Vorlage für die Sitzung des Senats am 10.6.1977 Nr. 394/76, S. 1 ff.
175	BUA 1/Konv – Nr. 13, Entscheidung des Staatsgerichtshofes vom 6. Juni 1977
176	StAB 4,111/7 – 445, Vorlage für die Sitzung des Senats am 10.6.1977 Nr. 394/76, S.3
177	StAB 4,63/1 – 31-94/3-0/10, Auszug aus dem Senatsprotokoll vom 13.3.1973, S. 355
178	Bremische Bürgerschaft (Landtag), 8. Wahlperiode, 27. Sitzung am 28.3.1973, S. 1462
179	BUA 1/AS – Nr. 399, Brief des Senators für Wissenschaft und Kunst an die Universität und die bremischen Hochschulen, 19.12.1975, S. 2
180	Der Bundesminister für Bildung und Wissenschaft: Hochschulrahmengesetz, Januar 1976, § 38 (5)
181	Entscheidungen des Bundesverfassungsgerichts. 35. Band, Tübingen 1974, Urteil vom 29.5.1973, S. 127
182	Ebd., S. 129 und S. 134
183	BUA 1/Konv – Nr. 13, Mitteilungen des Rektors, 6.6.1977
184	BUA 1/Konv – Nr. 13, Uni-Info Nr. 4, 1977, 8.6.1977, S. 11
185	Regierungserklärung des Senats der Freien Hansestadt Bremen, abgegeben vom Präsidenten des Senats, Bürgermeister Hans Koschnick, vor der Bremischen Bürgerschaft am 26.11.1975, S. 31
186	StAB 4,111/7 – 441, Stellungnahme der Universität Bremen zu einem Bremischen Hochschulgesetz unter den Voraussetzungen des Hochschulrahmengesetzes, Mai 1976, S. 7

187 Ebd., S. 7 f.
188 BUA 1/Konv – Nr. 13, Öffentliche Erklärung des Senators zur Situation an der Universität Bremen nach der Entscheidung des Staatsgerichtshofs vom 6.6.1977
189 Interview Rolf Prigge, 6.8.2007; Interview Claus Dittbrenner, 27.6.2007
190 Der Senator für Wissenschaft und Kunst: Einführung in das Bremische Hochschulgesetz, BremHG, 14.11.1977, S. XV
191 Interview Rolf Prigge, 6.8.2007
192 Interview Peter Garrelmann, 18.7.2007
193 Der Senator für Wissenschaft und Kunst: Einführung in das Bremische Hochschulgesetz, BremHG, 14.11.1977, S. XV
194 Bundesminister für Bildung und Wissenschaft: Hochschulrahmengesetz, Januar 1976, § 90 (1, 2)
195 Landesvorstand der Bremer SPD (Hg.): Hochschulpolitische Grundsätze der Sozialdemokratischen Partei Bremens, Bremen 1974, S .4
196 Interview Hans Koschnick, 8.6.2007
197 BUA 7/P – Nr. 2433, Demokratische Hochschule, Information 4, Wintersemester 1976/1977, S. 7 f.
198 BUA 1/AS – Nr. 414, Die Universitätsleitung informiert: „Universität ohne vollständige Stellungnahme zum Hochschulgesetz-Entwurf", 11.11.1976
199 BremHG 1977, § 2 (1)
200 BremHG 1977, § 111 (6) (8)
201 StAB 4,111/7 – 442, Stellungnahme der ÖTV zum geplanten Landeshochschulgesetz, S. 1
202 Ebd., S. 3
203 Vgl. StAB 4,111/7 – 443, Stellungnahme des Deutschen Gewerkschaftsbundes zum Hochschulrahmengesetz, 3.6.1976
204 Gespräch mit Christoph Bäuml, 19.8.2008
205 Weser-Kurier, 7.9.1976: „Verbotene Drittelparität klopft jetzt an Hintertür"
206 Frankfurter Allgemeine Zeitung, 11.10.1976
207 Bremer Nachrichten, 1.9.1976: „CDU kritisiert Entwurf zum Hochschulgesetz"
208 BUA 7/D – Nr. 320, MSB Spartakus: Der Entwurf eines Bremer Hochschulgesetzes (BHG) als Vollstreckung des Hochschulrahmengesetzes (HRG), Bremen, 19.10.1976, S. 8 und 13
209 Ebd., S. 29
210 Ebd., S. 38, vgl. auch BremHG, § 111
211 Landesvorstand der Bremer SPD (Hg.): Hochschulpolitische Grundsätze der Sozialdemokratischen Partei Bremens, 1974, S. 3
212 Der Bundesminister für Bildung und Wissenschaft: Hochschulrahmengesetz, Januar 1976, § 10 (4)
213 BUA 7/D – Nr. 247, Konferenz Bremer Asten: Dokumentation zu HRG und Landeshochschulgesetz, 10.11.1976, S. 5
214 Peter M. Kaiser/Dieter Keiner/H.J. Krysmanski: „Hochschulrahmengesetz, hochschulpolitische Lage und Klassenauseinandersetzungen in der BRD". In: Bracht/Hülsmann/Keiner, 1977, S. 18
215 Peisert/Framhein, 1980, S. 98
216 BremHG, § 35 (2) 1,2
217 Bremische Bürgerschaft (Landtag), 9. Wahlperiode, 61. Sitzung am 14.6.1978
218 Reinhard Müller: Entstehungsgeschichte des Hochschulrahmengesetzes. Eine Fallstudie. Phil. Diss., Frankfurt am Main 1982, S. 407
219 Ebd., S. 410
220 Ebd.
221 Peter Borowsky: Deutschland 1970-1976, Hannover 1980, S. 103
222 StAB 4,111/7 – 444, behördeninternes Schreiben, 2.2.1976, S. 1 f.
223 BremHG 1977, § 67 (2)
224 BremHG 1977, § 67 (3)
225 Hans Wenke: „Der Aufbau einer neuen Universität". In: Hans Wenke/Joachim H. Knoll (Hg.): Festschrift zur Eröffnung der Universität Bochum, Bochum 1965, S. 74 f.
226 Franke, 1980, S. 29

227 Der Senator für Wissenschaft und Kunst: Einführung in das Bremische Hochschulgesetz, BremHG, 14.11.1977, S. XII-XIII
228 Interview Wilfried Müller, 2.4.2009
229 BremHG 1977, § 30 (1) und § 31 (1)
230 BremHG 1977, § 26 (1)
231 BUA 1/Konv – Nr. 14, Brief der Initiativgruppe Lehrbeauftragte an Rektor Wittkowsky, 12.7.1978
232 Landesvorstand der Bremer SPD (Hg.): Hochschulpolitische Grundsätze der Sozialdemokratischen Partei Bremens, 1974, S. 5
233 Hans Leussink, Zur Einbringung des Hochschulrahmengesetzes in den Bundestag am 10.3.1971, S. 8
234 SPD-Landesorganisation Bremen (Hg.)/Arno Koch: Reformuniversität Bremen. Bremen 1971, S. 4
235 BremHG, § 8 (4)
236 BremHG, § 8 (1)
237 BremHG, § 10 (1), (2), (4)
238 BremHG, § 6 (1)
239 BremHG, § 6 (2), (3), (4)
240 BUA 1/AS – Nr. 395b, Protokoll der IV/7. Sitzung des Akademischen Senats, 29.10.1975, S. 19-23
241 Ebd., S. 24
242 Ebd., S. 25 ff.
243 BremHG 1977, § 45 (2)
244 BUA 1/AS – Nr. 405, Beschluss des Akademischen Senats Nr. 2005, Protokoll der IV/19. Sitzung des AS am 12.5.1976, S. 11 ff.
245 Ebd., S. 15
246 BUA 1/AS – Nr. 149, Protokoll des zweiten Teils der V/9. Sitzung des Akademischen Senats 10./11.11.1976, S.18. Der erste Teil der Sitzung wurde von Studierenden gestört, die die Weiterführung der Sitzung verhindern wollten, ebd., S. 16
247 BUA 1/AS – Nr. 149, Stellungnahme der Liste Aktionseinheit zum BHG, S. 2
248 BUA 1/Konv – Nr. 14, Protokoll der VII/7. Sitzung des Konvents am 29.11.1978, TOP 2b, S. 6
249 BUA 1/AS – Nr. 403, Vorlage für den Akademischen Senat Nr. IV/324, Stellungnahme der Universität zum geplanten bremischen Hochschulgesetz, 8.4.1976, S. 3
250 Interview Henning Scherf, 18.3.2009
251 http://www.spiegel.de/unispiegel/studium/0,1518,513641,00.html

5. Rektor Wittkowsky: 1977-1982

1 Interview Alexander Wittkowsky, 21.5.2008
2 Alexander Wittkowsky zur Entwicklung der Universität Bremen. In: 1971-1991. 20 Jahre Universität Bremen, 1992, S. 117
3 Ebd.
4 Bremer Universitäts-Zeitung, 3.2.1977: „Ab Juni mit neuem Rektor"
5 Interview Alexander Wittkowsky, 21.5.2008
6 Bremen 1949-1979. 30 Jahre Grundgesetz. Herausgegeben von der Pressestelle des Senats der Freien Hansestadt Bremen, Bremen 1979, S. 57
7 BUA 1/Konv – Nr. 14, Vorlage Nr. VII/6 für den Konvent VII, Thesenpapier für die Bewerbung auf das Amt des Konrektors, Wendelin Strubelt, 22.5.1978, S. 2
8 Ebd., S. 3
9 Ebd.
10 Ebd.
11 Bremische Bürgerschaft/Landtag, 10. Wahlperiode, 19. Sitzung am 9.7.1980, S. 1286 f.

12   Ebd., S. 1289
13   Universität Bremen 1971-1981, Entwicklung, Planung, Aufgaben. Herausgegeben vom Rektor der Universität Bremen, Bremen 1981, S. 59
14   BUA 1/GS – Nr. 604: Beschluss des Gründungssenats vom 30.4.1969
15   Hans Stallmann, Euphorische Jahre. Gründung und Aufbau der Ruhr-Universität Bochum, Essen 2004, S. 113
16   Ebd., S. 112 ff.
17   Vgl. Gräfing, 2006, S. 180
18   Privatarchiv Eckhard Kanzow: Universität Bremen, Planungskommission Technik: Studiengang Produktionstechnik. Planungsbericht, 1978, S. III
19   Privatarchiv Eckhard Kanzow: Universität Bremen, Planungskommission Technik: Studiengang Produktionstechnik. Planungsbericht, 1978, S. VI
20   Ebd., S. VIII
21   Interview Eckhard Kanzow, 11.6.2008
22   Privatarchiv Eckhard Kanzow: Universität Bremen, Planungskommission Technik: Studiengang Produktionstechnik. Planungsbericht, 1978, S. 5 f.
23   Privatarchiv Eckhard Kanzow, Gewerkschaftliche Vorstellungen und Anforderungen an einen Studiengang Produktionstechnik an der Universität Bremen, o.J., S. 2 f.
24   StAB 4,111/7 – 766, Studiengangsplanung, 26.10.1978
25   Rothe, 1961, S. 246 ff.
26   Gräfing, 2006, S. 203
27   BUA 2/Med – Nr. 3220, Gerhard Joppich: Überlegungen und Vorschläge zur Frage der Einrichtung eines Studiums der Humanmedizin und der Zahnheilkunde an der Universität Bremen, 23.5.1969, S. 1-5
28   BUA 2/Med – Nr. 3220, Der Senator für das Bildungswesen: Vorlage für den Senat, 29.10.1969
29   BUA 2/Med – Nr. 3220, Brief des Senators für das Gesundheitswesen an den Senator für das Bildungswesen, 9.1.1970
30   BUA 2/Med – Nr. 3220, Brief des Senators für das Gesundheitswesen an den Senator für das Bildungswesen, 10.9.1970
31   BUA 2/Med – Nr. 3222, Aktenvermerk an -11-
32   BUA 2/Med – Nr. 3223a, Errichtung einer medizinischen Forschungs- und Ausbildungsstätte an der Universität Bremen. Untersuchung zu ausgewählten Planungsfragen. Von Renate Foerst, Arend Hübener, Michael Ripke; Arbeitsgemeinschaft Planungsforschung Heidelberg, August 1977. Ein weiteres Gutachten wurde 1988 erstellt.
33   Ebd., S. 32
34   Brief Alexander Wittkowsky an die Verfasserin, 18.12.2008
35   BUA 2/Med – Nr. 3223b, Empfehlungen des Wissenschaftsrats zu Bauvorhaben der Medizin im siebten Rahmenplan, 3. Entwurf, 1.12.1977, S. 49
36   Ebd., Dr. P. Klein: Abschätzung der Betriebskosten bei Einführung eines Studiengangs Zahnmedizin an der Universität Bremen, Berlin, 26.8.1977, S. 14
37   BUA 2/Med – Nr. 3224, Göbel, Hardegg, Koser, Schneider: Stellungnahme zu Untersuchungen über die Einrichtung einer human- und zahnmedizinischen Ausbildungsstätte an der Universität Bremen, März 1978, S. 20
38   BUA 2/Med – Nr. 3224, Arbeitsgemeinschaft Planungsforschung: Errichtung einer medizinischen und zahnmedizinischen Forschungs- und Ausbildungsstätte an der Universität Bremen. Untersuchung zu verfügbaren und zusätzlich erforderlichen Ressourcen im Bereich der Bremer Universität und der Bremer Krankenhäuser, Heidelberg, März 1978, S. 4
39   BUA 2/Med – Nr. 3225a, vgl. z.B. den Vermerk vom 22.11.1987
40   Vgl. ebd., Vertragsentwurf (undatiert)
41   BUA 2/Med – Nr. 3226, Vermerk Jaene vom 15.3.1988
42   Weser-Kurier, 29.3.1988: „Uni: Mini-Fakultät für Mediziner?"
43   Vgl. etwa BUA 2/Med – Nr. 3226, Brief des Direktors des Instituts für Klinische Pharmakologie des Krankenhauses St. Jürgen-Straße an den Direktor des Instituts für Laboratoriumsmedizin, 1.2.1988, und BUA 2/Med – Nr. 3227b, Zusammenfassung einer Besprechung vom 27.1.1989

44 BUA 2/Med – Nr. 3227a, Protokoll einer Besprechung vom 9.10.1989
45 BUA 2/Med – Nr. 3227b, Brief Hartmut Jaene (Begleitung der Medizinplanung, Universität Bremen) an den Senator für Bildung, Wissenschaft und Kunst, 17.3.1989
46 BUA 2/Med – Nr. 3227b, D. Grünewald: Gutachten zur Frage der Einrichtung einer Medizinischen Fakultät in Bremen, 18.11.1988, S.2
47 BUA 2/Med – Nr. 3227b, Protokoll einer Besprechung von Vertretern der Finanz-, Gesundheits- und Bildungsbehörde sowie der Universität, der Senatskanzlei und des Krankenhauses St. Jürgen-Straße, 17.1.1989
48 Ebd., Jaene: Gesichtspunkte für eine Stellungnahme der Universität, 5.1.1989
49 Weser-Kurier, 28.11.1990: „Uni-Freunde streiten für Medizinfakultät"
50 BUA 2/Med – Nr. 3228, Brief Wedemeiers an Prof. Haeckel, Zentrallabor St. Jürgen-Straße, 17.10.1990
51 Ebd., Briefs Haeckels an Senatsdirektor R. Hoffmann, 23.10.1990
52 Vgl. dazu auch Universität Bremen: Impulse aus der Forschung, Nr. 5, April 1988
53 Interview Hans Koschnick, 8.6.2007
54 Ebd., S. HB13
55 BremHG 1977, § 87
56 BremHG 1977, § 90
57 Vgl. BremHG 1977, §§ 88 und 90
58 Franke, 1980, S. 5
59 Ebd., S. 5 f.
60 Ebd., S. 8
61 Ebd., S. 10
62 Ebd., S. 21
63 Ebd., S. 22
64 Interview Alexander Wittkowsky, 21.5.2008
65 Bremische Bürgerschaft/Landtag, 10. Wahlperiode, 19. Sitzung, 9.7.1980, S. 1290
66 Ebd., S. 1291
67 Ebd., S. 1292
68 StAB 4, 111/7 – 766, Planungsstand im Studiengang Psychologie im Juli 1980, S. 2
69 Interview Reinhard Hoffmann, 19.7.2007
70 Bremische Bürgerschaft/Landtag, 10. Wahlperiode, Drucksache 10/308, 3.9.1980
71 Bremische Bürgerschaft/Landtag, 10. Wahlperiode, Plenarprotokolle, 2. Band, 26. Sitzung am 16.10.1980, S. 1889
72 Ebd., S. 1890
73 Interview Alexander Wittkowsky, 21.5.2008
74 Ebd.
75 BUA 2/AkAn – Nr. 4969, Brief der Kanzlei Schulze, Stieringer & Partner an Bürgermeister Koschnick, undatiert [nach März 1981]
76 BUA 2/AkAn – Nr. 4969, Dokumentation von Hans Heinrich Maaß, Juni 1981, S. 1 f.
77 Ebd., S. 3 f.
78 Frankfurter Rundschau, 26.7.1980: „Jetzt sorgt die Universität für einen Skandal in Bremen"; vgl. auch Bremer Universitäts-Zeitung, Nr. 12, 27. August 1980
79 Bremer Nachrichten, 26.7.1980: „,Unbegründete Forderung'" sowie Presseerklärung von Alexander Wittkowsky vom 25.7.1980
80 Frankfurter Allgemeine Zeitung, 26.7.1980: „Auseinandersetzung um die Universität: Wieder ein politischer Konflikt in Bremen"
81 Gespräch mit Christoph Bäuml, 19.8.2008; Hans-Heinrich Maaß-Radziwill erklärt allerdings, der Auslöser sei gewesen, dass der Rektor in seiner Abwesenheit eine Akte betreffend den Berufungsfall Holzer, den der Rektor wieder aufrollen wollte, aus seinem Büro entfernt habe. Interview Hans-Heinrich Maaß-Radziwill, 10.12.2008. Der eigentlich längst abgeschlossene Berufungsfall war wieder von Bedeutung, da Holzer mittlerweile von einem Berufsverbot bedroht war. Interview Alexander Wittkowsky, 21.5.2008

82 Privatarchiv Christoph Bäuml, Neuordnung des Planungsbereichs, November 1980
83 Privatarchiv Christoph Bäuml, Brief Rektor Wittkowskys an Bäuml, 17.7.1981
84 Nordsee-Zeitung, 24.9.1980: „Universitätskanzler stellte Senator Franke ein Ultimatum"; die Rechnerkommission der DFG hatte einen Burroughs-Rechner empfohlen, der Senator favorisierte einen japanisch-deutschen Computer von Siemens, da in diesem Falle der Bundeszuschuß höher ausfiel – davon ging man jedenfalls aus. Als der Senator diese Entscheidung traf, war das Geschäft mit Burroughs allerdings schon fortgeschritten; Vertragsstrafen drohten. Vgl. Bremer Nachrichten, 2.10.1980: „Computer-Zuschuß fraglich"
85 Bremer Nachrichten, 2.10.1980: „Uni-Kanzler legt Geschäfte nieder".
86 Frankfurter Allgemeine Zeitung, 4.10.1980: „Neuer Rektor für die Bremer Universität?"
87 Weser-Kurier, 4./5.10.1980: „Maaß spricht von ‚Gewissensfrage'"; vgl. auch Bremer Nachrichten, 4.10.1980: „‚Stellung des Rektors stärken'"
88 Bremer Nachrichten, 4.10.1980: „‚Stellung des Rektors stärken'"
89 Interview Alexander Wittkowsky, 21.5.2008
90 Privatarchiv Alexander Wittkowsky: Radio Bremen, Frühkommentar, 2.10.1980 (Abschrift)
91 BUA 2/AkAn – Nr. 4969, Antrag an das Verwaltungsgericht Bremen, 12.9.1980
92 BUA 2/AkAn – Nr. 4969, Briefe vom 23. und 29.7.1980
93 Privatarchiv Alexander Wittkowsky, Schreiben an Klaus Wedemeier, Vorsitzender der SPD-Bürgerschaftsfraktion, 3.12.1982, S. 3
94 Bremische Bürgerschaft/Landtag, 10. Wahlperiode, Plenarprotokolle, 2. Band, 26. Sitzung am 16.10.1980, S. 1895; Hans-Heinrich Maaß-Radziwill erklärt, das Disziplinarverfahren sei der einzige Weg gewesen, als leitender Beamter seine Akten offenzulegen. Interview Hans-Heinrich Maaß-Radziwill, 10.12.2008
95 Ebd., S. 1896; Maaß legte seine Geschäfte – offenbar erneut auf Öffentlichkeitswirkung bedacht, am Tag seines zehnjährigen Dienstjubiläums, am 1.10.1980, nieder.
96 Bremische Bürgerschaft/Landtag, 10. Wahlperiode, Plenarprotokolle, 2. Band, 26. Sitzung am 16.10.1980, S. 1890 ff.
97 Ebd., S. 1897
98 Ebd., S. 1892
99 Ebd., S. 1893
100 Ebd., S. 1894
101 Interview Alexander Wittkowsky, 21.5.2008
102 Bremische Bürgerschaft/Landtag, 10. Wahlperiode, Plenarprotokolle, 2. Band, 26. Sitzung am 16.10.1980, S. 1897
103 Ebd., S. 1898
104 Ebd., S. 1899
105 Ebd.
106 Vgl. ebd., S. 1898 f.
107 Ebd., S. 1900
108 Bremische Bürgerschaft/Landtag, 10. Wahlperiode, 33. Sitzung am 21.1.1981, S. 2393
109 Ebd., S. 2408
110 BUA 7/P – Nr. 2307, asta-info, 6.11.1980, S. 1 f.
111 BUA 7/D – Nr. 279, Demokratische Hochschule: 7 Punkte Programm. Argumente für eine linke Alternative, S. 1
112 Die Zeit, Nr. 14, 2.4.1982, S. 29
113 Ebd.
114 Privatarchiv Alexander Wittkowsky: Brief Wittkowskys an den Vorsitzenden der SPD-Bürgerschaftsfraktion, Klaus Wedemeier, 3.12.1981, S. 1
115 Ebd., S. 1 f.
116 Ebd., S. 4
117 Ebd., S. 6
118 BUA 4/FB11 – Nr. 5208, Alexander Wittkowsky: Tischvorlage Nr. VIII/226 für die Sitzung des Akademischen Senats am 29.4.1981

119 Senat der Freien Hansestadt Bremen (Hg.): Wissenschaft und Forschung für Bremen und Bremerhaven. Hochschulgesamtplan, Forschungsinfrastrukturplan 1987-1995, Bremen Mai 1987, S. 9
120 Peisert/Framhein, 1980, S. 46 f.
121 Senat der Freien Hansestadt Bremen: Hochschulgesamtplan, Forschungsinfrastrukturplan 1987-1995, S. 9
122 Ebd., S. 13
123 Ebd.
124 Bremische Bürgerschaft (Landtag), 10. Wahlperiode, Drucksache 10/690, S. 1
125 Ebd., S.2
126 Die Zeit, Nr. 14, 2.4.1982, S. 29
127 Bremische Bürgerschaft (Landtag), 10. Wahlperiode, Drucksache 10/690, S. 2; vgl. auch ebd., S. 30
128 Ebd., S. 23
129 Ebd., S. 30; der Entwicklungsstand des Studiengangs war durch den ehemaligen DFG-Präsidenten und Kernphysiker Maier-Leibnitz begutachtet worden; dieser empfahl die Fortführung der Diplomausbildung für weitere 5-10 Jahre, um danach endgültig über Fortbestand oder Schließung zu entscheiden. Ebd., S. 38
130 Die Zeit, Nr. 14, 2.4.1982, S. 29
131 Interview Reinhard Hoffmann, 19.7.2007
132 BUA 4/FB11 – Nr. 5208, Mitteilungen des Rektors, Nr. 27, 6.5.1981, S. 3
133 Ebd.
134 BUA 2/AD – Nr. 3774
135 BUA 2/AD – Nr. 3774, Rahmenbedingungen und Leitlinien für die Arbeit des Rektors 1981-1983, Alexander Wittkowsky, S. 1
136 Ebd., S. 2
137 Ebd., S. 4
138 Ebd., S. 5
139 Ebd., S. 9
140 Ebd., S. 10
141 Ebd., S. 15
142 Ebd., S. 27
143 Rede des Rektors Jürgen Timm zur Verabschiedung von Alexander Wittkowsky. In: Universität Bremen, Fachbereich Produktionstechnik (Hg.): Kolloquium aus Anlaß des Ausscheidens des ehemaligen Rektors der Universität Bremen und Leiters des Fachgebiets Technikgestaltung/Technologie – Entwicklung im Fachbereich Produktionstechnik, [Bremen 2001], S. 7
144 Telefongespräch mit Alexander Wittkowsky, 14.11.2009
145 Universität Bremen 1971-1981, Entwicklung, Planung, Aufgaben. Herausgegeben vom Rektor der Universität Bremen, Bremen 1981, S. 32
146 Nordsee-Zeitung, 24.9.1980: „Bremer Uni in Sorge um Finanzierung"
147 Der Spiegel, 24.3.1982
148 Zahlen nach: Universität Bremen 1971-1981, Entwicklung, Planung, Aufgaben, S. 17
149 BUA 1/AS – Nr. 518, Vorlage zu TOP 11a, 19. Sitzung des Akademischen Senats am 18.1.1984; Asta/Studentenfraktion
150 BUA 4/FB11 – Nr. 5208, Der Senator für Wissenschaft und Kunst: Entwurf eines Hochschulgesamtplans für das Land Bremen (Vorlauf-Fassung), Stand: 30.4.1981
151 Die Zeit, Nr. 14, 2.4.1982, S. 29
152 Vgl. Dauks, 2008, S. 31
153 Ebd., S. 35
154 Ebd., S. 37
155 Ebd., S. 38
156 Frankfurter Rundschau, 25.3.1982
157 BremHG 1982, § 3 (1)
158 Ebd., § 79
159 Ebd., § 80

160 Ebd., § 80 (5)
161 Ebd., § 81 (2)
162 Ebd., § 90 (2)
163 Ebd., § 90 (3)
164 Ebd., § 90 (5)
165 DPA-Dienst für Kulturpolitik: Bremer Rektor tritt wegen Novelle zurück, 29.3.1982 (Privatarchiv Alexander Wittkowsky)
166 Ebd.; vgl. auch Interview Alexander Wittkowsky, 21.5.2008
167 Ebd.
168 Landesverband Bremen der Gewerkschaft Erziehung und Wissenschaft, Presseerklärung, 26.3.1982 (Privatarchiv Alexander Wittkowsky)
169 Weser-Kurier, 25.3.1982
170 Privatarchiv Alexander Wittkowsky: Gerd Winter, Sieben Schritte zurück – zur BHG-Novelle, 20.1.1982, S. 1 ff.
171 Das BremHG von 1977 sah nur einen Konrektor vor, während die Vorläufige Universitätsverfassung noch von zwei Konrektoren ausging. Um wieder mehrere Konrektoren wählen zu können, fasste der Konvent einen Grundordnungsbeschluss, der sich für bis zu drei Konrektoren aussprach und den der Senat der Freien Hansestadt Bremen am 25.6.1979 genehmigte. Vgl. BUA 1/Konv – Nr. 19, Vorlage für den Akademischen Konvent Nr. X/2, 11.1.1983
172 DPA-Dienst für Kulturpolitik: Bremer Rektor tritt wegen Novelle zurück, 29.3.1982 (Privatarchiv Alexander Wittkowsky)
173 Interview Alexander Wittkowsky, 21.5.2008
174 Der Spiegel, „Neue Fronten", 29.3.1982, S. 114
175 Ebd.
176 Interview Alexander Wittkowsky, 21.5.2008
177 BUA 1/Konv – Nr. 17, Rücktrittserklärung Alexander Wittkowsky, 25.3.1982, S. 4 f.
178 Ebd., S. 5 f.
179 Ebd., S. 8
180 Ebd., S. 1
181 Ebd., S. 9
182 BUA 1/Konv – Nr. 17, Rücktrittserklärung Jürgen Lott, 25.3.1982, S. 3 f.
183 Ebd., S. 5 f.
184 Interview Wilfried Müller, 2.4.2009
185 Interview Reinhard Hoffmann, 19.7.2007
186 Interview Rainer Köttgen, 4.9.2007
187 BUA 2/HEP – Nr. 667, Zum Ausbau der Hochschuleinrichtungen im Lande Bremen von 1978-1985, insbesondere zur Planung der 1. Etappe (Vorläufige Fassung vom 14.2.1975), 1. Kapitel: Beschlüsse und Daten zur Ausbauplanung aus den Jahren 1960-1974, S. 9
188 Interview Hans-Heinrich Maaß-Radziwill, 10.12.2008
189 Ebd.
190 BUA 2/AD – Nr. 3774, Alexander Wittkowsky: Rahmenbedingungen und Leitlinien für die Arbeit des Rektors 1981-1983, S. 2
191 Peter Faulstich/Hartmut Wegener: Gesamthochschule: Zukunftsmodell oder Reformruine? Beispiel Gesamthochschule Kassel, Bad Honnef 1981, S. 11
192 BUA 1/Konv – Nr. 17, Protokoll der VIII/7. Sitzung des Akademischen Konvents, 2.6.1982, S. 3 f.
193 Ebd., S. 5 f.
194 Bildungspolitische Vorstellungen des Deutschen Gewerkschaftsbundes, verabschiedet vom Bundesvorstand des DGB am 7. März 1972. In: Peter Faulstich (Hg.): Die Bildungspolitik des Deutschen Gewerkschaftsbundes 1949-1979, Stuttgart 1980, S. 115
195 Ebd.
196 Karpen, 1987, Bd. 1, S. 17
197 Der Spiegel, Nr. 23, 5.6.1978, S. 65 ff.: „Es kann nur noch schlimmer werden."
198 Ebd., S. 2

199	Interview mit Christoph Bäuml, 19.8.2008
200	BUA 1/Konv – Nr. 17, Bewerbung von Klaus Gajke für das Amt des Konrektors, 4.6.1981
201	Vgl. etwa BUA 1/AS – Nr. 408, Antrag Streckert/Paul bezgl. der Partnerschaft mit den Universitäten Ben-Gurion-Universität von Ber-Sheve und der westjordanischen Universität Bir-Zeit, 16.6.1976, sowie ebd., Protokoll der V/1. Sitzung des Akademischen Senats am 23.6.1976, TOP 18, S. 18, sowie BUA 1/AS – Nr. 409b, Vorlage für den AS V/45, 1976 (Universität Gdansk)
202	Peisert/Framhein, 1980, S. 161
203	Interview Reinhard Hoffmann, 19.7.2007
204	Vgl. Gräfing, 2006, S. 151
205	Erich Staudt, Festreferat. In: 25 Jahre Ruhr-Universität Bochum. Dokumentation der Eröffnungsfeierlichkeiten zum Jubiläumsjahr, hg. von der Stadt Bochum, Bochum 1991, S. 25

6. Rektor Timm: 1983-2002

1	Scenen in Bremen: Illustriertes StadtBuch, hg. vom Bremer Blatt, Bremen 1986, S. 34
2	Bremer Blatt, November 1983, „Die Bremer Wende – Uni", S. 20
3	Teichler, 2005, S. 63
4	Wissenschaftsrat: Empfehlungen und Stellungnahmen 1982, Köln 1983, S. 9
5	Ebd., S. 10
6	BUA 1/AS – Nr. 516, Mitteilungen der Pressestelle des Senats der Freien Hansestadt Bremen, 28.4.1983
7	DGB, GEW, Universität, AStA (Hg.): Sackgasse Lehrerstudium? Zusammenfassung, Materialien und Beiträge einer Expertenanhörung zum Thema Lehrerbedarf und Lehrerarbeitslosigkeit bis 1990, Bremen 1980, S. 14 f.
8	Wissenschaftsrat: Empfehlungen des Wissenschaftsrates zu den Perspektiven der Hochschulen in den 90er Jahren, Köln 1988, S. 98
9	Ebd., S. 347, Tab. 23 (1) (c), vgl. auch Anhang, Tab. 2
10	Ebd., S. 347, Tab. 23 (1) (a), vgl. auch Anhang, Tab. 1
11	Bremische Bürgerschaft (Landtag), 8. Wahlperiode, Mitteilung des Senats, Drucksache 8/1437, S. 2
12	BUA 1/AS – Nr. 206, Protokoll der IX/6. Sitzung des Akademischen Senats am 13.1.1983, S. 12
13	BUA 1/AS – Nr. 519, Anlage zur Vorlage IX/230(b)
14	BUA 1/AS – Nr. 515, Anlage zu Vorlage Nr. IX/104, Arbeitsgruppe H2-Frage und neue Mittelbaustruktur [1983]
15	BUA 1/AS – Nr. 207, Protokoll der IX/9. Sitzung des Akademischen Senats, 13.4.1983, S. 11
16	BUA 1/AS – Nr. 516, Vorlage IX/131, Juni 1983
17	Für die Zeit seit etwa 1990 ist anzumerken, dass Lehraufträge häufig unentgeltlich ausgeführt werden.
18	Weser-Kurier, 17.11.1983: „Hochschulen sollen mehr Profil entwickeln"
19	Vgl. etwa Weser-Kurier, 29.3.1982
20	Privatarchiv Alexander Wittkowsky: Universität Bremen, Uni-Press aktuell, 23.6.1982
21	Privatarchiv Alexander Wittkowsky: Mitteilungen der Pressestelle des Senats vom 23.6.1982, Erklärung des Senators für Wissenschaft und Kunst zur Rektor-Wahl in der Universität Bremen
22	BUA 1/Konv – Nr. 17, Protokoll der VIII/9. Sitzung des Akademischen Konvents, 23.6.1982, S. 3
23	Interview Jürgen Timm, 18.9.2008
24	BUA 1/Konv – Nr. 17, Protokoll der VIII/7. Sitzung des Akademischen Konvents, 2.6.1982, S. 3
25	BUA 1/AS – Nr. 206, Protokoll der IX/7. Sitzung des Akademischen Senats, 9.2.1983, S. 12
26	BUA 1/AS – Nr. 515, Kopie des Schreibens von Maaß-Radziwill an den Präsidenten des Senats der Freien Hansestadt Bremen, 23.11.1982

27 Interview Rainer Köttgen, 4.9.2007
28 BUA 1/AS – Nr. 485a, Brief Rektor Timm an Fachbereichssprecher, Konrektoren und den AS-Beauftragten für die Lehrerbildung, 17.1.1983
29 BUA 1/AS – Nr. 485a, Pressemitteilung
30 Interview Jürgen Timm, 18.9.2008
31 BUA 1/AS – Nr. 209, Protokoll der IX/17. Sitzung des Akademischen Senats, 23.11.1983, S. 6
32 Peisert/Framhein, 1990, S. 8; vgl. auch Falk Bretschneider/Peer Pasternack: Handwörterbuch der Hochschulreform, Bielefeld 2005, S. 201
33 BUA 1/AS – Nr. 209, Protokoll der IX/17. Sitzung des Akademischen Senats, 23.11.1983, S. 10
34 BUA 1/AS – Nr. 518, Vorlage IX/197, 10.10.1983
35 Peisert/Framhein, 1990, S. 8 f.
36 Wissenschaftsrat, 1980, S. HB 16
37 Ebd., S. HB 17
38 BUA 1/AS – Nr. 514, Vorlage IX/18 für die IX/3. Sitzung des Akademischen Senats, 10.11.1982
39 Bremer Blatt, November 1983, „Die Bremer Wende-Uni", S. 19
40 BUA 1/AS – Nr. 209, Protokoll der IX/15. Sitzung des Akademischen Senats, 14.9.1983, S. 9
41 BUA 1/AS – Nr. 520, Vorlage Nr. IX/286, 30.5.1984: Zusammenfassung und Ergänzungen zum Planungsbericht, S. 4
42 BUA 1/AS – Nr. 206, Protokoll der IX./5. Sitzung des Akademischen Senats, 8.12.1982, S. 7 ff.
43 Vgl. etwa Hochschulpolitische Informationen (HPI), 11. Jg., Nr. 19, 10.10.1980, S. 11
44 BUA 1/AS – Nr. 209, Protokoll der IX/15. Sitzung des Akademischen Senats, 14.9.1983, S. 24-27
45 Ebd., S. 27
46 BUA 1/AS – Nr. 210, Protokoll der IX/21. (Sonder-)Sitzung des Akademischen Senats, 15.2.1984, S. 3
47 Ebd., S. 5
48 BUA 1/AS – Nr. 209, Anhang zum Protokoll der IX/15. Sitzung des Akademischen Senats am 14.9.1983, Entwicklungsplan der Universität Bremen (Vorlauffassung) für die Jahre 1984-1987, S. 32
49 Ebd., S. 33
50 Ebd., S. 36-39
51 BUA 1/AS – Nr. 211, Protokoll der IX/23. Sitzung des Akademischen Senats, 11.4.1984, S. 27
52 BUA 1/AS – Nr. 516, Mitteilungen der Pressestelle der Freien Hansestadt Bremen, 28.4.1983: Rede von Wissenschaftssenator Horst-Werner Franke vor der Jahressitzung der VDI-Gesellschaft Produktionstechnik
53 BUA 1/AS – Nr. 517, Entwicklungsplan der Universität Bremen (Vorlauffassung) für 1984-1987, S. 1
54 Ebd., S. 4
55 BUA 1/AS – Nr. 520, Vorlage Nr. IX/257, 28.3.1984
56 BUA 1/AS – Nr. 520, Anlagen 1, 2 und 3 zur Vorlage IX/262, 28.3.1984
57 BUA 1/AS – Nr. 209, Anhang zum Protokoll der IX/15. Sitzung des Akademischen Senats am 14.9.1983, Entwicklungsplan der Universität Bremen (Vorlauffassung) für die Jahre 1984-1987, S. 40
58 Ebd., S. 41
59 Ebd., S. 43
60 BUA 1/AS – Nr. 519, Vorlage Nr. IX/234, 2.2.1984
61 Bremische Bürgerschaft/Landtag, 11. Wahlperiode, 4. Sitzung am 8.12.1983, S. 164 f.
62 BUA 1/AS – Nr. 209, Protokoll der IX/17. Sitzung des Akademischen Senats, 23.11.1983, S. 14 f.
63 Bremische Bürgerschaft/Landtag, 11. Wahlperiode, 27. Sitzung am 27.2.1985, S. 1595
64 BUA 1/Konv – Nr. 19, Entwurf eines dritten Gesetzes zur Änderung des Hochschulrahmengesetzes, Anlage zum Schreiben des BMBW, 9.11.1984, S. 3
65 Ebd., S. 4 f.
66 Ebd., S. 14
67 BremHG in der Fassung von 1988, § 84 (2)

68 BUA 1/Konv – Nr. 19, Entwurf eines dritten Gesetzes zur Änderung des Hochschulrahmengesetzes, Anlage zum Schreiben des BMBW, 9.11.1984, S. 23
69 BUA 1/Konv – Nr. 21, Protokoll der XII/2. Sitzung des Konvents, 7.2.1990, S. 3
70 BUA 1/AS – Nr. 517, Entwicklungsplan der Universität Bremen (Vorlauffassung) für 1984-1987, S. 7
71 Senat der Freien Hansestadt Bremen, Mai 1987, S. 7
72 Ebd., S. 14-20
73 Weser-Kurier, „Unter dem Diktat des Finanzsenators", 30.11.1985
74 Vgl. etwa BUA 1/AS – Nr. 209, Anhang zum Protokoll der IX/15. Sitzung des Akademischen Senats am 14.9.1983, Entwicklungsplan der Universität Bremen (Vorlauffassung) für die Jahre 1984-1987, S. 40
75 BUA 1/AS – Nr. 517, Vorlage Nr. IX/180.
76 BUA 1/Konv – Nr. 14, Vorlage Nr. VII/6 für den Konvent VII, Thesenpapier für die Bewerbung auf das Amt des Konrektors, Wendelin Strubelt, 22.5.1978, S. 8
77 Interview Karl Holl, 19.11.2007
78 Interview Winnie Abraham, 14.8.2007
79 BUA 1/Konv – Nr. 20, Jürgen Timm, Bewerbungsthesen für das Amt des Rektors, 26.1.1987, S. 34
80 Ebd., S. 25
81 BUA 1/AS – Nr. 519, Mitteilung des Rektors Nr. 1/84, 23.2.1984
82 BUA 1/AS – Nr. 210, Protokoll der IX/22. Sitzung des Akademischen Senats, 14.3.1984, S. 15
83 Ebd., S. 16
84 Jungsozialisten in der SPD (Hg.): Gegen die Rotstiftpolitik. Kritik und Alternativen zum Senatskonzept für den Haushaltsausgleich 1984-1987, Bremen 1984, S. 1 f.
85 BUA 1/Konv – Nr. 20, Protokoll der Konventssitzung vom 25.6.1986, Ergebnisse der Konventswahlen
86 Ebd., Protokoll der Konventssitzung vom 5.11.1986
87 Vgl. etwa BUA 1/Konv – Nr. 19, Konvents-Vorlage X/9, 27.6.1985
88 BremHG 1984, § 84 Abs. 2; vgl. auch BUA 1/AS – Nr. 520, Auszug aus dem Konventsprotokoll vom 9.5.1984
89 Bremische Bürgerschaft (Landtag), 11. Wahlperiode, 13. Sitzung am 15.5.1984, S. 747
90 BUA 1/Konv – Nr. 20, Protokoll der Konventssitzung vom 25.6.1986, S. 7 f.
91 Ebd., Vorlage Nr. IX/5, 4.11.1986
92 BUA 1/Konv – Nr. 19, Protokoll der X/2. Sitzung des Konvents am 11.7.1984
93 Vgl. etwa BUA 1/Konv – Nr. 19, Protokoll der X/4. Sitzung des Konvents vom 3.7.1985
94 BUA 1/Konv – Nr. 20, Schreiben des Konventsvorstandes an die Mitglieder des Konvents, 25.5.1988
95 BUA 1/Konv – Nr. 31, Protokoll der X/4. Sitzung des Konvents, 11.2.1987, S. 4
96 BUA 1/Konv – Nr. 20, Jürgen Timm, Bewerbungsthesen für das Amt des Rektors, 26.1.1987, S. 3
97 Ebd.
98 Ebd.
99 Vgl. etwa Die Zeit, 29.8.1980: „Reformruine Bremen" von Manfred Weber
100 BUA 2/AkAn – Nr. 3273, Vermerk vom 30.9.1980: 1978 flossen von DFG, VW-Stiftung, Bundes- und Landesministerien und Behörden sowie privater Wirtschaft 6,5 Millionen DM an die Universität, 1979 waren es 7 Millionen DM.
101 Bremer Universitäts-Zeitung, Nr. 12, 27.8.1980: „Aufnahme-Verfahren läuft noch"
102 Telefoninterview Walter Heinz, 2.6.2010
103 BUA 1/Konv – Nr. 20, Jürgen Timm, Bewerbungsthesen für das Amt des Rektors, 26.1.1987, S. 9
104 Ebd.
105 Vgl. ebd., S. 14
106 Bremische Bürgerschaft/Landtag, 11. Wahlperiode, 4. Sitzung am 8.12.1983, S. 174 f.
107 Ebd., S. 175
108 BUA 1/Konv – Nr. 20, Jürgen Timm, Bewerbungsthesen für das Amt des Rektors, 26.1.1987, S. 17
109 Interview Reinhard Hoffmann, 19.7.2007

110 BUA 1/Konv – Nr. 20, Jürgen Timm, Bewerbungsthesen für das Amt des Rektors, 26.1.1987, S. 22
111 Ebd., S. 22 f.
112 Ebd., S. 24
113 Ebd., S. 24 f.
114 BUA 1/Konv – Nr. 21, Protokoll der XII/1. Sitzung des Konvents, 8.2.1988, S. 9
115 Interview Alexander Wittkowsky, 21.5.2008
116 BUA 1/Konv – Nr. 31, Protokoll der X/6. Sitzung des Konvents, 18.12.1985, S. 4
117 BUA 1/Konv – Nr. 31, Protokoll der XI/2. Sitzung des Konvents, 5.11.1986, S. 8
118 Ebd., S. 8 f.
119 Bremische Bürgerschaft/Landtag, 12. Wahlperiode, 7. Sitzung am 26.1.1988, S. 350
120 Bremische Bürgerschaft/Landtag, 11. Wahlperiode, 43. Sitzung am 14.11.1985, S. 2553
121 Bremische Bürgerschaft/Landtag, 12. Wahlperiode, Drucksache Nr. 12/482, S. 2 f.
122 Bremische Bürgerschaft/Landtag, 12. Wahlperiode, Drucksache Nr. 12/482, S. 8 f. (Antwort des Rektors auf die Forderungen der StudentInnen aus der Vollversammlung am 24.1.1989 sowie Ergänzungen und Neufassung aufgrund der Diskussion in der Vollversammlung am 26.1.1989)
123 Bremische Bürgerschaft/Landtag, 12. Wahlperiode, 33. Sitzung am 1.2.1989, S. 2047
124 Ebd., S. 2048
125 Ebd., S. 2049
126 Ebd., S. 2050
127 Ebd., S. 2051
128 Ebd., S. 2052 f.
129 Ebd., S. 2054
130 Ebd., S. 2057
131 Bremische Bürgerschaft/Landtag, 12. Wahlperiode, 74. Sitzung am 7.11.1990, S. 4976 f.
132 Ebd., S. 4978 f.
133 Ebd., S. 4980 f.
134 Ebd., S. 4981
135 BUA 2/Med – Nr. 3228, Brief Berninghausens an Klaus Grunewald, Lokalredaktion Weser-Kurier, 29.11.1990
136 BUA 1/AS – Nr. 485b, Brief Hoffmann an Rektor Timm, 8.11.1983
137 BUA 1/AS – Nr. 207, Protokoll der IX/10. Sitzung des Akademischen Senats am 11.5.1983, S. 10
138 BUA 1/Konv – Nr. 31, Protokoll der XIII/1. Sitzung des Konvents am 16.1.1991, S. 5
139 BUA 1/Konv – Nr. 31, Protokoll der XIII/1. Sitzung des Konvents am 16.1.1991, S. 7
140 Ebd.
141 BUA 1/Konv – Nr. 31, Protokoll der XIII/2. Sitzung des Konvents am 10.4.1991, S. 3
142 Ebd.
143 BUA 1/R – Nr. 1405b, Text von Jürgen Timm, „Entwurf Handelsblatt", [März 1988]
144 1/AS – Nr. 536, GEW-Betriebsgruppe, GEW-Fraktion im Akademischen Senat: Vorlage Nr. XI/182, 2.2.1988
145 Die Zeit, „Der ungeliebte Ehrendoktor", Nr. 9, 26.2.1988
146 Telefongespräch mit Alexander Wittkowsky, 14.11.2009
147 Die Zeit, „Der ungeliebte Ehrendoktor", Nr. 9, 26.2.1988, sowie Telefongespräch mit Alexander Wittkowsky, 14.11.2009
148 1/AS – Nr. 536, GEW-Betriebsgruppe, GEW-Fraktion im Akademischen Senat: Vorlage Nr. XI/182, 2.2.1988
149 BUA 1/AS – Nr. 223, Protokoll der XI/16. Sitzung des Akademischen Senats, 17.2.1988, S. 4
150 Ebd.
151 Ebd., S. 7 f.
152 Ebd., Anlage: Rücktrittserklärung
153 Gespräch Alexander Wittkowsky, 14.11.2009
154 BUA 1/R – Nr. 1405b, Jürgen Timm: „Verleihung der Ehrendoktorwürde an Herrn Niefer", Rathaus, 2.3.1988

155 BUA 1/AS – Nr. 548, Antrag der GEW-Fraktion der Akademischen MitarbeiterInnen, 26.31991
156 Ebd., Antrag von Thomas Schlingmann und der Fraktion der JUSO-Hochschulgruppen Bremen, 22.4.1991
157 BUA 1/AS – Nr. 231, Anlage 1 zum Protokoll der XIII./5. AS-Sitzung, 5.6.1991
158 BUA 1/Konv – Nr. 31, Protokoll der XIII/4. Sitzung des Konvents am 15.1.1992, S. 2 f.
159 Ebd., S. 3
160 Ebd.
161 Ebd., Protokoll der XIII/5. Sitzung des Konvents am 29.1.1992, S. 4
162 Bretschneider/Pasternack, 2005, S. 31 f.
163 Rainer Kokemohr: „Internationalisierung der Universität, Standardisierung des Wissens und die Idee der Bildung". In: Liesner/Sanders, 2005, S. 101
164 Teichler, 2005, S. 92
165 Kokemohr, in: Liesner/Sanders, 2005, S. 104
166 Ebd., S. 105
167 Ebd.
168 Interview Willi Lemke, 16.2.2009
169 Ebd.
170 Die Zeit, Nr. 7, 5.2.2009, „Reformen von oben", Interview mit Wedig von Heyden
171 Ebd.
172 Die Zeit, 29.10.2009: „‚Schluss mit dem Gejammer!'" Interview mit Hildegard Hamm-Brücher
173 Jan-Martin Wiarda: „Am Ende des Sonderwegs". In: Die Zeit, Nr. 5, 22.1.2009
174 Martin Spiewak: „Weder Junior noch Professor". In: Die Zeit, Nr. 43, 15.10.2009
175 BUA 2/Press – Nr. 49, Ausschnitt aus der Deutschen Zeitung, 26.5.1978: „Sind die Diplome nichts mehr wert?"
176 Vgl. hierzu Winnie Abraham: „Selbstkritik und Verbesserung. Die Universität Bremen bringt handlungsorientierte Kommunikationsprozesse in Gang". In: DUZ Spezial, 18.10.1996, S. 20 f., sowie die Veröffentlichungen des Verbundes Norddeutscher Universitäten.

7. Reform von Studium und Lehre

1 BUA 1/GS – Nr. 1490, Thomas von der Vring: Theoretische Überlegungen zum Problem der Universitätsgründung, Anhang zur Bewerbung als Gründungsrektor, Sommer 1970, S. 9 f.
2 Ebd., S. 10
3 Vgl. Peisert/Framhein, 1980, S. 26 f.
4 Ebd., S. 27
5 Verband Deutscher Studentenschaften: Studenten und die neue Universität. Gutachten einer Kommission des Verbandes Deutscher Studentenschaften zur Neugründung von Wissenschaftlichen Hochschulen, Bonn 1962, S. 90
6 Verband Deutscher Studentenschaften: 6 Punkte des vds für ein demokratisches Hochschulgesetz, Bonn 1972, S. 20
7 Sozialistischer Deutscher Studentenbund: SDS – Hochschuldenkschrift. Nachdruck der 2. Auflage von 1965, Frankfurt am Main 1972, S. 93
8 Hans Heinrich Rupp/Wilhelm Karl Geck: Die Stellung der Studenten in der Universität, Berlin 1968, S. 10 ff,
9 Bericht über den Aufbau der Universität Bremen, hg. vom Senator für das Bildungswesen, Bremen 1971, S. 13
10 Ebd., S. 24

11 Von der Vring, 1975, S. 62; vgl. auch BUA 2/AD – Nr. 3770, Universität Bremen: Gutachten II zu den Auswirkungen des Urteils des Bundesverfassungsgerichts vom 29.5.1973 auf die Universität Bremen
12 Interview Thomas von der Vring, 6.6.2007
13 Ebd.
14 Hans-Josef Steinberg zur Entwicklung der Universität Bremen. In: 1971-1991. 20 Jahre Universität Bremen, 1992, S. 116
15 BUA 1/GS – Nr. 633a, Martin Bennhold: Die Frage der Mitwirkung, 27.9.1971
16 BUA 1/GS – Nr. 639, Nachtrag zu TOP 4 ZK, 9.2.1972
17 BUA 1/GS – Nr. 639, Beschluß der Vollversammlung des Dienstleistungsbereichs am 28.1.1972
18 Ebd., Auszug aus dem Protokoll der 5. Sitzung der Zentralen Kommission, 9.2.1972
19 Ebd., Protokoll der 58. Sitzung des Gründungssenats am 13./14.2.1972
20 Verband Deutscher Studentenschaften, 1972, S. 21
21 BUA 1/GS – Nr. 644a, Protokoll der 61. Sitzung des Gründungssenats am 25.6.1972, S. 6
22 Vgl. BUA 7/D – Nr. 752, Juso-Hochschulgruppe Uni Bremen, Fachgruppe Jura: Kampf um die Drittelparität in Bremen 1972, Dokumentation, Bremen 1978, S. 18 f.
23 Vgl. etwa Weser-Kurier vom 26.4.1972: „Mit roten Fahnen zum Stehempfang" sowie „Studenten beginnen Warnstreik"; Hannoversche Allgemeine vom 26.4.1972: „Kontroverse um die Drittelparität"; Die Welt vom 26.4.1972: „Bremer Hochschullehrer lehnen Änderung der Uni-Verfassung ab"
24 Weser-Kurier vom 26.4.1972: „Mit roten Fahnen zum Stehempfang"
25 Vgl. etwa die Interviews mit Rolf Prigge, 6.8.2007, Peter Garrelmann, 18.7.2007, Winnie Abraham, 14.8.2007
26 Interview Willi Lemke, 16.2.2009
27 BUA 1/Konv – Nr. 10, ÖTV – Betriebsgruppe, Stellungnahme zur Verabschiedung des Hochschulrahmengesetzes in Bonn, 16.12.1975
28 BUA 2/AD – Nr. 3681, Erfahrungsbericht zur Drittelparität, G. Marte, S. 2 f.
29 Ebd., S. 6
30 Vgl. etwa die Interviews mit Thomas von der Vring, 6.6.2007, Peter Garrelmann, 18.7.2007, Rolf Prigge, 6.8.2007
31 BUA 7/D – Nr. 752, Juso-Hochschulgruppe Uni Bremen, Fachgruppe Jura: Kampf um die Drittelparität an der Uni Bremen 1972, Dokumentation, Bremen 1978, S. 3
32 Interview Hans-Heinrich Maaß-Radziwill, 10.12.2008
33 BUA 4/FB11 – Nr. 5385, Auszug aus dem Protokoll der 3. Sitzung des Akademischen Senats am 26.9.1973, Anlage II/3/1, S. 2 ff.
34 Ebd., S. 4 f.
35 BremHG 1977, § 80 Abs. 2 (4)
36 Interview Thomas von der Vring, 6.6.2007
37 Ebd.
38 Interview Hans Koschnick, 8.6.2007
39 Ebd.
40 Interview Claus Dittbrenner, 27.6.2007
41 BUA 1/AS – Nr. 393, Brief Schafmeister, Preuß, Müller an Steinberg, 22.9.1975
42 Interview Claus Dittbrenner, 27.6.2007
43 Ebd.
44 Ebd.
45 BUA 1/GS – Nr. 646b, Beschluß der Vollversammlung des Dienstleistungsbereichs, 19.4.1972, mit den Änderungen vom 20.9.1972
46 Interview Claus Dittbrenner, 27.6.2007
47 Horst-Werner Franke: „Hochschulen im Umbruch". In: Der Senat der Freien Hansestadt Bremen (Hg.): Jahrbuch 1976, S. 143
48 BUA 1/AS – Nr. 242, Vorlage Nr. 44 für den Akademischen Senat: Private Schreibarbeiten für Hochschullehrer und drittmittelfinanzierte wissenschaftliche Vorhaben, Personalrat, 26.10.1972

49 Interview Karl Holl, 19.11.2007
50 Sigrid Dauks/Zentrales Archiv: „Schreibautomaten: ‚… und eines Tages war das Ding da'". In: Bremer Uni-Schlüssel, Nr. 106, April 2009, S. 2
51 BUA, 4/FB11 – Nr. 5125, Diskussionsentwurf zur Reform der Gremien- und Entscheidungsstruktur an der Universität Bremen, 31.5.1976, S. 2
52 Ebd., S. 5
53 Ebd., S. 4
54 Ebd.
55 Ebd., S. 5
56 Ebd., S. 8
57 BUA 4/FB11 – Nr. 5139, Anmeldungen von Dienstreisen, Entscheidungen des SBR 1 vom 5.1.1977
58 BUA 4/FB11 – Nr. 5125, Diskussionsentwurf zur Reform der Gremien- und Entscheidungsstruktur an der Universität Bremen, 31.5.1976, S. 9
59 Ebd., S. 11
60 Ebd., S. 12 f.
61 Ebd., S. 20-50
62 BUA 4/FB11 – Nr.5112, Brief Franzbach an die Verwaltung des FB 7, 7.12.1975
63 Andrea Liesner: „Die Bildung einer Ich-AG. Anmerkungen zum Lehren und Lernen im Dienstleitungsbetrieb Universität". In: Liesner/Sanders, 2005, S. 45 f.
64 Uwe Göbel/Winfried Schlaffke (Hg.): Berichte zur Bildungspolitik 1979/80 des Instituts der deutschen Wirtschaft, hg. vom Institut der deutschen Wirtschaft, Köln 1979, S. 36
65 Vgl. Wolfgang Herrmann/Rudolf Steinberg: „Alle Macht dem Präsidenten". In: Die Zeit, Nr. 29, 10.7.2008, S. 63
66 Vgl. Gräfing, 2006, S. 244 ff.
67 BUA 4/FB11 – Nr. 5110, Imanuel Geiss: HL-Besprechung am 1.12.1975
68 BUA 1/GS – Nr. 638, Vorlage zur 58. Sitzung des Gründungssenats am 13./14.2.1972: Beschluss über die Beendigung der Arbeiten der Planungskommissionen, S. 2
69 BUA 1/GS – Nr. 636, Vorläufige Universitätsverfassung vom 12./13.12.1971, S. 17
70 Ebd., S. 23
71 BUA 1/GS – Nr. 641, Protokoll der 59. Sitzung des Gründungssenats, 15./16./17.4.1972. Die Studienbereiche Staat und Verwaltung sowie Soziale Dienste und Erziehung wurden später zusammengelegt, vgl. Universität Bremen: Studienführer, Personalverzeichnis, Veranstaltungsverzeichnis, Sommersemester 1973
72 BUA 1/GS – Nr. 641, Vorschläge des Arbeitsausschusses zur Abgrenzung der Studienbereiche, Vorlage zur 59. Sitzung des Gründungssenats am 15./16./17.4.1972, S. 1
73 BUA 1/GS – Nr. 635, Antrag der PKN an den Gründungssenat, ohne Datum
74 BUA 1/GS – Nr. 630, Stellungnahme der Unterkommission Mathematik der Planungskommission Naturwissenschaften zum „Projektpapier" der Planungskommission Lehrerbildung, Dezember 1970, S. 1
75 BUA 1/GS – Nr. 630, Überlegungen zur Gestaltung des Mathematikstudiums unter dem Motto „Projektstudium", Dezember 1970, S. 1 f.
76 Ebd., S. 3
77 BUA, 1/GS – Nr. 630, Brief Prof. Oberschelp an den Gründungsrektor, 13.6.1971
78 BUA 1/GS – Nr. 630, Erklärung des Gründungsrektors an die Adresse der Bremer Nachrichten, 26.6.1971
79 BUA 1/GS – Nr. 630, Erklärung von sechs nach Bremen berufenen Mathematikern an die Adresse des Gründungsrektors, 26.6.1971
80 BUA, 1/GS – Nr. 630, Brief des Präsidenten des Senats der Freien Hansestadt Bremen an den Gründungsrektor, 28.6.1971
81 Ebd.
82 BUA 1/GS – Nr. 630, Planungskommission Naturwissenschaften, Stand der Planung zum Studienbeginn Mathematik, 25.6.1971
83 BUA 1/GS – Nr. 630, Brief Prof. Oberschelp an den Gründungsrektor, 2.7.1971

84 BUA 1/GS – Nr. 630, Beschluss des Gründungssenats vom 4.7.1971
85 BUA 1/GS – Nr. 630, Planungskommission Sozialwissenschaften, Vorlage für den Gründungssenat, 4.7.1971, S.1
86 BUA 1/GS – Nr. 632, Vorlage der PKS zur 51. Sitzung des Gründungssenats am 13./14.9.1971, S. 1 ff.
87 BUA 1/GS – Nr. 630, Planungskommission Sozialwissenschaften: Stand der Juristenausbildungsreform an der Universität und im Land Bremen, 3.7.1971
88 Ebd., S. 9
89 Christa Händle: Lehrerbildung und Berufspraxis. Formen und Probleme des Berufspraxisbezugs in einem projektorientierten Lehrstudium. Gutachten zur Organisation des Berufspraxisbezugs in der integrierten Lehrerbildung in Bremen, Weinheim 1972, S. 90
90 Ebd., S. 94
91 Bürgerschaftsfraktion der SPD: Reform der Lehrerbildung. SPD-Entwurf für ein Bremisches Lehrerausbildungsgesetz, Bremen 1974, S. 3
92 BUA 1/GS – Nr. 632, Vorlage der PKL zur 51. Sitzung des Gründungssenats am 13./14.9.1971, S. 3
93 Vgl. Gräfing, 2006, S. 158
94 Birgit Döring/Renate Sönksen: Sachunterricht in der Grundschule. Entstehungshintergründe – Ausgewählte didaktische Konzepte – Konsequenzen für die Primarstufenlehrerausbildung in Bremen. Arbeit zur 1. Staatsprüfung für das Lehramt, unveröffentlichtes Manuskript, Bremen März 1978, S. 111
95 BUA 1/GS – Nr. 1490, Presseinformation der Bundesassistentenkonferenz, 18.2.1970
96 BUA 1/GS – Nr. 643a, Diskussionsentwurf: Zur Einphasigkeit der Lehrerbildung in Bremen, 14.6.1972, S. 2
97 Ebd., S. 5 f.
98 Ebd., S. 9-13
99 Ebd., S. 14
100 Ebd., S. 16
101 Ebd., S. 21
102 BUA 1/GS – Nr. 646b, Organisationsbereich Lehrerbildung: „Vorläufige Begründung zum Entwurf eines Gesetzes über die Ausbildung und die Prüfungen für das Lehramt an öffentlichen Schulen im Lande Bremen", 16.9.1972, S. 5
103 BUA 1/GS – Nr. 630, Vorlage zur Sitzung der Planungskommission Lehrerbildung am 9./10.81971: Zur Didaktik der Eingangsphase im Rahmen der integrierten Lehrerausbildung an der Universität Bremen, verfasst von W. Maier und A. Nevermann, S. 4
104 Ebd., S. 7 ff.
105 Ebd., S. 10 ff.
106 Ebd., Stellungnahme von Job-Günter Klink, 12.6.1971
107 Weser-Kurier, 25.6.1971, „Professor Klink hat Bedenken gegen Lehrerbildungskonzept"
108 BUA 1/GS – Nr. 630, Stellungnahme von W. Maier und A. Nevermann, 29.6.1971
109 Ebd.
110 BUA 1/GS – Nr. 649, Wortprotokoll der 49. Sitzung des Gründungssenats, 4./5.7.1971, S. 43, A. Nevermann
111 BUA, 1/GS – Nr. 630, Beschlussvorlage der PKL zur 49. Sitzung des Gründungssenats am 4./5.7.1971, Struktur der Lehrerbildung in Bremen, S. 13 ff.
112 BUA 1/GS – Nr. 644a, Gesetz über die Ausbildung von Lehrämtern an öffentlichen Schulen im Lande Bremen, Entwurf, Stand 26.6.1972
113 Ebd., § 1
114 Ebd., § 3 (2)
115 Ebd., § 4 (2)
116 Ebd., § 5 (1)
117 Ebd., § 6
118 Ebd., §§ 7, 8, 9
119 Ebd., §§ 10, 11, 12
120 BUA 1/GS – Nr. 644a, Brief von der Vring an Senator Thape, 10.7.1972

121	BUA 1/GS – Nr. 646b, Organisationsbereich Lehrerbildung: „Vorläufige Begründung zum Entwurf eines Gesetzes über die Ausbildung und die Prüfungen für das Lehramt an öffentlichen Schulen im Lande Bremen", 16.9.1972, S. 6 f.
122	BUA 1/GS – Nr. 646b, Entwurf einer Stellungnahme des Gründungssenats der Universität Bremen zur gesetzlichen Regelung der Lehrerausbildung im Lande Bremen, 29.9.1972, S. 1
123	Ebd.
124	Ebd., S. 3
125	Hinrich Wulff: Religionsunterricht in den Bremer Schulen. Ist die Bremer Landesverfassung zweideutig? Öffentlicher Vortrag der Humanistischen Union veranstaltet vom Ortsverband Bremen am 20. März 1964, Selbstverlag, S. 5
126	BUA 1/AS – Nr. 242, Protokoll der 6. Sitzung des Arbeitsausschusses „Biblische Geschichte" der Universität Bremen, 1.11.1972
127	BUA 1/AS – Nr. 398, Entwurf der Planungskommission Religionswissenschaft/Religionspädagogik für den Akademischen Senat, 11.11.1975
128	BUA 4/FB11 – Nr. 5139, Brief der Universitätsverwaltung an den Senator für Wissenschaft und Kunst, 15.2.1977, Anlage 1, S. 1
129	Ebd., S. 5
130	Ebd., S. 8 f.
131	Ebd., Brief des Senators für Bildung, Wissenschaft und Kunst an die Planungskommission Religionswissenschaft/Religionspädagogik, Entwurf vom 21.2.1975
132	Ebd., Stellungnahme der Hauptabteilung I der Bildungsbehörde, gerichtet an den Senator, 2.9.1975
133	Ebd., Stellungnahme eines Mitarbeiters der Bildungsbehörde, 30.1.1976
134	Ebd., Brief der Universitätsverwaltung an den Senator für Bildung, Wissenschaft und Kunst, 22.12.1975
135	Ebd., Brief des Rektors der Universität an den Senator für Wissenschaft und Kunst, 3.2.1977
136	Ebd., Brief des Senators für Wissenschaft und Kunst an die Universität Bremen, 12.8.1977
137	BUA 1/AS – Nr. 245, Brief des Landesschulrats an den Rektor der Universität, 21.12.1972
138	BUA 2/AkAn – Nr. 3273, Aktenvermerk Dieter Mützelburg, 30.9.1980, S.1
139	Ebd., S. 2
140	BUA 1/GS – Nr. 632, Beschlussvorlage zum Tutorenprogramm, 13.9.1971
141	BUA 1/GS – Nr. 632, Planungskommission Lehrerbildung: Kriterien für die Tutorenauswahl
142	Peisert/Framheim, 1980, S. 107
143	BUA 1/AS – Nr. 244, Wiltrud Drechsel/Gerd Scholz, Antragsbegründung, Dezember 1972, S. 1
144	Ebd., S. 3
145	Ebd., S. 5
146	Ebd., S. 9
147	BUA 1/AS – Nr. 397, Vorlage für den AS Nr. IV/178, Diskussion über die Theorie und Praxis des Studienanfangs in der Integrierten Eingangsphase Lehrerbildung, November 1975, S. 3
148	Universität Bremen: Studienführer und Personalverzeichnis, Wintersemester 1971/72, S. 66
149	BUA 1/AS – Nr. 397, Vorlage für den AS Nr. IV/178, Diskussion über die Theorie und Praxis des Studienanfangs in der Integrierten Eingangsphase Lehrerbildung, November 1975, S. 6
150	Ebd., S. 10
151	Ebd., S. 10
152	Ebd., S. 11
153	Ebd., S. 46
154	BUA 1/AS – Nr. 397, Vorlage für den AS Nr. IV/186, Zuordnung der HL aus dem Bereich Erziehungswissenschaften/Diplompädagogik, Anlage 2: Brief der Organisationseinheit Lehrerbildung, 11.11.1975
155	BUA 1/AS – Nr. 398, Brief der Zentralen Lehrerbildungskommission an den Akademischen Senat, 12.12.1975, S. 2
156	BUA 1/AS – Nr. 398, Beschluss Nr. 1808 des Akademischen Senats, 26.11.1975
157	BUA 1/AS – Nr. 399, Protokoll der 11. Sitzung des Akademischen Senats IV, 14.1.1976, S. 35
158	BUA 4/FB11 – Nr. 5110, Strukturierung der Integrierten Eingangsphase Lehrerbildung für das WS 76/77, Organisationseinheit Lehrerbildung, 8.1.1976

159 BUA ZA – Nr. 35, Wahlkampfbroschüre der Jungen Union, 1971
160 Die Norddeutsche, 28.4.1971
161 Ebd., S. 108
162 Frankfurter Allgemeine Zeitung: „ Der Gründungssenat schafft Tatsachen", 29.12.1970
163 BUA 1/GS – Nr. 607, Protokoll der 49. Sitzung des Gründungssenats, 4.7.1971, S. 17
164 BUA 1/GS – Nr. 607, Vorlage zur 50. Sitzung des Gründungsausschusses 25./26.7.1971, „Ergänzungen zum Papier Projektstudium", S. 2 ff.
165 Universität Bremen: Studienführer und Personalverzeichnis, Wintersemester 1971/72
166 Ebd., S. 89-92
167 Zur Schulreform in Bremen vgl. Gräfing, 2006, S. 50 ff., zur Lehrerbildung an der Pädagogischen Hochschule, ebd., S. 158 ff., und zur Planung der Lehrerbildung an der Universität, ebd., S. 248 ff.
168 BUA 2/Press – Nr. 971, Bericht über den Aufbau der Universität Bremen, Februar 1971, S. 29
169 BUA 1/GS – Nr. 6074, 9. Sitzung des Gründungssenats am 4./5.7.1971, Beschlussvorlage der PKL: „Struktur der Lehrerbildung in Bremen", S. 9
170 BUA 1/GS – Nr. 607, Unterlagen zur 50. Sitzung des Gründungssenats am 25.7.1971, Vorlage zu Punkt 14a: Planungskommission Lehrerbildung: „Grundsätze der Lehrerbildung in Bremen", S. 1 ff.
171 Ebd., S. 4
172 Ebd., S. 5
173 Ebd., S. 6
174 Von der Vring, 1971
175 BUA 2/Press – Nr. 971, Rede des Gründungsrektors anlässlich der Eröffnung der Bremer Universität am 14.10.1971, S. 7
176 Universität Bremen: Studienführer, Personalverzeichnis, Veranstaltungsverzeichnis, Sommersemester 1973, S. 58 f.
177 Ebd., S. 59
178 Universität Bremen: Studienführer, Personalverzeichnis, Veranstaltungsverzeichnis, Wintersemester 1972/73, S.195
179 BUA: Projekt SAIU an der Universität Bremen (Hg.): Arbeitsbericht 1972-1974, Bremen 1975, S. 99
180 Universität Bremen: Studienführer, Personalverzeichnis, Veranstaltungsverzeichnis, Sommersemester 1972, S.139-140
181 Vgl. etwa Universität Bremen: Studienführer, Personalverzeichnis, Veranstaltungsverzeichnis, Sommersemester 1973, S. 125-128
182 Autorengruppe des Projektes SAIU an der Universität Bremen, Zum richtigen Verständnis der Kernindustrie. 66 Erwiderungen. Kritik des Reklamehefts „66 Fragen, 66 Antworten: Zum besseren Verständnis der Kernenergie", Berlin 1975, hier: S. 10
183 Bremer Nachrichten, 5.9.1974: „Bürgerschaft gegen Thesen in Kernenergie-Broschüre"
184 Bremische Bürgerschaft (Landtag), 8. Wahlperiode, 56. Sitzung am 4.9.1974, S.3021
185 Ebd., S. 160
186 Rheinischer Merkur, 3.1.1975, „Reformuniversität. Ideologie und Kernkraft"
187 Weser-Kurier, 13.6.1975: „Ärger um die Reaktorschrift"
188 Bremer Universitäts-Zeitung, 18.6.1975: „Rektor bedauert Verhalten der SAIU-Autorengruppe"
189 Zum richtigen Verständnis der Kernindustrie, S. 10
190 Bremer Universitäts-Zeitung, Nr. 25, 13. Januar 1976
191 BUA, Universität Bremen: Informationen zu Energie und Umwelt, Teil A, Nr. 5: Fachgespräch „Quantifizierbarkeit des Strahlungsrisikos", 13.6.1977, S. 1; vgl. auch Bremer Universitäts-Zeitung, 5. Jg, Nr. 14, 2.8.1977
192 BUA, Jörn Bleck: „Atomunfall und Projektstudium", 12.2.1976, in: Initiativgruppe zur Verteidigung des Projektstudiums (Hg.): Arbeitsberichte von Studenten und Hochschullehrern aus dem Diplomstudiengang Physik. Eine Dokumentation. Bremen, März 1976, S. 35
193 Universität Bremen: Der Fachbereich Rechtswissenschaft (FB 06), Bremen 1995, Vorwort des Vorsitzenden des Justizprüfungsamts Bremen, Dr. Jörg Bewersdorf, S. VI
194 BUA 4/EJA – Nr. 2880a, Gutachten zum integrierten sozialwissenschaftlichen Eingangsstudium an der Universität Bremen unter besonderer Berücksichtigung des Frankfurter Reformversuchs

	mit Studienanfängern an der juristischen Fakultät, Bechmann/Koch/Schneider, Frankfurt am Main 1971, S. I
195	Universität Bremen: Materialien aus der Evaluation der Bremer Juristenausbildung, Nr. 11, S. 1
196	BUA 4/EJA – Nr. 2866b, Begründung zum Entwurf eines Juristenausbildungsgesetzes der Kommission für die künftige Juristenausbildung in Bremen, 15.1.1973, S. 15-19, vgl. auch Deutsches Richtergesetz, Kommentar von Günther Schmidt-Räntsch, 2. Auflage, München 1973, S. 82-87
197	BUA 4/EJA – Nr. 2880b, Planungskommission Sozialwissenschaften: Stand der Juristenausbildungsreform an der Universität und im Land Bremen, 3.7.1971
198	Universität Bremen: Der Fachbereich Rechtswissenschaft (FB 06), Bremen 1995, Vorwort des Vorsitzenden des Justizprüfungsamts Bremen, Dr. Jörg Bewersdorf, S. VI
199	Ebd., Alfred Rinken: „Die kurze, aber bewegte Geschichte der Juristenausbildung in Bremen", S. 12
200	BUA 4/EJA – Nr. 2866b, Begründung zum Entwurf eines Juristenausbildungsgesetzes der Kommission für die künftige Juristenausbildung in Bremen, 15.1.1973, S. 27
201	StAB 4,111/7 – 605, Brief des Senators für das Bildungswesen an den Gründungsrektor der Universität, 11.8.1971
202	Ebd., Brief von der Vrings an den Senator, 15.11.1971
203	BUA 4/EJA – Nr. 2867, Thesen zur Bremer Juristenausbildung, S. 1
204	Bremische Bürgerschaft (Landtag), 8. Wahlperiode, Drucksache 8/468, 22.5.1973; Bremisches Juristenausbildungsgesetz, §§ 52, 53, 54, 55, 56, 59 und 60
205	BUA 4/EJA – Nr. 2867, Rundschreiben Nr. 6/1973 vom 26.4.1973 des Vorstandes der Hanseatischen Rechtsanwaltskammer Bremen, S. 4 f.
206	BUA 4/EJA – Nr. 2867, Abschrift: Verband bremischer Richter und Staatsanwälte im Deutschen Richterbund/Bremischer Anwaltsverein, 24.4.1973, S. 1-5
207	Ebd., S. 6
208	BUA 4/EJA – Nr. 2867, Mitteilungen der Pressestelle des Senats vom 25.6.1973, S. 1691 ff., sowie Weser-Kurier, 22.6.1973: „,Mit der Verfassung vereinbar'"
209	Bremer Nachrichten, 19./20.5.1973: „CDU wird Staatsgerichtshof anrufen", und Weser-Kurier, 22.5.1973: „Die CDU schreibt schon die Klageschrift"
210	Wolfgang Heyen kritisiert in der Frankfurter Allgemeinen Zeitung wieder einmal die Universität: „Bremens eigener Weg bei der Juristenausbildung", 6.6.1973; Erich Emigholz: „Bremer Universität greift nach der Staatsgewalt", Bremer Nachrichten, 12.4.1973; Klaus-U. Ebmeyer: „Das linke Recht – Jurastudium in Bremen", Deutsche Zeitung/Christ und Welt, 15.6.1973; Erich Emigholz: „Der Kommentar: Unlogisch", Bremer Nachrichten, 19.4.1973; allein die Bremer Bürgerzeitung stützte die SPD-Reform: „Panikmache gegen die Reform", 19.4.1973
211	Bremische Bürgerschaft (Landtag), 8. Wahlperiode, 31. Sitzung, 6.6.1973, S. 1633
212	Bremische Bürgerschaft (Landtag), 8. Wahlperiode, 32. Sitzung, 7.6.1973, S. 1689-1693; ähnliche Kritikpunkte bringt der Vorstand der Hanseatischen Rechtsanwaltskammer Bremen vor, BUA 4/EJA – Nr. 2867, Rundschreiben Nr. 6/1973 des Vorstandes vom 26.4.1973
213	Bremische Bürgerschaft (Landtag), 8. Wahlperiode, 32. Sitzung am 7.6.1973, S.1694-1695
214	Ebd., S. 1701
215	Ebd., S. 1696 f.
216	Ebd., S. 1698
217	Ebd., S. 1699
218	Ebd., S. 1700
219	Universität Bremen: Bericht der Universität Bremen über die durchgeführte Ausbildung in der einstufigen Juristenausbildung in Bremen im Wintersemester 1982/83 und im Sommersemester 1983, S. 2
220	Universität Bremen: Der Fachbereich Rechtswissenschaft (FB 06), Bremen 1995, Alfred Rinken: Die kurze, aber bewegte Geschichte der Juristenausbildung in Bremen, S. 12
221	BUA 1/AS – Nr. 393, Vorlage für den Akademischen Senat IV Nr. IV/121, Modellversuch „Prüfungsreform durch studienbegleitende Leistungsnachweise", 19.9.1975
222	BUA 1/AS – Nr. 416, Brief des Senators für Wissenschaft und Kunst an Rektor Steinberg, 12.8.1976

223 Universität Bremen: Materialien aus der Evaluation der Bremer Juristenausbildung, Nr. 8: Einige Randbedingungen für personelle Kapazitäten, deren Planung und reale Entwicklung, September 1979, Arbeitsgruppe Evaluation im Studiengang Juristenausbildung: Robert Francke, Hans-Jürgen Hopp, Sabine Klein-Schonnefeld, Joachim Lindner, S. 7 f.

224 Universität Bremen: Materialien aus der Evaluation der Bremer Juristenausbildung, Nr. 11: Zum Bremer Prüfungssystem II: Eine Zwischenbilanz über didaktische Funktionen und Qualifikationen der Studenten, März 1980, Arbeitsgruppe Evaluation im Studiengang Juristenausbildung: Robert Francke, Hans-Jürgen Hopp, Sabine Klein-Schonnefeld, Joachim Lindner, S. 25; zum Zeitpunkt der Evaluation lagen noch keine ausreichenden Erfahrungen mit der Akzeptanz des Zeugnisheftes auf dem Arbeitsmarkt vor.

225 Universität Bremen: Hochschullehrerverzeichnis/Veranstaltungsverzeichnis, Wintersemester 1973/74, S. 256-269, hier: S. 269

226 Schlussbericht des Ausbildungs- und Prüfungsamts über die einstufige Juristenausbildung gemäß § 46 Abs. 4 Bremisches Juristenausbildungsgesetz (BremJAG), beschlossen gemäß § 55 Abs. 2, Nr.7, BremJAG vom Ausbildungsausschuss in der Sitzung am 30.11.1984, S. 9-12

227 Universität Bremen: Materialien aus der Evaluation der Bremer Juristenausbildung, Nr. 8, 1979, S. 8; vgl. auch BUA 4/EJA – Nr. 2866a, Entwurf einer Universitätsprüfungsordnung gemäß § 32 Juristenausbildungsgesetz, 1974

228 Universität Bremen: Materialien aus der Evaluation der Bremer Juristenausbildung, Nr. 16: Neuartige Leistungskontrollen in der Juristenausbildung – ihre Anforderungen in Beiträgen von Bremer Hochschullehrern, Arbeitsgruppe Evaluation, Robert Francke, Hans-Jürgen Hopp, Sabine Klein-Schonnefeld, Joachim Lindner, Bremen 1980

229 BUA 4/EJA – Nr. 2866a, Entwurf einer Universitätsprüfungsordnung gemäß § 32 Juristenausbildungsgesetz, 1974, S. 2

230 Universität Bremen: Materialien aus der Evaluation der Bremer Juristenausbildung, Nr. 9a: Die mit den abgeschichteten Prüfungen im Hauptstudium gesammelten Erfahrungen, Mai 1984, Arbeitsgruppe Evaluation, S. 1 f.

231 Universität Bremen: Materialien aus der Evaluation der Bremer Juristenausbildung, Nr. 22: Was veranlasst Studenten, ihr Jurastudium in Bremen fortzusetzen? Dezember 1981, Arbeitsgruppe Evaluation: Robert Francke, Hans-Jürgen Hopp, Sabine Klein-Schonnefeld, S. 1-15

232 Universität Bremen: Der Fachbereich Rechtswissenschaft (FB 06), Bremen 1995, Alfred Rinken: „Die kurze, aber bewegte Geschichte der Juristenausbildung in Bremen", S. 13

233 Universität Bremen, Materialien aus der Evaluation der Bremer Juristenausbildung, Nr. 3: Befragung zur Studiensituation im integrierten sozialwissenschaftlichen Eingangsstudium, April 1978, Arbeitsgruppe Evaluation im Studiengang Juristenausbildung: Robert Francke, Hans-Jürgen Hopp, Sabine Klein-Schonnefeld, Joachim Lindner, S. 1-7

234 Universität Bremen: Materialien aus der Evaluation der Bremer Juristenausbildung, Nr. 17, Ansichten von Studierenden im 3. Semester zur Lernsituation im integrierten sozialwissenschaftlichen Eingangsstudium (ISES) und im Hauptstudium 1 (HS1), Bremen 1980, Arbeitsgruppe Evaluation: Sabine Klein-Schonnefeld, Robert Francke, Hans-Jürgen Hopp, Joachim Lindner, S. 2

235 BUA 1/Konv – Nr. 10, Resolution der Jurastudierenden an den Konvent der Universität Bremen, 3.12.1975

236 Ebd., S. 4

237 Ebd., S. 6 f.

238 Universität Bremen: Materialien aus der Evaluation der Bremer Juristenausbildung, Nr. 11, S. 11

239 Roland Dubischar: Kurzgefasste Chronik der Juristenausbildung an der Reformuniversität Bremen: Vom profilierten Modell 1971 zum leicht modifizierten Bundesdurchschnitt 2008, Bremen 2008, S. 15

240 Spiegel, 30.9.1974: „Juristen-Ausbildung: Haut nicht hin"; dpa – Dienst für Kulturpolitik, 30.9.1974: Bremer Juristenausbildung teilweise nichtig

241 Schlussbericht des Ausbildungs- und Prüfungsamts über die einstufige Juristenausbildung gemäß §46 Abs. 4 Bremisches Juristenausbildungsgesetz (BremJAG), beschlossen gemäß § 55 Abs. 2, Nr. 7 BremJAG vom Ausbildungsausschuss in der Sitzung am 30.11.1984, S. 19 f.

242 Ebd., S. 21
243 Universität Bremen: Der Fachbereich Rechtswissenschaft (FB 06), Bremen 1995, Alfred Rinken: „Die kurze, aber bewegte Geschichte der Juristenausbildung in Bremen", S. 14
244 Schlussbericht des Ausbildungs- und Prüfungsamts über die einstufige Juristenausbildung gemäß §46 Abs. 4 Bremisches Juristenausbildungsgesetz (BremJAG), beschlossen gemäß §55 Abs. 2 Nr. 7 BremJAG vom Ausbildungsausschuss in der Sitzung am 30.11.1984, S. 287-288
245 Universität Bremen: Der Fachbereich Rechtswissenschaft (FB 06), Bremen 1995, Vorwort des Vorsitzenden des Justizprüfungsamts Bremen, Dr. Jörg Bewersdorf, S. VI
246 Universität Bremen: Der Fachbereich Rechtswissenschaft (FB 06), Bremen 1995, Alfred Rinken: Die kurze, aber bewegte Geschichte der Juristenausbildung in Bremen, S.11
247 Fachbereich Rechtswissenschaft, Universität Bremen (Hg.): Fachbereich Rechtswissenschaft, Bremen [1989], S.11
248 Ebd.
249 Interview Henning Scherf, 18.3.2009
250 Dubischar, 2008, S. 28 f.
251 Universität Bremen: Der Fachbereich Rechtswissenschaft (FB 06), Bremen 1995, Statistik, S. 51
252 BUA 1/GS – Nr. 646b, Entwurf einer Ordnung der ersten Prüfung für das Lehramt im Lande Bremen, 28.9.1972, § 10 (3) und (4)
253 BUA 1/GS – Nr. 646b, Auszug aus dem Protokoll der 17. Sitzung der Zentralen Kommission vom 27.9.1972, S. 13
254 Interview Reinhard Hoffmann, 19.7.2007
255 Unter dem roten Banner, Zeitung des Kommunistischen Studentenbundes (KSB) Bremen, Nr. 5, Sommersemester 1975, S. 2: Ergebnisse der Lehrer-VV
256 Ebd.
257 Kommunistischer Studentenbund Bremen-Unterweser (KSB) (Hg.): Das Problem der Leistungsbewertung in der Lehrerausbildung an der Universität Bremen – Entwicklung, Erfahrungen und aktuelle Auseinandersetzung, Examensarbeit von Renate Smula und Walter Wellbrock, Bremen 1978, S. 30
258 Ebd., S. 31 f.
259 Ebd., S. 34 f.
260 BremHG 1977, § 62 (5)
261 BUA 1/AS – Nr. 393, Vorlage für den Akademischen Senat IV, Nr. IV/121, Modellversuch „Prüfungsreform durch studienbegleitende Leistungsnachweise", 19.9.1975
262 Ebd., S. 3
263 Ebd., S. 3 f.
264 Ebd., S. 4
265 Ebd., S. 5
266 BUA 1/Konv – Nr. 13, Stellungnahme der Organisationseinheit Lehrerbildung, 4.8.1977, S. 5
267 BUA 7/D – Nr. 608, Universität Bremen: Modellversuch: Reform des Prüfungswesens durch studienbegleitende Leistungsnachweise, Band 1, Abschlußbericht über die Durchführungsphase I (1.10.1976-30.11.1978), Bremen 1979
268 Ebd., S. 181 f.
269 Ebd., S. 183 f.
270 Ebd., S. 185
271 BUA 7/D – Nr. 609, Universität Bremen: Modellversuch: Reform des Prüfungswesens durch studienbegleitende Leistungsnachweise, Band 2, Abschlussbericht über die Durchführungsphase I (1.10.1976-30.11.1978), Bremen 1979, S. 587 f.
272 Ebd., S. 618
273 Interview Berthold Halbmann, 26.2.2009
274 Ebd., Erklärung von Prof. v. Aufschnaiter und sechs weiteren Hochschullehrern, 28.10.1975
275 Vergl. BUA 1/AS – Nr. 398, Begründung der Studiengangskommission Physik, 7. Mai 1975, S. 4 sowie Info der Studiengangsausschüsse Elektrotechnik/Kybernetik und Physik, Extra, 27. Oktober 1975

276 Vgl. BUA 1/AS – Nr. 398, Dokumentation: Prof. Duwe und Staatsanwaltschaft gegen des ehemaligen SGA K/Ä, Dez. 1975
277 BUA 2/Press – Nr. 49, Ausschnitt aus dem Managermagazin 6/1978: „Wirtschaft und Hochschule – neue Konflikte?"
278 Der Spiegel, Nr. 23, 5.6.1978, S. 65: „Es kann nur noch schlimmer werden"
279 BUA 1/As – Nr. 518, „Studiengangsübergreifende Strukturelemente und Ausbildungsziele des Studiums, Grundsätze des Prüfungswesens", Vorlage Nr. IX/222 für die IX/20. Sitzung des Akademischen Senats am 8.2.1984, 31.1.1984.
280 Stallmann, 2004, S. 103
281 Vgl. Gräfing, 2006, S. 173 ff.
282 dpa-Dienst für Kulturpolitik, 31.10.1983: „Studie: Neue Hochschulen trugen zur Vielfalt bei"
283 Ebd.
284 Ebd.
285 Ebd.
286 Ebd. Die Neugründungen hatten jedoch Vorteile, wenn es um die Beurteilung neuer Konzepte wie das der einstufigen Juristenausbildung ging.
287 Klaus Oettinger/Helmut Weidhase: Eine feste Burg der Wissenschaft. Neue Universität in einer alten Stadt. Konstanz am Bodensee, Konstanz 1985, S. 10
288 Vgl. Gräfing, 2006, S. 193 ff.
289 Oettinger/Weidhase, 1985, S. 21
290 Hansgert Peisert: Student in Konstanz. Standort, Einzugsbereich und Motive für das Studium an einer neuen Universität, Konstanz 1975, S. 26
291 Oettinger/Weidhase, 1985, S. 22 f.
292 Oettinger/Weidhase, 1985, S. 24
293 Ebd., S. 28
294 Ebd., S. 30- 34
295 Frankfurter Rundschau, 29.6.1978: „‚Klein-Harvard' plagt sich mit Existenzsorgen"
296 Peisert, 1975, S. 76
297 Ebd., S. 83
298 Denkschrift des Gründungssenats: Empfehlungen zum Aufbau der Universität Bochum, [Bochum] 1962, S. 66
299 Ebd., S. 67
300 Stallmann, 2004, S. 126
301 Denkschrift des Gründungssenats, 1962, S. 69 ff.
302 Paul Mikat: „Universitäts-Gründungsprobleme in Nordrhein-Westfalen". In: Wenke/Knoll, 1965, S. 13 ff.
303 Ebd., S. 256
304 Hans Wenke: Der Aufbau einer neuen Universität. In: Wenke/Knoll (Hg.), 1965, S. 70 ff.
305 Ebd., S. 75
306 Ebd., S. 79

8. Die Universität als Teil der Stadt

1 Gräfing, 2006, S. 250
2 StAB 4,111/7-737, Plan zum Bauvorhaben der Anfangsstufe, 29.3.1971
3 Mitteilungen der Pressestelle des Senats der Freien Hansestadt Bremen, 4. Ausgabe, 5.10.1971
4 Interview Thomas von der Vring, 6.6.2007
5 Ebd.
6 BUA 1/AS – Nr. 405, Protokoll der IV./19. Sitzung des Akademischen Senats am 12.5.1976, S. 39

7   BUA 1/AS – Nr. 408, Brief Abt. 4, 10.6.1976
8   Interview Winnie Abraham, 14.8.2007
9   Interview Rolf Prigge, 6.8.2007
10 Interview Karl Holl, 19.11.2007
11 BUA 4/FB11 – Nr. 5078, Protokoll über die konstituierende Sitzung des Studienbereichsrates 1 am 12.6.1975, S. 5
12 BUA 4/FB11 – Nr. 5112, Protokoll der 7. Sitzung der dezentralen Raumkommission GWII am 20.1.1976, S. 2 ff.
13 Ebd., Brief Schäfer u.a. an den Rektor, die dezentrale und die zentrale Raumkommission und den Studienbereichsrat, 19.1.1976
14 Interview Rolf Prigge, 6.8.2007
15 Robert Lemmen, Vom Campus zum Stadtteil. 30 Jahre Bauplanung für die Universität Bremen, Delmenhorst 1999, S. 13
16 Ebd., S. 16
17 Ebd., S. 26
18 BUA 1/AS – Nr. 284, Betriebsabteilung, Arbeitsbereich Zeitplanung: Vorlage für die Sitzung des Akademischen Senats am 16.10.1974
19 BUA 1/AS – Nr. 284, Protokoll der Sitzung des Akademischen Senats vom 16.10.1974, TOP 16, S. 15
20 Bremische Bürgerschaft (Landtag), 8. Wahlperiode, Mitteilung des Senats, Drucksache 8/1437, S. 14
21 BUA 1/AS – Nr. 284, Vorlage für die Sitzung des Akademischen Senats am 16.10.1974
22 BUA 1/Konv – Nr. 20, Jürgen Timm, Bewerbungsthesen für das Amt des Rektors, 26.1.1987, S. 20 f.
23 Weser-Kurier, 9.5.1978: „Drei Fahrspuren sollen zum Campus führen"
24 Theodor Pfitzer: „Probleme neu gegründeter Universitäten". In: Erich Maschke/Jürgen Sydow unter Mitwirkung von Hans Eugen Specker (Hg.): Stadt und Hochschule im 19. und 20. Jahrhundert. 15. Arbeitstagung in Schwäbisch-Gmünd, 12.-14.11.1976, Sigmaringen 1979, S. 91-102, hier: S. 94
25 Lemmen, 1999, S. 54
26 BUA 1/Konv – Nr. 31, Protokoll der X/6. Sitzung des Konvents, 18.12.1985, S. 4
27 Lemmen, 1999, S. 70
28 Vgl. auch: Privatarchiv Alexander Wittkowsky: DFW Dokumentation Information, Zeitschrift für Allgemein- und Spezialbibliotheken, Büchereien und Dokumentationsstellen, Sonderdruck, Hannover o.J., S. 55
29 Lemmen, 1999, S. 85
30 Lemmen, 1999, S. 12
31 Ebd., S. 12 f.
32 Heinz Theodor Jüchter: Bremer Studentenhaus-Plan. Studentische Vorstellungen zum Universitätsleben zwischen Arbeit und Geselligkeit. Herausgegeben vom VDS, [Bonn 1965], S. 18
33 BUA 1/GS – Nr. 647, Anlage zur Einladung zur 48. Sitzung des Gründungssenats am 13./14.6.1971: Kurzfassung eines Gutachtens zur Universitätsneugründung in Bremen im Auftrag des Senators für das Bildungswesen, erstattet vom Soziologischen Forschungsinstitut Göttingen e.V. (SOFI) unter Mitwirkung von Manfred Throll, Mechthild Schlumpp u.a., Punkt 4.22; vgl. auch Gräfing, 2006, S. 250 ff.
34 Ebd., Punkt 4.21-4.26
35 Ebd., Punkt 4.12; vgl. auch Interview Thomas von der Vring, 6.6.2007
36 Hans-Jürgen Schulke (Projektleiter): Verflechtung zwischen Universität und Stadt durch Hochschulsport. Bericht über den gleichnamigen Modellversuch mit wissenschaftlicher Begleitung an der Universität Bremen, der vom 1.1.1972 bis zum 30.9.1976 gemeinsam vom Bundesministerium für Bildung und Wissenschaft/Bund-Länder-Kommission und der Freien Hansestadt Bremen gefördert wurde, Bremen 1977
37 Ebd., S. 25
38 Ebd., S. 27
39 Ebd., S. 70 f.; zur allgemeinen Entwicklung des Sports an Universitäten siehe etwa Harald Braun, „Geschichte der Leibesübungen an deutschen Universitäten". In: Klaus Achilles (Red.):

Streifzug durch die Sportgeschichte. Festschrift zur Verabschiedung von Prof. Dr. Harald Braun, Bremen 2004, S. 83-102

40 Ebd., S. 72
41 BUA 7/D – Nr. 238, Broschüre Hochschulsport in Bremen, (1973), S. 4
42 Ebd.
43 Ebd., S. 73
44 Ebd., S. 100
45 Ebd., S. 102
46 Ebd., S. 103 f.
47 Ebd., S. 7 ff.
48 BUA 1/As – Nr. 405, Vorlage für den Akademischen Senat IV/352, 11.5.1976
49 Hans-Jürgen Schulke, Fluktuation im Hochschulsport, Bremen 1981, S. 152
50 Schulke, 1977, S. 105
51 Schulke, 1981, S. 151
52 Ebd., S. 150 f.
53 Ebd., S. 108-117
54 Hans-Jürgen Schulke: Reform des Hochschulsports. Praktische und theoretische Probleme des Hochschulsports an der Universität Bremen, Darmstadt 1974, S. 9
55 Schulke, 1977, S. 132
56 Rudolf Winkler, Rede: Zwanzig Jahre Universität Bremen, Festakt am 14. Oktober 1991 in der Oberen Halle des Alten Rathauses zu Bremen. Abgedruckt in: 20 Jahre Universität Bremen 1971-1991, Bremen 1992, S. 63
57 Bremer Nachrichten, 26.6.1978: „Uni stellt Sportbereich vor"
58 Theodor Pfitzer: „Probleme neu gegründeter Universitäten". In: Maschke/Sydow 1979, S. 91-102, hier: S. 98-100
59 Weber, 1968, S. 34 f. und Tabelle 15
60 Vgl. beispielsweise Hans-Detlef Griesche: Die Bremer Hochschulreform und die Presse. Eine Analyse der Berichterstattung 1970/1971, Bremen 1974, S. 30-32 zur Berichterstattung der „Zeit"
61 Vgl. auch Gräfing, 2006, S. 259 ff.
62 BUA 1/GS – Nr. 649, Wortprotokoll der 49. Sitzung des Gründungssenats am 4./5.7.1971, S. 13 f.
63 Griesche, 1974, S. 33 f.
64 Heide Gerstenberger zur Entwicklung der Universität Bremen. In: 20 Jahre Universität Bremen 1971-1991, Bremen 1992, S. 123
65 BUA 1/Konv – Nr. 10, Protokoll der IV/5. Sitzung des Konvents vom 17.12.1975, S. 11 f.
66 FAZ, 4.10.1980: „Neuer Rektor für die Bremer Universität?"
67 Hochschulpolitische Informationen (HPI), 11. Jg., Nr. 19, 10. Oktober 1980, S. 3
68 Ebd., S. 4
69 Ebd., S. 5 f.
70 Ebd., S. 6
71 HPI, 11. Jg., Nr. 19, 10. Oktober 1980, S. 10
72 Ebd., S.11
73 Ebd.
74 Ebd., S.13
75 Vgl. Der Spiegel, „Neue Fronten", 29.3.1982, S.114
76 Kreiszeitung Diepholz-Verden, 25.10.1980: „Computer-Affäre Grund für handelspolitische Eiszeit?" und „Zeilenraffer"
77 Ebd.
78 BUA 1/AS – Nr. 485a, Brief Koschnicks an den Präsidenten der Bremischen Bürgerschaft, 4.10.1982 sowie Brief des Präsidenten der Bremischen Bürgerschaft an Bürgermeister Koschnick, 21.9.1982
79 Interview Winnie Abraham, 14.8.2007
80 Weser-Kurier, 12.10.1983: „Rektor: ‚Die Krise der Universität ist überwunden'" sowie Frankfurter Allgemeine Zeitung, 12.10.1983: „Bremer Universität arbeitet an ihrem Ruf"

81	BUA 1/AS – Nr. 519, Vorlage Nr. IX/246, 22.2.1984
82	BUA 1/AS – Nr. 519, Anlage zu Vorlage Nr. IX/246
83	Interview Henning Scherf, 18.3.2009
84	Interview Wilfried Müller, 2.4.2009
85	Ulrich Karpen: Hochschulplanung und Grundgesetz. Paderborn/München/Wien/Zürich 1987, S. 359
86	Ebd., S. 365
87	Ebd., S. 382 ff.
88	Ebd., S. 397 f.
89	Sozialdemokratische Partei Deutschlands: Programme und Entschließungen zur Bildungspolitik 1964-1975, Dokumentation, Bonn-Bad Godesberg o.J., Entwurf: Vorschläge zur Reform der Hochschulen 1969, S.76
90	Ebd., S.77
91	Interview Hans Koschnick, 8.6.2007
92	Ebd.
93	StAB 4,111/7 – Nr. 765, Brief Neumanns an Koschnick, 23.2.1977
94	Ebd., Brief Koschnicks an Neumann, 25.5.1977
95	Bremer Nachrichten, 10.4.1971, „Sieling: Guevara hätte lehren können"
96	Weser-Report, 28.4.1971
97	Kölnische Rundschau, 25.5.1971
98	Darmstädter Tagblatt, 25.5.1971
99	Vgl. Gräfing, 2006, S. 239
100	Die Welt, 25.5.1971
101	Thomas von der Vring: Hochschulreform in Bremen. Bericht des Rektors über Gründung und Aufbau der Universität Bremen während seiner Amtszeit von 1970 bis 1974, Frankfurt/Köln 1975, S.30
102	Ludwig von Friedeburg/Volker von Hagen/Wilhelm Hennis/Erwin K. Scheuch/Thomas von der Vring: Reform-Universität oder Kader-Hochschule? Ein Streitgespräch, gesendet am 30. Juli 1970 im Zweiten Deutschen Fernsehen; das Zitat stammt von Scheuch, S. 7
103	Johannes Beermann, „a pol 085 2 bp 908 – Beschlagnahmt!". In: Bremer Uni-Schlüssel (BUS), Nr. 109, Oktober 2009. Der gesamte hier geschilderte Vorgang, sowie sämtliche Zitate, die im Artikel verwendet wurden, finden sich im Aktenbestand der Staats- und Universitätsbibliothek Bremen im Zentralen Archiv der Universität Bremen unter folgendem Aktentitel und folgender Signatur: RAF Texte und der Fall Krogmann, in: BUA 3/SUUB-Nr. 5668.
104	Landesvorstand der Bremer SPD, 1974, S. 3
105	Ebd., S. 4
106	Ebd.
107	Interview Thomas von der Vring, 6.6.2007
108	Interview Alexander Wittkowsky, 21.5.2008
109	Interview Wilfried Müller, 2.4.2009
110	Interview Jürgen Timm, 18.9.2008
111	Interview Rainer Köttgen, 4.9.2007
112	Ebd.
113	Interview Reinhard Hoffmann, 19.7.2007
114	Interview Henning Scherf, 18.3.2009
115	Interview Willi Lemke, 16.2.2009
116	Ebd.

9. Fazit

1. Ebd., S. 178 ff.
2. Interview Karl Holl, 19.11.2007
3. Interview Willi Lemke, 16.2.2009
4. Interview Wilfried Müller, 2.4.2009
5. Interview Berthold Halbmann, 26.2.2009
6. Wissenschaftsrat, 1980, S. HB 13
7. Vgl. etwa BUA 1/AS – Nr. 402b, Vorlage für den akademischen Senat Nr. IV/322: Bericht der Rechtsstelle über die Frage der wissenschaftlichen Überprüfung und Verantwortung bei der Beschlussfassung über drittmittelfinanzierte Forschungsvorhaben durch den Akademischen Senat, S. 2-5
8. Vgl. Thomas Assheuer, „Das Effizienz-Märchen". In: Die Zeit, Nr. 4, 17.1.2008
9. Vgl. Martin Spiewak/Jan-Martin Wiarda: „Runderneuert. Die deutschen Hochschulen stecken mitten in einem tief greifenden Veränderungsprozeß. Hier die wichtigsten Neuerungen". In: Die Zeit, Nr. 4, 17.1.2008
10. Ebd.
11. Hoffacker, 2000, S. 224
12. Gräfing, 2006, S.218
13. Die Zeit, 20.11.2008: „Das Leiden der Affen"
14. Weber, 1968, S. 18
15. Interview Henning Scherf, 18.3.2009
16. Interview Wilfried Müller, 2.4.2009
17. BUA 1/AS – Nr. 209, Anhang zum Protokoll der IX/15. Sitzung des Akademischen Senats am 14.9.1983, Entwicklungsplan der Universität Bremen (Vorlauffassung) für die Jahre 1984-1987, S. 33
18. Vgl. Interview Berthold Halbmann, 26.3.2009
19. StAB 4,111/7-735, Abschrift eines Fernschreibens der Westdeutschen Rektorenkonferenz an die Senatskanzlei Bremen, 28.4.1971
20. Die Zeit, 18.9.1980, Leserbrief Wolf Siegert
21. Die Zeit, 30.4.2008: „Alle Macht für alle", von Martin Spiewak
22. Bernhard Hülsmann: „Hochschule und Wissenschaft zwischen Effektivierung und Formierung. Der Zugriff des Staates auf die Inhalte". In: Bracht/Hülsmann/Keiner, 1977, S. 150
23. Hopp, 1983, S. 3 f.
24. Ebd., S. 19
25. Ebd., S. 56, Tab. 3
26. HIS-Kurzinformation A9/2000, Soziale Herkunft deutscher Studienanfänger – Entwicklungstrends der 90er Jahre, von Gustav-Wilhelm Bathke, Jochen Schreiber und Dieter Sommer, November 2000, S. 1
27. Vergl. dazu beispielsweise Kai Maaz: Soziale Herkunft und Hochschulzugang. Effekte institutioneller Öffnung im Bildungssystem, Wiesbaden 2006
28. Die Zeit, 24.9.2009: „Aus gutem Hause", von Simon Kerbusk

Anhang

Gründungen von Hochschulen mit Universitätsrang 1945-1978 (nach: Alois Mayr: Universität und Stadt. Ein stadt-, wirtschafts- und sozialgeographischer Vergleich alter und neuer Hochschulstandorte in der Bundesrepublik Deutschland, Paderborn 1979, S. 47):

Ort	Eröffnung	Formale Gründung
Mainz	SoSe 1946	
Saarbrücken	SoSe 1947	
FU Berlin	WiSe 1948/49	4.12.1948
Klinikum Essen	WiSe 1963/64	4.11.1963, seit 1.8.1972 Teil der GH Essen
Med. HS Lübeck	WiSe 1964/65	24.9.1964 als Teil der Universität Kiel, seit 1973 selbstständig
Med. HS Hannover	SoSe 1965	1.4.1963
Bochum	WiSe 1965/66	18.6.1961
Konstanz	WiSe 1966/67	27.2.1964
Regensburg	WiSe 1967/68	18.7.1962
Dortmund	SoSe 1969	12.6.1962
Bielefeld	WiSe 1969/70	6.6.1966
Ulm	WiSe 1969/70	25.2.1967
Trier	WiSe 1970/71	21.7.1969 als Universität Trier-Kaiserslautern; beide seit dem 1.1.1975 selbstständig
Kaiserslautern	WiSe 1970/71	s.o.
Augsburg	WiSe 1970/71	12.7.1966 /18.12.1969
Bremen	WiSe 1971/72	26.2.1964 /2.9.1970
GH Kassel	WiSe 1971/72	18.2.1970
GH Duisburg	WiSe 1972/73	30.5.1972
GH Essen	WiSe 1972/73	30.5.1972
GH Paderborn	WiSe 1972/73	30.5.1972
GH Siegen	WiSe 1972/73	30.5.1972
GH Wuppertal	WiSe 1972/73	30.5.1972
GH Bamberg	WiSe 1972/73	25.7.1972
GH Neuendettelsau	WiSe 1972/73	27.3.1972
GH Eichstätt	WiSe 1972/73	8.9.1972
Hamburg (Bundeswehr)	WiSe 1973/74	29.6.1972 /3.10.1972
München (Bundeswehr)	WiSe 1973/74	29.6.1972 /3.8.1973
Oldenburg	SoSe 1974	15.8.1970
Osnabrück	SoSe 1974	15.8.1970
Bayreuth	WiSe 1975/76	23.12.1971
Fernuniversität Hagen	WiSe 1975/76	1.12.1974
Passau	WiSe 1978/79	22.12.1972

Eröffnungen nach 1978, Erhebung bereits bestehender Hochschulen zur Universität und Umbenennungen von Technischen Hochschulen in Technische Universitäten sind nicht berücksichtigt.

Quellen- und Literaturverzeichnis

Quellen

Bremer Universitätsarchiv (BUA)
Veranstaltungsverzeichnisse und Studienführer der Universität Bremen Wintersemester 1971/72 – Wintersemester 2001/02
Bestand Akademischer Senat: 1/AS – Nr. 148, 149, 205-211, 223, 230, 231, 238, 240-246, 247a, 247b, 284, 393, 394, 395a, 395b, 396-400, 401 b, 402a, 402b, 403-408, 409a, 409a, 409b, 410-414, 415a, 415b, 416, 485a/b, 514-521, 548
Bestand Gründungssenat: 1/GS – Nr. 604, 606, 607, 613, 614, 629, 630-632, 633a, 633b, 634-642, 643a, 643b, 644a, 644b, 645a, 645b, 646a, 646b, 647, 648-651, 1490, 2107, 7304
Bestand Konvent: 1/Konv – Nr. 10, 13, 14, 17, 19-21, 31
Bestand Handakten des Rektors: 1/R – Nr. 1291, 1405b, 1469
Bestand Arbeitsbereich Dokumentation: 2/AD – Nr. 3668, 3681, 3706, 3773, 3774, 3770
Bestand Dezernat 1 Akademische Angelegenheiten: 2/AkAn – Nr. 3273, 4969, 4991, 5000, 5012, 5037, 5039
Bestand Bauplanung: 2/BAU – Nr. 602
Bestand Graduiertenförderung: 2/Grad – Nr. 308
Bestand Hochschulentwicklungsplanung: 2/HEP – Nr. 667
Bestand Medizinplanung: 2/Med – Nr. 3220-3228
Bestand Pressestelle: 2/Press – Nr. 49, 971
Bestand Rechtsstelle: 2/RS – Nr. 4817
Bestand Einstufige Juristenausbildung: 4/EJA – Nr. 2866a, 2866b, 2867, 2874, 2880a, 2880b, 2881a, 2881b
Bestand Fachbereich 11: 4/FB11 – Nr. 5078, 5089, 5099, 5110, 5112, 5139, 5208, 5385
Bestand Senator für Bildung: 5/SENB – Nr.785, 814 a und b
Bestand Druckschriften: 7/D – Nr. 20, 41, 247, 272, 275, 279, 320, 374, 608-611, 752, 870
Bestand Abgabe Loewe: 7/N, Loew – Nr. 30-32
Bestand Periodika: 7/P – Nr. 1581-1587, 2307, 2433, 1595-1598
Abgabe Loewe, z.Zt. noch ohne Signatur
Flugblatt: Aktionseinheit gegen politische Disziplinierungen und Berufsverbote. An alle Dienstleister und Hochschullehrer: Aufruf zur AStA-Demonstration am 4.12.1975
„Unter dem roten Banner" – Zeitung des Kommunistischen Studentenbundes (KSB) Bremen, Nr. 5, Sommersemester 1975
Flugblatt: Gegen KPD-Verbot und Berufsbeamtentum, KBW Ortsgruppe Bremen, [1975]
Uni-Info Nr. 5/1975

Dokumentation zu den Provokationen des KSV an der Uni Bremen, Asta-Uni, Oktober 1975
asta-info, WS 1975/76, Nr. 2

Staatsarchiv Bremen (StAB)
Bestand Senator für das Bildungswesen, Abteilung Hochschulen und Forschung: 4,111/7 – 430, 439-445, 605, 624, 650, 759-765, 767, 768
Bestand Senatskanzlei seit 1959: 4,63/1-31-94/3-0/10
Mitteilungen der Pressestelle des Senats der Freien Hansestadt Bremen: Rede von Wissenschaftssenator Horst-Werner Franke zur Amtsübergabe im Rektorat der Universität Bremen am Dienstag (31.8.1982), 11 Uhr, in der Universität
Mitteilungen der Pressestelle des Senats vom 23. Juni 1982: Erklärung des Senators für Wissenschaft und Kunst zur Rektor-Wahl in der Universität Bremen
Universität Bremen: Uni-Press aktuell, 23.6.1982

Privatarchiv Christoph Bäuml
Brief A. Wittkowskys an Ch. Bäuml, 17.7.1981
Neuordnung des Planungsbereichs („Bäuml-Papier"), November 1980

Privatarchiv Eckhard Kanzow
Universität Bremen, Planungskommission Technik: Studiengang Produktionstechnik. Planungsbericht, 1978

Privatarchiv Fritz Storim
„Jens Scheer ist tot". Rede, gehalten am 20.8.1994 im Konsul-Hackfeld-Haus von Fritz Storim
Zentrale Leitung des Kommunistischen Studentenverbandes (KSV): „Schluß mit den Säuberungen an den Hochschulen. Scheer, Schneider, Sigrist bleiben Hochschullehrer!" Dortmund [1975]

Privatarchiv Alexander Wittkowsky
Landesverband Bremen der Gewerkschaft Erziehung und Wissenschaft: Presseerklärung, 26.3.1982
dpa-dienst für kulturpolitik: Bremer Rektor tritt wegen Novelle zurück, 29.3.1982
SPD-Betriebsgruppe Universität Bremen: Erklärung zur Neuwahl des Rektors, 27.4.1982
DFW Dokumentation Information. Zeitschrift für Allgemein- und Spezialbibliotheken, Büchereien und Dokumentationsstellen. Sonderdruck, Hannover o.J.
Brief A. Wittkowskys an den Vorsitzenden der SPD-Bürgerschaftsfraktion, Klaus Wedemeier, 3.12.1981

Bundesministerium für Bildung und Wissenschaft
Hochschulrahmengesetz 1977 und folgende

Der Senator für Bildung und Wissenschaft
Organigramm der zum 3.11.1975 neu gebildeten Behörde „Senator für Wissenschaft und Kunst", in Kraft gesetzt zum 1.1.1977

Bremische Bürgerschaft
Bremische Bürgerschaft (Landtag), 8. Wahlperiode, 32. Sitzung am 7.6.1973
Bremische Bürgerschaft (Landtag), 8. Wahlperiode, 56. Sitzung am 4.9.1974
Bremische Bürgerschaft (Landtag), 9. Wahlperiode, 35. Sitzung am 17.3.1977
Bremische Bürgerschaft (Landtag), 8. Wahlperiode, Drucksache 8/1437 vom 3.6.1975
Bremische Bürgerschaft (Landtag), 11. Wahlperiode, 13. Sitzung am 15.5.1984

Broschüren aus dem Nachlaß Steinberg, Bibliothek für
Human- und Sozialgeschichte der Universität Bremen
Helmut Stein/Heinz Düx: Berufsverbot. Neue Tendenzen in den Berufsverbotsfällen und in den Anhörungsverfahren. Herausgegeben vom VVN – Bund der Antifaschisten, Heft 13 der Antifaschistischen Arbeitshefte, Frankfurt am Main 1974
Kommunistischer Bund Westdeutschlands (KBW) (Hg.): Keine Entlassung von Dieter Mützelburg! Gegen Berufsbeamtentum und Entrechtung im öffentlichen Dienst! Weg mit dem KPD Verbot! Bremen 1976
Kommunistischer Bund Westdeutschland (KBW) (Hg.): Bremer Polizei: „zurückhaltend" und „behutsam"? Zügellose Unterdrückung. Eine Antwort an Krawinkel, Diekmann und Koschnick, Bremen [1976]
Kommunistischer Studentenbund Bremen – Unterweser (KSB): Das Problem der Leistungsbewertung in der Lehrerausbildung an der Universität Bremen. Entwicklung, Erfahrungen und aktuelle Auseinandersetzung, Bremen 1978
Bremer Komitee gegen Berufsverbote: Weg mit den Berufsverboten! Mit Einschätzungen und Dokumenten zur Aktuellen Diskussion! Bremen 1978
Jungsozialisten in der SPD/die JS-Unterbezirksvorstände Bremen Ost und West (Hg.): Juso-Argumente: Berufsverbote, Verfahrensregelung, Verfassungsschutzg[esetz] in Bremen, Bremen 1976
Juso-Rat Bremen/Arbeitsgemeinschaft Bildung der Jungsozialisten im Unterbezirk Bremen (Hg.): Berufsverbote in einem sozialdemokratisch regierten Land. Dokumentation der Jungsozialisten zum Berufsverbot, Bremen 1973
Bremer Jungsozialisten in der SPD (Hg.): Schnüffelei an Bremer Schulen. Eine Dokumentation, Bremen 1979
Kommunistischer Bund Westdeutschland (KBW) – Ortsgruppe Bremen (Hg.): Gegen Berufsbeamtentum und Entrechtung im öffentlichen Dienst! Bremen 1975
Dokumentation des Landesverbandes Bremen der GEW in Zusammenarbeit mit dem AStA der Universität Bremen: Verfassungswidrige Inhalte oder Behördenwillkür? Die 2. Lehrerprüfung des Kollegen Frank Behrens [Bremen 1974]
Kommunistischer Studentenbund Bremen-Unterweser (KSB) (Hg.): Das Problem der Leistungsbewertung in der Lehrerausbildung an der Universität Bremen – Entwicklung, Erfahrungen und aktuelle Auseinandersetzung, Bremen 1978
„Buback – ein Nachruf". Eine Dokumentation. Herausgegeben von Johannes Agnoli und 48 weiteren Personen, Berlin o.J.
Gewerkschaft Erziehung und Wissenschaft (Hg.): Dokumente + Materialien zum Berufsverbot, Bochum o.J.
Demokratische Hochschule – Information, Heft 15, Bremen 1982

Periodika
Bremer Bürger-Zeitung
Bremer Nachrichten
Bremer Universitäts-Zeitung
Deutsche Zeitung
Frankfurter Allgemeine Zeitung
Frankfurter Rundschau
Kreiszeitung Diepholz-Verden
Rheinischer Merkur
Der Spiegel
die tageszeitung (taz)
Die Welt
Weser-Kurier
Die Zeit

Zeitungsartikel
Greffrath, Mathias: Der Sommer, in dem unser 68 begann. Die deutsche Studentenbewegung formierte sich bereits 1967. Eine Beschwörung der entscheidenden Wochen in West-Berlin. In: Die Zeit, Nr. 21, 16.5.2007
Herbert, Ulrich: Kontrollierte Verwahrlosung. Die Klage von der Krise der Geisteswissenschaften lenkt ab von dem wahren Problem: Der Vernachlässigung der Lehre. In: Die Zeit, Nr. 36, 30.8.2007
Spiewak, Martin/Jan-Martin Wiarda: Runderneuert. Die deutschen Hochschulen stecken mitten in einem tief greifenden Veränderungsprozeß. Hier die wichtigsten Neuerungen. In: Die Zeit, Nr. 4, 17.1.2008
Assheuer, Thomas: Das Effizienz-Märchen. Die neoliberalen Reformen vertreiben den Geist aus den Universitäten. In: Die Zeit, Nr. 4, 17.1.2008
Spiewak, Martin/Jan-Martin Wiarda: Heiße Ware. Die Bachelor-Reform sollte die Zahl der Studienabbrecher verringern. Eine Studie zeigt: Bisher gelingt dies nur in wenigen Fächern. In: Die Zeit, Nr. 8, 14.2.2008
Schwelien, Michael: Wie im Entwicklungsland. Trotz Kanzlerrücktritt und Gesetzesänderung: Bremen bleibt weiter eine Problem-Universität. In: Die Zeit, Nr. 14, 2.4.1982
Wiarda, Jan-Martin: Am Ende des Sonderwegs. In: Die Zeit, Nr. 5, 22.1.2009

Internet
Staatsvertrag über die Vergabe von Studienplätzen vom 22. Juni 2006, http://www2.zvs.de/fileadmin/downloads/Gesetze/Staatsvertrag_WS2006.pdf, Stand: 27.10.2009
Über Erich Obst: http://www.hist.uni-hannover.de/projekte/kolonialismus_in_hannover/personen_obst.html, Stand: 10.6.2009

Interviews
Thomas von der Vring, 6.6.2007 (Gründungsrektor der Universität)
Hans Koschnick, 8.6.2007 (ehemaliger Bremer Bürgermeister)
Peter Garrelmann, 18.7.2007 (ehemaliger Mitarbeiter der Universitätsverwaltung)

Reinhard Hoffmann, 19.7.2007 (ehemaliger Staatsrat in der Wissenschaftsbehörde)
Rolf Prigge, 6.8.2007 (ehemaliger Mitarbeiter der Universität)
Winnie Abraham, 14.8.2007 (Pressesprecherin von Rektor Timm)
Reiner Köttgen, 4.9.2007 (ehemaliger Mitarbeiter und Staatsrat in der Wissenschaftsbehörde)
Karl Holl, 19.11.2007 (Professor für Geschichte an der Universität Bremen)
Alexander Wittkowsky, 21.5.2008 sowie Telefongespräch 14.11.2009 (Rektor 1977-1982)
Eckard Kanzow, 11.6.2008 (Mitarbeiter der Universität)
Christoph Bäuml, 19.8.2008 (Mitarbeiter der Universität)
Jürgen Timm, 18.9.2008 (Rektor 1982-2002)
Hans-Heinrich Maaß-Radziwill, 10.12.2008 (erster Kanzler der Universität)
Willi Lemke, Telefongespräch, 16.2.2009 (ehemaliger Senator für Bildung und Wissenschaft)
Berthold Halbmann, 26.2.2009 (ehemaliger Student der Geschichte und Mathematik)
Henning Scherf, 18.3.2009 (ehemaliger Bürgermeister)
Wilfried Müller, 2.4.2009 (Rektor seit 2002)

Literatur

20 Jahre Rektor Timm. Die „Ära Timm" an der Universität Bremen. Hg. von der Universität Bremen, 2002
20 Jahre Universität Bremen 1971-1991, Zwischenbilanz: Rückblick und Perspektiven, zusammengestellt von Christian Marzahn u.a., Bremen 1992
25 Jahre Ruhr-Universität Bochum. Dokumentation der Eröffnungsfeierlichkeiten zum Jubiläumsjahr, hg. von der Stadt Bochum, Bochum 1991
Achilles, Klaus (Red.): Streifzug durch die Sportgeschichte. Festschrift zur Verabschiedung von Prof. Dr. Harald Braun, Bremen 2004
Akademie für Raumforschung und Landesplanung (Hg.): Regionale Hochschulplanung unter veränderten Verhältnissen, Hannover 1984
Albach, Horst; Günter Fandel; Wolfgang Schüler. Unter Mitarbeit von Hans-Peter Feckler, Jörg Kempken, Hermann Pieper: Hochschulplanung, Baden-Baden 1978
Allan, Phyllis/William Mullins: Ein Platz für Studenten. Wohnheime in Ausbildungszentren. Architektonische und soziale Gesichtspunkte. Aus dem Englischen von Klaus Lange, Wiesbaden/Berlin, 1975
Anweiler, Oskar; Hans-Jürgen Fuchs; Martina Dorner; Eberhard Petermann (Hg.): Bildungspolitik in Deutschland 1945-1990. Ein historisch-vergleichender Quellenband, Opladen 1992
Apel, Hans Jürgen: Die Vorlesung. Einführung in eine akademische Lehrform, Köln, Weimar, Wien 1999
Arend, Peter: Die innerparteiliche Entwicklung der SPD 1966-1975, Bonn 1975
Ash, Mitchell G. (Hg.): Mythos Humboldt, Köln/Weimar/Wien 1999
Barfuß, Karl Marten/Hartmut Müller/Daniel Tilgner (Hg.): Geschichte der Freien Hansestadt Bremen von 1945 bis 2005. Band 1: 1945-1969, Bremen 2008

Bargel, Tino/Ramm, Michael/Multrus, Frank: Studiensituation und studentische Orientierungen. 7. Studentensurvey an Universitäten und Fachhochschulen, Bonn 2001

Baring, Arnulf: Machtwechsel. Die Ära Brandt–Scheel, Stuttgart 1982

Bartz, Olaf: Wissenschaftsrat und Hochschulplanung. Leitbildwandel und Planungsprozesse in der Bundesrepublik Deutschland zwischen 1957 und 1975, Köln 2006 (Online-Veröffentlichung)

Blankertz, Herwig: Die Geschichte der Pädagogik. Von der Aufklärung bis zur Gegenwart, Wetzlar 1982

Bock, Hans Manfred: Geschichte des „linken Radikalismus" in Deutschland. Ein Versuch, Frankfurt am Main 1976

Bohrmann, Hans: Strukturwandel der deutschen Studentenpresse. Studentenpolitik und Studentenzeitschriften 1848-1974, München 1975

Borowsky, Peter: Deutschland 1970-1976, Hannover 1980

Bracht, Ulla/Hülsmann, Bernhard/Keiner, Dieter (Hg.): Hochschulrahmengesetz, Hochschulpolitik und Klassenauseinandersetzungen in der BRD, Köln 1977

Brandt, Willy: Zum sozialen Rechtsstaat. Reden und Dokumente. Hg. von Arnold Harttung, Berlin 1983

Braunthal, Gerard: Politische Loyalität und Öffentlicher Dienst. Der „Radikalenerlaß" von 1972 und die Folgen, Marburg 1992

Bremen 1949-1979. 30 Jahre Grundgesetz. Herausgegeben von der Pressestelle des Senats der Freien Hansestadt Bremen, Bremen [1979]

Bretschneider, Falk/Pasternack, Peer: Handwörterbuch der Hochschulreform, Bielefeld 2005

Bundesminister für Bildung und Wissenschaft: Hochschulrahmengesetz, Januar 1976

Bürgerschaftsfraktion der SPD (Hg.): Grundsätze für die Einrichtung einer integrierten Gesamthochschule, Bremen 1974

Bürgerschaftsfraktion der SPD: Reform der Lehrerbildung. SPD-Entwurf für ein Bremisches Lehrerausbildungsgesetz, Bremen 1974

Busch, Alexander: Die Geschichte des Privatdozenten. Eine soziologische Studie zur großbetrieblichen Entwicklung der deutschen Universitäten, Stuttgart 1959

Craig, Gordon A.: Über die Deutschen, München 1985

Dammann, Klaus/Siemantel, Erwin (Hg.): Berufsverbote und Menschenrechte in der Bundesrepublik, Köln 1987

Dauks, Sigrid: Struktur und Organisation der Fachbereiche an der Universität Bremen in den Jahren 1972 bis 1982, unveröffentlichtes Manuskript, Bremer Universitätsarchiv, 2008

Dauks, Sigrid/Bremer Universitätsarchiv: „Schreibautomaten: ‚…und eines Tages war das Ding da'". In: Bremer Uni-Schlüssel, Nr. 106, April 2009

Denkschrift des Gründungsausschusses: Empfehlungen zum Aufbau der Universität Bochum, veröffentlicht vom Kultusministerium des Landes Nordrhein-Westfalen, Bochum 1962

Deutsches Richtergesetz, Kommentar von Günther Schmidt-Räntsch, München ²1973

DGB/GEW/Universität/AStA (Hg.): Sackgasse Lehrerstudium? Zusammenfassung, Materialien und Beiträge einer Expertenanhörung zum Thema Lehrerbedarf und Lehrerarbeitslosigkeit bis 1990, Bremen 1980

diskurs: Bremer Beiträge zu Wissenschaft und Gesellschaft, Thema: Zehn Jahre Universität Bremen. Keine Festschrift, Bremen 1982
Döring, Birgit/Söncksen, Renate: Sachunterricht in der Grundschule. Entstehungshintergründe – Ausgewählte didaktische Konzepte – Konsequenzen für die Primarstufenlehrerausbildung in Bremen. Arbeit zur 1. Staatsprüfung für das Lehramt, unveröffentlichtes Manuskript, Bremen, März 1978
Dokumentation des Senats der Freien Hansestadt Bremen über die Universität Bremen, Bremen 1972
Donat, Helmut/Scharringhausen, Johann/Uhlrich, Wolfgang: Die Uni-Bibliothek als Supermarkt. Anemrkungen zu einem Film und der skandalösen Verschwendung öffentlicher Gelder an der Universität Bremen, Bremen 1979
Dubischar, Roland: Kurzgefasste Chronik der Juristenausbildung an der Reformuniversität Bremen: Vom profilierten Modell 1971 zum leicht modifizierten Bundesdurchschnitt 2008. [Bremen 2008]
DUZ spezial: Beilage zur Deutschen Universitäts-Zeitung, 18.10.1996: 25 Jahre Universität Bremen – Die Zukunft beginnt hier
Eberth, Dietmar: Probleme bei der Gründung einer neuen Universität. Schriftenreihe pro universitate bremensis, Bremen 1970
Ellwein, Thomas: Die deutsche Universität. Vom Mittelalter bis zur Gegenwart, Königstein/Ts. 1985
Entscheidungen des Bundesverfassungsgerichts, Band 33, Tübingen 1973
Entscheidungen des Bundesverfassungsgerichts, Band 35, Tübingen 1974
Entscheidungen des Bundesverfassungsgerichts, Band 39, Tübingen 1975
Erziehungswissenschaftliche Hochschule Rheinland-Pfalz (Hg.): Studienreform gestern – heute – morgen. [Mainz] 1982
Fachbereich Rechtswissenschaft, Universität Bremen (Hg.): Fachbereich Rechtswissenschaft, Bremen [1989]
Faulstich, Peter (Hg.): Die Bildungspolitik des Deutschen Gewerkschaftsbundes 1949-1979, Stuttgart 1980
Faulstich, Peter/Wegener, Hartmut: Gesamthochschule: Zukunftsmodell oder Reformruine? Beispiel Gesamthochschule Kassel, Bad Honnef 1981
Fichter, Tilmen/Lönnendonker, Siegward: Kleine Geschichte des SDS. Der Sozialistische Deutsche Studentenbund von 1946 bis zur Selbstauflösung, Berlin 1977
Fläschendräger, Werner/Klaus, Werner /Köhler, Roland /Kraus, Aribert /Steiger, Günter: Magister und Scholaren – Professoren und Studenten. Geschichte deutscher Universitäten und Hochschulen im Überblick, Leipzig/Jena/Berlin [DDR] 1981
Franke, Horst Werner: Bremer Modell: Wissenschaftlicher Standard und Reform. Die Universitätspolitik des Senators für Wissenschaft und Kunst, Bremen 1980
Freie Demokratische Partei, Landesverband Bremen: Universität auf Abwegen – Argumente der Bremer FDP, Bremen 1971
Freyberg, Jutta von/Fülberth, Georg/Harrer, Jürgen/Hebel-Kunze, Bärbel/Hofschen, Heinz-Gerd/Stuby, Gerhard: Geschichte der deutschen Sozialdemokratie 1863-1975, Köln 1975
Friedrichs, Jan-Henrik: Herrschaft als soziale Praxis zwischen „Radikalenerlaß" und „Deutschem Herbst". Der Skandal um die Behandlung eines Fried-Gedichts im Bremer Schulunterricht 1977. In: Arbeiterbewegung und Sozial-

geschichte – Zeitschrift für die Regionalgeschichte Bremens im 19. und 20. Jahrhundert, Nr. 18, Dezember 2006, S. 58-80

Friedeburg, Ludwig von/Hagen, Volker von/Hennis, Wilhelm/Scheuch, Erwin K./Vring, Thomas von der: Reform-Universität oder Kader-Hochschule? Ein Streitgespräch, gesendet am 30. Juli 1970 im Zweiten Deutschen Fernsehen, Bremen 1970

Frisch, Peter: Extremistenbeschluß. Zur Frage der Beschäftigung von Extremisten im öffentlichen Dienst mit grundsätzlichen Erläuterungen, Argumentationskatalog, Darstellung extremistischer Gruppen und einer Sammlung einschlägiger Vorschriften, Urteile und Stellungnahmen, Leverkusen ^{4}1977

Gilcher-Holtey, Ingrid (Hg.): 1968. Vom Ereignis zum Gegenstand der Geschichtswissenschaft, Göttingen 1998

Göbel, Uwe/Schlaffke, Winfried (Hg.): Berichte zur Bildungspolitik 1979/80 des Instituts der deutschen Wirtschaft, hg. vom Institut der deutschen Wirtschaft, Köln 1979

Gottschalch, Wilfried: Soziales Lernen und politische Bildung, Frankfurt am Main 1969

Gräfing, Birte: Bildungspolitik in Bremen von 1945 bis zur Gründung der Universität 1971, Hamburg 2006

Griesche, Hans-Detlev: Die Bremer Hochschulreform und die Presse. Eine Analyse der Berichterstattung 1970/1971, Bremen 1974

Hannover, Heinrich: Die Republik vor Gericht 1975-1995. Erinnerungen eines unbequemen Rechtsanwalts, Berlin 1999

Händle, Christa: Lehrerbildung und Berufspraxis. Formen und Probleme des Berufspraxisbezugs in einem projektorientierten Lehrerstudium. Gutachten zur Organisation des Berufspraxisbezugs in der integrierten Lehrerbildung in Bremen, Weinheim 1972

HIS-Kurzinformation A9/2000: Soziale Herkunft deutscher Studienanfänger – Entwicklungstrends der 90er Jahre. Von Gustav-Wilhelm Bathke, Jochen Schreiber und Dieter Sommer, November 2000

Histor, Manfred [Pseudonym]: Willy Brandts vergessene Opfer. Geschichte und Statistik der politisch motivierten Berufsverbote in Westdeutschland 1971-1988, Freiburg i.Br. 1989

Hoffacker, Werner: Die Universität des 21. Jahrhunderts. Dienstleistungsunternehmen oder öffentliche Einrichtung? Neuwied 2000

Hopp, Hans-Jürgen: Gibt es kleine Unterschiede zwischen den in Bremen und an anderen Universitäten ausgebildeten Juristen? Materialien aus der Evaluation der Bremer Juristenausbildung, Bremen 1983

Hüls, Marco (Hg.): Chile. Ein anderer elfter September, Berlin 2006

Jarausch, Konrad H.: Deutsche Studenten 1800-1970, Frankfurt am Main 1984

Jørgensen, Thomas Ekman: Friedliches Auseinanderwachsen. Überlegungen zu einer Sozialgeschichte der Entspannung 1960-1980. In: Zeithistorische Forschungen/Studies in Contemporary History, 3. Jg., Heft 3/2006, S. 363-380

Jüchter, Heinz Theodor: Bremer Studentenhaus-Plan. Studentische Vorstellungen zum Universitätsleben zwischen Arbeit und Geselligkeit. Herausgegeben vom vds. [Bonn 1965]

Jungsozialisten in der SPD (Hg.): Gegen die Rotstiftpolitik. Kritik und Alternativen zum Senatskonzept für den Haushaltsausgleich 1984-1987, Bremen 1984

Karpen, Ulrich: Hochschulplanung und Grundgesetz. Bd. 1 und 2, Paderborn/München/Wien/Zürich 1987

Kath, Gerhard, in Zusammenarbeit mit Georg Heidenreich, Christoph Oehler, Kurt Otterbacher, Horst Schellhas und Walter Spruck: Das soziale Bild der Studenten in der Bundesrepublik Deutschland. Ergebnisse der 7. Sozialerhebung des Deutschen Studentenwerks im Sommersemester 1973, Frankfurt am Main 1974

Kinzel, Till: Der „Bund Freiheit der Wissenschaft". In: Becker, Hartmut/Dirsch, Felix/Winckler, Stefan: Die 68er und ihre Gegner. Der Widerstand gegen die Kulturrevolution, Graz 2003

Klant, Michael: Universität in der Karikatur. Böse Bilder aus der kuriosen Geschichte der Hochschulen, Hannover 1984

Kleßmann, Christoph: Die doppelte Staatsgründung: Deutsche Geschichte 1945-1955, Bonn ⁴1986

Kluge, Barbara: Peter Petersen. Lebenslauf und Lebensgeschichte. Auf dem Weg zu einer Biographie, Heinsberg 1992

Knabe, Hubertus: Die unterwanderte Republik: Stasi im Westen, Berlin 1999

Körner, Wolfgang (Hg.): Der Ausbau der Hochschulen oder der Turmbau zu Babel, Wien 1993

Kollegiumsrat der Akademischen Mitarbeiterinnen und Mitarbeiter und Betriebsgruppe der Gewerkschaft Erziehung und Wissenschaft der Universität Bremen (Hg.): Handbuch für Akademische Mitarbeiterinnen und Mitarbeiter der Universität Bremen, Bremen [1996]

Kommunistischer Bund Westdeutschland: Die Jusos in den VDS: Hemmschuh für die Studentenbewegung. Zum Kampf um die politische Linie der Vereinigten Deutschen Studentenschaften (VDS). Materialien und Dokumente der 1. ordentlichen Mitgliederversammlung der VDS in Köln vom 31.3.bis 3.4.1976, Mannheim 1976

Koschnick, Hans (Hg.): Der Abschied vom Extremistenbeschluß, Bonn 1979

Kremendahl, Hans: Nur die Volkspartei ist mehrheitsfähig. Zur Lage der SPD nach der Bundestagswahl 1976, Bonn-Bad Godesberg 1977

Krovoza, Alfred/Oestmann; Axel R./Ottomeyer, Klaus (Hg.): Zum Beispiel Peter Brückner. Treue zum Staat und kritische Wissenschaft, Frankfurt am Main 1981

Krüger, Jochen: Vorlesungsstörungen, Hausfriedensbruch und Wahrnehmung berechtigter Interessen – zur strafrechtlichen Problematik eines Universitätskonflikts. Phil. Diss., Saarbrücken 1978

Landesvorstand der Bremer SPD (Hg.): Hochschulpolitische Grundsätze der Sozialdemokratischen Partei Bremens, [Bremen] 1974

Lemmen, Robert: Vom Campus zum Stadtteil. 30 Jahre Stadtplanung für die Universität Bremen, Delmenhorst 1999

Leussink, Hans: Zur Einbringung des Hochschulrahmengesetzes in den Bundestag am 10.3.1971 (Rede), unkorrigiertes Manuskript, [Bonn] 1971

Liesner, Andrea/Sanders, Olaf (Hg.): Bildung der Universität. Beiträge zum Reformdiskurs, Bielefeld 2005

Lüth, Christoph: Gesamthochschulpolitik in der Bundesrepublik Deutschland. Zur Gesamthochschuldiskussion und Hochschulrahmengesetzgebung (1967-1976), Bad Honnef 1983

Maaz, Kai: Soziale Herkunft und Hochschulzugang. Effekte institutioneller Öffnung im Bildungssystem, Wiesbaden 2006

Maschke, Erich, und Jürgen Sydow unter Mitwirkung von Hans Eugen Specker (Hg.): Stadt und Hochschule im 19. und 20. Jahrhundert. 15. Arbeitstagung in Schwäbisch-Gmünd, 12.-14.11.1976, Sigmaringen 1979

Mayer, Ulrich: Zwischen Anpassung und Alternativkultur oder das politische Bewußtsein und Handeln der Studenten, Bonn 1981

Mayntz, Renate (Hg.): Aufbruch und Reform von oben. Ostdeutsche Universitäten im Transformationsprozeß, Frankfurt am Main/New York 1994

Mayr, Alois: Universität und Stadt. Ein stadt-, wirtschafts- und sozialgeographischer Vergleich alter und neuer Hochschulstandorte in der Bundesrepublik Deutschland, Paderborn 1979

Müller, Rainer A.: Deutsche Geschichte in Quellen und Darstellung. Band 11: Bundesrepublik und DDR 1969-1990. Hg. von Dieter Großer, Stephan Bierling und Beate Neuss, Stuttgart 1996

Müller, Reinhard: Entstehungsgeschichte des Hochschulrahmengesetzes. Eine Fallstudie. Phil. Diss., Frankfurt am Main 1982

Müller-Tupath, Karla: Hans Koschnick. Trennendes überwinden. Biografie, Berlin 2009

Nicolaysen, Rainer: „Frei soll die Lehre sein und frei das Lernen". Zur Geschichte der Universität Hamburg, Hamburg 2008

Nicolaysen, Rainer: Die Frage der Rückkehr. Zur Remigration Hamburger Hochschullehrer nach 1945. In: Zeitschrift des Vereins für Hamburgische Geschichte, Nr. 94/2008, S. 117-152

Obst, Erich: Die Internationale Universität Bremen. Referat gehalten in Bremen am 11. Dezember 1948 anläßlich der Gründung der Gesellschaft der Freunde der Internationalen Universität Bremen, Bremen 1949 (= Heft 1 der Schriftenreihe der Freunde der Internationalen Universität Bremen)

Oettinger, Klaus/Weidhase, Helmut: Eine feste Burg der Wissenschaft. Neue Universität in einer alten Stadt. Konstanz am Bodensee, Konstanz 1985

Pasternack, Peer (Hg.): IV. Hochschulreform. Wissenschaft und Hochschulen in Ostdeutschland 1989/90. Eine Retrospektive, Leipzig 1993

Peisert, Hansgert: Student in Konstanz. Standort, Einzugsbereich und Motive für das Studium an einer neuen Universität, Konstanz 1975

Peisert, Hansgert (Hg.): Studiensituation und studentische Orientierungen. Eine empirische Untersuchung im Wintersemester 1982/83, Bad Honnef 1984

Peisert, Hansgert/Framhein, Gerhild: Das Hochschulsystem in der Bundesrepublik Deutschland. Funktionsweise und Leistungsfähigkeit, 2. erw. Auflage, Stuttgart 1980

Peisert, Hansgert/Framhein, Gerhild: Das Hochschulsystem in der Bundesrepublik Deutschland. Struktur und Entwicklungstendenzen. Hg. vom Bundesminister für Bildung und Wissenschaft, Bonn 1990

Peisert, Hansgert/Framhein, Gerhild: Das Hochschulsystem in Deutschland. Hg. vom Bundesminister für Bildung und Wissenschaft, Bonn 1994

Petersen, Peter: Eigenständige (Autonome) Erziehungswissenschaft und Jena-Plan, München 1951

Picht, Georg: Die deutsche Bildungskatastrophe, München 1964

Prahl, Hans-Werner: Hochschulprüfungen – Sinn oder Unsinn? Sozialgeschichte und Ideologiekritik der akademischen Initiationskultur, München 1976

Prahl, Hans-Werner/Schmidt-Harzbach, Ingrid: Die Universität. Eine Kultur- und Sozialgeschichte, München/Luzern 1981

Raupach, Hubert/Reimann, Bruno W.: Hochschulreform durch Neugründungen? Zu Struktur und Wandel der Universitäten Bochum, Regensburg, Bielefeld. Forschungsinstitut der Friedrich-Ebert-Stiftung, Bonn-Bad Godesberg 1974

Regierungserklärung des Senats der Freien Hansestadt Bremen, abgegeben vom Präsidenten des Senats, Bürgermeister Hans Koschnick, vor der Bremischen Bürgerschaft am 26. November 1975. Hg. von der Pressestelle des Senats der Freien Hansestadt Bremen

Rektor der Universität Bremen (Hg.): Universität Bremen 1971-1981. Entwicklung – Planung – Aufgaben, Bremen, Mai 1981

Ritter, Gerhard A.: Der Umbruch von 1989/91 und die Geschichtswissenschaft, München 1995

Roellecke, Gerd: Hochschule und Wissenschaft, Stuttgart 1974

Rothe, Hans Werner: Bremer Universitätsdenkschrift über die Gründung einer Universität zu Bremen, Bremen 1961

Rupp, Hans Heinrich/Geck, Wilhelm Karl: Die Stellung der Studenten in der Universität, Berlin 1968

Salewski, Christian: Das Institut Technik und Bildung an der Universität Bremen. Entstehung und Entwicklung 1979-2005, Bremen 2011

Scenen in Bremen: Illustriertes StadtBuch. Hg. vom Bremer Blatt, Bremen 1986

Scharfenberg, Günter: Bildung und Herrschaft. Soziopolitische Ziele in der Bildungspolitik der SPD und der CDU/CSU von 1945 bis 1970

Schily, Konrad: Der staatlich bewirtschaftete Geist. Wege aus der Bildungskrise, Düsseldorf/Wien/New York/Moskau 1993

Schlußbericht des Ausbildungs- und Prüfungsamts über die einstufige Juristenausbildung gemäß § 46 Abs. 4 Bremisches Juristenausbildungsgesetz (BremJAG), beschlossen gemäß § 55 Abs. 2 Nr. 7 BremJAG vom Ausbildungsausschuß in der Sitzung am 30.11.1984

Schöck-Quinteros, Eva/Kloft, Hans/Kopitzsch, Franklin/Steinberg, Hans-Josef (Hg.): Bürgerliche Gesellschaft – Idee und Wirklichkeit. Festschrift für Manfred Hahn, Berlin 2004

Schriftenreihe des „Pressedienstes Demokratische Aktion": Pro und Kontra zum Ministerpräsidentenbeschluß. Eine PDA-Dokumentation, o.O. o.J.

Schulke, Hans-Jürgen: Reform des Hochschulsports. Praktische und Theoretische Probleme des Hochschulsports an der Universität Bremen, Darmstadt 1974 (= Schriftenreihe zum Hochschulsport, Nr. 7)

Schulke, Hans-Jürgen: Fluktuation im Hochschulsport. Universität Bremen. Zwischenbericht, Bremen, März 1981

Schulke, Hans-Jürgen (Red.): Selbständigkeit und Regelmäßigkeit im Breitensport/4. Wiss. Symposium zum Hochschulsport, Ahrensburg bei Hamburg 1982

Schulke, Hans-Jürgen (Projektleiter): Verflechtung zwischen Universität und Stadt durch Hochschulsport. Bericht über den gleichnamigen Modellversuch mit wissenschaftlicher Begleitung an der Universität Bremen, der vom 1.1.1972 bis zum 30.9.1976 gemeinsam vom Bundesministerium für Bildung und Wissenschaft/Bund-Länder-Kommission und der Freien Hansestadt Bremen gefördert wurde, Bremen 1977

Schulke, Hans-Jürgen/Fietze, Uwe/Mahltig, Gerd/Scharf, Günter (Hg.): Gesundheit in Bewegung. Sportkultur im Hochschulalltag. Hochschulsport in gesundheitlicher Perspektive. Berichtsband zum wissenschaftlichen Kongreß des Allgemeinen Deutschen Hochschulsportverbandes, 27.-30. September 1990 in Bremen, Aachen 1992

Schwarzwälder, Herbert: Das große Bremen-Lexikon, Bremen 2002

Seibert, Niels: Vergessene Proteste. Internationalismus und Antirassismus 1964-1983, Münster 2008

Senat der Freien Hansestadt Bremen: Jahrbuch 1976

Senat der Freien Hansestadt Bremen (Hg.): Wissenschaft und Forschung für Bremen und Bremerhaven. Hochschulgesamtplan, Forschungsinfrastrukturplan 1987-1995, Bremen, Mai 1987

Senator für das Bildungswesen (Hg.): Bericht über den Aufbau der Universität Bremen, Bremen, Februar 1971

Senator für Wissenschaft und Kunst: Bremisches Hochschulgesetz vom 14. November 1977

Senator für Wissenschaft und Kunst: Einführung in das Bremische Hochschulgesetz, BremHG, 1977

Sommer, Karl-Ludwig: Wilhelm Kaisen. Eine politische Biographie, Bonn 2000

Sozialdemokratische Partei Deutschlands: Programme und Entschließungen zur Bildungspolitik 1964-1975. Dokumentation, Bonn-Bad Godesberg o.J.

Sozialistischer Deutscher Studentenbund: SDS – Hochschuldenkschrift. Nachdruck der 2. Auflage von 1965, Frankfurt 1972

SPD-Landesorganisation Bremen/Koch, Arno (Hg.): Reformuniversität Bremen, Bremen 1971

Sperle, Nico/Schulke, Hans-Jürgen: Handeln im Hochschulsport. Ergebnisse des Arbeitskreises „Handeln im Erwachsenensport" des 6. Sportwissenschaftlichen Hochschultages der Deutschen Vereinigung für Sportwissenschaft, Ahrensburg bei Hamburg 1985

Stallmann, Hans: Euphorische Jahre. Gründung und Aufbau der Ruhr-Universität Bochum, Essen 2004

Stein, Helmut/Heinz Düx: Berufsverbot. Neue Tendenzen in den Berufsverbotsfällen und in den Anhörungsverfahren, herausgegeben vom VVN – Bund der Antifaschisten, Frankfurt am Main 1974

Steiner, André: Bundesrepublik und DDR in der Doppelkrise europäischer Industriegesellschaften. Zum sozialökonomischen Wandel in den 1970er Jahren. In: Zeithistorische Forschungen/Studies in Contempoary History, 3. Jg., Heft 3/2006, S. 342-362

Szatkowski, Tim: Karl Carstens. Eine politische Biographie, Köln/Weimar/Wien 2007

Teichler, Ulrich: Hochschulstrukturen im Umbruch. Eine Bilanz der Reformdynamik seit vier Jahrzehnten, Frankfurt am Main 2005

Universität Bremen 1971-1981, Entwicklung, Planung, Aufgaben. Hg. vom Rektor der Universität Bremen, Bremen 1981

Universität Bremen: Kulturgeschichte Ost- und Ostmitteleuropa, Forschungsstelle Osteuropa, Betriebshof, Bremen [1997]

Universität Bremen, Materialien aus der Evaluation der Bremer Juristenausbildung, Nr. 3: Befragung zur Studiensituation im integrierten sozialwissenschaftlichen Eingangstudium, April 1978, Arbeitsgruppe Evaluation im Studiengang Juristenausbildung: Robert Francke, Hans-Jürgen Hopp, Sabine Klein-Schonnefeld und Joachim Lindner

Universität Bremen: Materialien aus der Evaluation der Bremer Juristenausbildung, Nr. 8: Einige Randbedingungen für personelle Kapazitäten, deren Planung und reale Entwicklung, September 1979, Arbeitsgruppe Evaluation im Studiengang Juristenausbildung: Robert Francke, Hans-Jürgen Hopp, Sabine Klein-Schonnefeld und Joachim Lindner

Universität Bremen: Materialien aus der Evaluation der Bremer Juristenausbildung, Nr. 9 a: Die mit den abgeschichteten Prüfungen im Hauptstudium gesammelten Erfahrungen, Mai 1984, Arbeitsgruppe Evaluation

Universität Bremen: Materialien aus der Evaluation der Bremer Juristenausbildung, Nr. 11: Zum Bremer Prüfungssystem II: Eine Zwischenbilanz über didaktische Funktionen und Qualifikationen der Studenten, März 1980, Arbeitsgruppe Evaluation im Studiengang Juristenausbildung: Robert Francke, Hans-Jürgen Hopp, Sabine Klein-Schonnefeld und Joachim Lindner

Universität Bremen: Materialien aus der Evaluation der Bremer Juristenausbildung, Nr. 16: Neuartige Leistungskontrollen in der Juristenausbildung – ihre Anforderungen in Beiträgen von Bremer Hochschullehrern, Bremen 1980, Arbeitsgruppe Evaluation: Sabine Klein-Schonnefeld, Robert Francke, Hans-Jürgen Hopp und Joachim Lindner

Universität Bremen: Materialien aus der Evaluation der Bremer Juristenausbildung, Nr. 17, Ansichten von Studierenden im 3. Semester zur Lernsituation im integrierten sozialwissenschaftlichen Eingangsstudium (ISES) und im Hauptstudium 1 (HS1), Bremen 1980, Arbeitsgruppe Evaluation: Sabine Klein-Schonnefeld, Robert Francke, Hans-Jürgen Hopp und Joachim Lindner

Universität Bremen: Materialien aus der Evaluation der Bremer Juristenausbildung, Nr. 22: Was veranlaßt Studenten, ihr Jurastudium in Bremen fortzusetzen? Dezember 1981, Arbeitsgruppe Evaluation: Robert Francke, Hans-Jürgen Hopp und Sabine Klein-Schonnefeld

Universität Bremen: Bericht der Universität Bremen über die durchgeführte Ausbildung in der einstufigen Juristenausbildung in Bremen im Wintersemester 1982/83 und im Sommersemester 1983

Universität Bremen: Der Fachbereich Rechtswissenschaft (FB 6), Bremen 1995

Universität Bremen (Hg.): Hochschulsport zwischen Wissenschaft und Praxis. Vorträge und berichte des Allgemeinen Deutschen Hochschulsportverbandes und dem Hochschulsport-Symposium in Bremen, Bremen 1979

Universität Bremen, Fachbereich Produktionstechnik (Hg.): Kolloquium aus Anlaß des Ausscheidens des ehemaligen Rektors der Universität Bremen und Leiters des Fachgebiets Technikgestaltung/Technologie – Entwicklung im Fachbereich Produktionstechnik [Bremen 2001]

Universität Bremen, Projektgruppe SAIU: Zum richtigen Verständnis von Kernenergie. 66 Fragen, 66 Antworten, 66 Erwiderungen, Vorabdruck, Bremen 1974

Verband Deutscher Studentenschaften: 6 Punkte des vds für ein demokratisches Hochschulgesetz, Bonn 1972

Verband Deutscher Studentenschaften: vds-Plattform für eine demokratische Studienreform, Bonn 1973

Verband Deutscher Studentenschaften: Studenten und die neue Universität. Gutachten einer Kommission des Verbandes Deutscher Studentenschaften zur Neugründung von Wissenschaftlichen Hochschulen, Bonn 1962

Verein Für Hochschulsport an der Universität Bremen (Hg.)/Achilles, Klaus (Red.): Streifzug durch die Sportgeschichte. Festschrift zur Verabschiedung von Prof. Dr. Harald Braun, Bremen 2004

Vosgerau, Klaus: Studentische Sozialisation in Hochschule und Stadt. Theorie und Wandel des Feldes, Frankfurt am Main 2005

Vring, Thomas von der: Bericht über den Aufbau der Universität Bremen, Bremen, Dezember 1970

Vring, Thomas von der: „Die Lernbarrieren der Arbeiterkinder müssen endlich beseitigt werden." Sonderdruck aus „Bremer Bürgerzeitung", 2. April 1971

Vring, Thomas von der: Hochschulreform in Bremen. Bericht des Rektors über Gründung und Aufbau der Universität Bremen während seiner Amtszeit von 1970 bis 1974, Frankfurt am Main/Köln 1975

Wagemann, Carl-Hellmut: Humboldt oder Leussink. Das Ingenieurstudium: Paradigma der Studienreform. Hochschuldidaktische Materialien, Bd. M10, Alsbach a.d. Bergstr. 1987

Weber, Klaus: Wunsch und Wirklichkeit des studentischen Wohnens in Göttingen, Hannover 1968

Wenke, Hans/Joachim H. Knoll (Hg.): Festschrift zur Eröffnung der Universität Bochum, Bochum 1965

Westdeutsche Rektorenkonferenz: Die Studentenförderung nach dem Honnefer Modell. V. Hochschulkonferenz am 21.-23. Oktober 1965 in Berlin

Wissenschaftsrat: Empfehlungen zum zweiten Rahmenplan nach dem Hochschulbauförderungsgesetz, Anlage 4: Ausbau der Hochschulen in Bremen bis 1976

Wissenschaftsrat: Empfehlungen zum zehnten Rahmenplan für den Hochschulbau 1981-1984. Bd. 4: Ausbau der Hochschulen in Berlin, Bremen, Hamburg, Niedersachsen und Schleswig-Holstein, Köln 1980

Wissenschaftsrat: Empfehlungen und Stellungnahmen 1982, Köln 1983

Wissenschaftsrat: Empfehlungen des Wissenschaftsrates zu den Perspektiven der Hochschulen in den 90er Jahren, Köln 1988

Wrobel, Hans: Neuaufbau im Justizwesen unter Senator Spitta. In: Barfuß, Karl Marten/Müller, Hartmut/Tilgner, Daniel (Hg.): Geschichte der Freien Hansestadt Bremen von 1945 bis 2005. Bd. 1: 1945-1969, Bremen [2008]

Wulff, Hinrich: Religionsunterricht in den Bremer Schulen. Ist die Bremer Landesverfassung zweideutig? Öffentlicher Vortrag der Humanistischen Union, veranstaltet vom Ortsverband Bremen am 20. März 1964, Bremen 1964

Abkürzungen

AdH – Aktionsgemeinschaft demokratischer Hochschullehrer
AS – Akademischer Senat
AStA – Allgemeiner Studierendenausschuss (früher: Studentenausschuss)
BdWi – Bund demokratischer Wissenschaftler
BUA – Bremer Universitätsarchiv
BuF – Bund Freiheit der Wissenschaft
FB – Fachbereich
FBR – Fachbereichsrat
FU – Freie Universität
GEW – Gewerkschaft Erziehung und Wissenschaft
GH – Gesamthochschule
GS – Gründungssenat
Hg. – Herausgeber
HL – Hochschullehrer
KapVO – Kapazitätsverordnung
KBW – Kommunistischer Bund Westdeutschland
KSB – Kommunistischer Studentenbund
LB – Lehrbeauftragte/r
LfbA – Lehrkraft für besondere Aufgaben
MAK – Mitarbeiterkollektiv
Med. HS – Medizinische Hochschule
Misos – Mittwochssozialisten
NC – Numerus Clausus
ÖTV – Gewerkschaft Öffentliche Dienste, Transport und Verkehr
PH – Pädagogische Hochschule
PKL – Planungskommission Lehrerbildung
PKN – Planungskommission Naturwissenschaften
PKS – Planungskommission Sozialwissenschaften
RCDS – Ring christlich-demokratischer Studenten
SGK – Studiengangskommission
SR – Studierendenrat
StAB – Staatsarchiv Bremen
StugA – Studiengangsausschuss
vds – Verband Deutscher Studentenschaften
WiMi – wissenschaftliche/r Mitarbeiter/in
ZVS – Zentralstelle zur Vergabe von Studienplätzen

Bildnachweis

Archiv der Pressestelle der Universität Bremen:
S. 8 (Foto: Achim Prigge), 39, 50 unten (Foto: Leonhard Kull, Bremen), 59 (Foto: Jonas), 60 und 62 (Fotos: Schulze-Eichenbusch), 90, 109, 115 und 123 (Fotos: Achim Prigge), 126, 152, 159, 163 (Foto: M. Eickhoff), 171, 175 (Foto: Harald Rehling, Bremen), 192 (Foto: Klaus Hering), 200, 217 (Foto: M. Eickhoff), 223, 225, 227 oben (Foto: Harald Rehling), 227 unten, 228 und 229 (Foto: Harald Rehling), 234 (Foto: Achim Prigge)

Bremer Universitätsarchiv:
S. 21, 29, 35, 48 (Foto: Erwin Blindow, Bremen), 50 oben, 64, 88 (Foto: Peter Vorbeck), 107, 124, 150 (Deutsche Luftbild K – G, Hamburg), 235, 239, 241

Studio B GmbH, Bremen:
S. 248 und Titelumschlag (Fotos: Detmar Schmoll)

Autor/in

Birte Gräfing, Dr. phil., Jahrgang 1971, Studium der Geschichte, Philosophie und Sozialwissenschaften an der Universität Bremen. 1998-2001 wissenschaftliche Mitarbeiterin im Projekt „Evaluation von Studium und Lehre". 2004 Promotion zum Thema „Bildungspolitik in Bremen von 1945 bis zur Gründung der Universität 1971". Freie Historikerin und Mitherausgeberin der Zeitschrift „Arbeiterbewegung und Sozialgeschichte – Zeitschrift für die Regionalgeschichte Bremens im 19. und 20. Jahrhundert". Autorin verschiedener Fachaufsätze zu regionalgeschichtlichen Themen. 2009 erschien „Vom Stauhaken zum Container. Hafenarbeit im Wandel". Birte Gräfing ist seit 2007 im Vorstand des Fördervereins Schulgeschichtliches Museum Bremen. Aktuell arbeitet sie als Lehrkraft für Politik, Wirtschafts- und Sozialkunde an der Berufsschule für Gesundheitsberufe in Bremen.

Till Schelz-Brandenburg, Dr. phil., Jahrgang 1949, Historiker, kam 1971 als Tutor zur Gründung der Universität von der FU Berlin nach Bremen. Promovierte bei Hans-Josef Steinberg. Gründer (2000) und bis 2010 Leiter des Bremer Universitätsarchivs.

Personenregister*

Abraham, Winnie 164, 224
Aevermann, Friedrich 25 f.
Agatz, Arnold 32
Ahlers, Richard 31
Ahr, Eberhard 51
Albers, Detlev 41
Anders, Peter 51
Arning, Friedhelm 173
Bargmann, Wolfgang 15, 36
Bäuml, Christoph 117
Beermann, Johannes 242
Behlmer, Gert Hinnerk 41
Behm, Eckhard 106
Bennhold, Martin 182
Berchem, Theodor 200
Berger, Wilhelm 30, 34
Berghöfer, Dieter H. 200
Bernhard, Jost 41
Berninghausen, Friedo 171
Beutler, Bengt 200
Bleck, Jörn 205
Borttscheller, Georg 77
Brandt, Willy 19, 56 f., 109
Braunthal, Gerard 99 ff.
Bredow, Wilfried von 155
Bress, Ludwig 71
Brettschneider, Hans-Jürgen 41
Brünings, Karsten 51
Buback, Siegfried 67, 243
Busch, Barbara 102 f., 111
Carstens, Karl 24, 26, 30-33
Carter, Jimmy 236
Cassens, Johann-Tönjes 210
Clay, Lucius D. 30 f.
Cordes, Hermann 168
Crabill, Harold 24 f., 28, 30 f., 34
Craig, Gordon A. 57
Dahle, Wendula 78
Dehnkamp, Willy 24, 35 f., 38
Dittbrenner, Claus 170, 186
Dorf, Erik 244
Dörr, Heinrich 34
Drechsel, Wiltrud 98, 199
Dreybrodt, Wolfgang 235
Dücker, Helmut 51, 133

Duhm, Erna 41
Dunn, Thomas F. 30 f.
Duwe, Gerd 69
Ehlers, Adolf 23
Eisenmenger, Wolfgang 41
Ellwein, Thomas 16
Engelhard, Hans Arnold 213
Engelmann, Hans Wolfgang 234
Erichsen, Hans-Uwe 200
Eßbach, Wolfgang 41
Faulstich, Siegfried 101
Feige, Eckhard 51
Fischer, Robert 72, 210
Fluß, Manfred 136
Framhein, Gerhild 151
Franke, Horst Werner 12 f., 60 ff., 72, 85, 95 ff., 102 ff., 109 f., 112 ff., 116-122, 127 f., 132-138, 140, 144, 146, 153 ff., 157, 159 ff., 164, 167-170, 173 f., 183, 186, 200, 210, 236, 239, 244, 246
Fröhlich, Helmut 99 f.
Geiss, Imanuel 43, 69, 78, 85, 235
Geißler, Heiner 63
Gerstenberger, Heide 41, 43, 66, 234
Giese 23
Gölter, Georg 155
Gottschalch, Wilfried 44, 77 f., 240 f.
Graf, Ulrich 43, 77, 210
Griesche, Detlef 43
Grobecker, Claus 131
Gröning 33
Grötzebach 234
Haeckel, Rainer 131
Haefner, Klaus 70, 158 ff., 235 f.
Hahn, Manfred 66
Halbmann, Berthold 66, 216, 249
Hamm-Brücher, Hildegard 177
Hana, Ehanem Georges 41, 43
Händle, Christa 192
Harmssen, Gustav Wilhelm 24
Harten, Hans Ulrich 41
Havekost, Hermann 51
Heilbronn, Dieter 51, 66, 102
Heinken, Heino 51
Hennis, Wilhelm 76, 242
Heuss, Theodor 32
Heyden, Wedig von 177
Heyen, Wolfgang 235
Hickel, Rudolf 51, 136
Hill 30
Hoffacker, Werner 111, 251
Hoffmann, Reinhard 51, 110, 134, 141, 167, 171, 214

* Das Register wird Christine Krause, Bremen, gedankt.

Hoffmann, Walter 34
Holl, Karl 66, 137, 163, 249
Holzer, Horst 79 f., 101
Humboldt, Wilhelm von 17
Jacob, Mathilde 9
Jantzen, Karl-Heinz 129
Jaspers, Karl 25
Jens, Walter 43
Jensch, Horst 43
John, Harry 75, 77
Joppich, Gerhard 41, 129
Jüchter, Heinz Theodor 40 ff.
Jürgens-Pieper, Renate 252
Kadritzke, Niels 76
Kadritzke, Ulf 76
Kahlweit, Manfred 43
Kahrs, Wolfgang 169 f., 209, 213
Kaisen, Wilhelm 22, 30, 33 f., 38
Karpen, Ulrich 17, 72
Karsen, Fritz 25 f.
Keil, Annelie 67, 81, 200
Kiesewetter, Gerda 101
Killy, Walther 15, 41 f., 52, 68, 127, 129, 219, 224, 230, 233, 252
Klant, Michael 57
Klein, Günter 67
Klein-Schonnefeld, Sabine 173
Klink, Dieter 42
Klink, Job-Günter 43, 89, 194
Kluge, Barbara 25 f.
Knabe, Hubertus 71
Knoblauch, Heinz 9
Köbler, Gerhard 41
Köhler, H.E. 235
Kohlmüller, Ludwig 51, 60, 150
Kokemohr, Rainer 177
Koschnik, Hans 21, 34, 45, 61, 69, 74, 76 ff., 91, 99, 104, 109 f., 116 f., 131, 134, 185, 191, 236, 239 f.
Kreibich, Rolf 13
Kreiter, Andreas 252
Kreuser, Kurt 77, 83
Kühn, Heinz 221
Lämmert, Eberhard 200
Lang, August 213
Leibfried, Stephan 69
Leitherer, Eugen 41
Lemke, Willi 111, 177, 183, 247, 249
Lemmen, Robert 226
Lenz, Werner 156, 246
Leschmann, Wolf 51
Leussink, Hans 51, 54 f., 111
Lindhorn, Rolf 21

Lindner, Antje 101
Loewe, Werner 41, 43
Lorenzer, Alfred 75
Lott, Jürgen 145 ff., 162
Luxemburg, Rosa 9
Maaß-Radziwill, Hans-Heinrich 67 f., 70, 134-137, 148, 156, 184, 186, 235, 244
Mahrzahn, Christian 168, 171
Maier, Hans 235
Maier-Leibnitz, Heinz 140
Maronde, Dietrich 175
Mayr, Alois 47
McCloy, John J. 31
Metscher, Thomas 103 ff.
Meyer, Bernd 159
Meyer, Hans 23
Meyer, Jürgen 146 f.
Meyer-Ingwersen, Johannes 101
Milhoffer, Petra 199
Müller, Reinhard 119
Müller, Wilfried 66, 147, 237, 246, 249, 252
Mützelburg, Dieter 67, 102-105, 109, 197
Nahnsen, Ingeborg 41
Narr, Wolf Dieter 77
Neueroth, Martina 171
Neujahr, Harald 169 f.
Neumann, Bernd 114, 118, 240, 244
Niefer, Werner 172 ff.
Noack, Cornelius 51
Noltenius, Johann Diedrich 23
Nolting-Hauff, Wilhelm 22-25, 30, 32 f., 36, 38
Obst, Erich 25-28, 32 ff.
Oertzen, Peter von 79
Ohnesorg, Benno 42
Ortlieb, Heinz-Dietrich 236
Patzig, Günther 41
Paul, Hans-Adolf 41
Paulmann, Christian 23 ff., 32 f., 41 f.
Petersen, Peter 25 f.
Predöhl, Andreas 41
Preisert, Hansgert 151
Preuß, Ulrich K. 80
Prinzhorn 33
Raakemeyer, Herbert 51
Raddatz, Fritz J. 69
Rath, Hans-Josef 163, 172
Read, James M. 31
Reichwein, Adolf 25
Renford, Karlheinz 78
Richtering, Heinrich 41
Riemer-Noltenius, Erika 200
Riesenhuber, Heinz 163
Rockefeller, John D. jr. 34

Rothe, Hans-Werner 15, 38-42, 86, 128, 140, 179, 224, 230
Roxin, Claus 41
Sack, Fritz 43
Salffner, Ruth 51
Sandkühler, Hans-Jörg 160
Scheer, Jens 69, 101 f., 105-109, 200, 205, 240
Schelz, Till 106
Scherf, Henning 123, 170, 214, 237, 239, 247, 252
Scheuch, Erwin K. 242
Schiedermair, Hartmut 235
Schleyer, Hanns Martin 243
Schmidt, Helmut 13, 155
Schmidt, Reinhart 178, 217
Schmitz, Wolfgang 71
Schmitz-Feuerhake, Ingrid 205
Schneider, Peter 209
Scholz, Gerd 198
Schüler-Springorum, Horst 41
Schulte, Bernt 135, 137 f., 170, 236
Schumacher, Kurt 47
Schütte 24
Schwarz 30
Schwarzwälder, Herbert 89
Schwind 33
Seifriz, Hans Stefan 43, 225
Sieling, Hans-Hermann 240
Sigrist, Christian 76
Sinapius, Dietrich 43, 129
Speckmann, Rolf 43, 77, 200
Spiewak, Martin 17
Spitta, Theodor 23 f., 26, 30, 32
Staudt, Erich 151
Steinberg, Hans-Josef 10, 12, 47 f., 60, 63, 66, 82, 90 ff., 97, 102-108, 114, 125, 134 f., 148, 150, 182, 186 f., 233, 246

Steinkühler, Franz 173
Strobl, Ingrid 170
Strubelt, Wendelin 125, 127, 163
Stuby, Gerhard 51, 71, 110
Teichler, Ulrich 19, 47, 176
Thape, Moritz 12, 41, 43-47, 51, 59 ff., 77, 79, 82-85, 102-105, 129, 206, 230, 241, 246
Theil, Emil 32
Timm, Jürgen 70, 136, 148 f., 152-157, 159 ff., 164-176, 178, 200, 226, 237, 239, 246 f., 252
Trüpel-Rüdel, Helga 169 f.
Ungerer, Dietrich 199
Villinger, Heinrich 175
Vosgerau, Klaus 66
Vring, Thomas von der 43 ff., 50 f., 54, 75 ff., 85 ff., 89, 91, 179, 182 f., 185, 190 f., 204, 208, 222, 233 f., 240, 242, 246, 249
Weber, Max 73
Weber, Otto 15, 36, 128
Wedemeier, Klaus 131, 136, 138, 163, 173
Wefer, Gerold 175
Wehkamp, Karl-Heinz 58
Wells, Roger H. 30
Wenke, Hans 221
Wiethölter, Rudolf 21, 43
Wilken, Ralf 156
Willers, Peter 138
Wilms, Dorothee 155, 161, 218
Winkler, Rudolf 232
Winter, Gerd 146
Wittkowsky, Alexander 13, 63, 68 f., 115, 125 f., 129, 133-141, 144-148, 150, 155 f., 168, 173 f., 207, 235 f., 244 ff.
Wollers, Frank 43
Wuttke, Dieter 41
Zeyfang, Dietrich 172
Zook 34

**Christian Salewski: Das Institut Technik und Bildung der Universität Bremen
Entstehung und Entwicklung 1979-2005**
Herausgegeben von Georg Spöttl und Rainer Bremer

384 Seiten, 14 Abbildungen, Hardcover, 14.80 € – ISBN 978-3-938275-96-2

Das Buch zeichnet die Entwicklung des Instituts Technik und Bildung der Universität Bremen nach, rekonstruiert seinen Ausbau, setzt sich kritisch mit den Stärken und Schwächen seiner Mitarbeiter auseinander, bezieht die Aussagen von Zeitzeugen ein und entwirft vor dem Hintergrund umfangreicher archivalischer Quellen eine Wissenschaftsgeschichte, die im Bremer Wirtschaftsraum und an der Bremer Universität seinesgleichen suchen dürfte.

Donat Verlag
Borgfelder Heerstraße 29 · D-28357 Bremen
Telefon: (0421) 1733107 · Fax: (0421) 275709
info@donat-verlag.de · www.donat-verlag.de